VATICAN II

Les seize documents conciliaires

LES PARTICIPANTS AU CONCILE

S. S. JEAN XXIII

S. S. PAUL VI

3,058 PÈRES

VENANT DE 145 PAYS

453 EXPERTS

58 AUDITEURS, AUDITRICES ET INVITÉS LAÏCS

101 OBSERVATEURS NON CATHOLIQUES

LES SESSIONS DU CONCILE

Le Concile a compté 168 congrégations générales
réparties en 4 périodes (*periodi*)
communément appelées « sessions »
tenues

la première, du 11 octobre au 8 décembre 1962
la deuxième, du 29 septembre au 4 décembre 1963
la troisième, du 14 septembre au 21 novembre 1964
la quatrième, du 14 septembre au 8 décembre 1965

Ces 4 périodes ont été marquées de 10 sessions (*sessiones*)
communément appelées « sessions publiques »
tenues aux dates suivantes:

le 11 octobre 1962	le 14 septembre 1965
le 29 septembre 1963	le 28 octobre 1965
le 4 décembre 1963	le 18 novembre 1965
le 14 septembre 1964	le 7 décembre 1965
le 21 novembre 1964	le 8 décembre 1965

SOURCES

I Padri presenti al concilio oecumenico. Rome, Secrétariat général du Concile, 1966. 356p. — *Commissioni conciliari,* 4e éd. Rome, Secrétariat général du Concile, 17 septembre 1965. 158p. — *La Documentation catholique,* 17 octobre 1965, col. 1806-1811, 1813-1814, et 19 décembre 1965, col. 2159. — *Sacrosanctum Oecumenicum Concilium Vaticanum II — Constitutiones, Decreta, Declarationes.* Rome, Secrétariat général du Concile, décembre 1966. XXIV-1292p.

Collection
LA PENSÉE CHRÉTIENNE

VATICAN II

Les seize documents conciliaires
Texte intégral

Ouvrage publié sous la direction du
R. P. Paul-Aimé MARTIN, c.s.c.

Préface de
S. Ém. le Cardinal Paul-Émile LÉGER

2e édition
revue et corrigée

FIDES
MONTRÉAL & PARIS

Cette deuxième édition de poche de Vatican II — Les seize documents conciliaires *a été soigneusement revue et corrigée d'après le texte latin officiel de l'ouvrage intitulé:* Sacrosanctum Oecumenicum Concilium Vaticanum II - Constitutiones, Decreta, Declarationes *(en abrégé C.D.D.), publié en décembre 1966 par le Secrétariat général du Concile (XXIV - 1292 pages). Cet ouvrage reproduit le texte des constitutions, décrets et déclarations dans leur forme authentique, tels qu'ils ont été approuvés par le Concile et qu'ils sont parus dans les* Acta Apostolicae Sedis.

**Publié avec l'autorisation
de l'Ordinaire de Montréal**

No 23 — 30 mars 1967

TABLE DES MATIÈRES

---

* Titre latin officiel de la Constitution
** Premiers mots du texte latin

PRÉFACE

LES *textes du Concile Vatican II, qui sont ici réunis, furent élaborés dans la peine et la joie par des hommes dont le souci constant fut de trouver et de faire trouver le sens que prend la Révélation de Jésus pour nous, hommes d'aujourd'hui. Dans cet âge d'incertitude, ces textes constituent une nourriture substantielle et abondante pour la foi des chrétiens et, pour les aider à réaliser les tâches gigantesques qui les sollicitent dans leur vie personnelle et leurs initiatives collectives, ils sont pour chacun des disciples modernes du Christ une somme d'orientations et de directives. On doit considérer que ces textes sont pour l'Eglise Catholique de ce temps et pour le monde un bien commun d'un prix inestimable.*

L'existence même de ces textes entraîne désormais, pour tous les chrétiens, un double grand devoir de fidélité à l'Esprit qui les a suscités. Il faut que chacun des fidèles du Christ rejoigne, par l'accord de son esprit et de son cœur, les pasteurs qui ont écrit et promulgué ces textes, et il faut qu'il procède avec eux vers ces au-delà auxquels il faut tendre si l'on ne veut pas trahir Vatican II.

Le premier de ces deux grands devoirs de fidélité suppose qu'on lise ces textes, qu'on les étudie et les approfondisse pour obtenir des grandes pensées du Concile une perception non seulement exacte mais beaucoup plus totale, beaucoup plus pénétrante que celle qu'il nous fut jusqu'à présent permis d'avoir. Cet effort pour comprendre l'enseignement de Vatican II dans toute son amplitude et dans toutes ses nuances nous permettra de faire la synthèse actuelle de notre foi, de voir clair dans notre devoir chrétien et de comprendre, avec ceux des autres, notre place et notre rôle propres dans la communauté chrétienne. Ce premier devoir de fidélité suppose aussi qu'on accepte la pensée de ces pages, reconnaissant en celles-ci plus encore que le résultat d'un long labeur auquel le monde entier a collaboré, les actes du magistère le plus élevé de l'Eglise.

Quand nous aurons ainsi rejoint les Pères du Concile, nous procéderons courageusement avec eux vers les au-delà du Concile qui nous réclament.

On a raison de dire que le Concile n'est pas un terme, mais comme un nouveau départ, que les pensées qui sont contenues dans ses textes ne veulent pas assoupir nos esprits mais les guider et les féconder. N'est-il pas vrai que ce sont ces textes eux-mêmes qui nous invitent à rechercher à la Source de la Révélation de Dieu un rajeunissement perpétuel ? Il ne faut pas oublier cependant que, dans l'ordre de la réflexion, cet au-delà du Concile, pour être authentique, doit être cherché pour ainsi dire à l'intérieur des valeurs du passé et dans le respect du régime qui est propre à la vie de la pensée dans l'Eglise.

Plus que tout, cet au-delà qui nous réclame après le Concile est celui par lequel la pensée et les aspirations contenues dans ces textes deviendront vie et réalité dans tous les secteurs de la vie de l'Eglise et du monde. Chaque lecteur est interpellé diversement dans ces pages, mais aucun n'est oublié. Il faut lire les textes du Concile avec le désir d'entendre l'appel très personnel que l'Esprit nous adresse. Chacun peut se dire que le Concile n'aura rien été pour lui, s'il ne l'a converti, s'il n'a changé sa vie, s'il ne l'a éveillé à des responsabilités jusque-là insoupçonnées ou trop négligées. Si chaque lecteur qui s'arrête à ces pages se demande non pas ce que les autres devraient faire pour mériter d'être appelés « chrétiens », mais ce qu'il doit faire lui-même, alors le monde, le pays, les diocèses, les villes, les paroisses, les familles, les groupes de religieux et de religieuses, les mouvements de chrétiens, les milieux de vie et surtout les personnes ne seront plus les mêmes, partout ce sera pour vrai, « le nouveau printemps de l'Eglise ».

+ *Paul-Emile Cardinal Léger*

Archevêque de Montréal
Cardinal de la Sainte Eglise

*Montréal, 12 avril
1966*

AVANT-PROPOS

L ES seize documents promulgués par le Concile Vatican II comptent plus de 100,000 mots. Nous en publions dans le présent ouvrage le texte français intégral.

Ce texte français est l'œuvre de théologiens réputés dont la plupart, à titre d'experts, participèrent à l'élaboration ou à la mise au point des schémas conciliaires. Certains d'entre eux se mirent au travail à la demande d'organismes officiels qui se trouvent à détenir la paternité de la traduction.

Dans la page de titre précédant chaque document, nous mentionnons par qui la traduction a été établie. Le cas échéant, nous indiquons que la traduction nous a été communiquée par *l'Osservatore Romano* (édition française) ou la *Documentation catholique*. Nous référons également à la publication où l'on peut trouver le texte original latin, soit les *Acta Apostolicae Sedis* ou *l'Osservatore Romano*. Il importe de souligner que seul ce texte latin jouit d'un caractère officiel.

Même si le texte latin officiel ne comporte la plupart du temps des titres que pour les grandes divisions, nous avons cru que des sous-titres faciliteraient la lecture et l'intelligence des documents. C'est pourquoi nous en avons fait établir pour *la Sainte Liturgie, la Formation des Prêtres, les Eglises orientales catholiques* et *les Moyens de communication sociale;* pour les autres documents, nous avons reproduit les sous-titres qui figurent dans les diverses traductions et qui sont basés sur ceux des schémas imprimés pour être discutés par l'assemblée conciliaire avant le vote final. Comme tous ces sous-titres ne font pas partie du texte latin voté et promulgué, nous les avons mis entre crochets.

Parmi les seize documents promulgués, quatre sont des Constitutions, neuf, des Décrets et trois, des Déclarations. Nous publions en premier lieu, dans notre ouvrage, les Constitutions. Viennent ensuite les documents qui s'appuient sur le fondement doctrinal posé par les Constitutions: les Décrets et les Déclarations. A l'intérieur de ces trois groupes, nous avons classé les documents non pas d'après la date de promulgation, mais selon un ordre logique emprunté à une documentation fournie par le Bureau de Presse du Concile.

En appendice, outre les Messages du Concile à l'humanité, nous présentons le texte de discours ou de décisions de S.S. Jean XXIII et de S.S. Paul VI en relation étroite avec le Concile. Nous publions aussi les documents relatifs à la solennelle levée des excommunications entre l'Eglise catholique et l'Eglise orthodoxe.

Nous tenons à remercier les personnes et organismes qui nous ont aimablement permis d'utiliser leurs traductions, et tous ceux qui ont collaboré à cette édition, notamment les auteurs de l'index analytique.

Nous exprimons aussi notre bien vive reconnaissance à S. Em. le Cardinal Paul-Emile Léger qui a daigné préfacer notre ouvrage. Il revenait à Son Eminence, croyons-nous, de présenter aux lecteurs ces documents conciliaires puisqu'elle joua dans leur élaboration un rôle de premier plan.

Paul-Aimé MARTIN, C.S.C.

AVERTISSEMENT POUR LA DEUXIÈME ÉDITION

En décembre 1966, le Secrétariat général du Concile publiait un volume intitulé *Sacrosanctum Oecumenicum Concilium Vaticanum II — Constitutiones, Decreta, Declarationes* (XXIV - 1292 pages). Ce volume reproduit le texte latin officiel des constitutions, décrets et déclarations dans leur forme authentique, tels qu'ils ont été approuvés par le Concile et qu'ils sont parus dans les *Acta Apostolicae Sedis*. On a éliminé de cette édition très soignée quelques erreurs qui avaient échappé lors de la publication dans *l'Osservatore Romano*. Une grande attention a été apportée à la revision des notes qui a été exécutée par chacune des commissions conciliaires.
Afin de présenter un travail aussi parfait que possible, nous avons revisé toutes nos traductions sur ce texte latin officiel et nous avons effectué de nombreuses corrections surtout dans les références qui figurent en note, au bas des pages.

P.-A. M.

NOTES ET ABRÉVIATIONS

Le présent ouvrage comporte un grand nombre de notes au bas des pages. Quelques-unes d'entre elles ont été rédigées par nos soins et sont suivies de la mention « note des éditeurs ». Toutes les autres font partie du texte latin officiel. Ces notes contiennent des centaines de références aux seize documents conciliaires et aux textes publiés en appendice. Afin de faciliter les recherches, nous avons indiqué dans le texte même des notes, entre crochets, la ou les pages de notre ouvrage où se trouve le passage cité.
Les auteurs des notes ont utilisé de nombreuses abréviations. Voir la signification des principales de ces abréviations à la page 670.

CHRONOLOGIE
DU CONCILE VATICAN II

25 janvier 1959 S.S. Jean XXIII, dans une allocution prononcée à Saint-Paul-hors-les-murs, annonce pour la première fois son intention de réunir un Concile œcuménique.

25 décembre 1961 S.S. Jean XXIII, dans la constitution apostolique *Humanæ Salutis*, convoque le Concile œcuménique.

11 octobre 1962 Début de la 1ère période (session) et 1ère session (publique) du Concile.

20 octobre 1962 Le Concile publie un message à l'humanité.

8 décembre 1962 Fin de la première période (session).

3 juin 1963 Décès de S.S. Jean XXIII.

21 juin 1963 Élection de S.S. Paul VI.

22 juin 1963 S.S. Paul VI, dans un message *Urbi et Orbi*, annonce officiellement son intention de continuer le Concile œcuménique.

29 septembre 1963 Début de la 2e période (session) et 2e session (publique) du Concile.

4 décembre 1963 3e session (publique) du Concile.
Promulgation de la constitution *Sacrosanctum Concilium* (la Sainte Liturgie) et du décret *Inter Mirifica* (les Moyens de communication sociale).
Fin de la deuxième période (session).

4-6 janvier 1964 S.S. Paul VI se rend en Terre sainte et a une entrevue avec le Patriarche Athénagoras.

14 septembre 1964 Début de la 3e période (session) et 4e session (publique) du Concile.

21 novembre 1964 5e session (publique) du Concile.
Promulgation de la constitution dogmatique *Lumen Gentium* (l'Église); des décrets *Unitatis Redintegratio* (l'Oecuménisme) et *Orientalium Ecclesiarum* (les Églises orientales catholiques).
Fin de la 3e période (session).

14 septembre 1965   Début de la 4e période (session) et 6e session (publique) du Concile.

15 septembre 1965   S.S. Paul VI, dans le Motu Proprio *Apostolica Sollicitudo*, établit le Synode d'évêques.

4-5 octobre 1965   S.S. Paul VI se rend à New-York pour prononcer un discours devant l'Assemblée générale des Nations Unies et, à son retour à Rome, il adresse la parole au Concile.

28 octobre 1965   7e session (publique) du Concile.
                          Promulgation de trois décrets: *Christus Dominus* (la Charge pastorale des évêques), *Optatam Totius* (la Formation des prêtres), *Perfectæ Caritatis* (la Vie religieuse); et de deux déclarations: *Gravissimum Educationis* (l'Éducation chrétienne) et *Nostra Aetate* (l'Église et les religions non chrétiennes).

18 novembre 1965   8e session (publique) du Concile.
                          Promulgation de la constitution dogmatique *Dei Verbum* (la Révélation divine) et du décret *Apostolicam Actuositatem* (l'Apostolat des laïcs).
                          Dans un discours au Concile, S.S. Paul VI annonce notamment la convocation du Synode d'évêques pour l'année 1967, la réforme de la curie romaine, l'ouverture des procès de béatification de S.S. Pie XII et de S.S. Jean XXIII.

7 décembre 1965   9e session (publique) du Concile.
                          Lecture de la déclaration commune du Pape Paul VI et du Patriarche Athénagoras de Constantinople.
                          Promulgation des documents suivants: la constitution pastorale *Gaudium et Spes* (l'Église dans le monde de ce temps), le décret *Presbyterorum Ordinis* (le Ministère et la vie des prêtres), le décret *Ad Gentes* (l'Activité missionnaire de l'Église) et la déclaration *Dignitatis Humanæ* (la Liberté religieuse).

8 décembre 1965   10e session (publique) du Concile.
                          Messages du Concile aux gouvernants, aux hommes de la pensée et de la science, aux artistes, aux femmes, aux travailleurs, aux pauvres, aux malades, à tous ceux qui souffrent, aux jeunes.
                          Clôture solennelle du Concile.

L'ÉGLISE

Constitution dogmatique "de Ecclesia"
("Lumen Gentium")
promulguée le 21 novembre 1964

TRADUCTION ÉTABLIE PAR
LES RR. PP. JEAN-MARC DUFORT ET GILLES LANGEVIN, S.J.
(Copyright Ed. Bellarmin)

Texte latin dans les
« Acta Apostolicæ Sedis » 57 (1965) p. 5-75
et dans les
« Constitutiones, Decreta, Declarationes » p. 93-219

PLAN
de la Constitution

CONSTITUTION DOGMATIQUE
« LUMEN GENTIUM »

PAUL, ÉVÊQUE,
SERVITEUR
DES SERVITEURS DE DIEU,
AVEC LES PÈRES DU SAINT CONCILE,
POUR QUE LE SOUVENIR
S'EN MAINTIENNE À JAMAIS.

CHAPITRE PREMIER

LE MYSTÈRE DE L'ÉGLISE

1. [*Introduction*]

L E Christ est la Lumière des nations; aussi, en annonçant l'Evangile à toute créature (cf. Mc 16, 15), le saint Concile réuni dans l'Esprit-Saint désire-t-il ardemment illuminer tous les hommes de la lumière du Christ qui resplendit sur le visage de l'Eglise. Celle-ci, pour sa part, est dans le Christ comme un sacrement ou, si l'on veut, un signe et un moyen d'opérer l'union intime avec Dieu et l'unité de tout le genre humain; elle se propose donc, en suivant de près la doctrine des précédents Conciles, de faire connaître avec plus de précision à ses fidèles et au monde entier sa nature et sa mission universelle. Ce devoir, les conditions actuelles l'imposent à l'Eglise avec une urgence accrue: il importe en effet que la communauté humaine, toujours plus étroitement unifiée par de multiples liens sociaux, techniques, culturels, puisse atteindre également sa pleine unité dans le Christ.

2. [*Le dessein du Père qui veut sauver tous les hommes*]

Par une disposition tout à fait libre et mystérieuse de sa sagesse et de sa bonté, le Père éternel a créé l'univers. Il a voulu élever les hommes jusqu'au partage de la vie divine. Et une fois qu'ils eurent péché en Adam, il ne les abandonna pas; sans cesse il leur offrit des secours pour leur salut en considération du Christ rédempteur, « qui

est l'image du Dieu invisible, le premier-né de toute créature » (Col. 1,
15). D'autre part, ceux qu'il a choisis, le Père avant tous les siècles
les « a d'avance connus et prédestinés à reproduire l'image de son
Fils, pour que celui-ci soit le premier-né d'un grand nombre de
frères » (Rom. 8, 29). Et ceux qui ont foi dans le Christ, il a voulu
les rassembler en la sainte Eglise qui, préfigurée dès l'origine du
monde, admirablement préparée dans l'histoire du peuple d'Israël et
l'ancienne Alliance [1], établie en ces temps qui sont les derniers, a été
manifestée par l'effusion de l'Esprit et sera glorieusement achevée à
la fin des siècles. Alors seulement, comme on peut le lire dans les
saints Pères, tous les justes depuis Adam, « depuis le juste Abel
jusqu'au dernier élu » [2] seront rassemblés auprès du Père dans l'Eglise
universelle.

3. [*La mission du Fils*]

Le Fils est donc venu, envoyé par le Père qui nous a choisis en
lui dès avant la création du monde et nous a prédestinés à être ses
enfants adoptifs, parce qu'il lui a plu de tout réunir en lui (cf. Eph. 1,
4-5 et 10). C'est pourquoi le Christ, afin d'accomplir la volonté du
Père, a inauguré ici-bas le royaume des cieux, nous a révélé le
mystère du Père et, par son obéissance, a opéré la rédemption.
L'Eglise, qui est le royaume du Christ déjà présent sous une forme
mystérieuse, croît visiblement dans le monde grâce à la puissance de
Dieu. Ce commencement et cette croissance sont signifiés par le
sang et l'eau qui sortent du côté de Jésus crucifié (cf. Jn 19, 34) et
annoncés par les paroles du Seigneur concernant sa mort en croix:
« Et Moi, quand je serai élevé de terre, j'attirerai tout à Moi »
(Jn 12, 32 gr.). Chaque fois que le sacrifice de la croix, par lequel
« le Christ, notre Pâque, a été immolé » (I Cor. 5, 7), est célébré sur
l'autel, l'œuvre de notre rédemption se réalise. En même temps le
sacrement du pain eucharistique représente et produit l'unité des
fidèles, qui constituent un seul corps dans le Christ (cf. I Cor. 10, 17).
Tous les hommes sont appelés à cette union avec le Christ, qui est la
lumière du monde, de qui nous venons, par qui nous vivons, vers qui
nous tendons.

---

1. Cf. S. Cyprianus, *Epist.* 64, 4: PL 3, 1017. CSEL (Hartel), III B,
p. 720. S. Hilarius Pict., *In Mt.* 23, 6: PL 9, 1047. S. Augustinus, *passim*.
S. Cyrillus Alex., *Glaph. in Gen.* 2, 10: PG 69, 110 A.

2. Cf. S. Gregorius M., *Hom. in Evang.* 1º, 1: PL 76, 1154 B. S. Augustinus, *Serm.* 341, 9, 11: PL 39, 1499 s. S. Io. Damascenus, *Adv. Iconocl.* 11: PG 96, 1357.

4. [*L'Esprit qui sanctifie l'Église*]

Une fois accomplie l'œuvre que le Père avait donné à faire au Fils sur la terre (cf. Jn 17, 4), l'Esprit-Saint fut envoyé le jour de la Pentecôte, afin de sanctifier l'Eglise en permanence et qu'ainsi les croyants aient par le Christ, en un seul Esprit, accès auprès du Père (cf. Eph. 2, 18). Il est l'Esprit de vie, la source d'eau jaillissant jusqu'à la vie éternelle (cf. Jn 4, 14; 7, 38-39), par qui le Père vivifie les hommes, morts par suite du péché, jusqu'au moment où il rendra la vie dans le Christ à leurs corps mortels (cf. Rom. 8, 10-11). L'Esprit habite dans l'Eglise et dans les cœurs des fidèles comme en un temple (cf. I Cor. 3, 16; 6, 19); en eux il prie et rend témoignage de leur adoption filiale (cf. Gal. 4, 6; Rom. 8, 15-16 et 26). Cette Eglise qu'il amène à la vérité tout entière (cf. Jn 16, 13), qu'il réunit dans la communion et le ministère, il l'édifie encore et la dirige par des dons variés, tant hiérarchiques que charismatiques, et par ses œuvres il l'embellit (cf. Eph. 4, 11-12; I Cor. 12, 4; Gal. 5, 22). Il la rajeunit par la force de l'Evangile, il la rénove perpétuellement et la conduit enfin à l'union parfaite avec son Epoux [3]. Car l'Esprit et l'Epouse disent au Seigneur Jésus « Viens ! » (cf. Apoc. 22, 17). Ainsi l'Eglise universelle apparaît-elle comme « un peuple rassemblé dans l'unité du Père, du Fils et de l'Esprit-Saint » [4].

5. [*Le royaume de Dieu*]

Le mystère de la sainte Eglise se manifeste dans sa fondation. Le Seigneur Jésus, en effet, inaugura son Eglise en prêchant la bonne nouvelle, c'est-à-dire la venue du Royaume de Dieu promis depuis des siècles dans les Ecritures: « Les temps sont accomplis, le Royaume de Dieu est proche » (Mc 1, 15; cf. Mt. 4, 17). Ce Royaume de Dieu, il apparaît aux hommes dans la parole, les œuvres et la présence du Christ. La parole du Seigneur est comparée au grain semé dans un champ (Mc 4, 14): ceux qui l'écoutent avec foi et s'agrègent au petit troupeau du Christ (Lc 12, 32) ont accueilli le Royaume lui-même. Puis la semence, par sa propre force, germe et se développe jusqu'au temps de la moisson (cf. Mc 4, 26-29). De même les miracles de Jésus sont une preuve que le Royaume est véritablement venu sur terre: « Si c'est par le doigt de Dieu que je chasse les démons, il est déjà venu à vous, le Royaume de Dieu » (Lc 11,

---

3. Cf. S. Irenaeus, *Adv. Haer.* III, 24, 1: PG 7, 966 B; Harvey 2, 131; ed. Sagnard, *Sources Chr.*, p. 398.

4. S. Cyprianus, *De Orat. Dom.* 23: PL 4, 553; Hartel, III A, p. 285. S. Augustinus, *Serm.* 71, 20, 33: PL 38, 463 s. S. Io. Damascenus, *Adv. Iconocl.* 12: PG 96, 1358 D.

20; cf. Mt. 12, 28). Mais, avant tout, le Royaume se manifeste dans la Personne même du Christ, Fils de Dieu et Fils de l'homme, qui est venu « pour servir et donner sa vie comme rançon d'un grand nombre » (Mc 10, 45).

Et quand Jésus, après avoir souffert la mort en croix pour les hommes, fut ressuscité, il apparut établi comme Seigneur et Christ, comme Prêtre éternel (cf. Act. 2, 36; Héb. 5, 6; 7, 17-21) et il répandit en ses disciples l'Esprit promis par le Père (cf. Act. 2, 33). Dès lors, l'Eglise pourvue des dons de son Fondateur et attachée à ses préceptes de charité, d'humilité et d'abnégation, reçoit la mission d'annoncer et d'instaurer en toutes les nations le Royaume du Christ et de Dieu dont, sur terre, elle constitue le germe et le commencement. Dans l'intervalle, à mesure qu'elle grandit, elle aspire à l'accomplissement du Royaume, elle espère et souhaite de toutes ses forces être unie à son Roi dans la gloire.

6. [Les images de l'Église]

Dans l'Ancien Testament la révélation du Royaume est souvent présentée sous des figures; de même maintenant, c'est par diverses images que la nature intime de l'Eglise se fait connaître à nous, et ces images empruntées soit à la vie pastorale et au travail des champs, soit à la construction des édifices et même à la famille et aux noces, s'élaborent déjà dans les livres des Prophètes.

L'Eglise est en effet le bercail dont la porte unique et nécessaire est le Christ (Jn 10, 1-10). Elle est aussi le troupeau, dont Dieu avait annoncé qu'il serait lui-même le pasteur (cf. Is. 40, 11; Ez. 34, 11 suiv.), et dont les brebis, même si elles sont guidées par des pasteurs humains, ne cessent jamais cependant d'être conduites et nourries par le Christ lui-même, le bon Pasteur et le Prince des pasteurs (cf. Jn 10, 11; I Petr. 5, 4), qui a donné sa vie pour les brebis (cf. Jn 10, 11-15).

L'Eglise est la terre que Dieu cultive, ou encore son champ (I Cor. 3, 9). Dans ce champ grandit l'antique olivier dont la racine sainte fut constituée par les Patriarches et dans lequel s'est faite et se fera la réconciliation des Juifs et des Gentils (Rom. 11, 13-26). L'Eglise a été plantée par le céleste Cultivateur comme la vigne choisie (Mt. 21, 33-43 par.; cf. Is. 5, 1 suiv.). Le Christ est la vraie vigne qui donne la vie et la fécondité aux sarments, c'est-à-dire à nous qui par l'Eglise demeurons en lui; et sans lui nous ne pouvons rien faire (Jn 15, 1-5).

Plus souvent encore l'Eglise s'appelle l'édifice de Dieu (I Cor. 3, 9). Le Seigneur lui-même s'est comparé à la pierre que les bâtisseurs ont rejetée mais qui est devenue tête d'angle (Mt. 21, 41 par.; cf. Act. 4, 11; I Petr. 2, 7; Ps. 117, 22). Sur ce fondement l'Eglise est construite par les Apôtres (cf. I Cor. 3, 11) et c'est de lui qu'elle reçoit fermeté et cohésion. Cet édifice prend diverses appellations: maison de Dieu (I Tim. 3, 15) où habite sa famille, demeure de Dieu dans l'Esprit (Eph. 2, 19-22), « tabernacle de Dieu avec les hommes » (Apoc. 21, 3) et surtout temple sacré, que les saints Pères voient représenté dans des sanctuaires de pierres et qui, dans la Liturgie, est comparé non sans raison à la Cité sainte, à la nouvelle Jérusalem [5]. En elle, de fait, nous sommes édifiés dès ici-bas comme des pierres vivantes (cf. I Petr. 2, 5). Et Jean contemple la sainte cité, lors de la rénovation du monde, descendant du ciel d'auprès de Dieu, « prête comme une fiancée toute parée pour son époux » (Apoc. 21, 1 suiv.).

L'Eglise est même appelée « la Jérusalem d'en haut » et « notre mère » (Gal. 4, 26; Apoc. 12, 17); elle apparaît comme l'épouse immaculée de l'Agneau sans tache (Apoc. 19, 7; 21, 2 et 9; 22, 17). Cette épouse, le Christ « l'a aimée... et il s'est livré lui-même pour elle, afin de la sanctifier » (Eph. 5, 25-26); il se l'est associée par un pacte indissoluble et sans cesse « il la nourrit et la soigne » (Eph. 5, 29), et il a voulu, après l'avoir purifiée, qu'elle lui soit unie et soumise dans l'amour et la fidélité (cf. Eph. 5, 24). Enfin, il l'a comblée pour toujours de dons célestes, afin que nous puissions connaître la charité de Dieu et du Christ pour nous, charité qui dépasse toute connaissance (cf. Eph. 3, 19). Mais tandis que l'Eglise accomplit son pèlerinage sur terre, loin du Seigneur (cf. II Cor. 5, 6), elle se sent comme en exil, si bien qu'elle recherche les choses d'en haut, qu'elle a du goût pour les choses d'en haut, là où le Christ est assis à la droite de Dieu, où sa vie reste cachée avec le Christ en Dieu jusqu'au jour où elle apparaîtra avec son Epoux dans la gloire (cf. Col. 3, 1-4).

7. [*L'Église, Corps mystique du Christ*]

Dans la nature humaine qu'il s'est unie, le Fils de Dieu, en remportant la victoire sur la mort par sa mort et sa résurrection, a

---

5. Cf. Origenes, *In Matth.* 16, 21: PG 13, 1443 C; Tertullianus, *Adv. Marc.* 3, 7: PL 2, 357 C; CSEL 47, 3 p. 386. Pour les documents liturgiques, cf. *Sacramentarium Gregorianum*: PL 78, 160 B. Ou C. Mohlberg, *Liber Sacramentorum Romanae Ecclesiae*, Romae 1960, p. 111, XC: « Deus, qui ex omni coaptatione sanctorum aeternum tibi condis habitaculum... ». Hymnes *Urbs Ierusalem beata* dans le Bréviaire monastique et *Coelestis urbs Ierusalem* dans le Bréviaire Romain.

racheté l'homme et l'a transformé pour en faire une nouvelle créature (cf. Gal. 6, 15; II Cor. 5, 17). Car en communiquant son Esprit, il a mystiquement établi ses frères, appelés d'entre toutes les nations, comme son propre corps.

Dans ce corps la vie du Christ se diffuse en ceux qui croient et qui, par les sacrements, sont unis, d'une façon mystérieuse mais bien réelle, au Christ souffrant et glorifié [6]. Par le baptême, en effet, nous sommes rendus conformes au Christ: « En effet, nous avons été baptisés dans un seul Esprit pour former un seul corps » (I Cor. 12, 13). Par ce rite sacré, l'union à la mort et à la résurrection du Christ est à la fois représentée et effectuée: « par le baptême, en effet, nous avons été ensevelis avec lui dans la mort »; et si « nous avons été greffés sur lui par une mort pareille à la sienne, de même le serons-nous par une résurrection pareille » (Rom. 6, 4-5). Dans la fraction du pain eucharistique nous avons réellement part au corps du Seigneur et nous sommes élevés à la communion avec lui et entre nous. « Parce qu'il y a un seul pain, nous ne sommes qu'un corps malgré notre grand nombre, attendu que tous nous recevons notre part de ce pain unique » (I Cor. 10, 17). Ainsi tous nous devenons membres de ce corps (cf. I Cor. 12, 27) « et respectivement, membres les uns des autres » (Rom. 12, 5).

Mais de même que tous les membres du corps humain, pour nombreux qu'ils soient, ne forment cependant qu'un corps, de même en est-il des fidèles dans le Christ (cf. I Cor. 12, 12). La diversité des membres et des fonctions se vérifie également dans l'édification du corps du Christ. Unique est l'Esprit, qui distribue ses dons, à la mesure de sa richesse et suivant les besoins des ministères, au profit de l'Eglise (cf. I Cor. 12, 1-11). Parmi ces dons vient en tête la grâce des Apôtres, à l'autorité desquels l'Esprit lui-même soumet ceux qui ont reçu des charismes (cf. I Cor. 14). C'est le même Esprit qui unifie lui-même le corps par sa propre puissance et au moyen de l'articulation interne des membres entre eux, et qui produit et stimule la charité chez les fidèles. En conséquence, si un membre a quelque souffrance à supporter, tous les membres souffrent avec lui; ou si un membre est honoré, tous les membres partagent sa joie (cf. I Cor. 12, 26).

De ce corps le Christ est le chef. Il est lui-même l'image du Dieu invisible, et en lui tout a été créé. Lui-même est avant toute chose et toutes choses subsistent en lui. Il est le chef du corps qu'est l'Eglise.

---

6. Cf. S. Thomas, *Summa Theol.* III, q. 62, a. 5, ad 1.

Il est le principe, le premier-né d'entre les morts, afin d'avoir en tout la prééminence (cf. Col. 1, 15-18). Par la grandeur de sa puissance il règne sur les choses du ciel et de la terre; grâce à sa perfection et à son action qui surpassent tout, il comble des richesses de sa gloire son corps tout entier [7] (cf. Eph. 1, 18-23).

Tous les membres doivent tendre à lui ressembler, jusqu'à ce que le Christ soit formé en eux (cf. Gal. 4, 19). Voilà pourquoi nous sommes englobés dans les mystères de sa propre vie, rendus conformes à lui-même, morts et ressuscités avec lui en attendant de régner avec lui (cf. Phil. 3, 21; II Tim. 2, 11; Eph. 2, 6; Col. 2, 12; etc.). Cheminant encore sur la terre, suivant ses traces dans les épreuves et la persécution, nous sommes associés à ses souffrances comme le corps à sa tête, et nous souffrons avec lui pour être glorifiés avec lui (cf. Rom. 8, 17).

De lui « tout le corps, desservi et uni par des jointures et des liens, tire son accroissement en Dieu » (Col. 2, 19). Lui-même, dans son corps qui est l'Eglise, dispense sans cesse les dons des ministères, au moyen desquels nous nous aidons les uns les autres, grâce à lui, en vue du salut, afin que, professant la vérité dans la charité, nous croissions à tous les égards en lui qui est notre Chef (cf. Eph. 4, 11-16 gr.).

Et afin que nous soyons continuellement renouvelés en lui (cf. Eph. 4, 23), il nous a donné d'avoir part à son Esprit. Et cet Esprit, qui est unique et identique dans le Chef et dans les membres, vivifie, unifie et meut tout le corps; si bien que les saints Pères ont pu comparer son rôle à la fonction que l'âme, principe vital, remplit dans le corps humain [8].

Le Christ aime l'Eglise comme son épouse, et il est le modèle de l'homme qui aime sa femme comme son propre corps (cf. Eph. 5, 25-28); l'Eglise, pour sa part, est soumise à son Chef (ib. 23-24). « Parce qu'en lui corporellement réside la plénitude de la divinité » (Col. 2, 9), il comble de ses dons divins l'Eglise qui est son corps et

---

7. Cf. Pius XII, Litt. Encycl. *Mystici Corporis*, 29 juin 1943: *AAS* 35 (1943), p. 208.
8. Cf. Leo XIII, Epist. Encycl. *Divinum illud*, 9 mai 1897: *ASS* 29 (1896-97) p. 650. Pius XII, Litt. Encycl. *Mystici Corporis*, l. c., pp. 219-220; Denz. 2288 (3808). S. Augustinus, *Serm*. 268, 2: PL 38, 1232, et ailleurs. S. Io. Chrysostomus, *In Eph*. Hom. 9, 3: PG 62, 72. Didymus Alex., *Trin*. 2, 1: PG 39, 449 s. S. Thomas, *In Col*. 1, 18, lect. 5; ed. Marietti, II, n. 46: « Sicut constituitur unum corpus ex unitate animae, ita Ecclesia ex unitate Spiritus... ».

son plérôme (cf. Eph. 1, 22-23), afin qu'elle tende et atteigne à toute la plénitude de Dieu (cf. Eph. 3, 19).

8. [*L'Église, à la fois visible et spirituelle*]

Le Christ, unique Médiateur, a établi et soutient sans cesse ici-bas sa sainte Eglise, qui est une communauté de foi, d'espérance et de charité, comme un organisme visible [9] par lequel il répand sur tous la vérité et la grâce. Mais la société constituée d'organes hiérarchiques et le Corps mystique du Christ, le groupement visible et la communauté spirituelle, l'Eglise terrestre et l'Eglise déjà pourvue des biens célestes ne doivent pas être considérés comme deux entités; ils constituent bien plutôt une seule réalité complexe formée d'un élément humain et d'un élément divin [10]. Ainsi, par une analogie qui n'est pas sans valeur, elle est comparable au mystère du Verbe incarné. De même, en effet, que la nature assumée par le Verbe divin lui sert d'instrument de salut, instrument vivant et indissolublement uni à lui-même, de même cet organisme ecclésial sert à l'Esprit du Christ qui le vivifie en vue de la croissance du corps (cf. Eph. 4, 16) [11].

Telle est l'unique Eglise du Christ que, dans le Symbole, nous reconnaissons comme une, sainte, catholique et apostolique [12], que notre Sauveur, après sa résurrection remit à Pierre pour qu'il la paisse (Jn 21, 17). C'est elle que le même Pierre et les autres Apôtres furent chargés par lui de répandre et de guider (cf. Mt. 28, 18 ss), elle enfin qu'il établit pour toujours « colonne et soutien de la vérité » (I Tim. 3, 15). Cette Eglise, constituée et organisée en ce monde comme une communauté, subsiste dans l'Eglise catholique, gouvernée par le successeur de Pierre et les évêques en communion avec lui [13], encore que, hors de cet ensemble, on trouve plusieurs éléments de sanctification et de vérité qui, en tant que dons propres à l'Eglise du Christ, invitent à l'unité catholique.

9. Leo XIII, Litt. Encycl. *Sapientiae christianae*, 10 janv. 1890: *ASS* 22 (1889-90) p. 392. Id., Epist. Encycl. *Satis cognitum*, 29 juin 1896: *ASS* 28 (1895-96) pp. 710 et 724 ss. Pius XII, Litt. Encycl. *Mystici Corporis*, l. c., pp. 199-200.

10. Cf. Pius XII, Litt. Encycl. *Mystici Corporis*, l. c., p. 221 ss. Id., Litt. Encycl. *Humani generis*, 12 août 1950: *AAS* 42 (1950) p. 571.

11. Leo XIII, Epist. Encycl. *Satis Cognitum*, l. c., p. 713.

12. Cf. *Symbolum Apostolicum*: Denz. 6-9 (10-13); *Symb. Nic.-Const.*: Denz. 86 (150); coll. *Prof. fidei Trid.*: Denz. 994 et 999 (1862 et 1868).

13. On dit « Sancta (catholica apostolica) Romana Ecclesia »: dans *Prof. fidei Trid.*, l. c., et dans Conc. Vat. I, Sess. III, Const. dogm. *de fide cath.*: Denz. 1782 (3001).

Le Christ a accompli son œuvre rédemptrice dans la pauvreté et la persécution; ainsi l'Église est-elle appelée à prendre la même voie pour communiquer aux hommes les fruits du salut. Le Christ Jésus, « possédant la nature divine... s'est anéanti lui-même en prenant la nature de l'esclave » (Phil. 2, 6) et pour nous « s'est fait pauvre, de riche qu'il était » (II Cor. 8, 9). Telle est aussi l'Eglise; et même si elle a besoin de ressources humaines pour remplir sa mission, elle n'est pas établie pour rechercher la gloire terrestre, mais pour prêcher, même par son exemple, l'humilité et l'abnégation. Le Christ a été envoyé par le Père « pour évangéliser les pauvres... guérir les cœurs brisés » (Lc 4, 18), « chercher et sauver ce qui était perdu » (Lc 19, 10). De même l'Eglise entoure tous ceux qu'afflige l'infirmité humaine; bien plus, elle reconnaît dans les pauvres et en ceux qui souffrent l'image de son Fondateur pauvre et souffrant, elle s'emploie à soulager leur détresse et veut servir le Christ en eux. Mais tandis que le Christ « saint, innocent, sans souillure » (Hébr. 7, 26) n'a pas connu le péché (II Cor. 5, 21) mais est venu seulement expier les péchés du peuple (cf. Hébr. 2, 17), l'Eglise, qui renferme en son sein les pécheurs, qui est sainte et, en même temps, doit toujours être purifiée, recherche sans cesse la pénitence et le renouvellement.

L'Eglise « va de l'avant, marchant parmi les persécutions du monde et les consolations de Dieu » [14], annonçant la croix et la mort du Seigneur, jusqu'à ce qu'il vienne (cf. I Cor. 11, 26). C'est la puissance du Seigneur ressuscité qui la fortifie pour lui faire surmonter par la patience et la charité ses peines et ses difficultés intérieures aussi bien qu'extérieures et, malgré tout, lui faire révéler fidèlement au monde le mystère du Seigneur, mystère encore caché jusqu'à ce qu'il apparaisse à la fin dans sa pleine lumière.

---

14. S. Augustinus, *Civ. Dei*, XVIII, 51, 2: PL 41, 614.

CHAPITRE II

LE PEUPLE DE DIEU

9. [*La Nouvelle Alliance et le Peuple nouveau*]

De tout temps et chez toute nation, celui qui craint Dieu et pratique la justice lui fut agréable (cf. Act. 10, 35). Cependant Dieu n'a pas voulu sanctifier et sauver les hommes individuellement et sans qu'aucun rapport n'intervienne entre eux, mais plutôt faire d'eux un peuple qui le reconnaisse vraiment et le serve dans la sainteté. Il se choisit donc comme peuple le peuple israélite, conclut avec lui une alliance et l'instruisit graduellement en se manifestant lui-même, en faisant connaître le dessein de sa volonté dans l'histoire de ce peuple et en se le consacrant. Tout cela cependant n'advint qu'à titre de préparation et en figure, eu égard à l'alliance nouvelle et parfaite qui devait se réaliser dans le Christ et de la révélation plus complète qu'allait apporter le Verbe même de Dieu fait homme. « Voici venir les jours — oracle du Seigneur — où je conclurai avec la maison d'Israël et la maison de Juda une alliance nouvelle... Je mettrai ma loi au fond de leur être et je l'écrirai sur leur cœur. Alors, je serai leur Dieu et eux seront mon peuple... Ils me connaîtront tous, des plus petits jusqu'aux plus grands — oracle du Seigneur » (Jér. 31, 31-34). Puis le Christ scella ce nouveau pacte, c'est-à-dire la nouvelle alliance, en son sang (cf. I Cor. 11, 25) en appelant d'entre les Juifs et les gentils une multitude qui s'unirait non pas selon la chair mais en esprit, afin de constituer le nouveau Peuple de Dieu. En effet ceux qui croient au Christ, engendrés à nouveau d'un germe non point corruptible, mais incorruptible par la parole du Dieu vivant (cf. I Petr. 1, 23), non pas de la chair mais de l'eau et de l'Esprit-Saint (cf. Jn 3, 5-6) constituent « une race élue, un sacerdoce royal, une nation sainte, un peuple acquis... eux, qui jadis n'étaient pas un peuple, et maintenant sont le peuple de Dieu » (I Petr. 2, 9-10).

Ce peuple messianique a pour chef le Christ « qui a été livré pour nos fautes et est ressuscité pour notre sanctification » (Rom. 4, 25) et qui, maintenant, après s'être acquis un nom qui est au-dessus de tout nom, règne glorieusement dans les cieux. Il est dans l'état de dignité et de liberté propre aux fils de Dieu, dont le cœur est comme le temple de l'Esprit-Saint. Il a pour loi un commandement nouveau, celui d'aimer comme le Christ lui-même nous a aimés (cf. Jn 13, 34). Enfin, il a son terme dans le Royaume de Dieu, inauguré sur terre par Dieu lui-même, destiné à s'étendre dans la suite des âges en attendant de recevoir en Lui son perfectionnement final à la fin des siècles, lorsque le Christ se manifestera, lui qui est notre vie (cf. Col. 3, 4), et que « la création elle-même sera libérée de la servitude de la corruption pour participer à la glorieuse liberté des enfants de Dieu » (Rom. 8, 21). C'est pourquoi ce peuple messianique, s'il ne comprend pas effectivement tous les hommes et n'apparaît parfois que comme un petit troupeau, n'en subsiste pas moins au sein de toute l'humanité comme un germe très fort d'unité, d'espérance et de salut. Etabli par le Christ en communion de vie, de charité et de vérité, il lui sert d'instrument pour la rédemption de tous et il est envoyé au monde entier comme lumière du monde et sel de la terre (cf. Mt. 5, 13-16).

L'Israël selon la chair, cheminant dans la solitude, prend déjà le nom d'Eglise de Dieu (II Esdr. 13, 1; cf. Nombr. 20, 4; Deut. 23, 1 et suiv.); de même le nouvel Israël, celui de l'ère présente en quête de la cité future et qui ne finit pas (cf. Hébr. 13, 14), s'appelle également l'Eglise du Christ (cf. Mt. 16, 18). Car le Christ lui-même l'a acquise au prix de son sang (cf. Act. 20, 28), remplie de son Esprit et pourvue de moyens aptes à procurer une union visible et sociale. Dieu a convoqué la communauté de ceux qui regardent avec foi Jésus, auteur du salut, principe d'unité et de paix, et il en a fait l'Eglise, afin qu'elle soit pour tous et pour chacun le sacrement visible de cette unité salvifique [1]. Cette Eglise qui doit s'étendre à toute la terre et entrer dans l'histoire humaine, domine en même temps les époques et les frontières des peuples. Au milieu des embûches et des tribulations qu'elle rencontre, elle est soutenue, dans sa marche, par le secours de la grâce divine que lui a promise le Seigneur, afin que, dans la condition de l'humaine faiblesse, elle ne laisse pas d'être parfaitement fidèle, mais demeure la digne épouse de son Seigneur et se renouvelle sans cesse elle-même, sous l'action de l'Esprit-Saint; jusqu'à ce que, par la croix, elle parvienne à la lumière qui ne connaît pas de déclin.

10. [*Le sacerdoce commun*]

Le Christ Seigneur, Pontife pris d'entre les hommes (cf. Hébr. 5, 1-5) fit du nouveau peuple « un royaume de prêtres pour Dieu son

---

1. Cf. S. Cyprianus, *Epist.* 69, 6: PL 3, 1142 B; Hartel 3 B, p. 754: « inseparabile unitatis sacramentum ».

Père » (Apoc. 1, 6; 5, 9-10). En effet, par la régénération et l'onction de l'Esprit-Saint, les baptisés sont consacrés pour être une maison spirituelle et un sacerdoce saint, en vue d'offrir des sacrifices spirituels, moyennant toutes les œuvres du chrétien, et d'annoncer les louanges de Celui qui les a appelés des ténèbres à son admirable lumière (cf. I Petr. 2, 4-10). Que tous les disciples du Christ, en persévérant dans la prière et en louant Dieu ensemble (cf. Act. 2, 42-47), s'offrent donc eux-mêmes comme une hostie vivante, sainte, agréable à Dieu (cf. Rom. 12, 1), qu'ils rendent partout témoignage au Christ et, à qui le demande, rendent compte de l'espérance de la vie éternelle qui est en eux (cf. I Petr. 3, 15).

Le sacerdoce commun des fidèles et le sacerdoce ministériel ou hiérarchique, s'ils diffèrent essentiellement et non pas seulement en degré, sont cependant ordonnés l'un à l'autre puisque l'un comme l'autre participe à sa façon de l'unique sacerdoce du Christ [2]. Grâce au pouvoir sacré dont il est investi, le prêtre, ministre du Christ, instruit et gouverne le peuple sacerdotal, accomplit, en qualité de représentant du Christ, le sacrifice eucharistique et l'offre à Dieu au nom de tout le peuple; les fidèles, en vertu de leur sacerdoce royal, ont part à l'offrande eucharistique [3] et exercent leur sacerdoce par la réception des sacrements, la prière et l'action de grâces, par le témoignage d'une vie sainte, par l'abnégation et la charité active.

11. [*L'exercice du sacerdoce commun dans les sacrements*]

Le pouvoir sacré et organiquement structuré de la communauté sacerdotale entre en activité par les sacrements et les vertus. Les fidèles, incorporés à l'Eglise par le baptême, sont rendus aptes, grâce à leur caractère, à célébrer le culte de la religion chrétienne. Et après avoir été régénérés pour devenir enfants de Dieu, ils sont tenus à professer publiquement la foi qu'ils ont reçue de Dieu par l'Eglise [4], à laquelle le sacrement de confirmation les unit plus étroitement grâce à l'Esprit-Saint qui les enrichit d'une force particulière. Ainsi se trouvent-ils plus strictement obligés de répandre la foi et de la défendre par la parole et les œuvres, comme de véritables témoins du

2. Cf. Pius XII, Alloc. *Magnificate Dominum*, 2 nov. 1954: *AAS* 46 (1954) p. 669. Litt. Encycl. *Mediator Dei*, 20 nov. 1947: *AAS* 39 (1947) p. 555.

3. Cf. Pius XI, Litt. Encycl. *Miserentissimus Redemptor*, 8 mai 1928: *AAS* 20 (1928) p. 171 s. Pius XII, Alloc. *Vous nous avez*, 22 septembre 1956: *AAS* 48 (1956) p. 714.

4. Cf. S. Thomas, *Summa Theol.* III, q. 63, a. 2.

Christ [5]. En participant au sacrifice eucharistique, source et sommet de toute la vie chrétienne, ils offrent à Dieu la divine Victime et eux-mêmes avec elle [6]. Ainsi tous, aussi bien par l'offrande que par la sainte communion, jouent dans l'action liturgique le rôle qui leur est propre, non pas indistinctement, mais chacun à sa manière. De plus, en se nourrissant du Corps du Christ dans la sainte communion, ils manifestent concrètement l'unité du Peuple de Dieu, qui, dans ce sublime sacrement, est convenablement signifiée et merveilleusement réalisée.

Ceux qui s'approchent du sacrement de pénitence reçoivent de la miséricorde de Dieu le pardon des offenses qu'ils lui ont faites; en même temps ils se réconcilient avec l'Eglise, que leur péché avait blessée et qui coopère à leur conversion par la charité, l'exemple et la prière. Par l'onction sacrée des malades et la prière des prêtres, toute l'Eglise recommande les malades au Seigneur souffrant et glorifié, afin qu'il adoucisse leurs peines et les sauve (cf. Jac. 5, 14-16); et même elle les exhorte à s'unir spontanément à la passion et à la mort du Christ (cf. Rom. 8, 17; Col. 1, 24; II Tim. 2, 11-12; I Petr. 4, 13), pour contribuer ainsi au bien du Peuple de Dieu. En outre, les fidèles revêtus d'un Ordre sacré sont établis au nom du Christ pour paître l'Eglise par la parole et la grâce de Dieu. Enfin les époux chrétiens, en vertu du sacrement de mariage par lequel ils expriment, en y participant, le mystère d'unité et d'amour fécond entre le Christ et l'Eglise (cf. Eph. 5, 32), s'aident réciproquement afin de parvenir à la sainteté dans la vie conjugale comme dans l'acceptation et l'éducation des enfants. Ils ont ainsi, dans leur état de vie et dans leur fonction, un don qui leur est propre au sein du Peuple de Dieu [7]. De cette union, en effet, procède la famille, où naissent les nouveaux citoyens de la société humaine qui, par la grâce de l'Esprit-Saint, en vue de perpétuer le Peuple de Dieu à travers les siècles, deviennent par le baptême enfants de Dieu. Dans ce qu'on pourrait appeler l'Eglise domestique, les parents doivent par la parole et par l'exemple

---

5. Cf. S. Cyrillus Hieros., *Catech.* 17, de Spiritu Sancto, II, 35-37: PG 33, 1009-1012. Nic. Cabasilas, *De vita in Christo*, lib. III, de utilitate chrismatis: PG 150, 569-580. S. Thomas, *Summa Theol.* III, q. 65, a. 3 et q. 72, a. 1 et 5.

6. Cf. Pius XII, Litt. Encycl. *Mediator Dei*, 20 nov. 1947: *AAS* 39 (1947), spécialement p. 552 s.

7. *1 Cor.* 7, 7: « Unusquisque proprium donum (idion charisma) habet ex Deo: alius quidem sic, alius vero sic ». Cf. S. Augustinus, *De Dono Persev.* 14, 37: PL 45, 1015 s.: « Non tantum continentia Dei donum est, sed coniugatorum etiam castitas ».

être les premiers à faire connaître la foi à leurs enfants et ils doivent
cultiver la vocation de chacun d'entre eux, spécialement la sainte
vocation.

Munis de tant de moyens de salut si admirables, les fidèles, quels
que soient leur état et leur condition, sont appelés par le Seigneur,
chacun en suivant sa voie personnelle, à la perfection de cette
sainteté dont le Père jouit en plénitude.

12. [*Le sens de la foi et les charismes dans le peuple chrétien*]

Le Peuple saint de Dieu a part également à la fonction prophétique du Christ, en rendant un vivant témoignage à son endroit, avant
tout par une vie de foi et de charité et en offrant à Dieu un sacrifice
de louange, c'est-à-dire le fruit de lèvres qui confessent son nom (cf.
Hébr. 13, 15). L'ensemble des fidèles qui ont reçu l'onction du Saint
(cf. I Jn 2, 20 et 27) ne peut pas errer dans la foi; et il manifeste cette
prérogative au moyen du sens surnaturel de la foi commun à tout le
peuple, lorsque « depuis les évêques jusqu'au dernier des fidèles
laïcs » [8], il fait entendre son accord universel dans les domaines de
la foi et de la morale. C'est, en effet, dans ce sens de la foi éveillé et
nourri par l'Esprit de vérité que le Peuple de Dieu, fidèlement soumis
à la conduite du magistère sacré, accueille vraiment non pas une
parole humaine mais la parole de Dieu (cf. I Thess. 2, 13), qu'il
adhère indéfectiblement « à la foi qui fut une fois pour toutes transmise aux saints » (Jude 3), qu'il approfondit correctement cette même
foi et la met plus pleinement en œuvre.

En outre, le même Esprit-Saint non seulement sanctifie le Peuple
de Dieu, le conduit et l'orne de vertus au moyen des sacrements et des
ministères mais, « en distribuant à chacun ses dons comme il lui
plaît » (I Cor. 12, 11), il dispense également, parmi les fidèles de tout
ordre, des grâces spéciales qui les habilitent à assumer des activités
et des services divers, utiles au renouvellement et à l'expansion de
l'Eglise, suivant ces paroles: « A chacun la manifestation de l'Esprit
est donnée en vue du bien commun » (I Cor. 12, 7). Ces charismes,
qu'ils soient extraordinaires ou plus simples et plus répandus, sont
ordonnés et adaptés d'abord aux besoins de l'Eglise: ils doivent donc
être accueillis avec gratitude et joie spirituelle. Cependant, il ne faut
pas demander imprudemment les dons extraordinaires, pas plus qu'il
ne faut en attendre présomptueusement les fruits des travaux apostoliques. C'est à l'autorité ecclésiastique qu'il appartient de juger de

---

8. Cf. S. Augustinus, *De Praed. Sanct.* 14, 27: PL 44, 980.

l'authenticité et de la mise en œuvre de ces dons; et c'est aussi à elle qu'il appartient spécialement de ne pas éteindre l'Esprit, mais de tout examiner et de retenir ce qui est bon (cf. I Thess. 5, 12 et 19-21).

13. [*L'universalité ou « catholicité » de l'unique Peuple de Dieu*]

Tous les hommes sont appelés à former le nouveau Peuple de Dieu. En conséquence, ce peuple doit, sans cesser d'être un et unique, s'étendre au monde entier et en tous les siècles afin que s'accomplisse le dessein de Dieu, qui au commencement créa la nature humaine une et voulut ensuite rassembler en un seul corps ses enfants dispersés (cf. Jn 11, 52). A cette fin, Dieu envoya son Fils, qu'il constitua héritier de toutes choses (cf. Hébr. 1, 2), pour être Maître, Roi et Prêtre de l'univers, Chef du peuple nouveau et universel des fils de Dieu. A cette fin aussi Dieu envoya l'Esprit de son Fils, Seigneur et Vivificateur, qui est, pour toute l'Eglise et pour chacun des croyants, principe de réunion et d'unité dans l'enseignement des Apôtres, dans la communion, dans la fraction du pain et les prières (cf. Act. 2, 42 gr.).

En toutes les nations de la terre subsiste l'unique Peuple de Dieu, puisque c'est de toutes les nations qu'il tire ses membres, citoyens d'un Royaume dont le caractère n'est pas terrestre, mais bien céleste. Car tous les fidèles épars à travers le monde sont en communion les uns avec les autres dans l'Esprit-Saint, et ainsi « celui qui habite à Rome sait que les Indiens sont ses membres » [9]. Mais comme le Royaume du Christ n'est pas de ce monde (cf. Jn 18, 36), l'Eglise, Peuple de Dieu, en introduisant ce Royaume, n'enlève rien au bien temporel des peuples, quels qu'ils soient; au contraire, elle favorise et assume, dans la mesure où ces choses sont bonnes, les talents, les richesses, les coutumes des peuples et, en les assumant, les purifie, les renforce et les élève. Elle sait, en effet, qu'il lui faut resserrer ses rangs autour de ce Roi; car c'est à lui que les nations ont été données en héritage (cf. Ps. 2, 8), vers son royaume qu'afflueront richesses et présents (cf. Ps. 71/72, 10; Is. 60, 4-7; Apoc. 21, 24). Ce caractère d'universalité qui distingue le Peuple de Dieu est un don du Seigneur lui-même qui porte l'Eglise catholique à s'employer efficacement et sans arrêt à rassembler toute l'humanité et la totalité de ses biens sous le Christ Chef, en l'unité de son Esprit [10].

---

9. Cf. S. Io. Chrysostomus, *In Io.* Hom. 65, 1: PG 59, 361.
10. Cf. S. Irenaeus, *Adv. Haer.* III, 16, 6; III, 22, 1-3: PG 7, 925C-926A et 955C-958A; Harvey 2, 87 s. et 120-123; Sagnard, Ed. *Sources Chrét.*, pp. 290-292 et 372 ss.

Grâce à cette universalité, chaque élément apporte aux autres et
à toute l'Eglise ses propres dons; en sorte que le tout, comme chaque
partie, profite du fait que tous communiquent entre eux et travaillent
dans l'unité et sans restriction à la perfection de l'ensemble. En conséquence, le Peuple de Dieu non seulement se rassemble à partir de
divers peuples, mais il se compose en lui-même de catégories différentes. Il existe, en effet, entre ses membres une diversité, soit dans
les charges (certains membres remplissant une fonction sacrée en vue
du bien de leurs frères), soit encore dans l'état de vie et l'orientation,
alors que plusieurs, vivant dans l'état religieux, tendent à la sainteté
par une voie plus rigoureuse et stimulent leurs frères par leur exemple.
De là vient aussi l'existence légitime, dans la communion ecclésiastique, des Eglises particulières qui jouissent de traditions propres, sans
préjudice du primat de la Chaire de Pierre qui préside à toute l'assemblée de la charité [11], qui protège les légitimes diversités et, en
même temps, veille à ce que les différences ne nuisent point à l'unité,
mais la servent. De là enfin découle l'existence, entre les éléments
qui composent l'Eglise, des liens d'une union intime en ce qui concerne les biens spirituels, les ouvriers apostoliques et les ressources
matérielles. Car les membres du Peuple de Dieu sont appelés à se
donner les uns aux autres de leurs biens; et même il faut appliquer
à chacune des Eglises ces paroles de l'Apôtre: « Que chacun mette
au service des autres les dons qu'il a reçus, comme de bons dispensateurs de la grâce divine qui est si variée » (I Petr. 4, 10).

Tous les hommes sont appelés à cette unité catholique du Peuple
de Dieu, unité qui annonce et promeut la paix universelle; et c'est à
cette même unité qu'ont rapport, c'est à elle que sont ordonnés —
et cela de façons diverses — soit les fidèles catholiques, soit les autres
qui ont foi dans le Christ, soit enfin l'universalité des hommes,
appelés au salut par la grâce de Dieu.

14. [*Les fidèles catholiques*]

Le saint Concile s'adresse donc avant tout aux fidèles catholiques.
Il enseigne, pourtant, en s'appuyant sur la Sainte Ecriture et la Tradition, que cette Eglise voyageuse est nécessaire au salut. Seul, en effet,
le Christ est Médiateur et voie du salut, lui qui se rend présent pour
nous dans son Corps, qui est l'Eglise. Enseignant expressément la
nécessité de la foi et du baptême (cf. Mc 16, 16; Jn 3, 5) le Christ
lui-même a du même coup affirmé la nécessité de l'Eglise, dans
laquelle on est introduit par le baptême comme par une porte. Aussi

---

11. Cf. S. Ignatius M., *Ad Rom.*, Praef.: Ed. Funk, I, p. 252.

ne pourraient-ils pas être sauvés, ceux qui, sans ignorer que Dieu, par Jésus-Christ, a établi l'Eglise catholique comme nécessaire, refuseraient cependant d'y entrer ou de demeurer en elle.

Sont pleinement incorporés à la communauté ecclésiale ceux qui, possédant l'Esprit du Christ, acceptent toute son économie et tous les moyens de salut établis en elle et sont, par les liens de la profession de foi, des sacrements, de la direction et de la communion ecclésiastiques, unis dans ce même ensemble visible de l'Eglise, avec le Christ qui la régit par le souverain Pontife et les évêques. D'autre part, n'est pas sauvé, même s'il est incorporé à l'Eglise, celui qui, faute de persévérer dans la charité, demeure dans le sein de l'Eglise « de corps », mais non pas « de cœur » [12]. Au surplus, tous les fils de l'Eglise se rappelleront qu'ils ne doivent pas attribuer leur condition privilégiée à leurs propres mérites, mais à une grâce spéciale du Christ; et que, s'ils n'y correspondent pas dans leurs pensées, leurs paroles et leurs actes, bien loin d'être sauvés, ils seront jugés plus sévèrement [13].

Les catéchumènes qui, sous la motion de l'Esprit-Saint, veulent expressément être incorporés à l'Eglise, lui sont unis par ce désir même, et la Mère Eglise les entoure déjà de son amour et de ses soins.

15. [*Les liens de l'Église avec les chrétiens non catholiques*]

Avec ceux qui, baptisés, s'honorent du nom de chrétiens, mais ne professent pas intégralement la foi ou ne conservent pas l'unité de la communion avec le successeur de Pierre, l'Eglise se sait unie par de multiples rapports [14]. Beaucoup, en effet, vénèrent la sainte Ecriture comme norme de foi et de vie; ils manifestent aussi un authentique zèle religieux, croient avec amour en Dieu le Père tout-puissant et dans le Christ, Fils de Dieu Sauveur [15], sont marqués par le baptême, qui

---

12. Cf. S. Augustinus, *Bapt. c. Donat.* V, 28, 39: PL 43, 197: « Certe manifestum est, id quod dicitur, in Ecclesia intus et foris, in corde, non in corpore cogitandum ». Cf. *ib.*, III, 19, 26: col. 152; V, 18, 24: col. 189; *In Io.* Tr. 61, 2: PL 35, 1800, et souvent ailleurs.

13. Cf. *Lc* 12, 48: « Omni autem, cui multum datum est, multum quaeretur ab eo ». Cf. aussi *Mt. 5,* 19-20; 7, 21-22; 25, 41-46; Iac. 2, 14.

14. Cf. Leo XIII, Epist. Apost. *Praeclara gratulationis,* 20 juin 1894; *ASS* 26 (1893-94) p. 707.

15. Cf. Leo XIII, Epist. Encycl. *Satis cognitum,* 29 juin 1896; *ASS* 28 (1895-96) p. 738. Epist. Encycl. *Caritatis studium,* 25 juillet 1898: *ASS* 31 (1898-99) p. 11. Pius XII, Radiomessage *Nell'Alba,* 24 décembre 1941: *AAS* 34 (1942) p. 21.

les unit au Christ et, en outre, reconnaissent et acceptent d'autres
sacrements dans leurs propres Eglises ou communautés. Plusieurs
parmi eux ont aussi l'épiscopat, célèbrent la sainte Eucharistie et
cultivent la dévotion envers la Vierge Mère de Dieu [16]. A cela s'ajoute
la communion par la prière et d'autres bienfaits spirituels; et même
une union réelle dans l'Esprit-Saint, car l'Esprit agit également en
eux par ses dons et ses grâces, avec sa puissance sanctificatrice; et
il a donné à certains d'entre eux une vertu qui les a fortifiés jusqu'à
l'effusion de leur sang. Ainsi l'Esprit éveille-t-il en tous les disciples
du Christ le désir et oriente-t-il leur activité afin que tous s'unissent
pacifiquement, de la manière que le Christ a fixée, en un seul troupeau et sous un seul Pasteur [17]. Et pour obtenir cette unité la Mère
Eglise ne cesse de prier, d'espérer et d'agir. Elle exhorte ses fils à se
purifier et à se renouveler, afin que l'image du Christ resplendisse,
plus nette, sur le visage de l'Eglise.

16. [*Les non-chrétiens*]

Enfin, ceux qui n'ont pas encore reçu l'Evangile sont ordonnés de
façons diverses au Peuple de Dieu [18]. Et d'abord, le peuple qui reçut
les alliances et les promesses et dont le Christ est né selon la chair
(cf. Rom. 9, 4-5); peuple élu de Dieu et qui lui est très cher en raison
de ses ancêtres, car les dons et la vocation de Dieu sont sans repentance (Rom. 11, 28-29). Mais le dessein de salut englobe aussi ceux
qui reconnaissent le Créateur, et parmi eux, d'abord, les Musulmans
qui, en déclarant qu'ils gardent la foi d'Abraham, adorent avec nous
le Dieu unique, miséricordieux, qui jugera les hommes au dernier
jour. Quant à ceux qui cherchent le Dieu inconnu sous les ombres et
les figures, Dieu lui-même n'est pas loin d'eux non plus, puisqu'il
donne à tous la vie, le souffle et toutes choses (cf. Act. 17, 25-28),
et que le Sauveur veut le salut de tous les hommes (cf. I Tim. 2, 4).
En effet ceux qui, sans faute de leur part, ignorent l'Evangile du
Christ et son Eglise et cependant cherchent Dieu d'un cœur sincère
et qui, sous l'influence de la grâce, s'efforcent d'accomplir dans leurs
actes sa volonté qu'ils connaissent par les injonctions de leur conscience, ceux-là aussi peuvent obtenir le salut éternel [19]. Et la divine
Providence ne refuse pas les secours nécessaires au salut à ceux qui

---

16.   Cf. Pius XI, Litt. Encycl. *Rerum Orientalium*, 8 sept. 1928: *AAS* 20
(1928) p. 287. Pius XII, Litt. Encycl. *Orientalis Ecclesiae*, 9 avr. 1944: *AAS* 36
(1944) p. 137.

17.   Cf. Instr. S.S.C.S. Officii, 20 déc. 1949: *AAS* 42 (1950) p. 142.

18.   Cf. S. Thomas, *Summa Theol.* III, q. 8, a. 3, ad 1.

19.   Cf. *Epist.* S.S.C.S. Officii ad Archiep. Boston.: Denz. 3869-72.

ne sont pas encore parvenus, sans qu'il y ait de leur faute, à la connaissance claire de Dieu et s'efforcent, avec l'aide de la grâce divine, de mener une vie droite. En effet, tout ce que l'on trouve chez eux de bon et de vrai, l'Eglise le considère comme un terrain propice à l'Evangile [20] et un don de Celui qui éclaire tout homme, pour qu'il obtienne finalement la vie. Mais bien souvent les hommes, trompés par le Malin, se sont abandonnés à la vanité de leurs pensées et ont échangé la vérité divine pour le mensonge, en servant la créature à la place du Créateur (cf. Rom. 1, 21 et 25). Ou encore, en vivant et mourant sans Dieu en ce monde, ils s'exposent au plus grand désespoir. Aussi, en vue de promouvoir la gloire de Dieu et le salut de tous ces hommes, l'Eglise, se souvenant du commandement du Seigneur qui dit: « Prêchez l'Evangile à toute créature » (Mc 16, 15), s'emploie-t-elle avec sollicitude à développer les missions.

17. [*Le caractère missionnaire de l'Église*]

En effet, le Fils, comme il a été envoyé par le Père, a lui-même envoyé les Apôtres (cf. Jn 20, 21) en disant: « Allez donc, faites de toutes les nations des disciples, les baptisant au nom du Père, du Fils et du Saint-Esprit, leur apprenant à garder tout ce que je vous ai commandé. Et voici que je suis avec vous tous les jours, jusqu'à la fin du monde » (Mt. 28, 19-20). Et ce mandat solennel d'annoncer la vérité qui sauve, l'Eglise l'a reçu des Apôtres pour qu'elle l'accomplisse jusqu'aux extrémités de la terre (cf. Act. 1, 8). Dès lors, elle fait siennes les paroles de l'Apôtre: « Malheur... à moi, si je n'évangélise pas » (I Cor. 9, 16) et elle continue sans répit à envoyer des missionnaires jusqu'à ce que les nouvelles Eglises soient pleinement établies et qu'elles poursuivent à leur tour l'œuvre de l'évangélisation. En effet l'Esprit-Saint la pousse à travailler à la pleine réalisation du dessein de Dieu, qui a établi le Christ comme principe de salut pour le monde entier. En prêchant l'Evangile, l'Eglise attire à la foi ceux qui l'écoutent, elle les incite à professer cette foi, elle les dispose au baptême, les arrache à l'esclavage de l'erreur et les incorpore au Christ, afin que par la charité ils croissent en lui jusqu'à la plénitude. Par son activité, elle fait en sorte que toute trace de bien, quelle qu'elle soit, présente dans le cœur et la pensée des hommes, dans leurs rites et leurs cultures, non seulement ne périsse pas, mais soit, au contraire, purifiée, élevée et portée à la perfection pour la gloire de Dieu, la confusion du démon et le bonheur de l'homme. A chacun des disciples du Christ incombe, pour sa part, la charge de jeter la

---

20. Cf. Eusebius Caes., *Praeparatio Evangelica*, 1, 1: PG 21, 28 AB.

semence de la foi [21]. Mais si tout croyant peut baptiser, il appartient cependant au prêtre de parfaire l'édification du Corps par le sacrifice eucharistique, accomplissant ainsi ce que Dieu a dit par le prophète: « Du levant au couchant mon nom est grand parmi les Nations et en tout lieu un sacrifice et une offrande pure sont offerts à mon nom » [22] (Mal. 1, 11).

C'est ainsi que l'Eglise prie et travaille tout ensemble, afin que le monde tout entier devienne le Peuple de Dieu, le Corps du Seigneur et le Temple de l'Esprit-Saint; et que dans le Christ, Chef de tous les êtres, tout honneur et toute gloire soient rendus au Créateur et Père de toutes choses.

---

21. Cf. Benedictus XV, Epist. Apost. *Maximum illud: AAS* 11 (1919) p. 440, spécialement p. 451 ss. Pius XI, Litt. Encycl. *Rerum Ecclesiae: AAS* 18 (1926) p. 68-69. Pius XII, Litt. Encycl. *Fidei Donum,* 21 avr. 1957: *AAS* 49 (1957) pp. 236-237.

22. Cf. *Didachè,* 14: ed. Funk, 1, p. 32. S. Iustinus, *Dial.* 41: PG 6, 564. S. Irenaeus, *Adv. Haer.* IV, 17, 5; PG 7, 1023; Harvey, 2, p. 199 s. Conc. Trid., Sess. 22, cap. 1: Denz. 939 (1742).

CHAPITRE III

LA CONSTITUTION HIÉRARCHIQUE DE L'ÉGLISE ET, EN PARTICULIER, L'ÉPISCOPAT

18. [*Introduction*]

Le Christ Seigneur, pour paître et accroître toujours davantage le Peuple de Dieu, a établi dans son Eglise divers ministères qui tendent au bien de tout le Corps. En effet, les ministres qui sont revêtus d'un pouvoir sacré servent leurs frères, afin que tous ceux qui appartiennent au Peuple de Dieu et qui, par conséquent, ont vraiment la dignité de chrétiens tendent librement et de façon ordonnée vers le même but et parviennent au salut.

Ce saint Synode, à l'exemple du Concile Vatican I, enseigne avec lui et déclare que Jésus-Christ, Pasteur éternel, a édifié la sainte Eglise en envoyant les Apôtres comme lui-même avait été envoyé par le Père (cf. Jn 20, 21), et a voulu que leurs successeurs, c'est-à-dire les évêques, fussent dans son Eglise pasteurs jusqu'à la fin des siècles. Et afin que l'épiscopat lui-même fût un et sans fissure, il a mis à la tête des autres Apôtres le bienheureux Pierre qu'il a établi comme principe et fondement perpétuel autant que visible de l'unité de la foi et de la communion [1]. Cette doctrine de l'institution, de la perpétuité, de la valeur et de la raison de la sacrée primauté du Pontife romain et de son infaillible magistère, le saint Concile la propose de nouveau à tous les fidèles pour qu'elle soit crue fermement; et poursuivant le même dessein, il a décidé de professer et de proclamer publiquement la doctrine concernant les évêques, successeurs des Apôtres, lesquels, avec le successeur de Pierre, Vicaire du Christ [2] et Chef visible de toute l'Eglise, gouvernent la maison du Dieu vivant.

19. [*L'institution des Douze*]

Le Seigneur Jésus, après avoir prié le Père, appela à lui ceux qu'il voulut et en nomma douze qu'il prendrait avec lui et qu'il

---

1. Cf. Conc. Vat. I, Sess. IV, Const. Dogm. *Pastor aeternus:* Denz. 1821 (3050 s.).

2. Cf. Conc. Flor., *Decretum pro Graecis;* Denz. 694 (1307) et Conc. Vat. I, ib.: Denz. 1826 (3059).

enverrait prêcher le Royaume de Dieu (cf. Mc 3, 13-19; Mt. 10, 1-42); et ces Apôtres (cf. Lc 6, 13) il les constitua en collège ou corps stable, à la tête duquel il mit Pierre, choisi parmi eux (cf. Jn 21, 15-17). Il les envoya d'abord aux fils d'Israël et puis à toutes les nations (cf. Rom. 1, 16) afin que, revêtus de son autorité, ils fassent de tous les peuples ses disciples, les sanctifient et les gouvernent (cf. Mt. 28, 16-20; Mc 16, 15; Lc 24, 45-48; Jn 20, 21-23), et qu'ainsi ils propagent l'Eglise et, sous la conduite du Seigneur, en soient les ministres et les pasteurs, tous les jours jusqu'à la fin du monde (cf. Mt. 28, 20). Et ils furent pleinement confirmés dans cette mission le jour de la Pentecôte (cf. Act. 2, 1-36) selon la promesse du Seigneur: « Vous recevrez une force, celle du Saint-Esprit qui viendra sur vous, et vous serez mes témoins à Jérusalem, dans toute la Judée et la Samarie, et jusqu'aux extrémités de la terre » (Act. 1, 8). Les Apôtres, donc, prêchant partout l'Evangile (cf. Mc 16, 20), qui fut accueilli par les auditeurs sous la motion du Saint-Esprit, rassemblèrent l'Eglise universelle que le Seigneur avait fondée dans les Apôtres et qu'il avait édifiée sur le bienheureux Pierre, leur chef, Jésus-Christ étant lui-même la suprême pierre angulaire [3] (cf. Apoc. 21, 14; Mt. 16, 18; Eph. 2, 20).

20. [*Les évêques successeurs des Apôtres*]

La mission divine confiée par le Christ aux Apôtres durera jusqu'à la fin des siècles (cf. Mt. 28, 20), puisque l'Evangile qu'ils doivent prêcher est de tout temps pour l'Eglise le principe de sa vie entière. C'est pourquoi les Apôtres, dans cette société hiérarchiquement organisée, eurent soin de se donner des successeurs.

En effet, non seulement ils eurent divers collaborateurs dans leur ministère [4], mais pour que la mission qui leur avait été confiée pût continuer après leur mort, ils laissèrent pour ainsi dire en testament à leurs collaborateurs immédiats la charge de compléter et de consolider l'œuvre commencée par eux [5], en leur recommandant de veiller

---

3. Cf. *Liber sacramentorum* S. Gregorii, Praef. in natali S. Matthiae et S. Thomae: PL 78, 51 et 152; cf. Cod. Vat. lat. 3548, f. 18. S. Hilarius, *In Ps.* 67, 10: PL 9, 450; CSEL 22, p. 286. S. Hieronymus, *Adv. Iovin.* 1. 26: PL 23, 247 A. S. Augustinus, *In Ps.* 86, 4: PL 37, 1103. S. Gregorius M., *Mor. in Iob*, XXVIII, V: PL 76, 455-456. Primasius, *Comm. in Apoc.* V: PL 68, 924 BC. Paschasius Radb., *In Matth.* L. VIII, cap. 16: PL 120, 561 C. Cf. Leo XIII, Epist. *Et sane*, 17 déc. 1888: *ASS* 21 (1888) p. 321.

4. Cf. *Act.* 6, 2-6; 11, 30; 13, 1; 14, 23; 20, 17; *I Thess.* 5, 12-13; *Phil.* 1, 1; *Col.* 4, 11, et *passim*.

5. Cf. *Act.* 20, 25-27; *2 Tim.* 4, 6 s. coll. c. *1 Tim.* 5, 22; *2 Tim.* 2, 2; *Tit.* 1, 5; S. Clem. Rom., *Ad Cor.* 44, 3; ed. Funk, I, p. 156.

sur tout le troupeau au milieu duquel le Saint-Esprit les avait placés pour paître l'Eglise de Dieu (cf. Act. 20, 28). C'est pourquoi ils choisirent ces hommes et prirent ensuite des dispositions pour que, après leur mort, d'autres hommes éprouvés prennent leur place [6]. Parmi les divers ministères qui dès le début s'exercent dans l'Eglise, le témoignage de la tradition accorde la première place à ceux qui, établis dans l'épiscopat par une succession ininterrompue depuis l'origine [7], sont la lignée issue de la souche apostolique [8]. Ainsi, comme l'atteste saint Irénée, par l'intermédiaire de ceux que les Apôtres consacrèrent évêques et de leurs successeurs jusqu'à nous, la tradition apostolique est manifestée [9] et conservée [10] dans tout l'univers.

Les évêques assumèrent donc la charge de la communauté avec leurs collaborateurs, les prêtres et les diacres [11], et dirigèrent à la place de Dieu le troupeau [12] dont ils étaient les pasteurs, et cela comme maîtres de doctrine, prêtres du culte sacré, ministres du gouvernement de l'Eglise [13]. De même donc que se perpétue la mission concédée en particulier par le Seigneur à Pierre, le premier des Apôtres, mission qui devait se transmettre à ses successeurs, ainsi se perpétue également la charge qu'avaient les Apôtres de paître l'Eglise, charge qui doit s'exercer perpétuellement par l'ordre sacré des évêques [14]. Ainsi donc le saint Concile enseigne-t-il que les évêques, de par l'institution divine, ont occupé, dans la succession, la place des Apôtres [15] en tant que pasteurs de l'Eglise; et que quicon-

---

6. S. Clem. Rom., *Ad Cor.* 44, 2; ed. Funk, I, p. 154 s.

7. Cf. Tertull., *Praescr. Haer.* 32; PL 2, 52 s.; S. Ignatius M., *passim.*

8. Cf. Tertull., *Praescr. Haer.* 32; PL 2, 53.

9. Cf. S. Irenaeus, *Adv. Haer.* III, 3, 1; PG 7, 848 A; Harvey 2, 8: Sagnard, p. 100 s.: « manifestatam ».

10. Cf. S. Irenaeus, *Adv. Haer.* III, 2, 2; PG 7, 847; Harvey 2, 7; Sagnard, p. 100: « custoditur », cf. ib. IV, 26, 2; col. 1053; Harvey 2, 236, necnon IV, 33, 8; col. 1077; Harvey 2, 262.

11. S. Ign. M., *Philad., Praef.*; ed. Funk, I, p. 264.

12. S. Ign. M., *Philad.*, 1, 1; *Magn.* 6, 1; Ed. Funk, I, pp. 264 et 234.

13. S. Clem. Rom., l. c., 42, 3-4; 44, 3-4; 57, 1-2; Ed. Funk, 1, 152, 156, 171 s. S. Ign. M., *Philad.* 2; *Smyrn.* 8; *Magn.* 3; *Trall.* 7; Ed. Funk, I, p. 265 s.; 282; 232; 246 s. etc.; S. Iustinus, *Apol.*, 1, 65; PG 6, 428; S. Cyprianus, *Epist.*, *passim.*

14. Cf. Leo XIII, Epist. Encycl. *Satis cognitum*, 29 juin 1896: *ASS* 28 (1895-96) p. 732.

15. Cf. Conc. Trid., Sess. 23, Decr. *de sacr. Ordinis*, cap. 4: Denz. 960 (1768); Conc. Vat. I, Sess. 4, Const. Dogm. I *De Ecclesia Christi*, cap. 3: Denz. 1828 (3061). Pius XII, Litt. Encycl. *Mystici Corporis*, 29 juin 1943: *AAS* 35 (1943) pp. 209 et 212. *Cod. Iur. Can.*, c. 329 § 1.

que les écoute, écoute le Christ, quiconque les méprise, méprise le Christ et Celui qui a envoyé le Christ [16] (cf. Lc 10, 16).

21. [*La sacramentalité de l'épiscopat*]

En la personne des évêques qu'assistent les prêtres, le Seigneur Jésus-Christ, Pontife Suprême, est donc présent au milieu de ses fidèles. Assis en effet à la droite du Père il ne cesse pas d'être présent au sein de la communauté de ses pontifes [17]. Et d'abord, par le merveilleux truchement des évêques, il adresse à tous les peuples la parole de Dieu, et il administre continuellement aux croyants les sacrements de la foi; grâce à leur paternelle sollicitude (cf. I Cor. 4, 15) il incorpore de nouveaux membres à son Corps au moyen de la régénération surnaturelle; et enfin, par leur sagesse et leur prudence, il dirige et prépare le Peuple du Nouveau Testament dans sa marche vers l'éternelle béatitude. Ces pasteurs, choisis pour paître le troupeau du Seigneur, sont les ministres du Christ et les dispensateurs des mystères de Dieu (cf. I Cor. 4, 1); c'est à eux qu'ont été confiés le témoignage à rendre à l'Evangile de la grâce divine (cf. Rom. 15, 16; Act. 20, 24) et le glorieux ministère de l'Esprit et de la justice (cf. II Cor. 3, 8-9).

Pour remplir une si haute charge, les Apôtres ont été enrichis par le Christ des trésors de l'Esprit-Saint, qui descendit sur eux (cf. Act. 1, 8; 2, 4; Jn 20, 22-23). Par l'imposition des mains ils conférèrent eux-mêmes ce don spirituel à leurs collaborateurs (cf. I Tim. 4, 14; II Tim. 1, 6-7), don qui a été transmis jusqu'à nous dans la consécration épiscopale [18]. Le saint Concile enseigne d'autre part que cette consécration épiscopale confère la plénitude du sacrement de l'Ordre, que la coutume liturgique de l'Eglise et la voix des saints Pères appellent sacerdoce suprême, résumé du ministère sacré [19]. La consécration épiscopale confère aussi, avec la charge de sanctifier, celle d'enseigner et de gouverner; cependant, de par leur nature, ces charges ne peuvent

---

16. Cf. Leo XIII. Epist. *Et sane,* 17 déc. 1888: *ASS* 21 (1888) p. 321 s.

17. S. Leo M., *Serm.* 5, 3: PL 54, 154.

18. Le Conc. de Trente, Sess. 23, cap. 3, cite les paroles *2 Tim.* 1, 6-7, pour démontrer que l'Ordre est un vrai sacrement: Denz. 959 (1766).

19. In *Trad. Apost.* 3, ed. Botte, *Sources Chr.,* pp. 27-30, à l'évêque est attribué « primatus sacerdotii ». Cf. *Sacramentarium Leonianum,* ed. C. Mohlberg, *Sacramentarium Veronense,* Romae, 1955, p. 119: « ad summi sacerdotii ministerium... Comple in sacerdotibus tuis mysterii tui summam »... Idem, *Liber Sacramentorum Romanae Ecclesiae,* Romae, 1960, pp. 121-122: « Tribuas eis, Domine, cathedram episcopalem ad regendam Ecclesiam tuam et plebem universam ». Cf. PL 78, 224.

être exercées que dans la communion hiérarchique avec le Chef et les membres du Collège. De la Tradition, en effet, telle qu'elle résulte spécialement des rites liturgiques et des usages de l'Eglise tant d'Orient que d'Occident, il ressort clairement que, par l'imposition des mains et par les paroles de la consécration, la grâce de l'Esprit-Saint est conférée [20], et le caractère sacré imprimé [21] de telle sorte que les évêques tiennent, de façon éminente et visible, la place du Christ lui-même, Maître, Pasteur et Pontife, et agissent à sa place [22]. Il appartient aux évêques d'incorporer, par le sacrement de l'Ordre, les nouveaux élus dans le corps épiscopal.

22. [*Le collège épiscopal et son chef*]

C'est par une semblable disposition que saint Pierre et les autres Apôtres constituent, par ordre du Seigneur, un seul Collège apostolique, et que le Pontife romain, successeur de Pierre, et les évêques, successeurs des Apôtres, sont unis entre eux. Déjà la règle très ancienne selon laquelle les évêques du monde entier communiaient entre eux et avec l'Evêque de Rome dans le lien de l'unité, de la charité et de la paix [23], et aussi les conciles rassemblés [24] pour statuer en commun [25], après mûre délibération [26], sur certains points de grande importance, indiquent le caractère et la nature collégiale de l'ordre épiscopal que, d'ailleurs, les Conciles œcuméniques réunis au cours des siècles confirment jusqu'à l'évidence. C'est ce même caractère que révèle déjà l'usage, introduit très tôt, de convoquer plusieurs

20.   *Trad. Apost.* 2, ed. Botte, p. 27.

21.   Le Concile de Trente, Sess. 23, cap. 4, enseigne que le sacrement de l'Ordre imprime un caractère indélébile: Denz. 960 (1767). Cf. Jean XXIII, Alloc. *Iubilate Deo,* 8 mai 1960: *AAS* 52 (1960) p. 466. Paul VI, Homélie dans la Basilique vaticane, 20 octobre 1963: *AAS* 55 (1963) p. 1014.

22.   S. Cyprianus, *Epist.* 63, 14: PL 4, 386; Hartel, III B, p. 713: « Sacerdos vice Christi vere fungitur ». S. Io. Chrysostomus, *In 2 Tim.* Hom. 2, 4: PG 62, 612: Sacerdos est « symbolon » Christi. S. Ambrosius, *In Ps.* 38, 25-26: PL 14, 1051-52: CSEL 64, 203-204. Ambrosiaster, *In 1 Tim.* 5, 19: PL 17, 479 C et *In Eph.* 4, 11-12: col. 387. C. Theodorus Mops., *Hom. Catech.* XV, 21 et 24: ed. Tonneau, pp. 497 et 503. Hesychius Hieros., *In Lev.* L. 2, 9, 23: PG 93, 894 B.

23.   Cf. Eusebius, *Hist. Eccl.,* V, 24, 10: GCS II, 1, p. 495; ed. Bardy, *Sources Chr.* II, p. 69. Dionysius, dans Eusebius *ib.* VII, 5, 2: GCS II, 2, p. 638 s., Bardy, II, p. 168 s.

24.   Cf. sur les anciens Conciles, Eusebius, *Hist. Eccl.* V, 23-24: GCS II, 1, p. 488 ss.; Bardy, II, p. 66 ss. et *passim.* Conc. Nicaenum, Can. 5: *Conc. Oec. Decr.* p. 7.

25.   Tertullianus, *De Ieiunio,* 13: PL 2, 972 B; CSEL 20, p. 292, lin. 13-16.

26.   S. Cyprianus, *Epist.* 56, 3: *Hartel,* III B, p. 650; Bayard, p. 154.

évêques pour les faire participer à l'élévation du nouvel élu au ministère du sacerdoce suprême. On est constitué membre du Corps épiscopal en vertu de la consécration sacramentelle et par la communion hiérarchique avec le Chef du Collège et avec les membres.

Le Collège ou corps épiscopal n'a cependant d'autorité que si on le conçoit comme uni à son chef le Pontife romain, successeur de Pierre, lequel conserve intégralement sa primauté sur tous, tant pasteurs que fidèles. En effet, le Pontife romain, en vertu de son office qui est celui de Vicaire du Christ et de Pasteur de toute l'Eglise, a sur celle-ci un pouvoir plénier, suprême et universel, qu'il peut toujours exercer en toute liberté. D'autre part, l'ordre des évêques, qui succède au collège des Apôtres dans le magistère et le gouvernement pastoral, en qui même se perpétue le corps apostolique, uni à son Chef le Pontife romain, et jamais sans ce Chef, est également sujet du pouvoir suprême et plénier sur toute l'Eglise [27], pouvoir qui ne peut être exercé qu'avec le consentement du Pontife romain. C'est le seul Simon que le Seigneur a établi comme rocher et porteur des clefs de l'Eglise (cf. Mt. 16, 18-19) et qu'il a fait pasteur de tout son troupeau (cf. Jn 21, 15 ss); mais la charge de lier et de délier qui a été confiée à Pierre (Mt. 16, 19), on la voit également impartie au collège des Apôtres uni à son chef [28] (cf. Mt. 18, 18; 28, 16-20). Ce Collège, en tant qu'il est composé de plusieurs membres, reflète la variété et l'universalité du Peuple de Dieu; et en tant qu'il est rassemblé sous un seul chef, il signifie l'unité du troupeau du Christ. C'est à l'intérieur de ce Collège que les évêques, tout en respectant fidèlement la primauté et la prééminence de leur Chef, exercent leur propre pouvoir pour le bien de leurs fidèles et même de toute l'Eglise, tandis que le Saint-Esprit en assure constamment la cohésion et la concorde. Le pouvoir suprême que possède ce Collège sur toute l'Eglise s'exerce de façon solennelle dans le Concile œcuménique. Il n'y a aucun Concile œcuménique qui n'ait été confirmé ou du moins accepté comme tel par le successeur de Pierre; et c'est une prérogative du Pontife romain de convoquer ces Conciles, de les présider et de les confirmer [29]. Ce même pouvoir collégial peut être exercé, en union avec le Pape, par les évêques répandus en tous les points du monde,

---

27.   Cf. la Relation officielle Zinelli, dans Conc. Vat. I: Mansi 52, 1109 C. • ••

28.   Cf. Conc. Vat. I, Schema Const. dogm. II, *de Ecclesia Christi*, c. 4: Mansi 53, 310. Cf. Relation Kleutgen sur le Schéma réformé: Mansi 53, 321 B-322 B et déclaration Zinelli: Mansi 52, 1110 A. Voir aussi S. Leo M., *Serm.* 4, 3: PL 54, 151 A.

29.   Cf. *Cod. Iur. Can.*, c. 222 et 227.

à condition que le chef du collège les appelle à une action collective ou, du moins, approuve ou accepte librement l'action conjointe des évêques dispersés, en sorte qu'elle constitue un véritable acte collégial.

23. [*Les relations à l'intérieur du collège*]

L'unité collégiale apparaît aussi dans les relations réciproques de chaque évêque avec les Eglises particulières et avec l'Eglise universelle. Le Pontife romain, comme successeur de Pierre, est le principe perpétuel et visible, le fondement de l'unité tant des évêques que de la masse des fidèles [30]. Chaque évêque, de son côté, est le principe visible et le fondement de l'unité de son Eglise particulière [31], formée à l'image de l'Eglise universelle; et c'est dans toutes ces Eglises particulières et par elles qu'est constituée l'Eglise catholique, une et unique [32]. Par conséquent chaque évêque représente sa propre Eglise et tous ensemble avec le Pape représentent l'Eglise entière dans le lien de la paix, de l'amour et de l'unité.

Chaque évêque, préposé à une Eglise particulière, exerce son gouvernement pastoral sur la portion du Peuple de Dieu qui lui a été confiée et non sur les autres Eglises ni sur l'Eglise universelle. Mais, en tant que membres du Collège épiscopal et successeurs légitimes des Apôtres, tous les évêques sont tenus, par une disposition et un commandement du Christ, d'avoir pour toute l'Eglise [33] une sollicitude qui, sans s'exercer par un acte de juridiction, contribue considérablement au bien de l'Eglise universelle. Tous les évêques, en effet, doivent promouvoir et défendre l'unité de la foi et la discipline commune à toute l'Eglise, inculquer aux fidèles l'amour de tout le Corps mystique du Christ, particulièrement des membres pauvres et souffrants, l'amour de ceux qui sont persécutés pour la justice (cf. Mt. 5, 10); et enfin, promouvoir toute activité commune à l'Eglise entière, spécialement celle qui tend à accroître la foi et à faire briller aux yeux de tous les hommes la lumière de la pleine vérité. Du reste, il est certain qu'en gouvernant bien leur propre Eglise comme portion

---

30. Cf. Conc. Vat. I, Const. Dogm. *Pastor aeternus:* Denz. 1821 (3050 s.).

31. Cf. S. Cyprianus, *Epist.* 66, 8: Hartel III, 2, p. 733: « Episcopus in Ecclesia et Ecclesia in Episcopo ».

32. Cf. S. Cyprianus, *Epist. 55*, 24: Hartel, p. 642, lin. 13: « Una Ecclesia per totum mundum in multa membra divisa ». *Epist.* 36, 4: Hartel, p. 575, lin. 20-21.

33. Cf. Pius XII, Litt. Encycl. *Fidei Donum*, 21 avr. 1957: *AAS* 49 (1957) p. 237.

de l'Eglise universelle ils contribuent eux-mêmes efficacement au bien de tout le corps mystique, qui est également le corps des Eglises [34].

Le soin d'annoncer l'Evangile dans tous les coins du monde incombe au corps des pasteurs: c'est à lui que le Christ en donna l'ordre, lui imposant une charge commune, comme déjà le Pape Célestin le soulignait devant les Pères du Concile d'Ephèse [35]. Chaque évêque donc, pour autant que le permet l'accomplissement de sa charge particulière, est tenu de collaborer avec ses semblables et avec le successeur de Pierre, auquel tout spécialement fut confiée la charge suprême de propager le nom chrétien [36]. De toutes leurs forces les évêques doivent procurer aux missions, non seulement des ouvriers, mais aussi les secours spirituels et matériels aussi bien directement par eux-mêmes qu'en suscitant de la part des fidèles une fervente coopération. Enfin, dans une universelle communion de charité, ils doivent offrir volontiers leur aide fraternelle aux autres Eglises, principalement aux Eglises limitrophes et aux plus pauvres, suivant en cela l'exemple vénérable de l'antiquité.

Par la grâce de la divine Providence, il est advenu que diverses Eglises fondées en différents lieux par les Apôtres et leurs successeurs se sont constituées à travers les siècles en des groupements variés, unis en un tout organique. Tout en sauvegardant l'unité de la foi et de la structure divinement instituée de l'Eglise universelle, ces Eglises jouissent d'une discipline propre, d'une coutume liturgique particulière, d'un patrimoine théologique et spirituel qui est le leur. Certaines d'entre elles, surtout les anciennes Eglises patriarcales, telles des souches de la foi, en ont suscité d'autres qui sont comme leurs filles et avec lesquelles elles restent liées jusqu'à nos jours par un lien plus étroit de charité, dans la vie sacramentelle et dans le respect réciproque des droits et des devoirs [37]. Cette variété d'Eglises locales conver-

---

34. Cf. S. Hilarius Pict., *In Ps.* 14, 3: PL 9, 206; CSEL 22, p. 86. — S. Gregorius M., *Moral.* IV, 7, 12: PL 75, 643 C. Ps.-Basilius, *In Is.* 15, 296: PG 30, 637 C.

35. S. Coelestinus, *Epist.* 18, 1-2, ad Conc. Eph.: PL 50, 505 AB; Schwartz, *Acta Conc. Oec. I*, 1, 1, p. 22. Cf. Benedictus XV, Epist. Apost. *Maximum illud*: *AAS* 11 (1919) p. 440. Pius XI, Litt. Encycl. *Rerum Ecclesiae*, 28 févr. 1926: *AAS* 18 (1926) p. 69. Pius XII, Litt. Encycl. *Fidei Donum*, 1. c.

36. Leo XIII, Litt. Encycl. *Grande munus*, 30 sept. 1880: *ASS* 13 (1880) p. 145. Cf. *Cod. Iur. Can.*, c. 1327; c. 1350 § 2.

37. Sur les droits des sièges patriarcaux cf. Conc. Nicaenum, can. 6 sur Alexandrie et Antioche, et can. 7 sur Jérusalem: *Conc. Oec. Decr.*, p. 8 - Conc. Later. IV, année 1215, Constit. V: *De dignitate Patriarcharum:* ibid. p. 212. - Conc. Ferr.-Flor.: ibid. p. 504.

geant dans l'unité démontre avec plus d'évidence la catholicité de l'Eglise indivisible. Pareillement les Conférences épiscopales peuvent aujourd'hui contribuer de façon multiple et efficace à aiguiller le sentiment collégial vers des réalisations concrètes.

24. [*Le ministère épiscopal*]

Les évêques, en tant que successeurs des Apôtres, reçoivent du Seigneur, à qui tout pouvoir a été donné au ciel et sur la terre, la mission d'enseigner à toutes les nations et de prêcher l'Evangile à toute créature, afin que par la foi, le baptême et l'observance des commandements, tous les hommes parviennent au salut (cf. Mt. 28, 18-20; Mc 16, 15-16; Act. 26, 17 s.). A cette fin, Notre-Seigneur Jésus-Christ promit aux Apôtres le Saint-Esprit qu'au jour de la Pentecôte il envoya du ciel, afin qu'avec la force de cet Esprit ils soient ses témoins jusqu'aux extrémités de la terre devant les nations, les peuples et les rois (cf. Act. 1, 8; 2, 1 ss.; 9, 15). Cette charge que le Seigneur confia aux pasteurs de son peuple, est un véritable service, qui dans les saintes Ecritures est précisément appelé *diakonia*, c'est-à-dire ministère (cf. Act. 1, 17 et 25; 21, 19; Rom. 11, 13; I Tim. 1, 12).

La mission canonique des évêques se transmet au moyen des coutumes légitimes non révoquées par la suprême et universelle autorité de l'Eglise, ou encore au moyen des lois créées ou reconnues par cette même autorité, ou bien directement par le successeur même de Pierre; et si celui-ci refuse ou dénie la communion apostolique, les évêques ne pourront pas entrer en charge [38].

25. [*La fonction d'enseignement des évêques*]

Parmi les principaux devoirs des évêques se distingue la prédication de l'Evangile [39]. Les évêques, en effet, sont les hérauts de la foi qui amènent au Christ de nouveaux disciples; ce sont des docteurs authentiques, revêtus de l'autorité du Christ, qui prêchent au peuple commis à leur soin les vérités de foi à croire et à appliquer dans la pratique de la vie, qui éclairent ces mêmes vérités à la lumière du Saint-Esprit en tirant du trésor de la Révélation du neuf et de l'ancien (Mt. 13, 52), qui les font fructifier et veillent à écarter de leur troupeau les erreurs qui le menacent (cf. II Tim. 4, 1-4). Les évêques,

---

38. Cf. *Cod. Iuris pro Eccl. Orient.*, c. 216-314: de Patriarchis; c. 324-339: de Archiepiscopis maioribus; c. 362-391: de aliis dignitariis; in specie, c. 238 § 3; 216; 240; 251; 255: de Episcopis a Patriarcha nominandis.

39. Cf. Conc. Trid., Decr. de reform., Sess. V, c. 2, n. 9; et Sess. XXIV, can. 4: *Conc. Oec. Decr.* pp. 645 et 739.

quand ils enseignent en communion avec le Pontife romain, doivent être respectés par tous comme les témoins de la vérité divine et catholique; et les fidèles doivent accepter l'avis donné par leur évêque au nom de Jésus-Christ en matière de foi et de morale, et y adhérer avec un respect religieux. Mais cette soumission religieuse de la volonté et de l'intelligence, on doit tout particulièrement l'offrir au magistère authentique du Pontife romain, même quand il ne parle pas *ex cathedra,* de telle sorte que son suprême magistère soit respectueusement accepté et qu'avec sincérité l'on adhère aux décisions qui émanent de lui, selon sa propre pensée et sa volonté manifeste; et celles-ci se manifestent spécialement soit par la nature des documents, soit par de fréquents retours sur la même doctrine, soit dans la manière même de parler.

Les évêques considérés isolément ne jouissent pas de la prérogative de l'infaillibilité; cependant, même dispersés à travers le monde et conservant le lien de la communion entre eux et avec le successeur de Pierre, lorsque dans leur enseignement authentique concernant des questions de foi et de morale ils déclarent d'un commun accord qu'il faut soutenir sans hésiter tel point de doctrine, ils énoncent alors infailliblement l'enseignement du Christ [40]. Cela est encore plus évident lorsque, rassemblés en Concile œcuménique, ils enseignent et décident pour toute l'Eglise en matière de foi et de morale; et on doit adhérer à leurs définitions dans l'obéissance de la foi [41].

Cette infaillibilité, dont le divin Rédempteur voulut que soit pourvue son Eglise dans la définition de la doctrine concernant la foi ou les mœurs, s'étend aussi loin que le contenu de la divine Révélation, qu'il faut garder avec vénération et exposer fidèlement. Cette infaillibilité, le Pontife romain, Chef du collège des évêques, la possède en vertu de son office lorsque, en sa qualité de pasteur et de docteur suprême de tous les fidèles qui confirme dans la foi ses frères (cf. Lc 22, 32), il proclame, en la définissant, une doctrine de foi ou de morale [42]. Voilà pourquoi ses définitions sont dites à juste titre irréformables par elles-mêmes et non par suite du consentement de l'Eglise; elles sont en effet prononcées avec l'assistance du Saint-

---

40. Cf. Conc. Vat. I, Const. dogm. *Dei Filius,* 3: Denz. 1712 (3011). Cf. note jointe au Schéma I *de Eccl.* (prise à St-Rob. Bellarmin): Mansi 51, 579 C; et aussi le Schema reformatum Const. II de Ecclesia Christi, avec le commentaire de Kleutgen: Mansi 53, 313 AB. Pius IX, Epist. *Tuas libenter:* Denz. 1683 (2879).

41. Cf. Cod. *Iur. Can.,* c. 1322-1323.

42. Cf. Conc. Vat. I, Const. dogm. *Pastor Aeternus:* Denz. 1839 (3074).

Esprit, qui lui fut promise en la personne du bienheureux Pierre, elles n'ont besoin d'aucune autre approbation et ne tolèrent aucun appel à une autre instance. C'est que le Pontife romain se prononce alors non pas à titre privé, mais expose ou défend la foi catholique comme docteur suprême de l'Eglise universelle, en qui réside d'une façon particulière le charisme de l'infaillibilité de l'Eglise elle-même [43]. L'infaillibilité promise à l'Eglise se trouve également dans le corps des évêques, quand il exerce le magistère suprême avec le successeur de Pierre. Et ces définitions rencontrent toujours l'assentiment de l'Eglise, grâce à l'action du même Esprit qui conserve et fait progresser dans l'unité de la foi tout le troupeau du Christ [44].

Lorsque le Pontife romain ou le corps des évêques avec lui définissent une vérité, ils l'entendent selon la Révélation elle-même, à laquelle tous doivent adhérer et se conformer; révélation qui est intégralement transmise par écrit ou par tradition à travers la légitime succession des évêques et spécialement par les soins du Pontife romain lui-même, et qui est jalousement conservée et fidèlement exposée dans l'Eglise grâce à la lumière dont l'inonde l'Esprit de vérité [45]. Cette recherche et ces enseignements sont l'objet de soins attentifs de la part du Pape et des évêques, selon que le requièrent les devoirs de leur charge et l'importance même des vérités en cause [46]; ceux-ci cependant n'acceptent pas de nouvelle révélation publique comme appartenant au dépôt divin de la foi [47].

26. [La fonction de sanctification des évêques]

L'évêque, revêtu de la plénitude du sacrement de l'Ordre, est « l'économe de la grâce qui ressortit au suprême sacerdoce » [48], spécialement en ce qui concerne l'Eucharistie, qu'il offre lui-même ou fait offrir [49], dont l'Eglise vit continuellement et par laquelle elle s'accroît. Cette Eglise du Christ est vraiment présente dans toutes les communautés locales des fidèles, légitimement réunies autour de leurs pasteurs et que le Nouveau Testament lui-même appelle « églises » [50]. En effet, là où elles se trouvent, se trouve aussi le Peuple nouveau appelé par Dieu dans le Saint-Esprit et avec une pleine assurance

---

43. Cf. l'explication de Gasser dans Conc. Vat. I: Mansi 52, 1213 AC.
44. Gasser, ib.: Mansi 1214 A.
45. Gasser, ib.: Mansi 1215 CD, 1216-1217 A.
46. Gasser, ib.: Mansi 1213.
47. Conc. Vat. I, Const. dogm. *Pastor Aeternus*, 4: Denz. 1836 (3070).
48. Prière de la consécration épiscopale dans le rite byzantin: *Euchologion to mega*. Romae, 1873, p. 139.
49. Cf. S. Ignatius M., *Smyrn.* 8, 1: ed. Funk, I, p. 282.
50. Cf. *Act.* 8, 1; 14, 22-23; 20, 17, et *passim*.

(cf. I Thess. 1, 5). C'est en elles que l'annonce de l'Evangile du Christ rassemble les fidèles, qu'est célébré le mystère de la Cène du Seigneur « afin que, par la chair et le sang du Seigneur, soient étroitement unis tous les frères de la communauté »[51]. Toute assemblée eucharistique relevant du ministère sacré de l'évêque[52] est un signe de cette charité et de cette « unité du Corps mystique, sans laquelle il ne peut y avoir de salut »[53]. Dans ces assemblées souvent petites, pauvres et éloignées les unes des autres, le Christ est présent, qui, par sa puissance, rassemble l'Eglise une, sainte, catholique et apostolique[54]. En effet « la participation au corps et au sang du Christ ne fait rien d'autre que de nous transformer en ce que nous prenons »[55].

Toute légitime célébration de l'Eucharistie est dirigée par l'évêque, à qui incombe la charge d'offrir et de régler le culte de la religion chrétienne dû à la divine Majesté, selon les préceptes du Seigneur et les lois de l'Eglise, normes qu'il précise pour son diocèse, selon son propre jugement.

Ainsi les évêques, priant et travaillant pour le peuple, répandent-ils sous diverses formes et à profusion la plénitude de la sainteté du Christ. Grâce au ministère de la parole ils font passer dans les croyants la puissance de Dieu qui apporte le salut (cf. Rom. 1, 16); et au moyen des sacrements, dont ils déterminent de leur propre autorité l'administration correcte et fructueuse[56], ils sanctifient les fidèles. Ils règlent l'administration du baptême qui donne part au sacerdoce royal du Christ. Ils sont les ministres ordinaires de la confirmation, dispensateurs des ordres sacrés et modérateurs de la discipline pénitentielle; avec sollicitude, ils exhortent et instruisent leur peuple afin que dans la liturgie et spécialement dans le saint sacrifice de la messe, celui-ci s'acquitte de sa fonction avec foi et piété. Ils doivent enfin, par l'exemple de leur vie, aider ceux qu'ils conduisent, garder leur conduite de tout mal et la rendre bonne autant qu'il leur est possible, avec l'aide de Dieu; ainsi pourront-ils, en union avec le troupeau qui leur est confié, atteindre la vie éternelle[57].

---

51. Oraison mozarabe: PL 96, 759 B.
52. Cf. S. Ignatius M., *Smyrn.* 8, 1: ed. Funk, I, p. 282.
53. S. Thomas, *Summa Theol.* III, q. 73, a. 3.
54. Cf. S. Augustinus. *C. Faustum*, 12, 20: PL 42, 265; *Serm.* 57, 7: PL 38, 389, etc.
55. S. Leo M., *Serm.* 63, 7: PL 54, 357C.
56. *Traditio Apostolica Hippolyti*, 2-3: ed. Botte, pp. 26-30.
57. Cf. le texte de l'*examen* au début de la consécration épiscopale, et l'*Oratio* à la fin de la Messe de la même consécration, après le *Te Deum*.

27. [*La fonction de gouvernement des évêques*]

Les évêques gouvernent les Eglises locales qui leur sont confiées en qualité de vicaires et légats du Christ [58]; ils le font par leurs conseils, leurs paroles persuasives, leurs exemples, mais aussi par des décisions faisant autorité et par le pouvoir sacré. Ce pouvoir, ils ne s'en servent cependant que pour élever leur troupeau dans la vérité et dans la sainteté, se rappelant que quiconque est le plus grand doit se faire le plus petit, et qui est chef, comme le serviteur (cf. Lc 22, 26-27). Ce pouvoir qu'ils exercent personnellement au nom du Christ est propre, ordinaire et immédiat, malgré que l'exercice en soit soumis en dernier ressort à la suprême autorité de l'Eglise et puisse être circonscrit en de certaines limites, eu égard au bien de l'Eglise ou des fidèles. En vertu de ce pouvoir, les évêques ont le droit sacré et, aux yeux du Seigneur, la charge de légiférer pour leurs sujets, de juger et de régler tout ce qui touche au domaine du culte et de l'apostolat.

C'est à eux qu'est pleinement confiée la charge pastorale, c'est-à-dire le soin habituel et quotidien de leur bercail; et ils ne doivent pas être considérés comme vicaires des Pontifes romains, car ils sont revêtus d'un pouvoir qui leur est propre et sont appelés en toute vérité chefs spirituels des peuples qu'ils gouvernent [59]. Leur pouvoir donc n'est pas affaibli mais au contraire affermi, corroboré et défendu par le pouvoir suprême et universel [60], puisque le Saint-Esprit conserve indéfectiblement la forme de gouvernement établie par Notre-Seigneur Jésus-Christ dans son Eglise.

L'évêque, envoyé par le Père pour gouverner sa famille, aura devant les yeux l'exemple du Bon Pasteur qui est venu non pour être servi mais pour servir (cf. Mt. 20, 28; Mc 10, 45) et donner sa vie pour ses brebis (cf. Jn 10, 11). Pris parmi les hommes et sujet aux faiblesses, il peut se montrer indulgent à l'égard de ceux qui sont dans l'ignorance ou l'erreur (cf. Hébr. 5, 1-2). Il ne refusera

---

58. Benedictus XIV, Br. *Romana Ecclesia*, 5 ott. 1752, § 1: *Bullarium Benedicti XIV*, t. IV, Romae 1758, 21: « Episcopus Christi typum gerit. Eiusque munere fungitur ». Pius XII, Litt. Encycl. *Mystici Corporis*, l. c., p. 211: « Assignatos sibi greges singuli singulos Christi nomine pascunt et regunt ».

59. Leo XIII, Epist. Encycl. *Satis cognitum*, 29 juin 1896: *ASS* 28 (1895-96) p. 732. Idem, Epist. *Officio sanctissimo*, 22 déc. 1887: *ASS* 20 (1887) p. 264. Pius IX, Litt. Apost. aux Evêques d'Allemagne, 12 mars 1875, et Alloc. Consist., 15 mars 1875: Denz. 3112-3117, dernière édition.

60. Conc. Vat. I, Const. dogm. *Pastor aeternus*, 3: Denz. 1828 (3061). Cf. Relation Zinelli: Mansi 52, 1114 D.

aucunement d'écouter ses sujets, qu'il aimera comme de vrais fils;
et il les exhortera à collaborer activement avec lui. Puisqu'il doit
rendre compte à Dieu de leurs âmes (cf. Hébr. 13, 17), il lui faut,
par la prière, la prédication et toutes les ressources de la charité,
prendre soin d'eux et aussi de ceux qui ne sont pas encore dans
l'unique troupeau et qu'il regardera comme lui étant confiés dans le
Seigneur. Puisqu'à l'instar de l'apôtre Paul, il est débiteur envers tous,
il se montrera prompt à annoncer l'Evangile à tous (cf. Rom. 1,
14-15) comme à exhorter ses fidèles à l'activité apostolique et missionnaire. Les fidèles, de leur côté, doivent adhérer à l'évêque comme
l'Eglise adhère à Jésus-Christ et Jésus-Christ au Père, afin que toutes
les choses concordent par le moyen de l'unité [61] et fructifient pour la
gloire de Dieu (cf. II Cor. 4, 15).

28. [*Les prêtres dans leur relation au Christ, aux évêques,
    au presbyterium et au peuple chrétien*]

Le Christ, que le Père a sanctifié et envoyé dans le monde
(cf. Jn 10, 36), a rendu participants de sa consécration et de sa
mission les Apôtres et, par eux, les évêques, leurs successeurs [62];
ceux-ci à leur tour ont légitimement transmis dans l'Eglise, selon
divers degrés et à des sujets différents, la charge pastorale qui leur
incombait. Ainsi le ministère ecclésiastique institué par Dieu est-il
exercé, en divers ordres, par ceux qui déjà dans l'antiquité sont
appelés Evêques, Prêtres, Diacres [63]. Les prêtres, bien qu'ils ne possèdent pas la plénitude du sacerdoce et dépendent des évêques dans
l'exercice de leur pouvoir, leur sont toutefois unis dans la dignité
sacerdotale [64]; en vertu du sacrement de l'Ordre [65], ils sont, à
l'image du Christ, Grand-Prêtre éternel (cf. Hébr. 5, 1-10; 7, 24;
9, 11-28), consacrés pour prêcher l'Evangile, paître les fidèles et
célébrer le culte divin, comme vrais prêtres du Nouveau Testament [66].
Partageant, selon le degré de leur ministère, la mission de l'unique
Médiateur Jésus-Christ (I Tim. 2, 5), ils annoncent à tous la divine

61. Cf. S. Ignatius M., *Ad Ephes.*, 5, 1: ed. Funk, I, p. 216.
62. Cf. S. Ignatius M., *Ad Ephes.*, 6, 1: ed. Funk, I, p. 218.
63. Cf. Conc. Trid., Sess. 23, *De sacr. Ordinis*, cap. 2: Denz. 958
(1765), et can. 6: Denz. 966 (1776).
64. Cf. Innocentius I, *Epist. ad Decentium:* PL 20, 554 A; Mansi 3,
1029; Denz. 98 (215): « Presbyteri, licet secundi sint *sacerdotes*, pontificatus
tamen *apicem* non habent ». S. Cyprianus, *Epist.* 61, 3: ed. Hartel, p. 696.
65. Cf. Conc. Trid., l. c., Denz 956a-968 (1763-1778), et en particulier
can. 7: Denz. 967 (1777). Pius XII, Const. Apost. *Sacramentum Ordinis:* Denz.
2301 (3857-3861).
66. Cf. Innocentius I, l. c. - S. Gregorius Naz., *Apol.* II, 22: PG 35,
432 B. Ps.-Dionysius, *Eccl. Hier.*, 1, 2: PG 3, 372 D.

parole. Mais c'est avant tout lors de la synaxe eucharistique qu'ils exercent leur fonction sacrée; là, tenant la place du Christ [67] et proclamant son mystère, ils joignent les prières des fidèles au sacrifice de leur Chef et, dans le sacrifice de la messe, ils rendent présent à nouveau et appliquent [68] jusqu'à la venue du Sauveur (cf. I Cor. 11, 26) l'unique sacrifice du Nouveau Testament, celui du Christ, qui s'est offert une fois pour toutes au Père comme victime immaculée (cf. Hébr. 9, 11-28). Ils exercent en outre le ministère de la réconciliation et du réconfort auprès des fidèles repentants ou malades et portent à Dieu le Père les besoins et les prières des fidèles (cf. Hébr. 5, 1-3). Remplissant selon leur degré l'office du Christ, Pasteur et Chef [69], ils rassemblent la famille de Dieu en une fraternité tendant vers un seul but [70]; et, par le Christ, dans l'Esprit, ils la conduisent au Père, qu'au milieu de leur troupeau ils adorent en esprit et vérité (cf. Jn 4, 24). Ils s'adonnent enfin à la prédication et à l'enseignement (cf. I Tim. 5, 17), croyant ce qu'ils ont lu et médité dans la loi du Seigneur, enseignant ce qu'ils ont cru, vivant ce qu'ils ont enseigné [71].

Les prêtres, collaborateurs vigilants de l'épiscopat [72], établis pour l'aider et lui servir d'organe, appelés à servir le Peuple de Dieu, forment avec leur évêque un unique corps sacerdotal [73] *(presbyterium)* réparti, bien sûr, dans diverses tâches. Dans chacune des communautés locales de fidèles ils rendent pour ainsi dire présent, par leur fidèle et généreuse collaboration, l'évêque dont ils assument, chacun pour sa part, les devoirs et les préoccupations en en faisant l'objet de leur constante sollicitude. Sous l'autorité de l'évêque, ils sanctifient et gouvernent cette portion du troupeau qui leur est confiée; là où ils se trouvent, ils rendent visible l'Église universelle et contribuent à l'édification de tout le Corps mystique du Christ (cf. Eph. 4, 12). Toujours attentifs au bien des fils de Dieu, ils essaieront d'orienter leur activité apostolique en fonction d'une pastorale d'ensemble, au niveau du diocèse et même de toute l'Eglise. Et en raison de cette participation dans le sacerdoce et dans le travail apostolique, que les

---

67. Cf. Conc. Trid., Sess. 22: Denz 940 (1743), Pius XII, Litt. Encycl. *Mediator Dei*, 20 nov. 1947: *AAS* 39 (1947) p. 553; Denz. 2300 (3850).

68. Cf. Conc. Trid., Sess. 22: Denz. 938 (1739-40). Conc. Vat. II. Const. *De Sacra Liturgia*, n. 7 et n. 47: *AAS* 56 (1964), pp. 100-113.

69. Cf. Pius XII, Litt. Encycl. *Mediator Dei*, l. c., sub. n. 67.

70. Cf. S. Cyprianus, *Epist.* 11, 3: PL 4, 242 B; Hartel, II, 2, p. 497.

71. *Ordo consecrationis sacerdotalis*, à l'imposition des ornements.

72. *Ordo consecrationis sacerdotalis*, dans la *Préface*.

73. Cf. S. Ignatius M., *Philad.* 4: ed. Funk, I, p. 266. S. Cornelius I, dans S. Cyprianus, *Epist.* 48, 2: Hartel, III, 2, p 610.

prêtres reconnaissent dans l'évêque leur père et lui obéissent avec respect. L'évêque, pour sa part, doit considérer les prêtres, ses collaborateurs, comme des fils et des amis, à l'instar du Christ qui appelle ses disciples non des serviteurs, mais des amis (cf.Jn 15,15). Ainsi, en raison de leur ordre et de leur ministère, tous les prêtres, tant diocésains que religieux, sont associés au corps épiscopal et, selon leur vocation et la grâce qui leur est donnée, ils servent au bien de toute l'Eglise.

En vertu de l'ordination sacrée qui leur est commune ainsi que par leur mission, tous les prêtres sont liés entre eux par une grande fraternité, qui doit se manifester spontanément dans l'entraide spirituelle et matérielle, pastorale et personnelle, au cours des réunions et dans la communion de vie, de travail et de charité.

Qu'ils prennent soin, comme des pères dans le Christ, des fidèles qu'ils ont spirituellement engendrés par le baptême et l'enseignement chrétien (cf. I Cor. 4, 15; I Petr. 1, 23). Se faisant les modèles du troupeau (I Petr. 5, 3) qu'ils dirigent et servent leur communauté locale en sorte que celle-ci puisse être dignement appelée du nom dont s'honore l'unique Peuple de Dieu tout entier, c'est-à-dire Eglise de Dieu (cf. I Cor. 1, 2; II Cor. 1, 1; et *passim*). Et ils se rappelleront que, dans leur conduite et leurs occupations quotidiennes, ils doivent présenter aux fidèles comme aux infidèles, aux catholiques et aux non-catholiques, les traits d'un ministère vraiment sacerdotal et pastoral, rendre à tous le témoignage de la vérité et de la vie et, comme de bons pasteurs, rechercher aussi ceux (cf. Lc 15, 4-7) qui, baptisés dans l'Eglise catholique, ont abandonné la pratique des sacrements ou même la foi.

De nos jours, l'humanité tend de plus en plus à s'unifier à la fois sur les plans civil, économique et social; il est donc d'autant plus nécessaire que les prêtres, mettant en commun leur zèle et leur travail sous l'égide des évêques et du souverain Pontife, suppriment toute cause de discorde afin que le genre humain tout entier accède à l'unité de la famille de Dieu.

29. [*Les diacres*]

Au degré suivant de la hiérarchie se trouvent les diacres qui reçoivent l'imposition des mains « non en vue du sacerdoce, mais du ministère » [74]. En effet, soutenus par la grâce sacramentelle, de con-

---

74. *Constitutiones Ecclesiae aegyptiacae*, III, 2: ed. Funk, *Didascalia*, II, p. 103. *Statuta Eccl. Ant.* 37-41: Mansi 3, 954.

cert avec l'évêque et son *presbyterium*, ils servent le Peuple de Dieu dans l'office liturgique, le ministère de la prédication, les secours de la charité. Il revient au diacre, après détermination de l'autorité compétente, d'administrer solennellement le baptême, de conserver et de distribuer l'Eucharistie, d'assister à un mariage et de le bénir au nom de l'Eglise, de porter le Viatique aux moribonds, de lire la sainte Ecriture aux fidèles, d'instruire et d'exhorter le peuple, de présider le culte et la prière des fidèles, d'administrer les sacramentaux, d'accomplir les rites des funérailles et de la sépulture. Voués aux œuvres de charité et d'assistance, les diacres se rappelleront l'avertissement de saint Polycarpe : « Miséricordieux, empressés, marchant dans la vérité du Seigneur, qui s'est fait le serviteur de tous » [75].

Aujourd'hui, cependant, ces offices extrêmement nécessaires à la vie de l'Eglise, peuvent difficilement s'exercer dans la discipline de l'Eglise latine telle qu'elle existe en de nombreuses régions; le diaconat pourra donc à l'avenir être rétabli comme degré distinct et permanent de la hiérarchie. Il appartient aux diverses conférences territoriales d'évêques ayant compétence en la matière de décider, en accord avec le souverain Pontife, s'il est ou non opportun pour le bien des âmes d'instituer un tel diaconat, et en quel endroit la chose peut se faire. Avec le consentement du Pontife romain, ce diaconat pourra être conféré à des hommes d'âge mûr, même s'ils vivent dans le mariage, et aussi à des jeunes hommes jugés aptes à cette fonction, la loi du célibat demeurant pour eux en vigueur.

---

75. S. Polycarpus, *Ad Phil.* 5, 2: ed. Funk, I, p. 300: le Christ est dit « omnium diaconus factus ». Cf. Didachè, 15, 1: ib., p. 32. S. Ignatius M., *Trall.* 2, 3: ib., p. 242. *Constitutiones Apostolorum,* 8, 28, 4: ed. Funk. *Didascalia,* I, p. 530.

CHAPITRE IV

LES LAÏCS

30. [*Introduction*]

Après avoir traité des devoirs de la hiérarchie, le saint Concile se penche avec sollicitude sur la condition de ces fidèles qu'on appelle les laïcs. Tout ce qui a été dit du Peuple de Dieu s'adresse aussi bien aux laïcs qu'aux religieux et aux clercs; parmi ces traits cependant, il en est quelques-uns qui concernent particulièrement les laïcs, hommes ou femmes, eu égard à leur état de vie et à leur mission. Ces traits, on doit en retracer avec grand soin les fondements en raison des circonstances propres à notre temps. Les pasteurs savent parfaitement, en effet, combien les laïcs contribuent au bien de toute l'Eglise; et ils savent qu'eux-mêmes n'ont pas été institués par le Christ pour assumer à eux seuls toute la mission salvatrice de l'Eglise envers le monde, mais qu'ils ont la charge sublime de paître si bien les fidèles, de si bien reconnaître chez eux les ministères et les charismes, que tous coopèrent à leur mesure et d'un même cœur à l'œuvre commune. Car il faut que tous « vivant selon la vérité et dans la charité, nous croissions de toute manière vers Celui qui est le Chef, le Christ, dont le Corps tout entier reçoit concorde et cohésion par toutes sortes de jointures qui le nourrissent et l'actionnent selon le rôle de chaque partie, opérant ainsi sa croissance et se construisant lui-même, dans la charité » (Eph. 4, 15-16).

31. [*Acception du mot « laïc »*]

Sous le nom de laïcs nous entendons ici tous les fidèles, à l'exclusion des membres engagés dans un ordre sacré et dans un état religieux reconnu par l'Eglise; c'est-à-dire les fidèles qui, après avoir été incorporés au Christ par le baptême, ont été associés au Peuple de Dieu et rendus à leur manière participants de l'office sacerdotal, prophétique et royal du Christ, et qui exercent pour leur part la mission dévolue au peuple chrétien tout entier dans l'Eglise et dans le monde.

Le temporel est un domaine propre aux laïcs et qui les caractérise. Ceux qui en effet sont dans les ordres sacrés peuvent bien s'occuper de choses temporelles et même exercer une profession séculière; cependant, de par leur vocation spéciale, ils sont d'abord et proprement destinés au ministère sacré, tandis que les religieux, dans leur condition, témoignent avec un éclat tout particulier du fait que le monde ne saurait être transfiguré ni offert à Dieu sans l'esprit des béatitudes. De par leur vocation propre, il revient aux laïcs de chercher le royaume de Dieu en administrant les choses temporelles et en les ordonnant selon Dieu. Ceux-ci vivent dans le siècle, engagés dans toutes et chacune des affaires du monde, plongés dans l'ambiance où se meuvent la vie de famille et la vie sociale dont leur existence est comme tissée. C'est là qu'ils sont appelés par Dieu, jouant ainsi le rôle qui leur est propre et guidés par l'esprit évangélique, à travailler comme de l'intérieur, à la manière d'un ferment, à la sanctification du monde et à manifester ainsi le Christ aux autres, principalement par le témoignage de leur propre vie, par le rayonnement de leur foi, de leur espérance et de leur charité. C'est à eux qu'il revient particulièrement d'illuminer et d'ordonner toutes les choses temporelles, auxquelles ils sont étroitement liés, en sorte qu'elles soient toujours accomplies selon le Christ, qu'elles croissent et soient à la louange du Créateur et Rédempteur.

32. [*La dignité des laïcs, membres du Peuple de Dieu*]

Grâce à son institution divine, la sainte Eglise présente une structure et un gouvernement admirablement diversifiés. « De même, en effet, que notre corps en son unité possède beaucoup de membres et que ces membres n'ont pas tous la même fonction, ainsi nous à plusieurs, nous ne formons qu'un seul corps dans le Christ, étant, chacun pour sa part, membres les uns des autres » (Rom. 12, 4-5).

Le peuple élu de Dieu est donc un: « Un seul Seigneur, une seule foi, un seul baptême » (Eph. 4, 5). La dignité des membres est commune à tous par le fait de leur régénération dans le Christ; commune est la grâce des fils, commune la vocation à la perfection, unique est le salut, unique l'espérance et indivise la charité. Il n'existe donc pas d'inégalité dans le Christ et dans l'Eglise en raison de la race ou de la nation, de la condition sociale ou du sexe, car « il n'y a plus ni juifs ni gentils, il n'y a plus ni esclaves ni hommes libres, il n'y a plus ni hommes ni femmes: vous êtes tous un dans le Christ Jésus » (Gal. 3, 28 gr., cf. Col. 3, 11).

Si donc dans l'Eglise tous ne cheminent pas en suivant la même voie, tous cependant sont appelés à la sainteté et ont reçu en partage une foi du même prix par la justice de Dieu (cf. II Petr. 1, 1). Même si certains, par la volonté du Christ, sont mis à la tête des autres

comme docteurs, dispensateurs des mystères et pasteurs, il existe
cependant entre tous une véritable égalité, sur les plans de la dignité
et de l'action commune, en ce qui regarde l'édification du Corps du
Christ. En effet, la distinction posée par le Seigneur entre les ministres
sacrés et le reste du Peuple de Dieu comporte l'union que des devoirs
communs aux pasteurs et aux autres fidèles créent entre eux: devoir
pour les pasteurs de l'Eglise, à l'exemple du Christ, de se mettre au
service les uns des autres et au service des fidèles; et pour ces derniers
de prêter volontiers leur concours aux pasteurs et aux docteurs. Ainsi,
dans la diversité, tous rendent témoignage de l'admirable unité qui
existe dans le Corps du Christ; car la diversité même des grâces,
des ministères et de l'action rassemble en un seul tout les fils de Dieu,
puisque « c'est un seul et même esprit qui opère toutes ces choses »
(1 Cor. 12, 11).

Par la bienveillance divine, les laïcs ont donc pour frère le
Christ qui, étant le Seigneur de toutes choses, n'est pourtant pas
venu pour être servi, mais pour servir (cf. Mt. 20, 28); ainsi, ont-ils
également pour frères ceux qui, préposés aux fonctions sacrées,
enseignent, sanctifient et régissent, paissant la famille de Dieu de
par l'autorité du Christ, en sorte que le précepte nouveau de la
charité soit accompli par tous. Saint Augustin dit fort bien à ce
sujet: « Si ce que je suis pour vous m'effraie, être avec vous me con-
sole. Car pour vous je suis évêque et avec vous je suis chrétien. Le
premier titre est celui de la dignité dont je suis revêtu, et le second,
celui de la grâce. L'un ne me présente que des dangers, l'autre est
pour moi un gage de salut »[1].

33. [*La vie par rapport au salut et à l'apostolat*]

Les laïcs, rassemblés dans le Peuple de Dieu et constitués en
Corps unique du Christ sous un seul chef, sont tous appelés, quels
qu'ils soient, à contribuer comme des membres vivants et de toutes
les forces qu'ils ont reçues de la bonté du Créateur et de la grâce
du Rédempteur, à l'accroissement de l'Eglise et à son ascension
continuelle dans la sainteté.

L'apostolat des laïcs est donc une participation à la mission salvatrice de l'Eglise elle-même. Cet apostolat, tous y sont destinés par
le Seigneur lui-même en vertu de leur baptême et de leur confirmation. Les sacrements, et en particulier la sainte Eucharistie, communiquent et alimentent cet amour envers Dieu et envers les hommes qui
est l'âme de tout l'apostolat. Cependant, les laïcs sont par-dessus tout

---

1. S. Augustinus, *Serm.* 340, 1: PL 38, 1483.

appelés à rendre l'Eglise présente et agissante en tout lieu et en toute circonstance où elle ne peut devenir le sel de la terre que par leur intermédiaire [2]. Ainsi tout laïc, en vertu des dons qu'il a reçus, est le témoin et, en même temps, l'instrument vivant de la mission de l'Eglise « selon la mesure du don du Christ » (Eph. 4, 7).

Outre cet apostolat qui incombe à tous les fidèles sans exception, les laïcs peuvent également être appelés, de diverses manières, à collaborer plus immédiatement à l'apostolat de la hiérarchie [3], à l'instar des hommes et des femmes qui aidaient l'apôtre Paul à évangéliser, et peinaient beaucoup dans le Seigneur (cf. Phil. 4, 3; Rom. 16, 3 ss). Ils sont, en outre, susceptibles d'être appelés par la hiérarchie à exercer certaines tâches ecclésiastiques dans un but spirituel.

C'est donc une magnifique tâche qui attend tous les laïcs: celle de travailler à ce que le plan divin du salut se réalise toujours davantage dans chacun des hommes en tous les temps et par toute la terre. Que de toutes parts donc, la voie leur soit ouverte afin que, selon leurs forces et les besoins actuels, ils puissent, eux aussi, travailler avec ardeur à l'œuvre salvatrice de l'Eglise.

34. [*Participation des laïcs au sacerdoce commun et au culte*]

Le Christ Jésus, Grand-Prêtre éternel, voulant poursuivre également par le moyen des laïcs son témoignage et son service auprès des hommes, les vivifie par son Esprit et les invite sans cesse à toute œuvre bonne et parfaite.

En effet, ceux qu'il unit intimement à sa vie et à sa mission, il leur donne également part à son office sacerdotal pour qu'ils exercent un culte spirituel, afin que Dieu soit glorifié et les hommes sauvés. En conséquence, les laïcs voués au Christ et consacrés par l'Esprit-Saint sont admirablement appelés et merveilleusement pourvus, en sorte que les fruits de l'Esprit croissent toujours en eux en plus grande abondance. En effet, toutes leurs actions, leurs prières, leurs initiatives apostoliques, leur vie conjugale et familiale, leur travail journalier, leurs loisirs et leurs divertissements, s'ils sont vécus dans l'Esprit, et même les épreuves de la vie supportées avec patience deviennent « des sacrifices spirituels agréables à Dieu par Jésus-Christ » (I Petr. 2, 5); et ces sacrifices sont pieusement offerts au Père

---

2. Cf. Pius XI, Litt. Encycl. *Quadragesimo anno*, 15 mai 1931: *AAS* 23 (1931) p. 221 s. Pius XII, Alloc. *De quelle consolation*, 14 oct. 1951: *AAS* 43 (1951) p. 790 s.

3. Cf. Pius XII, Alloc. *Six ans se sont écoulés*, 5 oct. 1957: *AAS* 49 (1957) p. 927.

dans la célébration eucharistique avec l'oblation du Corps du Seigneur. De cette manière, les laïcs, en une sainte et universelle adoration, consacrent à Dieu le monde même.

35. [*Participation des laïcs à la fonction prophétique du Christ et au témoignage*]

Le Christ, notre grand Prophète, qui, par le témoignage de sa vie et la puissance de sa parole, a proclamé le Royaume du Père, accomplit son office prophétique jusqu'à la pleine manifestation de la gloire, non seulement par le moyen de la hiérarchie qui enseigne en son nom et en vertu de son pouvoir, mais aussi par le moyen des laïcs dont il fait aussi ses témoins et qu'il remplit du sens de la foi et du don de sa parole (cf. Act. 2, 17-18; Apoc. 19, 10), afin que la force de l'Evangile resplendisse dans la vie quotidienne, familiale et sociale. Les laïcs se montrent fils de la promesse, si, persévérant dans la foi et dans l'espérance, ils mettent à profit le temps présent (cf. Eph. 5, 16; Col. 4, 5) et attendent avec patience la gloire future (cf. Rom. 8, 25). Cette espérance ils ne doivent pas l'enfouir au fond de leurs âmes, mais, par une conversion continuelle et la lutte « contre les dominateurs de ce monde de ténèbres, contre les esprits malins » (Eph. 6, 12), ils doivent la faire passer aussi dans les structures de la vie terrestre.

Les sacrements de la Nouvelle Loi, qui soutiennent la vie et l'apostolat des fidèles, annoncent un ciel nouveau et une terre nouvelle (cf. Apoc. 21, 1); de même les laïcs deviennent les hérauts de la foi aux choses que l'on espère (cf. Hébr. 11, 1), s'ils joignent résolument une vie de foi à la profession de cette foi. Cette évangélisation, véritable annonce du Christ proclamée par la parole et le témoignage de la vie, présente un aspect tout à fait caractéristique et possède une efficacité particulière du seul fait qu'elle est accomplie dans les conditions ordinaires de la vie courante.

Cette vocation du laïc laisse apparaître la grande valeur d'un état de vie sanctifié par un sacrement particulier, savoir la vie matrimoniale et familiale. C'est là où la religion chrétienne pénètre la vie tout entière et la transforme que se trouve la meilleure école préparant à l'apostolat laïc. Là, les conjoints ont pour vocation propre d'être l'un pour l'autre, et aussi pour leurs enfants, des témoins de la foi et de l'amour du Christ. La famille chrétienne proclame à haute voix la puissance actuelle du Royaume de Dieu et l'espérance de la vie bienheureuse. Ainsi, par son exemple et par son témoignage, elle convainc le monde de péché et illumine les hommes en quête de vérité.

Les laïcs donc, même lorsqu'ils sont accaparés par des soucis temporels, peuvent et doivent exercer une action importante eu égard à l'évangélisation du monde. Certains d'entre eux, à défaut de ministres sacrés ou lorsque ceux-ci en sont empêchés par la persécution, emplissent une suppléance, selon leurs pouvoirs, en certains offices sacrés. Nombre d'entre eux consacrent toutes leurs forces au travail apostolique. Tous cependant se doivent de coopérer à l'extension et à la croissance du Royaume du Christ dans le monde. Aussi les laïcs s'attacheront-ils avec diligence à approfondir la vérité révélée et demanderont-ils à Dieu, avec insistance, le don de sagesse.

36. [*Participation des laïcs au service royal*]

Le Christ qui s'est fait obéissant jusqu'à la mort et qui, à cause de cela, a été exalté par le Père (cf. Phil. 2, 8-9) et est entré dans la gloire de son royaume, à qui toute chose est soumise jusqu'à ce que lui-même se soumette au Père et avec lui toutes les créatures, afin que Dieu soit tout en tous (cf. I Cor. 15, 27-28), a communiqué sa puissance à ses disciples afin qu'ils soient, eux aussi, établis dans la liberté royale, que par l'abnégation d'eux-mêmes et une vie sainte, ils puissent vaincre en eux la domination du péché (cf. Rom. 6, 12), et que, servant le Christ même dans les autres, ils conduisent avec humilité et patience, leurs frères au Roi dont il est dit que le servir c'est régner. Le Seigneur, en effet, désire, même avec la collaboration des fidèles laïcs, étendre son royaume, royaume « de vérité et de vie, royaume de sainteté et de grâce, royaume de justice, d'amour et de paix » [4]. Dans ce royaume la créature elle-même sera libérée de l'esclavage de la corruption pour participer à la glorieuse liberté des fils de Dieu (cf. Rom. 8, 21). C'est, à la vérité, une grande promesse et un grand commandement qui sont donnés aux disciples par ces paroles: « Tout est à vous, mais vous êtes au Christ et le Christ est à Dieu » (I Cor. 3, 23).

Les fidèles doivent, en conséquence, reconnaître la nature intime de toute la création, sa valeur et sa destination à la louange de Dieu. Ils doivent aussi s'aider les uns les autres en vue d'une vie plus sainte, même par des œuvres proprement profanes, afin que le monde soit imprégné de l'esprit du Christ et atteigne plus efficacement son but dans la justice, la charité et la paix. C'est en remplissant universellement cet office que les laïcs occupent un poste de premier plan. Par leur compétence dans les disciplines profanes et grâce à leur action, élevée à une valeur surnaturelle par la grâce du Christ, ils

---

4. De la *Préface* du Christ-Roi.

doivent de toutes leurs forces contribuer à la mise en valeur des
biens créés, selon le commandement donné par le Créateur et à la
lumière de sa Parole; et cela grâce au travail humain, à la technique
et à l'œuvre civilisatrice, pour l'utilité de tous les hommes sans
exception. Ils travailleront aussi à répartir plus équitablement ces
biens entre les hommes et à faire servir ces mêmes biens au progrès
universel, dans la liberté humaine et chrétienne. Ainsi le Christ, par
les membres de l'Eglise, illuminera toujours davantage la société
humaine tout entière de sa lumière salvifique.

Au reste, les laïcs s'efforceront tous ensemble d'assainir les institutions humaines et les conditions de vie, si les mœurs qu'elles comportent entraînent tant soit peu au péché; ainsi tout cela sera-t-il
rendu conforme aux normes de la justice et favorable, plutôt que nuisible, à la pratique des vertus chrétiennes.

En agissant ainsi, les laïcs imprégneront de valeur morale la culture et les œuvres humaines. De cette manière, le champ du monde
sera mieux préparé à recevoir la semence de la parole divine et, en
même temps, les portes s'ouvriront davantage à l'Eglise pour laisser
passer dans ce monde le message de la paix.

En raison même de l'économie du salut, les fidèles apprendront
à bien distinguer entre les droits et les devoirs qui leur incombent
du fait de leur appartenance à l'Eglise, et ceux qui leur reviennent
en tant que membres de la société humaine. Ils doivent s'efforcer
de les mettre en harmonie les uns avec les autres, se rappelant que,
dans toute chose temporelle, ils doivent se guider d'après la conscience chrétienne: car aucune activité humaine, même dans les choses
temporelles, ne peut être soustraite à l'autorité de Dieu. A notre
époque, il est extrêmement important que cette distinction et cette
harmonie resplendissent toutes deux avec le plus grand éclat dans
la façon d'agir des fidèles, afin que la mission de l'Eglise puisse
répondre plus pleinement aux conditions particulières du monde d'aujourd'hui. De même qu'on doit reconnaître qu'une cité terrestre, aux
prises — et à juste titre — avec des problèmes terrestres, obéisse à
des lois qui lui sont propres, de même faut-il, et au même titre, rejeter
la théorie néfaste qui prétend construire la société sans tenir aucun
compte de la religion et qui combat ou détruit la liberté religieuse des
citoyens [5].

---

5. Cf. Leo XIII, Epist. Encycl. *Immortale Dei*, 1er nov. 1885. *ASS* 18
(1885) p. 166 ss. Idem, Litt. Encycl. *Sapientiae christianae*, 10 janv. 1890:
ASS 22 (1889-90) p. 397 ss. Pius XII, Alloc. *Alla vostra filiale*, 23 mars
1958: *AAS* 50 (1958) p. 220: « la saine et légitime laïcité de l'Etat ».

3   [*Relation à la hiérarchie*]

Les laïcs, comme tous les fidèles, ont le droit de recevoir en abondance des pasteurs les biens spirituels de l'Eglise, surtout le réconfort que procurent la parole de Dieu et les sacrements [6]. Que les laïcs manifestent donc aux pasteurs leurs besoins et leurs désirs avec cette liberté et cette confiance qui conviennent à des fils de Dieu et à des frères dans le Christ. Selon la science, la compétence et l'autorité dont ils jouissent, ils peuvent, et même parfois ils doivent donner leur avis en ce qui concerne le bien de l'Eglise [7]. Si tel est le cas, qu'on procède par le moyen des organes institués à cette fin par l'Eglise et toujours dans le respect de la vérité, avec courage et prudence, et avec le respect et la charité qui sont dus à ceux qui, en raison de leur fonction sacrée, représentent le Christ.

Les laïcs, comme tous les fidèles, accueilleront avec promptitude et dans l'obéissance chrétienne ce que les pasteurs, représentants du Christ, auront décidé en tant que docteurs et chefs de l'Eglise; ils suivront alors l'exemple du Christ qui, par son obéissance jusqu'à la mort, a ouvert à tous les hommes la voie bienheureuse de la liberté des fils de Dieu. Et ils ne négligeront pas de recommander à Dieu dans leurs prières leurs supérieurs, qui veillent sur nos âmes, comme devant en rendre compte, afin que ceux-ci s'acquittent allègrement de leur tâche et non pas en gémissant (cf. Hébr. 13, 17).

D'autre part, les pasteurs doivent reconnaître et promouvoir la dignité et la responsabilité des laïcs dans l'Eglise, utiliser volontiers leurs avis prudents, leur assigner des postes de confiance au service de l'Eglise, leur accorder la liberté d'action et un champ où ils puissent l'exercer, et même les encourager à entreprendre des œuvres de leur propre initiative. Ils doivent aussi considérer avec attention et affection paternelle dans le Christ les projets, les demandes et les désirs proposés par les laïcs [8]. En outre, les pasteurs auront soin de reconnaître la juste liberté dont chacun doit jouir dans la cité terrestre.

De ces rapports familiers entre laïcs et pasteurs, on doit attendre pour l'Eglise de nombreux et d'heureux résultats. De cette manière, en effet, les laïcs acquerront davantage le sens de leur propre respon-

---

6.   *Cod. Iur. Can.*, can. 682.

7.   Cf. Pius XII, Alloc. *De quelle consolation*, 1. c., p. 789: « Dans les batailles décisives, c'est parfois du front que partent les plus heureuses initiatives... ». Idem, Alloc. *L'importance de la presse catholique*, 17 février 1950: *AAS* 42 (1950) p. 256.

8.   Cf. *1 Thess.* 5, 19 et *1 In* 4, 1.

sabilité; leur élan sera soutenu et leurs forces plus facilement associées à l'œuvre des pasteurs. Ceux-ci, aidés par l'expérience des laïcs, pourront juger avec plus de clarté et d'opportunité dans le domaine spirituel aussi bien que dans le domaine temporel. Et ainsi, l'Eglise entière, fortifiée par tous ses membres, accomplira avec une plus grande efficacité sa mission pour la vie du monde.

38. [*Conclusion*]

Tout laïc doit être, à la face du monde, un témoin de la résurrection et de la vie du Seigneur Jésus, un signe du Dieu vivant. Tous ensemble, et chacun pour sa part, ils doivent nourrir le monde de fruits spirituels (cf. Gal. 5, 22) et répandre en lui l'esprit dont sont animés ces pauvres, ces doux et ces pacifiques que le Seigneur a proclamés bienheureux dans l'Evangile (cf. Mt. 5, 3-9). En un mot: « Ce qu'est l'âme dans le corps, que les chrétiens le soient dans le monde » [9].

---

9. *Epist. ad Diognetum,* 6: ed. Funk, 1, p. 400. Cf. S. Io. Chrysostomus, *In Matth.* Hom. 46 (47), 2: PG 58, 478, sur le levain dans la pâte.

CHAPITRE V

LA VOCATION UNIVERSELLE À LA SAINTETÉ DANS L'ÉGLISE

39. [*Introduction*]

Cette Eglise, dont le saint Concile expose le mystère, la foi lui reconnaît une sainteté sans défaillance. En effet, le Christ, Fils de Dieu, qui avec le Père et le Saint-Esprit est proclamé « le seul Saint » [1], a aimé l'Eglise comme son épouse et s'est donné pour elle afin de la sanctifier (cf. Eph. 5, 25-26). Il l'a unie à lui comme son corps et l'a comblée du don de l'Esprit-Saint, pour la gloire de Dieu. Voilà pourquoi tous les membres de l'Eglise, tant ceux qui appartiennent à la hiérarchie que ceux qui sont dirigés par elle, sont appelés à la sainteté, selon l'expression de l'Apôtre: « La volonté de Dieu c'est votre sanctification » (I Thess. 4, 3; Eph. 1, 4). Cette sainteté de l'Eglise se manifeste constamment et doit se manifester par les richesses de la grâce que l'Esprit-Saint produit chez les fidèles; elle s'exprime différemment en chacun de ceux qui, dans la conduite de leur vie, parviennent, en édifiant le prochain, à la perfection de la charité; elle apparaît en quelque sorte proprement dans la pratique des conseils qu'on appelle d'ordinaire « évangéliques ». Cette pratique des conseils, embrassée par beaucoup de chrétiens sous l'impulsion du Saint-Esprit, soit privément, soit dans une condition ou un état reconnus dans l'Eglise, porte et doit porter dans le monde un témoignage remarquable et un éclatant exemple de cette sainteté.

40. [*L'appel universel à la sainteté*]

Le Seigneur Jésus, Maître et Modèle divin de toute perfection, a prêché cette sainteté de la vie, dont lui-même est l'auteur et qu'il conduit à son achèvement, à tous et à chacun de ses disciples, quelle que soit sa condition: « Soyez donc parfaits comme votre Père céleste

---

1. Missel Romain, *Gloria in excelsis*. Cf. *Lc* 1, 35; *Mc* 1, 24; *Lc* 4, 34; *Io.* 6, 69 (ho hagios tou Theou); *Act.* 3, 14; 4, 27 et 30; *Hebr.* 7, 26; *I Io.* 2, 20; *Apoc.* 3, 7.

est parfait » [2] (Mt. 5, 48). En effet, il envoya à tous le Saint-Esprit qui les incite intérieurement à aimer Dieu de tout leur cœur, de toute leur âme, de tout leur esprit et de toutes leurs forces (cf. Mc 12, 30), et à s'aimer les uns les autres comme le Christ les a aimés (cf. Jn 13, 34; 15, 12). Les adeptes du Christ, appelés par Dieu et justifiés en Jésus-Christ non à cause de leurs œuvres, mais selon le dessein et la grâce de Dieu, sont vraiment devenus, dans le baptême de la foi, fils de Dieu et participants de la nature divine et ont été, par conséquent, réellement sanctifiés. Ils doivent donc, avec l'aide de Dieu, maintenir et perfectionner dans leur vie cette sainteté qu'ils ont reçue. L'Apôtre les exhorte à vivre « comme il convient à des saints » (Eph. 5, 3), à se revêtir, « comme il convient à des élus de Dieu, saints et agréables, de sentiments de miséricorde, de bonté, d'humilité, de mansuétude et de patience » (Col. 3, 12), et à recueillir les fruits de l'Esprit en vue de leur sanctification (cf. Gal. 5, 22; Rom. 6, 22). Et puisque tous nous commettons bien des fautes (cf. Jac. 3, 2), nous avons continuellement besoin de la miséricorde de Dieu et devons demander chaque jour: « Remets-nous nos dettes » [3] (Mt. 6, 12).

Il est donc clair pour tous que chacun des fidèles, peu importe son état ou son rang, est appelé à la plénitude de la vie chrétienne et à la perfection de la charité[4]. Au reste, par une telle sainteté il contribue à rendre plus humaine la manière de vivre dans la société terrestre elle-même. A l'acquisition de cette perfection les fidèles emploieront leurs forces, selon la mesure du don du Christ; si bien que, suivant ses traces, devenus conformes à son image et soumis en tout à la volonté du Père, ils se consacreront de tout cœur à la gloire de Dieu et au service du prochain. Ainsi la sainteté du Peuple de Dieu donnera des fruits abondants, comme la vie de tant de saints le manifeste excellemment dans l'histoire de l'Eglise.

41. [La pratique multiforme de l'unique sainteté]

En divers genres de vie et parmi des occupations différentes, c'est une unique sainteté que cultivent ceux qui sont mus par l'Esprit

---

2. Cf. Origenes, *Comm. Rom.* 7, 7: PG 14, 1122 B. Ps.-Macarius, *De Oratione,* 11: PG 34, 861 AB. S. Thomas, *Summa Theol.* II-II, q. 184, a 3.

3. Cf. S. Augustinus, *Retract.* II, 18: PL 32, 637 s. - Pius XII, Litt. Encycl. *Mystici Corporis,* 29 juin 1943: *AAS* 35 (1943) p. 225.

4. Cf. Pius XI, Litt. Encycl. *Rerum omnium,* 26 janv. 1923: *AAS* 15 (1923) p. 50 et pp. 59-60. Litt. Encycl. *Casti Connubii,* 31 déc. 1930: *AAS* 22 (1930) p. 548. Pius XII, Const. Apost. *Provida Mater,* 2 févr. 1947: *AAS* 39 (1947) p. 117. Alloc. *Annus sacer,* 8 déc. 1950: *AAS* 43 (1951) pp. 27-28. Alloc. *Nel darvi,* 1 juillet 1956: *AAS* 48 (1956) p. 574 s.

de Dieu; obéissant à la voix du Père et adorant le Père en esprit et en vérité, ils suivent le Christ pauvre, humble et chargé de la croix, pour mériter de participer à sa gloire. Chacun doit, selon ses capacités et sans aucune hésitation, s'engager dans la voie de la foi vive qui éveille l'espérance et opère par la charité.

A l'image du Grand-Prêtre éternel, pasteur et évêque de nos âmes, les pasteurs du troupeau du Christ doivent, avant toutes choses, accomplir leur ministère dans la sainteté, avec élan, humilité et courage. Un tel ministère ainsi rempli sera pour eux un moyen idéal de sanctification. Elus à la plénitude du sacerdoce, ils reçoivent une grâce sacramentelle qui leur permet d'exercer parfaitement le devoir de la charité pastorale par la prière, l'offrande du saint sacrifice et la prédication, par tout ce qui sollicite l'attention et requiert l'activité d'un évêque [5]. Qu'ils ne craignent pas de donner leur propre vie pour les brebis et, se faisant les modèles de leur troupeau (cf. I Petr. 5, 3), qu'ils suscitent également par leur exemple, au sein de leur Eglise, une sainteté sans cesse grandissante.

A l'instar des évêques, dont ils forment la couronne spirituelle [6], et ayant part grâce au Christ, éternel et unique Médiateur, à la grâce que comporte la charge d'évêque, les prêtres doivent, par l'accomplissement quotidien de leur devoir, grandir dans l'amour de Dieu et du prochain, conserver intact le lien de la communion sacerdotale, abonder en toutes sortes de biens spirituels et donner à tous le vivant témoignage de Dieu [7]; tels ces prêtres qui, au cours des siècles, dans un ministère souvent humble et obscur, ont laissé un magnifique exemple de sainteté, et dont l'Eglise de Dieu fait la louange. En s'acquittant du devoir de la prière et du saint sacrifice en faveur de leurs ouailles et pour tout le peuple de Dieu, en ayant conscience de ce qu'ils font et en imitant ce qu'ils touchent [8], loin d'être arrêtés par les soucis, les périls et les fatigues de l'apostolat, ils parviendront, au contraire, par ces moyens, à une haute sainteté, s'ils ont soin de nourrir et d'alimenter leur action aux sources inépuisables de la contemplation pour la joie de l'Eglise de Dieu tout entière. Tous les prêtres, et principalement ceux qui, d'après le titre spécial de leur ordination, sont appelés prêtres diocésains, se rappelleront combien

---

5. Cf. S. Thomas, *Summa Theol.* II-II, q. 184, a. 5 et 6. *De perf. vitae spir.*, c. 18. Origenes, *In Is.* Hom. 6, 1: PG 13, 239.

6. Cf. S. Ignatius M., *Magn.* 13, 1: ed. Funk, I, p. 241.

7. Cf. S. Pius X, Exhort. *Haerent animo*, 4 août 1908: *ASS 41* (1908) p. 560 s. *Cod. Iur. Can.*, can. 124. Pius XI, Litt. Encycl. *Ad catholici sacerdotii*, 20 déc. 1935: *AAS* 28 (1936) p. 22 s.

8. *Ordo consecrationis sacerdotalis*, exhortation initiale.

la fidélité à leur évêque, leur généreuse coopération avec lui contribuent grandement à leur sanctification.

Cette mission et cette grâce du sacerdoce suprême, les ministres d'ordre inférieur et, en premier lieu, les diacres y participent également de façon particulière. Officiant aux mystères du Christ et de l'Eglise[9], ceux-ci doivent se maintenir purs de tout vice, plaire à Dieu et s'employer à toutes sortes de bonnes œuvres devant les hommes (cf. I Tim. 3, 8-10 et 12-13). Les clercs, appelés par le Seigneur, mis à part pour son service et qui se préparent sous la vigilance des pasteurs, à la charge de ministres sacrés, doivent conformer leurs esprits et leurs cœurs à une élection aussi sublime. Adonnés à l'oraison, fervents dans la charité, qu'ils soient attentifs à tout ce qui est vrai, juste et de bonne renommée, agissant uniquement pour la gloire et l'honneur de Dieu. A ces clercs il faut joindre les laïcs choisis par Dieu et que l'évêque invite à s'adonner plus complètement aux œuvres apostoliques et à travailler fructueusement dans la vigne du Seigneur[10].

Les époux et les parents chrétiens, engagés dans la voie qui leur est propre et fidèles à leur amour, doivent s'aider mutuellement dans la grâce durant toute leur vie. Les enfants, qu'ils ont généreusement acceptés de la main de Dieu, ils les élèveront dans la doctrine chrétienne et leur inculqueront le sens des vertus évangéliques. Ils offriront ainsi à tous l'exemple d'un amour inlassable et généreux, ils édifieront la communauté fraternelle de la charité et deviendront témoins et coopérateurs de la fécondité de la Mère Eglise, en signe et en participation de l'amour dont le Christ a aimé son Epouse, avec lequel il s'est livré pour elle[11]. Un exemple analogue nous est encore proposé par les personnes veuves et les gens non mariés qui peuvent, eux aussi, contribuer notablement à la sainteté et à l'activité de l'Eglise. Quant à ceux qui se livrent à des travaux souvent pénibles, ils doivent par ces réalisations humaines se perfectionner, aider leurs concitoyens, améliorer les conditions sociales et celles de la création tout entière; et mieux encore, par une charité active, une joyeuse espérance, par le support mutuel des épreuves, imiter le Christ, lui dont les mains s'exercèrent aux travaux manuels et qui travaille continuellement

9. Cf. S. Ignatius M., *Trall.* 2, 3: ed. Funk, I, p. 244.

10. Cf. Pius XII, Alloc. *Sous la maternelle protection*, 9 déc. 1957: *AAS* 50 (1958) p. 36.

11. Pius XI, Litt. Encycl. *Casti Connubii*, 31 déc. 1930: *AAS* 22 (1930) p. 548 s. Cf. S. Io. Chrysostomus, *In Ephes.* Hom. 20, 2: PG 62, 136 ss.

avec le Père au salut de tous les hommes. Enfin, par leur travail de chaque jour, ils doivent s'élever à une plus haute sainteté qui fera d'eux aussi des apôtres.

Quant à ceux qui sont accablés par la pauvreté, la faiblesse, la maladie et l'adversité, ou qui souffrent persécution pour la justice, qu'ils se sachent unis de façon particulière au Christ souffrant pour le salut du monde. Le Seigneur dans son Evangile les a proclamés bienheureux et « le Dieu... de toute grâce, qui nous a appelés à sa gloire éternelle dans le Christ, après ces quelques souffrances, achèvera son œuvre, vous affermira, vous fortifiera, vous rendra inébranlables » (I Petr. 5, 10).

Tous les fidèles donc se sanctifieront davantage chaque jour dans leur condition, dans les devoirs de leur état ou les circonstances de leur vie et par tout ce dont nous venons de parler, à condition de tout accueillir avec foi de la main du Père céleste et de coopérer avec la volonté divine en manifestant à tous, dans l'accomplissement de leur tâche temporelle, la charité dont Dieu a aimé le monde.

42. [*Voie et moyens de la sainteté*]

« Dieu est amour; et celui qui demeure dans l'amour demeure en Dieu, et Dieu demeure en lui » (I Jn 4, 16). Or Dieu a répandu son amour dans nos cœurs par l'Esprit-Saint qui nous a été donné (cf. Rom. 5, 5); voilà pourquoi le don primordial et souverainement nécessaire est la charité, par laquelle nous aimons Dieu par-dessus toute chose et le prochain par amour pour lui. Mais pour que la charité, comme le bon grain, croisse et produise des fruits, chacun des fidèles doit s'ouvrir à la parole de Dieu et, avec l'aide de la grâce, accomplir effectivement la volonté divine, recevoir fréquemment les sacrements, surtout l'Eucharistie, et participer souvent aux célébrations liturgiques. Ils s'appliqueront constamment à la prière, à l'abnégation d'eux-mêmes, à servir assidûment leurs frères et à la pratique de toutes les vertus. La charité, en effet, en tant que lien de la perfection et accomplissement de la loi (cf. Col. 3, 14; Rom. 13, 10), règle, informe et conduit à leur fin tous les moyens de sanctification [12]. Ainsi la charité envers Dieu et envers le prochain est-elle la marque distinctive qui caractérise le vrai disciple du Christ.

Jésus, le Fils de Dieu, a manifesté sa charité en offrant sa vie pour nous: nul donc n'a un plus grand amour que celui qui donne sa

---

12. Cf. S. Augustinus, *Enchir.* 121, 32: PL 40, 288. S. Thomas, *Summa Theol.* II-II, q. 184, a. 1. Pius XII, Exhort. Apost. *Menti nostrae*, 23 sept. 1950: *AAS* 42 (1950) p. 660.

vie pour lui et pour ses frères (cf. I Jn 3, 16; Jn 15, 13). Dès l'origine, des chrétiens ont été appelés — et toujours certains le seront, — à rendre à la face de tous, et surtout des persécuteurs, ce suprême témoignage de l'amour. Aussi le martyre, où le disciple devient semblable au Maître, en acceptant volontiers la mort pour le salut du monde, où il lui devient conforme par l'effusion du sang, est-il estimé par l'Eglise comme une faveur du plus haut prix et la marque de la suprême charité. Et si ce privilège échoit au petit nombre, tous doivent cependant être prêts à confesser le Christ devant les hommes et à le suivre sur le chemin de la croix, dans les persécutions qui ne manquent jamais à l'Eglise.

Pareillement la sainteté de l'Eglise affectionne particulièrement les multiples conseils dont le Seigneur dans l'Evangile propose l'observance à ses disciples [13]. En tête de ces conseils il faut placer le don précieux de la grâce, que le Père accorde à quelques-uns (cf. Mt. 19, 11; I Cor. 7, 7), de se consacrer à Dieu seul [14] par la virginité ou le célibat, avec un cœur plus facilement intègre (cf. I Cor. 7, 32-34). Cette parfaite continence en vue du Royaume des cieux, l'Eglise, qui en a toujours eu une très haute idée, la considère comme un signe et un stimulant de la charité et comme une source peu commune de fécondité spirituelle dans le monde.

L'Eglise se souvient aussi de l'avertissement de l'Apôtre invitant les fidèles à la charité, les exhortant à avoir en eux les mêmes sentiments qui furent en Jésus-Christ, lequel « s'est anéanti lui-même en prenant la nature d'esclave... en se faisant obéissant jusqu'à la mort » (Phil. 2, 7-8), et pour nous « de riche qu'il était se fit pauvre » (II Cor. 8, 9). Cette charité et cette humilité du Christ ne peuvent en aucun moment se passer de l'imitation ou du témoignage qu'en donnent ses disciples. Notre Mère l'Eglise se réjouit donc de constater qu'en son sein beaucoup d'hommes et de femmes suivent de plus près cet anéantissement du Sauveur et le manifestent de façon plus éclatante en embrassant la pauvreté dans la liberté des fils de Dieu et en renonçant à leur propre volonté; en d'autres termes, que des chrétiens se soumettent à un homme pour l'amour de Dieu, en ce

---

13. Sur les conseils en général, cf. Origenes, *Comm. Rom.* X, 14: PG 14, 1275 B. S. Augustinus. *De S. Virginitate*, 15, 15: PL 40, 403. S. Thomas, *Summa Theol.* I-II, q. 100, a. 2 C (in fine); II-II, q. 44, a. 4, ad 3.

14. Sur l'excellence de la sainte virginité, cf. Tertullianus, *Exhort. Cast.* 10: PL 2, 925 C. S. Cyprianus, *Hab. Virg.* 3 et 22: PL 4, 443 B et 461 A s. S. Athanasius (?) *De Virg.*: PG 28, 252 ss. S. Io. Chrysostomus, *De Virg.*: PG 48, 533 ss.

qui regarde la perfection, au-delà de l'étroite mesure du précepte, afin de se conformer davantage au Christ obéissant [15].

Tous les fidèles donc sont invités — et même tenus — à rechercher la sainteté et la perfection de leur état. A cette fin, qu'ils s'efforcent d'orienter leurs tendances dans la voie droite, de peur que l'usage des choses de ce monde et un attachement aux richesses contraire à l'esprit de la pauvreté évangélique n'entravent chez eux la poursuite de la charité parfaite. C'est ainsi en effet que l'Apôtre nous met en garde: Ceux qui usent de ce monde ne doivent pas s'y arrêter; car elle passe, la figure de ce monde [16] (Cf. I Cor. 7, 31 gr.).

---

15. Sur la pauvreté en esprit, cf. *Mt.* 5, 3 et 19, 21; *Mc* 10, 21; *Lc* 18, 22; sur l'obéissance est rappelé l'exemple du Christ in *Io.* 4, 34 et 6, 38; *Phil.* 2, 8-10; *Hebr.* 10, 5-7. Les Pères et les fondateurs d'Ordres en parlent continuellement.

16. Sur la pratique effective des conseils évangéliques qui n'est pas imposée à tous, cf. S. Io. Chrysostomus, *In Matth*. Hom. 7, 7: PG 57, 81 s. S. Ambrosius, *De Viduis*, 4, 23: PL 16, 241 s.

CHAPITRE VI

LES RELIGIEUX

43. [*La profession des conseils évangéliques dans l'Église*]

Les conseils évangéliques de la chasteté consacrée à Dieu, de la pauvreté et de l'obéissance, fondés sur les paroles et les exemples du Seigneur et recommandés par les Apôtres, les Pères, les docteurs et les pasteurs de l'Eglise, sont un don divin que l'Eglise a reçu de son Seigneur et qu'elle conserve toujours avec sa grâce. Guidée par l'Esprit-Saint, l'autorité de l'Eglise s'est, pour sa part, employée à les interpréter, à en régler la pratique et, en s'inspirant d'eux, à constituer même des états de vie stables. Tel un arbre dont la semence divine éclate, dans le champ du Seigneur, en ramifications aussi diverses qu'admirables, il en est résulté une efflorescence de genres de vie — vie solitaire ou vie commune — et de familles de toute espèce, qui développent leurs ressources tant pour le bien de leurs membres que pour celui de tout le Corps du Christ [1]. En effet, ces familles procurent à leurs membres le soutien d'une plus grande stabilité dans la manière de vivre, d'une doctrine éprouvée capable de conduire à la perfection, d'une communion fraternelle dans la milice du Christ et d'une liberté fortifiée par l'obéissance. Ceux-ci pourront alors remplir en sécurité et garder avec fidélité l'engagement de leur profession, et marcher joyeusement dans la voie de la charité [2].

Si l'on considère la constitution divine et hiérarchique de l'Eglise, un tel état n'est pas intermédiaire entre la condition cléricale et la condition laïque; mais, à partir de ces deux conditions, quelques fidèles sont appelés par Dieu à jouir d'un don spécial dans la vie

---

1. Cf. Rosweydus, *Vitae Patrum*, Antwerpiae, 1628. *Apophtegmata Patrum*: PG 65. Palladius, *Historia Lausiaca*: PG 34, 995 ss.; ed. C. Butler, Cambridge 1898 (1904). Pius XI, Const. Apost. *Umbratilem*, 8 juillet 1924; *AAS* 16 (1924) pp. 386-387. Pius XII, Alloc. *Nous sommes heureux*, 11 avr. 1958: *AAS* 50 (1958) p. 283.
2. Paulus VI, Alloc. *Magno gaudio*, 23 mai 1964: *AAS* 56 (1964) p. 566.

de l'Eglise et, chacun à sa manière, à aider celle-ci dans sa mission salvatrice [3].

44. [*Nature et importance de l'état religieux dans l'Église*]

Par les vœux ou d'autres liens sacrés qui, de soi, s'en rapprochent et par lesquels il s'oblige à observer les trois conseils évangéliques déjà mentionnés, le fidèle se donne totalement à Dieu dans un suprême acte d'amour; si bien que c'est à un titre nouveau et tout à fait particulier qu'il s'attache au service de Dieu et à son honneur. Sans doute par le baptême il est mort au péché et consacré à Dieu; cependant il cherche à recueillir des fruits plus abondants de la grâce baptismale et, par la profession des conseils évangéliques dans l'Eglise, il entend se libérer des entraves qui pourraient diminuer chez lui la ferveur de la charité autant que la perfection du culte divin, et il se consacre plus intimement au service de Dieu [4]. Au reste, la consécration sera d'autant plus parfaite que des liens plus solides et plus stables signifieront davantage l'union indissoluble du Christ avec l'Eglise, son Epouse.

Par la charité à laquelle ils conduisent [5], les conseils évangéliques unissent d'une manière spéciale leurs adeptes à l'Eglise et à son mystère; aussi convient-il que la vie spirituelle de ces derniers soit consacrée au bien de toute l'Eglise. De là vient pour eux le devoir de travailler, dans la mesure de leurs forces et selon la vocation qui est la leur, soit par la prière, soit par d'autres activités, à enraciner et à consolider dans les âmes le Règne du Christ et à l'étendre à toutes les parties du monde. Pour ce motif l'Eglise protège et soutient, elle aussi, le caractère particulier des divers Instituts religieux.

Ainsi, la profession des conseils évangéliques apparaît-elle comme un signe qui peut et doit inciter efficacement tous les membres de l'Eglise à l'accomplissement joyeux des devoirs inhérents à leur vocation chrétienne. En effet, le Peuple de Dieu ne possède pas ici de cité permanente, mais chemine, en quête de la cité future; l'état religieux, qui rend ses adeptes plus libres à l'égard des soucis terrestres, manifeste donc davantage à tous les croyants les biens célestes déjà présents en ce monde, témoigne plus éloquemment de la vie nou-

---

3. Cf. *Cod. Iur. Can.*, c. 487 et 488, 4°. Pius XII, Alloc. *Annus sacer*, 8 déc. 1950: *AAS* 43 (1951) p. 27 s. Pius XII, Const. Apost. *Provida Mater*, 2 févr. 1947: *AAS* 39 (1947) p. 120 ss.

4. Paulus VI, 1. c., p. 567.

5. Cf. S. Thomas, *Summa Theol.* II-II, q. 184, a. 3 et q. 188, a. 2. S. Bonaventura, Opusc. XI, *Apologia Pauperum*, c. 3, 3: ed. Opera, Quaracchi, t. 8, 1898, p. 245 a.

velle et éternelle acquise par la Rédemption du Christ et annonce avec plus de force la future résurrection et la gloire du Royaume céleste. De même l'état religieux imite plus fidèlement et sans cesse représente dans l'Eglise le genre de vie que le Fils de Dieu a embrassé, quand il est venu dans le monde pour faire la volonté du Père, et qu'il a lui-même proposé aux disciples qui l'accompagnaient. Enfin, cet état manifeste d'une manière spéciale que le Royaume de Dieu l'emporte sur toutes les choses terrestres et en découvre les exigences suprêmes; il fait éclater aux yeux de tous les hommes la grandeur incomparable de la puissance du Christ-Roi et la richesse infinie de l'Esprit-Saint qui opère admirablement dans l'Eglise.

Aussi un tel état, qui est constitué par la profession des conseils évangéliques, s'il n'appartient pas à la structure hiérarchique de l'Eglise, est cependant lié de près à sa vie et à sa sainteté.

45. [*L'autorité de l'Église à l'égard des religieux*]

La hiérarchie ecclésiastique a pour mission de paître le Peuple de Dieu et de le conduire vers des pâturages fertiles (cf. Ezéch. 34, 14). Il lui appartient donc de régler avec sagesse par ses lois la pratique des conseils évangéliques, source abondante de charité envers Dieu et envers le prochain [6]. En outre c'est elle qui, docile aux impulsions de l'Esprit-Saint, accueille les règles proposées par des hommes et des femmes éminents et, une fois terminée la révision de ces règles, les approuve authentiquement. Avec son autorité vigilante, elle accorde sa protection et son assistance aux Instituts érigés en tous lieux pour l'édification du Corps du Christ, afin qu'ils croissent, se développent et fleurissent selon l'esprit des fondateurs.

Afin de pourvoir le mieux possible aux besoins de tout le troupeau du Seigneur, chaque institut de perfection et chacun de ses membres peuvent être soustraits par le souverain Pontife, en raison de sa primauté sur l'Eglise universelle et en considération du bien général, à la juridiction de l'Ordinaire du lieu et n'être soumis qu'à lui seul [7]. De même ceux-ci peuvent-ils être laissés ou confiés à leur propre autorité patriarcale. Tout en servant l'Eglise selon le genre de vie qui leur est particulier, les religieux doivent aux évêques, confor-

---

6. Cf. Conc. Vat. I, Schema *De Ecclesia Christi*, cap. XV, et Adnot. 48: Mansi 51, 549 s. et 619 s. — Leo XIII, Epist. *Au milieu des consolations*, 23 déc. 1900: *ASS* 33 (1900-01) p. 361. Pius XII, Const. Apost. *Provida Mater*, 1. c., p. 114 s.

7. Cf. Leo XIII, Const. *Romanos Pontifices*, 8 mai 1881: *ASS* 13 (1880-81) p. 483. Pius XII, Alloc. *Annus sacer*, 8 déc. 1950: *AAS* 43 (1951) p. 28 s.

mément aux lois canoniques, respect et obéissance en raison de
l'autorité pastorale qui appartient aux évêques dans les églises particulières et en vue de l'unité et de la concorde nécessaires dans le
travail apostolique [8].

L'Eglise, par la sanction de sa loi, ne se contente pas d'élever
la profession religieuse à la dignité d'un état canonique; par son action
liturgique, elle la présente comme un état consacré à Dieu. L'Eglise
elle-même, en effet, de par l'autorité que Dieu lui a confiée, reçoit
les vœux de ceux qui font la profession, elle supplie Dieu, par sa
prière publique, de les aider et de leur accorder ses grâces, elle les
recommande à Dieu et leur impartit la bénédiction spirituelle, en
associant leur offrande au sacrifice eucharistique.

46. [*Grandeur de la consécration religieuse*]

Avec une grande sollicitude, les religieux mettront l'Eglise à même
de manifester chaque jour davantage, grâce à eux et en toute vérité,
aux infidèles comme aux fidèles, le Christ en contemplation sur la
montagne, le Christ annonçant le royaume de Dieu aux foules, le
Christ guérissant les malades et les blessés, convertissant les pécheurs
à une meilleure vie, bénissant les enfants, faisant du bien à tous, et
obéissant toujours à la volonté du Père qui l'a envoyé [9].

Enfin tous auront égard au fait que la profession des conseils
évangéliques, qui comporte le renoncement à des biens sans doute
très estimables, loin de s'opposer au progrès véritable de la personne
humaine, cherche plutôt, par sa nature même, à le promouvoir au
plus haut point. Les conseils volontairement embrassés selon la vocation propre à chacun aident considérablement, en effet, à la purification du cœur et à la liberté spirituelle. Ils tiennent continuellement
en éveil la ferveur de la charité et, ainsi qu'il est prouvé par l'exemple
de tant de saints fondateurs, ils sont davantage capables de conformer
le chrétien à cette vie de virginité et de pauvreté que le Christ Notre-
Seigneur a choisie pour lui et que la Vierge, sa Mère, embrassa. Il ne
faut pas penser que les religieux, du fait de leur consécration, deviennent étrangers aux hommes et inutiles dans la cité terrestre. Même si
parfois ils n'apportent pas une aide directe à leurs contemporains,
ils leur sont cependant présents d'une manière plus profonde dans la
tendresse du Christ, et ils collaborent spirituellement avec eux, afin

---

8. Cf. Pius XII, Alloc. *Annus sacer*, 1. c., p. 28. Pius XII, Const.
Apost. *Sedes Sapientiae*, 31 mai 1956: *AAS* 48 (1956) p. 355. Paulus VI, 1. c.
pp. 570-571.

9. Cf. Pius XII, Litt. Encycl. *Mystici Corporis*, 29 juin 1943: *AAS* 35
(1943) p. 214 s.

que l'édification de la cité terrestre soit toujours fondée dans le Seigneur et dirigée vers lui, et que ceux qui l'édifient ne travaillent pas en vain [10].

En conséquence, le saint Concile encourage et loue les hommes et les femmes, Frères et Sœurs qui, dans les monastères, les écoles, les hôpitaux ou les missions, embellissent l'Epouse du Christ par leur persévérante et humble fidélité à la consécration dont on vient de parler, et qui rendent généreusement à tous les hommes les services les plus divers.

47. [Conclusion]

Chacun de ceux qui sont appelés à la profession des conseils s'emploiera avec le plus grand soin à persévérer et à exceller davantage dans la vocation à laquelle Dieu l'a appelé. Il en résultera pour l'Eglise une plus abondante sainteté et pour l'unique et indivisible Trinité, qui est dans le Christ et par lui la source de toute sainteté, une gloire toujours plus grande.

---

10. Cf. Pius XII, Alloc. *Annus sacer*, 1. c., p. 30. Alloc. *Sous la maternelle protection*, 9 déc. 1957: *AAS* 50 (1958) p. 39 s.

L'ÉGLISE EN MARCHE : SON CARACTÈRE ESCHATOLOGIQUE ET SON UNION AVEC L'ÉGLISE DU CIEL

48. [*Caractère eschatologique de la vocation chrétienne*]

L'Église, à laquelle nous sommes tous appelés en Jésus-Christ et dans laquelle nous acquérons la sainteté par la grâce de Dieu, ne recevra son achèvement que dans la gloire céleste, lorsque viendra le temps de la restauration universelle (cf. Act. 3, 21) et que tout l'univers, intimement uni à l'homme grâce auquel il parvient à sa fin, sera, lui aussi, parfaitement restauré dans le Christ avec le genre humain (cf. Eph. 1, 10; Col. 1, 20; II Petr. 3, 10-13).

En vérité le Christ, au jour de son exaltation, attira tout à lui (cf. Jn 12, 32 gr.). Ressuscité des morts (cf. Rom. 6, 9), il envoya aux Apôtres son Esprit vivifiant et, par lui, se constitua un Corps, l'Église, sacrement universel du salut. Assis à la droite du Père, il opère continuellement dans le monde pour conduire les hommes à l'Eglise et, par elle, les unir plus étroitement à lui; pour les rendre enfin participants de sa vie glorieuse en les nourrissant de son Corps et de son Sang. Ainsi, la restauration promise que nous attendons a déjà commencé dans le Christ; elle progresse avec l'envoi du Saint-Esprit et, grâce à lui, continue dans l'Eglise dont la foi nous apprend aussi le sens de notre vie temporelle, tandis que nous accomplissons, dans l'espérance des biens futurs, l'œuvre que le Père nous a donné à faire en ce monde, et que nous opérons notre salut (cf. Phil. 2, 12).

Nous voilà donc déjà parvenus à la fin des temps (cf. I Cor. 10, 11); le renouvellement de l'univers est irrévocablement établi et, en un certain sens, il a vraiment commencé dès ici-bas. Dès ici-bas l'Eglise est, en effet, auréolée d'une sainteté véritable, si imparfaite qu'elle soit. Mais tant qu'il n'y aura pas de nouveaux cieux et de terre nouvelle où habite la justice (cf. II Petr. 3, 13), l'Eglise voyageuse portera, dans ses sacrements et dans ses institutions, qui appartiennent à l'ère présente, le reflet de ce monde qui passe; elle-même vit au milieu des créatures, qui jusqu'à présent soupirent et souffrent les douleurs de l'enfantement en attendant la révélation des fils de Dieu (cf. Rom. 8, 22 et 19).

Unis donc avec le Christ dans l'Eglise et marqués par le Saint-Esprit « qui est la garantie de notre héritage » (Eph. 1, 14), nous sommes appelés fils de Dieu et en vérité nous le sommes (cf. I Jn 3, 1); mais nous n'avons pas encore paru avec le Christ, dans la gloire (cf. Col. 3, 4). C'est là que nous serons semblables à Dieu, car nous le verrons tel qu'il est (cf. I Jn 3, 2). Ainsi donc, « tant que nous demeurons dans ce corps, nous vivons exilés loin du Seigneur » (II Cor. 5, 6) et, possédant les prémices de l'Esprit, nous gémissons au fond de nous-mêmes (cf. Rom. 8, 23) et nous souhaitons être avec le Christ (cf. Phil. 1, 23). C'est la même charité qui nous presse de vivre plus intensément pour lui, qui est mort et ressuscité pour nous (cf. II Cor. 5, 15). Aussi nous efforçons-nous de plaire au Seigneur (cf. II Cor. 5, 9) et nous revêtons-nous des armes de Dieu afin de pouvoir tenir ferme contre les ruses du diable et, au jour mauvais, résister (cf. Eph. 6, 11-13). Mais comme nous ne connaissons ni le jour ni l'heure, il nous faut, selon l'avertissement du Seigneur, veiller assidûment afin qu'au terme de notre unique vie terrestre (cf. Hébr. 9, 27), nous méritions d'avoir avec lui accès au festin nuptial et d'être comptés parmi les bienheureux (cf. Mt. 25, 31-46), plutôt que d'être jetés, sur son ordre, dans le feu éternel (cf. Mt. 25, 41), comme il arriva aux serviteurs mauvais et paresseux (cf. Mt. 25, 26), dans les ténèbres extérieures où « il y aura des pleurs et des grincements de dents » (Mt. 22, 13 et 25, 30). En effet, avant de régner avec le Christ glorieux, nous comparaîtrons tous « devant le tribunal du Christ, pour recevoir chacun le salaire du bien ou du mal que nous aurons accompli durant notre vie corporelle » (II Cor. 5, 10); et à la fin du monde « ceux qui auront fait le bien en sortiront pour la résurrection de la vie, et ceux qui auront fait le mal, pour la résurrection de la damnation » (Jn 5, 29; cf. Mt. 25, 46). Estimant donc que « les souffrances de cette vie ne peuvent se comparer à la gloire qui doit un jour nous être révélée » (Rom. 8, 18; cf. II Tim. 2, 11-12), nous attendons, fermes dans la foi, « le bienheureux objet de notre espérance et la glorieuse manifestation de notre grand Dieu et Sauveur le Christ Jésus » (Tit. 2, 13), « qui viendra transformer notre corps humilié, en le rendant semblable à son corps glorieux » (Phil. 3, 21), qui « viendra pour être glorifié dans ses saints et être admiré en tous ceux qui auront cru » (II Thess., 1, 10).

49. [*La Communion entre l'Église du ciel et l'Église de la terre*]

Ainsi, en attendant que le Seigneur, escorté de tous ses Anges (cf. Mt. 25, 31), revienne dans sa gloire et que, la mort une fois détruite, toutes choses lui soient soumises (cf. I Cor. 15, 26-27), certains de ses disciples cheminent sur la terre tandis que d'autres, après cette vie, subissent la purification et que d'autres enfin, jouissant de la gloire, contemplent « clairement Dieu un et trine, tel qu'il est » [1]. Tous cependant, bien qu'à des degrés divers et de façon différente, nous communions dans le même amour de Dieu et du prochain et nous chantons à notre Dieu la même hymne de gloire. En effet, tous ceux qui sont du Christ, pour avoir reçu son Esprit, sont unis en une seule Eglise et adhèrent les uns aux autres en lui (cf. Eph. 4, 16). L'union de ceux qui sont en route avec les frères qui se sont endormis dans la paix du Christ, loin donc d'être rompue, se trouve au contraire renforcée par la communication des biens spirituels, selon la croyance immuable reçue dans l'Eglise [2]. Du fait de leur union très intime avec le Christ, les bienheureux affermissent davantage dans la sainteté l'Eglise tout entière; ils ennoblissent le culte qu'elle rend à Dieu sur cette terre et contribuent de plusieurs manières à l'œuvre grandissante de son édification [3] (cf. I Cor. 12, 12-27). En effet, une fois accueillis dans la patrie céleste et demeurant auprès du Seigneur (cf. II Cor. 5, 8), par Lui, avec Lui et en Lui ils ne cessent d'intercéder pour nous auprès du Père [4], d'offrir les mérites qu'ils ont acquis sur terre grâce au Christ Jésus, unique Médiateur entre Dieu et les hommes (cf. I Tim. 2, 5), en servant le Seigneur en toute chose et en achevant ce qui manque aux tribulations du Christ dans leur chair en faveur de son Corps, qui est l'Eglise [5] (cf. Col. 1, 24). C'est donc une aide très appréciable que leur fraternelle sollicitude apporte à notre faiblesse.

50. [*Les rapports de l'Église de la terre avec l'Église du ciel*]

Consciente de cette communion qui unit tous les membres du Corps mystique de Jésus-Christ, l'Eglise en marche vers Dieu a hono-

---

1. Conc. Florentinum, *Decretum pro Graecis*: Denz. 693 (1305).

2. Outre les documents plus anciens contre toute forme d'évocation des esprits depuis Alexandre IV (27 sept. 1258), cf. Encycl. S. S. C. S. Officii, *De magnetismi abusu*, 4 août 1856: *ASS* (1865) pp. 177-178, Denz. 1653-1654 (2823-2825); réponse de S. S. C. S. Officii, 24 avr. 1917: *AAS* 9 (1917) p. 268, Denz. 2182 (3642).

3. Voir l'exposé synthétique de cette doctrine paulinienne dans : Pius XII, Litt. Encycl. *Mystici Corporis: AAS* 35 (1943) p. 200 et *passim*.

4. Cf., i. a., S. Augustinus, *Enarr. in Ps.* 85, 24: PL 37, 1099. S. Hieronymus, *Liber contra Vigilantium*, 6: PL 23, 344. S. Thomas, *In 4m Sent.*, d. 45. q. 3, a. 2. S. Bonaventura, *In 4m Sent.*, d. 45, a. 3. q. 2; etc.

5. Cf. Pius XII, Litt. Encycl. *Mystici Corporis: AAS* 35 (1943) p. 245.

ré avec une grande piété la mémoire des défunts, et cela dès les premiers siècles de l'ère chrétienne [6]; et « puisqu'il est saint et salutaire de prier pour les défunts afin qu'ils soient absous de leurs péchés » (II Macc. 12, 46), elle a même offert pour eux des suffrages. Que les apôtres et les martyrs du Christ, qui par l'effusion de leur sang ont donné le témoignage suprême de la foi et de la charité, nous soient plus étroitement unis dans le Christ, l'Eglise l'a toujours cru; elle les a vénérés avec une ferveur particulière en même temps que la bienheureuse Vierge Marie et les saints Anges [7], et elle a pieusement imploré le secours de leur intercession. Très tôt elle leur associa d'autres hommes qui avaient de plus près imité la virginité et la pauvreté du Christ [8], et finalement tous ceux que leur remarquable exercice des vertus chrétiennes [9] et les charismes divins recommandaient à la pieuse dévotion et à l'imitation des fidèles [10].

Lors donc que nous considérons la vie de ceux qui ont fidèlement suivi le Christ, nous découvrons un nouveau motif de rechercher la Cité future (cf. Hébr. 13, 14 et 11, 10) et tout d'un coup nous apprenons la voie sûre par laquelle, au milieu de l'agitation du monde, nous pourrons, chacun selon son état de vie et sa condition particulière, arriver à l'union parfaite avec le Christ, ou, si l'on veut, à la sainteté [11]. C'est en effet dans la vie de ceux qui, tout en partageant notre condition humaine, reflètent pourtant davantage les traits du Christ (cf. II Cor. 3, 18), que Dieu se rend présent, qu'il manifeste avec éclat son visage. En eux c'est lui-même qui nous parle et nous montre le signe de son Royaume [12]; et c'est vers ce Royaume que, guidés par ces hommes, témoins de la vérité de l'Evangile (cf. Hébr. 12, 1), nous nous sentons puissamment attirés.

Cependant nous ne vénérons pas la mémoire des saints uniquement pour leur exemple, mais plus encore pour que l'union de toute

---

6. Cf. de nombreuses inscriptions dans les Catacombes romaines.

7. Cf. Gelasius 1, Decretalis *De libris recipiendis*, 3: PL 59, 160, Denz. 165 (353).

8. Cf. S. Methodius *Symposion*, VII, 3: GCS (Bonwetsch), p. 74.

9. Cf. Benedictus XV, *Decretum approbationis virtutum in Causa beatificationis et canonizationis Servi Dei Ioannis Nepomuceni Neumann: AAS* 14 (1922) p. 23; nombre d'allocutions de Pie XI sur les Saints: *Inviti all'eroismo. Discorsi...* t. I-III, Romae 1941-1942, *passim;* Pius XII, *Discorsi e Radiomessaggi,* t. 10, 1949, pp. 37-43.

10. Cf. Pius XII, Litt. Encycl. *Mediator Dei: AAS* 39 (1947) p. 581.

11. Cf. *Hebr.* 13, 7; *Eccli.* 44-50; *Hebr.* 11, 3-40; Cf. aussi Pie XII, Litt. Encycl. *Mediator Dei: AAS* 39 (1947) pp. 582-583.

12. Cf. Conc. Vaticanum I, Const. *De fide catholica*, cap. 3: Denz. 1794 (3013).

l'Eglise dans l'Esprit se fortifie par la pratique de la charité fraternelle (cf. Eph. 4, 1-6). Car, de même que notre communion de chrétiens en marche vers Dieu nous rapproche davantage du Christ, ainsi la fraternité entre nous et les saints nous unit au Christ, Source et Tête, qui dispense toute grâce et la vie du Peuple même de Dieu [13]. Il convient donc au plus haut point que nous aimions ces amis et cohéritiers de Jésus-Christ, qui sont aussi nos frères et d'éminents bienfaiteurs, et que pour eux nous rendions à Dieu de dignes actions de grâces [14], « que nous leur adressions des supplications et recourions à leurs prières et à leur aide puissante pour obtenir de Dieu des grâces par son Fils Jésus-Christ, qui seul est notre Rédempteur et Sauveur » [15]. En effet, tout témoignage authentique d'amour que nous donnons aux saints, par sa nature tend et aboutit au Christ, qui est « la couronne de tous les saints » [16], et par lui à Dieu, qui est admirable dans ses saints et glorifié en eux [17].

Mais notre union avec l'Eglise céleste se réalise de la manière la plus éclatante — et avant tout dans la sainte Liturgie où la vertu du Saint-Esprit agit sur nous par les signes sacramentels, — lorsque nous célébrons dans une commune allégresse, les louanges de la divine majesté [18] et que tous, de quelque tribu, langue, peuple et nation que nous soyons, rachetés par le sang du Christ (cf. Apoc. 5, 9) et rassemblés en une Eglise unique, nous chantons d'une même voix les louanges du Dieu un et trine. Ainsi quand nous célébrons le sacrifice eucharistique, nous nous unissons très intimement au culte de l'Eglise céleste; réunis dans une même assemblée, nous vénérons d'abord la mémoire de la glorieuse Marie, toujours Vierge, mais aussi du bienheureux Joseph, des bienheureux apôtres et martyrs et de tous les saints [19].

51. [*Directives pastorales*]

Cette vénérable croyance qu'avaient nos aînés en une communion de vie avec nos frères qui jouissent de la gloire céleste ou avec ceux qui après la mort sont encore en état de purification, ce saint Concile la recueille avec grand respect; et, de nouveau, il propose les décrets

---

13. Cf. Pius XII, Litt. Encycl. *Mystici Corporis: AAS* 35 (1943) p. 216.
14. Sur la gratitude envers les Saints, cf. E. Diehl, *Inscriptiones latinae christianae veteres*, I, Berolini, 1925, nn. 2008, 2382 et *passim*.
15. Conc. Tridentinum, Sess. 25, *De invocatione... Sanctorum:* Denz. 984 (1821).
16. Bréviaire Romain, *invitatorium in festo Sanctorum Omnium*.
17. Cf. par ex. 2 *Thess.* 1, 10.
18. Conc. Vaticanum II, Const. *De Sacra Liturgia*, cap. 5, n. 104: *AAS* 56 (1964), pp. 125-126 [P. 157].
19. *Canon* de la Messe Romaine.

du deuxième Concile de Nicée [20], du Concile de Florence [21] et de celui de Trente [22]. En même temps, dans sa sollicitude pastorale, il recommande à tous ceux que la chose concerne de s'employer à écarter ou à corriger les abus, les excès ou les défauts qui se seraient glissés ici ou là, et à tout rétablir pour une plus grande gloire du Christ et de Dieu. Qu'ils enseignent donc aux fidèles que le vrai culte des saints ne consiste pas tant dans la multiplicité des actes extérieurs que dans l'intensité de notre amour effectif, amour qui, pour notre plus grand bien et celui de l'Eglise, nous fait chercher « dans la vie des saints un exemple, dans leur communion une participation à leurs biens et dans leur intercession un secours » [23]. D'autre part, qu'ils enseignent aux fidèles que nos relations avec les bienheureux, à condition de concevoir celles-ci dans la lumière plus pleine de la foi, ne diminuent en rien le culte d'adoration rendu à Dieu le Père par le Christ dans l'Esprit, mais au contraire l'enrichissent davantage [24].

Nous tous, en effet, qui sommes fils de Dieu et constituons dans le Christ une seule famille (cf. Hébr. 3, 6), tant que nous communions entre nous dans la charité mutuelle et dans l'unique louange de la très sainte Trinité, nous correspondons à la vocation intime de l'Eglise et nous participons, comme par un avant-goût, à la liturgie de la parfaite gloire [25]. Quand le Christ apparaîtra et que se produira la glorieuse résurrection des morts, la Cité céleste, dont l'Agneau sera la lampe, s'illuminera de la clarté de Dieu (cf. Apoc. 21, 23). Alors toute l'Eglise des saints, dans la suprême félicité de la charité, adorera Dieu et « l'Agneau qui a été immolé » (Apoc. 5, 12), en proclamant d'une voix unanime: « A Celui qui siège sur le trône et à l'Agneau, louange, honneur, gloire et puissance aux siècles des siècles » (Apoc. 5, 13).

20. Conc. Nicaenum II, Act. VII : Denz. 302 (600).

21. Conc. Florentinum, *Decretum pro Graecis:* Denz. 693 (1304).

22. Conc. Tridentinum, Sess. 35, *De invocatione, veneratione et reliquiis Sanctorum et sacris imaginibus:* Denz. 984-988 (1821-1824); Sess. 25, *Decretum de Purgatorio:* Denz. 983 (1820); Sess. 6, *Decretum de iustificatione,* can. 30: Denz. 840 (1580).

23. De la *Préface des saints* concédée à quelques diocèses.

24. Cf. S. Petrus Canisius, *Catechismus Maior seu Summa Doctrinae christianae,* cap. III (ed. crit. F. Streicher), 1ère partie, pp. 15-16, n. 44 et pp. 100-101, n. 49.

25. Cf. Conc. Vaticanum II, Const. *De Sacra Liturgia,* cap. 1, n. 8: *AAS* 56 (1964), p. 101 [P. 131].

CHAPITRE VIII

LA BIENHEUREUSE VIERGE MARIE MÈRE DE DIEU DANS LE MYSTÈRE DU CHRIST ET DE L'ÉGLISE

I — PRÉAMBULE

52. [*La sainte Vierge dans le mystère du Christ*]

Dieu, très bienveillant et très sage, voulant accomplir la rédemption du monde, « lorsque les temps ont été révolus, a envoyé son Fils, qui est né d'une femme... afin de faire de nous des fils adoptifs » (Gal. 4, 4-5). « Pour nous hommes et pour notre salut il est descendu du ciel et s'est incarné par l'œuvre de l'Esprit-Saint dans la Vierge Marie » [1]. Ce divin mystère du salut nous est révélé et se continue dans l'Eglise, que le Sauveur a constituée comme son corps et dans laquelle les fidèles, adhérant au Christ comme à leur Tête et vivant en communion avec tous ses saints, doivent également vénérer le souvenir « avant tout de la glorieuse et toujours Vierge Marie, Mère de Dieu, Notre-Seigneur Jésus-Christ » [2].

53. [*La sainte Vierge et l'Église*]

En effet, la Vierge Marie, qui, à l'annonce de l'Ange, accueillit dans son cœur et dans son corps le Verbe de Dieu et apporta la vie au monde, est reconnue et honorée comme la vraie Mère de Dieu et du Rédempteur. Rachetée d'une manière très sublime en considération des mérites de son Fils et unie à lui par un lien étroit et indissoluble, elle est revêtue de la fonction et de la dignité suprême de Mère du Fils de Dieu. Aussi est-elle la fille préférée du Père et le temple de l'Esprit-Saint. Par le don de cette grâce suprême, elle dépasse de loin toutes les autres créatures célestes et terrestres.

---

1. *Credo* dans la Messe Romaine: Symbolum Constantinopolitanum: Mansi 3, 566. Cf. Conc. Ephesinum, ib. 4, 1130 (ainsi que ib. 2, 665 et 4, 1071); Conc. Chalcedonense, ib. 7, 111-116; Conc. Constantinopolitanum II. ib. 9, 375-396.
2. Canon de la Messe Romaine.

Cependant, elle est en même temps, de par sa descendance d'Adam,
unie à tous les hommes, qui ont besoin du salut; bien plus, elle est
« vraiment Mère des membres (du Christ)... parce qu'elle a coopéré
par sa charité à la naissance, dans l'Eglise, des fidèles, qui sont les
membres de ce Chef » [3]. Aussi est-elle encore saluée du nom de
membre suréminent et tout à fait singulier de l'Eglise, de figure et
de modèle admirable de l'Eglise dans la foi et dans la charité;
l'Eglise catholique, docile à l'Esprit-Saint, la vénère avec une piété
et une affection filiale comme une mère très aimante.

54. [*Intention du Concile*]

En conséquence, le saint Concile, au moment où il expose la
doctrine relative à l'Eglise, en qui le divin Rédempteur opère le salut,
entend mettre soigneusement en lumière la fonction de la bienheureuse Vierge dans le mystère du Verbe incarné et du Corps mystique, et
d'autre part, les devoirs des hommes rachetés envers la Vierge, Mère
du Christ et mère des hommes, spécialement celle des fidèles. Il n'a
pas cependant l'intention de proposer un enseignement complet au
sujet de Marie, ni de dirimer des questions que le travail des théologiens n'a pas encore complètement élucidées. Aussi, gardent leurs
droits les opinions qui sont librement proposées dans les écoles catholiques au sujet de celle qui, dans la sainte Eglise, tient la place la
plus élevée après le Christ, et en même temps la plus proche de
nous [4].

II — RÔLE DE LA SAINTE VIERGE
DANS L'ÉCONOMIE DU SALUT

55. [*La Mère du Messie dans l'Ancien Testament*]

Les saintes Lettres de l'Ancien et du Nouveau Testament, ainsi
que la vénérable Tradition, montrent, avec une clarté grandissante,
le rôle de la Mère du Sauveur dans l'économie du salut et nous la
mettent, pour ainsi dire, sous les yeux. Les livres de l'Ancien Testament décrivent l'histoire du salut, où lentement se prépara la venue
du Christ dans le monde. Ces documents des premiers âges, selon
l'intelligence qu'en a l'Eglise à la lumière de la révélation parfaite
qui devait suivre, mettent peu à peu en une lumière toujours plus
claire la figure d'une femme: la Mère du Rédempteur. C'est elle qu'on
devine déjà prophétiquement présentée sous cette lumière dans la

    3. S. Augustinus, *De S. Virginitate*, 6: PL 40, 399.
    4. Cf. Paulus Pp. VI, *Allocutio in Concilio*, 4 déc. 1963: *AAS* 56
(1964) p. 37.

promesse, qui est faite à nos premiers parents tombés dans le péché, de la victoire sur le serpent (cf. Gen. 3, 15). Pareillement, c'est elle, la Vierge qui concevra et mettra au monde un Fils dont le nom sera Emmanuel (cf. Is. 7, 14; cf. Mich. 5, 2-3; Mt. 1, 22-23). Elle est au premier rang de ces humbles et de ces pauvres du Seigneur qui attendent le salut avec confiance, et reçoivent de lui le salut. Et enfin, avec elle, fille sublime de Sion, après la longue attente de la promesse, les temps s'accomplissent et une nouvelle économie s'instaure lorsque le Fils de Dieu prend d'elle la nature humaine pour libérer l'homme du péché par les mystères de sa chair.

56. [Marie à l'Annonciation]

Le Père des miséricordes a voulu que l'acceptation de la mère prédestinée précédât l'Incarnation; il voulait que de même qu'une femme avait contribué à donner la mort, de même une femme servît à donner la vie. Et cela vaut d'une manière extraordinaire pour la Mère de Jésus: elle a donné au monde la Vie même qui renouvelle tout, et elle a été enrichie par Dieu de dons correspondant à une si haute fonction. Il n'est pas étonnant que les saints Pères appellent communément la Mère de Dieu la Toute Sainte, celle qui est indemne de toute tache du péché, celle qui est façonnée et formée comme une nouvelle créature par l'Esprit-Saint [5]. Ornée dès le premier instant de sa conception des splendeurs d'une sainteté tout à fait singulière, la Vierge de Nazareth est, sur l'ordre de Dieu, saluée par l'Ange de l'annonciation comme « pleine de grâces » (cf. Lc 1, 28); et elle répond au messager céleste: « Voici la servante du Seigneur, qu'il me soit fait selon ta parole » (Lc 1, 38). Ainsi Marie, fille d'Adam, acquiesçant au verbe de Dieu, est devenue Mère de Jésus et embrassant de plein cœur, sans être entravée par aucun péché, la volonté salvatrice de Dieu, elle s'est consacrée totalement comme servante du Seigneur à la personne et à l'œuvre de son Fils, toute au service du mystère de la Rédemption en dépendance de son Fils et en union avec lui, par la grâce de Dieu Tout Puissant. C'est donc à juste titre que les saints Pères estiment que Marie ne fut pas un instrument purement passif dans les mains de Dieu, mais qu'elle coopéra au salut de l'homme dans la liberté de sa foi et de son obéissance. En fait, comme le dit saint Irénée, « en obéissant, elle est devenue cause

5. Cf. S. Germanus Const., Hom. in Annunt. Deiparac: PG 98, 328 A; In Dorm. 2: col. 357. — Anastasius Antioch., Serm. 2 de Annunt., 2: PG 89, 1377 AB; Serm. 3, 2: col. 1388 C. — S. Andreas Cret., Can. in B. V. Nat. 4: PG 97, 1321 B. In B. V. Nat., 1: col. 812 A. Hom. in dorm. 1: col. 1068 C. — S. Sophronius, Or. 2 in Annunt., 18: PG 87 (3), 3237 BD.

du salut pour elle-même et pour tout le genre humain » »[6]. Et, avec Irénée, bien des anciens Pères affirment volontiers, dans leur prédication, que « le nœud de la désobéissance d'Eve a été dénoué par l'obéissance de Marie; ce que la vierge Eve lia par son incrédulité, la foi de la vierge Marie le délia »[7]; et par comparaison avec Eve, ils appellent Marie « Mère des Vivants »[8], et affirment très souvent: « La mort nous est venue par le moyen d'Eve, la vie par celui de Marie »[9].

57. [*La sainte Vierge et l'enfance de Jésus*]

Cette union de la Mère et de son Fils dans l'œuvre de la Rédemption se manifeste depuis le moment de la conception virginale du Christ jusqu'à sa mort. C'est d'abord lorsque Marie, qui se porte en hâte vers Elisabeth, est proclamée par celle-ci bienheureuse à cause de sa foi dans la promesse du salut; le précurseur se réjouit alors dans le sein de sa mère (cf. Lc 1, 41-45).

Cette union se manifeste ensuite à la nativité, lorsque la Mère de Dieu, toute joyeuse, montra aux bergers et aux Mages son Fils premier-né, lui qui n'a pas lésé sa virginité, mais l'a consacrée[10]. Quand elle le présenta au Seigneur dans le temple une fois présentée l'offrande des pauvres, elle entendit Siméon annoncer à la fois que le Fils serait un signe de contradiction et qu'une épée transpercerait l'âme de la mère, pour que se révèlent les pensées d'un grand nombre de cœurs (cf. Lc 2, 34-35). Après avoir perdu l'enfant Jésus et l'avoir cherché avec angoisse, ses parents le trouvèrent au temple, occupé aux choses de son Père, et ils ne comprirent pas les paroles du Fils. Sa mère méditait et conservait toutes ces choses en son cœur (cf. Lc 2, 41-51).

58. [*La sainte Vierge et le ministère public de Jésus*]

Durant la vie publique de Jésus, sa Mère fait des apparitions qui sont pleines de sens. Dès le début, quand, aux noces de Cana de Galilée, émue de compassion, elle provoque par son intercession le premier des miracles de Jésus-Messie (cf. Jn 2, 1-11). Pendant la

---

6.   S. Irenaeus, *Adv. Haer.* III, 22, 4: PG 7, 959 A; Harvey, 2, 123.

7.   S. Irenaeus, *ib.;* Harvey, 2, 124.

8.   S. Epiphanius, Haer, 78, 18: PG 42, 728 CD - 729 AB.

9.   S. Hieronymus, *Epist.* 22, 21: PL 22, 408. Cf. S. Augustinus, *Serm.* 51, 2, 3: PL 38, 335; *Serm.* 232, 2: col. 1108. — S. Cyrillus Hieros., *Catech.* 12, 15: PG 33, 741 AB. — S. Io. Chrysostomus, *In Ps.* 44, 7: PG 55, 193. — S. Io. Damascenus, *Hom. 2 in dorm. B.M.V.,* 3: PG 96, 728.

10.   Cf. Conc. Lateranense, anno 649, Can. 3: Mansi 10, 1151. — S. Leo M., *Epist. ad Flav.:* PL 54, 759. — Conc. Chalcedonense: Mansi 7, 462. — S. Ambrosius, *De inst. virg.:* PL 16, 320.

prédication de Jésus, elle entendit les paroles où son Fils, plaçant le Royaume au-dessus des rapports et des liens de la chair et du sang, proclama bienheureux ceux qui écoutent et gardent la parole de Dieu (cf. Mc 3, 35; Lc 11, 27-28), ainsi qu'elle le faisait avec fidélité (cf. Lc 2, 19 et 51). Ainsi même la bienheureuse Vierge progressa sur le chemin de la foi, et elle resta fidèlement unie à son Fils jusqu'à la croix. Là, ce n'est pas sans réaliser un dessein divin qu'elle se tint debout (cf. Jn 19, 25); elle souffrit profondément avec son Fils unique et s'associa de toute son âme maternelle à son sacrifice, acquiesçant avec amour à l'immolation de la victime qu'elle avait engendrée. Finalement, le même Christ Jésus, mourant sur la croix, la donna pour mère au disciple, en disant: « Femme, voici ton fils » [11] (Cf. Jn 19, 26-27).

59. [*La sainte Vierge après l'Ascension*]

Comme il avait plu à Dieu de ne pas manifester solennellement le mystère du salut de l'humanité avant d'avoir envoyé l'Esprit, que le Christ avait promis, nous voyons les Apôtres, avant le jour de la Pentecôte, « persévérant d'un seul cœur dans la prière, en compagnie de quelques femmes, de Marie Mère de Jésus et des frères de celui-ci » (Act. 1, 14), et nous voyons aussi Marie implorer par ses prières le don de l'Esprit, cet Esprit qui l'avait déjà couverte elle-même de son ombre à l'Annonciation. Enfin, la Vierge Immaculée, préservée de toute tache de la faute originelle [12], au terme de sa vie terrestre, fut élevée à la gloire du ciel en son âme et en son corps [13] et elle fut exaltée par le Seigneur comme Reine de l'univers afin de ressembler plus parfaitement à son Fils, Seigneur des seigneurs (cf. Apoc. 19, 16) et vainqueur du péché et de la mort [14].

---

11. Cf. Pius XII, Litt. Encycl. *Mystici Corporis*, 29 juin 1943: *AAS* 35 (1943) pp. 247-248.

12. Cf. Pius IX, Bulla *Ineffabilis*, 8 déc. 1854: *Acta Pii IX*, 1, I, p. 616; Denz. 1641 (2803).

13. Cf. Pius XII, Const. Apost. *Munificentissimus*, 1 nov. 1950: *AAS* 42 (1950); Denz. 2333 (3903). Cf. S. Io. Damascenus, *Enc. in dorm. Dei genitricis*, Hom. 2 et 3: PG 96, 721-761, spécialement col. 728 B. — S. Germanus Constantinop., *In S. Dei gen. dorm.* Serm. 1: PG 98 (6), 340-348; Serm. 3: col. 361. — S. Modestus Hier., *In dorm. SS. Deiparae*: PG 86 (2), 3277-3312.

14. Cf. Pius XII, Litt. Encycl. *Ad coeli Reginam*, 11 oct. 1954: *AAS* 46 (1954), pp. 633-636; Denz. 3913 ss. Cf. S. Andreas Cret., *Hom. 3 in dorm. SS. Deiparae*: PG 97, 1089-1109. — S. Io. Damascenus, *De fide orth.*, IV, 14: PG 94, 1153-1161.

III — LA BIENHEUREUSE VIERGE ET L'ÉGLISE

60. [*Marie, servante du Seigneur*]

Nous n'avons qu'un Médiateur, selon la parole de l'Apôtre: « Il n'y a qu'un Dieu et qu'un Médiateur entre Dieu et les hommes, l'homme-Christ Jésus, qui s'est lui-même donné pour tous comme rançon » (I Tim. 2, 5-6). Le rôle maternel de Marie envers les hommes ne voile ou ne diminue en aucune manière cette médiation unique du Christ, mais elle en montre l'efficacité. En effet, toute l'action de la bienheureuse Vierge sur les hommes dans l'ordre du salut ne provient pas d'une quelconque nécessité: elle naît du bon plaisir de Dieu et découle de la surabondance des mérites du Christ. Elle s'appuie sur la médiation du Christ, elle en dépend et en tire toute sa vertu. Ainsi cette action, loin d'empêcher de quelque manière une union immédiate des croyants avec le Christ, la facilite bien plutôt.

61. La bienheureuse Vierge, dont la prédestination à la maternité divine, est allée de pair, de toute éternité, avec celle de l'Incarnation du Verbe de Dieu, fut sur cette terre, par disposition de la divine Providence, la noble Mère du divin Rédempteur, l'associée du Seigneur la plus généreuse qui fut, et son humble servante. Elle, qui a conçu le Christ, l'a enfanté, l'a nourri, l'a présenté au Père dans le temple, qui a souffert avec son Fils mourant sur la croix, elle a coopéré, d'une manière toute spéciale, à l'œuvre du Sauveur par son obéissance, sa foi, son espérance et son ardente charité. Elle a vraiment collaboré à la restauration de la vie surnaturelle dans les âmes. Voilà pourquoi elle fut pour nous une mère dans l'ordre de la grâce.

62. Cette maternité de Marie, elle dure sans cesse, dans l'économie de la grâce, depuis le consentement que sa foi lui fit donner à l'Annonciation et qu'elle maintint sans hésitation sous la croix, jusqu'à l'accession de tous les élus à la gloire éternelle. En effet, élevée au ciel, elle n'a pas déposé cette fonction salvifique, mais elle continue, par son instante intercession, à nous obtenir des grâces en vue de notre salut éternel [15]. Dans sa charité maternelle, elle s'occupe, jusqu'à ce qu'ils soient parvenus à la félicité de la patrie, des frères de son Fils qui sont encore des pèlerins et qui sont en butte aux

---

15. Cf. Kleutgen, texte réformé *De mysterio Verbi incarnati*, cap. IV: Mansi 53, 290. Cf. S. Andreas Cret., *In nat. Mariae*, sermo 4: PG 97, 865 A. — S. Germanus Constantinop., *In annunt. Deiparae*: PG 98, 321 BC. *In dorm. Deiparae*, III: col. 361 D. — S. Io. Damascenus, *In dorm. B. V. Mariae*, Hom. 1, 8: PG 96, 712 BC - 713 A.

dangers et aux misères. Aussi la bienheureuse Vierge est-elle invoquée dans l'Eglise sous les titres d'Avocate, d'Auxiliatrice, d'Aide et de Médiatrice [16]. Tout cela doit pourtant s'entendre de manière qu'on n'enlève ni n'ajoute rien à la dignité et à l'action du Christ, seul Médiateur [17].

En fait, aucune créature ne peut jamais figurer sur le même plan que le Verbe incarné, notre Rédempteur. Mais, de même que les ministres sacrés et le peuple fidèle participent, selon des façons variées, au sacerdoce du Christ, et que la bonté unique de Dieu est réellement répandue selon une grande variété de manières, dans les créatures, de même également la médiation unique du Rédempteur n'exclut pas, mais suscite plutôt chez les créatures une coopération variée, qui provient de la source unique.

C'est cette fonction subordonnée de Marie que l'Eglise n'hésite pas à professer, dont elle fait continuellement l'expérience et qu'elle recommande à la piété des fidèles, pour que, soutenus par cette aide maternelle, ils s'attachent plus étroitement au Médiateur et Sauveur.

63. [*Marie, modèle de l'Église*]

En outre, la bienheureuse Vierge est liée intimement à l'Eglise par le don et la charge de la maternité divine qui l'unit à son Fils, le Rédempteur, de même que par les grâces et les fonctions singulières dont elle est investie. La Mère de Dieu est la figure de l'Eglise, comme l'enseignait déjà saint Ambroise, et cela dans l'ordre de la foi, de la charité et de l'union parfaite avec le Christ [18]. En effet, dans le mystère de l'Eglise, qui reçoit, elle aussi, avec raison, les noms de Mère et de Vierge, la bienheureuse Vierge Marie est venue la première, offrant d'une manière éminente et singulière le modèle de la Vierge et de la Mère [19]. Car, dans la foi et l'obéissance, elle engendra sur terre le Fils même de Dieu, sans commerce charnel, mais sous l'action de l'Esprit-Saint; nouvelle Eve, elle a cru, non plus au serpent ancien, mais au messager de Dieu, d'une foi qu'aucun

---

16. Cf. Leo XIII, Litt. Encycl. *Adiutricem populi*, 5 sept. 1895: *ASS* 15 (1895-96), p. 303. — S. Pius X, Litt. Encycl. *Ad diem illum*, 2 févr. 1904: *Acta*, I, p. 154; Denz. 1978 a (3370). — Pius XI, Litt. Encycl. *Miserentissimus*, 8 mai 1928: *AAS* 20 (1928) p. 178. — Pius XII, *Radiomessaggio*, 13 mai 1946: *AAS* 38 (1946) p. 266.

17. S. Ambrosius, *Epist.* 63: PL 16, 1218.

18. S. Ambrosius, *Expos. Lc.* II, 7: PL 15, 1555.

19. Cf. Ps.-Petrus Dam., *Serm.* 63: PL 144, 861 AB. — Godefridus a S. Victore, *In nat. B. M.*, Ms. Paris Mazarine, 1002, fol. 109 r. — Gerhohus Reich., *De gloria et honore Filii hominis*, 10: PL 194, 1105 AB.

doute n'altéra. Elle enfanta le Fils que Dieu a établi premier-né d'un
grand nombre de frères (Rom. 8, 29), c'est-à-dire des fidèles. Aussi
coopère-t-elle, dans son amour de mère, à les engendrer et à les
éduquer.

64.   L'Eglise, qui contemple la sainteté mystérieuse et imite la
charité de Marie, l'Eglise, qui accomplit fidèlement la volonté du
Père, devient mère, elle aussi, par l'accueil plein de foi qu'elle offre
au Verbe de Dieu. Car, par la prédication et le baptême, elle engendre à la vie nouvelle et immortelle des fils conçus du Saint-Esprit et
nés de Dieu. Elle est aussi la vierge qui maintient intègre et pure la
foi qu'elle a donnée à l'Epoux. A l'imitation de la Mère de son
Seigneur, elle conserve d'une façon virginale, par la vertu de l'Esprit-
Saint, une foi intacte, une espérance ferme et une charité sincère [20].

65. [*Les vertus de Marie, modèle pour l'Église*]
      Tandis que l'Eglise a déjà atteint dans la très bienheureuse Vierge
la perfection, par quoi elle est sans tache et sans ride (cf. Eph. 5, 27),
les fidèles tâchent encore de croître en sainteté en triomphant du
péché. Aussi lèvent-ils les yeux vers Marie: elle brille comme un
modèle de vertu pour toute la communauté des élus. L'Eglise, en
songeant pieusement à elle et en la contemplant dans la lumière
du Verbe fait homme, pénètre plus avant, pleine de respect, dans les
profondeurs du mystère de l'Incarnation, et se conforme toujours
davantage à son Epoux. Marie, en effet, qui, par son étroite participation à l'histoire du salut, unit en elle et reflète pour ainsi dire les
données les plus élevées de la foi, amène les croyants, quand elle est
l'objet de la prédication et du culte, à considérer son Fils, le sacrifice qu'il a offert, et aussi l'amour du Père. Quant à l'Eglise, en
cherchant à procurer la gloire du Christ, elle devient plus semblable
à son très haut modèle: elle progresse alors sans cesse dans la foi,
l'espérance et la charité, elle cherche et suit en toutes choses la
volonté de Dieu. Aussi, l'Eglise, en son travail apostolique également,
regarde-t-elle avec raison vers celle qui engendra le Christ, conçu
donc de l'Esprit-Saint et né de la Vierge, afin qu'il naisse et grandisse
également dans le cœur des fidèles par le moyen de l'Eglise. La Vierge
fut dans sa vie un modèle de cet amour maternel dont doivent être
animés tous ceux qui, associés à la mission apostolique de l'Eglise,
coopèrent à la régénération des hommes.

20.   S. Ambrosius, *l. c.* et *Expos. Lc.* X, 24-25: PL 15, 1810. — S. Augus-
tinus, *In Io.* Tr. 13, 12: PL 35, 1499. Cf. *Serm.* 191, 2, 3: PL 38, 1010; etc.
Cf. aussi Ven. Beda, *In Lc Expos.* I, cap. 2: PL 92, 330. — Isaac de Stella,
Serm. 51: PL 194, 1863 A.

IV — LE CULTE DE LA SAINTE VIERGE DANS L'ÉGLISE

66. [*Nature et fondement du culte de la sainte Vierge*]

L'Eglise honore à juste titre d'un culte spécial celle que la grâce de Dieu a faite inférieure à son Fils certes, mais supérieure à tous les anges et à tous les hommes, en raison de son rôle de Mère très sainte de Dieu, et de son association aux mystères du Christ. Déjà, depuis les temps les plus reculés, la bienheureuse Vierge est vénérée sous le titre de « Mère de Dieu », et les fidèles, en leurs prières, se réfugient sous sa protection au milieu de tous les périls et des difficultés qu'ils rencontrent [21]. C'est surtout à partir du Concile d'Ephèse que le culte du peuple de Dieu envers Marie, à la fois vénération et amour, prière et imitation, grandit admirablement, selon la prophétie de Marie elle-même: « Toutes les générations m'appelleront bienheureuse, parce que le Tout-Puissant a fait en moi de grandes choses » (Lc 1, 48-49). Ce culte, qui exista toujours dans l'Eglise, bien qu'il soit de caractère tout à fait singulier, diffère essentiellement du culte d'adoration rendu au Verbe incarné ainsi qu'au Père et à l'Esprit-Saint et il favorise fortement celui-ci. En effet, grâce aux diverses formes de dévotion mariale que l'Eglise a approuvées selon les circonstances de temps et de lieu et selon le caractère et les dispositions des fidèles, pourvu qu'elles se tinssent dans les limites d'une doctrine saine et orthodoxe, grâce à ces formes de dévotion, donc, tandis que la Mère est honorée, le Fils pour qui tout existe (cf. Col. 1, 15-16) et en qui « il a plu » au Père éternel « de faire résider toute la plénitude » (Col. 1, 19), est reconnu comme il convient, aimé, glorifié et obéi.

67. [*L'esprit de la prédication et du culte de la sainte Vierge*]

Le saint Concile enseigne expressément cette doctrine catholique et, en même temps, exhorte tous les fils de l'Eglise à pratiquer généreusement le culte, spécialement le culte liturgique, à l'égard de la bienheureuse Vierge; à tenir en grande estime les pratiques et les exercices de dévotion de caractère marial que le magistère de l'Eglise recommande depuis des siècles; à observer religieusement ce qui, dans le passé, a été décidé quant au culte des images du Christ, de la bienheureuse Vierge et des saints [22]. En outre, il exhorte avec force les théologiens et les prédicateurs à s'abstenir avec soin de toute fausse exaltation, comme aussi de toute étroitesse d'esprit lorsqu'ils

---

21   Cf. *Bréviaire romain*, ant. « *Sub tuum praesidium* », des 1ères vêpres du petit office de la Sainte Vierge.

22.   Conc. Nicaenum II, anno 787: Mansi 13, 378-379; Denz. 302 (600-601). — Conc. Trident., sess. 25: Mansi 33, 171-172.

ont à considérer la dignité particulière de la Mère de Dieu [23]. Par l'étude, menée sous la direction du magistère, de la sainte Ecriture, des saints Pères, des docteurs et des liturgies de l'Eglise, ils doivent expliquer correctement le rôle et les privilèges de la bienheureuse Vierge: tout est tourné vers le Christ, source exclusive de la vérité, de la sainteté et de la dévotion. Dans leurs paroles, ou leurs actions, ils doivent éviter avec soin tout ce qui pourrait induire en erreur les frères séparés, ou n'importe quelle autre personne, au sujet de la véritable doctrine de l'Eglise. Les fidèles, eux, doivent se rappeler que la vraie dévotion ne consiste ni dans un sentimentalisme stérile et passager, ni dans une certaine crédulité vaine, mais, au contraire, qu'elle procède de la vraie foi, qui nous porte à reconnaître la prééminence de la Mère de Dieu, nous pousse à un amour de fils envers notre Mère et à l'imitation de ses vertus.

V — MARIE, SIGNE D'ESPÉRANCE CERTAINE ET DE CONSOLATION POUR LE PEUPLE DE DIEU EN MARCHE

68. Si la Mère de Jésus, déjà glorifiée au ciel en son corps et en son âme, est l'image et le commencement de ce que sera l'Eglise en sa forme achevée, au siècle à venir, eh bien ! sur la terre, jusqu'à l'avènement du jour du Seigneur (cf. II Petr. 3, 10), elle brille, devant le Peuple de Dieu en marche, comme un signe d'espérance certaine et de consolation.

69. C'est une grande joie et une grande consolation pour ce saint Concile qu'il ne manque pas de gens, même parmi les frères séparés, pour rendre à la Mère du Seigneur et Sauveur, l'honneur qui lui est dû, spécialement chez les Orientaux qui rivalisent d'ardeur et de dévotion dans le culte de la Mère de Dieu, toujours Vierge [24]. Que tous les fidèles adressent avec instance des prières à la Mère de Dieu et à la Mère des hommes, elle qui entoura de ses prières les débuts de l'Eglise, et qui, maintenant, est exaltée au-dessus de tous les bienheureux et de tous les anges, oui, qu'ils la prient d'intercéder, en union avec tous les saints, auprès de son Fils, jusqu'à ce que toutes

---

23. Cf. Pius XII, *Radiomessaggio*, 24 octobre 1954: *AAS* 46 (1954) p. 679. Litt. Encycl. *Ad coeli Reginam*, 11 octobre 1954: *AAS* 46 (1954) p. 637.
24. Cf. Pius XI, Litt. Encycl. *Ecclesiam Dei*, 12 nov. 1923: *AAS* 15 (1923) p. 581. — Pius XII, Litt. Encycl. *Fulgens corona*, 8 sept. 1953: *AAS* 45 (1953) pp. 590-591.

les familles des peuples, qu'elles soient marquées du nom chrétien ou qu'elles ignorent encore leur Sauveur, soient réunies heureusement dans la paix et la concorde en un seul Peuple de Dieu pour la gloire de la très sainte et indivisible Trinité !

Tout l'ensemble et chacun des points qui sont édictés dans cette Constitution dogmatique ont plu aux Pères du saint Concile. Et Nous, en vertu du pouvoir apostolique que le Christ Nous a confié, avec les vénérables Pères, Nous les approuvons, décrétons et arrêtons dans le Saint-Esprit, et Nous ordonnons que, pour la gloire de Dieu, ce qui a été ainsi établi en Concile soit promulgué.

Rome, près Saint-Pierre, le 21 novembre 1964.

Moi, PAUL,

Évêque de l'Église catholique.

Suivent les signatures des Pères.

NOTIFICATIONS

*faites par le secrétaire général du Concile,
à la 123e congrégation générale tenue
le 16 novembre 1964*

On a demandé quelle note théologique devait être appliquée à la doctrine exposée dans le schéma *De Ecclesia* et soumise au vote des Pères.

Répondant à cette question, la commission théologique, dans l'examen des observations apportées au chapitre trois du schéma sur l'Eglise, a déclaré ce qui suit:

Il va de soi que le texte du Concile est toujours à interpréter selon les normes générales connues de tous. En l'occurrence, la commission renvoie à sa déclaration du 6 mars 1964 que nous reproduisons ici:

« Compte tenu de la pratique en usage aux conciles et de la fin pastorale du présent Concile, celui-ci précise que, parmi les points de foi ou de morale, l'Eglise doit tenir ceux-là seuls que le Concile aura explicitement déclarés tels.

« Quant aux autres points proposés par le Concile et contenant la doctrine du Magistère suprême de l'Eglise, ils doivent être reçus par tous et chacun des fidèles selon le sens que leur donne le Concile lui-même. Ce sens est à entendre soit à partir du sujet traité, soit d'après la manière même de parler, selon les normes d'interprétation reçues en théologie. »

* * *

Au sujet du troisième chapitre du schéma *De Ecclesia,* l'autorité supérieure communique aux Pères une note explicative précédant les observations qui y sont annexées. C'est dans l'esprit et selon la pensée exprimés par cette note qu'il faut entendre et expliquer la doctrine de ce chapitre.

NOTE EXPLICATIVE PRÉALABLE *

Voici les remarques générales par lesquelles la commission a décidé de faire précéder l'examen des observations:

1. Le mot « collège » ne s'entend pas au sens strict qu'il possède dans la langue juridique, savoir d'un groupe d'égaux qui déléguerait son pouvoir à un président, mais d'un groupe stable dont la structure et l'autorité se déterminent à partir de la Révélation. Aussi, pour satisfaire à la 12e observation, est-il dit explicitement des douze Apôtres que le Seigneur les établit « à la façon d'un collège », c'est-à-dire *d'un groupe stable* (voir aussi la 53e observation). La même raison a fait employer ici ou là les mots « ordre » ou « corps » pour désigner le collège des évêques. Le parallélisme entre Pierre et les autres Apôtres d'une part, entre le souverain Pontife et les évêques de l'autre n'implique pas la transmission du pouvoir extraordinaire des Apôtres à leurs successeurs; il n'implique pas non plus, bien sûr, *l'égalité* de la tête et des membres du collège, mais seulement la *proportionnalité* entre la première relation (Pierre-Apôtres) et la seconde (Pape-Evêques). Aussi la commission a-t-elle résolu de parler, au numéro 22, non pas d'un « rapport identique », mais « semblable » (voir la 57e observation).

2. On devient *membre* du collège en vertu de la consécration épiscopale et par la communion hiérarchique avec la tête et les membres du collège. (Voir numéro 22, paragr. 1, à la fin.)

Comme le montre clairement la tradition, y compris la tradition liturgique, c'est une participation d'ordre ontologique aux fonctions sacrées qui est conférée par la consécration. On a utilisé à dessein

---

* Cette note *(Nota explicativa praevia)* fait assurément partie des Actes du Concile; toutefois elle ne fait pas partie du texte voté et promulgué le 21 novembre 1964. (Note des éditeurs.)

le mot « fonction », et non « pouvoir », qui pourrait être entendu d'un pouvoir déjà libre de s'exercer. Pour qu'un tel pouvoir existe en fait, il faut que l'autorité hiérarchique l'ait juridiquement ou, si l'on veut, canoniquement déterminé. La détermination dont il est question peut consister dans la concession d'un office particulier ou l'assignation des sujets, et elle est faite d'après les normes approuvées par l'autorité suprême. C'est la nature même de la chose qui requiert cette dernière norme, puisqu'il s'agit de charges à exercer par plusieurs sujets coopérant hiérarchiquement entre eux, comme l'a voulu le Christ. Il est bien clair que cette « communion » existait déjà dans la vie de l'Eglise, en autant que le permettaient les circonstances, et cela bien avant de se voir juridiquement déterminée.

Aussi est-il expressément déclaré que la communion avec la tête et les membres doit être une communion *hiérarchique* avec la tête et les membres de l'Eglise. L'idée de *communion* est une idée dont l'Eglise antique (comme aujourd'hui, l'Eglise d'Orient) faisait grand cas. Il ne s'agit pas ici d'un vague sentiment, mais d'une réalité *organique* qui veut s'incarner dans une structure juridique et dont l'âme est la charité. Pour ce motif la commission a décidé quasi unanimement d'écrire: « ... dans une communion *hiérarchique* ». (Voir la 40e observation et aussi ce qu'on dit au no 24, p. 67, lignes 17-24, au sujet de la mission canonique.)

C'est donc à partir de cette indispensable précision concernant les pouvoirs qu'il faut interpréter les documents récents des souverains Pontifes concernant la juridiction des évêques.

3. Le collège, qui n'existe pas sans sa tête, s'appelle « *le sujet aussi du pouvoir suprême et plénier* dans l'Eglise universelle ». Il faut admettre ceci pour ne pas mettre en doute la plénitude du pouvoir dont jouit le Pontife romain. Le collège, en effet, s'entend toujours et nécessairement avec sa tête, qui conserve intégralement en lui son rôle de Vicaire du Christ et de Pasteur de l'Eglise universelle. En d'autres termes la distinction n'est pas à faire entre le Pontife romain et les évêques vus collectivement, mais entre le Pontife romain lorsqu'il agit seul et ce même Pontife agissant avec les évêques. C'est vraiment parce qu'il est la tête du collège que le souverain Pontife peut poser certains actes qui ressortissent à lui seul et nullement aux évêques: par exemple convoquer le collège et y siéger comme président, approuver des lignes de conduite et ainsi de suite (voir 81e observation). Il est également de son ressort à lui, qui a la charge du troupeau tout entier, de déterminer, selon les besoins de l'Eglise qui varient avec les époques, comment il convient d'exercer cette même charge soit personnellement, soit collégialement. C'est de la

libre initiative du Pontife romain regardant au bien de l'Eglise, que dépend l'ordonnance, la promotion, l'approbation de l'activité collégiale.

4. En tant que pasteur suprême de l'Eglise, le souverain Pontife peut exercer en tout temps et à discrétion son pouvoir, comme le requiert sa fonction. D'autre part, le collège, même s'il existe toujours, n'agit pas toujours, pour autant, comme collège pris au sens strict, comme le montre bien la tradition de l'Eglise. En d'autres termes, il n'est pas toujours « en plein exercice »; bien plus, ce n'est que par intervalles qu'il pose un acte strictement collégial, *et non sans le consentement de sa tête*. Nous disons « ... le consentement de sa tête », afin qu'on n'aille pas imaginer une dépendance d'ordre purement *externe;* le mot « consentement » appelle au contraire *la communion* entre la tête et les membres, et implique la nécessité d'un acte qui ressortit proprement à la tête. (Ceci se trouve expressément affirmé au numéro 22, paragr. 2, et expliqué au même endroit, à la fin.) La clausule négative: « non sans le consentement de la tête » englobe tous les cas; d'où il suit évidemment que les *normes* approuvées par l'autorité suprême doivent toujours être observées (voir la 84e observation).

On voit ainsi qu'il s'agit bien d'une union des évêques à leur tête, et jamais d'une action que poseraient les évêques indépendamment du Pape. En ce dernier cas, l'action de la tête faisant défaut, les évêques ne peuvent agir collégialement, comme le montre clairement la notion de « collège ». Cette communion hiérarchique de tous les évêques avec le souverain Pontife est d'ailleurs consacrée par toute la tradition.

N. B. — L'aspect sacramentel et ontologique de la fonction (que nous avons distingué de l'aspect canonico-juridique) *ne peut s'exercer* hors de la communion hiérarchique. La commission n'a cependant pas cru nécessaire d'aborder les questions de *licéité* ou de *validité*, qui sont laissées aux discussions des théologiens, par exemple en ce qui concerne le pouvoir qui, de fait, s'exerce chez les Orientaux séparés, et dont l'explication a donné lieu à diverses opinions.

† Périclès FELICI,
Archevêque titulaire de Samos,
Secrétaire général du saint
Concile œcuménique Vatican II.

LA RÉVÉLATION DIVINE

Constitution dogmatique "de Divina Revelatione" ("Dei Verbum") promulguée le 18 novembre 1965

TRADUCTION ÉTABLIE PAR
M. LE CHANOINE G. BLOND
AVEC LA COLLABORATION DU R.P. Y. CONGAR, O.P.

Texte latin dans les
« Acta Apostolicae Sedis » 58 (1966) p. 817-836
et dans les
« Constitutiones, Decreta, Declarationes » p. 423-456

PLAN
de la Constitution

CONSTITUTION DOGMATIQUE « DEI VERBUM »

PAUL, ÉVÊQUE,
SERVITEUR
DES SERVITEURS DE DIEU,
AVEC LES PÈRES DU SAINT CONCILE,
POUR QUE LE SOUVENIR
S'EN MAINTIENNE À JAMAIS.

AVANT-PROPOS

1. QUAND il écoute religieusement et proclame hardiment la parole de Dieu, le saint Concile obéit aux paroles de saint Jean: « Nous vous annonçons la vie éternelle, qui était auprès du Père et qui nous est apparue: ce que nous avons vu et entendu, nous vous l'annonçons, afin que vous soyez vous aussi en communion avec nous, et que notre communion soit avec le Père et avec son Fils Jésus-Christ » (I Jo. 1, 2-3). C'est pourquoi, marchant sur les pas du Concile de Trente et du premier Concile du Vatican, il se propose de présenter la doctrine authentique sur la révélation divine et sa transmission, pour que, grâce à cette proclamation du salut, le monde entier croie en écoutant, espère en croyant, aime en espérant [1].

---

1. Cf. S. Augustin. *L'enseignement religieux des simples*, c. IV, 8: P.L. 40, 316.

CHAPITRE PREMIER

LA RÉVÉLATION ELLE-MÊME

2. [*Nature et objet de la révélation*]

Il a plu à Dieu, dans sa bonté et sa sagesse, de se révéler lui-même et de faire connaître le mystère de sa volonté [2]: par le Christ, Verbe fait chair, les hommes ont, dans le Saint-Esprit, accès auprès du Père, et deviennent participants de la nature divine [3]. Ainsi par cette révélation, provenant de l'immensité de sa charité, Dieu, qui est invisible [4], s'adresse aux hommes comme à des amis [5], et converse avec eux [6] pour les inviter à entrer en communion avec lui et les recevoir en cette communion. Cette économie de la révélation se fait par des actions et des paroles si étroitement liées entre elles, que les œuvres accomplies par Dieu dans l'histoire du salut rendent évidentes et corroborent la doctrine et l'ensemble des choses signifiées par les paroles, et que les paroles proclament les œuvres et font découvrir le mystère qui s'y trouve contenu. Mais la vérité profonde aussi bien sur Dieu que sur le salut de l'homme, c'est par cette révélation qu'elle resplendit à nos yeux dans le Christ, qui est à la fois le médiateur et la plénitude de la révélation tout entière [7].

3. [*La préparation de la révélation évangélique*]

Dieu, qui par son Verbe crée [8] et conserve toutes choses, présente aux hommes dans le monde créé un témoignage durable de lui-même (cf. Rom. 1, 19-20); voulant ouvrir le chemin du salut éternel, il s'est en outre manifesté dès l'origine à nos premiers parents. Après leur chute, il leur promit une rédemption, leur rendit courage en leur faisant espérer le salut [9]; sans arrêt, il montra sa sollicitude

---

2. Cf. Eph. 1, 9.
3. Cf. Eph. 2, 18; 2 Pet. 1, 4.
4. Cf. Col. 1, 15; 1 Tim. 1, 17.
5. Cf. Ex. 33, 11; Jo. 15, 14-15.
6. Cf. Bar. 3, 38.
7. Cf. Mt. 11, 27; Jo. 1, 14 et 17; 14, 6; 17, 1-3; 2 Cor. 3, 16 et 4, 6; Eph. 1, 3-14.
8. Cf. Jo. 1, 3.
9. Cf. Gen. 3, 15.

pour le genre humain, afin de donner la vie éternelle à tous ceux qui par la constance dans le bien cherchent le salut [10]. A l'époque qu'il avait marquée, il appela Abraham pour faire de lui un grand peuple [11]; après les Patriarches, c'est par Moïse et les Prophètes qu'il fit l'éducation de ce peuple, pour qu'on le reconnût, lui, comme le seul Dieu vivant et vrai, comme le Père prévoyant et le juge juste, et pour qu'on attendît le Sauveur promis; c'est ainsi qu'à travers les siècles il prépara la route à l'Evangile.

4. [Le Christ achève la révélation]

Mais après avoir à maintes reprises, et sous diverses formes, parlé jadis par les Prophètes, Dieu, « en ces jours qui sont les derniers, nous a parlé par son Fils » (Héb. 1, 1-2). Il a en effet envoyé son Fils, c'est-à-dire le Verbe éternel qui éclaire tous les hommes, pour habiter parmi les hommes et leur faire connaître les secrets de Dieu [12]. Jésus-Christ donc, le Verbe fait chair, envoyé « comme homme aux hommes » [13], « parle les paroles de Dieu » [14] et achève l'œuvre du salut que le Père lui a donnée à faire [15]. C'est pourquoi Jésus-Christ — qui le voit, voit aussi le Père [16] — par toute sa présence, par tout ce qu'il montre de lui-même, par ses paroles, par ses œuvres, par ses signes, par ses miracles, mais surtout par sa mort et sa glorieuse résurrection d'entre les morts, enfin par l'envoi qu'il fait de l'Esprit de vérité, donne à la révélation son dernier achèvement et la confirme par le témoignage divin: Jésus-Christ, c'est Dieu avec nous, pour que nous soyons délivrés des ténèbres du péché et de la mort, et que nous soyons ressuscités pour la vie éternelle.

L'économie chrétienne, du fait qu'elle est l'alliance nouvelle et définitive, ne passera donc jamais; il n'y a plus à attendre de nouvelle révélation officielle avant l'apparition dans la gloire, de Notre-Seigneur Jésus-Christ [17].

5. [On doit croire à la révélation]

A Dieu qui révèle, il faut apporter « l'obéissance de la foi » (Rom. 16, 26; coll. Rom. 1, 5; 2 Cor. 10, 5-6), par laquelle l'homme s'en remet tout entier librement à Dieu en apportant « au Dieu révé-

---

10. Cf. Rom. 2, 6-7.
11. Cf. Gen. 12, 2-3.
12. Cf. Jo. 1, 1-18.
13. Epître à Diognète, c. VII, 4; Funk, Patres apostolici, I, p. 403.
14. Cf. Jo. 3, 34.
15. Cf. Jo. 5, 36; 17, 4.
16. Cf. Jo. 14, 9.
17. Cf. 1 Tim. 6, 14 et Tit. 2, 13.

lateur la soumission complète de son intelligence et de sa volonté » [18], et en donnant de toute sa volonté son assentiment à la révélation qu'Il a faite. Pour apporter cette foi, l'homme a besoin de la grâce de Dieu qui fait les premières avances et qui l'aide, et du secours intérieur de l'Esprit-Saint pour toucher son cœur et le tourner vers Dieu, pour ouvrir les yeux de son âme, et donner « à tous la joie profonde de consentir et de croire à la vérité » [19]. Mais pour que l'on pénètre toujours plus avant dans la connaissance de la Révélation, le même Esprit-Saint ne cesse par ses dons de rendre la foi plus parfaite.

6. [Les vérités révélées]

Par la révélation divine, Dieu a voulu se manifester lui-même et communiquer les décrets éternels de sa volonté sur le salut des hommes, « afin de les faire participer aux biens divins, qui dépassent absolument ce que l'esprit humain peut en comprendre » [20].

Le saint Concile proclame que « Dieu, principe et fin de tout, peut être connu de façon certaine à partir des choses créées, par la lumière naturelle de la raison humaine » [21]; c'est à sa révélation, enseigne le Concile, qu'on doit « que ce qui, dans les choses divines, n'est pas par lui-même inaccessible à la raison humaine, puisse aussi, dans l'état présent du genre humain, être connu par tous facilement, avec une certitude inébranlable, sans aucun mélange d'erreur » [22].

---

18. Conc. du Vat. I, *Const. dogm. sur la foi cath.* ch. 3, *La foi*, Denz. 1789 (3008).

19. 2e Conc. d'Orange, can. 7, Denz. 180 (377); Conc. Vat. I, *loc. cit.* Denz. 1791 (3010).

20. Conc. Vat. I, *Const. dogm. sur la foi cath.*, ch. 2, *La révélation*, Denz. 1786 (3005).

21 Cf. Rom. 1, 20.

22. Conc. Vat. I, *Const. dogm. sur la foi cath.*, ch. 2, *La révélation*, Denz. 1785-1786 (3004-3005).

CHAPITRE II

LA TRANSMISSION
DE LA RÉVÉLATION DIVINE

7. [*Les Apôtres et leurs successeurs, hérauts de l'Évangile*]

Ce que Dieu avait révélé pour le salut de toutes les nations, il a décidé dans sa très grande bonté de le maintenir à jamais intact et de le transmettre à toutes les générations. Aussi le Christ Seigneur, en qui toute la révélation du Dieu suprême reçoit son achèvement [1], ayant accompli lui-même et proclamé de sa propre bouche l'Evangile promis auparavant par les Prophètes, ordonna à ses Apôtres de le prêcher à tous [2] comme la source de toute vérité salutaire et de toute discipline morale, en leur communiquant les dons divins. L'ordre du Christ a été fidèlement exécuté par les Apôtres qui, dans leur prédication orale, leurs exemples, dans ce qu'ils ont établi, ont transmis soit ce qu'ils avaient reçu de la bouche du Christ, de leurs relations intimes avec lui, de ses œuvres, soit ce qu'ils avaient appris sous la suggestion du Saint-Esprit; cet ordre a été fidèlement exécuté par ces Apôtres et ces hommes apostoliques qui, sous l'inspiration du même Esprit-Saint, ont consigné par écrit le message du salut [3].

Pour que l'Evangile fût gardé à jamais intact et vivant dans l'Eglise,. les Apôtres ont laissé comme successeurs les évêques, auxquels « ils ont transmis leur propre charge d'enseignement » [4]. Cette Tradition sainte et la Sainte Ecriture des deux Testaments sont donc comme le miroir dans lequel l'Eglise, pendant son pèlerinage sur terre, contemple Dieu, de qui elle reçoit tout, jusqu'à ce qu'elle soit arrivée à son terme: Le voir face à face tel qu'Il est [5].

---

1. Cf. 2 Cor. 1, 20; 2 Cor. 3, 16 à 4, 6.
2. Cf. Mt. 28, 19-20 et Mc. 16, 15; Conc. de Trente, Sess. IV, décret *Les Ecritures canoniques*, Denz. 783 (1501).
3. Cf. Conc. de Trente, *loc. cit.*; Conc. Vatic. I, sess. III, *Const. dogm. sur la foi cath.*, ch. 2, *La révélation*, Denz. 1787 (3006).
4. S. Irénée, *Contre les hérésies*, III, 3, 1, P.G. 7, 848; Harvey, II, p. 9.
5. Cf. 1 Jo. 3, 2.

8. [*La Tradition sacrée*]

Aussi la prédication apostolique, rapportée d'une façon spéciale dans les livres inspirés, devait-elle être conservée par une succession continuelle jusqu'à la fin des temps. C'est pourquoi les Apôtres, en transmettant ce qu'ils ont eux-mêmes reçu, avertissent les fidèles de garder les traditions qu'ils ont apprises soit par leurs paroles soit par leurs lettres [6], et de combattre pour la foi [7] qui leur a été transmise une fois pour toutes [8]. Ce qui a été transmis par les Apôtres embrasse tout ce qui contribue à diriger saintement la vie du Peuple de Dieu et à accroître sa foi; ainsi l'Eglise, dans sa doctrine, sa vie et son culte, perpétue et transmet à toutes les générations tout ce qu'elle est elle-même, tout ce qu'elle croit.

Cettre Tradition qui vient des Apôtres se développe dans l'Eglise sous l'assistance du Saint-Esprit [9]: grandit en effet la perception des choses et des paroles transmises, par la contemplation et l'étude qu'en font les croyants qui les gardent dans leur cœur [10], par la pénétration profonde des réalités spirituelles qu'ils expérimentent, par la proclamation qu'en font ceux qui avec la succession épiscopale ont reçu un charisme assuré de la vérité. L'Eglise, à mesure que se déroulent les siècles, tend toujours à la plénitude de la vérité divine, jusqu'à ce que les paroles de Dieu reçoivent en elle leur consommation.

Les propos des Saints Pères attestent la présence vivifiante de cette Tradition, dont les richesses se déversent dans la pratique et la vie de l'Eglise croyante et priante. C'est par la même Tradition que le canon des Saints Livres se fait connaître dans sa totalité à l'Eglise; c'est en elle que les Saintes Lettres elles-mêmes sont comprises de façon plus pénétrante et sont rendues indéfiniment actives; c'est ainsi que Dieu, qui a parlé jadis, s'entretient sans arrêt avec l'Epouse de son Fils bien-aimé, et que l'Esprit-Saint, par qui la voix vivante de l'Evangile retentit dans l'Eglise et par l'Eglise dans le monde, introduit les croyants dans tout ce qui est vérité, et fait résider chez eux en abondance la parole du Christ [11].

---

6. Cf. 2 Thess. 2, 15.
7. Cf. Jud. 3.
8. Cf. Conc. de Nicée II, Denz. 303 (602); Conc. de Constantinople IV, sess. X: can. 1, Denz. 336 (650-652).
9. Cf. Conc. Vatic. I, *Const. dogm. sur la foi cath.*, ch. 4, *la foi et la raison* Denz. 1800 (3020).
10. Cf. Luc. 2, 19 et 51.
11. Cf. Col. 3. 16.

9. [*Rapports mutuels de la Tradition sacrée et de l'Écriture Sainte*]

La Tradition sacrée et la Sainte Ecriture possèdent donc d'étroites liaisons et communications entre elles. Toutes deux, en effet, découlant de la même source divine, se réunissent, peut-on dire, en un seul courant, et tendent à la même fin. Car la Sainte Ecriture, c'est la parole de Dieu en tant qu'elle est consignée par écrit sous l'inspiration de l'Esprit divin; quant à la Tradition Sacrée, elle transmet dans son intégrité aux successeurs des Apôtres la parole de Dieu confiée aux Apôtres par le Christ Seigneur et le Saint-Esprit, pour que, sous la lumière resplendissante de l'Esprit de vérité, ces successeurs la gardent fidèlement, l'expliquent et la répandent par la proclamation qu'ils en font; il en résulte que ce n'est pas par la Sainte Ecriture toute seule que l'Eglise puise la certitude qu'elle a sur tout ce qui est révélé. C'est pourquoi l'Ecriture et la Tradition doivent être reçues et vénérées l'une et l'autre avec un égal sentiment de piété, avec un égal respect [12].

10. [*Rapport de l'une et de l'autre avec l'Église tout entière et le Magistère*]

La Tradition sacrée et la Sainte Ecriture constituent l'unique dépôt sacré de la parole de Dieu qui ait été confié à l'Eglise; en y étant attaché, le peuple saint tout entier, uni à ses Pasteurs, persévère à jamais dans la doctrine des Apôtres, la communion fraternelle, la fraction du pain et la prière [13], de sorte que pour garder, pratiquer, professer la foi transmise, il se fait un accord remarquable des Evêques et des fidèles [14].

Mais la charge d'interpréter authentiquement la parole de Dieu écrite ou transmise [15] a été confiée au seul Magistère vivant de l'Eglise [16], dont l'autorité s'exerce au nom de Jésus-Christ. Ce Magistère n'est pas au-dessus de la parole de Dieu; il la sert, n'enseignant que ce qui a été transmis, puisque, en vertu de l'ordre divin et de l'assistance du Saint-Esprit, il écoute pieusement la

---

12. Cf. Conc. de Trente, décret *Les Ecritures canoniques*, Denz. 783 (1501).

13. Cf. Act. 2, 42 grec.

14. Cf. Pie XII, Const. Apost. *Munificentissimus Deus*, 1er nov. 1950, *AAS* 42 (1950), 756, rapportant les paroles de saint Cyprien, lettre 66, 8: CSEL 3, 2, 733: « L'Eglise, c'est le peuple uni à son évêque et le troupeau s'attachant à son pasteur. »

15. Cf. Conc. Vatican I, *Const. dogm, sur la foi cath.*, ch. 3, *La foi*, Denz. 1792 (3011).

16. Cf. Pie XII, Encycl. *Humani generis*, 12 août 1950: *AAS* 42 (1950), 568-569; Denz. 2314 (3886).

parole, la garde religieusement, l'explique fidèlement, et puise dans cet unique dépôt de la foi tout ce qu'il nous propose à croire comme étant divinement révélé.

Il est donc évident que la Tradition sacrée, la Sainte Ecriture et le Magistère de l'Eglise sont entre eux, selon le très sage dessein de Dieu, tellement liés et associés, qu'aucun d'eux n'a de consistance sans les autres, et que tous contribuent en même temps de façon efficace au salut des âmes, chacun à sa manière, sous l'action du seul Saint-Esprit.

CHAPITRE III

L'INSPIRATION DIVINE DE LA SAINTE ÉCRITURE
ET SON INTERPRÉTATION

11. [*Inspiration, inerrance de la Sainte Écriture*]

Ce qui a été divinement révélé, et qui est contenu et exposé dans la Sainte Ecriture, a été consigné sous l'inspiration du Saint-Esprit. Les livres entiers tant de l'Ancien que du Nouveau Testament, avec toutes leurs parties, la Sainte Mère Eglise les tient, en vertu de la foi reçue des Apôtres, pour saints et canoniques, parce que, composés sous l'inspiration du Saint-Esprit [1], ils ont Dieu pour auteur, et ont été transmis comme tels à l'Eglise elle-même [2]. Pour la rédaction des Livres saints, Dieu a choisi des hommes; il les a employés en leur laissant l'usage de leurs facultés et de toutes leurs ressources [3], pour que, lui-même agissant en eux et par eux [4], ils transmettent par écrit, en auteurs véritables, tout ce qu'il voulait, et cela seulement [5].

Puis donc qu'on doit maintenir comme affirmé par le Saint-Esprit tout ce qu'affirment les auteurs inspirés ou hagiographes, il s'ensuit qu'on doit confesser que les livres de l'Ecriture enseignent nettement, fidèlement et sans erreur, la vérité telle que Dieu, en vue de notre salut, a voulu qu'elle fût consignée dans les Saintes

---

1. Cf. Jn. 20, 31; 2 Tim. 3, 16; 2 Pet. 1, 19-21; 3, 15-16.

2. Cf Conc. Vatic. I, *Const. dogm. sur la foi cath.*, ch. 2, *La révélation:* Denz. 1787 (3006); Comm. bibl. décret du 18 juin 1915: Denz. 2180 (3629); *Enchir. bibl.* 420; Supr. Congr. du Saint Office: Lettre du 22 décembre 1923: E. B. 499.

3. Cf. Pie XII, encycl. *Divino afflante Spiritu*, 30 sept. 1943: *AAS* 35 (1943), 314; E. B., 556.

4. *Dans* l'homme et *par* l'homme: cf. Hébr. 1, 1, et 4, 7 (*dans*): 2 Sam. 23, 2; Mt. 1, 22 et *passim* (*par*); Conc. Vatic. I, *schéma de la doctr. cath.*, note 9, *Collect. Lac.* VII, 522.

5. Léon XIII, Encycl. *Providentissimus Deus*, 18 nov. 1893, Denz. 1952 (3293); E. B., 125.

Lettres [6]. C'est pourquoi « toute Ecriture est inspirée de Dieu et utile pour enseigner, réfuter, redresser, former à la justice: l'homme de Dieu peut ainsi se trouver accompli, équipé· pour toute bonne œuvre » (2 *Tim.* 3, 16-17 grec).

12. [*Comment il faut interpréter la Sainte Écriture*]

Puisque Dieu parle dans la Sainte-Ecriture par des intermédiaires humains, à la façon des hommes [7], l'interprète de la Sainte Ecriture, pour saisir clairement quels échanges Dieu lui-même a voulu avoir avec nous, doit rechercher ce que les hagiographes ont eu réellement l'intention de nous faire comprendre, ce qu'il a plu à Dieu de nous faire connaître par leur parole.

Pour découvrir l'intention des hagiographes, il faut entre autres choses être attentif aussi « aux genres littéraires ». En effet la vérité est proposée et exprimée de manière différente dans les textes qui sont historiques à des titres divers, dans les textes prophétiques, les textes poétiques, ou les autres sortes de langage. Il faut donc que l'interprète recherche le sens qu'en des circonstances déterminées, l'hagiographe, étant donné les conditions de son époque et de sa culture, a voulu exprimer et a de fait exprimé à l'aide des genres littéraires employés à cette époque [8]. Pour comprendre correctement ce que l'auteur sacré a voulu affirmer par écrit, il faut soigneusement prendre garde à ces façons de sentir, de dire ou de raconter, qui étaient habituelles dans le milieu et à l'époque de l'hagiographe, et à celles qui étaient habituellement en usage ça et là à cette époque, dans les relations entre les hommes [9].

Mais comme l'Ecriture Sainte doit être lue et interprétée avec le même Esprit qui l'a fait écrire [10], pour découvrir correctement le sens des textes sacrés, il ne faut pas donner une moindre attention au contenu et à l'unité de l'Ecriture tout entière, compte tenu de la Tradition vivante de l'Eglise tout entière, et de l'analogie de la foi.

---

6. Cf. Saint Augustin, *Comment. litt. de la Genèse*, 2, 9, 20: P.L. 34, 270-271; CSEL 28, 1, 46-47 et Lettre 82, 3: P.L. 33, 277: CSEL 34, 2, 354; — S. Thomas, *La Vérité*, q. 12, art. 2, C. — Conc. de Trente, sess. IV, *Les Ecritures canoniques*: Denz. 783 (1501). — Léon XIII, Encycl. *Providentissimus*, E. B., 121, 124, 126-127. — Pie XII, Encycl. *Divino afflante Spiritu*: E.B. 539.

7. S. Augustin, *La Cité de Dieu*, XVII, 6, 2: P.L. 41, 537; CSEL, XL, 2, 228.

8. S. Augustin, *La doctrine chrétienne*, III, 18, 26: P.L. 34, 75-76; CSEL 80, 95.

9. Pie XII, *loc. cit.*: Denz. 2294 (3829-3830); E. B. 557-562.

10. Cf. Benoit XV, Encycl. *Spiritus Paraclitus*, 15 sept. 1920, E. B., 469; S. Jérôme, *Sur l'épître aux Galates*, 5, 19-21, P.L. 26, 417 A.

Il appartient aux exégètes de travailler selon ces règles pour comprendre et expliquer plus profondément le sens de l'Ecriture, pour que, par une étude qui l'aurait pour ainsi dire préparé à l'avance, le jugement de l'Eglise puisse mûrir. Car tout ce qui concerne la manière d'interpréter l'Ecriture est soumis en dernier lieu au jugement de l'Eglise, qui s'acquitte de l'ordre et du ministère divin de garder et d'interpréter la parole de Dieu [11].

13. [La condescendance de Dieu]

Dans la Sainte Ecriture, se manifeste donc, la vérité et la sainteté de Dieu demeurant toujours intactes, l'admirable « condescendance » de la Sagesse éternelle, « pour que nous apprenions l'inexprimable bonté de Dieu, et quelle immense adaptation de langage il a employée, prenant un soin très attentif de notre nature » [12]. Les paroles de Dieu, en effet, exprimées en des langues humaines, se sont faites semblables au langage humain, tout comme autrefois le Verbe du Père éternel, ayant pris la chair de la faiblesse humaine, s'est fait semblable aux hommes.

---

11. Cf. Conc. Vatican I, Const. dogm. sur la foi cath., ch. 2, La révélation: Denz. 1788 (3007).

12. S. Jean Chrysostome, Sur la Genèse 3, 8, (hom. 17, 1): P.G. 53, 134. Le terme grec employé, traduit ici par « adaptation », est synkatabasis.

CHAPITRE IV

L'ANCIEN TESTAMENT

14. [*L'histoire du salut consignée dans les livres de l'Ancien Testament*]

Le Dieu très aimant, envisageant et préparant avec soin le salut du genre humain tout entier, s'est choisi, selon un plan tout particulier, un peuple auquel il confierait ses promesses. Ayant en effet conclu une alliance avec Abraham[1], puis par l'intermédiaire de Moïse avec le peuple d'Israël[2], il s'est révélé de telle manière par des paroles et par des actions comme le Dieu unique, vrai et vivant, au peuple qu'il s'était acquis, qu'Israël connût par expérience quels étaient les cheminements de Dieu avec les hommes, et que, Dieu lui-même parlant par la bouche des Prophètes, il les comprenait de jour en jour plus profondément et plus clairement, et les faisait connaître plus largement parmi les nations[3]. L'économie du salut annoncée, racontée et expliquée par les auteurs sacrés, apparaît comme vraie parole de Dieu dans les livres de l'Ancien Testament; aussi ces livres divinement inspirés gardent-ils une valeur perpétuelle: « en effet tout ce qui a été écrit, le fut pour notre instruction, afin que la constance et la consolation que donnent les Ecritures nous procurent l'espérance » (Rom. 15, 4).

15. [*Importance de l'Ancien Testament pour les chrétiens*]

L'économie de l'Ancien Testament était organisée par-dessus tout pour préparer la venue du Christ Rédempteur de tous et du Règne messianique, pour l'annoncer prophétiquement[4] et la présager par diverses figures[5]. Les livres de l'Ancien Testament présentent à tous, selon la situation du genre humain avant le salut apporté par le Christ, une connaissance de Dieu et de l'homme et des méthodes dont Dieu, qui est juste et miséricordieux, agit avec les hommes. Ces

---

1. Cf. Gen. 15, 18.
2. Cf. Ex. 24, 8.
3. Cf. Ps. 21, 28-29; 95, 1-3; Is. 2, 1-4; Jér. 3, 17.
4. Cf. Luc. 24, 44; Jo. 5, 39; 1 Pet. 1, 10.
5. Cf. 1 Cor. 10, 11.

livres, bien qu'ils contiennent des choses imparfaites et provisoires, montrent pourtant la vraie pédagogie divine [6]. Aussi ces mêmes livres, qui expriment un sens vivant de Dieu, dans lesquels sont dissimulés des enseignements élevés sur Dieu, une sagesse profitable sur la vie des hommes et de magnifiques trésors de prières, dans lesquels enfin est caché le mystère de notre salut, doivent être reçus avec piété par les chrétiens.

16. [*L'unité des deux Testaments*]

Dieu donc, inspirateur et auteur des livres des deux Testaments, s'y est pris si sagement que le Nouveau Testament était caché dans l'Ancien, et que l'Ancien devenait clair dans le Nouveau [7]. Car bien que le Christ ait établi une nouvelle alliance en son sang [8], cependant les livres entiers de l'Ancien Testament utilisés dans la prédication évangélique [9] acquièrent et présentent dans le Nouveau Testament leur signification complète [10], et réciproquement l'éclairent et l'expliquent.

---

6. Pie XI, Encycl. *Mit brennender Sorge*, 14 mars 1937: *AAS* 29 (1937), p. 151.

7. S. Augustin, *Questions sur l'Heptateuque*, 2, 73: P.L., 34, 623.

8. Cf. Luc. 22, 20; 1 Cor. 11, 25.

9. S. Irénée, *Contre les hérésies*, III, 21, 3: P.G. 7, 950 (= 25, 1: Harvey, 2, p. 115); S. Cyrille de Jérusalem, *Catéch.*, 4, 35: P.G., 33, 497; Théodore de Mopsueste, *Sur Soph.*, 1, 4-6: P.G., 66, 452 D — 453 A.

10. Cf. Mat. 5, 17; Luc. 24, 27; Rom. 16, 25-26; 2 Cor. 3, 14-16.

CHAPITRE V

LE NOUVEAU TESTAMENT

17. [*L'excellence du Nouveau Testament*]

La parole de Dieu, qui est force de Dieu pour le salut de tout croyant [1], est présentée et montre sa puissance d'une façon éminente dans les écrits du Nouveau Testament. Car dès que fut venue la plénitude des temps [2], le Verbe s'est fait chair et il a habité parmi nous plein de grâce et de vérité [3]. Le Christ a instauré sur terre le royaume de Dieu, par ses actes et ses paroles il a révélé son Père et s'est révélé lui-même; par sa mort, sa résurrection et son ascension pleine de gloire, par l'envoi du Saint-Esprit, il a achevé son œuvre. Elevé au-dessus de la terre, il attire tous les hommes à lui [4], lui qui est seul à posséder les paroles de la vie éternelle [5]. Mais ce mystère n'a pas été dévoilé aux autres générations comme il est révélé désormais à ses saints Apôtres et Prophètes, dans le Saint-Esprit [6], pour qu'ils annoncent l'Evangile, suscitent la foi en Jésus, Christ et Seigneur, et rassemblent l'Eglise. Les écrits du Nouveau Testament se présentent comme un témoignage perpétuel et divin de toutes ces choses.

18. [*Origine apostolique des Évangiles*]

Il n'échappe à personne que parmi toutes les Ecritures, même du Nouveau Testament, les Evangiles l'emportent à juste titre, du fait qu'ils sont le témoignage principal sur la vie et l'enseignement du Verbe incarné, notre Sauveur.

Que les quatre Evangiles aient une origine apostolique, l'Eglise partout et toujours l'a affirmé et l'affirme. Ce que les Apôtres ont prêché sur l'ordre du Christ, plus tard, eux-mêmes et des hommes

---

1. Cf. Rom. 1, 16.
2. Cf. Gal. 4, 4.
3. Cf. Jo. 1, 14.
4. Cf. Jo. 12, 32 grec.
5. Cf. Jo. 6, 68.
6. Cf. Eph. 3, 4-6, grec.

apostoliques nous l'ont, sous l'inspiration de l'Esprit divin, transmis dans des écrits qui sont le fondement de notre foi, c'est-à-dire l'Evangile quadriforme, selon Matthieu, Marc, Luc et Jean [7].

19. [*Caractère historique des Évangiles*]

De façon ferme et absolument constante, la sainte Mère Eglise a affirmé et affirme que les quatre Evangiles énumérés, dont elle atteste sans hésiter l'historicité, transmettent fidèlement ce que Jésus le Fils de Dieu, pendant qu'Il vivait parmi les hommes, a réellement fait et enseigné en vue de leur salut éternel, jusqu'au jour où il fut enlevé au ciel [8]. Après l'Ascension du Seigneur, les Apôtres ont transmis à leurs auditeurs ce que Jésus avait dit et fait, avec cette intelligence plus profonde dont ils jouissaient [9] eux-mêmes, instruits qu'ils étaient par les événements glorieux du Christ et enseignés par la lumière de l'Esprit de vérité [10]. Les auteurs sacrés ont composé les quatre Evangiles, en triant certains détails entre beaucoup de ceux que la parole ou déjà l'écriture avait transmis, en en faisant entrer quelques-uns en une synthèse, ou en les exposant en tenant compte de l'état des églises, en gardant enfin la forme d'une pro-clamation, afin de pouvoir ainsi toujours nous communiquer des choses vraies et authentiques sur Jésus [11]. Ils les ont écrits dans cette intention, soit d'après leur propre mémoire, leurs propres souvenirs, soit d'après le témoignage de ceux « qui furent dès le début témoins oculaires et serviteurs de la Parole », afin que nous connais-sions « la vérité » des enseignements que nous avons reçus [12].

20. [*Les autres écrits du Nouveau Testament*]

Outre les quatre Evangiles, le Canon du Nouveau Testament comprend aussi les épîtres de saint Paul et d'autres écrits apostoliques rédigés sous l'inspiration du Saint-Esprit; dans ces écrits, en vertu d'un dessein divin plein de sagesse, est confirmé ce qui est dit du Christ Seigneur; sa doctrine authentique est de plus en plus mise en lumière, la force salutaire de l'œuvre divine du Christ est annoncée,

---

7. Cf. S. Irénée, *Contre les Hérésies*, III, 11, 8: P.G. 7, 885; éd. Sagnard, p. 194.

8. Cf. Act. 1, 1-2.

9. Jo. 2, 22; 12, 16; coll. 14, 26; 16, 12-13; 7, 39.

10. Cf. Jo. 14, 26; 16, 13.

11. Cf. l'Instruction *Sancta Mater Ecclesia* publiée par le Conseil Ponti-fical pour promouvoir les études bibliques, *AAS* 56 (1964), p. 715.

12. Cf. Luc, 1, 2-4.

les débuts de l'Eglise et son étonnante diffusion sont racontés, et sa consommation glorieuse annoncée à l'avance.

Comme il l'avait promis, le Seigneur Jésus fut avec ses Apôtres [13], et il leur envoya l'Esprit-Saint pour les introduire dans la plénitude de la vérité [14].

---

13. Cf. Mat. 28, 20.
14. Cf. Jo. 16, 13.

CHAPITRE VI

LA SAINTE ÉCRITURE DANS LA VIE DE L'ÉGLISE

21. [*Respect de l'Église pour les Saintes Écritures*]

L'Eglise a toujours témoigné son respect à l'égard des Ecritures, tout comme à l'égard du Corps du Seigneur lui-même, puisque, surtout dans la Sainte Liturgie, elle ne cesse, de la table de la Parole de Dieu comme de celle du Corps du Christ, de prendre le pain de vie et de le présenter aux fidèles. Elle les a toujours considérées, et les considère, en même temps que la Tradition, comme la règle suprême de sa foi, puisque, inspirées par Dieu et consignées une fois pour toutes par écrit, elles nous communiquent, de façon immuable, la parole de Dieu lui-même, et dans les paroles des Prophètes et des Apôtres font retentir à nos oreilles la voix du Saint-Esprit. La prédication ecclésiastique tout entière, tout comme la religion chrétienne elle-même, il faut donc qu'elle soit nourrie et guidée par la Sainte Ecriture. Car dans les Livres saints, le Père qui est aux cieux s'avance de façon très aimante à la rencontre de ses fils, engage conversation avec eux; une si grande force, une si grande puissance se trouve dans la Parole de Dieu, qu'elle se présente comme le soutien et la vigueur de l'Eglise, et, pour les fils de l'Eglise, comme la solidité de la foi, la nourriture de l'âme, la source pure et intarissable de la vie spirituelle. Aussi valent-elles de façon magnifique pour l'Ecriture Sainte, ces paroles: « La parole de Dieu est vivante et efficace » (Héb. 4, 12); « elle a la puissance de construire l'édifice et de procurer aux fidèles l'héritage avec tous les sanctifiés » (Act. 20, 32; cf. 1 Thess. 2, 13).

22. [*Les versions faites avec soin sont recommandées*]

Il faut que l'accès à la Sainte Ecriture soit largement ouvert aux chrétiens. C'est pourquoi, dès ses origines, l'Eglise a admis comme sienne cette très ancienne version grecque de l'Ancien Testament, dite des Septante; elle a toujours en estime d'autres versions orientales et des versions latines, principalement celle qu'on appelle la Vulgate. Comme la parole de Dieu doit toujours être à la disposition de toutes les époques, l'Eglise, avec une maternelle sollicitude, se préoccupe que des versions valables et exactes soient écrites en des langues diverses, surtout à partir des textes originaux des Livres Saints. Que si une occasion favorable se présentant, et avec l'approbation de l'autorité de l'Eglise, ces versions sont composées en collaboration même avec les frères séparés, elles pourront être utilisées par tous les chrétiens.

23. [*Devoir apostolique des docteurs catholiques*]

L'Epouse du Verbe Incarné, l'Eglise, instruite par le Saint-Esprit, s'efforce d'arriver à obtenir une connaissance de jour en jour plus profonde des Saintes Ecritures, pour nourrir sans cesse ses fils des divines paroles; c'est pourquoi elle encourage aussi, comme il faut, l'étude des saints Pères de l'Orient et de l'Occident, et des saintes liturgies. Il faut que les exégètes catholiques, et tous autres qui cultivent la sainte théologie, mettant soigneusement leurs forces en commun, fassent en sorte, sous la vigilance du Magistère sacré, de scruter et de présenter les Lettres divines avec les ressources convenables, de manière que le plus grand nombre possible de ministres de la Parole de Dieu puissent fournir avec fruit au peuple de Dieu une nourriture des Ecritures qui éclaire leur esprit, fortifie leur volonté, excite à l'amour de Dieu les cœurs des hommes [1]. Le saint Concile encourage les fils de l'Eglise, qui s'adonnent aux études bibliques, à continuer de poursuivre avec toute leur application, selon le sens de l'Eglise, l'œuvre heureusement commencée, en renouvelant de jour en jour leurs forces [2].

24. [*L'importance de la Sainte Écriture en théologie*]

La sainte théologie s'appuie sur la parole écrite de Dieu, ainsi que sur la Tradition, comme sur un fondement durable; c'est dans la Parole de Dieu qu'elle trouve sa force et qu'elle puise toujours sa jeunesse, en approfondissant, sous la lumière de la foi, toute la vérité cachée dans le mystère du Christ. Les Saintes Ecritures contiennent la Parole de Dieu et, parce qu'elles sont inspirées, elles sont réellement la parole de Dieu; aussi l'étude des Saintes Lettres doit-elle être comme l'âme de la sainte théologie [3]. C'est aussi de la même parole de l'Ecriture que le ministère de la parole, autrement dit

---

1. Cf. Pie XII, encycl. *Divino afflante Spiritu*, 30 sept. 1943: E.B. 551, 553, 567. — Commission biblique pontificale: *Instruction sur l'enseignement correct de la Sainte Ecriture dans les séminaires de clercs et les collèges de religieux*, 13 mai 1950: *AAS* 42 (1950), pp. 495-505.

2. Cf. Pie XII, *ibid.*, E.B. 569.

3. Cf. Léon XIII, encycl. *Providentissimus*: E.B., 114; Benoît XV, encycl. *Spiritus Paraclitus*, 15 sept. 1920: E.B., 483.

la prédication pastorale, la catéchèse et toute l'instruction chrétienne, dans laquelle il faut que l'homélie liturgique ait une place privilégiée, est nourri de façon salutaire et trouve sa sainte vigueur.

25. [*La lecture de la Sainte Écriture est recommandée*]

Aussi est-il nécessaire que tous les clercs, avant tout les prêtres du Christ et tous les autres qui, comme diacres ou catéchistes, s'appliquent de façon légitime au ministère de la parole, s'attachent aux Ecritures par une lecture assidue et une étude soigneuse, pour que nul d'entre eux ne devienne « au dehors un vain prédicateur de la Parole de Dieu, s'il ne l'écoute pas intérieurement » [4], pensant qu'il doit faire participer, spécialement dans la sainte liturgie, aux inépuisables richesses de la parole divine, les fidèles qui lui sont confiés. De même le saint Concile exhorte avec force et de façon spéciale tous les chrétiens, surtout les membres des instituts religieux, à acquérir par la lecture fréquente des divines Ecritures « une science éminente de Jésus-Christ » (*Phil.* 3, 8), car « ignorer les Ecritures, c'est ignorer le Christ » [5]. Qu'ils approchent donc de tout leur cœur le texte sacré lui-même, soit par la sainte liturgie, qui est remplie des paroles divines, soit par une pieuse lecture, soit par des cours faits pour cela ou par d'autres méthodes qui, avec l'approbation et le soin qu'en prennent les Pasteurs de l'Eglise, se répandent de manière louable partout de notre temps. Mais la prière — qu'on se le rappelle — doit accompagner la lecture de la Sainte Ecriture pour que s'établisse un dialogue entre Dieu et l'homme, car « c'est à lui que nous nous adressons quand nous prions; c'est lui que nous écoutons, quand nous lisons les oracles divins » [6].

Il appartient aux saints évêques « chez qui se trouve la doctrine apostolique » [7] de former opportunément les fidèles qui leur sont confiés à un usage judicieux des Livres divins, surtout du Nouveau Testament, et en tout premier lieu, des Evangiles, au moyen de versions des textes sacrés, qui soient munies d'explications nécessaires et vraiment suffisantes, pour que les fils de l'Eglise fréquentent les Ecritures en toute sécurité et de manière profitable, et se pénètrent de leur esprit.

4. S. Augustin, *Sermon* 179, 1: P.L., 38, 966.

5. S. Jérôme, *Comment. sur Isaïe, Prologue:* P.L., 24, 17; cf. Benoît XV, encycl. *Spiritus Paraclitus*: E. B. 475-480; Pie XII, Encycl. *Divino afflante Spiritu:* E.B. 544.

6. S. Ambroise, *Les devoirs des ministres*, liv. I, 20, 88: P.L. 16, 50.

7. S. Irénée, *Contre les hérésies*, IV, 32, 1: P.G. 7, 1071 (= 49,2) Harvey, 2, p. 255.

De plus, que soient composées des éditions de la Sainte Ecriture, munies de notes convenables, à l'usage même des non-chrétiens, et adaptées à leur situation; les Pasteurs des âmes et les fidèles de tout état s'appliqueront avec sagesse à les répandre de toute manière.

26. [*Épilogue*]

Ainsi donc, par la lecture et l'étude des Livres saints, « que la Parole de Dieu accomplisse sa course et soit glorifiée » (*2 Thess.* 3, 1), et que le trésor de la révélation, confié à l'Eglise, remplisse de plus en plus les cœurs des hommes. C'est de la fréquentation assidue du mystère eucharistique que la vie de l'Eglise reçoit son développement; de même est-il permis d'espérer une nouvelle impulsion de la vie spirituelle à partir d'un respect accru pour la Parole de Dieu, qui « demeure à jamais » (Is. 40, 8; cf. 1 Pet. 1, 23-25).

Tout l'ensemble et chacun des points qui sont édictés dans cette Constitution dogmatique ont plu aux Pères du saint Concile. Et Nous, en vertu du pouvoir apostolique que le Christ Nous a confié, avec les vénérables Pères, Nous les approuvons, décrétons et arrêtons dans le Saint-Esprit, et Nous ordonnons que, pour la gloire de Dieu, ce qui a été ainsi établi en Concile soit promulgué.

Rome, près Saint-Pierre, le 18 novembre 1965.

Moi, PAUL,
Évêque de l'Église catholique.

Suivent les signatures des Pères.

NOTIFICATION

faite par S. Exc. le Secrétaire général du Concile
à la 171e Congrégation générale, le 15 novembre 1965.

Il a été demandé quelle doit être la *qualification théologique* de la doctrine exposée dans le Schéma de Constitution dogmatique *Sur la Révélation divine*, et soumise aux votes.

Voici la réponse donnée par la Commission doctrinale de la Foi et des Mœurs, selon sa *Déclaration* du 6 mars 1964:

« Compte tenu de l'usage conciliaire et de la fin pastorale du présent Concile, ce saint Concile définit seulement comme devant être tenu par l'Eglise dans les questions doctrinales ou morales, ce que lui-même aura clairement déclaré comme tel.

« Pour tout le reste proposé par le saint Concile, du fait qu'il s'agit de l'enseignement du Magistère suprême de l'Eglise, tous et chacun des chrétiens doivent le recevoir et l'embrasser selon la pensée du saint Concile lui-même, qui se fait connaître soit par la matière traitée, soit par la façon de parler, selon les règles de l'interprétation théologique. »

† Périclès FELICI,
Arch. tit. de Samosate,
Secrétaire général du Concile.

LA SAINTE
LITURGIE

Constitution "de Sacra Liturgia"
("Sacrosanctum Concilium")
promulguée le 4 décembre 1963

**TRADUCTION ÉTABLIE PAR
LE CENTRE DE PASTORALE LITURGIQUE
ET PUBLIÉE PAR
« L'OSSERVATORE ROMANO » (Édition française)
LE 20 DÉCEMBRE 1963**

**Texte latin dans les
« Acta Apostolicæ Sedis » 56 (1964) p. 97-138
et dans les
« Constitutiones, Decreta, Declarationes » p. 3-89**

CONSTITUTION « SACROSANCTUM CONCILIUM »

PAUL, ÉVÊQUE,
SERVITEUR
DES SERVITEURS DE DIEU,
AVEC LES PÈRES DU SAINT CONCILE,
POUR QUE LE SOUVENIR
S'EN MAINTIENNE À JAMAIS.

[PRÉAMBULE]

1. **P**UISQUE le saint Concile se propose de faire progresser la vie chrétienne de jour en jour chez les fidèles; de mieux adapter aux nécessités de notre époque celles des institutions qui sont sujettes à des changements; de favoriser tout ce qui peut contribuer à l'union de tous ceux qui croient au Christ, et de fortifier tout ce qui concourt à appeler tous les hommes dans le sein de l'Eglise, il estime qu'il lui revient à un titre particulier de veiller aussi à la restauration et au progrès de la liturgie.

2. En effet, la liturgie, par laquelle, surtout dans le divin sacrifice de l'Eucharistie, « s'exerce l'œuvre de notre rédemption » [1], contribue au plus haut point à ce que les fidèles, par leur vie, expriment et manifestent aux autres le mystère du Christ et la nature authentique de la véritable Eglise. Car il appartient en propre à celle-ci d'être à la fois humaine et divine, visible et riche de réalités invisibles, fervente dans l'action et occupée à la contemplation, présente dans le monde et pourtant étrangère. Mais de telle sorte qu'en elle ce qui est humain est ordonné et soumis au divin; ce qui est visible, à l'in-

---

1. Secrète du IXe dimanche après la Pentecôte.

visible; ce qui relève de l'action, à la contemplation; et ce qui est présent, à la cité future que nous recherchons [2]. Aussi, puisque la liturgie édifie chaque jour ceux qui sont au-dedans pour en faire un temple saint dans le Seigneur, une habitation de Dieu dans l'Esprit [3], jusqu'à la taille qui convient à la plénitude du Christ [4], c'est d'une façon étonnante qu'elle fortifie leurs énergies pour leur faire proclamer le Christ, et ainsi elle montre l'Eglise à ceux qui sont dehors comme un signal levé devant les nations [5], sous lequel les enfants de Dieu dispersés se rassemblent dans l'unité [6] jusqu'à ce qu'il y ait une seule bergerie et un seul pasteur [7].

3. C'est pourquoi le saint Concile estime qu'il faut, pour l'avancement et la restauration de la liturgie, rappeler les principes qui suivent et fixer des normes pratiques.

Parmi ces principes et ces normes, il en est un certain nombre qui peuvent et doivent être appliqués tout autant aux autres rites qu'au rite romain, bien que les normes pratiques qui suivent soient à entendre comme concernant le seul rite romain, à moins qu'il ne s'agisse de ce qui, par la nature même des choses, affecte aussi les autres rites.

4. Enfin, obéissant fidèlement à la tradition, le saint Concile déclare que la sainte Mère l'Eglise considère comme égaux en droit et en dignité tous les rites légitimement reconnus, et qu'elle veut, à l'avenir, les conserver et les favoriser de toutes manières; et il souhaite que, là où il en est besoin, on les révise entièrement avec prudence dans l'esprit d'une saine tradition et qu'on leur rende une nouvelle vitalité en accord avec les circonstances et les nécessités d'aujourd'hui.

2. Cf. *Hébr.* 13, 14.
3. Cf. *Ephés.* 2, 21-22.
4. Cf. *Ephés.* 4, 13.
5. Cf. *Is.* 11, 12.
6. Cf. *Jean* 11, 52.
7. Cf. *Jean* 10, 16.

CHAPITRE PREMIER

PRINCIPES GÉNÉRAUX
POUR LA RESTAURATION ET
LE PROGRÈS DE LA LITURGIE

I — *NATURE DE LA LITURGIE ET SON IMPORTANCE DANS LA VIE DE L'ÉGLISE*

5. [*L'œuvre de rédemption accomplie par le Christ*]

Dieu, qui « veut que tous les hommes soient sauvés et parviennent à la connaissance de la vérité » (*1 Tim.* 2, 4), « qui jadis, tant de fois et de tant de manières, avait parlé à nos pères par les prophètes » (*Hébr.* 1, 1), lorsque vint la plénitude des temps, envoya son Fils, le Verbe fait chair, oint par le Saint-Esprit, pour annoncer la bonne nouvelle aux pauvres, pour guérir les cœurs brisés [8], comme un « médecin charnel et spirituel » [9], le Médiateur de Dieu et des hommes [10]. Car c'est son humanité, dans l'unité de la personne du Verbe, qui fut l'instrument de notre salut. C'est pourquoi dans le Christ « est apparue la parfaite rançon de notre réconciliation, et la plénitude du culte divin est entrée chez nous » [11].

Cette œuvre de la rédemption des hommes et de la parfaite glorification de Dieu, à quoi avaient prélude les grandes œuvres divines dans le peuple de l'Ancien Testament, le Christ Seigneur l'a accompli principalement par le mystère pascal de sa bienheureuse passion, de sa résurrection du séjour des morts et de sa glorieuse ascension; mystère pascal par lequel « en mourant il a détruit notre mort, et en ressuscitant il a restauré la vie » [12]. Car c'est du côté du

---

8. Cf. *Is.* 61, 1: *Luc* 4, 18.

9. Saint Ignace d'Antioche, *Ad Ephesios* 7, 2. Ed. F. X. Funk, *Patres Apostolici* I, Tübingen, 1901, p. 218.

10. Cf. *1 Tim.* 2, 5.

11. *Sacramentaire de Vérone (Leonianum).* Ed. C. Mohlberg, Rome, 1956, n. 1265, p. 162.

12. Préface de Pâques, dans le missel romain.

Christ endormi sur la croix qu'est né « l'admirable sacrement de l'Eglise tout entière » [13].

6. [*L'Église, dans l'exercice de la liturgie, continue l'œuvre de salut*]

C'est pourquoi, de même que le Christ fut envoyé par le Père, ainsi lui-même envoya ses apôtres, remplis de l'Esprit-Saint, non seulement pour que, prêchant l'Evangile à toute créature [14], ils annoncent que le Fils de Dieu, par sa mort et sa résurrection, nous a délivrés du pouvoir de Satan [15] ainsi que de la mort, et nous a transférés dans le royaume de son Père, mais aussi afin qu'ils exercent cette œuvre de salut qu'ils annonçaient, par le sacrifice et les sacrements autour desquels gravite toute la vie liturgique. C'est ainsi que par le baptême les hommes sont greffés sur le mystère pascal du Christ: morts avec lui, ensevelis avec lui, ressuscités avec lui [16]; ils reçoivent l'esprit d'adoption des fils « dans lequel nous crions: Abba Père » (*Rom.* 8, 15), et ils deviennent ainsi ces vrais adorateurs que cherche le Père [17]. Semblablement, chaque fois qu'ils mangent la Cène du Seigneur, ils annoncent sa mort jusqu'à ce qu'il vienne [18]. C'est pourquoi, le jour même de la Pentecôte où l'Eglise apparut au monde, « ceux qui accueillirent la parole » de Pierre « furent baptisés ». Et ils étaient « assidus à l'enseignement des apôtres, à la communion fraternelle dans la fraction du pain et aux prières... louant Dieu et ayant la faveur de tout le peuple » (*Actes* 2, 41-47). Jamais, dans la suite, l'Eglise n'omit de se réunir pour célébrer le mystère pascal: en lisant « dans toutes les Ecritures ce qui le concernait » (*Luc* 24, 17), en célébrant l'eucharistie dans laquelle sont rendus présents la victoire et le triomphe de sa mort [19] et en rendant en même temps grâces « à Dieu pour son don ineffable » (*2 Cor.* 9, 15) dans le Christ Jésus, « pour la louange de sa gloire » (*Eph.* 1, 12) par la vertu de l'Esprit-Saint.

7. [*Le Christ est présent dans les actions liturgiques*]

Pour l'accomplissement d'une si grande œuvre, le Christ est toujours là auprès de son Eglise, surtout dans les actions liturgiques.

---

13. Cf. Saint Augustin, *Enarr. in Ps. CXXXVIII*, 2: *CChr.*, XL. Turnhout 1956, p. 1991 et oraison suivant la 2e leçon du Samedi saint, dans le missel romain, avant la réforme de la Semaine sainte.

14. Cf. *Marc* 16, 15.

15. Cf. *Act.* 26, 18.

16. Cf. *Rom.* 6, 4; *Ephés.* 2, 6; *Coloss.* 3, 1; *2 Tim.* 2, 11.

17. Cf. *Jean* 4, 23.

18. Cf. *1 Cor.* 11, 26.

19. Conc. de Trente, sess. XIII, 11 octobre 1551, Decr. *De Ss. Eucharist.*, c. 5: *Concilium Tridentinum, Diariorum, Actorum, Epistolarum, Tractatuum nova collectio.* Ed. Gœrres Gesellschaft, t. VII *Actorum* pars IV, Fribourg-en-Brisgau, 1961, p. 202.

Il est là présent dans le sacrifice de la Messe, et dans la personne du ministre, « le même offrant maintenant par le ministère des prêtres, qui s'offrit alors lui-même sur la croix » [20] et, au plus haut point, sous les espèces eucharistiques. Il est là présent par sa vertu dans les sacrements au point que lorsque quelqu'un baptise, c'est le Christ lui-même qui baptise [21]. Il est là présent dans sa parole, car c'est lui qui parle tandis qu'on lit dans l'Eglise les Saintes Ecritures. Enfin il est là présent lorsque l'Eglise prie et chante les psaumes, lui qui a promis : « Là où deux ou trois sont rassemblés en mon nom, je suis là, au milieu d'eux » (*Matth.* 18, 20). Effectivement, pour l'accomplissement de cette grande œuvre par laquelle Dieu est parfaitement glorifié et les hommes sanctifiés, le Christ s'associe toujours l'Eglise, son Epouse bien-aimée, qui l'invoque comme son Seigneur et qui passe par lui pour rendre son culte au Père éternel.

C'est donc à juste titre que la liturgie est considérée comme l'exercice de la fonction sacerdotale de Jésus-Christ, exercice dans lequel la sanctification de l'homme est signifiée par des signes sensibles et est réalisée d'une manière propre à chacun d'eux, dans lequel le culte public intégral est exercé par le Corps mystique de Jésus-Christ, c'est-à-dire par le Chef et par ses membres.

Par suite, toute célébration liturgique, en tant qu'œuvre du Christ prêtre et de son Corps qui est l'Eglise, est l'action sacrée par excellence dont nulle autre action de l'Eglise ne peut atteindre l'efficacité au même titre et au même degré.

8. [*La liturgie terrestre, avant-goût de la liturgie céleste*]

Dans la liturgie terrestre nous participons par un avant-goût à cette liturgie céleste qui se célèbre dans la sainte cité de Jérusalem, à laquelle nous tendons comme des voyageurs, où le Christ siège à la droite de Dieu, comme ministre du sanctuaire et du vrai tabernacle [22]; avec toute l'armée de la milice céleste, nous chantons au Seigneur l'hymne de gloire; en vénérant la mémoire des saints, nous espérons partager leur société; nous attendons comme Sauveur notre Seigneur Jésus-Christ, jusqu'à ce que lui-même se manifeste, lui qui est notre vie, et alors nous serons manifestés avec lui dans la gloire [23].

20. Concile de Trente, sess. XXII, 17 septembre 1562, Doctr. *De Ss. Missae sacrif.,* c. 2: *Concilium Tridentinum.* Ed. cit., t. VIII. Actorum pars V. Fribourg-en-Brisgau, 1919, p. 960.

21. Cf. Saint Augustin, *In Joannis Evangelium Tractatus, VI,* cap. 1er. n. 7; P. L. XXXV, 1428.

22. Cf. *Apoc.* 21, 2; *Coloss.* 3, 1; *Hébr.* 8. 2.

23. Cf. *Phil.* 3, 20; *Coloss.* 3, 4.

9. [*La liturgie n'est pas toute l'activité de l'Église*]

La liturgie ne remplit pas toute l'activité de l'Eglise; car, avant que les hommes puissent accéder à la liturgie, il est nécessaire qu'ils soient appelés à la foi et à la conversion: « Comment l'invoqueront-ils s'ils ne croient pas en lui ? Comment croiront-ils en lui s'ils ne l'entendent pas ? Comment entendront-ils sans prédicateur ? Et comment prêchera-t-on sans être envoyé ? » (*Rom.* 10, 14-15).

C'est pourquoi l'Eglise annonce aux non-croyants la proclamation du salut, pour que tous les hommes connaissent le seul vrai Dieu et Celui qu'il a envoyé, Jésus-Christ, et pour qu'ils changent de conduite en faisant pénitence [24]. Quant aux croyants, elle doit toujours leur prêcher la foi et la pénitence; elle doit en outre les disposer aux sacrements, leur enseigner à observer tout ce que le Christ a prescrit [25], et les engager à toutes les œuvres de charité, de piété et d'apostolat pour manifester par ces œuvres que, si les chrétiens ne sont pas de ce monde, ils sont pourtant la lumière du monde, et ils rendent gloire au Père devant les hommes.

10. [*La liturgie, surtout l'Eucharistie, est source de grâce*]

Toutefois, la liturgie est le sommet auquel tend l'action de l'Eglise, et en même temps la source d'où découle toute sa vertu. Car les labeurs apostoliques visent à ce que tous, devenus enfants de Dieu par la foi et le baptême, se rassemblent, louent Dieu au milieu de l'Eglise, participent au sacrifice et mangent la Cène du Seigneur. En revanche, la liturgie elle-même pousse les fidèles rassasiés des « mystères de la Pâque » à n'avoir plus « qu'un seul cœur dans la piété » [26]; elle prie pour « qu'ils gardent dans leur vie ce qu'ils ont saisi par la foi » [27]; et le renouvellement dans l'Eucharistie de l'alliance du Seigneur avec les hommes attire et enflamme les fidèles à la charité pressante du Christ. C'est donc de la liturgie, et principalement de l'Eucharistie, comme d'une source, que la grâce découle en nous et qu'on obtient avec le maximum d'efficacité cette sanctification des hommes dans le Christ, et cette glorification de Dieu, que recherchent, comme leur fin, toutes les autres œuvres de l'Eglise.

11. [*Coopération nécessaire des fidèles*]

Mais, pour obtenir cette pleine efficacité, il est nécessaire que les fidèles accèdent à la liturgie avec les dispositions d'une âme

---

24. Cf. *Jean* 17, 3; *Luc* 24, 27; *Act.* 2, 38.
25. Cf. *Matth.* 28, 20.
26. Postcommunion de la vigile pascale et du dimanche de Pâques.
27. Oraison du mardi de Pâques.

droite, qu'ils harmonisent leur âme avec leur voix, et qu'ils coopèrent à la grâce d'en haut pour ne pas recevoir celle-ci en vain [28].
C'est pourquoi les pasteurs doivent être attentifs à ce que dans
l'action liturgique, non seulement on observe les lois d'une célébration valide et licite, mais aussi à ce que les fidèles participent à
celle-ci de façon consciente, active et fructueuse.

12. [*Vie spirituelle personnelle*]

Cependant, la vie spirituelle n'est pas enfermée dans la participation à la seule liturgie. Car le chrétien est appelé à prier en
commun; néanmoins, il doit aussi entrer dans sa chambre pour
prier le Père dans le secret [29], et, même, enseigne l'Apôtre, il doit
prier sans relâche [30]. Et l'Apôtre nous enseigne aussi à toujours
porter dans notre corps la mortification de Jésus, pour que la vie
de Jésus se manifeste, elle aussi, dans notre chair mortelle [31]. C'est
pourquoi dans le sacrifice de la Messe nous demandons au Seigneur
« qu'ayant agréé l'oblation du sacrifice spirituel » il fasse pour lui
« de nous-mêmes une éternelle offrande » [32].

13. [*Les exercices non strictement liturgiques*]

Les « pieux exercices » du peuple chrétien, du moment qu'ils
sont conformes aux lois et aux normes de l'Eglise, sont fort recommandés, surtout lorsqu'ils se font sur l'ordre du Siège apostolique.

Les « exercices sacrés » des Eglises particulières jouissent aussi
d'une dignité spéciale lorsqu'ils sont célébrés sur l'ordre des évêques,
selon les coutumes ou les livres légitimement approuvés.

Mais les exercices en question doivent être réglés en tenant
compte des temps liturgiques et de façon à s'harmoniser avec la liturgie, à en découler d'une certaine manière, et à y introduire le
peuple parce que, de sa nature, elle leur est de loin supérieure.

II — RECHERCHE DE LA FORMATION LITURGIQUE ET DE LA PARTICIPATION ACTIVE

14. [*Nécessité d'une bonne formation liturgique du clergé*]

La Mère Eglise désire beaucoup que tous les fidèles soient
amenés à cette participation pleine, consciente et active aux célé-

---

28. Cf. *2 Cor.* 6, 1.
29. Cf. *Matth.* 6, 6.
30. Cf. *I Thess.* 5, 17.
31. Cf. *2 Cor.* 4, 10-11.
32. Secrète du lundi de Pentecôte.

brations liturgiques, qui est demandée par la nature de la liturgie elle-même et qui est, en vertu de son baptême, un droit et un devoir pour le peuple chrétien, « race élue, sacerdoce royal, nation sainte, peuple racheté » (*1 Pierre* 2, 9; cf. 2, 4-5).

Cette participation pleine et active de tout le peuple est ce qu'on doit viser de toutes ses forces dans la restauration et la mise en valeur de la liturgie. Elle est, en effet, la source première et indispensable à laquelle les fidèles doivent puiser un esprit vraiment chrétien; et c'est pourquoi elle doit être recherchée avec ardeur par les pasteurs d'âmes, dans toute l'action pastorale, avec la pédagogie nécessaire.

Mais il n'y a aucun espoir d'obtenir ce résultat, si d'abord les pasteurs eux-mêmes ne sont pas profondément imprégnés de l'esprit et de la force de la liturgie, et ne deviennent pas capables de l'enseigner; il est donc très nécessaire qu'on pourvoie en premier lieu à la formation liturgique du clergé. C'est pourquoi le saint Concile a décrété d'établir les points suivants.

15. [*Formation des professeurs de liturgie*]

Les maîtres qui sont préposés à l'enseignement de la liturgie dans les séminaires, les maisons d'études des religieux et les facultés de théologie, doivent être dûment préparés à leur fonction dans des instituts spécialement destinés à cette tâche.

16. [*Modalités de la formation liturgique du clergé*]

L'enseignement de la liturgie dans les séminaires et les maisons d'études des religieux doit être placé parmi les disciplines nécessaires et majeures, et dans les facultés de théologie parmi les disciplines principales; et il faut le donner dans sa perspective théologique et historique aussi bien que spirituelle, pastorale et juridique. En outre, les maîtres des autres disciplines, surtout de théologie dogmatique, d'Ecriture sainte, de théologie spirituelle et pastorale se préoccuperont, selon les exigences intrinsèques de chaque objet propre, de faire ressortir le mystère du Christ et l'histoire du salut, si bien qu'on voie apparaître clairement le lien de ces disciplines avec la liturgie et l'unité de la formation sacerdotale.

17. Les clercs, dans les séminaires et les maisons religieuses, acquerront une formation liturgique à la vie spirituelle, par une bonne initiation qui leur donne l'intelligence des rites sacrés et les y fasse participer de toute leur âme, et aussi par la célébration même des saints mystères et par les autres exercices de piété, imprégnés d'esprit liturgique; également, ils apprendront à observer les

lois liturgiques, de telle sorte que la vie des séminaires et des maisons de religieux soit profondément façonnée par l'esprit de la liturgie.

18. Les prêtres, séculiers ou religieux, déjà en activité dans la vigne du Seigneur, seront aidés par tous les moyens opportuns à comprendre toujours plus pleinement ce qu'ils accomplissent dans les fonctions sacrées, à vivre d'une vie liturgique et à la partager avec les fidèles qui leur sont confiés.

19. [*Formation liturgique du peuple par les pasteurs*]

Les pasteurs d'âmes poursuivront avec zèle et patience la formation liturgique et aussi la participation active des fidèles, intérieure et extérieure, proportionnée à leur âge, leur condition, leur genre de vie et leur degré de culture religieuse; ils acquitteront ainsi une des principales fonctions du fidèle dispensateur des mystères de Dieu; et en cette matière ils ne conduiront pas leur troupeau par la parole seulement, mais aussi par l'exemple.

20. [*Émissions radiodiffusées et télévisées*]

Les transmissions d'actions sacrées par la radiophonie et la télévision, surtout s'il s'agit de la célébration du saint Sacrifice, se feront avec discrétion et dignité sous la conduite et la garantie d'une personne compétente, désignée à cette fonction par les évêques.

III — *LA RESTAURATION DE LA LITURGIE*

21. Pour que le peuple chrétien obtienne plus sûrement des grâces abondantes dans la liturgie, la sainte Mère Eglise veut travailler sérieusement à la restauration générale de la liturgie elle-même. Car celle-ci comporte une partie immuable, celle qui est d'institution divine, et des parties sujettes au changement qui peuvent varier au cours des âges ou même le doivent s'il s'y est introduit des éléments qui correspondent mal à la nature intime de la liturgie elle-même, ou si ces parties sont devenues inadaptées.

Cette restauration doit consister à organiser les textes et les rites de telle façon qu'ils expriment avec plus de clarté les réalités saintes qu'ils signifient, et que le peuple chrétien, autant qu'il est possible, puisse facilement les saisir et y participer par une célébration pleine, active et communautaire. C'est pourquoi le saint Concile a établi ces normes générales.

a) Normes générales

22. [*Modifier la liturgie relève de la hiérarchie*]

§ 1. Le gouvernement de la liturgie dépend uniquement de l'autorité de l'Eglise: il appartient au Siège apostolique et, dans les règles du droit, à l'évêque.

§ 2. En vertu du pouvoir donné par le droit, le gouvernement, en matière liturgique, appartient aussi, dans des limites fixées, aux diverses assemblées d'évêques légitimement constituées, compétentes sur un territoire donné.

§ 3. C'est pourquoi absolument personne d'autre, même prêtre, ne peut de son propre chef ajouter, enlever ou changer quoi que ce soit dans la liturgie.

23. [*Progresser en respectant la tradition*]

Afin que soit maintenue la saine tradition, et que pourtant la voie soit ouverte à un progrès légitime, pour chacune des parties de la liturgie qui sont à réviser il faudra toujours commencer par une soigneuse étude théologique, historique, pastorale. En outre, on prendra en considération aussi bien les lois générales de la structure et de l'esprit de la liturgie que l'expérience qui découle de la plus récente restauration liturgique et des induits accordés en divers endroits. Enfin, on ne fera des innovations que si l'utilité de l'Eglise les exige vraiment et certainement, et après s'être bien assuré que les formes nouvelles sortent des formes déjà existantes par un développement en quelque sorte organique.

On veillera enfin, dans la mesure du possible, à ce qu'il n'y ait pas de notables différences rituelles entre des régions limitrophes.

24. [*Promouvoir le goût de la Sainte Écriture*]

Dans la célébration de la liturgie, la Sainte Ecriture a une importance extrême. C'est d'elle que sont tirés les textes qu'on lit et que l'homélie explique, ainsi que les psaumes que l'on chante; c'est sous son inspiration et dans son élan que les prières, les oraisons et les hymnes liturgiques ont jailli, et c'est d'elle que les actions et les symboles reçoivent leur signification. Aussi, pour procurer la restauration, le progrès et l'adaptation de la liturgie, il faut promouvoir ce goût savoureux et vivant de la Sainte Ecriture dont témoigne la vénérable tradition des rites aussi bien orientaux qu'occidentaux.

25. [*Réviser les livres liturgiques*]

Les livres liturgiques seront révisés au plus tôt en faisant appel à des experts et en consultant des évêques, de diverses régions du globe.

b) Normes tirées du caractère de la liturgie en tant qu'action hiérarchique et communautaire

26. Les actions liturgiques ne sont pas des actions privées, mais des célébrations de l'Eglise, qui est « le sacrement de l'unité », c'est-à-dire le peuple saint réuni et organisé sous l'autorité des évêques [33].

C'est pourquoi elles appartiennent au Corps tout entier de l'Eglise, elles le manifestent et elles l'affectent; mais elles atteignent chacun de ses membres, de façon diverse, selon la diversité des ordres, des fonctions, et de la participation effective.

27. [*Préférer les célébrations communautaires*]

Chaque fois que les rites, selon la nature propre de chacun, comportent une célébration commune, avec fréquentation et participation active des fidèles, on soulignera que celle-ci, dans la mesure du possible, doit l'emporter sur leur célébration individuelle et quasi privée.

Ceci vaut surtout pour la célébration de la Messe (bien que la Messe garde toujours sa nature publique et sociale), et pour l'administration des sacrements.

28. [*Bien remplir sa fonction propre*]

Dans les célébrations liturgiques chacun, ministre ou fidèle, en s'acquittant de sa fonction, fera seulement et totalement ce qui lui revient en vertu de la nature de la chose et des normes liturgiques.

29. Même les servants, les lecteurs, les commentateurs et ceux qui appartiennent à la Schola cantorum s'acquittent d'un véritable ministère liturgique. C'est pourquoi ils exerceront leur fonction avec toute la piété sincère et le bon ordre qui conviennent à un si grand ministère, et que le peuple de Dieu exige d'eux à bon droit.

Aussi faut-il soigneusement leur inculquer l'esprit de la liturgie, selon la mesure de chacun, et les former à jouer leur rôle de façon exacte et ordonnée.

30. [*Participation active des fidèles*]

Pour promouvoir la participation active, on favorisera les acclamations du peuple, les réponses, le chant des psaumes, les antiennes,

---

33. Saint Cyprien, *De cath. eccl. unitate*, 7. Ed. G. Hartel, in C. S. E. L., t. III, 1, Vienne, 1868, p. 215-216; Cf. Ep. 66, n. 8, 3. Ed. cit., t. III, 2, Vienne, 1871, p. 732-733.

les cantiques et aussi les actions ou gestes et les attitudes corporelles. On observera aussi en son temps un silence sacré.

31. Dans la révision des livres liturgiques, on veillera attentivement à ce que les rubriques prévoient aussi le rôle des fidèles.

32. [*Aucune acception des personnes*]

Dans la liturgie, en dehors de la distinction qui découle de la fonction liturgique et de l'ordre sacré, et en dehors des honneurs dus aux autorités civiles conformément aux lois liturgiques, on ne fera aucunement acception des personnes privées ou des situations, soit dans les cérémonies soit dans les pompes extérieures.

c) Normes tirées de la nature didactique et pastorale de la liturgie

33. Bien que la liturgie soit principalement le culte de la divine majesté, elle comporte aussi une grande valeur pédagogique pour le peuple fidèle [34]. Car, dans la liturgie, Dieu parle à son peuple; le Christ annonce encore l'évangile. Et le peuple répond à Dieu par les chants et la prière.

Bien plus, les prières adressées à Dieu par le prêtre qui préside l'assemblée en la personne du Christ sont prononcées au nom de tout le peuple saint et de tous les assistants. Enfin, le Christ ou l'Eglise ont choisi les signes visibles employés par la liturgie pour signifier les réalités divines invisibles. Aussi, non seulement lorsqu'on lit « ce qui a été écrit pour notre instruction » (*Rom.* 15, 4), mais encore lorsque l'Eglise prie, chante ou agit, la foi des participants est nourrie, les âmes sont élevées vers Dieu pour lui rendre un hommage spirituel et recevoir sa grâce avec plus d'abondance.

Par suite, en exécutant la restauration, on devra observer les normes qui suivent.

34. [*Simplicité des rites*]

Les rites manifesteront une noble simplicité, seront d'une brièveté remarquable et éviteront les répétitions inutiles; ils seront adaptés à la capacité des fidèles et, en général, il n'y aura pas besoin de nombreuses explications pour les comprendre.

35. [*Lecture de la Sainte Écriture, prédication et catéchèse liturgique*]

Pour qu'apparaisse clairement l'union intime du rite et de la parole dans la liturgie:

1) Dans les célébrations sacrées, on restaurera une lecture de la Sainte Écriture plus abondante, plus variée et mieux adaptée.

34. Cf. Concile de Trente, sess. XXII, 17 septembre 1562, Doctr. *De Ss. Missae sacrif.*, c. 8: *Concilium Tridentinum*. Ed. cit., t. VIII, p. 961.

2) Le moment le plus approprié pour le sermon, qui fait partie de l'action liturgique pour autant que le rite le permet, sera marqué même dans les rubriques; et on accomplira très fidèlement et exactement le ministère de la prédication. Celle-ci puisera en premier lieu à la source de la Sainte Ecriture et de la liturgie, puisqu'elle est l'annonce des merveilles de Dieu dans l'histoire du salut qui est le mystère du Christ, lequel est toujours là présent et actif parmi nous, surtout dans les célébrations liturgiques.

3) En outre, la catéchèse plus directement liturgique sera inculquée de toutes les manières; et, dans les rites eux-mêmes, on prévoira de brèves monitions si elles sont nécessaires; elles seront dites par le prêtre ou par le ministre compétent, mais seulement aux moments les plus opportuns et dans les termes indiqués ou avec des paroles équivalentes.

4) On favorisera la célébration sacrée de la Parole de Dieu aux veilles des fêtes solennelles, à certaines féries de l'Avent et du Carême, ainsi que les dimanches et jours de fête, surtout dans les localités privées de prêtre: en ce cas, un diacre, ou quelqu'un d'autre délégué par l'évêque, dirigera la célébration.

36. [*Langue liturgique*]

§ 1. L'usage de la langue latine, sauf droit particulier, sera conservé dans les rites latins.

§ 2. Toutefois, soit dans la Messe, soit dans l'administration des sacrements, soit dans les autres parties de la liturgie, l'emploi de la langue du pays peut être souvent très utile pour le peuple: on pourra donc lui accorder une plus large place, surtout dans les lectures et les monitions, dans un certain nombre de prières et de chants, conformément aux normes qui sont établies sur cette matière dans les chapitres suivants, pour chaque cas.

§ 3. Ces normes étant observées, il revient à l'autorité ecclésiastique qui a compétence sur le territoire, mentionnée à l'article 22, § 2 (même, le cas échéant, après avoir délibéré avec les évêques des régions limitrophes de même langue), de statuer si on emploie la langue du pays et de quelle façon, en faisant agréer, c'est-à-dire ratifier, ses actes par le Siège apostolique.

§ 4. La traduction du texte latin dans la langue du pays, à employer dans la liturgie, doit être approuvée par l'autorité ecclésiastique ayant compétence sur le territoire, dont il est question ci-dessus.

d) Normes pour adapter la liturgie au tempérament et aux conditions des différents peuples

37. [*Respect de l'Église pour les qualités des divers peuples*]

L'Eglise, dans les domaines qui ne touchent pas la foi ou le bien de toute la communauté, ne désire pas, même dans la liturgie, imposer la forme rigide d'un libellé unique: bien au contraire, elle cultive les qualités et les dons des divers peuples et elle les développe; tout ce qui, dans leurs mœurs, n'est pas indissolublement solidaire de superstitions et d'erreurs, elle l'apprécie avec bienveillance et, si elle peut, elle en assure la parfaite conservation; qui plus est, elle l'admet parfois dans la liturgie elle-même, pourvu que cela s'harmonise avec les principes d'un véritable et authentique esprit liturgique.

38. [*Des adaptations sont admises*]

Pourvu que soit sauvegardée l'unité substantielle du rite romain, on admettra des différences légitimes et des adaptations à la diversité des assemblées, des régions, des peuples, surtout dans les missions, même lorsqu'on révisera les livres liturgiques; et il sera bon d'avoir ce principe devant les yeux pour aménager la structure des rites et établir les rubriques.

39. [*Ces adaptations relèvent de l'autorité ecclésiastique*]

Dans les limites fixées par les éditions typiques des livres liturgiques, il reviendra à l'autorité ecclésiastique ayant compétence sur le territoire, mentionnée à l'article 22, §2, de déterminer les adaptations, surtout pour l'administration des sacrements, les sacramentaux, les processions, la langue liturgique, la musique sacrée et les arts, conformément toutefois aux normes fondamentales contenues dans la présente Constitution.

40. [*Urgence et difficultés de l'adaptation, surtout dans les missions*]

Mais, comme en différents lieux et en différentes circonstances il est urgent d'adapter plus profondément la liturgie, ce qui augmente la difficulté:

1) L'autorité ecclésiastique ayant compétence sur le territoire, mentionnée à l'article 22, § 2, considérera avec attention et prudence ce qui, en ce domaine, à partir des traditions et de la mentalité de chaque peuple, peut opportunément être admis dans le culte divin. Les adaptations jugées utiles ou nécessaires seront proposées au Siège apostolique pour être introduites avec son consentement.

2) Mais pour que l'adaptation se fasse avec la circonspection nécessaire, faculté sera donnée par le Siège apostolique à cette autori-

té ecclésiastique territoriale de permettre et de diriger, le cas échéant, les expériences préalables nécessaires dans certaines assemblées appropriées à ces essais et pendant un temps limité.

3) Parce que les lois liturgiques présentent ordinairement des difficultés spéciales en matière d'adaptation, surtout dans les missions, on devra, pour les établir, avoir à sa disposition des hommes experts en ce domaine.

IV — DÉVELOPPEMENT DE LA VIE LITURGIQUE DANS LE DIOCÈSE ET LA PAROISSE

41. [*Vie liturgique du diocèse*]

L'évêque doit être considéré comme le grand prêtre de son troupeau; la vie chrétienne de ses fidèles découle et dépend de lui en quelque manière.

C'est pourquoi tous doivent accorder la plus grande estime à la vie liturgique du diocèse autour de l'évêque, surtout dans l'église cathédrale; ils doivent être persuadés que la principale manifestation de l'Eglise consiste dans la participation plénière et active de tout le saint peuple de Dieu, aux mêmes célébrations liturgiques, surtout dans la même Eucharistie, dans une seule prière, auprès de l'autel unique où préside l'évêque entouré de son presbytérium et de ses ministres [35].

42. [*Vie liturgique de la paroisse*]

Comme l'évêque dans son église ne peut présider en personne à tout son troupeau ni toujours ni partout, il doit nécessairement constituer des assemblées de fidèles, parmi lesquelles les plus importantes sont les paroisses, organisées localement sous un pasteur qui tient la place de l'évêque; car, d'une certaine manière, elles représentent l'Eglise visible établie dans l'univers.

C'est pourquoi il faut favoriser dans l'esprit et dans la pratique des fidèles et du clergé, la vie liturgique de la paroisse et son rattachement à l'évêque; et il faut travailler à ce que le sens de la communauté paroissiale s'épanouisse, surtout dans la célébration communautaire de la Messe dominicale.

V — DÉVELOPPEMENT DE LA PASTORALE LITURGIQUE

43. Le zèle pour l'avancement et la restauration de la liturgie

---

35. Cf. saint Ignace d'Antioche, *Ad Magn.* 7; *Ad Phil.* 4; *Ad. Smyrn.* 8. Ed. F. X. Funk, cit., I, p. 236, 266, 281.

est tenu à juste titre pour un signe des dispositions providentielles de Dieu sur le temps présent, comme un passage du Saint-Esprit dans son Eglise; et il confère à la vie de celle-ci, et même à toute l'attitude religieuse d'aujourd'hui, une empreinte caractéristique.

C'est pourquoi, pour favoriser davantage encore cette pastorale liturgique, le Concile décrète:

44. [*Commissions liturgiques nationales*]

Il est à propos que l'autorité ecclésiastique ayant compétence sur le territoire, mentionnée à l'article 22, § 2, institue une Commission liturgique qui aura le concours d'hommes experts en science liturgique, en musique sacrée, en art sacré et en pastorale. Cette Commission, dans la mesure du possible, sera aidée par un Institut de pastorale liturgique composé de membres parmi lesquels on admettra, si c'est utile, des laïcs éminents en cette matière. Il reviendra à cette Commission, sous la direction de l'autorité ecclésiastique territoriale mentionnée plus haut, de diriger la pastorale liturgique dans l'étendue de son ressort, de promouvoir les recherches et les expériences nécessaires chaque fois qu'il s'agira de proposer des adaptations au Siège apostolique.

45. [*Commissions liturgiques diocésaines*]

Dans la même ligne, il y aura une Commission de liturgie dans chaque diocèse pour promouvoir l'action liturgique sous la direction de l'évêque.

Il pourra parfois être opportun que plusieurs diocèses établissent une seule Commission qui fasse progresser la cause liturgique par un travail en commun.

46. [*Commissions de musique et d'art sacrés*]

Outre la Commission de liturgie, on établira aussi dans chaque diocèse, autant que possible, des Commissions de musique sacrée et d'art sacré.

Il est nécessaire que ces trois Commissions travaillent en associant leurs forces; il sera même indiqué assez souvent de les réunir en une seule Commission.

CHAPITRE II

LE MYSTÈRE DE L'EUCHARISTIE

47. [*L'Eucharistie perpétue le sacrifice de la croix*]

Notre Sauveur, à la dernière Cène, la nuit où il était livré, institua le sacrifice eucharistique de son Corps et de son Sang pour perpétuer le sacrifice de la croix au long des siècles, jusqu'à ce qu'il vienne, et en outre pour confier à l'Eglise, son épouse bien-aimée, le mémorial de sa mort et de sa résurrection: sacrement de l'amour, signe de l'unité, lien de la charité [36], banquet pascal dans lequel le Christ est mangé, l'âme est comblée de grâce, et le gage de la gloire future nous est donné [37].

48. [*Participation des fidèles à l'action sacrée*]

Aussi l'Eglise se soucie-t-elle d'obtenir que les fidèles n'assistent pas à ce mystère de la foi comme des spectateurs étrangers ou muets, mais que, le comprenant bien dans ses rites et ses prières, ils participent consciemment, pieusement et activement à l'action sacrée, soient formés par la parole de Dieu, se restaurent à la table du Corps du Seigneur, rendent grâce à Dieu; qu'offrant la victime sans tache, non seulement par les mains du prêtre, mais aussi ensemble avec lui, ils apprennent à s'offrir eux-mêmes et, de jour en jour, soient consommés par la médiation du Christ dans l'unité avec Dieu et entre eux [38] pour que, finalement, Dieu soit tout en tous.

49. C'est pourquoi, afin que le sacrifice de la messe, même par sa forme rituelle, obtienne une pleine efficacité pastorale, le saint Concile, à l'égard des messes qui se célèbrent avec concours de peuple, surtout les dimanches et fêtes de précepte, décrète ce qui suit:

50. [*Révision du rituel de la messe*]

Le rituel de la messe sera révisé de telle sorte que se manifestent plus clairement le rôle propre ainsi que la connexion mutuelle de

---

36. Cf. saint Augustin, *In Joannis Evangelium tractatus*, XXVI, chap. VI, no 13; *P. L.* XXXV, 1613.

37. Bréviaire romain. Fête-Dieu, antienne pour le *Magnificat* aux IIes vêpres.

38. Cf. saint Cyrille d'Alexandrie, *Commentarium in Joannis Evangelium*, livre XI, chap. XI-XII; *P. G.* LXXIV, 557-564.

chacune de ses parties, et que soit facilitée la participation pieuse et active des fidèles.

Aussi, en gardant fidèlement la substance des rites, on les simplifiera; on omettra ce qui, au cours des âges, a été redoublé ou a été ajouté sans grande utilité; on rétablira, selon l'ancienne norme des saints Pères, certaines choses qui ont disparu sous les atteintes du temps, dans la mesure où cela apparaîtra opportun ou nécessaire.

51. [*Lecture de la Sainte Écriture*]

Pour présenter aux fidèles avec plus de richesse la table de la parole de Dieu, on ouvrira plus largement les trésors bibliques pour que, dans un nombre d'années déterminé, on lise au peuple la partie la plus importante des Saintes Ecritures.

52. [*L'homélie*]

L'homélie par laquelle, au cours de l'année liturgique, on explique à partir du texte sacré les mystères de la foi et les normes de la vie chrétienne est fortement recommandée comme faisant partie de la liturgie elle-même; bien plus, aux messes célébrées avec concours de peuple les dimanches et jours de fête de précepte, on ne l'omettra que pour un motif grave.

53. [*La « prière commune »*]

La « prière commune », ou « prière des fidèles », sera rétablie après l'évangile et l'homélie, surtout les dimanches et fêtes de précepte, afin qu'avec la participation du peuple, on fasse des supplications pour la sainte Eglise, pour ceux qui détiennent l'autorité publique, pour ceux qui sont accablés par diverses nécessités, et pour tous les hommes et le salut du monde entier [39].

54. [*Usage de la langue du pays*]

On pourra donner la place qui convient à la langue du pays dans les messes célébrées avec concours de peuple, surtout pour les lectures et la « prière commune », et, selon les conditions locales, aussi dans les parties qui reviennent au peuple, conformément à l'article 36 de la présente Constitution.

On veillera cependant à ce que les fidèles puissent dire ou chanter ensemble en langue latine aussi les parties de l'ordinaire de la messe qui leur reviennent.

---

39. Cf. *1 Tim.* 2, 1-2.

Mais si quelque part un emploi plus large de la langue du pays dans la messe semble opportun, on observera ce qui est prescrit à l'article 40 de la présente Constitution.

55. [*La communion*]

On recommande fortement cette parfaite participation à la messe qui consiste en ce que les fidèles, après la communion du prêtre, reçoivent le corps du Seigneur dans le même sacrifice.

La communion sous les deux espèces, étant maintenus les principes dogmatiques établis par le Concile de Trente [40], peut être accordée, au jugement des évêques, dans les cas que le Siège apostolique précisera, soit aux clercs et aux religieux, soit aux laïcs; par exemple: aux nouveaux ordonnés dans la messe de leur ordination, aux profès dans la messe de leur profession religieuse, aux néophytes dans la messe qui suit le baptême.

56. [*Participation à la messe entière*]

Les deux parties qui constituent en quelque sorte la messe, c'est-à-dire la liturgie de la parole et la liturgie eucharistique, sont si étroitement unies elles qu'elles constituent un seul acte de culte. Aussi, le saint Concile exhorte-t-il vivement les pasteurs à enseigner activement aux fidèles, dans la catéchèse, qu'il faut participer à la messe entière, surtout les dimanches et jours de fête de précepte.

57. [*La concélébration*]

§ 1. La concélébration, qui manifeste heureusement l'unité du sacerdoce, est restée en usage jusqu'à maintenant dans l'Eglise, en Occident comme en Orient. Aussi le Concile a-t-il décidé d'étendre la faculté de concélébrer aux cas suivants:

1. - *a)* Le Jeudi saint, tant à la messe chrismale qu'à la messe du soir;

b) Aux messes célébrées dans les Conciles, les assemblées épiscopales et les synodes;

c) A la messe de la bénédiction d'un abbé.

2. - En outre, avec la permission de l'Ordinaire, à qui il appartient d'apprécier l'opportunité de la concélébration:

a) A la messe conventuelle et à la messe principale des églises, lorsque l'utilité des fidèles ne requiert pas que tous les prêtres présents célèbrent individuellement;

---

40. Sess. XXI, 16 juillet 1562. *Doctrina de Communione sub utraque specie et parvulorum,* chap. I-III. *Concilium Tridentinum.* Ed. cit., t. VIII, p. 698-699.

b) Aux messes des assemblées de prêtres de tout genre, aussi bien séculiers que religieux.

§ 2. 1) Il appartient à l'évêque de diriger et de régler la concélébration dans son diocèse.

2) Cependant, on réservera toujours à chaque prêtre la liberté de célébrer la messe individuellement, mais non pas au même moment dans la même église, ni le Jeudi saint.

58. On composera un nouveau rite de la concélébration qui devra être inséré dans le pontifical et le missel romain.

CHAPITRE III

LES AUTRES SACREMENTS
ET LES SACRAMENTAUX

59. [*Fin des sacrements*]

Les sacrements ont pour fin de sanctifier les hommes, d'édifier le Corps du Christ, enfin de rendre le culte à Dieu; mais, à titre de signes, ils ont aussi un rôle d'enseignement. Non seulement ils supposent la foi, mais encore, par les paroles et par les choses, ils la nourrissent, ils la fortifient, ils l'expriment; c'est pourquoi ils sont dits sacrements de la foi. Certes, ils confèrent la grâce, mais, en outre, leur célébration dispose au mieux les fidèles à recevoir fructueusement cette grâce, à rendre à Dieu le culte voulu, et à exercer la charité.

Il est donc de la plus grande importance que les fidèles comprennent facilement les signes des sacrements et fréquentent de la façon la plus assidue les sacrements qui nourrissent la vie chrétienne.

60. [*Les sacramentaux*]

En outre, la sainte Mère Eglise a institué des sacramentaux. Ce sont des signes sacrés par lesquels, selon une certaine imitation des sacrements, des effets surtout spirituels sont signifiés et sont obtenus par la puissance impérative de l'Eglise. Par eux, les hommes sont disposés à recevoir l'effet principal des sacrements, et les diverses circonstances de la vie sont sanctifiées.

61. [*Toute la vie sanctifiée*]

C'est pourquoi la liturgie des sacrements et des sacramentaux fait que, chez les fidèles bien disposés, presque tous les événements de la vie sont sanctifiés par la grâce divine qui découle du mystère pascal de la passion, de la mort et de la résurrection du Christ; car c'est de lui que tous les sacrements et sacramentaux tirent leur vertu; et il n'est à peu près aucun usage honorable des choses matérielles qui ne puisse être dirigé vers cette fin: la sanctification de l'homme et la louange de Dieu.

62. [*Nécessité d'une adaptation*]

Mais au cours des âges sont entrés dans les rites des sacrements et des sacramentaux, des éléments qui, à notre époque, ne permettent pas d'en voir assez clairement la nature et la fin; il est donc besoin d'y opérer certaines adaptations aux nécessités de notre temps, et le saint Concile décrète ce qui suit au sujet de leur révision.

63. [*Langue du pays et rituels particuliers*]

Puisque assez souvent dans l'administration des sacrements et des sacramentaux l'emploi de la langue du pays peut être d'une grande utilité chez le peuple, on lui donnera une plus large place selon les règles qui suivent:

a) Dans l'administration des sacrements et des sacramentaux, on peut employer la langue du pays, conformément à l'article 36;

b) En suivant la nouvelle édition du rituel romain, des rituels particuliers, adaptés aux nécessités de chaque région, y compris en ce qui concerne la langue, seront préparés au plus tôt par l'autorité ecclésiastique qui a compétence sur le territoire, mentionnée à l'article 22, § 2, de la présente Constitution; et, une fois les actes révisés par le Siège apostolique, ces rituels seront employés dans leurs régions respectives. Dans la composition de ces rituels ou de ces recueils particuliers de rites, on n'omettra pas les instructions mises en tête de chaque rite dans le rituel romain, qu'elles soient pastorales ou rubricales, ou bien qu'elles aient une importance particulière au point de vue social.

64. [*Le catéchuménat des adultes*]

On restaurera le catéchuménat des adultes, distribué en plusieurs étapes, dont la pratique sera soumise au jugement de l'Ordinaire du lieu; on obtiendra ainsi que le temps du catéchuménat, destiné à une formation appropriée, puisse être sanctifié par des rites sacrés dont la célébration s'échelonne dans le temps.

65. [*Éléments particuliers admis en pays de mission*]

Dans les pays de mission, outre les éléments d'initiation fournis par la tradition chrétienne, il sera permis d'admettre ces autres éléments d'initiation dont on constate la pratique dans chaque peuple, pour autant qu'on peut les adapter au rite chrétien, conformément aux articles 37-40 de la présente Constitution.

66. [*Rite du baptême*]

On révisera le double rite pour le baptême des adultes, le plus simple et le plus solennel, celui qui tient compte du catéchuménat restauré, et on introduira au missel romain une messe propre « lors de l'administration du baptême ».

67. On révisera le rite pour le baptême des enfants et on l'adaptera à la situation réelle des tout-petits; en outre, le rôle des parents et des parrains, ainsi que leurs devoirs, seront mieux mis en évidence dans le rite lui-même.

68. Dans le rite du baptême ne manqueront pas des adaptations, à employer au jugement de l'Ordinaire du lieu, pour le cas d'un grand concours de candidats au baptême. On composera, en outre, un rituel bref dont puissent user, principalement les catéchistes en pays de mission, et généralement, devant un péril de mort, les fidèles, lorsqu'il n'y a là ni prêtre ni diacre.

69. Au lieu du rite appelé « rituel pour suppléer sur un enfant baptisé les cérémonies omises », on en composera un nouveau où il soit indiqué de façon plus claire et plus appropriée que cet enfant, baptisé auparavant avec le rite bref, a déjà été reçu dans l'Eglise.

De même, pour ceux qui, déjà baptisés validement, se convertissent à la religion catholique, on composera un nouveau rite pour signifier qu'on les admet dans la communion de l'Eglise.

70. On peut bénir l'eau baptismale, en dehors du temps pascal, dans le rite même du baptême, avec une formule plus brève qui sera approuvée.

71. [*Rite de la confirmation*]

Le rite de la confirmation sera révisé aussi pour manifester plus clairement le lien intime de ce sacrement avec toute l'initiation chrétienne; aussi est-il convenable que la rénovation des promesses baptismales précède la réception du sacrement.

La confirmation, selon l'opportunité, peut être conférée au cours de la messe; en vue du rite célébré hors de la messe, on préparera la formule à employer en guise d'introduction.

72. [*Rite de la pénitence*]

Le rite et les formules de la pénitence seront révisés de façon à exprimer plus clairement la nature et l'effet du sacrement.

73. [*Rite de l'onction des malades*]

L'extrême-onction, qu'on peut appeler aussi et mieux l'onction des malades, n'est pas seulement le sacrement de ceux qui se trouvent à toute extrémité. Aussi, le temps opportun pour le recevoir est déjà certainement arrivé lorsque le fidèle commence à être en danger de mort par suite d'affaiblissement physique ou de vieillesse.

74. En dehors des rites séparés de l'onction des malades et du viatique, on composera un rituel continu selon lequel on conférera l'onction au malade après la confession et avant la réception du viatique.

75. Le nombre des onctions sera adapté aux circonstances, et les oraisons qui appartiennent au rite de l'onction des malades seront révisées pour correspondre aux diverses situations des malades qui reçoivent le sacrement.

76. [*Rites des ordinations*]

Les rites des ordinations, soit quant aux cérémonies soit quant aux textes, seront révisés. Les allocutions de l'évêque au début de chaque ordination ou consécration peuvent se faire dans la langue du pays.

Dans la consécration épiscopale, il est permis à tous les évêques présents d'imposer les mains.

77. [*Rite du mariage*]

Le rite de célébration du mariage qui se trouve dans le rituel romain sera révisé et enrichi pour signifier plus clairement la grâce du sacrement et souligner davantage les devoirs des époux.

« Si en certaines régions on emploie dans la célébration du mariage certaines autres coutumes et cérémonies dignes d'être approuvées, le saint Concile souhaite beaucoup qu'on les garde complètement » [41].

En outre, faculté est laissée à l'autorité ecclésiastique sur le territoire ayant compétence, mentionnée à l'article 22 § 2, de la présente Constitution, d'élaborer, selon l'article 63, un rite propre qui s'accorde avec les usages des lieux et des peuples, mais à la condition expresse que le prêtre qui assiste au mariage demande et reçoive le consentement des contractants.

78. Le mariage sera célébré ordinairement au cours de la messe, après la lecture de l'Evangile et l'homélie, avant la « prière des fidèles ». L'oraison sur l'épouse, amendée de façon à souligner que les deux époux ont des devoirs égaux de mutuelle fidélité, peut se dire dans la langue du pays.

---

41. Concile de Trente, sess. XXIV, 11 novembre 1563, *De reformatione*, chap. 1er: *Concilium Tridentinum*. Ed. cit., t. IX. *Actorum* pars VI, Fribourg-en-Brisgau. 1924, p. 969. Cf. rituel romain, tit. VIII, c. 2, n. 6.

Mais, si le sacrement de mariage est célébré sans messe, l'épître et l'évangile de la messe de mariage seront lus au début du rite, et la bénédiction sera toujours conférée aux époux.

79. [*Révision des sacramentaux*]

Les sacramentaux seront révisés, en tenant pour règle primordiale la participation des fidèles consciente, active et facile, et en étant attentif aux nécessités de notre époque. Dans la révision des rituels, conformément à l'article 63, on pourra même ajouter de nouveaux sacramentaux, selon que la nécessité le réclame.

Les bénédictions réservées seront en très petit nombre et seulement en faveur des évêques ou des ordinaires.

On prévoira que certains sacramentaux, au jugement de l'ordinaire et au moins dans des circonstances particulières, puissent être administrés par des laïcs dotés des qualités requises.

80. [*Rite de la profession religieuse*]

Le rite de la consécration des vierges qui est au pontifical romain sera révisé.

On établira, en outre, un rite de la profession religieuse et de la rénovation des vœux qui puisse contribuer à plus d'unité, de sobriété et de dignité. Devront l'utiliser ceux qui font la profession ou la rénovation des vœux durant la Messe, sauf droit particulier.

Il est recommandé de faire la profession religieuse durant la messe.

81. [*Rite des funérailles*]

Le rite des funérailles devra exprimer de façon plus évidente le caractère pascal de la mort chrétienne, et devra répondre mieux aux situations et aux traditions de chaque région, même en ce qui concerne la couleur liturgique.

82. Le rite de l'ensevelissement des tout-petits sera révisé, et on le dotera d'une messe propre.

CHAPITRE IV

L'OFFICE DIVIN

83. [*L'office de louange, œuvre du Christ et de l'Église*]

Le Souverain Prêtre de la nouvelle et éternelle Alliance, le Christ Jésus, prenant la nature humaine, a introduit dans notre exil terrestre cet hymne qui se chante éternellement dans les demeures célestes. Il s'adjoint toute la communauté des hommes et se l'associe dans ce divin cantique de louange.

En effet, il continue à exercer cette fonction sacerdotale par son Eglise elle-même qui, non seulement par la célébration de l'eucharistie, mais aussi par d'autres moyens et surtout par l'accomplissement de l'office divin, loue sans cesse le Seigneur et intercède pour le salut du monde entier.

84. L'office divin, d'après l'antique tradition chrétienne, est constitué de telle façon que tout le déroulement du jour et de la nuit soit consacré par la louange de Dieu. Lorsque cet admirable cantique de louange est accompli selon la règle par les prêtres ou par d'autres, députés à cela par institution de l'Eglise, ou par les fidèles priant avec le prêtre selon la forme approuvée, alors c'est vraiment la voix de l'Epouse elle-même qui s'adresse à son Epoux; et même aussi, c'est la prière du Christ avec son Corps au Père.

85. Par conséquent, tous ceux qui assurent cette charge accomplissent l'office de l'Eglise et, en même temps, participent de l'honneur suprême de l'Epouse du Christ, parce qu'en acquittant les louanges divines, ils se tiennent devant le trône de Dieu au nom de la Mère Eglise.

86. [*Accomplissement fervent de l'office*]

Les prêtres adonnés au ministère pastoral acquitteront ces louanges des Heures avec d'autant plus de ferveur qu'ils seront plus vivement conscients d'avoir à mettre en pratique l'exhortation de saint Paul: « Priez sans relâche » (*1 Thess.* 5, 17); car le Seigneur seul peut assurer l'efficacité et le progrès de l'œuvre à laquelle ils travaillent, lui qui a dit: « Hors de moi, vous ne pouvez rien faire »

(*Jean* 15, 5); c'est pourquoi les apôtres dirent en instituant les diacres: « Quant à nous, nous resterons assidus à la prière et au service de la parole » (*Actes* 6, 4).

87. Mais, pour que l'office divin soit accompli soit par les prêtres, soit par les autres membres de l'Eglise de façon meilleure et plus parfaite dans les circonstances actuelles, le saint Concile, poursuivant l'œuvre heureusement inaugurée par le Siège apostolique, a décidé de décréter ce qui suit au sujet de l'office selon le rite romain.

88. [*Modifications au cours traditionnel des Heures*]

Puisque la sanctification de la journée est la fin de l'office, le cours traditionnel des Heures sera restauré de telle façon que les Heures retrouveront la vérité du temps, dans la mesure du possible et qu'il soit tenu compte des conditions de la vie présente, surtout pour ceux qui s'appliquent aux œuvres de l'apostolat.

89. Aussi, dans les restaurations de l'office, on observera les normes suivantes:

a) Les laudes, comme prière du matin, et les vêpres, comme prière du soir, qui d'après la vénérable tradition de l'Eglise universelle, constituent les deux pôles de l'office quotidien, doivent être tenues pour les heures principales et elles doivent être célébrées en conséquence;

b) Les complies seront organisées de façon à bien convenir à la fin de la journée;

c) L'Heure qu'on appelle matines, bien qu'elle garde, dans la célébration chorale, son caractère de louange nocturne, sera adaptée de telle sorte qu'elle puisse être récitée à n'importe quelle heure du jour, et elle comportera un moins grand nombre de psaumes et des lectures plus étendues;

d) L'Heure de prime sera supprimée;

e) Au chœur on gardera les petites Heures de tierce, sexte et none. Hors du chœur, il est permis de choisir une seule de ces trois Heures, la plus appropriée au moment de la journée.

90. [*Préparation à une récitation féconde de l'office*]

Comme en outre l'office divin, en tant que prière publique de l'Eglise, est la source de la piété et l'aliment de la prière personnelle, les prêtres et tous ceux qui participent à l'office divin sont adjurés dans le Seigneur d'harmoniser lorsqu'ils l'acquittent leur âme avec leur voix; et pour mieux y parvenir, ils se procureront une connaissance plus abondante de la liturgie et de la Bible, principalement des psaumes.

Dans l'accomplissement de cette restauration, le vénérable trésor séculaire de l'office romain sera adapté de telle sorte que ceux à qui il est confié puissent en profiter plus largement et plus facilement.

91. [*Les psaumes*]

Pour que le cours des Heures proposé dans l'article 89 puisse être réellement observé, les psaumes ne seront plus répartis sur une seule semaine, mais sur un laps de temps plus long.

Le travail de révision du psautier, heureusement commencé, doit être mené à bonne fin dès que possible, en ayant égard à la latinité chrétienne, à l'usage liturgique, y compris dans le chant, ainsi qu'à toute la tradition de l'Eglise latine.

92. [*Les lectures*]

En ce qui concerne les lectures, on observera ce qui suit:

a) La lecture de la Sainte Ecriture sera organisée de telle sorte qu'il soit facile d'accéder plus largement au trésor de la parole divine;

b) Les lectures à puiser dans les œuvres des Pères, des docteurs et des écrivains ecclésiastiques seront mieux choisies;

c) Les Passions ou vies des saints seront rendues conformes à la vérité historique.

93. [*Les hymnes*]

Les hymnes, autant qu'il semblera utile, seront rendues à leur forme primitive, en supprimant ou en changeant tout ce qui sent la mythologie ou s'harmonise mal avec la piété chrétienne. On admettra, selon les besoins, d'autres hymnes prises dans le trésor hymnodique.

94. [*Le temps de la récitation*]

Il importe, soit pour sanctifier véritablement la journée, soit pour réciter les Heures elles-mêmes avec fruit spirituel, que, dans la récitation des Heures, on observe le moment qui se rapproche le plus du temps véritable de chaque Heure canonique.

95. [*Les communautés obligées au chœur*]

Les communautés obligées au chœur, outre la messe conventuelle, sont tenues de célébrer l'office divin chaque jour au chœur, à savoir:

a) Tout l'office: les ordres de chanoines, de moines et de moniales, et des autres réguliers astreints au chœur par le droit ou leurs constitutions;

b) Les Chapitres de cathédrales ou de collégiales: les parties de l'office qui leur sont imposées par le droit commun ou particulier;

c) Mais tous les membres de ces communautés qui sont ou bien établis dans les ordres majeurs, ou bien profès solennels, les convers exceptés, doivent réciter individuellement les heures canoniques qu'ils n'acquittent pas au chœur.

96. [*Les clercs non obligés au chœur*]

Les clercs non obligés au chœur, s'ils sont dans les ordres majeurs, sont tenus par l'obligation d'acquitter tout l'office chaque jour, soit en commun, soit seuls, selon la règle de l'article 89.

97. [*Commutations*]

Les commutations souhaitables de l'office divin avec une action liturgique seront définies par les rubriques.

Dans des cas particuliers et pour un juste motif, les Ordinaires pourront dispenser leurs sujets de l'office divin, totalement ou partiellement, ou leur en accorder commutation.

98. [*Office des religieux*]

Les membres de n'importe quel institut d'un état de perfection qui, en vertu des constitutions, acquittent quelque partie de l'office, accomplissent la prière publique de l'Eglise. De même, ils accomplissent la prière publique de l'Eglise si, en vertu des constitutions, ils récitent un petit office, pourvu que celui-ci soit composé à la manière de l'office divin et dûment approuvé.

99. [*Récitation en commun et chant*]

Puisque l'office divin est la voix de l'Eglise, c'est-à-dire de tout le Corps mystique adressant à Dieu une louange publique, il est recommandé que les clercs non obligés au chœur, et surtout les prêtres vivant en commun ou passagèrement réunis, acquittent en commun au moins une partie de l'office divin.

Mais tous ceux qui acquittent l'office, soit choralement, soit en commun, accompliront la fonction qui leur est confiée le plus parfaitement possible, soit quant à la dévotion intérieure, soit quant à la réalisation extérieure.

Il importe en outre que l'office, au chœur ou en commun, soit chanté, selon l'opportunité.

100. [Les fidèles et l'office]

Les pasteurs veilleront à ce que les Heures principales, surtout les vêpres, les dimanches et jours de fêtes solennelles, soient célébrées en commun dans l'église. On recommande aux laïcs eux-mêmes la récitation de l'office divin, soit avec les prêtres, soit lorsqu'ils sont réunis entre eux, voire individuellement.

101. [La langue à employer]

§ 1. Selon la tradition séculaire du rite latin dans l'office divin, les clercs doivent garder la langue latine; toutefois, pouvoir est donné à l'Ordinaire de concéder l'emploi d'une traduction en langue du pays, composée conformément à l'article 36, pour des cas individuels, aux clercs chez qui l'emploi de la langue latine est un empêchement grave à acquitter l'office divin comme il faut.

§ 2. Quant aux moniales et aux membres, hommes non clercs ou femmes, des instituts des états de perfection, le supérieur compétent peut leur accorder d'employer la langue du pays dans l'office divin, même pour la célébration chorale, pourvu que la traduction soit approuvée.

§ 3. Tout clerc astreint à l'office divin, s'il célèbre celui-ci dans la langue du pays, avec un groupe de fidèles ou avec ceux qui sont énumérés au paragraphe 2, satisfait à son obligation du moment que le texte de la traduction est approuvé.

CHAPITRE V

L'ANNÉE LITURGIQUE

102. [Célébration des mystères du Christ]

Notre Mère la sainte Eglise estime qu'il lui appartient de célébrer l'œuvre salvifique de son divin Epoux par une commémoration sacrée, à jours fixes, tout au long de l'année. Chaque semaine, au jour qu'elle a appelé « jour du Seigneur », elle fait mémoire de la résurrection du Seigneur, qu'elle célèbre encore une fois par an, en même temps que sa bienheureuse passion, par la grande solennité de Pâques.

Et elle déploie tout le mystère du Christ pendant le cycle de l'année, de l'incarnation et la Nativité jusqu'à l'Ascension, jusqu'au jour de la Pentecôte, et jusqu'à l'attente de la bienheureuse espérance et de l'avènement du Seigneur.

Tout en célébrant ainsi les mystères de la rédemption, elle ouvre aux fidèles les richesses des vertus et des mérites de son Seigneur; de la sorte, ces mystères sont en quelque manière rendus présents tout au long du temps, les fidèles sont mis en contact avec eux et remplis par la grâce du salut.

103. [La Vierge Marie]

En célébrant ce cycle annuel des mystères du Christ, la sainte Eglise vénère avec un particulier amour la bienheureuse Marie, mère de Dieu qui est unie à son Fils dans l'œuvre salutaire par un lien indissoluble; en Marie, l'Eglise admire et exalte le fruit le plus excellent de la rédemption, et, comme dans une image très pure, elle contemple avec joie ce qu'elle-même désire et espère être tout entière.

104. [Les martyrs et les saints]

En outre, l'Eglise a introduit dans le cycle annuel les mémoires des martyrs et des autres saints qui, élevés à la perfection par la grâce multiforme de Dieu et ayant déjà obtenu possession du salut éternel, chantent à Dieu dans le ciel une louange parfaite et intercèdent pour nous. Dans les anniversaires des saints, l'Eglise proclame le mystère pascal en ces saints qui ont souffert avec le Christ et sont glorifiés avec lui, et elle propose aux fidèles leurs exemples qui les attirent tous au Père par le Christ, et par leurs mérites elle obtient les bienfaits de Dieu.

105. [*Autres éléments du cycle liturgique*]

Enfin, aux divers temps de l'année, selon des disciplines traditionnelles, l'Eglise réalise la formation des fidèles par des activités spirituelles et corporelles, par l'instruction, la prière, les œuvres de pénitence et de miséricorde.

C'est pourquoi le Concile a jugé bon de décréter ce qui suit.

106. [*Le jour du Seigneur*]

L'Eglise célèbre le mystère pascal, en vertu d'une tradition apostolique qui remonte au jour même de la résurrection du Christ, chaque huitième jour, qui est nommé à bon droit le jour du Seigneur, ou dimanche. Ce jour-là, en effet, les fidèles doivent se rassembler pour que, entendant la parole de Dieu et participant à l'Eucharistie, ils se souviennent de la passion, de la résurrection et de la gloire du Seigneur Jésus, et rendent grâces à Dieu qui les « a régénérés pour une vivante espérance par la résurrection de Jésus-Christ d'entre les morts » (*1 Pierre*, 1, 3). Aussi, le jour dominical est-il le jour de fête primordial qu'il faut proposer et inculquer à la piété des fidèles, de sorte qu'il devienne aussi jour de joie et de cessation du travail. Les autres célébrations, à moins qu'elles ne soient véritablement de la plus haute importance, ne doivent pas l'emporter sur lui, car il est le fondement et le noyau de toute l'année liturgique.

107. [*Révision de l'année liturgique*]

L'année liturgique sera révisée de telle sorte que, en gardant ou en restituant les coutumes et les disciplines traditionnelles attachées aux temps sacrés, en se conformant aux conditions de notre époque, on maintienne leur caractère natif pour nourrir comme il faut la piété des fidèles par la célébration des mystères de la rédemption chrétienne, mais surtout du mystère pascal. Les adaptations, selon les conditions locales, si elles étaient nécessaires, se feront conformément aux articles 39 et 40.

108. [*Le propre du temps*]

On orientera les esprits des fidèles avant tout vers les fêtes du Seigneur, par lesquelles se célèbrent pendant l'année les mystères du salut. Par suite, le propre du temps recevra la place qui lui revient au-dessus des fêtes des saints, pour que le cycle entier des mystères du salut soit célébré comme il se doit.

109. [*Le carême*]

Le double caractère du temps du Carême, à savoir que, surtout par la commémoration ou la préparation du baptême et par la pénitence, il invite plus instamment les fidèles à écouter la parole de Dieu et à vaquer à la prière, et les dispose ainsi à célébrer le mystère pascal, ce double caractère, aussi bien dans la liturgie que dans la catéchèse liturgique, sera mis plus pleinement en lumière.

Par suite:

a) Les éléments baptismaux de la liturgie quadragésimale seront employés plus abondamment; et certains, selon l'opportunité, seront restitués à partir de la tradition antérieure;

b) On en dira autant des éléments pénitentiels. En ce qui concerne la catéchèse, on inculquera aux esprits des fidèles, en même temps que les conséquences sociales du péché, cette nature propre de la pénitence, qui déteste le péché en tant qu'il est une offense à Dieu; on ne passera pas sous silence le rôle de l'Eglise dans l'action pénitentielle, et on insistera sur la prière pour les pécheurs.

110. La pénitence du temps du Carême ne doit pas être seulement intérieure et individuelle, mais aussi extérieure et sociale. La pratique de la pénitence, selon les possibilités de notre époque et des diverses régions, et selon les conditions des fidèles, sera favorisée et, par les autorités mentionnées à l'article 22, recommandée.

Cependant, le jeûne pascal, le vendredi de la passion et de la mort du Seigneur, sera sacré; il devra être partout observé et, selon l'opportunité, être même étendu au Samedi saint pour que l'on parvienne avec un cœur élevé et libéré aux joies de la résurrection du Seigneur.

111. [*Les fêtes des saints*]

Selon la tradition, les saints sont l'objet d'un culte dans l'Eglise, et l'on y vénère leurs reliques authentiques et leurs images. Les fêtes des saints proclament les merveilles du Christ chez ses serviteurs et offrent aux fidèles des exemples opportuns à imiter.

Pour que les fêtes des saints ne l'emportent pas sur les fêtes qui célèbrent les mystères sauveurs en eux-mêmes, le plus grand nombre d'entre elles seront laissées à la célébration de chaque église, nation ou famille religieuse particulière; on n'étendra à l'Eglise universelle que les fêtes commémorant des saints qui présentent véritablement une importance universelle.

CHAPITRE VI

LA MUSIQUE SACRÉE

112. [*Musique sacrée et liturgie*]

La tradition musicale de l'Eglise universelle a créé un trésor d'une valeur inestimable qui l'emporte sur les autres arts, du fait surtout que, chant sacré lié aux paroles, il fait partie nécessaire ou intégrante de la liturgie solennelle.

Certes, le chant sacré a été exalté tant par la Sainte Ecriture [42] que par les Pères et par les Pontifes romains; ceux-ci à une époque récente, à la suite de saint Pie X, ont mis en lumière de façon plus précise la fonction ministérielle de la musique sacrée dans le service divin.

C'est pourquoi la musique sacrée sera d'autant plus sainte qu'elle sera en connexion plus étroite avec l'action liturgique, en donnant à la prière une expression plus suave, en favorisant l'unanimité ou en rendant les rites sacrés plus solennels. Mais l'Eglise approuve toutes les formes d'art véritables, si elles sont dotées des qualités requises, et elle les admet dans le culte divin.

Le saint Concile, conservant donc les normes et les préceptes de la tradition et de la discipline ecclésiastique, et considérant la fin de la musique sacrée, qui est la gloire de Dieu et la sanctification des fidèles, a statué ce qui suit.

113. [*Le chant dans l'action liturgique*]

L'action liturgique présente une forme plus noble lorsque les offices divins sont célébrés solennellement avec chant, que les ministres sacrés y interviennent et que le peuple y participe activement.

Quant à la langue à employer, on observera les prescriptions de l'article 36; pour la messe, de l'article 54; pour les sacrements, de l'article 63; pour l'office divin, de l'article 101.

---

42. Cf. *Ephés.* 5, 19; *Coloss.* 3, 16.

114. [*Les chorales*]

Le trésor de la musique sacrée sera conservé et cultivé avec la plus grande sollicitude. Les Scholae cantorum seront assidûment développées, surtout auprès des églises cathédrales; cependant les évêques et les autres pasteurs veilleront avec zèle à ce que, dans n'importe quelle action sacrée qui doit s'accomplir avec chant, toute l'assemblée des fidèles puisse assurer la participation active qui lui revient en propre, conformément aux articles 28 et 30.

115. [*Enseignement de la musique sacrée*]

On accordera une grande importance à l'enseignement et à la pratique de la musique dans les séminaires, les noviciats de religieux des deux sexes et leurs maisons d'études, et aussi dans les autres institutions et écoles catholiques; pour assurer cette éducation, les maîtres chargés d'enseigner la musique sacrée, seront formés avec soin.

On recommande en outre d'ériger, là où c'est opportun, des instituts supérieurs de musique sacrée.

Aux musiciens et chanteurs, surtout aux enfants, on donnera aussi une authentique formation liturgique.

116. [*Le chant grégorien*]

L'Eglise reconnaît dans le chant grégorien le chant propre de la liturgie romaine; c'est donc lui qui, dans les actions liturgiques, toutes choses égales d'ailleurs, doit occuper la première place.

Les autres genres de musique sacrée, mais surtout la polyphonie, ne sont nullement exclus de la célébration des offices divins, pourvu qu'ils s'accordent avec l'esprit de l'action liturgique, conformément à l'article 30.

117. On achèvera l'édition typique des livres de chant grégorien; bien plus, on procurera une édition plus critique des livres déjà édités postérieurement à la restauration de saint Pie X.

Il convient aussi que l'on procure une édition contenant des mélodies plus simples à l'usage des petites églises.

118. [*Le chant religieux populaire*]

Le chant religieux populaire sera intelligemment favorisé, pour que dans les exercices pieux et sacrés, et dans les actions liturgiques elles-mêmes, conformément aux normes et aux prescriptions des rubriques, les voix des fidèles puissent se faire entendre.

119. [*Musique traditionnelle des peuples*]

Puisque, dans certaines régions, surtout en pays de mission, on trouve des peuples possédant une tradition musicale propre qui tient une grande place dans leur vie religieuse et sociale, on accordera à cette musique l'estime qui lui est due et la place convenable, aussi bien en formant leur sens religieux qu'en adaptant le culte à leur génie dans l'esprit des articles 39 et 40.

C'est pourquoi, dans la formation musicale des missionnaires, on veillera activement à ce que, dans la mesure du possible, ils soient capables de promouvoir la musique traditionnelle de ces peuples, tant à l'école que dans les actions sacrées.

120. [*Orgue et autres instruments*]

On estimera hautement, dans l'Eglise latine, l'orgue à tuyaux comme l'instrument traditionnel dont le son peut ajouter un éclat admirable aux cérémonies de l'Eglise et élever puissamment les âmes vers Dieu et le ciel.

Quant aux autres instruments, selon le jugement et le consentement de l'autorité territoriale compétente, conformément aux articles 22, § 2, 37 et 40, il est permis de les admettre dans le culte divin selon qu'ils sont ou peuvent devenir adaptés à un usage sacré, qu'ils s'accordent à la dignité du temple et qu'ils favorisent véritablement l'édification des fidèles.

121. [*Compositions nouvelles*]

Les musiciens, imprégnés d'esprit chrétien, comprendront qu'ils ont été appelés à cultiver la musique sacrée et à accroître son trésor.

Ils composeront des mélodies qui présentent les marques de la véritable musique sacrée et qui puissent être chantées non seulement par les grandes Scholae cantorum, mais qui conviennent aussi aux petites et favorisent la participation active de toute l'assemblée des fidèles.

Les textes destinés au chant sacré seront conformes à la doctrine catholique et même seront tirés de préférence des saintes Ecritures et des sources liturgiques.

CHAPITRE VII

L'ART SACRÉ ET LE MATÉRIEL DU CULTE

122. [*Estime de l'Église pour l'art, surtout l'art sacré*]

Parmi les plus nobles activités de l'esprit humain, on compte à très bon droit les beaux-arts, mais surtout l'art religieux et ce qui en est le sommet, l'art sacré. Par nature, ils visent à exprimer de quelque façon dans les œuvres humaines la beauté infinie de Dieu, et ils se consacrent d'autant plus à accroître sa louange et sa gloire qu'ils n'ont pas d'autres propos que de contribuer le plus possible à tourner les âmes humaines vers Dieu.

Aussi la vénérable Mère Eglise fut-elle toujours amie des beaux-arts, et elle n'a jamais cessé de requérir leur noble ministère, principalement afin que les objets servant au culte soient vraiment dignes, harmonieux et beaux, pour signifier et symboliser les réalités célestes, et elle n'a jamais cessé de former des artistes. L'Eglise s'est même toujours comportée en juge des beaux-arts, discernant parmi les œuvres des artistes celles qui s'accordaient avec la foi, la piété et les lois traditionnelles de la religion, et qui seraient susceptibles d'un usage sacré.

L'Eglise a veillé avec un zèle particulier à ce que le matériel sacré contribuât de façon digne et belle à l'éclat du culte, tout en admettant, soit dans les matériaux, soit dans les formes, soit dans la décoration, les changements introduits au cours des âges par les progrès de la technique.

Les Pères ont donc décidé en ces matières de décréter ce qui suit.

123. [*Liberté de style*]

L'Eglise n'a jamais considéré aucun style artistique comme lui appartenant en propre, mais selon le caractère et les conditions des peuples, et selon les nécessités des divers rites, elle a admis les genres de chaque époque, produisant au cours des siècles un trésor artistique qu'il faut conserver avec tout le soin possible. Que l'art de notre époque et celui de tous les peuples, et de toutes les régions ait lui aussi, dans l'Eglise, liberté de s'exercer, pourvu qu'il serve les édifices et les rites sacrés avec le respect et l'honneur qui leur sont dus, si bien qu'il soit à même de joindre sa voix à cet admirable concert de gloire que les plus grands hommes ont chanté en l'honneur de la foi catholique au cours des siècles passés.

124. [*Des œuvres belles, appropriées aux lieux saints*]

Les Ordinaires veilleront à ce que, en promouvant et favorisant un art véritablement sacré, ils aient en vue une noble beauté plutôt que la seule somptuosité. Ce que l'on doit entendre aussi des vêtements et des ornements sacrés.

Les évêques aussi veilleront à ce que les œuvres artistiques qui sont inconciliables avec la foi et les mœurs ainsi qu'avec la piété chrétienne, qui blessent le sens vraiment religieux, ou par la dépravation des formes, ou par l'insuffisance, la médiocrité ou le mensonge de leur art, soient nettement écartées des maisons de Dieu et des autres lieux sacrés.

Dans la construction des édifices sacrés, on veillera soigneusement à ce que ceux-ci se prêtent à l'accomplissement des actions liturgiques et favorisent la participation active des fidèles.

125. [*Les images sacrées*]

On maintiendra fermement la pratique de proposer dans les églises des images sacrées à la vénération des fidèles; mais elles seront exposées en nombre restreint et dans une juste disposition, pour ne pas éveiller l'étonnement du peuple chrétien et ne pas favoriser une dévotion mal réglée.

126. [*Commission diocésaine d'art sacré*]

Pour juger les œuvres d'art, les Ordinaires des lieux entendront la Commission diocésaine d'art sacré et, le cas échéant, d'autres hommes très experts, ainsi que les Commissions mentionnées aux articles 44, 45, 46.

Les Ordinaires veilleront avec zèle à ce que le mobilier sacré ou les œuvres de prix, en tant qu'ornements de la maison de Dieu, ne soient pas aliénés ou détruits.

127. [*Formation des artistes*]

Les évêques, par eux-mêmes ou par des prêtres capables, doués de compétence et d'amour de l'art, s'occuperont des artistes pour les imprégner de l'esprit de l'art sacré et de la liturgie.

De plus, on recommande la création d'écoles ou d'Académies d'art sacré pour la formation des artistes dans les régions où on le jugera bon.

Mais tous les artistes qui, conduits par leur talent, veulent servir la gloire de Dieu dans la Sainte Eglise, se rappelleront toujours qu'il s'agit d'imiter religieusement en quelque sorte le Dieu créateur, et de produire des œuvres destinées au culte catholique, à l'édification des fidèles ainsi qu'à leur piété et à leur formation religieuse.

128. [*Révision de la législation sur l'art sacré*]

Les canons et statuts ecclésiastiques qui concernent la confection matérielle de ce qui relève du culte divin, surtout quant à la structure digne et adaptée des édifices, la forme et la construction des autels, la noblesse, la disposition et la sécurité du tabernacle eucharistique, la situation adaptée et la dignité du baptistère, ainsi que la distribution harmonieuse des images sacrées, de la décoration et de l'ornementation, ces canons et statuts seront le plus tôt possible révisés, en même temps que les livres liturgiques, conformément à l'article 25; ce qui paraît mal accordé à la restauration de la liturgie sera amendé ou supprimé, et ce qui la favorise sera conservé ou introduit.

En ce domaine, surtout en ce qui concerne les matières et les formes du mobilier sacré, et des vêtements, faculté est attribuée aux conférences territoriales d'évêques d'opérer des adaptations aux nécessités et aux mœurs locales, conformément à l'article 22 de la présente Constitution.

129. [*Instruction des clercs sur l'art sacré*]

Les clercs, pendant le cours de leurs études philosophiques et théologiques, seront instruits aussi de l'histoire et de l'évolution de l'art sacré, ainsi que des sains principes sur lesquels doivent se fonder les œuvres d'art sacré, afin qu'ils apprécient et conservent les monuments vénérables de l'Eglise, et qu'ils soient capables de donner des conseils appropriés aux artistes dans la réalisation de leurs œuvres.

130. [*Les insignes pontificaux*]

Il convient que l'emploi des insignes pontificaux soit réservé aux personnages ecclésiastiques qui jouissent du caractère épiscopal ou d'une juridiction particulière.

APPENDICE

DÉCLARATION
DU IIe CONCILE DU VATICAN
SUR LA RÉVISION DU CALENDRIER

Le saint Concile œcuménique, deuxième du Vatican, estimant d'une grande importance les désirs de beaucoup en faveur de la fixation de la fête de Pâques à un dimanche déterminé et de la stabilisation du calendrier, après avoir attentivement pesé les conséquences possibles de l'introduction d'un nouveau calendrier, déclare ce qui suit:

1. - Le saint Concile ne s'oppose pas à ce que la fête de Pâques soit fixée à un dimanche déterminé dans le calendrier grégorien, avec l'assentiment de ceux à qui importe cette question, surtout des frères séparés de la communion avec le Siège apostolique.

2. - En outre, le saint Concile déclare qu'il ne s'oppose pas aux projets qui visent à introduire dans la société civile un calendrier perpétuel.

Mais parmi les divers systèmes qui sont imaginés pour établir un calendrier perpétuel et l'introduire dans la société civile, l'Eglise ne s'oppose pas à ceux-là seulement qui observent et sauvegardent la semaine de sept jours avec le dimanche, sans intercaler aucun jour hors de la semaine, de telle sorte que la succession des semaines soit laissée intacte, à moins que n'interviennent des motifs très graves dont le Siège apostolique aurait à juger.

Tout l'ensemble et chacun des points qui sont édictés dans cette Constitution ont plu aux Pères du saint Concile. Et Nous, en vertu du pouvoir apostolique que le Christ Nous a confié, avec les vénérables Pères, Nous les approuvons, décrétons et arrêtons dans le Saint-Esprit, et Nous ordonnons que, pour la gloire de Dieu, ce qui a été ainsi établi en Concile soit promulgué.

Rome, près Saint-Pierre, le 4 décembre 1963.

Moi, PAUL,
Évêque de l'Église catholique.

Suivent les signatures des Pères.

L'ÉGLISE
DANS LE MONDE
DE CE TEMPS
(Schéma XIII)

Constitution pastorale "de Ecclesia
in mundo huius temporis"
("Gaudium et Spes")
promulguée le 7 décembre 1965

**TRADUCTION ÉLABORÉE
PAR LES SOINS DE L'ÉPISCOPAT FRANÇAIS**

Texte latin dans les
« Acta Apostolicae Sedis » 58 (1966) p. 1025-1120
et dans les
« Constitutiones, Decreta, Declarationes » p. 681-835

CONSTITUTION PASTORALE [1]
« GAUDIUM ET SPES »

PAUL, ÉVÊQUE,
SERVITEUR
DES SERVITEURS DE DIEU,
AVEC LES PÈRES DU SAINT CONCILE,
POUR QUE LE SOUVENIR
S'EN MAINTIENNE À JAMAIS.

AVANT-PROPOS

1. [*Étroite solidarité de l'Église avec l'ensemble de la famille humaine*]

LES joies et les espoirs, les tristesses et les angoisses des hommes de ce temps, des pauvres surtout et de tous ceux qui souffrent, sont aussi les joies et les espoirs, les tristesses et les angoisses des disciples du Christ, et il n'est rien de vraiment humain qui ne trouve

---

1. La Constitution pastorale « L'Eglise dans le monde de ce temps », si elle comprend deux parties, constitue cependant un tout.

On l'appelle en effet Constitution « pastorale » parce que, s'appuyant sur des principes doctrinaux, elle entend exprimer les rapports de l'Eglise et du monde, de l'Eglise et des hommes d'aujourd'hui. Aussi l'intention pastorale n'est pas absente de la première partie, ni l'intention doctrinale de la seconde.

Dans la première partie, l'Eglise expose sa doctrine sur l'homme, sur le monde dans lequel l'homme est placé et sur sa manière d'être par rapport à eux. Dans la seconde, elle envisage plus précisément certains aspects de la vie et de la société contemporaines et en particulier les questions et les problèmes qui à cet égard paraissent revêtir aujourd'hui une spéciale urgence. Il s'ensuit que, dans cette dernière partie, les sujets traités, régis par des principes doctrinaux, ne comprennent pas seulement des éléments permanents, mais aussi des éléments contingents.

On doit donc interpréter cette Constitution d'après les normes générales de l'interprétation théologique, en tenant bien compte, surtout dans la seconde partie, des circonstances mouvantes qui, par nature, sont inséparables des thèmes développés.

écho dans leur cœur. Leur communauté, en effet, s'édifie avec des hommes, rassemblés dans le Christ, conduits par l'Esprit-Saint dans leur marche vers le Royaume du Père, et porteurs d'un message de salut qu'il leur faut proposer à tous. La communauté des chrétiens se reconnaît donc réellement et intimement solidaire du genre humain et de son histoire.

2. [À qui s'adresse le Concile]

1. C'est pourquoi, après s'être efforcé de pénétrer plus avant dans le mystère de l'Eglise, le deuxième Concile du Vatican n'hésite pas à s'adresser maintenant, non plus aux seuls fils de l'Eglise et à tous ceux qui se réclament du Christ, mais à tous les hommes. A tous il veut exposer comment il envisage la présence et l'action de l'Eglise dans le monde d'aujourd'hui.

2. Le monde qu'il a ainsi en vue est celui des hommes, la famille humaine tout entière avec l'univers au sein duquel elle vit. C'est le théâtre où se joue l'histoire du genre humain, le monde marqué par l'effort de l'homme, ses défaites et ses victoires. Pour la foi des chrétiens, ce monde a été fondé et demeure conservé par l'amour du Créateur; il est tombé, certes, sous l'esclavage du péché, mais le Christ, par la Croix et la Résurrection, a brisé le pouvoir du Malin et l'a libéré pour qu'il soit transformé selon le dessein de Dieu et qu'il parvienne ainsi à son accomplissement.

3. [Le service de l'homme]

1. De nos jours, saisi d'admiration devant ses propres découvertes et son propre pouvoir, le genre humain s'interroge cependant, souvent avec angoisse, sur l'évolution présente du monde, sur la place et le rôle de l'homme dans l'univers, sur le sens de ses efforts individuels et collectifs, enfin sur la destinée ultime des choses et de l'humanité. Aussi le Concile, témoin et guide de la foi de tout le Peuple de Dieu rassemblé par le Christ, ne saurait donner une preuve plus parlante de solidarité, de respect et d'amour à l'ensemble de la famille humaine, à laquelle ce peuple appartient, qu'en dialoguant avec elle sur ces différents problèmes, en les éclairant à la lumière de l'Evangile, et en mettant à la disposition du genre humain la puissance salvatrice que l'Eglise, conduite par l'Esprit-Saint, reçoit de son Fondateur. C'est en effet l'homme qu'il s'agit de sauver, la société humaine qu'il faut renouveler. C'est donc l'homme, l'homme considéré dans son unité et sa totalité, l'homme, corps et âme, cœur et conscience, pensée et volonté, qui constituera l'axe de tout notre exposé.

2. Voilà pourquoi, en proclamant la très noble vocation de l'homme et en affirmant qu'un germe divin est déposé en lui, ce Saint Synode offre au genre humain la collaboration sincère de l'Eglise pour l'instauration d'une fraternité universelle qui réponde à cette vocation. Aucune ambition terrestre ne pousse l'Eglise; elle ne vise qu'un seul but: continuer, sous l'impulsion de l'Esprit Consolateur, l'œuvre même du Christ, venu dans le monde pour rendre témoignage à la vérité [2], pour sauver non pour condamner, pour servir non pour être servi [3].

---

2. Cf. Jn 18, 37.
3. Cf. Jn 3, 17; Mt. 20, 28; Mc 10, 45.

EXPOSÉ PRÉLIMINAIRE

LA CONDITION HUMAINE DANS LE MONDE D'AUJOURD'HUI

4. [*Espoirs et angoisses*]

1. Pour mener à bien cette tâche, l'Eglise a le devoir, à tout moment, de scruter les signes des temps et de les interpréter à la lumière de l'Evangile, de telle sorte qu'elle puisse répondre, d'une manière adaptée à chaque génération, aux questions éternelles des hommes sur le sens de la vie présente et future et sur leurs relations réciproques. Il importe donc de connaître et de comprendre ce monde dans lequel nous vivons, ses attentes, ses aspirations, son caractère souvent dramatique. Voici, tels qu'on peut les esquisser, quelques-uns des traits fondamentaux du monde actuel.

2. Le genre humain vit aujourd'hui un âge nouveau de son histoire, caractérisé par des changements profonds et rapides qui s'étendent peu à peu à l'ensemble du globe. Provoqués par l'homme, par son intelligence et son activité créatrice, ils rejaillissent sur l'homme lui-même, sur ses jugements, sur ses désirs, individuels et collectifs, sur ses manières de penser et d'agir, tant à l'égard des choses qu'à l'égard de ses semblables. A tel point que l'on peut déjà parler d'une véritable métamorphose sociale et culturelle dont les effets se répercutent jusque sur la vie religieuse.

3. Comme en toute crise de croissance, cette transformation ne va pas sans de sérieuses difficultés. Ainsi, tandis que l'homme étend si largement son pouvoir, il ne parvient pas toujours à s'en rendre maître. S'efforçant de pénétrer plus avant les ressorts les plus secrets de son être, il apparaît souvent plus incertain de lui-même. Il découvre peu à peu, et avec plus de clarté, les lois de la vie sociale, mais il hésite sur les orientations qu'il faut lui imprimer.

4. Jamais le genre humain n'a regorgé de tant de richesses, de tant de possibilités, d'une telle puissance économique; et pourtant une part considérable des habitants du globe sont encore tourmentés

par la faim et la misère, et des multitudes d'êtres humains ne savent ni lire ni écrire. Jamais les hommes n'ont eu comme aujourd'hui un sens aussi vif de la liberté, mais, au même moment, surgissent de nouvelles formes d'asservissement social et psychique. Alors que le monde prend une conscience si forte de son unité, de la dépendance réciproque de tous dans une nécessaire solidarité, le voici violemment écartelé par l'opposition de forces qui se combattent: d'âpres dissensions politiques, sociales, économiques, raciales et idéologiques persistent encore, et le danger demeure d'une guerre capable de tout anéantir. L'échange des idées s'accroît; mais les mots mêmes qui servent à exprimer des concepts de grande importance revêtent des acceptions fort différentes suivant la diversité des idéologies. Enfin, on recherche avec soin une organisation temporelle plus parfaite sans que ce progrès s'accompagne d'un égal essor spirituel.

5. Marqués par une situation si complexe, un très grand nombre de nos contemporains ont beaucoup de mal à discerner les valeurs permanentes; en même temps, ils ne savent comment les harmoniser avec les découvertes récentes. Une inquiétude les saisit et ils s'interrogent avec un mélange d'espoir et d'angoisse sur l'évolution actuelle du monde. Celle-ci jette à l'homme un défi; mieux, elle l'oblige à répondre.

5. [Une mutation profonde]

1. L'ébranlement actuel des esprits et la transformation des conditions de vie sont liés à une mutation d'ensemble qui tend à la prédominance, dans la formation de l'esprit, des sciences mathématiques, naturelles ou humaines et, dans l'action, de la technique, fille des sciences. Cet esprit scientifique a façonné d'une manière différente du passé l'état culturel et les modes de penser. Les progrès de la technique vont jusqu'à transformer la face de la terre et, déjà, se lancent à la conquête de l'espace.

2. Sur le temps aussi, l'intelligence humaine étend en quelque sorte son empire: pour le passé, par la connaissance historique; pour l'avenir, par la prospective et la planification. Les progrès des sciences biologiques, psychologiques et sociales ne permettent pas seulement à l'homme de se mieux connaître mais lui fournissent aussi le moyen d'exercer une influence directe sur la vie des sociétés, par l'emploi de techniques appropriées. En même temps, le genre humain se préoccupe, et de plus en plus, de prévoir désormais son propre développement démographique et de le contrôler.

3. Le mouvement même de l'histoire devient si rapide que chacun a peine à le suivre. Le destin de la communauté humaine devient un, et il ne se diversifie plus comme en autant d'histoires séparées entre elles. Bref, le genre humain passe d'une notion plutôt statique de l'ordre des choses à une conception plus dynamique et évolutive: de là naît, immense, une problématique nouvelle, qui provoque à de nouvelles analyses et à de nouvelles synthèses.

6. [*Changements dans l'ordre social*]

1. Du même coup, il se produit des changements de jour en jour plus importants dans les communautés locales traditionnelles (familles patriarcales, clans, tribus, villages), dans les différents groupes et les rapports sociaux.

2. Une société de type industriel s'étend peu à peu, amenant certains pays à une économie d'opulence et transformant radicalement les conceptions et les conditions séculaires de la vie en société. De la même façon, la civilisation urbaine et l'attirance qu'elle provoque s'intensifient, soit par la multiplication des villes et de leurs habitants, soit par l'expansion du mode de vie urbain au monde rural.

3. Des moyens de communication sociale nouveaux, et sans cesse plus perfectionnés, favorisent la connaissance des événements et la diffusion extrêmement rapide et universelle des idées et des sentiments, suscitant ainsi de nombreuses réactions en chaîne.

4. On ne doit pas négliger non plus le fait que tant d'hommes, poussés par diverses raisons à émigrer, sont amenés à changer de mode de vie.

5. En somme, les relations de l'homme avec ses semblables se multiplient sans cesse, tandis que la « socialisation » elle-même entraîne à son tour de nouveaux liens, sans favoriser toujours pour autant, comme il le faudrait, le plein développement de la personne et des relations vraiment personnelles, c'est-à-dire la « personnalisation ».

6. En vérité, cette évolution se manifeste surtout dans les nations qui bénéficient déjà des avantages du progrès économique et technique; mais elle est aussi à l'œuvre chez les peuples en voie de développement qui souhaitent procurer à leurs pays les bienfaits de l'industrialisation et de l'urbanisation. Ces peuples, surtout s'ils sont attachés à des traditions plus anciennes, ressentent en même temps le besoin d'exercer leur liberté d'une façon plus adulte et plus personnelle.

7. [*Changements psychologiques, moraux, religieux*]

1. La transformation des mentalités et des structures conduit souvent à une remise en question des valeurs reçues, tout particulièrement chez les jeunes: fréquemment, ils ne supportent pas leur état; bien plus, l'inquiétude en fait des révoltés, tandis que, conscients de leur importance dans la vie sociale, ils désirent y prendre au plus tôt leurs responsabilités. C'est pourquoi il n'est pas rare que parents et éducateurs éprouvent des difficultés croissantes dans l'accomplissement de leur tâche.

2. Les cadres de vie, les lois, les façons de penser et de sentir hérités du passé ne paraissent pas toujours adaptés à l'état actuel des choses: d'où le désarroi du comportement et même des règles de conduite.

3. Les conditions nouvelles affectent enfin la vie religieuse elle-même. D'une part, l'essor de l'esprit critique la purifie d'une conception magique du monde et des survivances superstitieuses, et exige une adhésion de plus en plus personnelle et active à la foi: nombreux sont ainsi ceux qui parviennent à un sens plus vivant de Dieu. D'autre part, des multitudes sans cesse plus denses s'éloignent en pratique de la religion. Refuser Dieu ou la religion, ne pas s'en soucier, n'est plus, comme en d'autres temps, un fait exceptionnel, lot de quelques individus: aujourd'hui en effet, on présente volontiers un tel comportement comme une exigence du progrès scientifique ou de quelque nouvel humanisme. En de nombreuses régions, cette négation ou cette indifférence ne s'expriment pas seulement au niveau philosophique; elles affectent aussi, et très largement, la littérature, l'art, l'interprétation des sciences humaines et de l'histoire, la législation elle-même: d'où le désarroi d'un grand nombre.

8. [*Les déséquilibres du monde moderne*]

1. Une évolution aussi rapide, accomplie souvent sans ordre, et, plus encore, la prise de conscience de plus en plus aiguë des écartèlements dont souffre le monde, engendrent ou accroissent contradictions et déséquilibres.

2. Au niveau de la personne elle-même, un déséquilibre se fait assez souvent jour entre l'intelligence pratique moderne et une pensée spéculative qui ne parvient pas à dominer la somme de ses connaissances ni à les ordonner en des synthèses satisfaisantes. Déséquilibre également entre la préoccupation de l'efficacité concrète et les exigences de la conscience morale, et, non moins fréquemment, entre les conditions collectives de l'existence et les requêtes d'une

pensée personnelle, et aussi de la contemplation. Déséquilibre enfin entre la spécialisation de l'activité humaine et une vue générale des choses.

3. Tensions au sein de la famille, dues soit à la pesanteur des conditions démographiques, économiques et sociales, soit aux conflits des générations successives, soit aux nouveaux rapports sociaux qui s'établissent entre hommes et femmes.

4. D'importants déséquilibres naissent aussi entre les races, entre les diverses catégories sociales, entre pays riches, moins riches et pauvres; enfin entre les institutions internationales nées de l'aspiration des peuples à la paix et les propagandes idéologiques ou les égoïsmes collectifs qui se manifestent au sein des nations et des autres groupes.

5. Défiances et inimitiés mutuelles, conflits et calamités s'ensuivent, dont l'homme lui-même est à la fois cause et victime.

9. [*Les aspirations de plus en plus universelles du genre humain*]
1. Pendant ce temps, la conviction grandit que le genre humain peut et doit non seulement renforcer sans cesse sa maîtrise sur la création, mais qu'il peut et doit en outre instituer un ordre politique, social et économique qui soit toujours plus au service de l'homme, et qui permette à chacun, à chaque groupe, d'affirmer sa dignité propre et de la développer.

2. D'où les âpres revendications d'un grand nombre qui, prenant nettement conscience des injustices et de l'inégalité de la distribution des biens, s'estiment lésés. Les nations en voie de développement, comme celles qui furent récemment promues à l'indépendance, veulent participer aux bienfaits de la civilisation moderne tant au plan économique qu'au plan politique, et jouer librement leur rôle sur la scène du monde. Et pourtant, entre ces nations et les autres nations plus riches, dont le développement est plus rapide, l'écart ne fait que croître, et, en même temps, très souvent, la dépendance, y compris la dépendance économique. Les peuples de la faim interpellent les peuples de l'opulence. Les femmes, là où elles ne l'ont pas encore obtenue, réclament la parité de droit et de fait avec les hommes. Les travailleurs, ouvriers et paysans, veulent non seulement gagner leur vie, mais développer leur personnalité par leur travail, mieux, participer à l'organisation de la vie économique, sociale, politique et culturelle. Pour la première fois dans l'histoire, l'humanité entière n'hésite plus à penser que les bienfaits de la civilisation peuvent et doivent réellement s'étendre à tous les peuples.

3. Mais sous toutes ces revendications se cache une aspiration plus profonde et plus universelle: les personnes et les groupes ont soif d'une vie pleine et libre, d'une vie digne de l'homme, qui mette à leur propre service toutes les immenses possibilités que leur offre le monde actuel. Quant aux nations, elles ne cessent d'accomplir de courageux efforts pour parvenir à une certaine forme de communauté universelle.

4. Ainsi le monde moderne apparaît à la fois comme puissant et faible, capable du meilleur et du pire, et le chemin s'ouvre devant lui de la liberté ou de la servitude, du progrès ou de la régression, de la fraternité ou de la haine. D'autre part, l'homme prend conscience que de lui dépend la bonne orientation des forces qu'il a mises en mouvement et qui peuvent l'écraser ou le servir. C'est pourquoi il s'interroge lui-même.

10. [*Les interrogations profondes du genre humain*]

1. En vérité, les déséquilibres qui travaillent le monde moderne sont liés à un déséquilibre plus fondamental, qui prend racine dans le cœur même de l'homme. C'est en l'homme lui-même, en effet, que de nombreux éléments se combattent. D'une part, comme créature, il fait l'expérience de ses multiples limites; d'autre part, il se sent illimité dans ses désirs et appelé à une vie supérieure. Sollicité de tant de façons, il est sans cesse contraint de choisir et de renoncer. Pire: faible et pécheur, il accomplit souvent ce qu'il ne veut pas et n'accomplit point ce qu'il voudrait [1]. En somme, c'est en lui-même qu'il souffre division, et c'est de là que naissent au sein de la société tant et de si grandes discordes. Beaucoup, il est vrai, dont la vie est imprégnée de matérialisme pratique, sont détournés par là d'une claire perception de cette situation dramatique; ou bien, accablés par la misère, ils se trouvent empêchés d'y prêter attention. D'autres, en grand nombre, pensent trouver leur tranquillité dans les diverses explications du monde qui leur sont proposées. Certains attendent du seul effort de l'homme la libération véritable et plénière du genre humain et ils se persuadent que le règne à venir de l'homme sur la terre comblera tous les vœux de son cœur. Il en est d'autres qui, désespérant du sens de la vie, exaltent les audacieux qui, jugeant l'existence humaine dénuée de toute signification par elle-même, tentent de lui donner, par leur seule inspiration, toute sa signification. Néanmoins, le nombre croît de ceux qui, face à l'évolution présente du monde, se posent les questions les plus fondamentales ou les

---

1. Cf. Rom. 7, 14 ss.

perçoivent avec une acuité nouvelle. Qu'est-ce que l'homme ? Que signifient la souffrance, le mal, la mort, qui subsistent malgré tant de progrès ? A quoi bon ces victoires payées d'un si grand prix ? Que peut apporter l'homme à la société ? Que peut-il en attendre ? Qu'adviendra-t-il après cette vie ?

2. L'Eglise, quant à elle, croit que le Christ, mort et ressuscité pour tous [2], offre à l'homme, par son Esprit, lumière et forces pour lui permettre de répondre à sa très haute vocation. Elle croit qu'il n'est pas sous le ciel d'autre nom donné aux hommes par lequel ils doivent être sauvés [3]. Elle croit aussi que la clé, le centre et la fin de toute histoire humaine se trouvent en son Seigneur et Maître. Elle affirme en outre que, sous tous les changements, bien des choses demeurent qui ont leur fondement ultime dans le Christ, le même hier, aujourd'hui et à jamais [4]. C'est pourquoi, sous la lumière du Christ, Image du Dieu invisible, Premier-né de toute créature [5], le Concile se propose de s'adresser à tous, pour éclairer le mystère de l'homme et pour aider le genre humain à découvrir la solution des problèmes majeurs de notre temps.

2. Cf. 2 Cor. 5, 15.
3. Cf. Act. 4, 12.
4. Cf. Heb. 13, 8.
5. Cf. Col. 1, 15.

PREMIÈRE PARTIE

L'ÉGLISE ET LA VOCATION HUMAINE

11. [*Répondre aux appels de l'Esprit*]

1. Mû par la foi, se sachant conduit par l'Esprit du Seigneur qui remplit l'univers, le Peuple de Dieu s'efforce de discerner dans les événements, les exigences et les requêtes de notre temps, auxquels il participe avec les autres hommes, quels sont les signes véritables de la présence ou du dessein de Dieu. La foi, en effet, éclaire toutes choses d'une lumière nouvelle et nous fait connaître la volonté divine sur la vocation intégrale de l'homme, orientant ainsi l'esprit vers des solutions pleinement humaines.

2. Le Concile se propose avant tout de juger à cette lumière les valeurs les plus prisées par nos contemporains et de les relier à leur source divine. Car ces valeurs, dans la mesure où elles procèdent du génie humain, qui est un don de Dieu, sont fort bonnes; mais il n'est pas rare que la corruption du cœur humain les détourne de l'ordre requis: c'est pourquoi elles ont besoin d'être purifiées.

3. Que pense l'Église de l'homme ? Quelles orientations semblent devoir être proposées pour l'édification de la société contemporaine ? Quelle signification dernière donner à l'activité de l'homme dans l'univers ? Ces questions réclament une réponse. La réciprocité des services que sont appelés à se rendre le Peuple de Dieu et le genre humain, dans lequel ce Peuple est inséré, apparaîtra alors avec plus de netteté: ainsi se manifestera le caractère religieux et, par le fait même, souverainement humain de la mission de l'Église.

CHAPITRE PREMIER

LA DIGNITÉ DE LA PERSONNE HUMAINE

12. [*L'homme à l'image de Dieu*]

1. Croyants et incroyants sont généralement d'accord sur ce point: tout sur terre doit être ordonné à l'homme comme à son centre et à son sommet.

2. Mais qu'est-ce que l'homme ? Sur lui-même, il a proposé et propose encore des opinions multiples, diverses et même opposées, suivant lesquelles, souvent, ou bien il s'exalte lui-même comme une norme absolue, ou bien il se rabaisse jusqu'au désespoir: d'où ses doutes et ses angoisses. Ces difficultés, l'Eglise les ressent à fond. Instruite par la Révélation divine, elle peut y apporter une réponse, où se trouve dessinée la condition véritable de l'homme, où sont mises au clair ses faiblesses, mais où peuvent en même temps être justement reconnues sa dignité et sa vocation.

3. La Bible en effet enseigne que l'homme a été créé « à l'image de Dieu », capable de connaître et d'aimer son Créateur, qu'il a été constitué seigneur de toutes les créatures terrestres [1], pour les dominer et pour s'en servir, en glorifiant Dieu [2]. « Qu'est donc l'homme, pour que tu te souviennes de lui ? ou le fils de l'homme pour que tu te soucies de lui ? A peine le fis-tu moindre qu'un dieu, le couronnant de gloire et de splendeur: tu l'établis sur l'œuvre de tes mains, tout fut mis par toi sous ses pieds » (Ps. 8, 5-7).

4. Mais Dieu n'a pas créé l'homme solitaire: dès l'origine, « Il les créa homme et femme » (Gen. 1, 27). Cette société de l'homme et de la femme est l'expression première de la communion des personnes. Car l'homme, de par sa nature profonde, est un être social, et sans relations avec autrui, il ne peut ni vivre ni épanouir ses qualités.

---

1. Cf. Gen. 1, 26; Sag. 2. 23.
2. Cf. Eccli. 17, 3-10.

5. C'est pourquoi Dieu, lisons-nous encore dans la Bible, « regarda tout ce qu'Il avait fait et le jugea très bon » (Gen. 1, 31).

13. [Le péché]

1. Etabli par Dieu dans un état de justice, l'homme, séduit par le Malin, dès le début de l'histoire, a abusé de sa liberté, en se dressant contre Dieu et en désirant parvenir à sa fin hors de Dieu. Ayant connu Dieu, « ils ne lui ont pas rendu gloire comme à un Dieu (...) mais leur cœur inintelligent s'est enténébré », et ils ont servi la créature de préférence au Créateur [3]. Ce que la Révélation divine nous découvre ainsi, notre propre expérience le confirme. Car l'homme, s'il regarde au dedans de son cœur, se découvre enclin aussi au mal, submergé de multiples maux qui ne peuvent provenir de son Créateur, qui est bon. Refusant souvent de reconnaître Dieu comme son principe, l'homme a, par le fait même, brisé l'ordre qui l'orientait à sa fin dernière, et, en même temps, il a rompu toute harmonie, soit par rapport à lui-même, soit par rapport aux autres hommes et à toute la création.

2. C'est donc en lui-même que l'homme est divisé. Voici que toute la vie des hommes, individuelle et collective, se manifeste comme une lutte, combien dramatique, entre le bien et le mal, entre la lumière et les ténèbres. Bien plus, voici que l'homme se découvre incapable par lui-même de vaincre effectivement les assauts du mal; et ainsi chacun se sent comme chargé de chaînes. Mais le Seigneur en personne est venu pour restaurer l'homme dans sa liberté et sa force, le rénovant intérieurement, et jetant dehors « le prince de ce monde » (Jn 12, 31), qui le retenait dans l'esclavage du péché [4]. Quant au péché, il amoindrit l'homme lui-même en l'empêchant d'atteindre sa plénitude.

3. Dans la lumière de cette Révélation, la sublimité de la vocation humaine, comme la profonde misère de l'homme, dont tous font l'expérience, trouvent leur signification ultime.

14. [Constitution de l'homme]

1. Corps et âme, mais vraiment un, l'homme est, dans sa condition corporelle même, un résumé de l'univers des choses, qui trouvent ainsi en lui leur sommet, et peuvent librement louer leur Créateur [5]. Il est donc interdit à l'homme de dédaigner la vie cor-

---

3. Cf. Rom. 1, 21-25.
4. Cf. Jn 8, 34.
5. Cf. Dan. 3, 57-90.

porelle. Mais, au contraire, il doit estimer et respecter son corps qui a été créé par Dieu et qui doit ressusciter au dernier jour. Toutefois, blessé par le péché, il ressent en lui les révoltes du corps. C'est donc la dignité même de l'homme qui exige de lui qu'il glorifie Dieu dans son corps [6], sans le laisser asservir aux mauvais penchants de son cœur.

2. En vérité, l'homme ne se trompe pas, lorsqu'il se reconnaît supérieur aux éléments matériels et qu'il se considère comme irréductible, soit à une simple parcelle de la nature, soit à un élément anonyme de la cité humaine. Par son intériorité, il dépasse en effet l'univers des choses: c'est à ces profondeurs qu'il revient lorsqu'il fait retour en lui-même où l'attend ce Dieu qui scrute les cœurs [7] et où il décide personnellement de son propre sort sous le regard de Dieu. Ainsi, lorsqu'il reconnaît en lui une âme spirituelle et immortelle, il n'est pas le jouet d'une création imaginaire qui s'expliquerait seulement par les conditions physiques et sociales, mais, bien au contraire, il atteint le tréfonds même de la réalité.

15. [*Dignité de l'intelligence, vérité et sagesse*]

1. Participant à la lumière de l'intelligence divine, l'homme a raison de penser que, par sa propre intelligence, il dépasse l'univers des choses. Sans doute son génie au long des siècles, par une application laborieuse, a fait progresser les sciences empiriques, les techniques et les arts libéraux. De nos jours il a obtenu des victoires hors pair, notamment dans la découverte et la conquête du monde matériel. Toujours cependant il a cherché et trouvé une vérité plus profonde. Car l'intelligence ne se borne pas aux seuls phénomènes; elle est capable d'atteindre, avec une authentique certitude, la réalité intelligible, en dépit de la part d'obscurité et de faiblesse que laisse en elle le péché.

2. Enfin, la nature intelligente de la personne trouve et doit trouver sa perfection dans la sagesse. Celle-ci attire avec force et douceur l'esprit de l'homme vers la recherche et l'amour du vrai et du bien; l'homme qui s'en nourrit est conduit du monde visible à l'invisible.

3. Plus que toute autre, notre époque a besoin d'une telle sagesse, pour humaniser ses propres découvertes, quelles qu'elles soient. L'avenir du monde serait en péril si elle ne savait pas se donner des sages. Pourquoi ne pas ajouter cette remarque: de nombreux

---

6. Cf. I Cor. 6, 13-20.
7. Cf. I Sam. 16, 7; Jér. 17, 10.

pays, pauvres en biens matériels, mais riches en sagesse, pourront puissamment aider les autres sur ce point.

4. Par le don de l'Esprit, l'homme parvient, dans la foi, à contempler et à goûter le mystère de la volonté divine [8].

16. [*Dignité de la conscience morale*]

Au fond de sa conscience, l'homme découvre la présence d'une loi qu'il ne s'est pas donnée lui-même, mais à laquelle il est tenu d'obéir. Cette voix, qui ne cesse de le presser d'aimer et d'accomplir le bien et d'éviter le mal, au moment opportun résonne dans l'intimité de son cœur: « Fais ceci, évite cela ». Car c'est une loi inscrite par Dieu au cœur de l'homme; sa dignité est de lui obéir, et c'est elle qui le jugera [9]. La conscience est le centre le plus secret de l'homme, le sanctuaire où il est seul avec Dieu et où Sa voix se fait entendre [10]. C'est d'une manière admirable que se découvre à la conscience cette loi qui s'accomplit dans l'amour de Dieu et du prochain [11]. Par fidélité à la conscience, les chrétiens, unis aux autres hommes, doivent chercher ensemble la vérité et la solution juste de tant de problèmes moraux que soulèvent aussi bien la vie privée que la vie sociale. Plus la conscience droite l'emporte, plus les personnes et les groupes s'éloignent d'une décision aveugle et tendent à se conformer aux normes objectives de la moralité. Toutefois, il arrive souvent que la conscience s'égare, par suite d'une ignorance invincible, sans perdre pour autant sa dignité. Ce que l'on ne peut dire lorsque l'homme se soucie peu de rechercher le vrai et le bien et lorsque l'habitude du péché rend peu à peu sa conscience presque aveugle.

17. [*Grandeur de la liberté*]

Mais c'est toujours librement que l'homme se tourne vers le bien. Cette liberté, nos contemporains l'estiment grandement et ils la poursuivent avec ardeur. Et ils ont raison. Souvent cependant ils la chérissent d'une manière qui n'est pas droite, comme la licence de faire n'importe quoi, pourvu que cela plaise, même le mal. Mais la vraie liberté est en l'homme un signe privilégié de l'image divine. Car Dieu a voulu le « laisser à son propre conseil » [12] pour qu'il

---

8. Cf. Eccli. 17, 7-8.
9. Cf. Rom. 2, 14-16.
10. Cf. Pie XII, Radiomessage sur la formation de la conscience chrétienne chez les jeunes, 23 mars 1952: AAS 44 (1952), p. 271.
11. Cf. Mt. 22, 37-40; Gal. 5, 14.
12. Cf. Eccli. 15, 14.

puisse de lui-même chercher son Créateur et, en adhérant librement à Lui, s'achever ainsi dans une bienheureuse plénitude. La dignité de l'homme exige donc de lui qu'il agisse selon un choix conscient et libre, mû et déterminé par une conviction personnelle et non sous le seul effet de poussées instinctives ou d'une contrainte extérieure. L'homme parvient à cette dignité lorsque, se délivrant de toute servitude des passions, par le choix libre du bien, il marche vers sa destinée et prend soin de s'en procurer réellement les moyens par son ingéniosité. Ce n'est toutefois que par le secours de la grâce divine que la liberté humaine, blessée par le péché, peut s'ordonner à Dieu d'une manière effective et intégrale. Et chacun devra rendre compte de sa propre vie devant le tribunal de Dieu, selon le bien ou le mal accomplis [13].

18. [*Le mystère de la mort*]

1. C'est en face de la mort que l'énigme de la condition humaine atteint son sommet. L'homme n'est pas seulement tourmenté par la souffrance et la déchéance progressive de son corps mais, plus encore, par la peur d'une destruction définitive. Et c'est par une inspiration juste de son cœur qu'il rejette et refuse cette ruine totale et ce définitif échec de sa personne. Le germe d'éternité qu'il porte en lui, irréductible à la seule matière, s'insurge contre la mort. Toutes les tentatives de la technique, si utiles qu'elles soient, sont impuissantes à calmer son anxiété: car le prolongement de la vie que la biologie procure ne peut satisfaire ce désir d'une vie ultérieure, invinciblement ancré dans son cœur.

2. Mais si toute imagination ici défaille, l'Eglise, instruite par la Révélation divine, affirme que Dieu a créé l'homme en vue d'une fin bienheureuse, au-delà des misères du temps présent. De plus, la foi chrétienne enseigne que cette mort corporelle à laquelle l'homme aurait été soustrait s'il n'avait pas péché [14], sera un jour vaincue, lorsque le salut, perdu par la faute de l'homme, lui sera rendu par son tout-puissant et miséricordieux Sauveur. Car Dieu a appelé et appelle l'homme à adhérer à Lui de tout son être, dans la communion éternelle d'une vie divine inaltérable. Cette victoire, le Christ l'a acquise en ressuscitant [15], libérant l'homme de la mort par sa propre mort. A partir des titres sérieux qu'elle offre à l'examen de tout homme, la foi est ainsi en mesure de répondre à son

13. Cf. II Cor. 5, 10.
14. Cf. Sag. 1, 13; 2, 23-24; Rom. 5, 21; 6, 23; Jac. 1, 15.
15. Cf. I Cor. 15, 56-57.

interrogation angoissée sur son propre avenir. Elle nous offre en même temps la possibilité d'une communion dans le Christ avec nos frères bien-aimés qui sont déjà morts, en nous donnant l'espérance qu'ils ont trouvé près de Dieu la véritable vie.

19. [Formes et racines de l'athéisme]

1. L'aspect le plus sublime de la dignité humaine se trouve dans cette vocation de l'homme à communier avec Dieu. Cette invitation que Dieu adresse à l'homme de dialoguer avec Lui commence avec l'existence humaine. Car, si l'homme existe, c'est que Dieu l'a créé par amour et, par amour, ne cesse de lui donner l'être; et l'homme ne vit pleinement selon la vérité que s'il reconnaît librement cet amour et s'abandonne à son Créateur. Mais beaucoup de nos contemporains ne perçoivent pas du tout ou même rejettent explicitement le rapport intime et vital qui unit l'homme à Dieu: à tel point que l'athéisme compte parmi les faits les plus graves de ce temps et doit être soumis à un examen très attentif.

2. On désigne sous le nom d'athéisme des phénomènes entre eux très divers. En effet, tandis que certains athées nient Dieu expressément, d'autres pensent que l'homme ne peut absolument rien affirmer de Lui. D'autres encore traitent le problème de Dieu de telle façon que ce problème semble dénué de sens. Beaucoup, outrepassant indûment les limites des sciences positives, ou bien prétendent que la seule raison scientifique explique tout, ou bien, à l'inverse, ne reconnaissent comme définitive absolument aucune vérité. Certains font un tel cas de l'homme que la foi en Dieu s'en trouve comme énervée, plus préoccupés qu'ils sont, semble-t-il, d'affirmer l'homme que de nier Dieu. D'autres se représentent Dieu sous un jour tel que, en Le repoussant, ils refusent un Dieu qui n'est en aucune façon celui de l'Evangile. D'autres n'abordent même pas le problème de Dieu: ils paraissent étrangers à toute inquiétude religieuse et ne voient pas pourquoi ils se soucieraient encore de religion. L'athéisme, en outre, naît souvent soit d'une protestation révoltée contre le mal dans le monde, soit du fait que l'on attribue à tort à certains idéaux humains un tel caractère d'absolu qu'on en vient à les prendre pour Dieu. La civilisation moderne elle-même, non certes par son essence même, mais parce qu'elle se trouve trop engagée dans les réalités terrestres, peut rendre souvent plus difficile l'approche de Dieu.

3. Certes, ceux qui délibérément s'efforcent d'éliminer Dieu de leur cœur et d'écarter les problèmes religieux, en ne suivant pas

le « dictamen » de leur conscience, ne sont pas exempts de faute. Mais les croyants eux-mêmes portent souvent à cet égard une certaine responsabilité. Car l'athéisme, considéré dans son ensemble, ne trouve pas son origine en lui-même, il la trouve en diverses causes, parmi lesquelles il faut compter une réaction critique en face des religions et spécialement, en certaines régions, en face de la religion chrétienne. C'est pourquoi, dans cette genèse de l'athéisme, les croyants peuvent avoir une part qui n'est pas mince, dans la mesure où, par la négligence dans l'éducation de leur foi, par des présentations trompeuses de la doctrine et aussi par des défaillances de leur vie religieuse, morale et sociale, on peut dire d'eux qu'ils voilent l'authentique visage de Dieu et de la religion plus qu'ils ne le révèlent.

20. [*L'athéisme systématique*]

1. Souvent l'athéisme moderne présente aussi une forme systématique qui, abstraction faite des autres causes, pousse le désir d'autonomie humaine à un point tel qu'il fait obstacle à toute dépendance à l'égard de Dieu. Ceux qui professent un athéisme de cette sorte soutiennent que la liberté consiste en ceci que l'homme est pour lui-même sa propre fin, le seul artisan et le démiurge de sa propre histoire. Ils prétendent que cette vue des choses est incompatible avec la reconnaissance d'un Seigneur, auteur et fin de toutes choses, ou au moins qu'elle rend cette affirmation tout à fait superflue. Cette doctrine peut se trouver renforcée par le sentiment de puissance que le progrès technique actuel confère à l'homme.

2. Parmi les formes de l'athéisme contemporain, on ne doit pas passer sous silence celle qui attend la libération de l'homme surtout de sa libération économique et sociale. A cette libération s'opposerait, par sa nature même, la religion, dans la mesure où, érigeant l'espérance de l'homme sur le mirage d'une vie future, elle le détournerait d'édifier la cité terrestre. C'est pourquoi les tenants d'une telle doctrine, là où ils deviennent les maîtres du pouvoir, attaquent la religion avec violence, utilisant pour la diffusion de l'athéisme, surtout en ce qui regarde l'éducation de la jeunesse, tous les moyens de pression dont le pouvoir public dispose.

21. [*L'attitude de l'Église en face de l'athéisme*]

1. L'Eglise, fidèle à la fois à Dieu et à l'homme, ne peut cesser de réprouver avec douleur et avec la plus grande fermeté, comme

elle l'a fait dans le passé [16], ces doctrines et ces manières de faire funestes qui contredisent la raison et l'expérience commune et font déchoir l'homme de sa noblesse native.

2. Elle s'efforce cependant de saisir dans l'esprit des athées les causes cachées de la négation de Dieu et, bien consciente de la gravité des problèmes que l'athéisme soulève, poussée par son amour pour tous les hommes, elle estime qu'il lui faut soumettre ces motifs à un examen sérieux et approfondi.

3. L'Eglise tient que la reconnaissance de Dieu ne s'oppose en aucune façon à la dignité de l'homme, puisque cette dignité trouve en Dieu Lui-même ce qui la fonde et ce qui l'achève. Car l'homme a été établi en société, intelligent et libre, par Dieu son Créateur. Mais surtout, comme fils, il est appelé à l'intimité même de Dieu et au partage de son propre bonheur. L'Eglise enseigne, en outre, que l'espérance eschatologique ne diminue pas l'importance des tâches terrestres, mais en soutient bien plutôt l'accomplissement par de nouveaux motifs. A l'opposé, lorsque manquent le support divin et l'espérance de la vie éternelle, la dignité de l'homme subit une très grave blessure, comme on le voit souvent aujourd'hui, et l'énigme de la vie et de la mort, de la faute et de la souffrance reste sans solution: ainsi, trop souvent, les hommes s'abîment dans le désespoir.

4. Pendant ce temps, tout homme demeure à ses propres yeux une question insoluble qu'il perçoit confusément. A certaines heures, en effet, principalement à l'occasion des grands événements de la vie, personne ne peut totalement éviter ce genre d'interrogation. Dieu seul peut pleinement y répondre et d'une manière irrécusable, Lui qui nous invite à une réflexion plus profonde et à une recherche plus humble.

5. Quant au remède à l'athéisme, on doit l'attendre d'une part d'une présentation adéquate de la doctrine, d'autre part de la pureté de vie de l'Eglise et de ses membres. C'est à l'Eglise qu'il revient en effet de rendre présents et comme visibles Dieu le Père et son Fils incarné, en se renouvelant et en se purifiant sans cesse [17], sous

---

16. Cf. Pie XI, Enc. *Divini Redemptoris,* 19 mars 1937: AAS 29 (1937), pp. 65-106; Pie XII, Enc. *Ad Apostolorum principis,* 29 juin 1958: AAS 50 (1958), pp. 601-614; Jean XXIII, Enc. *Mater et Magistra,* 15 mai 1961: AAS 53 (1961), pp. 451-453; Paul VI, Enc. *Ecclesiam suam,* 6 août 1964: AAS 56 (1964), pp. 651-653.

17. Cf. Conc. Vat. II, Const. dogm. *Lumen Gentium,* Chap. I, no 8: AAS 57 (1965), p. 12 [p. 26-27].

la conduite de l'Esprit-Saint. Il y faut surtout le témoignage d'une foi vivante et adulte, c'est-à-dire d'une foi formée à reconnaître lucidement les difficultés et capable de les surmonter. D'une telle foi, de très nombreux martyrs ont rendu et continuent de rendre un éclatant témoignage. Sa fécondité doit se manifester en pénétrant toute la vie des croyants, y compris leur vie profane, et en les entraînant à la justice et à l'amour, surtout au bénéfice des déshérités. Enfin ce qui contribue le plus à révéler la présence de Dieu, c'est l'amour fraternel des fidèles qui travaillent d'un cœur unanime pour la foi de l'Evangile [18] et qui se présentent comme un signe d'unité.

6. L'Eglise, tout en rejetant absolument l'athéisme, proclame toutefois, sans arrière-pensée, que tous les hommes, croyants et incroyants, doivent s'appliquer à la juste construction de ce monde, dans lequel ils vivent ensemble: ce qui, assurément, n'est possible que par un dialogue loyal et prudent. L'Eglise déplore donc les différences de traitement que certaines autorités civiles établissent injustement entre croyants et incroyants, au mépris des droits fondamentaux de la personne. Pour les croyants, elle réclame la liberté effective et la possibilité d'élever aussi dans ce monde le temple de Dieu. Quant aux athées, elle les invite avec humanité à examiner en toute objectivité l'Evangile du Christ.

7. Car l'Eglise sait parfaitement que son message est en accord avec le fond secret du cœur humain quand elle défend la dignité de la vocation de l'homme, et rend ainsi l'espoir à ceux qui n'osent plus croire à la grandeur de leur destin. Ce message, loin de diminuer l'homme, sert à son progrès en répandant lumière, vie et liberté et, en dehors de lui, rien ne peut combler le cœur humain: « Tu nous as faits pour toi », Seigneur, « et notre cœur ne connaît aucun répit jusqu'à ce qu'il trouve son repos en Toi » [19].

22. [*Le Christ, Homme nouveau*]

1. En réalité, le mystère de l'homme ne s'éclaire vraiment que dans le mystère du Verbe Incarné. Adam, en effet, le premier homme, était la figure de Celui qui devait venir [20], le Christ Seigneur. Nouvel Adam, le Christ, dans la révélation même du mystère du Père et de son amour, manifeste pleinement l'homme à lui-même

---

18. Cf. Phil. 1, 27.

19. S. Augustin, Confess. I, 1: PL 32, 661.

20. Cf. Rom. 5, 14, Cf. Tertullien, *De carnis resurr.* 6: « Quodcumque enim limus exprimebatur, Christus cogitabatur homo futurus »: PL 2, 802 (848); CSEL, 47, p. 33, 1, 12-13.

et lui découvre la sublimité de sa vocation. Il n'est donc pas surprenant que les vérités ci-dessus trouvent en Lui leur source et atteignent en Lui leur point culminant.

2. « Image du Dieu invisible » (Col. 1, 15) [21], Il est l'Homme parfait qui a restauré dans la descendance d'Adam la ressemblance divine, altérée dès le premier péché. Parce qu'en Lui la nature humaine a été assumée, non absorbée [22], par le fait même, cette nature a été élevée en nous aussi à une dignité sans égale. Car, par son Incarnation, le Fils de Dieu s'est en quelque sorte uni Lui-même à tout homme. Il a travaillé avec des mains d'homme, Il a pensé avec une intelligence d'homme, Il a agi avec une volonté d'homme [23], Il a aimé avec un cœur d'homme. Né de la Vierge Marie, Il est vraiment devenu l'un de nous, en tout semblable à nous, hormis le péché [24].

3. Agneau innocent, par son Sang librement répandu, Il nous a mérité la vie; et, en Lui, Dieu nous a réconciliés avec Lui-même et entre nous [25], nous arrachant à l'esclavage du diable et du péché. En sorte que chacun de nous peut dire avec l'Apôtre: le Fils de Dieu « m'a aimé et Il s'est livré Lui-même pour moi » (Gal. 2, 20). En souffrant pour nous, Il ne nous a pas simplement donné l'exemple, afin que nous marchions sur ses pas [26], mais Il a ouvert une route nouvelle: si nous la suivons, la vie et la mort deviennent saintes et acquièrent un sens nouveau.

4. Devenu conforme à l'image du Fils, Premier-né d'une multitude de frères [27], le chrétien reçoit « les prémices de l'Esprit » (Rom. 8, 23), qui le rendent capable d'accomplir la loi nouvelle de l'amour [28]. Par cet Esprit, « gage de l'héritage » (Eph. 1, 14), c'est tout l'homme qui est intérieurement renouvelé, dans l'attente de

---

21. Cf. II Cor. 4, 4.
22. Cf. Conc. Constantinop. II. can. 7: « Neque Deo Verbo in carnis naturam transmutato, neque carne in Verbi naturam transducta »: Denz. 219 (428). Cf. aussi Conc. Constantinop. III: « Quemadmodum enim sanctissima atque immaculata animata eius caro deificata non est perempta (theôtheisa ouk anèrethè), sed in proprio sui statu et ratione permansit »: Denz. 291 (556). Cf. Conc. Chalced.: « in duabus naturis inconfuse, immutabiliter, indivise. inseparabiliter agnoscendum »: Denz. 148 (302).
23. Cf. Conc. Constantinop. III: « ita et humana eius voluntas deificata non est perempta »: Denz. 291 (556).
24. Cf. Heb. 4, 15.
25. Cf. II Cor. 5, 18-19; Col. 1, 20-22.
26. Cf. I Pierre 2, 21; Mt. 16, 24; Lc 14, 27.
27. Cf. Rom. 8, 29; Col. 1, 18.
28. Cf. Rom. 8, 1-11.

« la rédemption du corps » (Rom. 8, 23): « Si l'Esprit de Celui qui
a ressuscité Jésus d'entre les morts demeure en vous, Celui qui a
ressuscité Jésus-Christ d'entre les morts donnera aussi la vie à
vos corps mortels, par son Esprit qui habite en vous » (Rom. 8,
11) [29]. Certes, pour un chrétien, c'est une nécessité et un devoir de
combattre le mal au prix de nombreuses tribulations et de subir la
mort. Mais, associé au mystère pascal, devenant conforme au Christ
dans la mort, fortifié par l'espérance, il va au-devant de la résurrection [30].

5. Et cela ne vaut pas seulement pour ceux qui croient au
Christ, mais bien pour tous les hommes de bonne volonté, dans le
cœur desquels, invisiblement, agit la grâce [31]. En effet, puisque le
Christ est mort pour tous [32] et que la vocation dernière de l'homme
est réellement unique, à savoir divine, nous devons tenir que l'Esprit-
Saint offre à tous, d'une façon que Dieu connaît, la possibilité d'être
associé au mystère pascal.

6. Telle est la qualité et la grandeur du mystère de l'homme,
ce mystère que la Révélation chrétienne fait briller aux yeux des
croyants. C'est donc par le Christ et dans le Christ que s'éclaire
l'énigme de la douleur et de la mort qui, hors de son Evangile,
nous écrase. Le Christ est ressuscité, par sa mort Il a vaincu la
mort, et Il nous a abondamment donné la vie [33] pour que, devenus
fils dans le Fils, nous clamions dans l'Esprit: Abba, Père ! [34]

---

29. Cf. II Cor. 4, 14.
30. Cf. Phil. 3, 10; Rom. 8, 17.
31. Cf. Conc. Vat. II, Const. dogm. *Lumen gentium*, Chap. 2, no 16:
AAS 57 (1965), p. 20 [p. 36-37].
32. Cf. Rom. 8, 32.
33. Cf. Liturgie pascale byzantine.
34. Cf. Rom. 8, 15 et Gal. 4, 6; cf. aussi Jn 1, 12 et I Jn 3, 1.

CHAPITRE II

LA COMMUNAUTÉ HUMAINE

23. [*But poursuivi par le Concile*]

1. Parmi les principaux aspects du monde d'aujourd'hui, il faut compter la multiplication des relations entre les hommes que les progrès techniques actuels contribuent largement à développer. Toutefois le dialogue fraternel des hommes ne trouve pas son achèvement à ce niveau, mais plus profondément dans la communauté des personnes et celle-ci exige le respect réciproque de leur pleine dignité spirituelle. La Révélation chrétienne favorise puissamment l'essor de cette communion des personnes entre elles; en même temps elle nous conduit à une intelligence plus pénétrante des lois de la vie sociale, que le Créateur a inscrites dans la nature spirituelle et morale de l'homme.

2. Mais comme de récents documents du Magistère ont abondamment expliqué la doctrine chrétienne sur la société humaine [1], le Concile s'en tient au rappel de quelques vérités majeures dont il expose les fondements à la lumière de la Révélation. Il insiste ensuite sur quelques conséquences qui revêtent une importance particulière en notre temps.

24. [*Caractère communautaire de la vocation humaine dans le plan de Dieu*]

1. Dieu, qui veille paternellement sur tous, a voulu que tous les hommes constituent une seule famille et se traitent mutuellement comme des frères. Tous, en effet, ont été créés à l'image de Dieu, « qui a fait habiter sur toute la face de la terre tout le genre humain issu d'un principe unique » (Act. 17, 26), et tous sont appelés à une seule et même fin, qui est Dieu Lui-même.

---

1. Cf. Jean XXIII, Enc. *Mater et Magistra,* 15 mai 1961: AAS 53 (1961), pp. 401-464, et Enc. *Pacem in terris,* 11 avril 1963: AAS 55 (1963), pp. 257-304; Paul VI, Enc. *Ecclesiam suam,* 6 août 1964: AAS 56 (1964), pp. 609-659.

2. A cause de cela, l'amour de Dieu et du prochain est le premier et le plus grand commandement. L'Ecriture, pour sa part, enseigne que l'amour de Dieu est inséparable de l'amour du prochain: « ... tout autre commandement se résume en cette parole: tu aimeras le prochain comme toi-même... La charité est donc la loi dans sa plénitude » (Rom. 13, 9-10; I Jn 4, 20). Il est bien évident que cela est d'une extrême importance pour des hommes de plus en plus dépendants les uns des autres et dans un monde sans cesse plus unifié.

3. Allons plus loin: quand le Seigneur Jésus prie le Père pour que « tous soient un..., comme nous nous sommes un » (Jn 17, 21-22), Il ouvre des perspectives inaccessibles à la raison et Il nous suggère qu'il y a une certaine ressemblance entre l'union des Personnes divines et celle des fils de Dieu dans la vérité et dans l'amour. Cette ressemblance montre bien que l'homme, seule créature sur terre que Dieu a voulue pour elle-même, ne peut pleinement se trouver que par le don désintéressé de lui-même [2].

25. [*Interdépendance de la personne et de la société*]

1. Le caractère social de l'homme fait apparaître qu'il y a interdépendance entre l'essor de la personne et le développement de la société elle-même. En effet, la personne humaine qui, de par sa nature même, a absolument besoin d'une vie sociale [3], est et doit être le principe, le sujet et la fin de toutes les institutions. La vie sociale n'est donc pas pour l'homme quelque chose de surajouté: aussi c'est par l'échange avec autrui, par la réciprocité des services, par le dialogue avec ses frères que l'homme grandit selon toutes ses capacités et peut répondre à sa vocation.

2. Parmi les liens sociaux nécessaires à l'essor de l'homme, certains, comme la famille et la communauté politique, correspondent plus immédiatement à sa nature intime; d'autres relèvent plutôt de sa libre volonté. De nos jours, sous l'influence de divers facteurs, les relations mutuelles et les interdépendances ne cessent de se multiplier: d'où des associations et des institutions variées, de droit public ou privé. Même si ce fait, qu'on nomme socialisation, n'est pas sans danger, il comporte cependant de nombreux

---

2. Cf. Lc 17, 33.
3. Cf. S. Thomas, 1 *Ethic.* Lect. 1.

avantages qui permettent d'affermir et d'accroître les qualités de la personne, et de garantir ses droits [4].

3. Mais si les personnes humaines reçoivent beaucoup de la vie sociale pour l'accomplissement de leur vocation, même religieuse, on ne peut cependant pas nier que les hommes, du fait des contextes sociaux dans lesquels ils vivent et baignent dès leur enfance, se trouvent souvent détournés du bien et portés au mal. Certes, les désordres, si souvent rencontrés dans l'ordre social, proviennent en partie des tensions existant au sein des structures économiques, politiques et sociales. Mais, plus radicalement, ils proviennent de l'orgueil et de l'égoïsme des hommes, qui pervertissent aussi le climat social. Là où l'ordre des choses a été vicié par les suites du péché, l'homme, déjà enclin au mal par naissance, éprouve de nouvelles incitations qui le poussent à pécher: sans efforts acharnés, sans l'aide de la grâce, il ne saurait les vaincre.

26. [*Promouvoir le bien commun*]

1. Parce que les liens humains s'intensifient et s'étendent peu à peu à l'univers entier, le bien commun, c'est-à-dire cet ensemble de conditions sociales qui permettent, tant aux groupes qu'à chacun de leurs membres, d'atteindre leur perfection d'une façon plus totale et plus aisée, prend aujourd'hui une extension de plus en plus universelle, et par suite recouvre des droits et des devoirs qui concernent tout le genre humain. Tout groupe doit tenir compte des besoins et des légitimes aspirations des autres groupes, et plus encore du bien commun de l'ensemble de la famille humaine [5].

2. Mais en même temps grandit la conscience de l'éminente dignité de la personne humaine, supérieure à toutes choses et dont les droits et les devoirs sont universels et inviolables. Il faut donc rendre accessible à l'homme tout ce dont il a besoin pour mener une vie vraiment humaine, par exemple: nourriture, vêtement, habitat, droit de choisir librement son état de vie et de fonder une famille, droit à l'éducation, au travail, à la réputation, au respect, à une information convenable, droit d'agir selon la droite règle de sa conscience, droit à la sauvegarde de la vie privée et à une juste liberté, y compris en matière religieuse.

---

4. Cf. Jean XXIII, Enc. *Mater et Magistra:* AAS 53 (1961), p. 418. Cf. aussi Pie XI, Enc. *Quadragesimo anno*, 15 mai 1931: AAS 23 (1931), p. 222 ss.

5. Cf. Jean XXIII, Enc. *Mater et Magistra:* AAS 53 (1961), p. 417.

3. Aussi l'ordre social et son progrès doivent-ils toujours tourner au bien des personnes, puisque l'ordre des choses doit être subordonné à l'ordre des personnes et non l'inverse. Le Seigneur Lui-même le suggère lorsqu'Il a dit: « Le sabbat a été fait pour l'homme et non l'homme pour le sabbat » [6]. Cet ordre doit sans cesse se développer, avoir pour base la vérité, s'édifier sur la justice, et être vivifié par l'amour; il doit trouver dans la liberté un équilibre toujours plus humain [7]. Pour y parvenir, il faut travailler au renouvellement des mentalités et entreprendre de vastes transformations sociales.

4. L'Esprit de Dieu qui, par une providence admirable, conduit le cours des temps et rénove la face de la terre, est présent à cette évolution. Quant au ferment évangélique, c'est lui qui a suscité et suscite dans le cœur humain une exigence incoercible de dignité.

27. [*Respect de la personne humaine*]

1. Pour en venir à des conséquences pratiques et qui présentent un caractère d'urgence particulière, le Concile insiste sur le respect de l'homme: que chacun considère son prochain, sans aucune exception, comme « un autre lui-même », tienne compte avant tout de son existence et des moyens qui lui sont nécessaires pour vivre dignement [8], et se garde d'imiter ce riche qui ne prit nul souci du pauvre Lazare [9].

2. De nos jours surtout, nous avons l'impérieux devoir de nous faire le prochain de n'importe quel homme et, s'il se présente à nous, de le servir activement: qu'il s'agisse de ce vieillard abandonné de tous, ou de ce travailleur étranger, méprisé sans raison, ou de cet exilé, ou de cet enfant né d'une union illégitime qui supporte injustement le poids d'une faute qu'il n'a pas commise, ou de cet affamé qui interpelle notre conscience en nous rappelant la parole du Seigneur: « Chaque fois que vous l'avez fait à l'un de ces plus petits de mes frères, c'est à moi que vous l'avez fait » (Mt. 25, 40).

3. De plus, tout ce qui s'oppose à la vie elle-même, comme toute espèce d'homicide, le génocide, l'avortement, l'euthanasie et même le suicide délibérée; tout ce qui constitue une violation de l'intégrité de la personne humaine, comme les mutilations, la torture physique ou morale, les contraintes psychologiques; tout ce qui

---

6. Cf. Mc 2, 27.
7. Cf. Jean XXIII, Enc. *Pacem in terris:* AAS 55 (1963), p. 266.
8. Cf. Jac. 2, 15-16.
9. Cf. Lc 16, 19-31.

est offense à la dignité de l'homme, comme les conditions de vie sous-humaines, les emprisonnements arbitraires, les déportations, l'esclavage, la prostitution, le commerce des femmes et des jeunes; ou encore les conditions de travail dégradantes qui réduisent les travailleurs au rang de purs instruments de rapport, sans égard pour leur personnalité libre et responsable: toutes ces pratiques et d'autres analogues sont, en vérité, infâmes. Tandis qu'elles corrompent la civilisation, elles déshonorent ceux qui s'y livrent plus encore que ceux qui les subissent et insultent gravement à l'honneur du Créateur.

28. [*Respect et amour des adversaires*]

1. Le respect et l'amour doivent aussi s'étendre à ceux qui pensent ou agissent autrement que nous en matière sociale, politique ou religieuse. D'ailleurs, plus nous nous efforçons de pénétrer de l'intérieur, avec bienveillance et amour, leurs manières de voir, plus le dialogue avec eux deviendra aisé.

2. Certes, cet amour et cette bienveillance ne doivent en aucune façon nous rendre indifférents à l'égard de la vérité et du bien. Mieux, c'est l'amour même qui pousse les disciples du Christ à annoncer à tous les hommes la vérité qui sauve. Mais on doit distinguer entre l'erreur, toujours à rejeter, et celui qui se trompe, qui garde toujours sa dignité de personne, même s'il se fourvoie dans des notions fausses ou insuffisantes en matière religieuse [10]. Dieu seul juge et scrute les cœurs: Il nous interdit donc de juger de la culpabilité interne de quiconque [11].

3. L'enseignement du Christ va jusqu'à requérir le pardon des offenses et étend le commandement de l'amour, qui est celui de la loi nouvelle, à tous nos ennemis: « Vous avez appris qu'il a été dit: tu aimeras ton prochain, tu haïras ton ennemi. Mais moi, je vous dis: aimez vos ennemis, faites du bien à ceux qui vous haïssent et priez pour ceux qui vous persécutent et vous calomnient » (Mt. 5, 43-44) [12].

29. [*Egalité essentielle de tous les hommes entre eux et justice sociale*]

1. Tous les hommes, doués d'une âme raisonnable et créés à l'image de Dieu, ont même nature et même origine; tous, rachetés

---

10. Cf. Jean XXIII, Enc. *Pacem in terris:* AAS 55 (1963), p. 299 et 300.

11. Cf. Lc 6, 37-38; Mt. 7, 1-2; Rom. 2, 1-11; 14, 10-12.

12. Cf. Mt. 5, 45-47.

par le Christ, jouissent d'une même vocation et d'une même destinée divine: on doit donc, et toujours davantage, reconnaître leur égalité fondamentale.

2. Assurément, tous les hommes ne sont pas égaux quant à leur capacité physique, qui est variée, ni quant à leurs forces intellectuelles et morales qui sont diverses. Mais toute forme de discrimination touchant les droits fondamentaux de la personne, qu'elle soit sociale ou culturelle, qu'elle soit fondée sur le sexe, la race, la couleur de la peau, la condition sociale, la langue ou la religion, doit être dépassée et éliminée, comme contraire au dessein de Dieu. En vérité, il est affligeant de constater que ces droits fondamentaux de la personne ne sont pas encore partout garantis. Il en est ainsi lorsque la femme est frustrée de la faculté de choisir librement son époux ou d'élire son état de vie, ou d'accéder à une éducation et une culture semblables à celles que l'on reconnaît à l'homme.

3. Au surplus, en dépit de légitimes différences entre les hommes, l'égale dignité des personnes exige que l'on parvienne à des conditions de vie justes et plus humaines. En effet, les inégalités économiques et sociales excessives entre les membres ou entre les peuples d'une seule famille humaine font scandale et font obstacle à la justice sociale, à l'équité, à la dignité de la personne humaine ainsi qu'à la paix sociale et internationale.

4. Que les institutions privées ou publiques s'efforcent de se mettre au service de la dignité et de la destinée humaines. Qu'en même temps elles luttent activement contre toute forme d'esclavage, social ou politique; et qu'elles garantissent les droits fondamentaux des hommes sous tout régime politique. Et même s'il faut un temps passablement long pour parvenir au but souhaité, toutes ces institutions humaines doivent peu à peu répondre aux réalités spirituelles qui, de toutes, sont les plus hautes.

30. [*Nécessité de dépasser une éthique individualiste*]

1. L'ampleur et la rapidité des transformations réclament d'une manière pressante que personne, par inattention à l'évolution des choses ou par inertie, ne se contente d'une éthique individualiste. Lorsque chacun, contribuant au bien commun selon ses capacités propres et en tenant compte des besoins d'autrui, se préoccupe aussi, et effectivement, de l'essor des institutions publiques ou privées qui servent à améliorer les conditions de vie humaines, c'est alors et de plus en plus qu'il accomplit son devoir de justice et de charité. Or il y a des gens qui, tout en professant des idées larges et géné-

reuses, continuent à vivre en pratique comme s'ils n'avaient cure des solidarités sociales. Bien plus, dans certains pays, beaucoup font peu de cas des lois et des prescriptions sociales. Un grand nombre ne craignent pas de se soustraire, par divers subterfuges et fraudes, aux justes impôts et aux autres aspects de la dette sociale. D'autres négligent certaines règles de la vie en société, comme celles qui ont trait à la sauvegarde de la santé ou à la conduite des véhicules, sans même se rendre compte que, par une telle insouciance, ils mettent en danger leur propre vie et celle d'autrui.

2. Que tous prennent très à cœur de compter les solidarités sociales parmi les principaux devoirs de l'homme d'aujourd'hui, et de les respecter. En effet, plus le monde s'unifie et plus il est manifeste que les obligations de l'homme dépassent les groupes particuliers pour s'étendre peu à peu à l'univers entier. Ce qui ne peut se faire que si les individus et les groupes cultivent en eux les valeurs morales et sociales et les répandent autour d'eux. Alors, avec le nécessaire secours de la grâce divine, surgiront des hommes vraiment nouveaux, artisans de l'humanité nouvelle.

31. [*Responsabilité et participation*]

1. Pour que chacun soit mieux armé pour faire face à ses responsabilités, tant envers lui-même qu'envers les différents groupes dont il fait partie, on aura soin d'assurer un plus large développement culturel, en utilisant les moyens considérables dont le genre humain dispose aujourd'hui. Avant tout, l'éducation des jeunes, quelle que soit leur origine sociale, doit être ordonnée de telle façon qu'elle puisse susciter des hommes et des femmes qui ne soient pas seulement cultivés, mais qui aient aussi une forte personnalité, car notre temps en a le plus grand besoin.

2. Mais l'homme parvient très difficilement à un tel sens de la responsabilité si les conditions de vie ne lui permettent pas de prendre conscience de sa dignité et de répondre à sa vocation en se dépensant au service de Dieu et de ses semblables. Car souvent la liberté humaine s'étiole lorsque l'homme tombe dans un état d'extrême indigence, comme elle se dégrade lorsque, se laissant aller à une vie de trop grande facilité, il s'enferme en lui-même comme dans une tour d'ivoire. Elle se fortifie en revanche lorsque l'homme accepte les inévitables contraintes de la vie sociale, assume les exigences multiples de la solidarité humaine et s'engage au service de la communauté des hommes.

3. Aussi faut-il stimuler chez tous la volonté de prendre part aux entreprises communes. Et il faut louer la façon d'agir des na-

tions où, dans une authentique liberté, le plus grand nombre possible de citoyens participent aux affaires publiques. Il faut toutefois tenir compte des conditions concrètes de chaque peuple et de la nécessaire fermeté des pouvoirs publics. Mais pour que tous les citoyens soient poussés à participer à la vie des différents groupes qui constituent le corps social, il faut qu'ils trouvent en ceux-ci des valeurs qui les attirent et qui les disposent à se mettre au service de leurs semblables. On peut légitimement penser que l'avenir est entre les mains de ceux qui auront su donner aux générations de demain des raisons de vivre et d'espérer.

32. [*Le Verbe Incarné et la solidarité humaine*]

1. De même que Dieu a créé les hommes non pour vivre en solitaires, mais pour qu'ils s'unissent en société, de même Il Lui a plu aussi « de sanctifier et de sauver les hommes non pas isolément, hors de tout lien mutuel; Il a voulu au contraire en faire un peuple qui Le connaîtrait selon la vérité et Le servirait dans la sainteté » [13]. Aussi, dès le début de l'histoire du salut, a-t-il choisi des hommes non seulement à titre individuel, mais en tant que membres d'une communauté. Et ces élus, Dieu leur a manifesté son dessein et les a appelés « son peuple » (Ex. 3, 7-12). C'est avec ce peuple qu'Il a, en outre, conclu l'alliance du Sinaï [14].

2. Ce caractère communautaire se parfait et s'achève dans l'œuvre de Jésus-Christ. Car le Verbe Incarné en personne a voulu entrer dans le jeu de cette solidarité. Il a pris part aux noces de Cana, Il s'est invité chez Zachée, Il a mangé avec les publicains et les pécheurs. C'est en évoquant les réalités les plus ordinaires de la vie sociale, en se servant des mots et des images de l'existence la plus quotidienne qu'Il a révélé aux hommes l'amour du Père et la magnificence de leur vocation. Il a sanctifié les liens humains, notamment ceux de la famille, source de la vie sociale. Il s'est volontairement soumis aux lois de sa patrie. Il a voulu mener la vie même d'un artisan de son temps et de sa région.

3. Dans sa prédication, Il a clairement affirmé que des fils de Dieu ont l'obligation de se comporter entre eux comme des frères. Dans sa prière, Il a demandé que tous ses disciples soient « un ». Bien plus, Lui-même s'est offert pour tous jusqu'à la mort, Lui, le Rédempteur de tous. « Il n'y a pas de plus grand amour que de

---

13. Conc. Vat. II, Constit. dogm. *Lumen gentium*, Chap. II, no 9: AAS 57 (1965), pp. 12-13 [p. 28-29]
14. Cf. Ex. 24, 1-8

donner sa vie pour ses amis » (Jn 15, 13). Quant à ses Apôtres, Il leur a ordonné d'annoncer à toutes les nations le message évangélique, pour faire du genre humain la famille de Dieu, dans laquelle la plénitude de la loi serait l'amour.

4. Premier-né parmi beaucoup de frères, après sa mort et sa résurrection, par le don de son Esprit Il a institué, entre tous ceux qui L'accueillent par la foi et la charité, une nouvelle communion fraternelle: elle se réalise en son propre Corps, qui est l'Eglise. En ce Corps, tous, membres les uns des autres, doivent s'entraider mutuellement, selon la diversité des dons reçus.

5. Cette solidarité devra sans cesse croître, jusqu'au jour où elle trouvera son couronnement: ce jour-là, les hommes, sauvés par la grâce, famille bien-aimée de Dieu et du Christ leur Frère, rendront à Dieu une gloire parfaite.

CHAPITRE III

L'ACTIVITÉ HUMAINE DANS L'UNIVERS

33. [*Position du problème*]

1. Par son travail et son génie, l'homme s'est toujours efforcé de donner un plus large développement à sa vie. Mais aujourd'hui, aidé surtout par la science et la technique, il a étendu sa maîtrise sur presque toute la nature, et il ne cesse de l'étendre; et, grâce notamment à la multiplication des moyens d'échange de toutes sortes entre les nations, la famille humaine se reconnaît et se constitue peu à peu comme une communauté une au sein de l'univers. Il en résulte que l'homme se procure désormais par sa propre industrie de nombreux biens qu'il attendait autrefois avant tout de forces supérieures.

2. Devant cette immense entreprise, qui gagne déjà tout le genre humain, de nombreuses interrogations s'élèvent parmi les hommes: quels sont le sens et la valeur de cette laborieuse activité? Quel usage faire de toutes ces richesses? Quelle est la fin de ces efforts, individuels et collectifs? L'Eglise, gardienne du dépôt de la Parole divine, où elle puise les principes de l'ordre religieux et moral, n'a pas toujours, pour autant, une réponse immédiate à chacune de ces questions; elle désire toutefois joindre la lumière de la Révélation à l'expérience de tous, pour éclairer le chemin où l'humanité vient de s'engager.

34. [*Valeur de l'activité humaine*]

1. Pour les croyants, une chose est certaine: considérée en elle-même, l'activité humaine, individuelle et collective, ce gigantesque effort par lequel les hommes, tout au long des siècles, s'acharnent à améliorer leurs conditions de vie, correspond au dessein de Dieu. L'homme, créé à l'image de Dieu, a en effet reçu la mission de soumettre la terre et tout ce qu'elle contient, de gouverner le cosmos en sainteté et justice [1] et, en reconnaissant Dieu comme Créateur de toutes choses, de Lui référer son être ainsi que l'univers: en sorte

---

1. Cf. Gen. 1, 26-27; 9, 2-3; Sag. 9, 2-3.

que, tout étant soumis à l'homme, le nom même de Dieu soit glorifié par toute la terre [2].

2. Cet enseignement vaut aussi pour les activités les plus quotidiennes. Car ces hommes et ces femmes qui, tout en gagnant leur vie et celle de leur famille, mènent leurs activités de manière à bien servir la société, sont fondés à voir dans leur travail un prolongement de l'œuvre du Créateur, un service de leurs frères, un apport personnel à la réalisation du plan providentiel dans l'histoire [3].

3. Loin d'opposer les conquêtes du génie et du courage de l'homme à la puissance de Dieu et de considérer la créature raisonnable comme une sorte de rivale du Créateur, les chrétiens sont au contraire bien persuadés que les victoires du genre humain sont un signe de la grandeur divine et une conséquence de son dessein ineffable. Mais plus grandit le pouvoir de l'homme, plus s'élargit le champ de ses responsabilités, personnelles et communautaires. On voit par là que le message chrétien ne détourne pas les hommes de la construction du monde et ne les incite pas à se désintéresser du sort de leurs semblables: il leur en fait au contraire un devoir plus pressant [4].

35. [*Normes de l'activité humaine*]

1. De même qu'elle procède de l'homme, l'activité humaine lui est ordonnée. De fait, par son action, l'homme ne transforme pas seulement les choses et la société, il se parfait lui-même. Il apprend bien des choses, il développe ses facultés, il sort de lui-même et se dépasse. Cet essor, bien conduit, est d'un tout autre prix que l'accumulation possible de richesses extérieures. L'homme vaut plus par ce qu'il est que par ce qu'il a [5]. De même, tout ce que font les hommes pour faire régner plus de justice, une fraternité plus étendue, un ordre plus humain dans les rapports sociaux, dépasse en valeur les progrès techniques. Car ceux-ci peuvent bien fournir la base matérielle de la promotion humaine, mais ils sont tout à fait impuissants, par eux seuls, à la réaliser.

2. Voici donc la règle de l'activité humaine: qu'elle soit conforme au bien authentique de l'humanité, selon le dessein et la

---

2. Cf. Ps. 8, 7 et 10.

3. Cf. Jean XXIII, Encycl. *Pacem in terris:* AAS 55 (1963), p. 297.

4. Cf. *Message au monde* des Pères au début du Concile Vatican II. oct. 1962: AAS 54 (1962), p. 822-823 [pp. 592-594].

5. Cf. Paul VI, *Allocution au Corps diplomatique*, 7 janv. 1965: AAS 57 (1965), p. 232.

volonté de Dieu, et qu'elle permette à l'homme, considéré comme individu ou comme membre de la société, de s'épanouir selon la plénitude de sa vocation.

36. [Juste autonomie des réalités terrestres]

1. Pourtant, un grand nombre de nos contemporains semblent redouter un lien trop étroit entre l'activité concrète et la religion: ils y voient un danger pour l'autonomie des hommes, des sociétés et des sciences.

2. Si, par autonomie des réalités terrestres, on veut dire que les choses créées et les sociétés elles-mêmes ont leurs lois et leurs valeurs propres, que l'homme doit peu à peu apprendre à connaître, à utiliser et à organiser, une telle exigence d'autonomie est pleinement légitime: non seulement elle est revendiquée par les hommes de notre temps, mais elle correspond à la volonté du Créateur. C'est en vertu de la création même que toutes choses sont établies selon leur consistance, leur vérité et leur excellence propres, avec leur ordonnance et leurs lois spécifiques. L'homme doit respecter tout cela et reconnaître les méthodes particulières à chacune des sciences et techniques. C'est pourquoi la recherche méthodique, dans tous les domaines du savoir, si elle est menée d'une manière vraiment scientifique et si elle suit les normes de la morale, ne sera jamais réellement opposée à la foi: les réalités profanes et celles de la foi trouvent leur origine dans le même Dieu [6]. Bien plus, celui qui s'efforce, avec persévérance et humilité, de pénétrer les secrets des choses, celui-là, même s'il n'en a pas conscience, est comme conduit par la main de Dieu, qui soutient tous les êtres et les fait ce qu'ils sont. A ce propos, qu'on nous permette de déplorer certaines attitudes qui ont existé parmi les chrétiens eux-mêmes, insuffisamment avertis de la légitime autonomie de la science. Sources de tensions et de conflits, elles ont conduit beaucoup d'esprits jusqu'à penser que science et foi s'opposaient [7].

3. Mais si, par « autonomie du temporel », on veut dire que les choses créées ne dépendent pas de Dieu, et que l'homme peut en disposer sans référence au Créateur, la fausseté de tels propos ne peut échapper à quiconque reconnaît Dieu. En effet, la créature sans Créateur s'évanouit. Du reste, tous les croyants, à quelque reli-

---

6. Cf. Conc. Vat. I, Const. dogm. De la foi catholique, chap. III: Denz. 1785-1786 (3004-3005).

7. Cf. Mgr Pio Paschini, Vita e opere di Galileo Galilei, 2 vol., Pont. Accademia delle Scienze, Citta del Vatic., 1964.

gion qu'ils appartiennent, ont toujours entendu la voix de Dieu, et
sa manifestation, dans le langage des créatures. Et même, l'oubli
de Dieu rend opaque la créature elle-même.

37. [*L'activité humaine détériorée par le péché*]

1. En accord avec l'expérience des siècles, l'Ecriture enseigne
à la famille humaine que le progrès, grand bien pour l'homme, entraîne aussi avec lui une sérieuse tentation. En effet, lorsque la
hiérarchie des valeurs est troublée et que le mal et le bien s'entre-
mêlent, les individus et groupes ne regardent plus que leurs intérêts
propres et non ceux des autres. Aussi le monde ne se présente pas
encore comme le lieu d'une réelle fraternité, tandis que le pouvoir
accru de l'homme menace de détruire le genre humain lui-même.

2. Un dur combat contre les puissances des ténèbres passe à
travers toute l'histoire des hommes; commencé dès les origines, il
durera, le Seigneur nous l'a dit [8], jusqu'au dernier jour. Engagé dans
cette bataille, l'homme doit sans cesse combattre pour s'attacher
au bien; et ce n'est qu'au prix de grands efforts, avec la grâce de
Dieu, qu'il parvient à réaliser son unité intérieure.

3. C'est pourquoi l'Eglise du Christ reconnaît, certes, que le
progrès humain peut servir au bonheur véritable des hommes, et
elle fait ainsi confiance au dessein du Créateur; mais elle ne peut
pas cependant ne pas faire écho à la parole de l'Apôtre: « Ne vous
modelez pas sur le monde présent » (Rom. 12, 2), c'est-à-dire sur cet
esprit de vanité et de malice qui change l'activité humaine, ordonnée
au service de Dieu et de l'homme, en instrument de péché.

4. A qui demande comment une telle misère peut être surmon-
tée, les chrétiens confessent que toutes les activités humaines, quotidiennement déviées par l'orgueil de l'homme et l'amour désordonné
de soi, ont besoin d'être purifiées et amenées à leur perfection par
la croix et la résurrection du Christ. Racheté par le Christ et devenu
une nouvelle créature dans l'Esprit-Saint, l'homme peut et doit, en
effet, aimer ces choses que Dieu Lui-même a créées. Car c'est de
Dieu qu'il les reçoit: il les voit comme jaillissant de sa main et les
respecte. Pour elles, il remercie son divin Bienfaiteur, il en use et
il en jouit dans un esprit de pauvreté et de liberté: il est alors introduit dans la possession véritable du monde, comme quelqu'un qui
n'a rien et qui possède tout [9]. « Car tout est à vous, mais vous êtes
au Christ et le Christ est à Dieu » (1 Cor. 3, 22-23).

---

8. Cf. Mt. 24, 13; 13, 24-30 et 36-43.
9. Cf. II Cor. 6, 10.

38. [*L'activité humaine et son achèvement dans le mystère pascal*]

1. Le Verbe de Dieu, par qui tout a été fait, s'est Lui-même fait chair et est venu habiter la terre des hommes [10]. Homme parfait, Il est entré dans l'histoire du monde, l'assumant et la récapitulant en Lui [11]. C'est Lui qui nous révèle que « Dieu est charité » (I Jn 4, 8) et qui nous enseigne en même temps que la loi fondamentale de la perfection humaine, et donc de la transformation du monde, est le commandement nouveau de l'amour. A ceux qui croient à la divine charité, Il apporte ainsi la certitude que la voie de l'amour est ouverte à tous les hommes et que l'effort qui tend à instaurer une fraternité universelle n'est pas vain. Il nous avertit aussi que cette charité ne doit pas seulement s'exercer dans des actions d'éclat, mais, et avant tout, dans le quotidien de la vie. En acceptant de mourir pour nous tous, pécheurs [12], Il nous apprend, par son exemple, que nous devons aussi porter cette croix que la chair et le monde font peser sur les épaules de ceux qui poursuivent la justice et la paix. Constitué Seigneur par sa résurrection, le Christ, à qui tout pouvoir a été donné, au ciel et sur la terre [13], agit désormais dans le cœur des hommes par la puissance de Son Esprit; Il n'y suscite pas seulement le désir du siècle à venir, mais par là même anime aussi, purifie et fortifie ces aspirations généreuses qui poussent la famille humaine à améliorer ses conditions de vie et à soumettre à cette fin la terre entière. Assurément les dons de l'Esprit sont divers: tandis qu'Il appelle certains à témoigner ouvertement du désir de la demeure céleste et à garder vivant ce témoignage dans la famille humaine, Il appelle les autres à se vouer au service terrestre des hommes, préparant par ce ministère la matière du Royaume des cieux. Mais de tous Il fait des hommes libres pour que, renonçant à l'amour-propre et rassemblant toutes les énergies terrestres pour la vie humaine, ils s'élancent vers l'avenir, vers ce temps où l'humanité elle-même deviendra une offrande agréable à Dieu [14].

2. Le Seigneur a laissé aux siens les arrhes de cette espérance et un aliment pour la route: le sacrement de la foi, dans lequel des éléments de la nature, cultivés par l'homme, sont changés en Son Corps et en Son Sang glorieux. C'est le repas de la communion fraternelle, une anticipation du banquet céleste.

10.   Cf. Jn 1, 3 et 14.
11.   Cf. Eph. 1, 10.
12.   Cf. Jn 3, 14-16; Rom. 5, 8-10.
13.   Cf. Act. 2, 36; Mt. 28, 18.
14.   Cf. Rom. 15, 16.

39. [*Terre nouvelle et cieux nouveaux*]

1. Nous ignorons le temps de l'achèvement de la terre et de l'humanité [15], nous ne connaissons pas le mode de transformation du cosmos. Elle passe, certes, la figure de ce monde déformée par le péché [16]; mais, nous l'avons appris, Dieu nous prépare une nouvelle demeure et une nouvelle terre où régnera la justice [17] et dont la béatitude comblera et dépassera tous les désirs de paix qui montent au cœur de l'homme [18]. Alors, la mort vaincue, les fils de Dieu ressusciteront dans le Christ, et ce qui fut semé dans la faiblesse et la corruption revêtira l'incorruptibilité [19]. La charité et ses œuvres demeureront [20] et toute cette création que Dieu a faite pour l'homme sera délivrée de l'esclavage de la vanité [21].

2. Certes, nous savons bien qu'il ne sert de rien à l'homme de gagner l'univers s'il vient à se perdre lui-même [22], mais l'attente de la nouvelle terre, loin d'affaiblir en nous le souci de cultiver cette terre, doit plutôt le réveiller: le corps de la nouvelle famille humaine y grandit, qui offre déjà quelque ébauche du siècle à venir. C'est pourquoi, s'il faut soigneusement distinguer le progrès terrestre de la croissance du Règne du Christ, ce progrès a cependant beaucoup d'importance pour le Royaume de Dieu, dans la mesure où il peut contribuer à une meilleure organisation de la société humaine [23].

3. Car ces valeurs de dignité, de communion fraternelle et de liberté, tous ces fruits excellents de notre nature et de notre industrie, que nous aurons propagés sur terre selon le commandement du Seigneur et dans son Esprit, nous les retrouverons plus tard, mais purifiés de toute souillure, illuminés, transfigurés, lorsque le Christ remettra à son Père « un Royaume éternel et universel: royaume de vérité et de vie, royaume de sainteté et de grâce, royaume de justice, d'amour et de paix » [24]. Mystérieusement, le Royaume est déjà présent sur cette terre; il atteindra sa perfection quand le Seigneur reviendra.

---

15. Cf. Act. 1, 7.
16. Cf. I Cor. 7, 31; St Irénée, *Adversus haereses*, V, 36, 1: PG 7, 1222.
17. Cf. II Cor. 5, 2; II Pierre 3, 13.
18. Cf. I Cor. 2, 9; Apoc. 21, 4-5.
19. Cf. I Cor. 15, 42 et 53.
20. Cf. I Cor. 13, 8; 3, 14.
21. Cf. Rom. 8, 19-21.
22. Cf. Lc 9, 25.
23. Cf. Pie XI, Enc. *Quadragesimo anno:* AAS 23 (1931), p. 207.
24. Préface du Christ-Roi.

CHAPITRE IV

LE RÔLE DE L'ÉGLISE DANS LE MONDE DE CE TEMPS

40. [*Rapports mutuels de l'Église et du monde*]

1. Tout ce que nous avons dit sur la dignité de la personne humaine, sur la communauté des hommes, sur le sens profond de l'activité humaine, constitue le fondement du rapport qui existe entre l'Eglise et le monde, et la base de leur dialogue mutuel [1]. C'est pourquoi, en supposant acquis tout l'enseignement déjà fixé par le Concile sur le mystère de l'Eglise, ce chapitre va maintenant traiter de cette même Eglise en tant qu'elle est dans ce monde et qu'elle vit et agit avec lui.

2. Née de l'amour du Père éternel [2], fondée dans le temps par le Christ Rédempteur, rassemblée dans l'Esprit-Saint [3], l'Eglise poursuit une fin salvifique et eschatologique qui ne peut être pleinement atteinte que dans le siècle à venir. Mais, dès maintenant présente sur cette terre, elle se compose d'hommes, de membres de la cité terrestre, qui ont pour vocation de former, au sein même de l'histoire humaine, la famille des enfants de Dieu, qui doit croître sans cesse jusqu'à la venue du Seigneur. Unie en vue des biens célestes, riche de ces biens, cette famille « a été constituée et organisée en ce monde comme une société » [4] par le Christ, et elle a été dotée « de moyens capables d'assurer son union visible et sociale » [5]. A la fois « assemblée visible et communauté spirituelle » [6], l'Eglise fait ainsi route avec toute l'humanité et partage le sort terrestre du monde;

---

1. Cf. Paul VI, Enc. *Ecclesiam suam*, III: AAS 56 (1964) pp. 637-659.
2. Cf. Tit. 3, 4: « philanthropia ».
3. Cf. Eph. 1, 3; 5-6; 13-14; 23.
4. Conc. Vat. II, Const. dogm. *Lumen gentium*, Chap. I, no 8, AAS 57 (1965), p. 12 [p. 26].
5. *Ibid*. Chap. II, no 9, AAS 57 (1965), p. 14 [p. 29]; Cf. no 8, AAS l. c., p. 11 [p. 26].
6. *Ibid*. Chap. I, no 8, AAS 57 (1965), p. 11 [p. 26].

elle est comme le ferment et, pour ainsi dire, l'âme de la société humaine [7] appelée à être renouvelée dans le Christ et transformée en famille de Dieu.

3. A vrai dire, cette compénétration de la cité terrestre et de la cité céleste ne peut être perçue que par la foi; bien plus, elle demeure le mystère de l'histoire humaine, qui, jusqu'à la pleine révélation de la gloire des fils de Dieu, sera troublée par le péché. Mais l'Eglise, en poursuivant la fin salvifique qui lui est propre, ne communique pas seulement à l'homme la vie divine; elle répand aussi, et d'une certaine façon sur le monde entier, la lumière que cette vie divine irradie, notamment en guérissant et en élevant la dignité de la personne humaine, en affirmant la cohésion de la société et en procurant à l'activité quotidienne des hommes un sens plus profond, la pénétrant d'une signification plus haute. Ainsi, par chacun de ses membres comme par toute la communauté qu'elle forme, l'Eglise croit pouvoir largement contribuer à humaniser toujours plus la famille des hommes et son histoire.

4. En outre, l'Eglise catholique fait grand cas de la contribution que les autres Eglises chrétiennes ou communautés ecclésiales ont apportée et continuent d'apporter à la réalisation de ce même but; et elle s'en réjouit. En même temps, elle est fermement convaincue que, pour préparer les voies à l'Evangile, le monde peut lui apporter une aide précieuse et diverse par les qualités et l'activité des individus ou des sociétés qui le composent. Voici quelques principes généraux concernant le bon développement des échanges entre l'Eglise et le monde et de leur aide mutuelle dans les domaines qui leur sont en quelque sorte communs.

41. [Aide que l'Église veut offrir à tout homme]

1. L'homme moderne est en marche vers un développement plus complet de sa personnalité, vers une découverte et une affirmation toujours croissantes de ses droits. L'Eglise, pour sa part, qui a reçu la mission de manifester le mystère de Dieu, de ce Dieu qui est la fin ultime de l'homme, révèle en même temps à l'homme le sens de sa propre existence, c'est-à-dire sa vérité essentielle. L'Eglise sait parfaitement que Dieu seul, dont elle est la servante, répond aux plus profonds désirs du cœur humain que jamais ne rassasient pleinement les nourritures terrestres. Elle sait aussi que l'homme, sans cesse sollicité par l'Esprit de Dieu, ne sera jamais tout à fait indifférent au problème religieux, comme le prouvent non seulement

---

7. Cf. *Ibid*. Chap. IV, no 38, AAS 57 (1965), p. 43, avec note 120 [p. 64, avec note 9].

l'expérience des siècles passés, mais de multiples témoignages de notre temps. L'homme voudra toujours connaître, ne serait-ce que confusément, la signification de sa vie, de ses activités et de sa mort. Ces problèmes, la présence même de l'Eglise les lui rappelle. Or Dieu seul, qui a créé l'homme à son image et l'a racheté du péché, peut répondre à ces questions en plénitude. Il le fait par la révélation dans son divin Fils qui s'est fait homme. Quiconque suit le Christ, homme parfait, devient lui-même plus homme.

2. Appuyée sur cette foi, l'Eglise peut soustraire la dignité de la nature humaine à toutes les fluctuations des opinions qui, par exemple, rabaissent exagérément le corps humain, ou au contraire l'exaltent sans mesure. Aucune loi humaine ne peut assurer la dignité personnelle et la liberté de l'homme comme le fait l'Evangile du Christ, confié à l'Eglise. Cet Evangile annonce et proclame la liberté des enfants de Dieu, rejette tout esclavage qui en fin de compte provient du péché [8], respecte scrupuleusement la dignité de la conscience et son libre choix, enseigne sans relâche à faire fructifier tous les talents humains au service de Dieu et pour le bien des hommes, enfin confie chacun à l'amour de tous [9]. Tout cela correspond à la loi fondamentale de l'économie chrétienne. Car, si le même Dieu est à la fois Créateur et Sauveur, Seigneur et de l'histoire humaine et de l'histoire du salut, cet ordre divin lui-même, loin de supprimer la juste autonomie de la créature, et en particulier de l'homme, la rétablit et la confirme au contraire dans sa dignité.

3. C'est pourquoi l'Eglise, en vertu de l'Evangile qui lui a été confié, proclame les droits des hommes, reconnaît et tient en grande estime le dynamisme de notre temps qui, partout, donne un nouvel élan à ces droits. Ce mouvement toutefois doit être imprégné de l'esprit de l'Evangile et garanti contre toute idée de fausse autonomie. Nous sommes en effet exposés à la tentation d'estimer que nos droits personnels ne sont pleinement maintenus que lorsque nous sommes dégagés de toute norme de la Loi divine. Mais, en suivant cette voie, la dignité humaine, loin d'être sauvée, s'évanouit.

42. [*Aide que l'Église cherche à apporter à la société humaine*]

1. L'union de la famille humaine trouve une grande vigueur et son achèvement dans l'unité de la famille des fils de Dieu, fondée dans le Christ [10].

8. Cf. Rom. 8, 14-17.
9. Cf. Mt. 22, 39.
10. Cf. Conc. Vat. II, Const dogm. *Lumen gentium*, Chap. II, no 9: AAS 57 (1965), pp. 12-14 [p. 28-29].

2. Certes, la mission propre que le Christ a confiée à son Eglise n'est ni d'ordre politique, ni d'ordre économique ou social: le but qu'Il lui a assigné est d'ordre religieux [11]. Mais, précisément, de cette mission religieuse découlent une fonction, des lumières et des forces qui peuvent servir à constituer et à affermir la communauté des hommes selon la loi divine. De même, lorsqu'il le faut et compte tenu des circonstances de temps et de lieu, l'Eglise peut elle-même, et elle le doit, susciter des œuvres destinées au service de tous, notamment des indigents, comme les œuvres charitables et autres du même genre.

3. L'Eglise reconnaît aussi tout ce qui est bon dans le dynamisme social d'aujourd'hui, en particulier le mouvement vers l'unité, les progrès d'une saine socialisation et de la solidarité au plan civique et économique. En effet, promouvoir l'unité s'harmonise avec la mission profonde de l'Eglise, puisqu'elle est « dans le Christ, comme le sacrement, c'est-à-dire à la fois le signe et le moyen de l'union intime avec Dieu, et de l'unité de tout le genre humain » [12]. Sa propre réalité manifeste ainsi au monde qu'une véritable union sociale visible découle de l'union des esprits et des cœurs, à savoir de cette foi et de cette charité, sur lesquelles, dans l'Esprit-Saint, son unité est indissolublement fondée. Car l'énergie que l'Eglise est capable d'insuffler à la société moderne se trouve dans cette foi et dans cette charité effectivement vécues et ne s'appuie pas sur une souveraineté extérieure qui s'exercerait par des moyens purement humains.

4. Comme de plus, de par sa mission et sa nature, l'Eglise n'est liée à aucune forme particulière de culture, ni à aucun système politique, économique ou social, par cette universalité même, l'Eglise peut être un lien très étroit entre les différentes communautés humaines et entre les différentes nations, pourvu qu'elles lui fassent confiance et lui reconnaissent en fait une authentique liberté pour l'accomplissement de sa mission. C'est pourquoi l'Eglise avertit ses fils, et même tous les hommes, qu'il leur faut dépasser, dans cet

---

11. Cf. Pie XII, Alloc. du 9 mars 1956, aux historiens et aux artistes: AAS 48 (1956), p. 212: « Son divin fondateur, Jésus-Christ, ne lui a donné aucun mandat ni fixé aucune fin d'ordre culturel. Le but que le Christ lui assigne est strictement religieux (...). L'Eglise doit conduire les hommes à Dieu, afin qu'ils se livrent à lui sans réserve (...). L'Eglise ne peut jamais perdre de vue ce but strictement religieux, surnaturel. Le sens de toutes ses activités, jusqu'au dernier canon de son Code, ne peut être que d'y concourir directement ou indirectement. »

12. Conc. Vat. II, Const. dogm. *Lumen gentium*, Chap. I, no 1: AAS 57 (1965), p. 5 [p. 19].

esprit de la famille des enfants de Dieu, toutes les dissensions entre nations et entre races et consolider de l'intérieur les légitimes associations humaines.

5. Tout ce qu'il y a de vrai, de bon, de juste, dans les institutions très variées que s'est donné et que continue à se donner le genre humain, le Concile le considère donc avec un grand respect. Il déclare aussi que l'Eglise veut aider et promouvoir toutes ces institutions, pour autant qu'il dépend d'elle, et que cette tâche est compatible avec sa mission. Ce qu'elle désire par-dessus tout, c'est de pouvoir se développer librement, à l'avantage de tous, sous tout régime qui reconnaît les droits fondamentaux de la personne, de la famille, et les impératifs du bien commun.

43. [*Aide que l'Église, par les chrétiens, cherche à apporter à l'activité humaine*]

1. Le Concile exhorte les chrétiens, citoyens de l'une et de l'autre cité, à remplir avec zèle et fidélité leurs tâches terrestres, en se laissant conduire par l'esprit de l'Evangile. Ils s'éloignent de la vérité ceux qui, sachant que nous n'avons point ici-bas de cité permanente, mais que nous marchons vers la cité future [13], croient pouvoir, pour cela, négliger leurs tâches humaines, sans s'apercevoir que la foi même, compte tenu de la vocation de chacun, leur en fait un devoir plus pressant [14]. Mais ils ne se trompent pas moins ceux qui, à l'inverse, croient pouvoir se livrer entièrement à des activités terrestres en agissant comme si elles étaient tout à fait étrangères à leur vie religieuse — celle-ci se limitant alors pour eux à l'exercice du culte et à quelques obligations morales déterminées. Ce divorce entre la foi dont ils se réclament et le comportement quotidien d'un grand nombre est à compter parmi les plus graves erreurs de notre temps. Ce scandale, déjà dans l'Ancien Testament les prophètes le dénonçaient avec véhémence[15] et, dans le Nouveau Testament, avec plus de force encore, Jésus-Christ Lui-même le menaçait de graves châtiments [16]. Que l'on ne crée donc pas d'opposition artificielle entre les activités professionnelles et sociales d'une part, la vie religieuse d'autre part. En manquant à ses obligations terrestres, le chrétien manque à ses obligations envers le prochain, bien plus, envers Dieu Lui-même, et il met en danger son salut éternel. A l'exemple du Christ qui mena la vie d'un artisan,

---

13. Cf. Heb. 13, 14.
14. Cf. 2 Thess. 3, 6-13; Eph. 4, 28.
15. Cf. Is. 58, 1-12.
16. Cf. Mt. 23, 3-33; Mc 7, 10-13.

que les chrétiens se réjouissent plutôt de pouvoir mener toutes leurs activités terrestres en unissant dans une synthèse vitale
tous les efforts humains, familiaux, professionnels, scientifiques,
techniques, avec les valeurs religieuses, sous la souveraine ordonnance desquelles tout se trouve coordonné à la gloire de Dieu.

2. Aux laïcs reviennent en propre, quoique non exclusivement,
les professions et les activités séculières. Lorsqu'ils agissent, soit
individuellement, soit collectivement, comme citoyens du monde, ils
auront donc à cœur, non seulement de respecter les lois propres à
chaque discipline, mais d'y acquérir une véritable compétence. Ils
aimeront collaborer avec ceux qui poursuivent les mêmes objectifs
qu'eux. Conscients des exigences de leur foi et nourris de sa force,
qu'ils n'hésitent pas, au moment opportun, à prendre de nouvelles
initiatives et à en assurer la réalisation. C'est à leur conscience,
préalablement formée, qu'il revient d'inscrire la loi divine dans la
cité terrestre. Qu'ils attendent des prêtres lumières et forces spirituelles. Qu'ils ne pensent pas pour autant que leurs pasteurs aient
une compétence telle qu'ils puissent leur fournir une solution concrète et immédiate à tout problème, même grave, qui se présente
à eux, ou que telle soit leur mission. Mais plutôt, éclairés par la
sagesse chrétienne, prêtant fidèlement attention à l'enseignement du
Magistère [17], qu'ils prennent eux-mêmes leurs responsabilités.

3. Fréquemment, c'est leur vision chrétienne des choses qui les
inclinera à telle ou telle solution, selon les circonstances. Mais d'autres fidèles, avec une égale sincérité, pourront en juger autrement,
comme il advient souvent et à bon droit. S'il arrive que beaucoup
lient facilement, même contre la volonté des intéressés, les options
des uns ou des autres avec le message évangélique, on se souviendra
en pareil cas que personne n'a le droit de revendiquer d'une manière
exclusive pour son opinion l'autorité de l'Eglise. Que toujours, dans
un dialogue sincère, ils cherchent à s'éclairer mutuellement, qu'ils
gardent entre eux la charité et qu'ils aient avant tout le souci du
bien commun.

4. Les laïcs, qui doivent activement participer à la vie totale
de l'Eglise, ne doivent pas seulement s'en tenir à l'animation chrétienne du monde, mais ils sont aussi appelés à être, en toute circonstance et au cœur même de la communauté humaine, les témoins
du Christ.

---

17. Cf. Jean XXIII, Enc. *Mater et magistra*, IV: AAS 53 (1961),
pp. 456-457; Cf. I: AAS 1. c. pp. 407, 410-411.

5. Quant aux évêques, qui ont reçu la charge de diriger l'Eglise de Dieu, qu'ils prêchent avec leurs prêtres le message du Christ de telle façon que toutes les activités terrestres des fidèles puissent être baignées de la lumière de l'Evangile. En outre, que tous les pasteurs se souviennent que, par leur comportement quotidien et leur sollicitude [18], ils manifestent au monde un visage de l'Eglise d'après lequel les hommes jugent de la force et de la vérité du message chrétien. Par leur vie et par leur parole, unis aux religieux et à leurs fidèles, qu'ils fassent ainsi la preuve que l'Eglise, par sa seule présence, avec tous les dons qu'elle apporte, est une source inépuisable de ces énergies dont le monde d'aujourd'hui a le plus grand besoin. Qu'ils se mettent assidûment à l'étude, pour être capables d'assumer leurs responsabilités dans le dialogue avec le monde et avec des hommes de toute opinion. Mais surtout, qu'ils gardent dans leur cœur ces paroles du Concile : « Parce que le genre humain, aujourd'hui de plus en plus, tend à l'unité civile, économique et sociale, il est d'autant plus nécessaire que les prêtres, unissant leurs préoccupations et leurs moyens sous la conduite des évêques et du Souverain Pontife, écartent tout motif de dispersion pour amener l'humanité entière à l'unité de la famille de Dieu » [19].

6. Bien que l'Eglise, par la vertu de l'Esprit-Saint, soit restée l'épouse fidèle de son Seigneur et n'ait jamais cessé d'être dans le monde le signe du salut, elle sait fort bien toutefois que, au cours de sa longue histoire, parmi ses membres [20], clercs et laïcs, il n'en manque pas qui se sont montrés infidèles à l'Esprit de Dieu. De nos jours aussi, l'Eglise n'ignore pas quelle distance sépare le message qu'elle révèle et la faiblesse humaine de ceux auxquels cet Evangile est confié. Quel que soit le jugement de l'histoire sur ces défaillances, nous devons en être conscients et les combattre avec vigueur afin qu'elles ne nuisent pas à la diffusion de l'Evangile. Pour développer ses rapports avec le monde, l'Eglise sait également combien elle doit continuellement apprendre de l'expérience des siècles. Guidée par l'Esprit-Saint, l'Eglise, notre Mère, ne cesse « d'exhorter ses fils à se purifier et à se renouveler, pour que le signe du Christ brille avec plus d'éclat sur le visage de l'Eglise » [21].

---

18. Cf. Conc. Vat. II, Const. dogm. *Lumen gentium*, Chap. III, no 28 : AAS 57 (1965), p. 34-35 [p. 54].
19. Cf. *ibid.* no 28 : AAS, 1. c. pp. 35-36 [p. 54].
20. Cf. St Ambroise, *De virginitate*, Chap. VIII, no 48 : PL 16, 278.
21. Conc. Vat. II, Const. dogm. *Lumen gentium*, Chap. II, no 15 : AAS 57 (1965), p. 20 [p. 36].

44. [*Aide que l'Église reçoit du monde d'aujourd'hui*]

1. De même qu'il importe au monde de reconnaître l'Eglise comme une réalité sociale de l'histoire et comme son ferment, de même, l'Eglise n'ignore pas tout ce qu'elle a reçu de l'histoire et de l'évolution du genre humain.

2. L'expérience des siècles passés, le progrès des sciences, les richesses cachées dans les diverses cultures qui permettent de mieux connaître l'homme lui-même et ouvrent de nouvelles voies à la vérité, sont également utiles à l'Eglise. En effet, dès les débuts de son histoire, elle a appris à exprimer le message du Christ en se servant des concepts et des langues des divers peuples et, de plus, elle s'est efforcée de le mettre en valeur par la sagesse des philosophes: ceci afin d'adapter l'évangile, dans les limites convenables, et à la compréhension de tous et aux exigences des sages. A vrai dire, cette manière appropriée de proclamer la parole révélée doit demeurer la loi de toute évangélisation. C'est de cette façon, en effet, que l'on peut susciter en toute nation la possibilité d'exprimer le message chrétien selon le mode qui lui convient, et que l'on promeut en même temps un échange vivant entre l'Eglise et les diverses cultures [22]. Pour accroître de tels échanges, l'Eglise, surtout de nos jours où les choses vont si vite et où les façons de penser sont extrêmement variées, a particulièrement besoin de l'apport de ceux qui vivent dans le monde, qui en connaissent les diverses institutions, les différentes disciplines, et en épousent les formes mentales, qu'il s'agisse des croyants ou des incroyants. Il revient à tout le Peuple de Dieu, notamment aux pasteurs et aux théologiens, avec l'aide de l'Esprit-Saint, de scruter, de discerner et d'interpréter les multiples langages de notre temps et de les juger à la lumière de la parole divine, pour que la Vérité révélée puisse être sans cesse mieux perçue, mieux comprise et présentée sous une forme plus adaptée.

3. Comme elle possède une structure sociale visible, signe de son unité dans le Christ, l'Eglise peut aussi être enrichie, et elle l'est effectivement, par le déroulement de la vie sociale: non pas comme s'il manquait quelque chose dans la constitution que le Christ lui a donnée, mais pour l'approfondir, la mieux exprimer et l'accommoder d'une manière plus heureuse à notre époque. L'Eglise constate avec reconnaissance qu'elle reçoit une aide variée de la part d'hommes de tout rang et de toute condition, aide qui profite aussi bien à la communauté qu'elle forme qu'à chacun de ses fils. En effet,

---

22. Cf. Conc. Vat. II, Const. dogm. *Lumen gentium*, Chap. II, no 13: AAS 57 (1965), p. 17 [p. 33].

tous ceux qui contribuent au développement de la communauté humaine au plan familial, culturel, économique et social, politique (tant au niveau national qu'au niveau international), apportent par le fait même, et en conformité avec le plan de Dieu, une aide non négligeable à la communauté ecclésiale, pour autant que celle-ci dépend du monde extérieur. Bien plus, l'Eglise reconnaît que, de l'opposition même de ses adversaires et de ses persécuteurs, elle a tiré de grands avantages et qu'elle peut continuer à le faire [23].

45. [Le Christ alpha et oméga]

1. Qu'elle aide le monde ou qu'elle reçoive de lui, l'Eglise tend vers un but unique: que vienne le règne de Dieu et que s'établisse le salut du genre humain. D'ailleurs, tout le bien que le Peuple de Dieu, au temps de son pèlerinage terrestre, peut procurer à la famille humaine, découle de cette réalité que l'Eglise est « le sacrement universel du salut » [24], manifestant et actualisant tout à la fois le mystère de l'amour de Dieu pour l'homme.

2. Car le Verbe de Dieu, par qui tout a été fait, s'est Lui-même fait chair, afin que, homme parfait, Il sauve tous les hommes et récapitule toutes choses en Lui. Le Seigneur est le terme de l'histoire humaine, le point vers lequel convergent les désirs de l'histoire et de la civilisation, le centre du genre humain, la joie de tous les cœurs et la plénitude de leurs aspirations [25]. C'est Lui que le Père a ressuscité d'entre les morts, a exalté et a fait siéger à sa droite, Le constituant juge des vivants et des morts. Vivifiés et rassemblés en son Esprit, nous marchons vers la consommation de l'histoire humaine qui correspond pleinement à son dessein d'amour: « ramener toutes choses sous un seul chef, le Christ, celles qui sont dans les cieux et celles qui sont sur la terre » (Eph. 1, 10).

3. C'est le Seigneur Lui-même qui le dit: « Voici que je viens bientôt et ma rétribution est avec moi, pour rendre à chacun selon ses œuvres. Je suis l'alpha et l'omega, le premier et le dernier, le commencement et la fin » (Apoc. 22, 12-13).

---

23. Cf. St Justin, *Dialogue avec Tryphon*, Chap. 110: PG 6, 729 (ed. Otto), 1897, pp. 391-393: « ... sed quanto magis talia nobis infliguntur, tanto plures alii fideles et pii per nomen Iesu fiunt ». Cf. Tertullien, *Apologeticus*, Chap. L, 13: PL 1, 534 Corpus Christi., ser. lat. I, p. 171: « Etiam plures efficimur, quoties metimus a vobis: semen est sanguis Christianorum ! » Cf. Const. dogm. *Lumen gentium*, Chap. II, no 9: AAS 57 (1965), p. 14 [p. 29].

24. Cf. Conc. Vat. II, Const. dogm. *Lumen gentium*, Chap. VII, no 48: AAS 57 (1965), p. 53 [p. 77].

25. Cf. Paul VI, Allocution du 3 février 1965: *L'Osservatore Romano*, 4 février 1965.

DEUXIÈME PARTIE

DE QUELQUES PROBLÈMES PLUS URGENTS

46. [*Introduction*]

1. Après avoir montré quelle est la dignité de la personne humaine et quel rôle individuel et social elle est appelée à remplir dans l'univers, le Concile, fort de la lumière de l'Evangile et de l'expérience humaine, attire maintenant l'attention de tous sur quelques questions particulièrement urgentes de ce temps qui affectent au plus haut point le genre humain.

2. Parmi les nombreux sujets qui suscitent aujourd'hui l'intérêt général, il faut notamment retenir ceux-ci: le mariage et la famille, la culture, la vie économico-sociale, la vie politique, la solidarité des peuples et la paix. Sur chacun d'eux, il convient de projeter la lumière des principes qui nous viennent du Christ; ainsi les chrétiens seront-ils guidés et tous les hommes éclairés dans la recherche des solutions que réclament des problèmes si nombreux et si complexes.

CHAPITRE PREMIER

DIGNITÉ DU MARIAGE ET DE LA FAMILLE

47. [*Le mariage et la famille dans le monde d'aujourd'hui*]

1. La santé de la personne et de la société tant humaine que chrétienne est étroitement liée à la prospérité de la communauté conjugale et familiale. Aussi les chrétiens, en union avec tous ceux qui font grand cas de cette communauté, se réjouissent-ils sincèrement des soutiens divers qui font grandir aujourd'hui parmi les hommes l'estime de cette communauté d'amour et le respect de la vie, et qui aident les époux et les parents dans leur éminente mission. Ils en attendent en outre de meilleurs résultats et s'appliquent à les étendre.

2. La dignité de cette institution ne brille pourtant pas partout du même éclat puisqu'elle est ternie par la polygamie, l'épidémie du divorce, l'amour soi-disant libre, ou d'autres déformations. De plus, l'amour conjugal est trop souvent profané par l'égoïsme, l'hédonisme et par des pratiques illicites entravant la génération. Les conditions économiques, socio-psychologiques et civiles d'aujourd'hui introduisent aussi dans la famille de graves perturbations. Enfin, en certaines régions de l'univers, ce n'est pas sans inquiétude qu'on observe les problèmes posés par l'accroissement démographique. Tout cela angoisse les consciences. Et pourtant, un fait montre bien la vigueur et la solidité de l'institution matrimoniale et familiale: les transformations profondes de la société contemporaine, malgré les difficultés qu'elles provoquent, font très souvent apparaître, et de diverses façons, la nature véritable de cette institution.

3. C'est pourquoi le Concile, en mettant en meilleure lumière certains points de la doctrine de l'Eglise, se propose d'éclairer et d'encourager les chrétiens, ainsi que tous ceux qui s'efforcent de sauvegarder et de promouvoir la dignité originelle et la valeur privilégiée et sacrée de l'état de mariage.

48. [*Sainteté du mariage et de la famille*]

1. La communauté profonde de vie et d'amour que forme le couple a été fondée et dotée de ses lois propres par le Créateur; elle est établie sur l'alliance des conjoints, c'est-à-dire sur leur consentement personnel irrévocable. Une institution que la loi divine confirme, naît ainsi, au regard même de la société, de l'acte humain par lequel les époux se donnent et se reçoivent mutuellement. En vue du bien des époux, des enfants et aussi de la société, ce lien sacré échappe à la fantaisie de l'homme. Car Dieu lui-même est l'auteur du mariage qui possède en propre des valeurs et des fins diverses [1]: tout cela est d'une extrême importance pour la continuité du genre humain, pour le progrès personnel et le sort éternel de chacun des membres de la famille, pour la dignité, la stabilité, la paix et la prospérité de la famille et de la société humaine tout entière. Et c'est par sa nature même que l'institution du mariage et l'amour conjugal sont ordonnés à la procréation et à l'éducation qui, tel un sommet, en constituent le couronnement. Ainsi l'homme et la femme qui, par l'alliance conjugale « ne sont plus deux, mais une seule chair » (Mt. 19, 6), s'aident et se soutiennent mutuellement par l'union intime de leurs personnes et de leurs activités; ils prennent ainsi conscience de leur unité et l'approfondissent sans cesse davantage. Cette union intime, don réciproque de deux personnes, non moins que le bien des enfants, exigent l'entière fidélité des époux et requièrent leur indissoluble unité [2].

2. Le Christ Seigneur a comblé de bénédictions cet amour aux multiples aspects, issu de la source divine de la charité, et constitué à l'image de son union avec l'Eglise. De même en effet que Dieu prit autrefois l'initiative d'une alliance d'amour et de fidélité avec son peuple [3], ainsi, maintenant, le Sauveur des hommes, Epoux de l'Eglise[4], vient à la rencontre des époux chrétiens par le sacrement de mariage. Il continue de demeurer avec eux pour que les époux, par leur don mutuel, puissent s'aimer dans une fidélité perpétuelle,

1. Cf. St Augustin, *De bono coniugali*, PL 40, 375-376 et 394; St Thomas, *Somme Théol.*, Suppl. Quest. 49, art. 3, ad 1; *Decretum pro Armenis*: Denz. 702 (1327); Pie XI, Enc. *Casti connubii*: AAS 22 (1930), pp. 543-555: Denz. 2227-2238 (3703-3714).

2. Cf. Pie XI, Enc. *Casti connubii*: AAS 22 (1930), pp. 546-547; Denz. 2231 (3706).

3. Cf. Os. 2; Jér. 3, 6-13; Ezech. 16 et 23; Is. 54.

4. Cf. Mt. 9, 15; Mc 2, 19-20; Lc 5, 34-35; Jn 3, 29; cf. aussi 2 Cor. 11, 2; Eph. 5, 27; Apoc. 19, 7-8; 21, 2 et 9.

comme Lui-même a aimé l'Eglise et s'est livré pour elle [5]. L'authentique amour conjugal est assumé dans l'amour divin et il est dirigé et enrichi par la puissance rédemptrice du Christ et l'action salvifique de l'Eglise, afin de conduire efficacement à Dieu les époux, de les aider et de les affermir dans leur mission sublime de père et de mère [6]. C'est pourquoi les époux chrétiens, pour accomplir dignement les devoirs de leur état, sont fortifiés et comme consacrés par un sacrement spécial [7]; en accomplissant leur mission conjugale et familiale avec la force de ce sacrement, pénétrés de l'esprit du Christ qui imprègne toute leur vie de foi, d'espérance et de charité, ils parviennent de plus en plus à leur perfection personnelle et à leur sanctification mutuelle; c'est ainsi qu'ensemble ils contribuent à la glorification de Dieu.

3. Précédés par l'exemple et la prière commune de leurs parents, les enfants, et même tous ceux qui vivent dans le cercle familial, s'ouvriront ainsi plus facilement à des sentiments d'humanité et trouveront plus aisément le chemin du salut et de la sainteté. Quant aux époux, grandis par la dignité de leur rôle de père et de mère, ils accompliront avec conscience le devoir d'éducation qui leur revient au premier chef, notamment au plan religieux.

4. Membres vivants de la famille, les enfants concourent, à leur manière, à la sanctification des parents. Par leur reconnaissance, leur piété filiale et leur confiance, ils répondront assurément aux bienfaits de leurs parents et, en bons fils, ils les assisteront dans les difficultés de l'existence et dans la solitude de la vieillesse. Le veuvage, assumé avec courage dans le sillage de la vocation conjugale, sera honoré par tous [8]. Les familles se communiqueront aussi avec générosité leurs richesses spirituelles. Alors, la famille chrétienne, parce qu'elle est issue d'un mariage, image et participation de l'alliance d'amour qui unit le Christ et l'Eglise [9], manifestera à tous les hommes la présence vivante du Sauveur dans le monde et la véritable nature de l'Eglise, tant par l'amour des époux, leur fécondité généreuse, l'unité et la fidélité du foyer, que par la coopération amicale de tous ses membres.

---

5. Cf. Eph. 5, 25.

6. Cf. Conc. Vat. II, Const. dogm. *Lumen gentium:* AAS 57 (1965), pp. 15-16; 40-41; 47 [pp. 30-32; 60-61; 69].

7. Pie XI, Enc. *Casti connubii:* AAS 22 (1930), p. 583.

8. Cf. 1 Tim. 5, 3.

9. Cf. Eph. 5, 32.

49. [*L'amour conjugal*]

1. A plusieurs reprises, la Parole de Dieu a invité les fiancés à entretenir et soutenir leurs fiançailles par une affection chaste, et les époux leur union par un amour sans faille [10]. Beaucoup de nos contemporains exaltent aussi l'amour authentique entre mari et femme, manifesté de différentes manières, selon les saines coutumes des peuples et des âges. Eminemment humain puisqu'il va d'une personne vers une autre personne en vertu d'un sentiment volontaire, cet amour enveloppe le bien de la personne tout entière; il peut donc enrichir d'une dignité particulière les expressions du corps et de la vie psychique et les valoriser comme les éléments et les signes spécifiques de l'amitié conjugale. Cet amour, par un don spécial de sa grâce et de sa charité, le Seigneur a daigné le guérir, le parfaire et l'élever. Associant l'humain et le divin, un tel amour conduit les époux à un don libre et mutuel d'eux-mêmes qui se manifeste par des sentiments et des gestes de tendresse et il imprègne toute leur vie [11]; bien plus, il s'achève lui-même et grandit par son généreux exercice. Il dépasse donc de loin l'inclination simplement érotique qui, cultivée pour elle-même, s'évanouit vite et d'une façon pitoyable.

2. Cette affection a sa manière particulière de s'exprimer et de s'accomplir par l'œuvre propre du mariage. En conséquence, les actes qui réalisent l'union intime et chaste des époux sont des actes honnêtes et dignes. Vécus d'une manière vraiment humaine, ils signifient et favorisent le don réciproque par lequel les époux s'enrichissent tous les deux dans la joie et la reconnaissance. Cet amour, ratifié par un engagement mutuel, et par dessus tout consacré par le sacrement du Christ, demeure indissolublement fidèle, de corps et de pensée, pour le meilleur et pour le pire; il exclut donc tout adultère et tout divorce. De même, l'égale dignité personnelle qu'il faut reconnaître à la femme et à l'homme dans l'amour plénier qu'ils se portent l'un à l'autre fait clairement apparaître l'unité du mariage, confirmée par le Seigneur. Pour faire face avec persévérance aux obligations de cette vocation chrétienne, une vertu peu commune est requise: c'est pourquoi les époux, rendus capables par la grâce de mener une vie sainte, ne cesseront d'entretenir en eux un amour fort, magnanime, prompt au sacrifice, et ils le demanderont dans leur prière.

---

10. Cf. Gen. 2, 22-24; Prov. 5, 18-20; 31, 10-31; Tob. 8, 4-8; Cant. 1, 1-3; 2, 16; 4, 16 à 5, 1; 7, 8-11; 1 Cor. 7, 3-6; Eph. 5, 25-33.
11. Cf. Pie XI, Enc. *Casti connubii*: AAS 22 (1930), p. 547 et 548; Denz. 2232 (3707).

3. Mais le véritable amour conjugal sera tenu en plus haute estime, et une saine opinion publique se formera à son égard, si les époux chrétiens donnent ici un témoignage éminent de fidélité et d'harmonie, comme de dévouement dans l'éducation de leurs enfants, et s'ils prennent leurs responsabilités dans le nécessaire renouveau culturel, psychologique et social en faveur du mariage et de la famille. Il faut instruire à temps les jeunes, et de manière appropriée, de préférence au sein de la famille, sur la dignité de l'amour conjugal, sa fonction, son exercice: ainsi formés à la chasteté, ils pourront, le moment venu, s'engager dans le mariage après des fiançailles vécues dans la dignité.

50. [*Fécondité du mariage*]

1. Le mariage et l'amour conjugal sont d'eux-mêmes ordonnés à la procréation et à l'éducation. D'ailleurs, les enfants sont le don le plus excellent du mariage et ils contribuent grandement au bien des parents eux-mêmes. Dieu Lui-même qui a dit: « Il n'est pas bon que l'homme soit seul » (Gen. 2, 18) et « qui dès l'origine a fait l'être humain homme et femme » (Mt. 19, 4), a voulu lui donner une participation spéciale dans son œuvre créatrice; aussi a-t-il béni l'homme et la femme, disant: « Soyez féconds et multipliez-vous » (Gen. 1, 28). Dès lors, un amour conjugal vrai et bien compris, comme toute la structure de la vie familiale qui en découle, tendent, sans sous-estimer * pour autant les autres fins du mariage, à rendre les époux disponibles pour coopérer courageusement à l'amour du Créateur et du Sauveur qui, par eux, veut sans cesse agrandir et enrichir sa propre famille.

2. Dans le devoir qui leur incombe de transmettre la vie et d'être des éducateurs (ce qu'il faut considérer comme leur mission propre), les époux savent qu'ils sont les coopérateurs de l'amour du Dieu Créateur et comme ses interprètes. Ils s'acquitteront donc de leur charge en toute responsabilité humaine et chrétienne, et, dans un respect plein de docilité à l'égard de Dieu, d'un commun accord et d'un commun effort, ils se formeront un jugement droit: ils prendront en considération à la fois et leur bien et celui des enfants déjà nés ou à naître; ils discerneront les conditions aussi bien matérielles que spirituelles de leur époque et de leur situation; ils tiendront compte enfin du bien de la communauté familiale, des besoins de la

---

* En latin: *non posthabitis*. — Il paraît opportun de rappeler ici les mots latins du texte officiel, qui pourraient recevoir comme traduction plus littérale: « sans mettre en second rang », « sans faire passer après ». (Note des éditeurs.)

société temporelle et de l'Eglise elle-même. Ce jugement, ce sont en dernier ressort les époux eux-mêmes qui doivent l'arrêter devant Dieu. Dans leur manière d'agir, que les époux chrétiens sachent bien qu'ils ne peuvent pas se conduire à leur guise, mais qu'ils ont l'obligation de toujours suivre leur conscience, une conscience qui doit se conformer à la loi divine; et qu'ils demeurent dociles au magistère de l'Eglise, interprète autorisée de cette loi à la lumière de l'Evangile. Cette loi divine manifeste la pleine signification de l'amour conjugal, elle le protège et le conduit à son achèvement vraiment humain. Ainsi, lorsque les époux chrétiens, se fiant à la Providence de Dieu et nourrissant en eux l'esprit de sacrifice [12], assument leur rôle procréateur et prennent généreusement leurs responsabilités humaines et chrétiennes, ils rendent gloire au Créateur et il tendent, dans le Christ, à la perfection. Parmi ceux qui remplissent ainsi la tâche que Dieu leur a confiée, il faut accorder une mention spéciale à ceux qui, d'un commun accord et d'une manière réfléchie, acceptent de grand cœur d'élever dignement même un plus grand nombre d'enfants [13].

3. Le mariage cependant n'est pas institué en vue de la seule procréation. Mais c'est le caractère même de l'alliance indissoluble qu'il établit entre les personnes, comme le bien des enfants, qui requiert que l'amour mutuel des époux s'exprime lui aussi dans sa rectitude, progresse et s'épanouisse. C'est pourquoi, même si, contrairement au vœu souvent très vif des époux, il n'y a pas d'enfant, le mariage, comme communauté et communion de toute la vie, demeure, et il garde sa valeur et son indissolubilité.

51. [*L'amour conjugal et le respect de la vie humaine*]

1. Le Concile ne l'ignore pas, les époux qui veulent conduire harmonieusement leur vie conjugale se heurtent souvent de nos jours à certaines conditions de vie et peuvent se trouver dans une situation où il ne leur est pas possible, au moins pour un temps, d'accroître le nombre de leurs enfants; ce n'est point alors sans difficulté que sont maintenues la pratique d'un amour fidèle et la pleine communauté de vie. Là où l'intimité conjugale est interrompue, la fidélité peut courir des risques et le bien des enfants être compromis: car en ce cas sont mis en péril et l'éducation des enfants et le courage nécessaire pour en accepter d'autres ultérieurement.

---

12. Cf. 1 Cor. 7, 5.
13. Cf. Pie XII, Allocution *Tra le visite*, 20 janv. 1958: **AAS** 50 (1958), p. 91.

2. Il en est qui osent apporter des solutions malhonnêtes à ces problèmes et même qui ne reculent pas devant le meurtre. Mais l'Eglise rappelle qu'il ne peut y avoir de véritable contradiction entre les lois divines qui régissent la transmission de la vie et celles qui favorisent l'amour conjugal authentique.

3. En effet, Dieu, maître de la vie, a confié aux hommes le noble ministère de la vie, et l'homme doit s'en acquitter d'une manière digne de lui. La vie doit donc être sauvegardée avec un soin extrême dès la conception: l'avortement et l'infanticide sont des crimes abominables. La sexualité propre à l'homme, comme le pouvoir humain d'engendrer, l'emportent merveilleusement sur ce qui existe aux degrés inférieurs de la vie; il s'ensuit que les actes spécifiques de la vie conjugale, accomplis selon l'authentique dignité humaine, doivent être eux-mêmes entourés d'un grand respect. Lorsqu'il s'agit de mettre en accord l'amour conjugal avec la transmission responsable de la vie, la moralité du comportement ne dépend donc pas de la seule sincérité de l'intention et de la seule appréciation des motifs; mais elle doit être déterminée selon des critères objectifs, tirés de la nature même de la personne et de ses actes, critères qui respectent, dans un contexte d'amour véritable, la signification totale d'une donation réciproque et d'une procréation à la mesure de l'homme; chose impossible si la vertu de chasteté conjugale n'est pas pratiquée d'un cœur loyal. En ce qui concerne la régulation des naissances, il n'est pas permis aux enfants de l'Eglise, fidèles à ces principes, d'emprunter des voies que le Magistère, dans l'explicitation de la loi divine, désapprouve [14].

4. Par ailleurs, que tous sachent bien que la vie humaine et la charge de la transmettre ne se limitent pas aux horizons de ce monde et n'y trouvent ni leur pleine dimension, ni leur plein sens, mais qu'elles sont toujours à mettre en référence avec la destinée éternelle des hommes.

---

14. Cf. Pie XI, Enc. *Casti connubii*: AAS 22 (1930), pp. 559-561; Denz-Schön. 3716-3718; Pie XII, Allocution au *Congrès de l'Union des Sages-femmes italiennes*, 29 oct. 1951: AAS 43 (1951), pp. 835-854; Paul VI, Allocution aux Cardinaux, 23 juin 1964: AAS 56 (1964), pp. 581-589. Par ordre du Souverain Pontife, certaines questions qui supposent d'autres recherches plus approfondies ont été confiées à une Commission pour les problèmes de la population, de la famille et de la natalité pour que, son rôle achevé, le Pape puisse se prononcer. L'enseignement du Magistère demeurant ainsi ce qu'il est, le Concile n'entend pas proposer immédiatement de solutions concrètes.

52. [*La promotion du mariage et de la famille est le fait de tous*]

1. La famille est en quelque sorte une école d'enrichissement humain. Mais pour qu'elle puisse atteindre la plénitude de sa vie et de sa mission, elle exige une communion des âmes empreinte d'affection, une mise en commun des pensées entre les époux et aussi une attentive coopération des parents dans l'éducation des enfants. La présence agissante du père importe grandement à leur formation; mais il faut aussi permettre à la mère, dont les enfants, surtout les plus jeunes, ont tant besoin, de prendre soin de son foyer sans toutefois négliger la légitime promotion sociale de la femme. Que les enfants soient éduqués de telle manière qu'une fois adultes, avec une entière conscience de leur responsabilité, ils puissent suivre leur vocation, y compris une vocation religieuse, et choisir leur état de vie, et que, s'ils se marient, ils puissent fonder leur propre famille dans des conditions morales, sociales et économiques favorables. Il appartient aux parents ou aux tuteurs de guider les jeunes par des avis prudents, dans la fondation d'un foyer; volontiers écoutés des jeunes, ils veilleront toutefois à n'exercer aucune contrainte, directe ou indirecte, sur eux, soit pour les pousser au mariage, soit pour choisir leur conjoint.

2. Ainsi la famille, lieu de rencontre de plusieurs générations qui s'aident mutuellement à acquérir une sagesse plus étendue et à harmoniser les droits des personnes avec les autres exigences de la vie sociale, constitue-t-elle le fondement de la société. Voilà pourquoi tous ceux qui exercent une influence sur les communautés et les groupes sociaux doivent s'appliquer efficacement à promouvoir le mariage et la famille. Que le pouvoir civil considère comme un devoir sacré de reconnaître leur véritable nature, de les protéger et de les faire progresser, de défendre la moralité publique et de favoriser la prospérité des foyers. Il faut garantir le droit de procréation des parents et le droit d'élever leurs enfants au sein de la famille. Une législation prévoyante et des initiatives variées doivent également défendre et procurer l'aide qui convient à ceux qui, par malheur, sont privés d'une famille.

3. Les chrétiens, tirant parti du temps présent [15], et discernant bien ce qui est éternel de ce qui change, devront activement promouvoir les valeurs du mariage et de la famille; ils le feront et par le témoignage de leur vie personnelle et par une action concertée avec tous les hommes de bonne volonté. Ainsi, les difficultés écartées, ils pourvoiront aux besoins de la famille et lui assureront les avantages

---

15. Cf. Eph. 5, 16; Col. 4, 5.

qui conviennent aux temps nouveaux. Pour y parvenir, le sens chrétien des fidèles, la droite conscience morale des hommes, comme la sagesse et la compétence de ceux qui s'appliquent aux sciences sacrées, seront d'un grand secours.

4. Les spécialistes des sciences, notamment biologiques, médicales, sociales et psychologiques, peuvent beaucoup pour la cause du mariage et de la famille et la paix des consciences si, par l'apport convergent de leurs études, ils s'appliquent à tirer davantage au clair les diverses conditions favorisant une saine régulation de la procréation humaine.

5. Il appartient aux prêtres, dûment informés en matière familiale, de soutenir la vocation des époux dans leur vie conjugale et familiale par les divers moyens de la pastorale, par la prédication de la Parole divine, par le culte liturgique ou les autres secours spirituels, de les fortifier avec bonté et patience au milieu de leurs difficultés et de les réconforter avec charité pour qu'ils forment des familles vraiment rayonnantes.

6. Des œuvres variées, notamment les associations familiales, s'efforceront par la doctrine et par l'action d'affermir les jeunes gens et les époux, surtout ceux qui sont récemment mariés, et de les former à la vie familiale, sociale et apostolique.

7. Enfin que les époux eux-mêmes, créés à l'image d'un Dieu vivant et établis dans un ordre authentique de personnes, soient unis dans une même affection, dans une même pensée et dans une mutuelle sainteté [16], en sorte que, à la suite du Christ, principe de vie [17], ils deviennent, à travers les joies et les sacrifices de leur vocation, par la fidélité de leur amour, les témoins de ce mystère de charité que le Seigneur a révélé au monde par sa mort et sa résurrection [18].

---

16. Cf. *Sacramentarium Gregorianum*: PL 78, 262.
17. Cf. Rom. 5, 15 et 18; 6, 5-11; Gal. 2, 20.
18. Cf. Eph. 5, 25-27.

CHAPITRE II

L'ESSOR DE LA CULTURE

53. [*Introduction*]

1. C'est le propre de la personne humaine de n'accéder vraiment et pleinement à l'humanité que par la culture, c'est-à-dire en cultivant les biens et les valeurs de la nature. Toutes les fois qu'il est question de vie humaine, nature et culture sont aussi étroitement liées que possible.

2. Au sens large, le mot « culture » désigne tout ce par quoi l'homme affine et développe les multiples capacités de son esprit et de son corps; s'efforce de soumettre l'univers par la connaissance et le travail; humanise la vie sociale, aussi bien la vie familiale que l'ensemble de la vie civile, grâce au progrès des mœurs et des institutions; traduit, communique et conserve enfin dans ses œuvres, au cours des temps, les grandes expériences spirituelles et les aspirations majeures de l'homme, afin qu'elles servent au progrès d'un grand nombre et même de tout le genre humain.

3. Il en résulte que la culture humaine comporte nécessairement un aspect historique et social et que le mot « culture » prend souvent un sens sociologique et même ethnologique. En ce sens, on parlera de la pluralité des cultures. Car des styles de vie divers et des échelles de valeurs différentes trouvent leur source dans la façon particulière que l'on a de se servir des choses, de travailler, de s'exprimer, de pratiquer sa religion, de se conduire, de légiférer, d'établir des institutions juridiques, d'enrichir les sciences et les arts et de cultiver le beau. Ainsi, à partir des usages hérités, se forme un patrimoine propre à chaque communauté humaine. De même, par là se constitue un milieu déterminé et historique dans lequel tout homme est inséré, quels que soient sa nation ou son siècle, et d'où il tire les valeurs qui lui permettront de promouvoir la civilisation.

SECTION 1: SITUATION DE LA CULTURE DANS LE MONDE ACTUEL

54. [*Nouveaux styles de vie*]

Les conditions de vie de l'homme moderne, au point de vue social et culturel, ont été profondément transformées, si bien que l'on peut parler d'un nouvel âge de l'histoire humaine [1]. Dès lors, des voies nouvelles s'ouvrent pour parfaire et étendre la culture. Elles ont été préparées par une poussée considérable des sciences naturelles, humaines et aussi sociales, par le développement des techniques et par l'essor et une meilleure organisation des moyens qui permettent aux hommes de communiquer entre eux. La culture moderne peut donc se caractériser ainsi: les sciences dites « exactes » développent au maximum le sens critique; les recherches les plus récentes de la psychologie expliquent en profondeur l'activité humaine; les disciplines historiques poussent fortement à envisager les choses sous leur aspect changeant et évolutif; coutumes et manières de vivre tendent à s'uniformiser de plus en plus; l'industrialisation, l'urbanisation et les autres causes qui favorisent la vie collective, créent de nouvelles formes de culture (culture de masse), d'où résultent des façons nouvelles de sentir, d'agir et d'utiliser ses loisirs. En même temps, l'accroissement des échanges entre les différentes nations et les groupes sociaux découvre plus largement à tous et à chacun les richesses des diverses cultures, et ainsi se prépare peu à peu un type de civilisation plus universel qui fait avancer l'unité du genre humain et l'exprime, dans la mesure même où il respecte mieux les particularités de chaque culture.

55. [*L'homme, promoteur de la culture*]

A quelque groupe ou nation qu'ils appartiennent, le nombre des hommes et des femmes qui prennent conscience d'être les artisans et les promoteurs de la culture de leur communauté croît sans cesse. Dans le monde entier progresse de plus en plus le sens de l'autonomie comme de la responsabilité; ce qui, sans aucun doute, est de la plus haute importance pour la maturité spirituelle et morale du genre humain. On s'en aperçoit mieux encore si on ne perd pas de vue l'unification de l'univers et la mission qui nous est impartie de construire un monde meilleur dans la vérité et la justice. Nous sommes donc les témoins de la naissance d'un nouvel humanisme; l'homme s'y définit avant tout par la responsabilité qu'il assume envers ses frères et devant l'histoire.

---

1. Cf. *Exposé préliminaire* de cette Constitution, no 4-10 [pp. 176-182].

56. [*Difficultés et devoirs*]

1. Dans de telles conditions, il n'est pas étonnant que l'homme, se sentant responsable du progrès culturel, soit animé d'un plus grand espoir, mais envisage aussi avec quelque anxiété les nombreuses antinomies qu'il lui faut résoudre.

2. Que faut-il faire pour que la multiplication des échanges culturels, qui devraient aboutir à un dialogue vrai et fructueux entre les divers groupes et nations, ne bouleverse pas la vie des communautés, ne fasse pas échec à la sagesse ancestrale et ne mette pas en péril le génie propre de chaque peuple ?

3. Comment favoriser le dynamisme et l'expansion d'une culture nouvelle sans que disparaisse la fidélité vivante à l'héritage des traditions ? Cette question se pose avec une acuité particulière lorsqu'il s'agit d'harmoniser la culture, fruit du développement considérable des sciences et des techniques, avec la culture qui se nourrit d'études classiques, conformes aux différentes traditions.

4. Comment l'émiettement si rapide et croissant des disciplines spécialisées peut-il se concilier avec la nécessité d'en faire la synthèse et avec le devoir de sauvegarder dans l'humanité les puissances de contemplation et d'admiration qui conduisent à la sagesse ?

5. Que faire pour permettre aux multitudes de participer aux bienfaits de la culture, alors que celle des élites ne cesse de s'élever et de se compliquer toujours ?

6. Comment, enfin, reconnaître comme légitime l'autonomie que la culture réclame pour elle-même, sans pour autant en venir à un humanisme purement terrestre et même hostile à la religion ?

7. C'est au cœur même de ces antinomies que la culture doit aujourd'hui progresser, de façon à épanouir intégralement et harmonieusement la personne humaine, de façon aussi à aider les hommes à accomplir les charges auxquelles tous sont appelés, et particulièrement les chrétiens, fraternellement unis au sein de l'unique famille humaine.

SECTION 2: QUELQUES PRINCIPES RELATIFS À LA PROMOTION CULTURELLE

57. [*Foi et culture*]

1. Les chrétiens, en marche vers la cité céleste, doivent rechercher et goûter les choses d'en-haut [2], mais cela pourtant, loin de la dimi-

---

2. Cf. Col. 3, 1-2.

nuer, accroît plutôt la gravité de l'obligation qui est la leur de travailler avec tous les hommes à la construction d'un monde plus humain. Et de fait, le mystère de la foi chrétienne leur fournit des stimulants et des soutiens inappréciables: ils leur permettent de s'adonner avec plus d'élan à cette tâche et surtout de découvrir l'entière signification des activités capables de donner à la culture sa place éminente dans la vocation intégrale de l'homme.

2. En effet, lorsqu'il cultive la terre de ses mains ou avec l'aide de moyens techniques, pour qu'elle produise des fruits et devienne une demeure digne de toute la famille humaine, et lorsqu'il prend part consciemment à la vie des groupes sociaux, l'homme réalise le plan de Dieu, manifesté au commencement des temps, de dominer la terre [3] et d'achever la création, et il se cultive lui-même. En même temps, il obéit au grand commandement du Christ de se dépenser au service de ses frères.

3. En outre, en s'appliquant aux diverses disciplines, philosophie, histoire, mathématiques, sciences naturelles, et en cultivant les arts, l'homme peut grandement contribuer à ouvrir la famille humaine aux plus nobles valeurs du vrai, du bien et du beau, et à une vue des choses ayant valeur universelle: il reçoit ainsi des clartés nouvelles de cette admirable Sagesse qui depuis toujours était auprès de Dieu, disposant toutes choses avec Lui, jouant sur le globe de la terre et trouvant ses délices parmi les enfants des hommes [4].

4. Par le fait même, l'esprit humain, moins esclave des choses, peut plus facilement s'élever à l'adoration et à la contemplation du Créateur. Bien plus, il est préparé à reconnaître, sous l'impulsion de la grâce, le Verbe de Dieu qui, avant de se faire chair pour tout sauver et récapituler en Lui, était déjà dans le monde, comme la « vraie lumière qui éclaire tout homme » (Jn 1, 9) [5].

5. Certes, le progrès actuel des sciences et des techniques qui, en vertu de leur méthode, ne sauraient parvenir jusqu'aux profondeurs de la réalité, peut avantager un certain phénoménisme et un certain agnosticisme, lorsque les méthodes de recherche propres à ces disciplines sont prises, à tort, comme règle suprême pour la découverte de toute vérité. Et même on peut craindre que l'homme, se fiant trop aux découvertes actuelles, en vienne à penser qu'il se suffit à lui-même et qu'il n'a plus à chercher de valeurs plus hautes.

---

3. Cf. Gen. 1, 28.
4. Cf. Prov. 8, 30-31.
5. Cf. St Irénée, *Adv. Haer.* III, 11, 8: ed. Sagnard, p. 200; cf. de même 16, 6: pp. 290-292; 21, 10-22: pp. 370-372; 22, 3: p. 378; etc.

6. Cependant ces conséquences fâcheuses ne découlent pas nécessairement de la culture moderne et ne doivent pas nous exposer
à la tentation de méconnaître ses valeurs positives. Parmi celles-ci, il
convient de signaler: le goût des sciences et la fidélité sans défaillance
à la vérité dans les recherches scientifiques, la nécessité de travailler
en équipe dans des groupes spécialisés, le sens de la solidarité internationale, la conscience de plus en plus nette de la responsabilité que
les savants ont d'aider et même de protéger les hommes, la volonté
de procurer à tous des conditions de vie plus favorables, à ceux-là
surtout qui sont privés de responsabilité ou qui souffrent d'indigence
culturelle. Dans toutes ces valeurs, l'accueil du message évangélique
pourra trouver une sorte de préparation, et la charité divine de Celui
qui est venu pour sauver le monde la fera aboutir.

58. [*Nombreux rapports entre la Bonne Nouvelle du Christ et la
     culture*]

1. Entre le message de salut et la culture, il y a de multiples liens.
Car Dieu, en se révélant à son peuple jusqu'à sa pleine manifestation
dans son Fils incarné, a parlé selon des types de culture propres à
chaque époque.

2. De la même façon, l'Eglise, qui a connu au cours des temps des
conditions d'existence variées, a utilisé les ressources des diverses
cultures pour répandre et exposer par sa prédication le message
du Christ à toutes les nations, pour mieux le découvrir et mieux l'approfondir, pour l'exprimer plus parfaitement dans la célébration liturgique comme dans la vie multiforme de la communauté des fidèles.

3. Mais en même temps, l'Eglise, envoyée à tous les peuples de
tous les temps et de tous les lieux, n'est liée d'une manière exclusive
et indissoluble à aucune race ou nation, à aucun genre de vie particulier, à aucune coutume ancienne ou récente. Constamment fidèle
à sa propre tradition et tout à la fois consciente de l'universalité de
sa mission, elle peut entrer en communion avec les diverses civilisations: d'où l'enrichissement qui en résulte pour elle-même et pour les
différentes cultures.

4. La Bonne Nouvelle du Christ rénove constamment la vie et la
culture de l'homme déchu; elle combat et écarte les erreurs et les
maux qui proviennent de la séduction permanente du péché. Elle ne
cesse de purifier et d'élever la moralité des peuples. Par les richesses
d'en-haut, elle féconde comme de l'intérieur les qualités spirituelles et
les dons propres à chaque peuple et à chaque âge, elle les fortifie,
les parfait et les restaure dans le Christ [6]. Ainsi l'Eglise, en remplis-

---

6. Cf. Eph. 1, 10.

sant sa propre mission [7], concourt déjà par là même à l'œuvre civilisatrice et elle y pousse; son action, même liturgique, contribue à former la liberté intérieure de l'homme.

59. [*Réaliser l'harmonie des différentes valeurs au sein des cultures*]

1. Pour les raisons que l'on vient de dire, l'Eglise rappelle à tous que la culture doit être subordonnée au développement intégral de la personne, au bien de la communauté et à celui du genre humain tout entier. Aussi convient-il de cultiver l'esprit en vue de développer les puissances d'admiration, de contemplation, d'aboutir à la formation d'un jugement personnel et d'élever le sens religieux, moral et social.

2. La culture, en effet, puisqu'elle découle immédiatement du caractère raisonnable et social de l'homme, a sans cesse besoin d'une juste liberté pour s'épanouir et d'une légitime autonomie d'action, en conformité avec ses propres principes. Elle a donc droit au respect et jouit d'une certaine inviolabilité, à condition, évidemment, de sauvegarder les droits de la personne et de la société, particulière ou universelle, dans les limites du bien commun.

3. Ce Saint Synode, reprenant à son compte l'enseignement du premier Concile du Vatican, déclare qu'il existe « deux ordres de savoir » distincts, celui de la foi et celui de la raison, et que l'Eglise ne s'oppose certes pas à ce que « les arts et les disciplines humaines jouissent de leurs propres principes et de leur propre méthode en leurs domaines respectifs »; c'est pourquoi, « reconnaissant cette juste liberté », l'Eglise affirme l'autonomie légitime de la culture et particulièrement celle des sciences [8].

4. Tout ceci exige aussi que, l'ordre moral et l'intérêt commun étant saufs, l'homme puisse librement chercher la vérité, faire connaître et divulguer ses opinions et s'adonner aux arts de son choix. Cela demande enfin qu'il soit informé impartialement des évènements de la vie publique [9].

Quant aux pouvoirs publics, il leur revient, non pas de déterminer le caractère propre de la civilisation, mais d'établir les conditions et de prendre les moyens susceptibles de favoriser la vie culturelle au

---

7. Cf. Pie XI à Mgr Roland-Gosselin: « Il ne faut jamais perdre de vue que l'objectif de l'Eglise est d'évangéliser et non de civiliser. Si elle civilise, c'est par l'évangélisation » (*Semaines sociales de France*, Versailles, 1936, pp. 461-462).

8. Conc. Vat. I, Const. *Dei Filius:* Denz. 1795, 1799 (3015, 3019). Cf. Pie XI, Enc. *Quadragesimo anno:* AAS 23 (1931), p. 190.

9. Cf. Jean XXIII, Enc. *Pacem in terris:* AAS 55 (1963), p. 260.

bénéfice de tous, sans oublier les éléments minoritaires présents dans une nation [10]. Voilà pourquoi il faut éviter à tout prix que la culture, détournée de sa propre fin, soit asservie aux pouvoirs politiques et économiques.

SECTION 3: QUELQUES DEVOIRS PLUS URGENTS DES CHRÉTIENS PAR RAPPORT À LA CULTURE

60. [*La reconnaissance du droit de tous à la culture et sa réalisation pratique*]

1. Puisqu'on a maintenant la possibilité de délivrer la plupart des hommes du fléau de l'ignorance, il est un devoir qui convient au plus haut point à notre temps, surtout pour les chrétiens: celui de travailler avec acharnement à ce que, tant en matière économique qu'en matière politique, tant au plan national qu'au plan international, des décisions fondamentales soient prises de nature à faire reconnaître partout et pour tous, en harmonie avec la dignité de la personne humaine, sans distinction de race, de sexe, de nation, de religion ou de condition sociale, le droit à la culture et assurer sa réalisation. Il faut donc procurer à chacun une quantité suffisante de biens culturels, surtout de ceux qui constituent la culture dite « de base », pour qu'un très grand nombre ne soient pas empêchés, par l'analphabétisme et le manque d'initiative, de coopérer de manière vraiment humaine au bien commun.

2. En conséquence, il faut tendre à donner à ceux qui en sont capables la possibilité de poursuivre des études supérieures; et de telle façon que, dans la mesure du possible, ils occupent des fonctions, jouent un rôle et rendent des services dans la vie sociale qui correspondent soit à leurs aptitudes, soit à la compétence qu'ils auront acquise [11]. Ainsi tout homme, comme les groupes sociaux de chaque peuple, pourront atteindre leur plein épanouissement culturel, conformément à leurs dons et à leur traditions.

3. Il faut en outre tout faire pour que chacun prenne conscience et du droit et du devoir qu'il a de se cultiver, non moins que de l'obligation qui lui incombe d'aider les autres à le faire. Il existe en effet, ici ou là, des conditions de vie et de travail qui contrarient les efforts des hommes vers la culture et qui en détruisent chez eux le goût. Ceci vaut à un titre spécial pour les agriculteurs et les ouvriers, auxquels il faut assurer des conditions de travail telles qu'elles ne les empêchent pas de se cultiver, mais bien plutôt les y poussent. Les femmes travail-

---

10. Cf. Jean XXIII, Enc. *Pacem in terris:* AAS 55 (1963), p. 283; Pie XII. *Message radioph.* 24 déc. 1941: AAS 34 (1942), pp. 16-17.
11. Cf. Jean XXIII, Enc. *Pacem in terris,* AAS 55 (1963), p. 260.

lent à présent dans presque tous les secteurs d'activité; il convient cependant qu'elles puissent pleinement jouer leur rôle selon leurs aptitudes propres. Ce sera le devoir de tous de reconnaître la participation spécifique et nécessaire des femmes à la vie culturelle et de la promouvoir.

61. [*Formation à une culture intégrale*]

1. De nos jours, plus que par le passé, la difficulté est grande d'opérer la synthèse entre les différentes disciplines et branches du savoir. En effet, tandis que s'accroissent la masse et la diversité des éléments culturels, dans le même temps s'amenuise la faculté pour chaque homme de les percevoir et de les harmoniser entre eux, si bien que l'image de « l'homme universel » s'évanouit de plus en plus. Cependant continue de s'imposer à chaque homme le devoir de sauvegarder l'intégralité de sa personnalité, en qui prédominent les valeurs d'intelligence, de volonté, de conscience et de fraternité, valeurs qui ont toutes leur fondement en Dieu Créateur et qui ont été guéries et élevées d'une manière admirable dans le Christ.

2. La famille est au premier chef comme la mère nourricière de cette éducation: en elle, les enfants, enveloppés d'amour, découvrent plus aisément la hiérarchie des valeurs, tandis que des éléments d'une culture éprouvée s'impriment d'une manière presque inconsciente dans l'esprit des adolescents, au fur et à mesure qu'ils grandissent.

3. Pour cette même éducation, les sociétés actuelles disposent, en particulier grâce à la diffusion croissante des livres et aux nouveaux moyens de communication culturelle et sociale, de ressources opportunes qui peuvent faciliter l'universalité de la culture. En effet, avec la diminution plus ou moins généralisée du temps de travail, les occasions de se cultiver se multiplient pour la plupart des hommes. Que les loisirs soient bien employés, pour se détendre et pour fortifier la santé de l'esprit et du corps: en se livrant à des activités libres et à des études désintéressées; à l'occasion de voyages en d'autres régions (tourisme) qui affinent l'intelligence et qui, de surcroît, enrichissent chacun par la connaissance de l'autre; également par des exercices physiques et des activités sportives qui aident à conserver un bon équilibre psychique, individuellement et aussi collectivement, et à établir des relations fraternelles entre les hommes de toutes conditions, de toutes nations ou de races différentes. Que les chrétiens collaborent donc aux manifestations et aux actions culturelles collectives qui sont de leur temps, qu'ils les humanisent et les imprègnent d'esprit chrétien.

4. Cependant tous ces avantages ne sauraient parvenir à réaliser l'éducation culturelle intégrale de l'homme si, en même temps, on

néglige de s'interroger sur la signification profonde de la culture et de la science pour la personne humaine.

62. [*Harmonie entre culture et christianisme*]

1. Bien que l'Eglise ait largement contribué au progrès de la culture, l'expérience montre toutefois que, pour des raisons contingentes, il n'est pas toujours facile de réaliser l'harmonie entre la culture et le christianisme.

2. Ces difficultés ne portent pas nécessairement préjudice à la vitalité de la foi, et même elles peuvent inciter à une plus exacte et plus profonde intelligence de celle-ci. En effet, les plus récentes recherches et découvertes des sciences, ainsi que celles de l'histoire et de la philosophie, soulèvent de nouvelles questions qui comportent des conséquences pour la vie même, et exigent de nouvelles recherches de la part des théologiens eux-mêmes. Dès lors, tout en respectant les méthodes et les règles propres aux sciences théologiques, ils sont invités à chercher sans cesse la manière la plus apte de communiquer la doctrine aux hommes de leur temps: car autre chose est le dépôt même ou les vérités de la Foi, autre chose la façon selon laquelle ces vérités sont exprimées, à condition toutefois d'en sauvegarder le sens et la signification [12]. Que, dans la pastorale, on ait une connaissance suffisante non seulement des principes de la théologie, mais aussi des découvertes scientifiques profanes, notamment de la psychologie et de la sociologie, et qu'on en fasse usage: de la sorte, les fidèles à leur tour seront amenés à une plus grande pureté et maturité dans leur vie de foi.

3. A leur manière aussi, la littérature et les arts ont une grande importance pour la vie de l'Eglise. Ils s'efforcent en effet d'exprimer la nature propre de l'homme, ses problèmes, ses tentatives pour se connaître et se perfectionner lui-même ainsi que le monde. Ils s'appliquent à découvrir sa place dans l'histoire et dans l'univers, à mettre en lumière les misères et les joies, les besoins et les énergies des hommes et à présenter l'ébauche d'une destinée humaine plus heureuse. Ainsi sont-ils capables d'élever la vie humaine qu'ils expriment sous des formes multiples, selon les temps et les lieux.

4. Il faut donc faire en sorte que ceux qui s'adonnent à ces arts se sentent compris par l'Eglise au sein même de leurs activités et que, jouissant d'une liberté normale, ils établissent des échanges plus faciles avec la communauté chrétienne. Que les nouvelles formes d'art qui conviennent à nos contemporains, selon le génie des diverses na-

---

12. Cf. Jean XXIII, *Discours* prononcé le 11 oct. 1962 pour l'ouverture du Concile: AAS 54 (1962), p. 792 [p. 587].

tions et régions, soient aussi reconnues par l'Eglise. Et qu'on les accueille dans le sanctuaire lorsque, par des modes d'expression adaptés et conformes aux exigences de la liturgie, elles élèvent l'esprit vers Dieu [13].

5. Ainsi la gloire de Dieu éclate davantage; la prédication de l'Evangile devient plus transparente à l'intelligence des hommes et apparaît comme connaturelle à leurs conditions d'existence.

6. Que les croyants vivent donc en très étroite union avec les autres hommes de leur temps et qu'ils s'efforcent de comprendre à fond leurs façons de penser et de sentir, telles qu'elles s'expriment par la culture. Qu'ils marient la connaissance des sciences et des théories nouvelles, comme des découvertes les plus récentes, avec les mœurs et l'enseignement de la doctrine chrétienne, pour que le sens religieux et la rectitude morale marchent de pair chez eux avec la connaissance scientifique et les incessants progrès techniques; ils pourront ainsi apprécier et interpréter toutes choses avec une sensibilité authentiquement chrétienne.

7. Ceux qui s'appliquent aux sciences théologiques dans les Séminaires et les Universités aimeront collaborer avec les hommes versés dans les autres sciences, en mettant en commun leurs énergies et leurs points de vue. La recherche théologique, en même temps qu'elle approfondit la vérité révélée, ne doit pas perdre contact avec son temps, afin de faciliter une meilleure connaissance de la foi aux hommes cultivés dans les différentes branches du savoir. Cette bonne entente rendra les plus grands services à la formation des ministres sacrés: ils pourront présenter la doctrine de l'Eglise sur Dieu, l'homme et le monde d'une manière mieux adaptée à nos contemporains, qui accueilleront d'autant plus volontiers leur parole [14]. Bien plus, il faut souhaiter que de nombreux laïcs reçoivent une formation suffisante dans les sciences sacrées, et que plusieurs parmi eux se livrent à ces études *ex professo* et les approfondissent. Mais, pour qu'ils puissent mener leur tâche à bien, qu'on reconnaisse aux fidèles, aux clercs comme aux laïcs, une juste liberté de recherche et de pensée, comme une juste liberté de faire connaître humblement et courageusement leur manière de voir, dans le domaine de leur compétence [15].

---

13. Cf. Conc. Vat. II, Const. *De Sacra Liturgia*, n. 123: AAS 56 (1964), p. 131 [p. 163-164]; Paul VI, *Discours aux artistes romains*, 7 mai 1964: AAS 56 (1964), pp. 439-442.
14. Cf. Conc. Vat. II, Décrets *De institutione sacerdotali* [pp. 351-372] et *De educatione christiana* [pp. 531-546].
15. Cf. Conc. Vat. II, Const. dogm. *Lumen gentium*, Chap. IV, n. 37: AAS 57 (1965), pp. 42-43 [p. 63-64].

CHAPITRE III

LA VIE ÉCONOMICO-SOCIALE

63. [*Quelques traits de la vie économique*]

1. Dans la vie économico-sociale aussi, il faut honorer et promouvoir la dignité de la personne humaine, sa vocation intégrale et le bien de toute la société. C'est l'homme en effet qui est l'auteur, le centre et le but de toute la vie économico-sociale.

2. Comme tout autre domaine de la vie sociale, l'économie moderne se caractérise par une emprise croissante de l'homme sur la nature, la multiplication et l'intensification des relations et des interdépendances entre individus, groupes et peuples, et la fréquence accrue des interventions du pouvoir politique. En même temps, le progrès dans les modes de production et dans l'organisation des échanges de biens et de services a fait de l'économie un instrument apte à mieux satisfaire les besoins accrus de la famille humaine.

3. Pourtant les sujets d'inquiétude ne manquent pas. Beaucoup, surtout dans les régions du monde économiquement développées, apparaissent comme dominés par l'économique: presque toute leur existence personnelle et sociale est imbue d'un certain « économisme », et cela aussi bien dans les pays favorables à l'économie collectiviste que dans les autres. A un moment où le développement de l'économie, orienté et coordonné d'une manière rationnelle et humaine, permettrait d'atténuer les inégalités sociales, il conduit trop souvent à leur aggravation et même, ici ou là, à une régression de la condition sociale des faibles et au mépris des pauvres. Alors que des foules immenses manquent encore du strict nécessaire, certains, même dans les régions moins développées, vivent dans l'opulence ou gaspillent sans compter. Le luxe côtoie la misère. Tandis qu'un petit nombre d'hommes disposent d'un très ample pouvoir de décision, beaucoup sont privés de presque toute possibilité d'initiative personnelle et de responsabilité; souvent même, ils sont placés dans des conditions de vie et de travail indignes de la personne humaine.

4. De semblables déséquilibres économiques et sociaux se produisent entre le secteur agricole, le secteur industriel et les services,

comme aussi entre les diverses régions d'un seul et même pays. Entre les nations économiquement plus développées et les autres nations, une opposition de plus en plus aiguë se manifeste, capable de mettre en péril jusqu'à la paix du monde.

5. Les hommes de notre temps prennent une conscience de plus en plus vive de ces disparités: ils sont profondément persuadés que les techniques nouvelles et les ressources économiques accrues dont dispose le monde pourraient et devraient corriger ce funeste état de choses. Mais pour cela de nombreuses réformes sont nécessaires dans la vie économico-sociale; il y faut aussi, de la part de tous, une conversion des mentalités et des attitudes. Dans ce but, l'Eglise, au cours des siècles, a explicité à la lumière de l'Evangile des principes de justice et d'équité, demandés par la droite raison, tant pour la vie individuelle et sociale que pour la vie internationale; et elle les a proclamés surtout ces derniers temps. Compte tenu de la situation présente, le Concile entend les confirmer et indiquer quelques orientations en prenant particulièrement en considération les exigences du développement économique [1].

SECTION 1: LE DÉVELOPPEMENT ÉCONOMIQUE

64. [*Le développement économique au service de l'homme*]

Aujourd'hui plus que jamais, pour faire face à l'accroissement de la population et pour répondre aux aspirations plus vastes du genre humain, on s'efforce à bon droit d'élever le niveau de la production agricole et industrielle, ainsi que le volume des services offerts. C'est pourquoi il faut encourager le progrès technique, l'esprit d'innovation, la création et l'extension d'entreprises, l'adaptation des méthodes, les efforts soutenus de tous ceux qui participent à la production, en un mot tout ce qui peut contribuer à cet essor. Mais le but fondamental d'une telle production n'est pas la seule multiplication des biens produits, ni le profit ou la puissance; c'est le service de l'homme: de l'homme tout entier, selon la hiérarchie de ses besoins matériels comme des exigences de sa vie intellectuelle, morale, spirituelle et religieuse; de tout homme, disons-nous, de tout groupe d'hommes, sans distinction de race ou de continent. C'est pourquoi l'activité économique, conduite selon ses méthodes et ses lois propres, doit

---

1. Cf. Pie XII, Message du 23 mars 1952: AAS 44 (1952), p. 273; Jean XXIII, Allocution aux A.C.L.I., 1 mai 1959: AAS 51 (1959), p. 358.

s'exercer dans les limites de l'ordre moral [2], afin de répondre au dessein de Dieu sur l'homme [3].

65. [*Contrôle de l'homme sur le développement économique*]

1. Le développement doit demeurer sous le contrôle de l'homme. Il ne doit pas être abandonné à la discrétion d'un petit nombre d'hommes ou de groupes jouissant d'une trop grande puissance économique, ni à celle de la communauté politique ou à celle de quelques nations plus puissantes. Il convient au contraire que le plus grand nombre possible d'hommes, à tous les niveaux, et au plan international l'ensemble des nations, puissent prendre une part active à son orientation. Il faut de même que les initiatives spontanées des individus et de leurs libres associations soient coordonnées avec l'action des pouvoirs publics, et qu'elles soient ajustées et harmonisées entre elles.

2. Le développement ne peut être laissé ni au seul jeu quasi automatique de l'activité économique des individus ni à la seule puissance publique. Il faut donc dénoncer les erreurs aussi bien des doctrines qui s'opposent aux réformes indispensables au nom d'une fausse conception de la liberté, que des doctrines qui sacrifient les droits fondamentaux des personnes et des groupes à l'organisation collective de la production [4].

3. Par ailleurs, les citoyens doivent se rappeler que c'est leur droit et leur devoir (et le pouvoir civil doit lui aussi le reconnaître) de contribuer selon leurs moyens au progrès véritable de la communauté à laquelle ils appartiennent. Dans les pays en voie de développement surtout, où l'emploi de toutes les disponibilités s'impose avec un caractère d'urgence, ceux qui gardent leurs ressources inemployées mettent gravement en péril le bien commun; il en va de même de ceux qui privent leur communauté des moyens matériels et spirituels dont elle a besoin, le droit personnel de migration étant sauf.

---

2. Cf. Pie XI, Enc. *Quadragesimo anno*: AAS 23 (1931), p. 190 ss. Pie XII, Message du 23 mars 1952: AAS 44 (1952), p. 276 ss.; Jean XXIII, Enc. *Mater et Magistra*: AAS 53 (1961), p. 450; Conc. VAT. II, Decretum *Inter mirifica*, chap. I, n. 6: AAS 56 (1964), p. 147 [p. 522].

3. Cf. Mt. 16, 26; Lc 16, 1-31; Col. 3, 17.

4. Cf. Léon XIII, Enc. *Libertas praestantissimum*, 20 juin 1888: ASS 20 (1887-88) pp. 597 ss.; Pie XI, Enc. *Quadragesimo anno*: AAS 23 (1931), p. 191 ss.; id., *Divini Redemptoris*: AAS 29 (1937), p. 65 ss.; Pie XII, Message de Noël 1941: AAS 34 (1942), p. 10 ss.; Jean XXIII, Enc. *Mater et Magistra*: AAS 53 (1961), pp. 401-464.

66. [*Il faut mettre un terme aux immenses disparités économico-sociales*]

1. Pour répondre aux exigences de la justice et de l'équité, il faut s'efforcer vigoureusement, dans le respect des droits personnels et du génie propre de chaque peuple, de faire disparaître le plus rapidement possible les énormes inégalités économiques qui s'accompagnent de discrimination individuelle et sociale; de nos jours elles existent et souvent elles s'aggravent. De même, en bien des régions, étant donné les difficultés particulières de la production et de la commercialisation dans le secteur agricole, il faut aider les agriculteurs à accroître cette production et à la vendre, à réaliser les transformations et les innovations nécessaires, à obtenir enfin un revenu équitable: sinon ils demeureront, comme il arrive trop souvent, des citoyens de seconde zone. De leur côté, les agriculteurs, les jeunes surtout, doivent s'appliquer avec énergie à améliorer leur compétence professionnelle, sans laquelle l'agriculture ne saurait progresser [5].

2. De même, la justice et l'équité exigent que la mobilité, nécessaire à des économies en progrès, soit aménagée de façon à éviter aux individus et à leurs familles des conditions de vie instables et précaires. A l'égard des travailleurs en provenance d'autre pays ou d'autres régions qui apportent leur concours à la croissance économique d'un peuple ou d'une province, on se gardera soigneusement de toute espèce de discrimination en matière de rémunération ou de conditions de travail. De plus, tous les membres de la société, en particulier les pouvoirs publics, doivent les traiter comme des personnes et non comme de simples instruments de production: faciliter la présence auprès d'eux de leur famille, les aider à se procurer un logement décent et favoriser leur insertion dans la vie sociale du pays ou de la région d'accueil. On doit cependant, dans la mesure du possible, créer des emplois dans leurs régions d'origine elles-mêmes.

3. Dans les économies actuellement en transition comme dans les formes nouvelles de la société industrielle, marquées par exemple par le progrès de l'automation, il faut se préoccuper d'assurer à chacun un emploi suffisant et adapté, et la possibilité d'une formation technique et professionnelle adéquate. On doit aussi garantir les moyens d'existence et la dignité humaine de ceux qui, surtout en raison de la maladie ou de l'âge, se trouvent dans une situation plus difficile.

---

5. Sur les problèmes agricoles cf. surtout Jean XXIII, Enc. *Mater et Magistra*: AAS 53 (1961), p. 431 ss.

SECTION 2: PRINCIPES DIRECTEURS DE L'ENSEMBLE
DE LA VIE ÉCONOMICO-SOCIALE

67. [*Travail, conditions de travail, loisirs*]

1. Le travail des hommes, celui qui s'exerce dans la production et l'échange de biens ou dans la prestation de services économiques, passe avant les autres éléments de la vie économique, qui n'ont valeur que d'instruments.

2. Ce travail, en effet, qu'il soit entrepris de manière indépendante ou par contrat avec un employeur, procède immédiatement de la personne: celle-ci marque en quelque sorte la nature de son empreinte et la soumet à ses desseins. Par son travail, l'homme assure habituellement sa subsistance et celle de sa famille, s'associe à ses frères et leur rend service, peut pratiquer une vraie charité et coopérer à l'achèvement de la création divine. Bien plus, par l'hommage de son travail à Dieu, nous tenons que l'homme est associé à l'œuvre rédemptrice de Jésus-Christ qui a donné au travail une dignité éminente en œuvrant de ses propres mains à Nazareth. De là découlent pour tout homme le devoir de travailler loyalement aussi bien que le droit au travail. En fonction des circonstances concrètes, la société doit, pour sa part, aider les citoyens en leur permettant de se procurer un emploi suffisant. Enfin, compte tenu des fonctions et de la productivité de chacun, de la situation de l'entreprise et du bien commun, la rémunération du travail doit assurer à l'homme des ressources qui lui permettent, à lui et à sa famille, une vie digne sur le plan matériel, social, culturel et spirituel [6].

3. Comme l'activité économique est le plus souvent le fruit du travail associé des hommes, il est injuste et inhumain de l'organiser et de l'ordonner au détriment de quelque travailleur que ce soit. Or il est trop courant, même de nos jours, que ceux qui travaillent soient en quelque sorte asservis à leurs propres œuvres; ce que de soi-disant lois économiques ne justifient en aucune façon. Il importe donc d'adapter tout le processus du travail productif aux besoins de la personne et aux modalités de son existence, en particulier de la vie du foyer (surtout en ce qui concerne les mères de famille), en tenant tou-

---

6. Cf. Léon XIII, Enc. *Rerum Novarum*: ASS 23 (1890-91), pp. 649-662; Pie XI, Enc. *Quadragesimo anno*: AAS 23 (1931), pp. 200-201; id., Enc. *Divini Redemptoris*: AAS 29 (1937), p. 92; Pie XII, Message radiophonique de la veille de Noël 1942: AAS 35 (1943), p. 20; id., Allocution du 13 juin 1943: AAS 35 (1943), p. 172; id. Message radiophonique aux ouvriers espagnols, 11 mars 1951: AAS 43 (1951), p. 215; Jean XXIII, Enc. *Mater et Magistra*: AAS 53 (1961), p. 419.

jours compte du sexe et de l'âge. Les travailleurs doivent aussi avoir la possibilité de développer leurs qualités et leur personnalité dans l'exercice même de leur travail. Tout en y appliquant leur temps et leurs forces d'une manière consciencieuse, que tous jouissent par ailleurs d'un temps de repos et de loisir suffisant qui leur permette aussi d'entretenir une vie familiale, culturelle, sociale et religieuse. Bien plus, ils doivent avoir la possibilité de déployer librement des facultés et des capacités qu'ils ont peut-être peu l'occasion d'exercer dans leur travail professionnel.

68. [*Participation dans l'entreprise et dans l'organisation économique globale. Conflits du travail*]

1. Dans les entreprises économiques, ce sont des personnes qui sont associées entre elles: c'est-à-dire des êtres libres et autonomes, créés à l'image de Dieu. Aussi, en prenant en considération les fonctions des uns et des autres, propriétaires, employeurs, cadres, ouvriers, et en sauvegardant la nécessaire unité de direction, il faut promouvoir, selon des modalités à déterminer au mieux, la participation active de tous à la gestion des entreprises [7]. Et, comme bien souvent ce n'est déjà plus au niveau de l'entreprise, mais à des instances supérieures, que se prennent les décisions économiques et sociales dont dépend l'avenir des travailleurs et de leurs enfants, ceux-ci doivent également participer à ces décisions, soit par eux-mêmes, soit par leurs représentants librement choisis.

2. Il faut mettre au rang des droits fondamentaux de la personne le droit des travailleurs de fonder librement des associations capables de les représenter d'une façon valable et de collaborer à la bonne organisation de la vie économique, ainsi que le droit de prendre librement part aux activités de ces associations, sans courir le risque de représailles. Grâce à cette participation organisée, jointe à un progrès de la formation économique et sociale, le sens des responsabilités grandira de plus en plus chez tous: ils seront ainsi amenés à se sentir associés, selon leurs moyens et leurs aptitudes personnels, à l'ensemble du développement économique et social ainsi qu'à la réalisation du bien commun universel.

3. En cas de conflits économico-sociaux, on doit s'efforcer de parvenir à une solution pacifique. Mais, s'il faut toujours recourir

---

7. Cf. Jean XXIII, Enc. *Mater et Magistra:* AAS 53 (1961), pp. 408, 424, 427; mais le mot « curatione » est tiré du texte latin de l'Enc. *Quadragesimo anno:* AAS 23 (1931), p. 199. Pour l'évolution de la question, cf. aussi: Pie XII, Allocution du 3 juin 1950: AAS 42 (1950), pp. 485-488; Paul VI, Allocution du 8 juin 1964: AAS 56 (1964), pp. 574-579.

d'abord au dialogue sincère entre les parties, la grève peut cependant, même dans les circonstances actuelles, demeurer un moyen nécessaire, bien qu'ultime, pour la défense des droits propres et la réalisation des justes aspirations des travailleurs. Que les voies de la négociation et du dialogue soient toutefois reprises dès que possible, en vue d'un accord.

69. [*Les biens de la terre sont destinés à tous les hommes*]

1. Dieu a destiné la terre et tout ce qu'elle contient à l'usage de tous les hommes et de tous les peuples, en sorte que les biens de la création doivent équitablement affluer entre les mains de tous, selon la règle de la justice, inséparable de la charité [8]. Quelles que soient les formes de la propriété, adaptées aux légitimes institutions des peuples, selon des circonstances diverses et changeantes, on doit toujours tenir compte de cette destination universelle des biens. C'est pourquoi l'homme, dans l'usage qu'il en fait, ne doit jamais tenir les choses qu'il possède légitimement comme n'appartenant qu'à lui, mais les regarder aussi comme communes : en ce sens qu'elles puissent profiter non seulement à lui, mais aussi aux autres [9]. D'ailleurs, tous les hommes ont le droit d'avoir une part suffisante de biens pour eux-mêmes et leur famille. C'est ce qu'ont pensé les Pères et les docteurs de l'Eglise qui enseignaient que l'on est tenu d'aider les pauvres, et pas seulement au moyen de son superflu [10]. Quant à celui qui se trouve dans

---

8. Cf. Pie XII, Enc. *Sertum laetitiae*: AAS 31 (1939), p. 642; Jean XXIII, Allocution au consistoire: AAS 52 (1960), pp. 5-11; id., Enc. *Mater et Magistra*: AAS 53 (1961), p. 411.

9. Cf. St Thomas, *Somme théol.* II-II, q. 32, art. 5 ad 2; *ibid.* q. 66, art. 2: cf. explication dans Léon XIII, Enc. *Rerum Novarum*: ASS 23 (1890-91), p. 651; cf. aussi Pie XII, Allocution du 1er juin 1941: AAS 33 (1941) p. 199; id., Message radiophonique de Noël 1954: AAS 47 (1955), p. 27.

10. Cf. St Basile, Hom. sur un passage de Luc « *Destruam horrea mea* », n. 2 (PG 31, 263); Lactance, *Divinarum Institutionum*, liv. V, La justice (PL 6, 565 B); St Augustin, *Commentaires sur St Jean*, tr. 50, n. 6 (PL 35, 1760); id., *Enarratio in Ps. CXLVII*, 12 (PL 37, 1922); St Grégoire le Grand, *Hom. sur l'Evangile*, hom. 20, 12 (PL 76, 1165); id., *Regulae Pastoralis liber*, III° partie, chap. 21 (PL 77, 87); St Bonaventure, III Sent. d. 33, dub. 1 (Ed. Quaracchi III, 728); id., IV Sent. d. 15, p. II, art. 2, qu. 1 (Ed. cit. IV, 371 b); qu. de superfluo (ms. Assise, Bibl. commun. 186, ff. 112a--113a); St Albert le Grand, III Sent., d. 33, art. 3, sol. 1 (Ed. Borgnet XXVIII, 611); id., IV Sent. d. 15, art. 16 (Ed. cit. XXIX, 494-497). En ce qui concerne la détermination du superflu de nos jours, cf. Jean XXIII, Message radiotélévisé du 11 sept. 1962: AAS 54 (1962), p. 682: « Dovere di ogni uomo, dovere impellente del cristiano è di considerare il superfluo con la misura delle necessità altrui, e di ben vigilare perchè l'amministrazione e la distribuzione dei beni creati venga posta a vantaggio di tutti ».

l'extrême nécessité, il a le droit de se procurer l'indispensable à partir des richesses d'autrui [11]. Devant un si grand nombre d'affamés de par le monde, le Concile insiste auprès de tous et auprès des autorités pour qu'ils se souviennent de ce mot des Pères: « Donne à manger à celui qui meurt de faim car, si tu ne lui as pas donné à manger, tu l'as tué » [12]; et que, selon les possibilités de chacun, ils partagent et emploient vraiment leurs biens en procurant avant tout aux individus et aux peuples les moyens qui leur permettront de s'aider eux-mêmes et de se développer.

2. Fréquemment, dans des sociétés économiquement moins développées, la destination commune des biens est partiellement réalisée par des coutumes et des traditions communautaires, garantissant à chaque membre les biens les plus nécessaires. Certes, il faut éviter de considérer certaines coutumes comme tout à fait immuables, si elles ne répondent plus aux nouvelles exigences de ce temps; mais, à l'inverse, il ne faut pas attenter imprudemment à des coutumes honnêtes qui, sous réserve d'une saine modernisation, peuvent encore rendre de grands services. De même, dans les pays économiquement très développés, un réseau d'institutions sociales, d'assurance et de sécurité, peut réaliser en partie la destination commune des biens. Il importe de poursuivre le développement des services familiaux et sociaux, principalement de ceux qui contribuent à la culture et à l'éducation. Mais, dans l'aménagement de toutes ces institutions, il faut veiller à ce que le citoyen ne soit pas conduit à adopter vis-à-vis de la société une attitude de passivité, d'irresponsabilité ou de refus de service.

70. [*Investissements et question monétaire*]

Les investissements, de leur côté, doivent tendre à assurer des emplois et des revenus suffisants tant à la population active d'aujourd'hui qu'à celle de demain. Tous ceux qui décident de ces investissements, comme de l'organisation de la vie économique (individus, groupes, pouvoirs publics) doivent avoir ces buts à cœur et se montrer conscients de leurs graves obligations: d'une part, prendre des dispositions

---

11. Ici vaut l'ancien principe: « in extrema necessitate omnia sunt communia, id est communicanda ». D'autre part, en ce qui concerne l'étendue et les modalités selon lesquelles ce principe s'applique dans le texte, outre les auteurs modernes connus cf. St Thomas, *Somme théol.* II-II, qu. 66, art. 7. Il est clair que, pour une application exacte de ce passage, toutes les conditions moralement requises doivent être remplies.

12. Cf. Décret de Gratien, C. 21, dist. LXXXVI (Ed. Friedberg I, 302). Ce passage se trouve déjà dans PL 54, 491 A et PL 56, 1132 B (Cf. Antonianum 27 — 1952 — 349-366).

pour faire face aux nécessités d'une vie décente, tant pour les individus
que pour la communauté tout entière; d'autre part, prévoir l'avenir et
assurer un juste équilibre entre les besoins de la consommation actuelle, individuelle et collective, et les exigences d'investissement pour la
génération qui vient. On doit également avoir toujours en vue les
besoins pressants des nations et des régions économiquement moins
avancées. Par ailleurs, en matière monétaire, il faut se garder d'attenter au bien de son propre pays ou à celui des autres nations. On doit
s'assurer en outre que ceux qui sont économiquement faibles ne soient
pas injustement lésés par des changements dans la valeur de la mon-
naie.

71. [*Accès à la propriété et au pouvoir privé sur les biens. Problème des latifundia*]

1. La propriété et les autres formes de pouvoir privé sur les biens
extérieurs contribuent à l'expression de la personne et lui donnent
l'occasion d'exercer sa responsabilité dans la société et l'économie. Il
est donc très important de favoriser l'accession des individus et des
groupes à un certain pouvoir sur les biens extérieurs.

2. La propriété privée ou un certain pouvoir sur les biens extérieurs assurent à chacun une zone indispensable d'autonomie personnelle et familiale; il faut les regarder comme un prolongement de la
liberté humaine. Enfin, en stimulant l'exercice de la responsabilité, ils
constituent l'une des conditions des libertés civiles [13].

3. Les formes d'un tel pouvoir ou propriété sont aujourd'hui variées; et leur diversité ne cesse de s'amplifier. Toutes cependant demeurent, à côté des fonds sociaux, des droits et des services garantis
par la société, une source de sécurité non négligeable. Et ceci n'est pas
vrai des seules propriétés matérielles, mais aussi des biens immaté-
riels, comme les capacités professionnelles.

4. La légitimité de la propriété privée ne fait toutefois pas obstacle à celle de divers modes de propriétés publiques, à condition que
le transfert des biens au domaine public soit effectué par la seule
autorité compétente selon les exigences du bien commun, dans les
limites de celui-ci et au prix d'une indemnisation équitable. L'Etat a.

13. Cf. Léon XIII, Enc. *Rerum Novarum*: ASS 23 (1890-91), pp. 643-
646; Pie XI, Enc. *Quadragesimo anno*: AAS 23 (1931), p. 191; Pie XII,
Message radiophonique du 1er juin 1941: AAS 33 (1941), p. 199; id., Message radiophonique de la veille de la Nativité du Seigneur 1942: AAS 35
(1943), p. 17; id., Message radiophonique du 1er sept. 1944: AAS 36 (1944),
p. 253; Jean XXIII, Enc. *Mater et Magistra*: AAS 53 (1961), pp. 428-429.

par ailleurs, compétence pour empêcher qu'on abuse de la propriété privée contrairement au bien commun [14].

5. De par sa nature même, la propriété privée a aussi un caractère social, fondé dans la loi de commune destination des biens [15]. Là où ce caractère social n'est pas respecté, la propriété peut devenir une occasion fréquente de convoitises et de graves désordres: prétexte est ainsi donné à ceux qui contestent le droit même de propriété.

6. Dans plusieurs régions économiquement moins développées, il existe des domaines ruraux étendus et même immenses, médiocrement cultivés ou mis en réserve à des fins de spéculation, alors que la majorité de la population est dépourvue de terres ou n'en détient qu'une quantité dérisoire et que, d'autre part, l'accroissement de la production agricole présente un caractère d'urgence évident. Souvent, ceux qui sont employés par les propriétaires de ces grands domaines, ou en cultivent des parcelles louées, ne reçoivent que des salaires ou des revenus indignes de l'homme; ils ne disposent pas de logement décent et sont exploités par des intermédiaires. Dépourvus de toute sécurité, ils vivent dans une dépendance personnelle telle qu'elle leur interdit presque toute possibilité d'initiative et de responsabilité, toute promotion culturelle, toute participation à la vie sociale et politique. Des réformes s'imposent donc, visant, selon les cas, à accroître les revenus, à améliorer les conditions de travail et la sécurité de l'emploi, à favoriser l'initiative, et même à répartir les propriétés insuffisamment cultivées au bénéfice d'hommes capables de les faire valoir. En l'occurence, les ressources et les instruments indispensables doivent leur être assurés, en particulier les moyens d'éducation et la possibilité d'une juste organisation de type coopératif. Chaque fois que le bien commun exigera l'expropriation, l'indemnisation devra s'apprécier selon l'équité, compte tenu de toutes les circonstances.

72. [*L'activité économico-sociale et le Royaume du Christ*]

1. Les chrétiens actifs dans le développement économico-social et dans la lutte pour le progrès de la justice et de la charité doivent être persuadés qu'ils peuvent ainsi beaucoup pour la prospérité de l'humanité et la paix du monde. Dans ces diverses activités, qu'ils brillent par leur exemple, individuel et collectif. Tout en s'assurant la compétence et l'expérience absolument indispensables, qu'ils maintiennent,

---

14. Cf. Pie XI, Enc. *Quadragesimo anno:* AAS 23 (1931), p. 214; Jean XXIII, Enc. *Mater et Magistra:* AAS 53 (1961), p. 429.

15. Cf. Pie XII, Message radiophonique, Pentecôte 1941: AAS 44 (1941), p. 199. Jean XXIII, Enc. *Mater et Magistra:* AAS 53 (1961), p. 430.

au milieu des activités terrestres, une juste hiérarchie des valeurs, fidèles au Christ et à son Evangile, pour que toute leur vie, tant individuelle que sociale, soit pénétrée de l'esprit des Béatitudes, et en particulier de l'esprit de pauvreté.

2. Quiconque, suivant le Christ, cherche d'abord le Royaume de Dieu, y trouve un amour plus fort et plus pur pour aider tous ses frères et pour accomplir une œuvre de justice, sous l'impulsion de l'amour [16].

---

16. Sur le bon usage des biens, selon la doctrine du Nouveau Testament cf. Lc 3, 11; 10, 30 ss.; 11, 41; I Pierre 5, 3; Mc 8, 36; 12, 29-31; Jc. 5, 1-6; I Tim. 6, 8; Eph. 4, 28; II Cor. 8, 13; I Jn 3, 17-18.

CHAPITRE IV

LA VIE DE LA COMMUNAUTÉ POLITIQUE

73. [*La vie publique aujourd'hui*]

1. De profondes transformations se remarquent aussi de nos jours dans les structures et dans les institutions des peuples; elles accompagnent leur évolution culturelle, économique et sociale. Ces changements exercent une grande influence sur la vie de la communauté politique, notamment en ce qui concerne les droits et les devoirs de chacun dans l'exercice de la liberté civique et dans la poursuite du bien commun, comme pour ce qui regarde l'organisation des relations des citoyens entre eux et avec les pouvoirs publics.

2. La conscience de la dignité humaine est devenue plus vive. D'où, en diverses régions du monde, l'effort pour instaurer un ordre politico-juridique dans lequel les droits de la personne au sein de la vie publique soient mieux protégés: par exemple les droits de libre réunion et d'association, le droit d'exprimer ses opinions personnelles et de professer sa religion en privé et en public. La garantie des droits de la personne est en effet une condition indispensable pour que les citoyens, individuellement ou en groupe, puissent participer activement à la vie et à la gestion des affaires publiques.

3. En étroite liaison avec le progrès culturel, économique et social, le désir s'affirme chez un grand nombre d'hommes de prendre davantage part à l'organisation de la communauté politique. Dans la conscience de beaucoup s'intensifie le souci de préserver les droits des minorités à l'intérieur d'une nation, sans négliger pour autant leurs obligations à l'égard de la communauté politique. De plus, le respect de ceux qui professent une opinion ou une religion différentes grandit de jour en jour. En même temps, une plus large collaboration s'établit, capable d'assurer à tous les citoyens, et non seulement à quelques privilégiés, la jouissance effective des droits attachés à la personne.

4. On rejette au contraire toutes les formes politiques, telles qu'elles existent en certaines régions, qui font obstacle à la liberté

civile ou religieuse, multiplient les victimes des passions et des crimes politiques et détournent au profit de quelque faction ou des gouvernants eux-mêmes l'action de l'autorité au lieu de la faire servir au bien commun.

5. Pour instaurer une vie politique vraiment humaine, rien n'est plus important que de développer le sens intérieur de la justice, de la bonté, le dévouement au bien commun, et de renforcer les convictions fondamentales sur la nature véritable de la communauté politique, comme sur la fin, le bon exercice et les limites de l'autorité publique.

74. [*Nature et fin de la communauté politique*]

1. Individus, familles, groupements divers, tous ceux qui constituent la communauté civile, ont conscience de leur impuissance à réaliser seuls une vie pleinement humaine et perçoivent la nécessité d'une communauté plus vaste à l'intérieur de laquelle tous conjuguent quotidiennement leurs forces en vue d'une réalisation toujours plus parfaite du bien commun [1]. C'est pourquoi ils forment une communauté politique selon des types institutionnels variés. Celle-ci existe donc pour le bien commun: elle trouve en lui sa pleine justification et sa signification et c'est de lui qu'elle tire l'origine de son droit propre. Quant au bien commun, il comprend l'ensemble des conditions de vie sociale qui permettent aux hommes, aux familles et aux groupements de s'accomplir plus complètement et plus facilement [2].

2. Mais les hommes qui se retrouvent dans la communauté politique sont nombreux, différents, et ils peuvent à bon droit incliner vers des opinions diverses. Aussi, pour empêcher que, chacun opinant dans son sens, la communauté politique ne se disloque, une autorité s'impose qui soit capable d'orienter vers le bien commun les énergies de tous: non d'une manière mécanique ou despotique, mais en agissant avant tout comme une force morale qui prend appui sur la liberté et le sens de la responsabilité.

3. De toute évidence, la communauté politique et l'autorité publique trouvent donc leur fondement dans la nature humaine et relèvent par là d'un ordre fixé par Dieu, encore que la détermination des régimes politiques comme la désignation des dirigeants soient laissés à la libre volonté des citoyens [3].

---

1. Cf. Jean XXIII, Enc. *Mater et Magistra*: AAS 53 (1961), p. 417.
2. Cf. id., *ibid.*
3. Cf. Rom. 13, 1-5.

4. Il s'ensuit également que l'exercice de l'autorité politique, soit à l'intérieur de la communauté comme telle, soit dans les organismes qui représentent l'Etat, doit toujours se déployer dans les limites de l'ordre moral, en vue du bien commun (mais conçu d'une manière dynamique), conformément à un ordre juridique légitimement établi ou à établir. Alors les citoyens sont en conscience tenus à l'obéissance [4]. D'où, assurément, la responsabilité, la dignité et l'importance du rôle de ceux qui gouvernent.

5. Si l'autorité publique, débordant sa compétence, opprime les citoyens, que ceux-ci ne refusent pas ce qui est objectivement requis par le bien commun; mais qu'il leur soit cependant permis de défendre leurs droits et ceux de leurs concitoyens contre les abus du pouvoir, en respectant les limites tracées par la loi naturelle et la loi évangélique.

6. Quant aux modalités concrètes par lesquelles une communauté politique se donne sa structure propre et organise le bon équilibre des pouvoirs publics, elles peuvent être diverses, selon le génie propre de chaque peuple et la marche de l'histoire. Mais elles doivent toujours servir à la formation d'un homme cultivé, pacifique, bienveillant à l'égard de tous, pour l'avantage de toute la famille humaine.

75. [Collaboration de tous à la vie publique]

1. Il est pleinement conforme à la nature de l'homme que l'on trouve des structures politico-juridiques qui offrent sans cesse davantage à tous les citoyens, sans aucune discrimination, la possibilité effective de prendre librement et activement part tant à l'établissement des fondements juridiques de la communauté politique qu'à la gestion des affaires publiques, à la détermination du champ d'action et des buts des différents organes, et à l'élection des gouvernants [5]. Que tous les citoyens se souviennent donc à la fois du droit et du devoir qu'ils ont d'user de leur libre suffrage, en vue du bien commun. L'Eglise tient en grande considération et estime l'activité de ceux qui se consacrent au bien de la chose publique et en assurent les charges pour le service de tous.

2. Pour que la coopération de citoyens responsables aboutisse à d'heureux résultats dans la vie politique de tous les jours, un statut de droit positif est nécessaire, qui organise une répartition convenable des

---

4. Cf. Rom. 13, 5.
5. Cf. Pie XII, Message radiophonique, 24 décembre 1942: AAS 35 (1943), p. 9-24; 24 décembre 1944: AAS 37 (1945), pp. 11-17; Jean XXIII, Enc. Pacem in terris: AAS 55 (1963), pp. 263, 271, 277 et 278.

fonctions et des organes du pouvoir ainsi qu'une protection efficace des droits, indépendante de quiconque. Que les droits de toutes les personnes, des familles et des groupes, ainsi que leur exercice, soient reconnus, respectés et valorisés [6], non moins que les devoirs civiques auxquels sont astreints tous les citoyens. Parmi ces derniers, il faut rappeler l'obligation de rendre à l'Etat les services matériels et personnels requis par le bien commun. Les gouvernants se garderont de faire obstacle aux associations familiales, sociales et culturelles, aux corps et institutions intermédiaires, ou d'empêcher leurs activités légitimes et efficaces; qu'ils aiment plutôt les favoriser, dans l'ordre. Quant aux citoyens, individuellement ou en groupe, qu'ils évitent de conférer aux pouvoirs publics une trop grande puissance; qu'ils ne s'adressent pas à eux d'une manière intempestive pour réclamer des secours et des avantages excessifs, au risque d'amoindrir la responsabilité des personnes, des familles et des groupes sociaux.

3. A notre époque, la complexité croissante des circonstances oblige les pouvoirs publics à intervenir plus fréquemment, en matière sociale, économique et culturelle, pour préparer des conditions plus favorables qui permettent aux citoyens et aux groupes de poursuivre d'une manière plus efficace la réalisation du bien complet de l'homme, dans la liberté. Assurément, selon les régions et selon l'évolution des peuples, les relations entre la socialisation [7] et l'autonomie ou le développement de la personne peuvent être comprises de diverses façons. Mais si, en vue du bien commun, on restreint pour un temps l'exercice des droits, que l'on rétablisse au plus tôt la liberté quand les circonstances auront changé. Il est en tout cas inhumain que le gouvernement en vienne à des formes totalitaires ou à des formes dictatoriales qui lèsent gravement le droit des personnes ou des groupes sociaux.

4. Que les citoyens cultivent avec magnanimité et loyauté l'amour de la patrie, mais sans étroitesse d'esprit, c'est-à-dire de telle façon qu'en même temps ils prennent toujours en considération le bien de toute la famille humaine qui rassemble races, peuples et nations, unis par toutes sortes de liens.

5. Tous les chrétiens doivent prendre conscience du rôle particulier et propre qui leur échoit dans la communauté politique: ils sont tenus à donner l'exemple en développant en eux le sens des responsabilités et du dévouement au bien commun; ils montreront ainsi par

---

6. Cf. Pie XII, Message radiophonique du 1 juin 1941: AAS 33 (1941), p. 200; Jean XXIII, Enc. *Pacem in terris*: l. c., p. 273 et 274.
7. Cf. Jean XXIII, Enc. *Mater et Magistra*: AAS 53 (1961), pp. 415-418.

les faits comment on peut harmoniser l'autorité avec la liberté, l'initiative personnelle avec la solidarité et les exigences de tout le corps social, les avantages de l'unité avec les diversités fécondes. En ce qui concerne l'organisation des choses terrestres, qu'ils reconnaissent comme légitimes des manières de voir par ailleurs opposées entre elles et qu'ils respectent les citoyens qui, en groupe aussi, défendent honnêtement leur opinion. Quant aux partis politiques, ils ont le devoir de promouvoir ce qui, à leur jugement, est exigé par le bien commun; mais il ne leur est jamais permis de préférer à celui-ci leur intérêt propre.

6. Pour que tous les citoyens soient en mesure de jouer leur rôle dans la vie de la communauté politique, on doit avoir un grand souci de l'éducation civique et politique; elle est particulièrement nécessaire aujourd'hui, soit pour l'ensemble des peuples, soit, et surtout, pour les jeunes. Ceux qui sont, ou peuvent devenir, capables d'exercer l'art très difficile, mais aussi très noble [8], de la politique, doivent s'y préparer; qu'ils s'y livrent avec zèle, sans se soucier de leur intérêt personnel ni des avantages matériels. Ils lutteront avec intégrité et prudence contre l'injustice et l'oppression, contre l'absolutisme et l'intolérance, qu'elles soient le fait d'un homme ou d'un parti politique; et ils se dévoueront au bien de tous avec sincérité et droiture, bien plus, avec l'amour et le courage requis par la vie politique.

76. [La communauté politique et l'Église]

1. Surtout là où existe une société de type pluraliste, il est d'une haute importance que l'on ait une vue juste des rapports entre la communauté politique et l'Eglise; et que l'on distingue nettement entre les actions que les fidèles, isolément ou en groupe, posent en leur nom propre comme citoyens, guidés par leur conscience chrétienne, et les actions qu'ils mènent au nom de l'Eglise, en union avec leurs pasteurs.

2. L'Eglise qui, en raison de sa charge et de sa compétence, ne se confond d'aucune manière avec la communauté politique et n'est liée à aucun système politique, est à la fois le signe et la sauvegarde du caractère transcendant de la personne humaine.

3. Sur le terrain qui leur est propre, la communauté politique et l'Eglise sont indépendantes l'une de l'autre et autonomes. Mais toutes deux, quoique à des titres divers, sont au service de la vocation personnelle et sociale des mêmes hommes. Elles exerceront d'autant plus

---

8. Cf. Pie XI, Allocution aux dirigeants de la Fédération Universitaire Catholique: Discours de Pie XI (Ed. Bertetto), Turin, Vol. 1 (1960), p. 743.

efficacement ce service pour le bien de tous qu'elles rechercheront davantage entre elles une saine coopération, en tenant également compte des circonstances de temps et de lieu. L'homme, en effet, n'est pas limité aux seuls horizons terrestres, mais, vivant dans l'histoire humaine, il conserve intégralement sa vocation éternelle. Quant à l'Eglise, fondée dans l'amour du Rédempteur, elle contribue à étendre le règne de la justice et de la charité à l'intérieur de chaque nation et entre les nations. En prêchant la vérité de l'Evangile, en éclairant tous les secteurs de l'activité humaine par sa doctrine et par le témoignage que rendent des chrétiens, l'Eglise respecte et promeut aussi la liberté politique et la responsabilité des citoyens.

4. Lorsque les Apôtres, leurs successeurs et les coopérateurs de ceux-ci, sont envoyés pour annoncer aux hommes le Christ sauveur du monde, leur apostolat prend appui sur la puissance de Dieu qui, très souvent, manifeste la force de l'Evangile dans la faiblesse des témoins. Il faut en effet que tous ceux qui se vouent au ministère de la Parole divine utilisent les voies et les moyens propres à l'Evangile qui, sur bien des points, sont autres que ceux de la cité terrestre.

5. Certes, les choses d'ici-bas et celles qui, dans la condition humaine, dépassent ce monde, sont étroitement liées, et l'Eglise elle-même se sert d'instruments temporels dans la mesure où sa propre mission le demande. Mais elle ne place pas son espoir dans les privilèges offerts par le pouvoir civil. Bien plus, elle renoncera à l'exercice de certains droits légitimement acquis s'il est reconnu que leur usage peut faire douter de la pureté de son témoignage ou si des circonstances nouvelles exigent d'autres dispositions. Mais il est juste qu'elle puisse partout et toujours prêcher la foi avec une authentique liberté, enseigner sa doctrine sociale, accomplir sans entraves sa mission parmi les hommes, porter un jugement moral, même en des matières qui touchent le domaine politique, quand les droits fondamentaux de la personne ou le salut des âmes l'exigent, en utilisant tous les moyens, et ceux-là seulement, qui sont conformes à l'Evangile et en harmonie avec le bien de tous, selon la diversité des temps et des situations.

6. Par son attachement et sa fidélité à l'Evangile, par l'accomplissement de sa mission dans le monde, l'Eglise, à qui il appartient de favoriser et d'élever tout ce qui se trouve de vrai, de bon, de beau dans la communauté humaine [9], renforce la paix entre les hommes pour la gloire de Dieu [10].

---

9. Cf. Conc. Vat. II, Const. dogm. *Lumen gentium*, no 13: AAS 57 (1965), p. 17 [p. 33].
10. Cf. Lc 2, 14.

CHAPITRE V

LA SAUVEGARDE DE LA PAIX
ET LA CONSTRUCTION DE LA COMMUNAUTÉ
DES NATIONS

77. [*Introduction*]

1. En ces années mêmes, où les douleurs et les angoisses de guerres tantôt dévastatrices et tantôt menaçantes pèsent encore si lourdement sur nous, la famille humaine tout entière parvient à un moment décisif de son évolution. Peu à peu rassemblée, partout déjà plus consciente de son unité, elle doit entreprendre une œuvre qui ne peut être menée à bien que par la conversion renouvelée de tous à une paix véritable: édifier un monde qui soit vraiment plus humain pour tous et en tout lieu. Alors, le message de l'Evangile, rejoignant les aspirations et l'idéal le plus élevé de l'humanité, s'illuminera de nos jours d'une clarté nouvelle, lui qui proclame bienheureux les artisans de la paix, « car ils seront appelés fils de Dieu » (Mt. 5, 9).

2. C'est pourquoi le Concile, après avoir mis en lumière la conception authentique et très noble de la paix et condamné la barbarie de la guerre, se propose de lancer un appel ardent aux chrétiens pour qu'avec l'aide du Christ, auteur de la paix, ils travaillent avec tous les hommes à consolider cette paix entre eux, dans la justice et l'amour, et à en préparer les moyens.

78. [*La nature de la paix*]

1. La paix n'est pas une pure absence de guerre et elle ne se borne pas seulement à assurer l'équilibre de forces adverses; elle ne provient pas non plus d'une domination despotique, mais c'est en toute vérité qu'on la définit « œuvre de justice » (Is. 32, 17). Elle est le fruit d'un ordre inscrit dans la société humaine par son divin Fondateur, et qui doit être réalisé par des hommes qui ne cessent d'aspirer à une justice plus parfaite. En effet, encore que le bien commun du genre humain soit assurément régi dans sa réalité fon-

damentale par la loi éternelle, dans ses exigences concrètes il est pourtant soumis à d'incessants changements avec la marche du temps: la paix n'est jamais chose acquise une fois pour toutes, mais sans cesse à construire. Comme de plus la volonté humaine est fragile et qu'elle est blessée par le péché, l'avènement de la paix exige de chacun le constant contrôle de ses passions et la vigilance de l'autorité légitime.

2. Mais ceci est encore insuffisant. La paix dont nous parlons ne peut s'obtenir sur terre sans la sauvegarde du bien des personnes ni sans le libre et confiante communication entre les hommes des richesses de leur esprit et de leurs facultés créatrices. La ferme volonté de respecter les autres hommes et les autres peuples ainsi que leur dignité, la pratique assidue de la fraternité sont absolument indispensables à la construction de la paix. Ainsi la paix est-elle aussi le fruit de l'amour qui va bien au-delà de ce que la justice peut apporter.

3. La paix terrestre qui naît de l'amour du prochain est elle-même image et effet de la paix du Christ qui vient de Dieu le Père. Car le Fils incarné en personne, prince de la paix, a réconcilié tous les hommes avec Dieu par sa croix, rétablissant l'unité de tous en un seul peuple et un seul corps. Il a tué la haine dans sa propre chair [1] et, après le triomphe de sa Résurrection, il a répandu l'Esprit de charité dans le cœur des hommes.

4. C'est pourquoi, accomplissant la vérité dans la charité, tous les chrétiens sont appelés avec insistance à se joindre aux hommes véritablement pacifiques pour implorer et instaurer la paix.

5. Poussés par le même esprit, nous ne pouvons pas ne pas louer ceux qui, renonçant à l'action violente pour la sauvegarde des droits, recourent à des moyens de défense qui, par ailleurs, sont à la portée même des plus faibles, pourvu que cela puisse se faire sans nuire aux droits et aux devoirs des autres ou de la communauté.

6. Dans la mesure où les hommes sont pécheurs, le danger de guerre menace, et il en sera ainsi jusqu'au retour du Christ. Mais dans la mesure où, unis dans l'amour, les hommes surmontent le péché, ils surmontent aussi la violence, jusqu'à l'accomplissement de cette parole: « De leurs épées ils forgeront des socs et de leurs lances des faucilles. Les nations ne tireront plus l'épée l'une contre l'autre et ne s'exerceront plus au combat » (Is. 2, 4).

---

1. Cf. *Eph.* 2, 16; *Col.* 1, 20-22.

SECTION 1: ÉVITER LA GUERRE

79. [*Mettre un frein à l'inhumanité des guerres*]

1. Bien que les dernières guerres aient apporté à notre monde de terribles maux d'ordre matériel comme d'ordre moral, chaque jour encore la guerre poursuit ses ravages en quelque point du globe. Bien plus, étant donné qu'on emploie des armes scientifiques de tout genre pour faire la guerre, sa sauvagerie menace d'amener les combattants à une barbarie bien pire que celle d'autrefois. En outre, la complexité de la situation actuelle et l'enchevêtrement des relations internationales permettent que, par de nouvelles méthodes insidieuses et subversives, des guerres larvées traînent en longueur. Dans bien des cas, le recours aux procédés du terrorisme est regardé comme une nouvelle forme de guerre.

2. Considérant cet état lamentable de l'humanité, le Concile, avant tout, entend rappeler la valeur permanente du droit des gens et de ses principes universels. Ces principes, la conscience même du genre humain les proclame fermement et avec une vigueur croissante. Les actions qui leur sont délibérément contraires sont donc des crimes, comme les ordres qui commandent de telles actions; et l'obéissance aveugle ne suffit pas à excuser ceux qui s'y soumettent. Parmi ces actions, il faut compter en tout premier lieu celles par lesquelles, pour quelque motif et par quelque moyen que ce soit, on extermine tout un peuple, une nation ou une minorité ethnique: ces actions doivent être condamnées comme des crimes affreux, et avec la dernière énergie. Et l'on ne saurait trop louer le courage de ceux qui ne craignent point de résister ouvertement aux individus qui ordonnent de tels forfaits.

3. Il existe, pour tout ce qui concerne la guerre, diverses conventions internationales, qu'un assez grand nombre de pays ont signées en vue de rendre moins inhumaines les actions militaires et leurs conséquences. Tels sont les conventions relatives au sort des soldats blessés, à celui des prisonniers, et divers engagements de ce genre. Ces accords doivent être observés; bien plus, tous, particulièrement les autorités publiques ainsi que les personnalités compétentes, doivent s'efforcer autant qu'ils le peuvent de les améliorer, et de leur permettre ainsi de mieux contenir, et de façon plus efficace, l'inhumanité des guerres. Il semble en outre équitable que des lois pourvoient avec humanité au cas de ceux qui, pour des motifs de conscience, refusent l'emploi des armes, pourvu qu'ils acceptent cependant de servir sous une autre forme la communauté humaine.

4. La guerre, assurément, n'a pas disparu de l'horizon humain. Et, aussi longtemps que le risque de guerre subsistera, qu'il n'y aura pas d'autorité internationale compétente et disposant de forces suffisantes, on ne saurait dénier aux gouvernements, une fois épuisées toutes les possibilités de règlement pacifique, le droit de légitime défense. Les chefs d'Etat et ceux qui partagent les responsabilités des affaires publiques ont donc le devoir d'assurer la sauvegarde des peuples dont ils ont la charge, en ne traitant pas à la légère des questions aussi sérieuses. Mais faire la guerre pour la juste défense des peuples est une chose, vouloir imposer son empire à d'autres nations en est une autre. La puissance des armes ne légitime pas tout usage de cette force à des fins politiques ou militaires. Et ce n'est pas parce que la guerre est malheureusement engagée que tout devient, par le fait même, licite entre parties adverses.

5. Quant à ceux qui se vouent au service de la patrie dans la vie militaire, qu'ils se considèrent eux aussi comme les serviteurs de la sécurité et de la liberté des peuples; s'ils s'acquittent correctement de cette tâche, ils concourent vraiment au maintien de la paix.

80. [*La guerre totale*]
1. Le progrès de l'armement scientifique accroît démesurément l'horreur et la perversion de la guerre. Les actes belliqueux, lorsqu'on emploie de telles armes, peuvent en effet causer d'énormes destructions, faites sans discrimination, qui du coup vont très au-delà des limites d'une légitime défense. Qui plus est, si l'on utilisait complètement les moyens déjà stockés dans les arsenaux des grandes puissances, il n'en résulterait rien moins que l'extermination presque totale et parfaitement réciproque de chacun des adversaires par l'autre, sans parler des nombreuses dévastations qui s'ensuivraient dans le monde et des effets funestes découlant de l'usage de ces armes.

2. Tout cela nous force à reconsidérer la guerre dans un esprit entièrement nouveau [2]. Que les hommes d'aujourd'hui sachent qu'ils auront de lourds comptes à rendre de leurs actes de guerre. Car le cours des âges à venir dépendra pour beaucoup de leurs décisions d'aujourd'hui.

---

2. Cf. Jean XXIII, Enc. *Pacem in terris,* 11 avril 1963: AAS 55 (1963), p. 291: «C'est pourquoi, en cette époque, la nôtre, qui se glorifie de la force atomique, il est déraisonnable de penser que la guerre est encore un moyen adapté pour obtenir justice de la violation des droits».

3. Dans une telle conjoncture, faisant siennes les condamnations de la guerre totale déjà prononcées par les derniers papes [3], ce Saint Synode déclare:

4. Tout acte de guerre qui tend indistinctement à la destruction de villes entières ou de vastes régions avec leurs habitants est un crime contre Dieu et contre l'homme lui-même, qui doit être condamné fermement et sans hésitation.

5. Le risque particulier de la guerre moderne consiste en ce qu'elle fournit pour ainsi dire l'occasion à ceux qui possèdent des armes scientifiques plus récentes de commettre de tels crimes; et, par un enchaînement en quelque sorte inexorable, elle peut pousser la volonté humaine aux plus atroces décisions. Pour que jamais plus ceci ne se produise, les évêques du monde entier, rassemblés et ne faisant qu'un, adjurent tous les hommes, tout particulièrement les chefs d'Etat et les autorités militaires, de peser à tout instant une responsabilité aussi immense devant Dieu et devant toute l'humanité.

81. [La course aux armements]

1. Les armes scientifiques, il est vrai, n'ont pas été accumulées dans la seule intention d'être employées en temps de guerre. En effet, comme on estime que la puissance défensive de chaque camp dépend de la capacité foudroyante d'exercer des représailles, cette accumulation d'armes, qui s'aggrave d'année en année, sert d'une manière paradoxale à détourner des adversaires éventuels. Beaucoup pensent que c'est là le plus efficace des moyens susceptibles d'assurer aujourd'hui une certaine paix entre les nations.

2. Quoi qu'il en soit de ce procédé de dissuasion, on doit néanmoins se convaincre que la course aux armements, à laquelle d'assez nombreuses nations s'en remettent, ne constitue pas une voie sûre pour le ferme maintien de la paix et que le soi-disant équilibre qui en résulte n'est ni une paix stable, ni une paix véritable. Bien loin d'éliminer ainsi les causes de guerre, on risque au contraire de les aggraver peu à peu. Tandis qu'on dépense des richesses fabuleuses dans la préparation d'armes toujours nouvelles, il devient impossible de porter suffisamment remède à tant de misères présentes de l'univers. Au lieu d'apaiser véritablement et radicalement les conflits entre nations, on en répand plutôt la contagion à d'autres parties du

---

3. Cf. Pie XII, *Allocution* du 30 septembre 1954: AAS 46 (1954), p. 589; *Message radioph.*, 24 déc. 1954: AAS 47 (1955), pp. 15 et ss.; Jean XXIII, Enc. *Pacem in terris*: AAS 55 (1963), pp. 286-291; Paul VI, *Discours à l'Assemblée des Nations Unies*, le 4 octobre 1965: AAS 57 (1965), pp. 877-885 [pp. 618-626].

monde. Il faudra choisir des voies nouvelles en partant de la réforme des esprits pour en finir avec ce scandale et pour pouvoir ainsi libérer le monde de l'anxiété qui l'opprime et lui rendre une paix véritable.

3. C'est pourquoi, il faut derechef déclarer: la course aux armements est une plaie extrêmement grave de l'humanité et lèse les pauvres d'une manière intolérable. Et il est bien à craindre que, si elle persiste, elle n'enfante un jour les désastres mortels dont elle prépare déjà les moyens.

4. Avertis des catastrophes que le genre humain a rendues possibles, mettons à profit le délai dont nous jouissons et qui nous est concédé d'en-haut pour que, plus conscients de nos responsabilités personnelles, nous trouvions les méthodes qui nous permettront de régler nos différends d'une manière plus digne de l'homme. La Providence divine requiert instamment de nous que nous nous libérions de l'antique servitude de la guerre. Où nous conduit la voie funeste sur laquelle nous nous sommes engagés si nous nous refusons à faire cet effort, nous l'ignorons.

82. [*Vers l'absolue proscription de la guerre. L'action internationale pour éviter la guerre*]

1. Il est donc clair que nous devons tendre à préparer de toutes nos forces ce moment où, de l'assentiment général des nations, toute guerre pourra être absolument interdite. Ce qui, assurément, requiert l'institution d'une autorité publique universelle, reconnue par tous, qui jouisse d'une puissance efficace, susceptible d'assurer à tous la sécurité, le respect de la justice et la garantie des droits. Mais, avant que cette autorité souhaitable puisse se constituer, il faut que les instances internationales suprêmes d'aujourd'hui s'appliquent avec énergie à l'étude des moyens les plus capables de procurer la sécurité commune. Comme la paix doit naître de la confiance mutuelle entre peuples au lieu d'être imposée aux nations par la terreur des armes, tous doivent travailler à mettre enfin un terme à la course aux armements. Pour que la réduction des armements commence à devenir une réalité, elle ne doit certes pas se faire d'une manière unilatérale, mais à la même cadence, en vertu d'accords, et être assortie de garanties véritables et efficaces [4].

2. En attendant, il ne faut pas sous-estimer les efforts qui ont été déjà faits et qui continuent de l'être en vue d'écarter le danger

---

4. Cf. Jean XXIII, Enc. *Pacem in terris,* où il est question du désarmement: AAS 55 (1963), p. 287.

de la guerre. Il faut plutôt soutenir la bonne volonté de ceux qui,
très nombreux, accablés par les soucis considérables de leurs très
hautes charges, mais poussés par la conscience de leurs très lourdes
responsabilités, s'efforcent d'éliminer la guerre dont ils ont horreur,
tout en ne pouvant cependant pas faire abstraction de la complexité
des choses telles qu'elles sont. D'autre part, il faut instamment prier
Dieu de leur donner l'énergie d'entreprendre avec persévérance et de
poursuivre avec force cette œuvre d'immense amour des hommes
qu'est la construction virile de la paix. De nos jours, ceci exige très
certainement d'eux qu'ils ouvrent leur intelligence et leur cœur au-
delà des frontières de leur propre pays, qu'ils renoncent à l'égoïsme
national et au désir de dominer les autres nations, et qu'ils entretiennent un profond respect envers toute l'humanité, qui s'avance
avec tant de difficultés vers une plus grande unité.

3. En ce qui regarde les problèmes de la paix et du désarmement, il faut tenir compte des études approfondies, courageuses et
inlassables, déjà effectuées et des congrès internationaux qui ont
traité de ce sujet, et les regarder comme un premier pas vers la solution de si graves questions; à l'avenir, il faut les poursuivre de façon
encore plus vigoureuse si l'on veut obtenir des résultats pratiques.
Que l'on prenne garde cependant de ne point s'en remettre aux seuls
efforts de quelques-uns, sans se soucier de son état d'esprit personnel. Car les chefs d'Etat, qui sont les répondants du bien commun
de leur propre nation et en même temps les promoteurs du bien
universel, sont très dépendants des opinions et des sentiments de la
multitude. Il leur est inutile de chercher à faire la paix tant que les
sentiments d'hostilité, de mépris et de défiance, tant que les haines
raciales et les partis pris idéologiques divisent les hommes et les
opposent. D'où l'urgence et l'extrême nécessité d'un renouveau dans
la formation des mentalités et d'un changement de ton dans l'opinion
publique. Que ceux qui se consacrent à une œuvre d'éducation, en
particulier auprès des jeunes, ou qui forment l'opinion publique,
considèrent comme leur plus grave devoir celui d'inculquer à tous
les esprits de nouveaux sentiments générateurs de paix. Nous avons
tous assurément à changer notre cœur et à ouvrir les yeux sur le
monde, comme sur les tâches que nous pouvons entreprendre tous
ensemble pour le progrès du genre humain.

4. Ne nous leurrons pas de fausses espérances. En effet si,
inimitiés et haines écartées, nous ne concluons pas des pactes solides
et honnêtes assurant pour l'avenir une paix universelle, l'humanité déjà en grand péril, risque d'en venir, malgré la possession d'une science
admirable, à cette heure funeste où elle ne pourra plus connaître

d'autre paix que la paix redoutable de la mort. Mais au moment même où l'Eglise du Christ, partageant les angoisses de ce temps, prononce de telles paroles, elle n'abandonne pas pour autant une très ferme espérance. Ce qu'elle veut, c'est encore et encore, à temps et à contretemps, présenter à notre époque le message qui lui vient des apôtres: « Le voici maintenant le temps favorable » de la conversion des cœurs; « le voici maintenant le jour du salut » [5].

SECTION 2: LA CONSTRUCTION DE LA COMMUNAUTÉ INTERNATIONALE

83. [*Les causes de discordes et leurs remèdes*]

Pour bâtir la paix, la toute première condition est l'élimination des causes de discordes entre les hommes: elles nourrissent les guerres, à commencer par les injustices. Nombre de celles-ci proviennent d'excessives inégalités d'ordre économique, ainsi que du retard à y apporter les remèdes nécessaires. D'autres naissent de l'esprit de domination, du mépris des personnes et, si nous allons aux causes plus profondes, de l'envie, de la méfiance, de l'orgueil et des autres passions égoïstes. Comme l'homme ne peut supporter tant de désordres, il s'ensuit que le monde, même lorsqu'il ne connaît pas les atrocités de la guerre, n'en est pas moins continuellement agité par des rivalités et des actes de violence. En outre, comme ces maux se retrouvent dans les rapports entre les nations elles-mêmes, il est absolument indispensable que, pour les vaincre ou les prévenir, et pour réprimer le déchaînement des violences, les institutions internationales développent et affermissent leur coopération et leur coordination; et que l'on provoque sans se lasser la création d'organismes promoteurs de paix.

84. [*La communauté des nations et les institutions internationales*]

1. Au moment où se développent les liens d'une étroite dépendance entre tous les citoyens et tous les peuples de la terre, une recherche adéquate et une réalisation plus efficace du bien commun universel exigent dès maintenant que la communauté des nations s'organise selon un ordre qui corresponde aux tâches actuelles — principalement en ce qui concerne ces nombreuses régions souffrant encore d'une disette intolérable.

2. Pour atteindre ces fins, les institutions de la communauté internationale doivent, chacune pour sa part, prévoir aux divers

5. Cf. II Cor. 6, 2.

besoins des hommes aussi bien dans le domaine de la vie sociale (alimentation, santé, éducation, travail s'y rapportent), que pour faire face à maintes circonstances particulières qui peuvent surgir ici ou là: par exemple, la nécessité d'aider la croissance générale des nations en voie de développement, celle de subvenir aux misères des réfugiés dispersés dans le monde entier, celle encore de fournir assistance aux **émigrants** et à leurs familles.

3. Les institutions internationales déjà existantes, tant mondiales que régionales, ont certes bien mérité du genre humain. Elles apparaissent comme les premières esquisses des bases internationales de la communauté humaine tout entière pour résoudre les questions les plus importantes de notre époque: promouvoir le progrès en tout lieu de la terre et prévenir la guerre sous toutes ses formes. Dans tous ces domaines, l'Eglise se réjouit de l'esprit de fraternité véritable qui est en train de s'épanouir entre chrétiens et non-chrétiens et tend à intensifier sans cesse leurs efforts en vue de soulager l'immense misère.

85. [*La coopération internationale dans le domaine économique*]

1. La solidarité actuelle du genre humain impose aussi l'établissement d'une coopération internationale plus poussée dans le domaine économique. En effet, bien que presque tous les peuples aient acquis leur indépendance politique, il s'en faut de beaucoup qu'ils soient déjà libérés d'excessives inégalités et de toute forme de dépendance abusive, et à l'abri de tout danger de graves difficultés intérieures.

2. La croissance d'un pays dépend de ses ressources en hommes et en argent. L'éducation et la formation professionnelle doivent préparer les citoyens de chaque nation à faire face aux diverses tâches de la vie économique et sociale. Ceci demande l'aide d'experts étrangers: ceux qui l'apportent ne doivent pas se conduire en maîtres, mais en assistants et en collaborateurs. Quant à l'aide matérielle aux nations en voie de développement, on ne pourra la fournir sans de profondes modifications dans les coutumes actuelles du commerce mondial. D'autres ressources doivent en outre leur venir des nations évoluées, sous forme de dons, de prêts ou d'investissements financiers; ces services doivent être rendus généreusement et sans cupidité d'un côté, reçus en toute honnêteté de l'autre.

3. Pour édifier un véritable ordre économique mondial, il faut en finir avec l'appétit de bénéfices excessifs, avec les ambitions nationales et les volontés de domination politique, avec les calculs

des stratégies militaristes ainsi qu'avec les manœuvres dont le but est de propager ou d'imposer une idéologie. Une grande diversité de systèmes économiques et sociaux se présentent: il est à souhaiter que les hommes compétents puissent y trouver des bases communes pour un sain commerce mondial, ce qui sera bien facilité si chacun renonce à ses propres préjugés et se prête sans retard à un dialogue sincère.

86. [*Quelques règles opportunes*]

1. En vue de cette coopération, les règles suivantes paraissent opportunes:

2. a) Les nations en voie de développement auront très à cœur d'assigner pour fin au progrès le plein épanouissement humain de leurs propres citoyens, et cela d'une manière explicite et non équivoque. Elles se souviendront que le progrès prend sa source et son dynamisme avant tout dans le travail et le savoir-faire des pays eux-mêmes; car il doit s'appuyer non pas sur les seuls secours étrangers, mais en tout premier lieu sur la pleine mise en œuvre des ressources de ces pays ainsi que sur leur culture et leurs traditions propres. En cette matière, ceux qui exercent la plus grande influence sur les autres doivent donner l'exemple.

3. b) Les nations développées ont le très pressant devoir d'aider les nations en voie de développement à accomplir ces tâches. Qu'elles procèdent donc aux révisions internes, spirituelles et matérielles, requises pour l'établissement de cette coopération universelle.

4. Ainsi, dans les négociations avec les nations plus faibles et plus pauvres, elles devront scrupuleusement tenir compte du bien de celles-ci: en effet, les revenus qu'elles tirent de la vente de leurs produits sont nécessaires à leur propre subsistance.

5. c) C'est le rôle de la communauté internationale de coordonner et de stimuler le développement, en veillant cependant à distribuer les ressources prévues avec le maximum d'efficacité et d'équité. En tenant compte, assurément, du principe de subsidiarité, il lui revient aussi d'ordonner les rapports économiques mondiaux pour qu'ils s'effectuent selon les normes de la justice.

6. Que l'on fonde des institutions capables de promouvoir et de régler le commerce international — en particulier avec les nations moins développées — en vue de compenser les inconvénients qui découlent d'une excessive inégalité de puissance entre les nations. Une telle normalisation accompagnée d'une aide technique, cultu-

relle et financière, doit mettre à la disposition des nations en voie de développement les moyens nécessaires pour poursuivre l'essor harmonieux de leur économie.

7. d) Dans bien des cas il est urgent de procéder à une refonte des structures économiques et sociales. Mais il faut se garder des solutions techniques insuffisamment mûries, tout particulièrement de celles qui, tout en offrant à l'homme des avantages matériels, s'opposent à son caractère spirituel et à son épanouissement. Car «l'homme ne vit pas seulement de pain, mais aussi de toute parole qui vient de la bouche de Dieu» (Mt. 4, 4). Et tout élément de la famille humaine porte, en lui-même et dans ses meilleures traditions, quelque élément de ce trésor spirituel que Dieu a confié à l'humanité, même si beaucoup en ignorent l'origine.

87. [*La coopération internationale et la croissance démographique*]

1. La coopération internationale devient tout à fait indispensable lorsqu'il s'agit des peuples qui, assez souvent aujourd'hui, en plus de tant d'autres difficultés, souffrent particulièrement de celles qui proviennent de la croissance rapide de la population. Il est urgent de rechercher comment, grâce à la collaboration entière et assidue de tous, surtout des nations riches, on peut préparer ce qui est nécessaire à la subsistance et à l'instruction convenable des hommes, et en faire bénéficier l'ensemble de la communauté humaine. Bon nombre de peuples pourraient sérieusement améliorer leur niveau de vie si, instruits comme il convient, ils passaient de méthodes archaïques d'exploitation agricole à des techniques modernes et les appliquaient avec la prudence nécessaire à leur situation, tout en instaurant aussi un meilleur ordre social et en procédant à un partage plus équitable de la propriété terrienne.

2. En ce qui concerne les problèmes de la population dans chaque nation, les gouvernements, dans les limites de leurs compétences propres, ont assurément des droits et des devoirs: par exemple pour tout ce qui regarde la législation sociale et familiale, l'exode des populations rurales vers les villes, l'information relative à la situation et aux besoins du pays. Comme aujourd'hui les esprits se préoccupent si fort de ce problème, il faut aussi souhaiter que des catholiques compétents en toutes ces matières, dans les universités en particulier, poursuivent assidûment les études entreprises et leur donnent encore plus d'ampleur.

3. Puisque beaucoup affirment que l'accroissement démographique mondial, en tout cas celui de certaines nations, doit être

freiné d'une manière radicale par tous les moyens et par n'importe quelle mesure de l'autorité publique, le Concile exhorte tous les hommes à se garder de solutions, préconisées en public ou en privé, et parfois imposées, qui sont en contradiction avec la loi morale. Car, en vertu du droit inaliénable de l'homme au mariage et à la procréation, la décision relative au nombre d'enfants à mettre au monde dépend du jugement droit des parents et ne peut en aucune façon être laissée à la discrétion de l'autorité publique. Mais, comme le jugement des parents suppose une conscience bien formée, il est très important de permettre à tous d'accéder à un niveau de responsabilité conforme à la morale et vraiment humain qui, sans négliger l'ensemble des circonstances, tienne compte de la loi divine. Cela suppose, un peu partout, une amélioration des moyens pédagogiques et des conditions sociales et, en tout premier lieu, la possibilité d'une formation religieuse ou, à tout le moins, d'une éducation morale sans faille. Il faut, en outre, que les populations soient judicieusement informées des progrès scientifiques réalisés dans la recherche de méthodes qui peuvent aider les époux en matière de régulation des naissances, lorsque la valeur de ces méthodes est bien établie et leur accord avec la morale chose certaine.

88. [*Le rôle des chrétiens dans l'entraide internationale*]

1. Les chrétiens collaboreront de bon gré et de grand cœur à la construction de l'ordre international qui doit se faire dans un respect sincère des libertés légitimes et dans l'amicale fraternité de tous. Ils le feront d'autant plus volontiers que la plus grande partie du globe souffre encore d'une telle misère que le Christ Lui-même, dans la personne des pauvres, réclame comme à haute voix la charité de ses disciples. Qu'on évite donc ce scandale: alors que certaines nations, dont assez souvent la majeure partie des habitants se parent du nom de chrétiens, jouissent d'une grande abondance de biens, d'autres sont privées du nécessaire et sont tourmentées par la faim, la maladie et toutes sortes de misères. L'esprit de pauvreté et de charité est, en effet, la gloire et le signe de l'Eglise du Christ.

2. Il faut donc louer et encourager ces chrétiens, les jeunes en particulier, qui s'offrent spontanément à secourir d'autres hommes et d'autres peuples. Bien plus, il appartient à tout le peuple de Dieu, entraîné par la parole et l'exemple des évêques, de soulager, dans la mesure de ses moyens, les misères de ce temps; et cela, comme c'était l'antique usage de l'Eglise, en prenant non seulement sur ce qui est superflu, mais aussi sur ce qui est nécessaire.

3. Sans être organisée d'une manière rigide et uniforme, la manière de collecter et de distribuer les secours doit être cependant bien conduite dans les diocèses, dans les nations et au plan mondial. Partout où la chose semble opportune, on conjuguera l'action des catholiques avec celle des autres frères chrétiens. En effet, l'esprit de charité, loin d'empêcher un exercice prévoyant et ordonné de l'action sociale et de l'action caritative, l'exige plutôt. C'est pourquoi il est nécessaire que ceux qui veulent s'engager au service des nations en voie de développement reçoivent une formation adéquate, et dans des instituts spécialisés.

89. [*Présence active de l'Église dans la communauté internationale*]

1. Lorsque l'Eglise, en vertu de sa mission divine, prêche l'Evangile à tous les hommes et leur dispense les trésors de la grâce, c'est partout qu'elle contribue à affirmer la paix et à établir entre les hommes et les peuples le fondement solide d'une communauté fraternelle: à savoir la connaissance de la loi divine et naturelle. Pour encourager et stimuler la coopération entre tous, il est donc tout à fait nécessaire que l'Eglise soit présente dans la communauté des nations; et cela tant par ses organes officiels que par l'entière et loyale collaboration de tous les chrétiens — collaboration inspirée par le seul désir d'être utile à tous.

2. Ce résultat sera plus sûrement atteint si, déjà dans leur propre milieu, les fidèles eux-mêmes, conscients de leur responsabilité humaine et chrétienne, travaillent à susciter le désir d'une généreuse coopération avec la communauté internationale. A cet égard, tant dans l'éducation religieuse que dans l'éducation civique, on sera particulièrement attentif à la formation des jeunes.

90. [*Rôle des chrétiens dans les institutions internationales*]

1. Pour les chrétiens, une excellente forme d'activité internationale est assurément le concours qu'ils apportent, individuellement ou en groupe, aux institutions qui visent à étendre la collaboration internationale, que ces institutions existent ou qu'elles soient à créer. Les diverses associations catholiques internationales peuvent, en outre, rendre de multiples services pour l'édification d'une communauté mondiale pacifique et fraternelle. Il faut les consolider, en les dotant d'un personnel plus nombreux et bien formé, en augmentant les moyens matériels dont elles ont besoin, et en coordonnant harmonieusement leurs forces. De nos jours, en effet, l'efficacité de l'action et les nécessités du dialogue réclament des initiatives collectives. De plus, de telles associations contribuent largement à accroître

le sens de l'universel, qui convient sans nul doute aux catholiques, et à donner naissance à la conscience d'une solidarité et d'une responsabilité vraiment mondiales.

2. Enfin, il faut souhaiter que les catholiques, pour bien remplir leur rôle dans la communauté internationale, recherchent une collaboration active et positive, soit avec leurs frères séparés qui, unis à eux, professent l'amour évangélique, soit avec tous les hommes en quête d'une paix véritable.

3. Considérant l'immense misère qui accable, aujourd'hui encore, la majeure partie du genre humain, pour favoriser partout la justice et en même temps pour allumer en tout lieu l'amour du Christ à l'endroit des pauvres, le Concile, pour sa part, estime très souhaitable la création d'un organisme de l'Eglise universelle, chargé d'inciter la communauté catholique à promouvoir l'essor des régions pauvres et la justice sociale entre les nations.

CONCLUSION

91. [*Rôle de chaque fidèle et des églises particulières*]

1. Tirées des trésors de la doctrine de l'Eglise, les propositions que ce Saint Synode vient de formuler ont pour but d'aider tous les hommes de notre temps, qu'ils croient en Dieu ou qu'ils ne Le reconnaissent pas explicitement, à percevoir avec une plus grande clarté la plénitude de leur vocation, à rendre le monde plus conforme à l'éminente dignité de l'homme, à rechercher une fraternité universelle, appuyée sur des fondements plus profonds, et, sous l'impulsion de l'amour, à répondre généreusement et d'un commun effort aux appels les plus pressants de notre époque.

2. Certes, face à la variété extrême des situations et des civilisations, en de très nombreux points, et à dessein, cet exposé ne revêt qu'un caractère général. Bien plus, comme il s'agit assez souvent de questions sujettes à une incessante évolution, l'enseignement présenté ici — qui est en fait l'enseignement déjà reçu dans l'Eglise — devra encore être poursuivi et amplifié. Mais, nous en avons l'espoir, bien des choses que nous avons énoncées en nous appuyant sur la parole de Dieu et sur l'esprit de l'Evangile, pourront apporter à tous une aide valable; surtout lorsque les fidèles, sous la conduite de leurs Pasteurs, auront réalisé l'effort d'adaptation requis par la diversité des nations et des mentalités.

92. [*Le dialogue entre tous les hommes*]

1. En vertu de la mission qui est la sienne, d'éclairer l'univers entier par le message évangélique et de réunir en un seul Esprit tous les hommes, à quelque nation, race, ou culture qu'ils appartiennent, l'Eglise apparaît comme le signe de cette fraternité qui rend possible un dialogue loyal et le renforce.

2. Cela exige en premier lieu qu'au sein même de l'Eglise nous fassions progresser l'estime, le respect et la concorde mutuels, dans la reconnaissance de toutes les diversités légitimes, et en vue d'établir un dialogue sans cesse plus fécond entre tous ceux qui constituent l'unique Peuple de Dieu, qu'il s'agisse des pasteurs ou des

autres chrétiens. Ce qui unit en effet les fidèles est plus fort que ce qui les divise: unité dans le nécessaire, liberté dans le doute, en toutes choses la charité [1].

3. En même temps, notre pensée embrasse nos frères et leurs communautés, qui ne vivent pas encore en totale communion avec nous, mais auxquels nous sommes cependant unis par la confession du Père, du Fils et de l'Esprit-Saint et par le lien de la charité. Nous nous souvenons aussi que l'unité des chrétiens est aujourd'hui attendue et désirée, même par un grand nombre de ceux qui ne croient pas au Christ. Plus en effet cette unité grandira dans la vérité et dans l'amour, sous l'action puissante de l'Esprit-Saint, et plus elle deviendra un présage d'unité et de paix pour le monde entier. Unissons donc nos énergies et, sous des formes toujours mieux adaptées à la poursuite actuelle et effective de ce but, dans une fidélité sans cesse accrue à l'Évangile, collaborons avec empressement et fraternellement au service de la famille humaine, appelée à devenir dans le Christ Jésus la famille des enfants de Dieu.

4. Nous tournons donc aussi notre pensée vers tous ceux qui reconnaissent Dieu et dont les traditions recèlent de précieux éléments religieux et humains, en souhaitant qu'un dialogue confiant puisse nous conduire tous ensemble à accepter franchement les appels de l'Esprit et à les suivre avec ardeur.

5. En ce qui nous concerne, le désir d'un tel dialogue, conduit par le seul amour de la vérité et aussi avec la prudence requise, n'exclut personne: ni ceux qui honorent de hautes valeurs humaines, sans en reconnaître encore l'Auteur, ni ceux qui s'opposent à l'Eglise et la persécutent de différentes façons. Puisque Dieu le Père est le Principe et la fin de tous les hommes, nous sommes tous appelés à être frères. Et puisque nous sommes destinés à une seule et même vocation divine, nous pouvons aussi et nous devons coopérer, sans violence et sans arrière-pensée, à la construction du monde dans une paix véritable.

93. [*Un monde à construire et à conduire à sa fin*]

1. Se souvenant de la parole du Seigneur: « En ceci tous connaîtront que vous êtes mes disciples si vous vous aimez les uns les autres » (Jn 13-35), les chrétiens ne peuvent pas former de souhait plus vif que celui de rendre service aux hommes de leur temps, avec une générosité toujours plus grande et plus efficace. Aussi, dociles à l'Evangile et bénéficiant de sa force, unis à tous ceux qui aiment et pratiquent la justice, ils ont à accomplir sur cette terre une tâche

1. Cf. Jean XXIII, Enc. *Ad Petri cathedram*, 29 juin 1959: AAS 55 (1959), p. 513.

immense, dont ils devront rendre compte à Celui qui jugera tous les hommes au dernier jour. Ce ne sont pas ceux qui disent « Seigneur, Seigneur », qui entreront dans le royaume des cieux, mais ceux qui font la volonté du Père [2] et qui, courageusement, agissent. Car la volonté du Père est qu'en tout homme nous reconnaissions le Christ notre frère et que nous aimions chacun pour de bon, en action et en parole, rendant ainsi témoignage à la Vérité. Elle est aussi que nous partagions avec les autres le mystère d'amour du Père céleste. C'est de cette manière que les hommes répandus sur toute la terre seront provoqués à une ferme espérance, don de l'Esprit, afin d'être finalement admis dans la paix et le bonheur suprêmes, dans la patrie qui resplendit de la gloire du Seigneur.

2. « A Celui qui, par la puissance qui agit en nous, est capable de tout faire, bien au-delà de ce que nous demandons et concevons, à Lui la gloire dans l'Eglise et dans le Christ Jésus, pour tous les âges et tous les siècles. Amen. » (Eph. 3, 20-21).

Tout l'ensemble et chacun des points qui sont édictés dans cette Constitution pastorale ont plu aux Pères du saint Concile. Et Nous, en vertu du pouvoir apostolique que le Christ Nous a confié, avec les vénérables Pères, Nous les approuvons, décrétons et arrêtons dans le Saint-Esprit, et Nous ordonnons que, pour la gloire de Dieu, ce qui a été ainsi établi en Concile soit promulgué.

Rome, près Saint-Pierre, le 7 décembre 1965.

Moi, PAUL,
Évêque de l'Église catholique.

Suivent les signatures des Pères.

---

2. Cf. Mt. 7, 21.

LA CHARGE PASTORALE
DES ÉVÊQUES

Décret "de Pastorali Episcoporum munere
in Ecclesia" ("Christus Dominus")
promulgué le 28 octobre 1965

TRADUCTION ÉTABLIE PAR
S. E. MGR PIERRE VEUILLOT
ET PUBLIÉE PAR
« L'OSSERVATORE ROMANO » (Édition française)
LE 3 DÉCEMBRE 1965

Texte latin dans les
« Acta Apostolicae Sedis » 58 (1966) p. 673-701
et dans les
« Constitutiones, Decreta, Declarationes » p. 277-330

DÉCRET « CHRISTUS DOMINUS »

PAUL, ÉVÊQUE,

SERVITEUR
DES SERVITEURS DE DIEU,
AVEC LES PÈRES DU SAINT CONCILE,
POUR QUE LE SOUVENIR
S'EN MAINTIENNE À JAMAIS.

INTRODUCTION

1. LE Christ Seigneur, Fils du Dieu vivant, venu pour sauver son peuple du péché [1] et pour sanctifier tous les hommes, comme il fut lui-même envoyé par le Père, ainsi envoya-t-il ses Apôtres [2]: il les sanctifia, en leur donnant le Saint-Esprit, pour qu'eux aussi ils glorifient le Père sur la terre et fassent que les hommes soient sauvés, « en vue de l'édification du Corps du Christ » (*Eph.* 4, 12), l'Eglise.

2. Dans cette Eglise du Christ, le Pontife Romain, comme successeur de Pierre, à qui le Christ confia la mission de paître ses brebis et ses agneaux, jouit, par institution divine, du pouvoir suprême, plénier, immédiat, universel pour la charge des âmes. Aussi bien, en sa qualité de pasteur de tous les fidèles, envoyé pour assurer le bien commun de l'Eglise universelle et le bien de chacune des Eglises, il possède sur toutes les Eglises la primauté du pouvoir ordinaire.

Les Evêques eux aussi, établis par le Saint-Esprit, succèdent aux Apôtres comme pasteurs des âmes [3]: ils ont été envoyés [4] pour assu-

---

1. Cf. *Matth.* 1, 21.
2. Cf. *Io.* 20, 21.
3. Cf. Conc. Vat. I, Sessio IV, Const. dogm. I *de Ecclesia Christi*, c. 3, Denz. 1828 (3061).
4. Cf. Conc. Vat. I, Sessio IV, Const. dogm. *de Ecclesia Christi*, Prooem., Denz. 1821 (3050).

rer, en union avec le Souverain Pontife et sous son autorité, la pérennité de l'œuvre du Christ, Pasteur éternel. Car le Christ donna aux Apôtres et à leurs successeurs l'ordre et le pouvoir d'enseigner toutes les nations, de sanctifier les hommes dans la vérité et de guider le troupeau. Aussi, par l'Esprit-Saint qui leur a été donné, les Evêques ont-ils été constitués de vrais et authentiques maîtres de la foi, Pontifes et Pasteurs [5].

3. Cette charge épiscopale, qui est la leur et qu'ils ont reçue par la consécration épiscopale [6], les Evêques, participant à la sollicitude de toutes les Eglises, l'exercent — pour ce qui est du magistère et du gouvernement — à l'égard de l'Eglise universelle de Dieu, tous unis en un Collège ou Corps, en communion avec le Souverain Pontife et sous son autorité.

Ils l'exercent individuellement à l'égard de la portion du troupeau remis à leurs soins, chacun prenant en charge l'Eglise particulière qui lui est confiée ou plusieurs parfois pourvoyant ensemble aux besoins communs de diverses Eglises.

C'est pourquoi le Saint Concile, tenant compte notamment des conditions de la communauté humaine en pleine évolution de nos jours [7], et voulant déterminer de manière plus précise la charge pastorale des Evêques, a décidé ce qui suit.

5. Cf. Conc. Vat. II, Const. dogm. *de Ecclesia,* Cap. III, nn. 21, 24, 25: *AAS* 57, 1965, pp. 24-25, 29-31 [pp. 42-43; 47-49].

6. Cf. Conc. Vat. II, Const. dogm. *de Ecclesia,* Cap. III, n. 21: *AAS* 57, 1965, pp. 24-25 [p. 42-43].

7. Cf. Ioannes XXIII, Const. Apost. *Humanae salutis,* 25 déc. 1961: *AAS* 54, 1962, p. 6 [p. 574].

CHAPITRE PREMIER

LES ÉVÊQUES
ET L'ÉGLISE UNIVERSELLE

I — *RÔLE DES ÉVÊQUES À L'ÉGARD DE L'ÉGLISE UNIVERSELLE*

4. [*Exercice du pouvoir du Collège des Évêques*]

Les Evêques, en vertu de leur consécration sacramentelle et par leur communion hiérarchique avec le Chef et les membres du Collège sont établis membres du Corps épiscopal [1]. « L'ordre des Evêques qui succède au collège apostolique pour le magistère et le gouvernement pastoral, bien mieux dans lequel se perpétue le Corps apostolique constitue, lui aussi, en union avec le Pontife romain, son Chef, et jamais en dehors de ce Chef, le sujet d'un pouvoir suprême et plénier sur l'Eglise universelle, pouvoir cependant qui ne peut s'exercer qu'avec le consentement du Pontife romain » [2]. Ce pouvoir s'exerce « solennellement dans le Concile Oecuménique » [3]; aussi le Saint Concile décide-t-il que tous les Evêques, en qualité de membres du Collège épiscopal, ont le droit de participer au Concile œcuménique.

« Ce même pouvoir collégial peut être exercé en union avec le Pape par les Evêques résidant dans le monde entier, pourvu que le Chef du Collège les appelle à agir collégialement ou du moins qu'il donne à cette action commune des Evêques dispersés son approbation ou sa libre acceptation pour en faire un véritable acte collégial » [4].

5. [*Le Conseil ou Synode d'Évêques*]

Les Evêques choisis dans les diverses régions du monde, selon des modes et des normes établis ou à établir par le Pontife romain, apportent au Pasteur suprême de l'Eglise une aide plus efficace au

---

1. Cf. Conc. Vat. II, Const. dogm. *de Ecclesia*. cap. III, n. 22; *AAS* 57, 1965, pp. 25-27 [pp. 43-45].
2. Conc. Vat. II, Const. dogm. *de Ecclesia, ibid.*
3. Conc. Vat. II, Const. dogm. *de Ecclesia, ibid.*
4. Conc. Vat. II, Const. dogm. *de Ecclesia, ibid.*

sein d'un Conseil, qui a reçu le nom de *Synode des Evêques* [5]. Et du fait qu'il travaille au nom de tout l'Episcopat catholique, ce Synode est en même temps le signe que tous les Evêques participent en une communion hiérarchique au souci de l'Eglise universelle [6].

6. [*Les Évêques participent au souci de toutes les Églises*]

Successeurs légitimes des Apôtres et membres du Collège épiscopal, les Evêques doivent se savoir toujours unis entre eux et se montrer soucieux de toutes les Eglises; en vertu de l'institution divine et des devoirs de sa charge apostolique, chacun d'eux en effet est responsable de l'Eglise avec les autres Evêques [7]. Qu'ils aient en particulier le souci de ces régions du monde où la Parole de Dieu n'a pas encore été annoncée, ou dans lesquelles, en raison surtout du petit nombre de prêtres, les fidèles sont en danger de s'éloigner des commandements de la vie chrétienne et plus encore de perdre la foi elle-même.

Il leur faut donc travailler de toutes leurs forces à ce que les œuvres d'évangélisation et d'apostolat soient soutenues et développées avec ardeur par les fidèles. De plus, ils feront en sorte que soient préparés des prêtres capables, ainsi que des auxiliaires, religieux et laïcs, pour les missions et les pays souffrant du manque de clergé. Ils auront également soin d'envoyer, dans la mesure du possible, certains de leurs prêtres dans ces missions ou ces diocèses, pour y exercer le ministère sacré de façon durable ou transitoire.

En outre, dans l'usage des biens ecclésiastiques, les Evêques doivent penser à tenir compte non seulement des besoins de leur diocèse, mais encore de ceux des autres Eglises particulières, puisqu'elles sont des parties de l'unique Eglise du Christ. Qu'ils soient enfin attentifs à soulager, selon leurs possibilités, les désastres dont d'autres diocèses ou d'autres régions ont à souffrir.

7. [*Charité active envers les Évêques persécutés*]

Par-dessus tout qu'ils entourent d'un cœur fraternel ces Prélats qui, pour le nom du Christ, sont victimes de calomnies et de tourments, détenus en prison ou empêchés d'exercer leur ministère; qu'ils

---

5. Cf. Paulus VI, Motu proprio *Apostolica Sollicitudo*, 15 sept. 1965: *AAS* 57, 1965, pp. 775-780 [pp. 613-617].

6. Cf. Conc. Vat. II, Const. dogm. *de Ecclesia*, cap. III, n. 23: *AAS* 57, 1965, pp. 27-28 [pp. 45-47].

7. Cf. Pius XII, Litt. Encycl. *Fidei donum*, 21 apr. 1957: *AAS* 49, 1957, p. 237 sqq.; cf. etiam: Benedictus XV, Epist. Ap. *Maximum illud.*, 30 nov. 1919: *AAS* 11, 1919, p. 440; Pius XI, Litt. Encycl. *Rerum Ecclesiae*, 28 febr. 1926: *AAS* 18, 1926, p. 68 sqq.

fassent preuve à leur égard d'un authentique et actif dévouement en vue d'adoucir et d'alléger par la prière et l'action les souffrances de leurs confrères.

II — *LES ÉVÊQUES ET LE SIÈGE APOSTOLIQUE*

8. [*Pouvoir des Évêques dans leur propre diocèse*]

a) Les Evêques, en tant que successeurs des Apôtres, ont de soi, dans les diocèses qui leur sont confiés, tout le pouvoir ordinaire, propre et immédiat, requis pour l'exercice de leur charge pastorale, étant sauf toujours et en toutes choses le pouvoir que le Pontife Romain a, en vertu de sa charge, de se réserver des causes ou de les réserver à une autre Autorité.

b) Chaque Evêque diocésain a la faculté de dispenser de la loi générale de l'Eglise, en un cas particulier, les fidèles sur lesquels il exerce son autorité selon le droit, chaque fois qu'à son jugement la dispense profitera à leur bien spirituel, à moins qu'une réserve spéciale ait été faite par l'Autorité suprême de l'Eglise.

9. [*Les Dicastères de la Curie romaine*]

Dans l'exercice de son pouvoir suprême, plénier et immédiat sur l'Eglise universelle, le Pontife Romain se sert des Dicastères de la Curie romaine; c'est donc en son nom et par son autorité que ceux-ci remplissent leur charge pour le bien des Eglises et le service des Pasteurs.

Les Pères du Saint Concile souhaitent que ces Dicastères, qui certes ont apporté au Pontife Romain et aux Pasteurs de l'Eglise une aide magnifique, soient soumis à une nouvelle organisation plus en rapport avec les besoins des temps, des pays et des Rites, notamment en ce qui concerne leur nombre, leur nom, leur compétence, leurs méthodes propres de travail et la coordination de leurs travaux [8]. Ils souhaitent pareillement que, compte tenu de la propre charge pastorale des Evêques, la fonction des Légats du Pontife Romain soit déterminée de façon plus nette.

10. [*Les Membres et les Officiers des Dicastères*]

En outre, du fait que ces Dicastères ont été établis pour le bien de l'Eglise universelle, on souhaite que leurs Membres, leur personnel et leurs Consulteurs — et de même les Légats du Pontife Romain — soient, dans la mesure du possible, davantage choisis dans

---

8. Cf. Paulus VI, *Allocutio* ad Em.mos Patres Cardinales, Exc.mos Praesules, Rev.mos Praelatos ceterosque Romanae Curiae Officiales, 21 sept. 1963: *AAS* 55, 1963, p. 793 sqq.

les diverses contrées de l'Eglise. C'est ainsi que les administrations ou organes centraux de l'Eglise catholique présenteront un caractère véritablement universel.

On forme également le vœu que parmi les Membres des Dicastères soient admis aussi quelques Evêques, surtout diocésains, qui puissent apporter au Souverain Pontife, d'une manière plus complète, la mentalité, les désirs et les besoins de toutes les Eglises.

Enfin, les Pères du Concile estiment très utile que ces mêmes Dicastères entendent davantage des laïcs, réputés pour leurs qualités, leur science et leur expérience, en sorte que ces laïcs aussi jouent dans les affaires de l'Eglise le rôle qui leur revient.

CHAPITRE II

LES ÉVÊQUES
ET LES ÉGLISES PARTICULIÈRES
OU DIOCÈSES

I — *LES ÉVÊQUES DIOCÉSAINS*

11. [*Notion du diocèse et rôle des Évêques dans leur diocèse*]

Un diocèse est une portion du Peuple de Dieu, confiée à un Evêque pour qu'avec l'aide de son presbyterium il en soit le pasteur: ainsi le diocèse lié à son pasteur et par lui rassemblé dans le Saint-Esprit grâce à l'Evangile et à l'Eucharistie, constitue une Eglise particulière en laquelle est vraiment présente et agissante l'Eglise du Christ, une, sainte, catholique et apostolique.

Chaque Evêque à qui a été confié le soin d'une Eglise particulière, paît ses brebis au nom du Seigneur, sous l'autorité du Souverain Pontife, à titre de pasteur propre, ordinaire et immédiat, exerçant à leur égard la charge d'enseigner, de sanctifier et de gouverner. Il doit cependant reconnaître les droits légitimes des Patriarches ou des autres Autorités hiérarchiques [1].

Que les Evêques s'appliquent à leur charge apostolique comme des témoins du Christ devant tous les hommes, non seulement prenant soin de ceux qui suivent déjà le Prince des Pasteurs, mais se consacrant aussi de tout cœur à ceux qui dévièrent en quelque manière du chemin de la vérité ou qui ignorent l'Evangile et la miséricorde salvatrice du Christ. Ainsi agiront-ils jusqu'au moment où tous enfin marcheront « en toute bonté, justice et vérité » *(Eph. 5, 9)*.

12. [*La charge d'enseignement*]

Dans l'exercice de leur charge d'enseigner, que les Evêques annoncent aux hommes l'Evangile du Christ, — cette charge l'em-

---

1. Cf. Conc. Vat. II, Decr. *de Ecclesiis Orientalibus Catholicis*, 21 nov. 1964, nn. 7-11: *AAS* 57, 1965, pp. 79-80 [pp. 486-488].

porte sur les autres si importantes soient-elles [2] — et, dans la force de l'Esprit, qu'ils les appellent à la foi ou les confirment dans la foi vivante; qu'ils leur proposent le mystère intégral du Christ, c'est-à-dire ces vérités qu'on ne peut ignorer sans ignorer le Christ Lui-même, et qu'ils leur montrent de même la voie divinement révélée pour rendre gloire à Dieu et par là même obtenir le salut éternel [3].

Les Evêques doivent en outre montrer aux hommes que, selon le dessein de Dieu Créateur, les réalités terrestres elles-mêmes et les institutions humaines sont également ordonnées au salut des hommes, et qu'en conséquence elles peuvent contribuer d'une façon non négligeable à l'édification du Corps du Christ.

Ils enseigneront donc, selon la doctrine de l'Eglise, combien il faut estimer la personne humaine, sa liberté et sa vie corporelle elle-même; la famille, son unité et sa stabilité, la procréation et l'éducation des enfants; la société civile avec ses lois et ses professions; le labeur et le loisir, les arts et les techniques; la pauvreté et la richesse. Ils exposeront enfin comment résoudre les très graves questions concernant la possession des biens matériels, leur accroissement et leur juste distribution, la paix et la guerre, la communauté fraternelle de tous les peuples [4].

13. [*La manière de proposer la doctrine chrétienne*]

Les Evêques doivent proposer la doctrine chrétienne d'une façon adaptée aux nécessités du moment, c'est-à-dire en répondant aux difficultés et questions qui angoissent le plus les hommes; il leur faut veiller sur cette doctrine, apprenant aux fidèles eux-mêmes à la défendre et à la répandre. Dans sa transmission, qu'ils manifestent la sollicitude maternelle de l'Eglise à l'égard de tous les hommes, fidèles ou non, et qu'ils accordent une particulière attention aux pauvres et aux petits, que le Seigneur les a envoyés évangéliser.

Puisqu'il appartient à l'Eglise d'engager le dialogue avec la société humaine au sein de laquelle elle vit [5], c'est au premier chef

---

2. Cf. Conc. Trid., Sess. V, Decr. *de reform.*, c. 2, Mansi 33, 30; Sess. XXIV. Decr. *de reform.*, c. 4, Mansi 33, 159 [cf. Conc. Vat. II, Const. dogm. *de Ecclesia*, Cap. III, n. 25: *AAS* 57, 1965, p. 29 sqq.] [pp. 47-49].

3. Cf. Conc. Vat. II, Const. dogm. *de Ecclesia*, Cap. III, n. 25: *AAS* 57, 1965, pp. 29-31 [pp. 47-49].

4. Cf. Ioannes XXIII, Litt. Encycl. *Pacem in terris*, 11 apr. 1963, passim: *AAS* 55, 1963, pp. 257-304.

5. Cf. Paulus VI. Litt. Encycl. *Ecclesiam suam*, 6 aug. 1964: *AAS* 56, 1964, p. 639.

la tâche des Evêques d'abord d'aller aux hommes et de demander et promouvoir le dialogue avec eux. Ce dialogue de salut, si l'on veut qu'y soient toujours unies la vérité à la charité, l'intelligence à l'amour, il faut qu'il se distingue par la clarté du langage en même temps que par l'humilité et la bonté, par une prudence convenable alliée pourtant à la confiance: celle-ci, favorisant l'amitié, unit naturellement les esprits [6].

Pour annoncer la doctrine chrétienne il faut user des moyens variés qui sont aujourd'hui à notre disposition: avant tout, la prédication et l'enseignement catéchétique qui tiennent toujours la première place; également la présentation de la doctrine dans les écoles et les académies, par des conférences et des réunions de tout genre; enfin sa diffusion par des déclarations publiques faites à l'occasion de certains événements, ainsi que par la presse et les divers instruments de communication sociale qu'il importe absolument d'utiliser pour annoncer l'Evangile du Christ [7].

14. [*L'enseignement catéchétique*]

Les Evêques veilleront à ce que l'enseignement catéchétique, dont le but est de rendre chez les hommes la foi vivante, explicite et active, en l'éclairant par la doctrine, soit transmis avec un soin attentif aux enfants et aux adolescents, aux jeunes et même aux adultes. Dans cet enseignement, on adoptera l'ordre et la méthode qui conviennent non seulement à la matière dont il s'agit, mais encore au caractère, aux facultés, à l'âge et aux conditions de vie des auditeurs; cet enseignement sera fondé sur la Sainte Ecriture, la Tradition, la Liturgie, le Magistère et la vie de l'Eglise.

En outre, les Evêques seront attentifs à ce que les catéchistes soient dûment préparés à leur tâche: ils devront bien connaître la doctrine de l'Eglise et apprendre, dans la théorie comme dans la pratique, les lois de la psychologie et les disciplines de la pédagogie.

Lès Evêques doivent aussi s'efforcer de restaurer ou d'aménager le catéchuménat des adultes.

15. [*La mission de sanctifier qu'ont les Évêques*]

Dans l'exercice de leur charge de sanctifier, les Evêques se rappelleront qu'ils ont été pris d'entre les hommes et sont établis pour

---

6. Cf. Paulus VI, Litt. Encycl. *Ecclesiam suam*, 6 aug. 1964: *AAS* 56, 1964, pp. 644-64⁵.
7. Cf. Conc. Vat. II, Decr. *de instrumentis communicationis socialis*, 4 déc. 1963: *AAS* 56, 1964, pp. 145-153 [pp. 517-530].

intervenir en faveur des hommes dans leurs relations avec Dieu, afin d'offrir des dons et des sacrifices pour les péchés. Les Evêques jouissent, en effet, de la plénitude du sacrement de l'Ordre; c'est d'eux que, dans l'exercice de leur pouvoir, dépendent et les prêtres et les diacres: les premiers ont été, eux aussi, consacrés véritables prêtres du Nouveau Testament pour être de prudents collaborateurs de l'ordre épiscopal; les seconds, ordonnés en vue du ministère, servent le Peuple de Dieu en communion avec l'Evêque et son presbyterium. C'est pourquoi les Evêques sont les principaux dispensateurs des mystères de Dieu, comme ils sont les organisateurs et les gardiens de toute la vie liturgique dans l'Eglise qui leur est confiée [8].

Les Evêques doivent donc s'appliquer à ce que les fidèles connaissent plus profondément le mystère pascal et en vivent davantage par l'Eucharistie, en sorte de former un seul Corps étroitement lié dans l'unité de la charité du Christ [9]; « assidus à la prière et au ministère de la parole » (Act. 6. 4), les Evêques travailleront à obtenir que tous ceux dont ils ont reçu la charge soient unanimes dans la prière [10], et que par la réception des sacrements, ils croissent dans la grâce et soient pour le Seigneur des témoins fidèles.

Maîtres de perfection, les Evêques s'efforceront de faire progresser dans la sainteté leurs clercs, les religieux et les laïcs, chacun selon sa vocation particulière [11], se souvenant toutefois de leur propre devoir de montrer l'exemple de la sainteté, par leur charité, leur humilité et la simplicité de leur vie. Qu'ils sanctifient ainsi les Eglises qui leur sont confiées, pour qu'en elles soient pleinement manifestés les sentiments de l'Eglise universelle du Christ. Dans cet esprit, ils favoriseront le plus possible les vocations sacerdotales et religieuses, et spécialement les vocations missionnaires.

16. [*La charge qui incombe aux Évêques de gouverner et de paître*]

Dans l'exercice de leur charge de père et de pasteur, que les Evêques soient au milieu de leur peuple comme ceux qui servent [12],

---

8. Cf. Conc. Vat. II, Const. *de Sacra Liturgia*, 4 déc. 1963: *AAS* 56, 1964, p. 97 sqq. [p. 127 ss.]; Paulus VI, Motu proprio *Sacram Liturgiam*, 25 janv. 1964: *AAS* 56, 1964, p. 139 sqq.

9. Cf. Pius XII, Litt. Encycl. *Mediator Dei*, 20 nov. 1947: *AAS* 39, 1947, p. 251 sqq.; Paulus VI, Litt. Encycl. *Mysterium Fidei*, 3 sept. 1965: *AAS* 57, 1965, pp. 753-774.

10. Cf. *Act.* 1, 14 et 2, 46.

11. Cf. Conc. Vat. II, Const. dogm. *de Ecclesia*, Cap. VI, nn. 44-45: *AAS* 57, 1965, pp. 50-52 [pp. 73-75].

12. Cf. *Luc* 22, 26-27.

de bons pasteurs connaissant leurs brebis et que leurs brebis connaissent, de vrais pères, qui s'imposent par leur esprit d'amour et de dévouement envers tous et dont l'autorité reçue d'En haut rencontre une adhésion unanime et reconnaissante. Ils rassembleront et animeront toute la grande famille de leur troupeau, en sorte que tous, conscients de leurs devoirs, vivent et agissent dans une communion de charité.

Pour en devenir vraiment capables, les Evêques, « prêts à toute œuvre bonne » *(2 Tim.* 2, 21) et « endurant tout pour les élus » *(2 Tim.* 2, 10), doivent régler leur vie de manière à correspondre aux nécessités de leur temps.

Que les Evêques entourent les prêtres d'une charité particulière, puisqu'ils assument pour une part leurs charges et leurs soucis et qu'ils s'y consacrent chaque jour avec tant de zèle; il leur faut les traiter comme des fils et des amis [13], être prêts à les écouter, entretenir avec eux des relations confiantes et promouvoir ainsi la pastorale d'ensemble du diocèse tout entier.

Les Evêques doivent se soucier de l'état spirituel, intellectuel et matériel de leurs prêtres pour qu'ils aient les moyens de mener une vie sainte et pieuse et d'accomplir fidèlement et avec fruit leur ministère. C'est pourquoi les Evêques encourageront des institutions et organiseront des rencontres particulières, en vue de permettre aux prêtres de se réunir de temps en temps soit pour des exercices spirituels plus prolongés propres à renouveler leur vie, soit pour l'approfondissement de leurs connaissances des disciplines ecclésiastiques, surtout de l'Ecriture Sainte et de la théologie, des questions sociales plus importantes, et des nouvelles méthodes d'action pastorale. Les Evêques doivent entourer d'une miséricorde active les prêtres qui se trouvent d'une façon ou d'une autre en danger ou qui ont défailli sur quelque point.

Afin d'être à même de pourvoir d'une manière plus adaptée au bien des fidèles, chacun selon sa condition, les Evêques s'appliqueront à bien connaître leurs besoins dans le contexte social où ils vivent, et ils emploieront pour cela les méthodes convenables, particulièrement l'enquête sociologique. Ils se montreront attentifs à tous, quels que soient leur âge, leur condition, leur pays, qu'il s'agisse d'autochtones, d'étrangers, de gens de passage. Dans l'exercice de cette sollicitude pastorale, qu'ils réservent à leurs fidèles la part qui leur revient dans les affaires de l'Eglise, reconnaissant leur devoir et

---

13. Cf. *Io.* 15, 15.

leur droit de travailler activement à l'édification du Corps mystique du Christ.

Les Evêques doivent entourer d'amour les frères séparés, recommandant aux fidèles de se comporter à leur égard avec beaucoup d'humanité et de charité, et encourageant aussi l'œcuménisme, tel que l'Eglise le comprend [14]. Les non-baptisés également leur seront chers, afin qu'à leurs yeux aussi resplendisse la charité du Christ Jésus, de qui les Evêques sont devant tous les témoins.

17. [Formes particulières d'apostolat]

Les diverses méthodes d'apostolat doivent être encouragées. En outre, dans l'ensemble des diocèses ou dans des secteurs particuliers, on favorisera, sous la direction de l'Evêque, une étroite et profonde coordination de toutes les œuvres d'apostolat, grâce à quoi toutes les initiatives et institutions, — catéchétiques, missionnaires, charitables, sociales, familiales, scolaires et de quelque autre nature pastorale que ce soit — seront ramenées à une action concordante. Ainsi sera également manifestée plus clairement l'unité du diocèse.

Il faut souligner avec insistance le devoir des fidèles d'exercer l'apostolat chacun selon sa condition et ses aptitudes: on leur recommandera d'apporter leur participation ou leur aide aux œuvres diverses de l'apostolat des laïcs, et surtout à l'Action catholique. On doit aussi promouvoir ou encourager les associations qui se proposent directement ou indirectement une fin surnaturelle: la recherche d'une vie plus parfaite, l'annonce à tous de l'Evangile du Christ, la diffusion de la doctrine chrétienne, le développement du culte public, la poursuite de buts sociaux, l'accomplissement d'œuvres de piété ou de charité.

Les œuvres d'apostolat doivent être exactement adaptées aux nécessités actuelles, en tenant compte des conditions non seulement spirituelles et morales, mais aussi sociales, démographiques et économiques. Pour y parvenir efficacement et avec fruit, on utilisera beaucoup les enquêtes sociales et religieuses, réalisées par des services de sociologie pastorale, qui sont instamment recommandés.

18. [Sollicitude particulière pour certains groupes de fidèles]

Il convient d'avoir une sollicitude particulière pour les fidèles qui, en raison de leur situation, ne peuvent bénéficier suffisamment

---

14. Cf. Conc. Vat. II. Decr. de Oecumenismo. 21 nov. 1964: AAS 57. 1965. pp. 90-107 [pp. 495-516].

du ministère pastoral ordinaire et commun des curés, ou en sont totalement privés: tels sont la plupart des émigrants, des exilés, des réfugiés, des marins ou des aviateurs, des nomades et autres catégories semblables. On devra aussi promouvoir des méthodes pastorales appropriées pour soutenir la vie spirituelle de ceux qui, pour motif de détente, gagnent pour quelque temps d'autres contrées.

Les Conférences épiscopales, surtout nationales, doivent étudier attentivement les questions plus urgentes qui ont trait à ces diverses catégories de fidèles. Avec des méthodes et par des institutions appropriées, elles devront, toutes ensemble et d'un même cœur, pourvoir au mieux au soin spirituel de ces fidèles, en tenant compte d'abord des règles établies [15] ou à établir par le Siège apostolique, tout en les adaptant convenablement aux conditions de temps, de lieux et de personnes.

19. [*Liberté des Évêques; leurs rapports avec les Pouvoirs publics*]

Pour s'acquitter de leur ministère apostolique, qui vise au salut des âmes, les Evêques jouissent d'une liberté et d'une indépendance qui sont de soi pleines et parfaites à l'égard de tout pouvoir civil. Aussi n'est-il pas permis d'empêcher, directement ou indirectement, l'exercice de leur charge ecclésiastique ni de leur interdire de communiquer librement avec le Siège apostolique et d'autres Autorités ecclésiastiques et avec leurs subordonnés.

Certes, du seul fait qu'ils s'appliquent au soin spirituel de leur troupeau, les Evêques travaillent aussi au progrès et au bonheur social et civil: c'est ainsi qu'ils concourent à ce dessein avec les Autorités publiques en exerçant leur propre activité, au titre de leur charge et comme il convient à des Evêques, et qu'ils recommandent l'obéissance aux lois justes et le respect à l'égard des pouvoirs légitimement établis.

20. [*Liberté dans la nomination des Évêques*]

Puisque la charge apostolique des Evêques a été instituée par le Christ Seigneur et qu'elle poursuit une fin spirituelle et surnaturelle, le Saint Concile Oecuménique déclare que le droit de nommer et d'instituer les Evêques est propre à l'Autorité ecclésiastique compétente, et qu'il est particulier et de soi exclusif.

---

15. Cf. S. Pius X, Motu proprio *Iampridem*, 19 mart. 1914: *AAS* 6, 1914, p. 173 sqq.; Pius XII, Const. Ap. *Exsul Familia*, 1 aug. 1952: *AAS* 44, 1952, p. 649 sqq.; *Leges Operis Apostolatus Maris*, auctoritate Pii XII conditae, 21 nov. 1957: *AAS* 50, 1958, p. 375-383.

Aussi, pour défendre dûment la liberté de l'Eglise, pour promouvoir le bien des fidèles d'une manière plus appropriée et plus aisée, c'est le vœu du Saint Concile qu'à l'avenir ne soient plus accordés aux Autorités civiles aucun droit ni aucun privilège d'élection, de nomination, de présentation ou de désignation en vue de la charge épiscopale. Les Autorités civiles, dont le Saint Concile reconnaît avec gratitude et estime les dispositions déférentes à l'égard de l'Eglise, sont très courtoisement priées de bien vouloir renoncer d'elles-mêmes, en accord avec le Saint-Siège à ces droits et privilèges dont elles jouissent actuellement en vertu d'une convention ou d'une coutume.

21. [*Renonciation des Évêques à leur charge*]

Puisque la charge pastorale des Evêques est d'une si grande importance et d'une telle gravité, les Evêques diocésains et tous les autres qui relèvent des mêmes dispositions du droit, sont instamment priés de donner leur démission, soit d'eux-mêmes, soit sur l'invitation de l'Autorité compétente, si, du fait de leur âge avancé, ou pour toute autre raison grave, ils deviennent moins aptes à remplir leur tâche. L'Autorité compétente, si elle accepte cette démission, veillera à assurer l'honnête entretien des démissionnaires et à leur reconnaître des droits particuliers.

II — *LA DÉLIMITATION DES DIOCÈSES*

22. [*La nécessité de réviser les circonscriptions des diocèses*]

Pour qu'un diocèse réalise sa fin propre, il faut premièrement que la nature de l'Eglise apparaisse avec évidence dans la portion du Peuple de Dieu qui compose ce diocèse; deuxièmement que les Evêques puissent s'y acquitter efficacement de leurs charges pastorales; troisièmement que le salut du Peuple de Dieu y soit assuré de la manière la plus parfaite. Cela demande soit une délimitation convenable des frontières territoriales des diocèses, soit une répartition raisonnable des clercs et des ressources en rapport avec les exigences de l'apostolat. Toutes choses qui servent non seulement le bien des clercs et des fidèles directement intéressés, mais aussi celui de l'Eglise catholique tout entière.

C'est pourquoi, en ce qui concerne les délimitations des diocèses, le Saint Concile décrète que, dans la mesure où le bien des âmes l'exige, on procède avec prudence et au plus tôt à leur juste révision: par division, démembrement ou union, par modifications des frontières ou fixation d'un lieu plus approprié pour les sièges épiscopaux, enfin, surtout dans le cas de diocèses composés de grandes villes, par une organisation intérieure nouvelle.

23. [*Les règles à suivre*]

Dans la révision des circonscriptions diocésaines, on devra assurer avant tout l'unité organique de chaque diocèse, quant aux personnes, aux offices, aux institutions, à la façon d'un corps vivant. En chaque cas, après un examen attentif de toutes les circonstances, on considérera les critères plus généraux que voici:

1) En délimitant une circonscription diocésaine, il faut tenir compte, autant que possible, des éléments variés du peuple de Dieu qui la composent: cela peut grandement contribuer à un meilleur exercice de la charge pastorale; en même temps on veillera à conserver, autant que possible, l'unité entre les concentrations démographiques de ce peuple et les services civils et institutions sociales qui en constituent la structure organique. C'est pourquoi le territoire de chaque diocèse ne doit être que d'un seul tenant.

Qu'on soit attentif, le cas échéant, aux limites des circonscriptions civiles ainsi qu'aux circonstances particulières de personnes ou de lieux, par exemple d'ordre psychologique, économique, géographique, historique.

2) L'étendue du territoire diocésain ou le nombre de ses habitants doivent en général correspondre aux deux exigences suivantes. D'une part, l'Evêque, même s'il est aidé par d'autres, doit pouvoir en personne accomplir les cérémonies pontificales, faire commodément les visites pastorales, diriger et coordonner comme il faut toutes les œuvres d'apostolat dans le diocèse, et surtout connaître ses prêtres, ainsi que les religieux et les laïcs qui ont une part dans les initiatives diocésaines. D'autre part, le champ d'action doit être suffisamment vaste et convenable pour que tant l'Evêque que les clercs puissent y dépenser utilement toutes leurs forces pour le ministère, sans jamais perdre de vue les besoins de l'Eglise universelle.

3) Enfin, pour que le ministère du salut puisse s'exercer dans le diocèse d'une manière plus adaptée, les règles suivantes s'imposent: dans chaque diocèse, les clercs seront assez nombreux et qualifiés pour paître, comme il faut, le peuple de Dieu; on y disposera des services, institutions et œuvres qui sont propres à cette Eglise particulière et que l'usage a révélé nécessaires à son bon gouvernement et son apostolat; enfin, le diocèse possédera déjà les ressources nécessaires pour faire vivre les personnes et les institutions, ou du moins il aura par ailleurs la prudente assurance qu'elles ne viendront pas à manquer.

Dans ce dessein également, là où se trouvent des fidèles de divers rites, l'Evêque diocésain devra pourvoir à leurs besoins spirituels, soit par des prêtres ou des paroisses du même rite, soit par un Vicaire Episcopal muni des pouvoirs convenables et même, si le cas le comporte, revêtu du caractère épiscopal, soit par lui-même, en assumant la charge d'Ordinaire des divers rites. Si, pour des raisons particulières, au jugement du Siège apostolique, tout cela ne peut se faire, qu'une hiérarchie propre soit alors établie selon la diversité des rites [16].

De même, dans des circonstances semblables, on devra pourvoir au bien spirituel des fidèles d'une langue différente, soit au moyen de prêtres ou de paroisses de leur langue, soit au moyen d'un Vicaire épiscopal possédant bien cette langue, qui soit même, si le cas le comporte, revêtu du caractère épiscopal, soit enfin selon une autre méthode plus appropriée.

24. [*Vote de la Conférence épiscopale à demander*]

La discipline des Eglises orientales demeurant sauve, il importe, en ce qui concerne les modifications des diocèses ou les innovations à introduire selon les règles des nn. 22-23, que les Conférences épiscopales compétentes examinent ces affaires chacune pour son territoire; elles peuvent même, si cela paraît opportun, recourir à une commission épiscopale particulière, mais toujours en entendant principalement les Evêques des provinces ou régions intéressées; ensuite, elles proposeront leurs avis et leurs vœux au Siège apostolique.

III — LES COOPÉRATEURS DE L'ÉVÊQUE DIOCÉSAIN DANS SA CHARGE PASTORALE

1) Evêques coadjuteurs et auxiliaires

25. [*Règles à suivre pour établir des Auxiliaires et des Coadjuteurs*]

Dans le gouvernement des diocèses, on doit pourvoir de telle façon à la charge pastorale des Evêques que le bien du troupeau du Seigneur soit toujours la règle suprême. Pour que ce bien soit procuré comme il se doit, il n'est pas rare que des Evêques auxiliaires doivent être établis, du fait que l'Evêque diocésain ne peut accomplir par lui-même toutes ses fonctions, comme l'exige le bien des âmes, à cause de la trop grande étendue du diocèse ou du trop grand nombre de ses habitants ou de circonstances spéciales d'apostolat, ou

---

16. Cf. Conc. Vat. II, Decr. *de Ecclesiis Orientalibus Catholicis*, 21 nov. 1964, n. 4: *AAS* 57, 1965, p. 77 [p. 484-485].

pour d'autres causes diverses. Bien plus, une nécessité particulière
postule parfois que, pour aider l'Evêque diocésain, on établisse un
Evêque coadjuteur. Ces Evêques coadjuteurs et auxiliaires doivent
être pourvus de pouvoirs convenables, de sorte que, tout en sauvegardant toujours l'unité de gouvernement du diocèse et l'autorité de
l'Evêque diocésain, leur action soit rendue plus efficace et la dignité
propre aux Evêques davantage assurée.

En outre, comme les Evêques coadjuteurs et auxiliaires ont été
appelés à partager la sollicitude de l'Evêque diocésain, ils exerceront leur charge de telle sorte qu'en toutes les affaires ils agissent en
plein accord avec lui. De plus, ils feront toujours preuve de soumission et de respect envers l'Evêque diocésain qui, en retour, aimera
fraternellement les Evêques coadjuteurs et auxiliaires et les entou-
rera d'estime.

26. [*Pouvoirs des Évêques auxiliaires et coadjuteurs*]

Quand le bien des âmes l'exige, que l'Evêque diocésain ne refuse
pas de demander à l'Autorité compétente un ou plusieurs Evêques
auxiliaires, c'est-à-dire qui sont établis pour le diocèse sans droit de
succession.

Si dans les lettres de nomination la chose n'a pas été prévue, que
l'Evêque diocésain établisse son ou ses Auxiliaires Vicaires généraux, ou au moins Vicaires épiscopaux, et en dépendance de sa seule
autorité; qu'il veuille bien les consulter dans les questions plus importantes, surtout de caractère pastoral.

A moins qu'il n'en ait été décidé autrement par l'Autorité compétente, les pouvoirs et facultés dont les Evêques auxiliaires ont été
munis par le droit n'expirent pas avec la charge de l'Evêque diocésain. Il est également souhaitable, à moins que de graves raisons ne
conseillent d'agir autrement, qu'à la vacance du siège, la charge de
gouverner le diocèse soit confiée à l'Evêque auxiliaire ou, s'il y en a
plusieurs, à l'un des auxiliaires.

L'Evêque coadjuteur, c'est-à-dire qui est nommé avec droit de
succession, doit toujours être fait Vicaire général par l'Evêque diocésain. Dans des cas particuliers, des facultés plus étendues pourront
lui être accordées par l'Autorité compétente.

Pour que le bien présent et futur du diocèse soit assuré au mieux,
l'Evêque « coadjuté » et l'Evêque coadjuteur ne manqueront pas de
se consulter mutuellement dans les questions plus importantes.

2) La Curie et les Conseils diocésains

27. [*Organisation de la Curie diocésaine et création du Conseil pastoral*]

Dans la Curie diocésaine, la première fonction est celle de Vicaire général. Mais chaque fois que le bon gouvernement du diocèse le demande, l'Evêque peut constituer un ou plusieurs Vicaires épiscopaux, c'est-à-dire qui jouissent de plein droit, dans une partie déterminée du diocèse ou pour une catégorie spéciale d'affaires, ou relativement aux fidèles d'un Rite déterminé, des pouvoirs que le droit commun accorde au Vicaire général.

Parmi les coopérateurs de l'Evêque dans le gouvernement du diocèse, il faut aussi mentionner les prêtres qui constituent son sénat ou son conseil, comme c'est le cas du chapitre cathédral, du groupe des consulteurs, ou d'autres conseils, selon les circonstances ou la diversité des lieux. Ces institutions, les chapitres cathédraux surtout, devront, autant qu'il est nécessaire, recevoir une nouvelle organisation, adaptée aux besoins d'aujourd'hui.

Les prêtres et les laïcs qui appartiennent à la Curie diocésaine doivent savoir que c'est au ministère pastoral de l'Evêque qu'ils concourent.

La Curie diocésaine doit être organisée de telle façon qu'elle devienne pour l'Evêque un instrument adapté, non seulement à l'administration du diocèse, mais aussi à l'exercice des œuvres d'apostolat.

Il est tout à fait souhaitable que, dans chaque diocèse, soit établi un Conseil pastoral particulier, présidé par l'Evêque diocésain lui-même et auquel participent des clercs, des religieux et des laïcs, spécialement choisis. A ce Conseil il appartiendra de rechercher ce qui se rapporte au travail pastoral, de l'examiner et de formuler à son sujet des conclusions pratiques.

3) Le clergé diocésain

28. [*Les prêtres diocésains*]

Tous les prêtres, tant diocésains que religieux, participent avec l'Evêque à l'unique sacerdoce du Christ et l'exercent avec lui; aussi sont-ils établis les coopérateurs prudents de l'Ordre épiscopal. Dans le soin des âmes, les prêtres diocésains ont le premier rôle, puisque incardinés ou attachés à une Eglise particulière, ils se consacrent entièrement à son service pour paître une même portion du troupeau du Seigneur; aussi forment-ils un seul presbyterium et une seule famille, dont l'Evêque est le père. Pour répartir d'une façon plus convenable et plus équitable les ministères entre ses prêtres, l'Evêque doit jouir de la liberté nécessaire dans la collation des offices et des bénéfices; ce qui entraîne la suppression des droits ou privilèges qui restreignent, de quelque manière que ce soit, cette liberté.

Les rapports entre l'Evêque et les prêtres diocésains doivent être fondés en premier lieu sur les liens d'une charité surnaturelle: ainsi l'accord de la volonté des prêtres avec celle de l'Evêque rendra plus fructueuse leur action pastorale. Que l'Evêque veuille donc, pour promouvoir toujours davantage le service des âmes, appeler ses prêtres à un dialogue avec lui, et aussi en commun avec d'autres. Ce dialogue porterait surtout sur la pastorale; il aurait lieu non seulement quand l'occasion s'en présente, mais, dans la mesure du possible, à des dates fixes.

En outre, que tous les prêtres diocésains soient unis entre eux et qu'ils soient poussés par le souci du bien spirituel de tout le diocèse. Bien plus, se rappelant que les biens qu'ils acquièrent à l'occasion de leur office ecclésiastique, sont liés à leur fonction sacrée, ils subviendront aussi avec générosité et selon leurs moyens aux besoins matériels du diocèse, conformément aux dispositions de l'Evêque.

29. [*Les prêtres attachés aux œuvres supraparoissiales*]

Parmi les plus proches coopérateurs de l'Evêque, citons également ces prêtres auxquels il confie une charge pastorale ou des œuvres d'apostolat de caractère supraparoissial; elles concernent un territoire déterminé du diocèse, ou des groupes spéciaux de fidèles, ou encore un genre particulier d'action.

Précieuse aussi est l'aide apportée par les prêtres auxquels l'Evêque confie diverses charges d'apostolat, soit dans les écoles, soit dans d'autres institutions ou associations. Enfin les prêtres qui sont appliqués à des œuvres supradiocésaines méritent, en raison des œuvres d'apostolat importantes qu'ils exercent, une particulière sollicitude notamment de la part de l'Evêque dans le diocèse duquel ils séjournent.

30. [*Les curés*]

A un titre tout spécial, les curés sont les coopérateurs de l'Evêque: c'est à eux qu'est confié, en qualité de pasteurs propres, le soin des âmes dans une partie déterminée du diocèse sous l'autorité de l'Evêque.

1) Dans l'exercice de leur mission, les curés doivent, avec leurs auxiliaires, remplir la charge d'enseigner, de sanctifier et de gouver-

ner d'une manière telle que les fidèles et les communautés paroissiales se sentent véritablement des membres du diocèse et de toute
l'Eglise universelle. Aussi devront-ils collaborer avec les autres curés,
avec les prêtres qui exercent une charge pastorale sur le territoire
(par exemple, Vicaires forains, Doyens) ou avec ceux qui sont affectés à des œuvres de caractère supraparoissial, afin que la pastorale
dans le diocèse ne manque pas d'unité et soit rendue plus efficace.

En outre, le soin des âmes doit toujours être pénétré d'esprit
missionnaire en sorte de s'étendre, d'une façon adaptée, à tous ceux
qui habitent la paroisse. Si les curés ne peuvent atteindre certains
groupes de personnes, qu'ils fassent appel à d'autres concours, même
laïcs, pour les aider dans leur apostolat.

Pour donner à ce soin des âmes sa pleine efficacité la vie commune des prêtres, de ceux surtout qui sont attachés à la même
paroisse, est instamment recommandée; elle favorise l'action apostolique et offre aux fidèles un exemple de charité et d'unité.

2) Pour remplir leur charge d'enseignement, les curés ont à prêcher la parole de Dieu à tous les fidèles, pour qu'ils grandissent dans
le Christ, enracinés dans la foi, l'espérance et la charité, et que la
communauté chrétienne rende ce beau témoignage de la charité que
nous recommanda le Seigneur [17]; ils doivent de même par la catéchèse conduire les fidèles à une pleine connaissance du mystère du
salut adaptée à chaque âge. Pour donner cet enseignement, qu'ils
demandent non seulement le concours des religieux, mais également
la coopération des laïcs, en érigeant aussi la Confrérie de la Doctrine
chrétienne.

Pour accomplir leur tâche de sanctification, les curés veilleront
à ce que la célébration du Sacrifice eucharistique soit le centre et le
sommet de toute la vie de la communauté chrétienne; ils travailleront aussi à donner à leurs fidèles la nourriture spirituelle en les
amenant à recevoir fréquemment et pieusement les sacrements et à
participer de façon consciente et active à la liturgie. Que les curés
se rappellent également l'immense profit du sacrement de pénitence
pour le progrès de la vie chrétienne; aussi doivent-ils se montrer
accessibles pour entendre les confessions des fidèles, faisant appel
également en cas de besoin à d'autres prêtres, parlant différentes
langues.

---

17. Cf. *Io*. 13, 35.

Pour bien faire leur devoir de pasteur, les curés devront avant tout se soucier de connaître leur troupeau. Comme ils sont les serviteurs de toutes les brebis, ils travailleront à l'accroissement de la vie chrétienne, tant en chacun des fidèles que dans les familles, dans les associations, celles surtout d'apostolat, et enfin dans toute la communauté paroissiale. Il leur faudra donc visiter les maisons et les écoles, comme l'exige leur charge pastorale; s'intéresser avec zèle aux adolescents et aux jeunes; entourer d'un amour paternel les pauvres et les malades; avoir enfin un souci particulier des travailleurs, et engager les fidèles à apporter leur concours aux œuvres d'apostolat.

3) Les Vicaires paroissiaux, qui sont les coopérateurs du curé, apportent chaque jour une aide précieuse et active au ministère paroissial sous l'autorité du curé. C'est pourquoi entre le curé et ses vicaires doivent exister des relations fraternelles, une charité et un respect mutuels toujours en éveil, une entraide réciproque par le conseil, la collaboration et l'exemple; ainsi serviront-ils la paroisse en plein accord de volonté et avec un même zèle.

31. [*Nomination, transfert, déplacement et renonciation des curés*]
Pour former son jugement sur la capacité d'un prêtre à gouverner telle paroisse, l'Evêque doit tenir compte non seulement de sa doctrine, mais aussi de sa piété, de son zèle apostolique et des autres dons et qualités requis pour le bon exercice du soin des âmes.

En outre, comme toute la raison d'être de la charge pastorale c'est le bien des âmes, il convient que l'Evêque puisse pourvoir les paroisses plus facilement et de façon plus adéquate. Que l'on supprime donc — le droit des Religieux demeurant sauf — tous droits de présentation, de nomination ou de réservation, et de même, là où elle existe, la loi du concours tant général que particulier.

Dans sa paroisse chaque curé doit jouir, en son office, de la stabilité que requiert le bien des âmes. En conséquence la distinction entre curés amovibles et curés inamovibles est abrogée et on révisera et simplifiera la manière de procéder à la translation et au déplacement des curés, afin que l'Evêque puisse dans le respect de l'équité — aux sens naturel et canonique du terme — pourvoir plus commodément aux exigences du bien des âmes.

Les curés, qui du fait de leur âge avancé ou pour toute autre raison grave, se trouvent empêchés d'accomplir leur office comme il convient et de façon fructueuse, sont instamment priés de renoncer à leur office, spontanément ou sur l'invitation de l'Evêque. Aux démissionnaires, l'Evêque doit assurer des moyens de vie convenables.

32. [*Création de paroisses et innovations*]

Enfin cette même raison du salut des âmes doit permettre de déterminer ou de réviser les érections ou les suppressions de paroisses, ou d'autres changements analogues; l'Evêque peut prendre ces mesures de sa propre autorité.

4) Les Religieux

33. [*Les Religieux et les œuvres d'apostolat*]

A tous les religieux — (dans les dispositions suivantes, leur sont adjoints les membres des autres Instituts faisant profession des conseils évangéliques, chacun selon sa propre vocation) — incombe le devoir de travailler de toutes leurs forces et avec zèle à l'édification et à la croissance de tout le Corps mystique du Christ et au bien des Eglises particulières.

Ils sont tenus de poursuivre ces fins d'abord par la prière, les œuvres de pénitence et l'exemple de leur propre vie; ce saint Concile les exhorte vivement à en développer sans cesse l'estime et la pratique. Mais, compte tenu du caractère propre de chaque Institut, que les Religieux s'adonnent aussi largement aux œuvres extérieures d'apostolat.

34. [*Les Religieux coopérateurs de l'Évêque dans les œuvres d'apostolat*]

Les prêtres religieux, consacrés pour l'office du presbytérat, afin d'être eux aussi les prudents collaborateurs de l'Ordre épiscopal, peuvent aujourd'hui être pour les Evêques d'un plus grand secours encore, du fait des besoins croissants des âmes. Aussi faut-il dire qu'à un certain titre véridique, ils appartiennent au clergé du diocèse, en tant qu'ils participent au soin des âmes et aux œuvres d'apostolat sous l'autorité des Evêques.

Les autres membres d'Instituts, hommes ou femmes, qui appartiennent eux aussi à un titre particulier à la famille diocésaine, apportent également une aide précieuse à la hiérarchie; de jour en jour ils peuvent et ils doivent apporter toujours davantage cette aide à mesure que s'accroissent les besoins de l'apostolat.

35. [*Principes de l'apostolat des Religieux dans les diocèses*]

Pour que, dans chaque diocèse, les œuvres d'apostolat s'accomplissent toujours en plein accord et que l'unité de la discipline diocésaine demeure sauve, les principes de base suivants sont établis:

1) Que tous les Religieux fassent toujours preuve d'une soumission et d'un respect religieux envers les Evêques, en leur qualité de

successeurs des Apôtres. Chaque fois qu'ils sont légitimement appelés à des œuvres d'apostolat, ils sont tenus d'exercer leurs fonctions comme des collaborateurs assidus et soumis des Evêques [18]. Bien plus, les Religieux doivent se prêter promptement et fidèlement aux requêtes et aux désirs des Evêques leur demandant de prendre une part plus large au ministère du salut des hommes; ils le feront toutefois dans le respect du caractère de leur Institut et conformément à leurs Constitutions qui, si nécessaire, seraient adaptées à cette fin, d'après les principes du présent Décret conciliaire.

Etant donné les besoins urgents des âmes et la pénurie du clergé diocésain, les Instituts religieux qui ne sont pas voués à la vie purement contemplative, peuvent en particulier être appelés par les Evêques à apporter leur concours aux divers ministères pastoraux, compte tenu cependant du caractère propre de chaque Institut; pour apporter ce concours, les Supérieurs doivent selon leurs moyens favoriser la prise en charge, même temporaire de paroisses.

2) Que les Religieux envoyés pour exercer un apostolat extérieur soient pénétrés de l'esprit de leur propre Institut et demeurent fidèles à l'observance régulière et à la dépendance envers leurs propres Supérieurs; les Evêques eux-mêmes ne manqueront pas de recommander cette obligation.

3) L'exemption, selon laquelle les Religieux sont rattachés au Souverain Pontife ou à une autre Autorité ecclésiastique et soustraits à la juridiction des Evêques, regarde surtout la structure interne des Instituts: le but en est de mieux ordonner et harmoniser toutes choses dans l'existence des religieux et de veiller davantage au progrès et à la perfection de la vie commune religieuse [19]. L'exemption permet aussi au Souverain Pontife de disposer des Religieux pour le bien de l'Eglise universelle [20] et à une autre Autorité compétente d'en disposer pour le bien des Eglises de sa propre juridiction.

Mais cette exemption n'empêche pas les Religieux d'être soumis dans chaque diocèse à la juridiction des Evêques selon le droit, dans la mesure où le requièrent l'accomplissement de leur charge pastorale et la bonne organisation du ministère des âmes [21].

---

18. Cf. Pius XII, *Allocutio*, 8 déc. 1950: *AAS* 43, 1951, p. 28; cf. etiam Paulus VI, *Allocutio*, 23 maii 1964: *AAS* 56, 1964, p. 571.

19. Cf. Leo XIII, Const. Ap. *Romanos Pontifices*, 8 maii 1881: *Acta Leonis XIII*, vol. II, 1882, p. 234 sqq.

20. Cf. Paulus VI, *Allocutio*, 23 maii 1964: *AAS* 56, 1964, pp. 570-571.

21. Cf. Pius XII, *Allocutio*, 8 dec. 1950: 1. c.

4) Tous les Religieux, exempts et non exempts, sont soumis au pouvoir des Ordinaires des lieux, pour ce qui concerne l'exercice public du culte divin — (dans le respect toutefois de la diversité des rites — le soin des âmes, la sainte prédication à faire au peuple, l'éducation religieuse et morale des fidèles, surtout des enfants, l'enseignement catéchétique et la formation liturgique, la tenue du clergé. Il en va de même pour les œuvres diverses en ce qui regarde l'exercice de l'apostolat. Les écoles catholiques des Religieux sont aussi soumises aux Ordinaires des lieux, pour ce qui est de leur organisation générale et de leur surveillance, sans préjudice du droit des Religieux à les gouverner. De même les Religieux sont tenus d'observer tout ce dont les Conciles ou Conférences d'Evêques auront légitimement prescrit l'observation par tous.

5) Entre les divers Instituts religieux, ainsi qu'entre ceux-ci et le clergé diocésain, il faut encourager des structures de collaboration. En outre, une étroite coordination de toutes les œuvres et activités apostoliques est nécessaire: elle dépend surtout des dispositions surnaturelles des esprits et des cœurs, fondées et enracinées dans la charité. Cette coordination, il appartient au Siège apostolique de la réaliser pour l'Eglise universelle; aux Pasteurs pour leur diocèse; enfin aux Synodes patriarcaux et aux Conférences épiscopales pour leur propre territoire.

Les Evêques ou les Conférences épiscopales d'une part, les Supérieurs religieux ou les Conférences de Supérieurs majeurs d'autre part, voudront bien procéder à la mise en commun de leurs projets pour les œuvres d'apostolat exercées par des religieux.

6) Pour favoriser entre les Evêques et les Religieux la concorde et l'efficacité des relations mutuelles, les Evêques et les Supérieurs religieux voudront bien se réunir, à dates fixes et chaque fois que cela paraîtra opportun, pour traiter les affaires regardant l'ensemble de l'apostolat dans le territoire.

CHAPITRE III

COOPÉRATION DES ÉVÊQUES
AU BIEN COMMUN
DE PLUSIEURS ÉGLISES

I — SYNODES, CONCILES ET EN PARTICULIER CONFÉRENCES ÉPISCOPALES

36. [*Synodes et Conciles particuliers*]

Dès les premiers siècles de l'Eglise, la communion de la charité fraternelle et le souci de la mission universelle confiée aux Apôtres, ont poussé les Evêques, placés à la tête des Eglises particulières, à associer leurs forces et leurs volontés en vue de promouvoir le bien commun de l'ensemble des Eglises et de chacune d'elles. Pour cette raison, des Synodes, des Conciles provinciaux et enfin des Conciles pléniers ont été constitués, où les Evêques décrétèrent les normes identiques à observer dans les diverses Eglises pour l'enseignement des vérités de la foi et l'organisation de la discipline ecclésiastique

Ce saint Concile œcuménique souhaite vivement que la vénérable institution des Synodes et des Conciles connaisse une nouvelle vigueur afin de pourvoir, selon les circonstances, de façon plus adaptée et plus efficace au progrès de la foi et au maintien de la discipline dans les diverses Eglises.

37. [*Importance des Conférences épiscopales*]

De notre temps surtout, il n'est pas rare que les Evêques ne puissent accomplir leur charge convenablement et avec fruit, s'ils ne réalisent pas avec les autres Evêques une concorde chaque jour plus étroite et une action plus coordonnée. Les Conférences épiscopales, établies déjà dans plusieurs nations, ont donné des preuves remarquables de fécondité apostolique; aussi ce saint Synode estime-t-il tout à fait opportun qu'en tous lieux les Evêques d'une même nation ou d'une même région constituent une seule assemblée et qu'ils se réunissent à dates fixes pour mettre en commun leurs lumières prudentes et leurs expériences. Ainsi la confrontation des idées permettra-t-elle de réaliser une sainte harmonie des forces en vue du bien commun des Eglises.

C'est pourquoi le saint Concile établit ce qui suit au sujet des Conférences épiscopales.

38. [*Notion, structures, compétence et collaboration des Conférences*]

1) Une conférence épiscopale est en quelque sorte une assemblée dans laquelle les Prélats d'une nation ou d'un territoire exercent conjointement leur charge pastorale en vue de promouvoir davantage le bien que l'Eglise offre aux hommes, en particulier par des formes et méthodes d'apostolat convenablement adaptées aux circonstances présentes.

2) Tous les Ordinaires des lieux de quelque rite que ce soit, (à l'exception des Vicaires généraux), les Coadjuteurs, les Auxiliaires, et d'autres Evêques titulaires exerçant une charge particulière à eux confiée par le Saint-Siège ou par les Conférences épiscopales, font partie de la Conférence épiscopale. Les autres Evêques titulaires ne sont pas de droit membres de la Conférence; les Légats du Pontife Romain ne le sont pas non plus, en raison de la mission spéciale qu'ils exercent sur le territoire.

Aux Ordinaires des lieux et aux Coadjuteurs appartient une voix délibérative. Aux Auxiliaires et autres Evêques qui ont le droit de participer à la Conférence, les statuts de la Conférence accorderont voix délibérative ou voix consultative.

3) Chaque Conférence épiscopale rédigera ses statuts qui devront être reconnus par le Siège apostolique; on y prévoira, entre autres, les organisations permettant de poursuivre plus efficacement la fin de la Conférence, par exemple: un Conseil permanent d'Evêques, des Commissions épiscopales, un Secrétariat général.

4) Les décisions de la Conférence épiscopale, pourvu qu'elles aient été prises légitimement et par les deux tiers au moins des suffrages des Prélats ayant voix délibérative à la Conférence, et qu'elles aient été reconnues par le Siège apostolique, obligeront juridiquement, mais seulement dans les cas prescrits par le droit commun ou quand un ordre spécial du Siège apostolique, donné sur son initiative ou à la demande de la Conférence elle-même, en aura ainsi disposé.

5) Là où des circonstances particulières le requièrent, les Evêques de plusieurs nations pourront, avec l'approbation du Siège apostolique, constituer une seule Conférence.

Il faut au surplus encourager les relations entre les Conférences épiscopales de diverses nations, en vue de promouvoir et d'assurer un plus grand bien.

6) Il est instamment recommandé aux Prélats des Eglises orientales, réunis en Synode pour promouvoir la discipline de leur Eglise propre et encourager plus efficacement les œuvres destinées au bien de la religion, de tenir également compte du bien commun de l'ensemble du territoire, là où existent plusieurs Eglises de rites différents; ils provoqueront à cet effet des échanges au cours de réunions interrites, selon les règles à établir par l'Autorité compétente.

II — *CIRCONSCRIPTION DES PROVINCES ECCLÉSIASTIQUES ET ÉRECTION DES RÉGIONS ECCLÉSIASTIQUES*

39. [*Principe sur la révision des circonscriptions*]

Le bien des âmes réclame une circonscription appropriée, non seulement pour les diocèses, mais aussi pour les provinces ecclésiastiques. Bien plus il conseille l'érection de régions ecclésiastiques, permettant de mieux pourvoir aux besoins de l'apostolat en fonction des circonstances sociales et locales, et de rendre plus faciles et plus fructueuses les relations des Evêques entre eux, avec les Métropolitains et avec les autres Evêques de la même nation, comme aussi les relations des Evêques avec les Autorités civiles.

40. [*Règles à observer*]

C'est pourquoi, afin d'obtenir ces résultats, le saint Concile décrète qu'on établisse les règles suivantes:

1) Les circonscriptions des provinces ecclésiastiques devront être révisées de façon opportune et les droits et privilèges des métropolitains définis par des normes nouvelles et adaptées.

2) On devra avoir pour règle que tous les diocèses, et les autres circonscriptions territoriales qui relèvent des mêmes dispositions du droit, soient rattachés à une province ecclésiastique. En conséquence, les diocèses qui, actuellement sont soumis immédiatement au Saint-Siège et ne sont unis à aucun autre diocèse, ou bien doivent être réunis, si possible, en une nouvelle province ecclésiastique, ou bien doivent être rattachés à la province la plus proche ou la plus opportune et être soumis au droit métropolitain de l'Archevêque selon les règles du droit commun.

3) Là où l'utilité le suggère, les provinces ecclésiastiques seront groupées en régions ecclésiastiques, dont l'organisation est à fixer par le droit.

41. [*Vote des Conférences épiscopales à demander*]

Il convient que les Conférences épiscopales compétentes examinent cette question de la délimitation des provinces ou de l'érection des régions, selon les règles déjà fixées pour la circonscription des diocèses (nn. 23 et 24), et qu'elles proposent leur avis et leurs vœux au Siège apostolique.

III — *LES ÉVÊQUES QUI S'ACQUITTENT DE FONCTIONS INTERDIOCÉSAINES*

42. [*Constitution d'offices particuliers et collaboration avec les Évêques*]

Comme les besoins pastoraux exigent de plus en plus que certaines tâches pastorales soient menées et développées d'un commun accord, il convient que, pour le service de tous les diocèses ou de plusieurs diocèses d'une région ou d'une nation déterminée, soient établis un certain nombre de Services qui peuvent être confiés même à des Evêques.

Le saint Concile recommande qu'entre les Prélats ou les Evêques exerçant ces charges et les Evêques diocésains et les Conférences épiscopales, existent toujours une union fraternelle et une communauté d'intentions pastorales, dont les conditions doivent être définies par le droit commun.

43. [*Le Vicariat aux Armées*]

Le soin spirituel des soldats, étant donné les conditions particulières de leur vie mérite une attention toute spéciale; qu'on érige donc dans chaque pays, selon ses moyens, un Vicariat aux Armées. Le Vicaire et les aumôniers devront se dévouer sans compter à cette tâche difficile en pleine collaboration avec les Evêques diocésains [1].

C'est pourquoi les Evêques diocésains devront accorder au Vicariat aux Armées en nombre suffisant des prêtres aptes à cette lourde

---

1. Cf. S. C. Consistorialis: *Instructio de Vicariis Castrensibus:* 23 apr. 1951: *AAS* 43, 1951, pp. 562-565; *Formula servanda in relatione de statu Vicariatus Castrensis conficienda,* 20 oct. 1956: *AAS* 49, 1957, pp. 150-163; Decr. *De Sacrorum Liminum Visitatione a Vicariis Castrensibus peragenda,* 28 febr. 1959: *AAS* 51, 1959, pp. 272-74; Decr. *Facultas audiendi confessiones militum Cappellanis extenditur,* 27 nov. 1960: *AAS* 53, 1961, pp. 49-50. Cf. etiam S. C. de Religiosis: *Instructio de Cappellanis militum religiosis,* 2 febr. 1955: *AAS* 47, 1955, pp. 93-97.

charge, et ils favoriseront en même temps les initiatives destinées à promouvoir le bien spirituel des soldats [2].

PRESCRIPTION GÉNÉRALE

44. Le saint Synode décrète que, dans la révision du Code de Droit canonique, des lois opportunes soient établies conformément aux principes qui sont posés dans ce Décret, et en tenant compte aussi des observations exprimées par les Commissions ou les Pères du Concile.

Le saint Concile décrète en outre que des Directoires généraux sur le soin des âmes soient composés à l'usage des Evêques et des curés, leur présentant des règles sûres pour remplir plus facilement et plus parfaitement leur charge pastorale.

On composera aussi un Directoire spécial sur le soin pastoral des catégories particulières de fidèles en rapport avec les circonstances diverses de chacune des nations ou régions; et un Directoire sur l'enseignement catéchétique du peuple chrétien, dans lequel on traitera des principes fondamentaux et de l'organisation de cet enseignement, ainsi que de l'élaboration de livres traitant de la question. Dans la composition de ces Directoires, on devra tenir compte également des observations présentées par les Commissions ou par les Pères du Concile.

Tout l'ensemble et chacun des points qui sont édictés dans ce Décret ont plu aux Pères du saint Concile. Et Nous, en vertu du pouvoir apostolique que le Christ Nous a confié, avec les vénérables Pères, Nous les approuvons, décrétons et arrêtons dans le Saint-Esprit, et Nous ordonnons que, pour la gloire de Dieu, ce qui a été ainsi établi en Concile soit promulgué.

Rome, près Saint-Pierre, le 28 octobre 1965.

Moi, PAUL,
Évêque de l'Église catholique.

Suivent les signatures des Pères.

---

2. Cf. S. C. Consistorialis: *Epistula* ad Em.mos P.P. D.D. Cardinales atque Exc.mos PP. DD. Archiepiscopos, Episcopos ceterosque Ordinarios Hispanicae Ditionis, 21 iun. 1951: *AAS* 43, 1951, p. 566.

LE MINISTÈRE
ET LA VIE
DES PRÊTRES

Décret "de Presbyterorum ministerio
et vita" ("Presbyterorum Ordinis")
promulgué le 7 décembre 1965

TRADUCTION ÉTABLIE PAR LE R. P. CL. WIÉNER,
AVEC LA COLLABORATION DES
RR. PP. H. DENIS ET J. FRISQUE
AINSI QUE DU R. P. TH. CAMELOT, O.P.
(Copyright Cl. Wiéner)

Texte latin dans les
« Acta Apostolicae Sedis » 58 (1966) p. 991-1024
et dans les
« Constitutiones, Decreta, Declarationes » p. 619-678

NOTE PRÉLIMINAIRE

On a mis en italique dans la traduction deux éléments différents:

1 — Tout ce qui est biblique, c'est-à-dire les citations explicites et littérales (entre guillemets dans le texte, référence incorporée au texte), mais aussi les reprises de formules bibliques dont la référence est en note dans la rédaction définitive avec un « cf. » [1]. Il s'agit en général de reprises presque littérales de formules scripturaires, mais dont l'incorporation au texte a demandé une légère modification grammaticale (personne des verbes, cas des substantifs, etc.). Pour tous ces textes, et à l'exception des cas où le contexte du décret obligeait à une retouche (exégétiquement justifiée), nous avons utilisé la traduction du Lectionnaire latin-français et, à son défaut, celle de la Bible de Jérusalem.

2 — Le mot *prêtre* chaque fois qu'il correspond dans le latin à *sacerdos* et non à *presbyter*, ce qui se produit dans une vingtaine de cas. Le contexte (et la réponse aux modi) montre que le choix est intentionnel (avec deux ou trois inconséquences, p. ex. §21): il s'agit dans ces cas de formules qui concernent à la fois les évêques et les prêtres. Quand il s'agit du Christ, il y a évidemment « Sacerdos » et nous avons écrit « Christ Prêtre » avec majuscule et sans italiques.

Les citations (littérales ou incorporées, cf. ci-dessus) du Pontifical Romain (ordination des prêtres) sont assez nombreuses; nous avons utilisé dans tous les cas (sauf impossibilité due au contexte) la traduction Jounel, qui a été provisoirement approuvée par l'Episcopat pour les parties de l'ordination qui se font en langue populaire; nous y avons renvoyé systématiquement.

Nous avons ajouté aux notes (toujours entre crochets) des indications de traduction française: pour les documents conciliaires et pontificaux (Documentation Catholique) [2], les citations du Pontifical (cf. ci-dessus) et pour les textes patristiques cités in extenso dont une traduction française nous était accessible (sur ce dernier point un certain arbitraire intervient donc).

---

1. Nous avons traité de la même manière quelques allusions bibliques évidentes, dont la référence n'est pas indiquée.

2. Le cas échéant, nous avons remplacé les références à la *Documentation catholique* par des références aux pages de notre ouvrage. (Note des éditeurs.)

DÉCRET « PRESBYTERORUM ORDINIS »

PAUL, ÉVÊQUE,
SERVITEUR
DES SERVITEURS DE DIEU,
AVEC LES PÈRES DU SAINT CONCILE,
POUR QUE LE SOUVENIR
S'EN MAINTIENNE À JAMAIS.

PRÉAMBULE

1. **P**LUSIEURS fois déjà, ce saint Concile a rappelé à tous l'importance de l'ordre des prêtres dans l'Eglise [1]. Cet ordre joue, dans le renouveau de l'Eglise du Christ, un rôle essentiel, mais aussi de plus en plus difficile: d'où l'utilité de ce décret qui parle des prêtres de manière plus détaillée et plus approfondie. Il concerne tous les prêtres, spécialement ceux qui exercent une charge pastorale; en ce qui concerne les prêtres religieux, on fera les adaptations qui s'imposent.

Par l'ordination et la mission reçue des évêques, les prêtres sont mis au service du Christ Docteur, Prêtre et Roi; ils participent à son ministère, qui, de jour en jour, construit ici-bas l'Eglise pour qu'elle soit Peuple de Dieu, Corps du Christ, Temple du Saint-Esprit. Dans une situation pastorale et humaine souvent en pleine mutation, il fallait les aider plus efficacement dans leur ministère et mieux prendre en charge leur vie. C'est pourquoi ce saint Concile déclare et décide ce qui suit.

---

1. 2ème Concile du Vatican, Const. *Sacrosanctum Concilium* sur la liturgie, 4 déc. 1963: *AAS* 56 (1964), p. 97 ss [p. 121 ss]; Const. dogm. *Lumen gentium*, 21 nov. 1964: *AAS* 57 (1965), p. 5 ss [p. 15 ss]; Décret *Christus Dominus* sur la fonction pastorale des évêques dans l'Eglise, 28 oct. 1965: *AAS* 58 (1966), p. 673 ss [p. 273 ss]; Décret *Optatam totius* sur la formation des prêtres, 28 oct. 1965: *AAS* 58 (1966), p. 713 ss [p. 351 ss].

LE PRESBYTÉRAT DANS LA MISSION
DE L'ÉGLISE

2. [*Nature du presbytérat*]

Le Seigneur Jésus, « *que le Père a sanctifié et envoyé dans le monde* » (Jn 10, 36), fait participer tout son Corps mystique à l'onction de l'Esprit qu'il a reçue [1] : en lui, tous les chrétiens deviennent un *sacerdoce saint* et *royal, offrant des sacrifices spirituels à Dieu par Jésus-Christ,* et *proclament les hauts faits de Celui qui les a appelés des ténèbres à son admirable lumière* [2]. Il n'y a donc aucun membre qui n'ait sa part dans la mission du Corps tout entier; il n'y en a aucun qui ne doive *sanctifier* Jésus *dans son cœur* [3] et *rendre témoignage à Jésus* par *l'esprit de prophétie* [4].

Mais le même Seigneur, voulant faire des chrétiens un seul corps, où « *tous les membres n'ont pas la même fonction* » (Rom. 12, 4), a établi parmi eux des ministres qui, dans la communauté des chrétiens, seraient investis par l'Ordre du pouvoir sacré d'offrir le Sacrifice et de remettre les péchés [5], et y exerceraient publiquement pour les hommes au nom du Christ la fonction sacerdotale. C'est ainsi que le Christ a *envoyé* les Apôtres *comme le Père* l'avait *envoyé* [6];

---

1. Cf. Mt. 3, 16; Lc 4, 18; Act. 4, 27; 10, 38.
2. Cf. 1 Petr. 2, 5 et 9.
3. Cf. 1 Petr. 3, 15.
4. Cf. Apoc. 19, 10; 2ème Concile du Vatican, Const. dogm. *Lumen gentium*, 21 nov. 1964, n. 35: *AAS* 57 (1965), p. 40-41 [p. 60-61].
5. Concile de Trente, Sess. 23, ch. I et can. I: Denz. 957 et 961 (1764 et 1771) [trad. G. Dumeige, *La Foi catholique*, Paris 1960, n. 892 et 899].
6. Cf. Jn 20, 21; 2ème Concile du Vatican, Const. dogm. *Lumen gentium*, 21 nov. 1964, n. 18: *AAS* 57 (1965), pp. 21-22 [p. 39].

puis, par les Apôtres eux-mêmes, il a fait participer à sa consécration et à sa mission les évêques, leurs successeurs [7], dont la fonction
ministérielle a été transmise aux prêtres à un degré subordonné [8]:
ceux-ci sont donc établis dans l'ordre du presbytérat, pour être les
coopérateurs de l'ordre épiscopal [9] dans le bon accomplissement de
la mission apostolique confiée par le Christ.

La fonction des prêtres, en tant qu'elle est unie à l'ordre épiscopal, participe à l'autorité par laquelle le Christ lui-même construit,
sanctifie et gouverne son Corps. C'est pourquoi le sacerdoce des prêtres, s'il repose sur les sacrements de l'initiation chrétienne, est cependant conféré au moyen d'un sacrement particulier qui, par l'onction du Saint-Esprit, les marque d'un caractère spécial, et les configure ainsi au Christ Prêtre pour les rendre capables d'agir au nom
du Christ Tête en personne [10].

Participant, pour leur part, à la fonction des Apôtres, les prêtres reçoivent de Dieu la grâce qui les fait *ministres du Christ Jésus
auprès des nations, assurant le service sacré de l'Evangile, pour que
les nations deviennent une offrande agréable, sanctifiée par l'Esprit-
Saint* [11]. En effet, l'annonce apostolique de l'Evangile convoque et
rassemble le Peuple de Dieu afin que tous les membres de ce peuple, étant sanctifiés par l'Esprit-Saint, *s'offrent* eux-mêmes en « *victime vivante, sainte, agréable à Dieu* » (Rom. 12, 1). Mais c'est par le
ministère des prêtres que se consomme le sacrifice spirituel des
chrétiens, en union avec le sacrifice du Christ, unique médiateur,
offert au nom de toute l'Eglise dans l'Eucharistie par les mains des
prêtres, de manière sacramentelle et non sanglante, *jusqu'à ce que*

---

7. Cf. 2ème Concile du Vatican, Const. dogm. *Lumen gentium*,
21 nov. 1964, n. 28: *AAS* 57 (1965), pp. 33-36 [pp. 52-54].

8. Cf. *ibid.*

9. Cf. *Pontifical Romain*, Préface consécratoire des prêtres [trad.
P. Jounel, *Les ordinations*, Paris-Tournai 1963, p. 105]. Ces paroles se trouvent déjà dans le *Sacramentaire de Vérone* (éd. L.C. Möhlberg, Rome 1956,
p. 122); également dans le *Missel des Francs* (éd. L.C. Möhlberg,
Rome 1957, p. 9), dans le *Livre des Sacrements de l'Eglise romaine* (éd.
L.C. Möhlberg, Rome 1960, p. 25) et dans le *Pontifical Romano-germa-
nique* (éd. Vogel-Elze, Cité du Vatican 1963, t. I, p. 34).

10. Cf. 2ème Concile du Vatican, Const. dogm. *Lumen gentium*,
21 nov. 1964, n. 10: *AAS* 57 (1965), p. 14-15 [p. 29-30].

11. Cf. Rom. 15, 16 (texte grec).

vienne le Seigneur lui-même [12]. C'est là qu'aboutit leur ministère, c'est là qu'il trouve son accomplissement: commençant par l'annonce de l'Evangile, il tire sa force et sa puissance du Sacrifice du Christ et il aboutit à ce que « la Cité rachetée tout entière, c'est-à-dire la société et l'assemblée des saints, soit offerte à Dieu comme un sacrifice universel par le Grand Prêtre qui est allé jusqu'à s'offrir pour nous dans sa Passion, pour faire de nous le Corps d'une si grande Tête » [13].

Ainsi donc, la fin que les prêtres poursuivent dans leur ministère et dans leur vie, c'est de rendre gloire à Dieu le Père dans le Christ. Et cette gloire, c'est l'accueil, conscient, libre et reconnaissant, des hommes à l'œuvre de Dieu accomplie dans le Christ; c'est le rayonnement de cette œuvre à travers toute leur vie. Ainsi, dans les temps de prière et d'adoration comme dans l'annonce de la Parole, dans l'offrande du sacrifice eucharistique ou l'administration des autres sacrements comme dans les différents ministères exercés au service des hommes, les prêtres contribuent à la fois à faire grandir la gloire de Dieu et à faire avancer les hommes dans la vie divine. Tout cela découle de la Pâque du Christ, tout cela s'achèvera dans le retour glorieux du Seigneur, *quand il remettra la royauté à Dieu le Père* [14].

3. [*Condition des prêtres dans le monde*]

Pris du milieu des hommes et établis en faveur des hommes, dans leurs relations avec Dieu, afin d'offrir des dons et des sacrifices pour les péchés [15], les prêtres vivent avec les autres hommes comme avec des frères. C'est ce qu'a fait le Seigneur Jésus: Fils de Dieu, Homme envoyé aux hommes par le Père, il *a demeuré parmi nous* et il a voulu *devenir en tout semblable à ses frères, à l'exception* cependant *du péché* [16]. Et déjà, il a été imité par les saints Apôtres: saint Paul, docteur des nations, « *mis à part pour l'Evangile de Dieu* » (Rom. 1,1), atteste qu'il s'est fait *tout à tous afin de les sauver tous* [17]. Par leur vocation et leur ordination, les prêtres de la Nou-

---

12. Cf. 1 Cor. 11, 26.
13. St Augustin, *Cité de Dieu*, 10, 6: *PL* 41, 284 [trad. G. Combès, *Biblioth. august.*, t. 34, Paris 1959, p. 447].
14. Cf. 1 Cor. 15, 24.
15. Cf. Hébr. 5, 1.
16. Cf. Hébr. 2, 17; 4, 15.
17. Cf. 1 Cor. 9, 19-23 (vulgate).

velle Alliance sont, d'une certaine manière, mis à part au sein du Peuple de Dieu; mais ce n'est pas pour être séparés de ce peuple, ni d'aucun homme quel qu'il soit; c'est pour être totalement consacrés *à l'œuvre à laquelle* le Seigneur *les appelle* [18]. Ils ne pourraient être ministres du Christ s'ils n'étaient témoins et dispensateurs d'une vie autre que la vie terrestre, mais ils ne seraient pas non plus capables de servir les hommes s'ils restaient étrangers à leur existence et à leurs conditions de vie [19]. Leur ministère même exige, à un titre particulier, qu'ils ne *prennent pas modèle sur le monde présent* [20], et, en même temps, il réclame qu'ils vivent dans ce monde au milieu des hommes, que, tels de *bons pasteurs,* ils *connaissent* leurs *brebis* et cherchent à *amener celles qui ne sont pas de ce bercail,* pour qu'elles aussi *écoutent* la *voix* du Christ, afin *qu'il y ait un seul troupeau, un seul pasteur* [21].

Pour y parvenir, certaines qualités jouent un grand rôle, celles qu'on apprécie à juste titre dans les relations humaines, comme la bonté, la sincérité, la force morale, la persévérance, la passion pour la justice, la délicatesse, et d'autres qualités encore, celles que l'apôtre Paul

---

18. Cf. Act. 13, 2.
19. « Ce zèle de progrès spirituel et moral trouve un stimulant de plus en plus fort dans les conditions même extérieures où se déroule la vie de l'Eglise. Celle-ci ne saurait demeurer inerte et indifférente aux changements du monde qui l'environne et qui, de mille manières, influence sa conduite pratique et la soumet à certaines conditions. L'Eglise, on le sait, n'est point séparée du monde, elle vit dans le monde. Les membres de l'Eglise subissent l'influence du monde; ils en respirent la culture, en acceptent les lois et en adoptent les mœurs. Ce contact intime avec la société temporelle crée pour l'Eglise une situation toujours pleine de problèmes; aujourd'hui, ceux-ci sont particulièrement aigus (...). Voici comment saint Paul éduquait les chrétiens de la première génération: « *Ne formez pas avec les infidèles d'attelage disparate. Quel rapport, en effet, entre la justice et l'impiété ? Quelle union entre la lumière et les ténèbres ? ou quelle association entre le fidèle et l'infidèle ?* » (2 Cor. 6, 14-15). La pédagogie chrétienne devra toujours rappeler à son élève des temps modernes cette condition privilégiée et le devoir qui en découle de vivre dans le monde sans être du monde, selon le souhait rappelé ci-dessus, que Jésus formait pour ses disciples: « *Je ne te prie pas de les retirer du monde, mais de les garder du mal. Ils ne sont pas du monde, comme moi je ne suis pas du monde* » (Jn 17, 15-16). Et l'Eglise fait sien ce même souhait. Mais cette distinction d'avec le monde n'est pas une séparation. Bien plus, elle n'est pas indifférence, ni crainte, ni mépris. Quand l'Eglise se distingue de l'humanité, elle ne s'oppose pas à elle, au contraire, elle s'y unit. » (Paul VI, Encyclique *Ecclesiam suam*, 6 août 1964, n. 44, 64, 65: *AAS* 56 (1964), p. 627 et 638) [*DC* 6 sept. 1964, col. 1070 et 1078].
20. Cf. Rom. 12, 2.
21. Cf. Jn 10, 14-16.

recommande quand il dit: « *Tout ce qu'il y a de vrai, d'honorable, tout ce qui est juste, pur, digne d'être aimé, tout ce qui est de bonne réputation, vertueux et digne d'éloges, faites-en l'objet de vos pensées* » (Phil. 4, 8) [22].

---

22. Cf. St Polycarpe, *Epître aux Philippiens*, VI, 1: « Les presbytres, eux aussi, doivent être compatissants, miséricordieux envers tous; qu'ils ramènent les égarés, qu'ils visitent tous les malades, sans négliger la veuve, l'orphelin, le pauvre; mais *« qu'ils pensent toujours à faire le bien devant Dieu et devant les hommes »* [Pr. 3, 4; cf. Rom. 12, 17; 2 Cor. 8, 21]; qu'ils s'abstiennent de toute colère, acception de personne, jugement injuste; qu'ils se tiennent éloignés de l'amour de l'argent, qu'ils ne croient pas trop vite du mal de quelqu'un et ne soient pas raides dans leurs jugements; sachant que nous sommes tous débiteurs du péché » (éd. F.X. Funk, *Patres Apostolici*, I, p. 273) [trad. P. Th. Camelot, dans *Les Ecrits des Pères apostoliques*, Paris 1963, p. 211-212].

CHAPITRE II

LE MINISTÈRE DES PRÊTRES

I. — FONCTIONS DES PRÊTRES

4. [*Les prêtres, ministres de la Parole de Dieu*]

Le peuple de Dieu est rassemblé d'abord par la Parole du Dieu vivant [1] qu'il convient d'*attendre* tout spécialement *de la bouche des prêtres* [2]. Et, puisque nul ne peut *être sauvé* sans avoir d'abord *cru* [3], les prêtres, comme coopérateurs des évêques, ont pour première fonction d'*annoncer l'Evangile de Dieu* à tous les hommes [4]; ils exécutent ainsi l'ordre du Seigneur: « *Allez par le monde entier, prêchez l'Evangile à toute la Création* » (Mc 16,

---

1. Cf. 1 Petr. 1, 23; Act. 6, 7; 12, 24. Les Apôtres « ont prêché la Parole de vérité et ils ont engendré les Eglises » (St Augustin, *In Ps.*, 44, 23: *PL* 36, 508) [trad, éd. Vivès, t. XII, p. 374].
2. Cf. Mal. 2, 7; 1 Tim. 4, 11-13; 2 Tim. 4, 5; Tit. 1, 9.
3. Cf. Mc 16, 16.
4. Cf. 2 Cor. 11, 7. Ce qui est dit des évêques vaut aussi des prêtres en tant qu'ils sont coopérateurs des évêques. Cf. *Statuta Ecclesiae Antiqua*, c. 3 (éd. Ch. Munier, Paris 1960, p. 79); *Décret de Gratien*, C. 6, D. 88 (éd. Friedberg, I, 307); Concile de Trente, Sess. 5, Décr. 2. n. 9 (*Conc. Oec. Decreta*, éd. Herder, Rome 1962, p. 645); Sess. 24, Décr. *De Reform.*, ch. 4 (p. 739); 2ème Concile du Vatican, Const. dogm. *Lumen gentium*, 21 nov. 1964, n. 25: *AAS* 57 (1965), pp. 29-31 [pp. 47-49].

15) [5], et ainsi ils font naître et grandir le peuple de Dieu. C'est la
parole de salut qui éveille la foi dans le cœur des non-chrétiens, et
qui la nourrit dans le cœur des chrétiens; c'est elle qui donne naissance et croissance à la communauté des chrétiens; comme le dit
l'Apôtre: « *La foi vient de ce qu'on entend, ce qu'on entend vient
par la parole du Christ* » (Rom. 10, 17). Ainsi les prêtres se doivent
à tous les hommes: ils ont à leur faire partager *la vérité de l'Evangile* [6] dont le Seigneur les fait bénéficier. Soit donc qu'ils aient *parmi
les païens une belle conduite* pour les amener à *glorifier Dieu* [7],
soit qu'ils prêchent ouvertement pour annoncer aux incroyants le
mystère du Christ, soit qu'ils transmettent l'enseignement chrétien
ou exposent la doctrine de l'Eglise, soit qu'ils étudient à la lumière
du Christ les problèmes de leur temps, dans tous les cas il s'agit
pour eux d'enseigner, non pas leur propre sagesse, mais la parole
de Dieu, et d'inviter tous les hommes avec insistance à la conversion
et à la sainteté [8]. Cette prédication sacerdotale, dans l'état actuel
du monde, est souvent très difficile: si elle veut vraiment atteindre
l'esprit des auditeurs, elle ne doit pas se contenter d'exposer la
parole de Dieu de manière générale et abstraite, mais elle doit encore appliquer la vérité permanente de l'Evangile aux circonstances
concrètes de la vie.

Il y a donc bien des manières d'exercer le ministère de la parole,
selon les besoins différents des auditeurs et les charismes des prédicateurs. Dans les pays ou les milieux non chrétiens, c'est par l'annonce de l'Evangile que les hommes sont conduits à la foi et aux sa-

    5. Cf. *Constitutions Apostoliques*, II, 26, 7: « (Que les prêtres)
soient docteurs de la science de Dieu, puisque le Seigneur lui-même nous
l'a commandé en disant: *Allez, enseignez*, etc. » (éd. F.X. Funk, *Didascalia
et Constitutiones Apostolorum*, I, Paderborn 1905, p. 105). — *Sacramentaire Léonien* et autres sacramentaires jusqu'au *Pontifical Romain*, Préface
consécratoire des prêtres: « Cette même providence, Seigneur, a associé aux
apôtres de ton Fils, comme adjoints, des docteurs de la foi; et par la voix
de ces prédicateurs d'une dignité secondaire, ils ont rempli l'univers » [trad.
Jounel, *Les ordinations*, Paris-Tournai 1963, p. 104-105]. — *Liber Ordinum*
de la liturgie mozarabe. Préface de l'ordination des prêtres: « Docteur du
peuple, chef des sujets de l'Eglise, qu'il maintienne dans l'ordre de la foi
catholique et qu'il annonce à tous le véritable salut » (éd. M. Férotin. *Le
Liber Ordinum en usage dans l'Eglise Wisigothique et Mozarabe d'Espagne:
Monumenta Ecclesiae Liturgica*, vol. V. Paris 1904. col. 55. lin. 4-6).
    6. Cf. Gal. 2, 5.
    7. Cf. 1 Petr. 2, 12.
    8. Cf. le rite d'ordination des prêtres de la liturgie jacobite d'Alexan-
drie: « Rassemble ton peuple autour de la parole d'enseignement, comme une
mère qui caresse ses nourrissons » (H. Denzinger. *Ritus Orientalium*. t. II.
Würzburg 1863. p. 14).

crements du salut [9]; dans la communauté chrétienne elle-même, surtout pour ceux qui peuvent manquer de foi ou d'intelligence à l'égard de ce qu'ils pratiquent, la proclamation de la parole est indispensable au ministère sacramentel lui-même, puisqu'il s'agit des sacrements de la foi, et que celle-ci a besoin de la Parole pour naître et se nourrir [10]. Cela vaut spécialement pour la liturgie de la Parole dans la célébration de la Messe, où sont inséparablement unies l'annonce de la mort et de la résurrection du Seigneur, la réponse du peuple qui l'écoute, l'oblation même du Christ scellant en son Sang la Nouvelle Alliance, et la communion des chrétiens à cette oblation par la prière et la réception du sacrement [11].

5. [*Les prêtres, ministres des sacrements et de l'Eucharistie*]

Dieu, le seul Saint, le seul Sanctificateur, a voulu s'associer des hommes comme collaborateurs et humbles serviteurs de cette œuvre de sanctification. Ainsi, par le ministère de l'évêque, Dieu consacre des prêtres qui participent de manière spéciale au sacerdoce du Christ, et agissent dans les célébrations sacrées comme ministres de Celui qui, par son Esprit, exerce sans cesse pour nous, dans la liturgie, sa fonction sacerdotale [12]. Par le baptême, ils font entrer les hommes dans le peuple de Dieu; par le sacrement de Pénitence, ils réconcilient les pécheurs avec Dieu et avec l'Eglise; par l'onction des malades, ils soulagent ceux qui souffrent; et, surtout, par la célébration de la Messe, ils offrent sacramentellement le sacrifice du Christ. Et chaque fois qu'ils célèbrent un de ces sacrements — comme l'attestait déjà, aux premiers temps de l'Eglise, saint Ignace

---

9. Cf. Mt. 28, 19; Mc 16, 16; Tertullien, *De baptismo*, 14, 2 (Corpus Christianorum, Series latina, I, p. 289, 11-13); St Athanase, *Discours 40 contre les Ariens*, 2, 42 (PG 26, 237 A-B); St Jérôme, *Sur Mt.* 28, 19 (*PL* 26 226D): « Ils enseignent d'abord toutes les nations, puis ils plongent dans l'eau ceux qu'ils ont enseignés. Car il n'est pas possible que le corps reçoive le sacrement de baptême si l'âme n'a pas d'abord reçu la vérité de la foi »; St Thomas d'Aquin, *In Iam Decretalem* § 1: « Quand il les a envoyés prêcher, notre Sauveur a donné trois commandements à ses disciples. Premièrement, d'enseigner la foi; deuxièmement, de donner les sacrements à ceux qui croiraient » (éd. Marietti, *Opuscula Theologica*, Tourini-Romae 1954, 1138).

10. Cf. 2ème Concile du Vatican, Const. *Sacrosanctum Concilium* sur la liturgie, 4 déc. 1963, n. 35, 2: *AAS* 56 (1964), p. 109 [p. 139].

11. Cf. *ibid.*, n. 33, 35, 48, 52 (pp. 108-109, 113, 114) [pp. 138-139, 143, 144].

12. Cf. *ibid.*, n. 7 (p. 100-101) [*DC*, col. 1637-1638]; Pie XII, Encyclique *Mystici Corporis*, 29 juin 1943: *AAS* 35 (1943), p. 230.

d'Antioche [13] —, les prêtres sont, de diverses manières, hiérarchiquement rattachés à l'évêque, assurant ainsi en quelque sorte sa présence dans chacune des communautés chrétiennes [14].

Or, les sacrements, ainsi que tous les ministères ecclésiaux et les tâches apostoliques, sont tous liés à l'Eucharistie et ordonnés à elle [15]. Car la sainte Eucharistie contient tout le trésor spirituel de l'Eglise [16], c'est-à-dire le Christ lui-même, lui notre Pâque, lui le pain vivant, lui dont la chair, vivifiée par l'Esprit-Saint et vivifiante, donne la vie aux hommes, les invitant et les conduisant à offrir, en union avec lui, leur propre vie, leur travail, toute la création. On voit donc alors comment l'Eucharistie est bien la source et le sommet de toute l'évangélisation: tandis que les catéchumènes sont progressivement conduits à y participer, les chrétiens, déjà marqués par le baptême et la confirmation, trouvent en recevant l'Eucharistie leur insertion plénière dans le Corps du Christ.

Ainsi, c'est l'assemblée eucharistique qui est le centre de la communauté chrétienne présidée par le prêtre. Les prêtres apprennent donc aux chrétiens à offrir à la victime divine à Dieu le Père dans le sacrifice de la Messe, et à faire avec elle l'offrande de leur vie; dans l'esprit du Christ Pasteur, ils les éduquent à soumettre leurs péchés à l'Eglise avec un cœur contrit dans le sacrement de Pénitence, pour se convertir de plus en plus au Seigneur, se souvenant de ses paroles: « *Repentez-vous, car le royaume des cieux est tout proche* » (Mt. 4, 17). De même, ils leur apprennent à participer aux célébrations liturgiques de manière à pouvoir y prier sincèrement; ils les guident, suivant les grâces et les besoins de chacun, à approfondir sans cesse leur esprit de prière pour en imprégner toute leur vie: ils donnent à tous le désir d'être fidèles à leurs devoirs d'état.

---

13. St Ignace d'Antioche. *Epître aux Smyrniotes*, 8, 1-2 (éd. F. X. Funk, p. 240) [trad. P. Th. Camelot, dans *Les Ecrits des Pères apostoliques*, Paris 1963, p. 191-192]: *Constitutions Apostoliques*, VIII, 12, 3 (éd. F. X. Funk, p. 496); VIII, 29, 2 (*ibid.* p. 532).

14. Cf. 2ème Concile du Vatican, Const. dogm. *Lumen gentium*, 21 nov. 1964, n. 28: *AAS* 57 (1965), pp. 33-36 [pp. 52-54].

15. « L'Eucharistie est comme la consommation de la vie spirituelle et la fin de tous les sacrements » (St Thomas, *Somme Théol.*, III, q. 73, a. 3c) [trad. Revue des Jeunes, *Eucharistie I*, Paris-Tournai 1960, p. 23]: cf. *S. Théol.*, III, q. 65, a. 3.

16. Cf. St Thomas, *Somme Théol.*, III, q. 65, a. 3, ad 1; q. 79, a. 1, c. et ad 1.

et aux plus avancés celui de pratiquer les conseils de l'Evangile d'une manière adaptée à chacun. Bref, ils instruisent les chrétiens à *célébrer le Seigneur de tout cœur* par *des hymnes et des chants spirituels, rendant grâces en tout temps pour toutes choses au nom de Notre-Seigneur Jésus-Christ à Dieu, le Père* [17].

La louange et l'action de grâce qui s'expriment quand les prêtres célèbrent l'Eucharistie s'étendent aux différentes heures de la journée quand ils s'acquittent de l'Office divin, où ils prient Dieu au nom de l'Eglise pour tout le peuple qui leur est confié, bien plus, pour le monde entier.

Quant à la maison de prière où l'Eucharistie est célébrée et conservée, où les fidèles se rassemblent, où la présence du Fils de Dieu notre Sauveur, offert pour nous sur l'autel du sacrifice, est honorée pour le soutien et le réconfort des chrétiens, cette maison doit être belle et adaptée à la prière et aux célébrations liturgiques [18]. Les pasteurs et les chrétiens sont invités à venir y manifester leur réponse reconnaissante au don de Celui qui, sans cesse, par son humanité, répand la vie divine dans les membres de son Corps [19]. Les prêtres doivent veiller à cultiver comme il se doit la science et l'art liturgiques, pour que leur ministère liturgique permette aux communautés chrétiennes qui leur sont confiées de louer toujours plus parfaitement Dieu le Père, le Fils et le Saint-Esprit.

6. [Les prêtres, chefs du peuple de Dieu]

Les prêtres exercent, à leur niveau d'autorité, la fonction du Christ Tête et Pasteur: au nom de l'évêque, ils réunissent la famille de Dieu, la communauté des frères qu'habite un dynamisme d'uni-

---

17. Cf. Eph. 5, 19-20.

18. Cf. St Jérôme, *Lettres*, 114, 2: « Les calices sacrés, les saints voiles et tout le reste qui se rapporte au culte de la Passion du Seigneur... associés qu'ils sont au Corps et au Sang du Seigneur, doivent être vénérés avec la même révérence que son Corps et son Sang » (*PL* 22, 934) [trad. J. Labourt, t. VI, Paris 1958, p. 44-45]. Voir 2ème Concile du Vatican, Const. *Sacrosanctum Concilium* sur la liturgie, 4 déc. 1963, n. 122-127: *AAS* 56 (1964), pp. 130-132 [pp. 163-165].

19. « Qu'au cours de la journée, les fidèles ne négligent point de rendre visite au Saint-Sacrement, qui doit être conservé dans l'église en un endroit très digne, avec le plus d'honneur possible, selon les lois liturgiques. Car la visite est, envers le Christ notre Seigneur présent en ce lieu, une marque de gratitude, un gage d'amour et un hommage de l'adoration qui lui est due » (Paul VI, Encyclique *Mysterium Fidei*, 3 sept. 1965: *AAS* 57 (1965), p. 771) [*DC* 3 oct. 1965, col. 1648-1649, n. 66].

té, et ils la conduisent par le Christ dans l'Esprit, vers Dieu le
Père [20]. Pour exercer ce ministère, comme pour les autres fonctions
du prêtre, ils reçoivent un *pouvoir* spirituel, qui leur est donné
pour construire l'Eglise [21]. Dans cette œuvre de construction, la
conduite des prêtres, à l'exemple de celle du Seigneur, doit être
extrêmement humaine envers tous les hommes. Ce n'est pourtant
pas selon ce qui *plaît aux hommes* [22], mais selon les exigences de
la doctrine et de la vie chrétienne qu'ils doivent agir à leur égard,
les enseignant et les *instruisant comme des enfants, et des enfants
bien-aimés* [23], selon les paroles de l'Apôtre: « *Insiste à temps et à
contretemps, réfute, menace, exhorte avec beaucoup de patience et
le souci d'instruire* » (2 Tim. 4, 2) [24].

Comme éducateurs de la foi, les *prêtres* ont à veiller, par eux-
mêmes ou par d'autres, à ce que chaque chrétien parvienne, dans le
Saint-Esprit, à l'épanouissement de sa vocation personnelle selon
l'Evangile, à une charité sincère et active et à *la liberté par laquelle
le Christ nous a libérés* [25]. Des cérémonies, même très belles, des
groupements, même florissants, n'auront guère d'utilité s'ils ne servent pas à éduquer les hommes et à leur faire atteindre leur maturité
chrétienne [26]. Pour arriver à cette maturité, les prêtres sauront les
aider à devenir capables de lire dans les événements, petits ou
grands, ce qu'ils doivent faire, ce que Dieu leur demande. On formera encore les chrétiens à ne pas vivre pour eux seuls, mais à
savoir, selon les exigences de la Loi nouvelle de charité, *mettre au
service des autres le don reçu par chacun* [27], afin que tous remplissent en chrétiens le rôle qui leur revient dans la communauté des
hommes.

Les prêtres, certes, se doivent à tous; cependant ils considèrent
que les pauvres et les petits leur sont confiés d'une manière spéciale:

---

20. Cf. 2ème Concile du Vatican, Const. dogm. *Lumen gentium,*
21 nov. 1964, n. 28: *AAS* 57 (1965), pp. 33-36 [pp. 52-54].
21. Cf. 2 Cor. 10, 8; 13, 10.
22. Cf. Gal. 1, 10.
23. Cf. 1 Cor. 4, 14.
24. Cf. *Didascalie*, II, 34, 3; II, 46, 6; II, 47, 1; *Constitutions Apostoliques,* II, 47, 1 (éd. F. X. Funk, *Didascalia et Constitutiones,* I, pp. 116, 142
et 143).
25. Cf. Gal. 4, 3; 5, 1 et 13.
26. Cf. St Jérôme, *Lettres,* 58, 7: « De quoi servirait-il que des mu-
railles rutilent de gemmes, si le Christ, en la personne d'un pauvre, meurt
de faim ? » (*PL* 22, 584) [trad. J. Labourt, t. III, Paris 1953, p. 81].
27. Cf. 1 Petr. 4, 10 ss.

le Seigneur, en effet, a montré qu'il avait lui-même partie liée avec eux [28], et leur évangélisation est donnée comme un signe de l'œuvre messianique [29]. Ils auront encore une attention particulière pour les jeunes, et aussi pour les époux et les parents; il est souhaitable que ceux-ci se réunissent en groupes amicaux où ils s'entraideront pour vivre plus facilement et plus totalement leur christianisme dans une existence souvent difficile. Les prêtres ne doivent pas oublier les religieux et les religieuses: partie privilégiée de la maison du Seigneur, ceux-ci méritent tous qu'on s'attache spécialement à leur progrès spirituel dans l'intérêt de toute l'Eglise. Enfin, ils auront un grand souci des malades et des mourants: ils les visiteront et les réconforteront dans le Seigneur [30].

La fonction de pasteur ne se limite pas au soutien individuel des chrétiens; elle a encore pour tâche propre la formation d'une authentique communauté chrétienne. Or, l'esprit communautaire ne se développe vraiment que s'il dépasse l'Eglise locale pour embrasser l'Eglise universelle. La communauté locale ne doit pas seulement s'occuper de ses propres fidèles; elle doit avoir l'esprit missionnaire et frayer la route à tous les hommes vers le Christ. Elle est tout spécialement attentive aux catéchumènes et aux nouveaux baptisés, qu'elle doit éduquer peu à peu dans la découverte et la pratique de la vie chrétienne.

Aucune communauté chrétienne ne peut se construire sans trouver sa racine et son centre dans la célébration de l'Eucharistie: c'est donc par celle-ci que doit commencer toute éducation de l'esprit communautaire [31]; mais une célébration sincère, pleinement vécue,

---

28. Cf. Mt. 25, 34-45.

29. Cf. Lc 4, 18.

30. On peut nommer encore d'autres catégories, par ex. les émigrants, les nomades, etc. A ce sujet, cf. Conc. Vat. II, Décret *Christus Dominus* sur la fonction pastorale des évêques dans l'Eglise, 28 oct. 1965 [pp. 273 ss].

31. Cf. *Didascalie*, II, 59, 1-3: « Dans ton enseignement, invite et exhorte le peuple à venir à l'assemblée, à ne pas la déserter, mais à se rassembler toujours; s'abstenir, c'est diminuer l'Eglise et enlever un membre au Corps du Christ... Vous êtes membres du Christ, ne vous dispersez donc pas loin de l'Eglise, en refusant de vous réunir; le Christ est votre Tête, selon sa promesse toujours présente, qui vous rassemble. Ne vous négligez pas vous-mêmes, ne rendez pas le Sauveur étranger à ses propres membres, ne divisez pas son Corps, ne le dispersez pas... » (éd. F.X. Funk, I, p. 170); Paul VI, Allocution aux participants de la *13ème semaine d'aggiornamento pastoral* du clergé italien, Orvieto, 6 sept. 1963: *AAS* 55 (1963), p. 750 ss. [*DC* 6 oct. 1963, col. 1265 ss].

doit déboucher aussi bien dans les activités diverses de la charité et de l'entraide que dans l'action missionnaire et les diverses formes du témoignage chrétien.

Par la charité, la prière, l'exemple, les efforts de pénitence, la communauté ecclésiale exerce encore une véritable maternité pour conduire les âmes au Christ: elle est un instrument efficace pour montrer ou préparer à ceux qui ne croient pas encore un chemin vers le Christ et son Eglise, pour réveiller les fidèles, les nourrir, leur donner des forces pour le combat spirituel.

En bâtissant la communauté des chrétiens, les prêtres ne sont jamais au service d'une idéologie ou d'une faction humaines: hérauts de l'Evangile et pasteurs de l'Eglise, c'est à la croissance spirituelle du Corps du Christ qu'ils consacrent leurs forces.

II. — *RELATIONS DES PRÊTRES AVEC LES AUTRES*

7. [*Relations entre les évêques et le presbyterium*]

Tous les prêtres, en union avec les évêques, participent à l'unique sacerdoce et à l'unique ministère du Christ; c'est donc l'unité même de consécration et de mission qui réclame leur communion hiérarchique avec l'Ordre des évêques [32]; manifestée de manière excellente dans le cas de la concélébration liturgique, cette union avec les évêques est affirmée explicitement au cœur de la célébration de l'Eucharistie [33]. Les évêques, eux, considèrent que leur charge et leur ministère de docteurs, sanctificateurs et pasteurs du peuple de Dieu impliquent nécessairement la présence des prêtres comme leurs auxiliaires et leurs conseillers, à cause du don de l'Esprit-Saint que ceux-ci ont reçu à leur ordination [34]. C'est ce que

32. Cf. 2ème Concile du Vatican, Const. dogm. *Lumen gentium*, n. 28, 21 nov. 1964: *AAS* 57 (1965), p. 35 [pp. 52-54].

33. Cf. le texte dit *Constitution ecclésiastique des Apôtres*, XVIII: les prêtres sont *symmystai* [co-participants des mystères] et *synepimachoi* [compagnons de lutte] des évêques (éd. Th. Schermann, *Die allgemeine Kirchenordnung*, I, Paderborn 1914, p. 26; A. Harnack, *Die Quellen der sog. apostolischen Kirchenordnung, T. u. U.*, II, 5, p. 13, n. 18 et 19); Pseudo-Jérôme, *Des sept ordres de l'Eglise*: « ... dans la bénédiction, ils sont participants des mystères avec les évêques » (éd. A. W. Kalff, Würzburg 1937, p. 45); St Isidore de Séville, *Des fonctions ecclésiastiques*, II, ch. VII: « Ils sont à la tête de l'Eglise du Christ; pour faire l'Eucharistie, ils sont associés aux évêques, de même que dans l'enseignement du peuple et la fonction de prédication » (*PL* 83, 787).

34. Cf. *Didascalie*, II, 28, 4 (éd. F. X. Funk, p. 108); *Constitutions Apostoliques*, II, 28, 4; II, 34, 3 (*ibid.*, p. 109 et 117).

soulignent fortement, dès les origines de l'Eglise, les textes liturgiques qui demandent solennellement à Dieu, pour celui qu'on ordonne prêtre, l'envoi de « l'esprit de grâce et de conseil, afin qu'il assiste le peuple et le gouverne avec un cœur pur » [35], de même qu'au désert l'esprit de Moïse fut communiqué à soixante-dix hommes prudents [36] « afin que, secondé par eux, il pût facilement gouverner les multitudes innombrables du peuple » [37]. Il faut donc que cette communion dans le même sacerdoce et le même ministère amène les évêques à considérer les prêtres comme des frères et des amis [38], et à se préoccuper, autant qu'ils le peuvent, de leur bien matériel d'abord, mais surtout spirituel. Car c'est à eux, avant tout, que revient la grave responsabilité de la sainteté de leurs *prêtres* [39]; ils doivent donc se préoccuper activement de la formation spirituelle per-

---

35. *Constitutions Apostoliques*, VIII, 16, 4 (éd. F. X. Funk, I, p. 523); cf. *Abrégé des Const. Apost.*, VI (*ibid.*, II, p. 80, n. 3-4); *Testament du Seigneur*: « ... donne-lui l'Esprit de grâce, de conseil et de générosité, l'esprit du presbytérat... pour aider et gouverner ton peuple dans l'activité, dans la crainte, dans la pureté de cœur (d'après trad. latine I. E. Rahmani, Mayence 1899, p. 69). De même, dans la *Tradition apostolique* (éd. B. Botte, *La Tradition apostolique de Saint-Hippolyte*, Münster en W. 1963, p. 20).

36. Cf. Nombr. 11, 16-25.

37. *Pontifical Romain*, Préface consécratoire des prêtres [trad. Journel, *Les ordinations*, Paris-Tournai 1963, p. 104]; ces paroles se trouvent déjà dans les sacramentaires léonien, gélasien et grégorien. On en trouve de semblables dans les liturgies orientales: cf. *Trad. Apost.*: « Regarde ton serviteur ici présent, accorde-lui l'esprit de grâce et de conseil, afin qu'il aide les prêtres et gouverne ton peuple avec un cœur pur, comme tu avais regardé le peuple que tu t'étais choisi et avais ordonné à Moïse de choisir les anciens que tu avais remplis de ton esprit que tu avais donné à ton serviteur » (d'après l'ancienne version latine de Vérone, éd. B. Botte, *La Tradition apostolique de saint Hippolyte. Essai de reconstruction*, Münster en W. 1963, p. 20) [trad. B. Botte, dans *Sources chrétiennes*, vol. 11, Paris 1946, p. 38]; *Const. Apost.*, VIII, 16, 4 (éd. Funk, I, p. 522, 16-17]; *Abrégé de la Const. Apostol.*, VI (éd. Funk, II, p. 80, 5-7); *Testament du Seigneur* (trad. latine I. E. Rahmani, Mayence 1899, p. 69); *Euchôloge de Sérapion*, XXVII (éd. Funk, *Didascalia et Constitutiones*, II, p. 190, 1-7); *Rite d'ordination* de la liturgie maronite (trad. latine H. Denzinger, *Ritus Orientalium*, II, Würzburg 1863, p. 161). Parmi les Pères, on peut citer: Théodore de Mopsueste, *Sur I Tim.* 3, 8 (éd. Swete, II, p. 119-121); Théodoret, *Questions sur les Nombres*, XVIII (PG 80, 369 C — 372 B).

38. Cf. 2ème Concile du Vatican, Const. dogm. *Lumen gentium*, 21 nov. 1964, n. 28: *AAS* 57 (1965), p. 35 [pp. 52-54].

39. Cf. Jean XXIII, Encyclique *Sacerdotii Nostri primordia*, 1er août 1959: *AAS* 51 (1959), p. 576 [*DC* 16 août 1959, col. 1043-44]; St Pie X, Exhortation au clergé *Haerent animo*, 4 août 1908: *S. Pii X Acta*, IV (1908), p. 237 ss [trad. P. Veuillot, *Notre Sacerdoce*, Paris 1954, t. I, p. 96 ss].

manente de leur presbyterium [40]. Qu'ils sachent les écouter volontiers, les consulter même, et parler avec eux de ce qui concerne les
exigences du travail pastoral et le bien du diocèse. Pour que cela
devienne effectif, on établira, de la manière la plus adaptée aux conditions et aux besoins actuels [41], une commission ou sénat de prêtres [42] dont le droit devra déterminer la structure et le fonctionne-
ment: représentant le presbyterium, cet organisme sera en mesure
d'aider efficacement l'évêque de ses conseils pour le gouvernement
du diocèse.

Quant aux prêtres, ils savent que les évêques sont revêtus de
la plénitude du sacrement de l'Ordre; ils doivent donc respecter
en eux l'autorité du Christ Pasteur suprême. Qu'ils aient pour leur
évêque un attachement sincère, dans la charité et l'obéissance [43].

---

40. Cf. 2ème Concile du · Vatican, Décret *Christus Dominus* sur la
fonction pastorale des évêques dans l'Eglise, 28 oct. 1965, n. 15 et 16: *AAS*
58 (1966), pp. 679-681 [pp. 285-288].

41. Dans l'état actuel du droit, l'évêque a comme « sénat et conseil »
le chapitre cathédral (can. 391) ou, à défaut, le groupe des consulteurs
diocésains (cf. can. 423-428). Mais il est souhaitable de réviser ces institutions pour mieux répondre à la situation et aux besoins actuels. Cette commission de prêtres est évidemment distincte du Conseil pastoral dont parle
le Décret *Christus Dominus* sur la fonction pastorale des évêques dans
l'Eglise, 28 oct. 1965, n. 27 [p. 294]: celui-ci comporte des membres laïcs
et n'est compétent que pour l'examen des questions d'action pastorale.
Sur les prêtres comme conseillers de l'évêque, voir *Didascalie*, II,
28, 4 (éd. Funk, I, p. 108); *Const. Apost.*, II, 28, 4 (éd. Funk, I,
p. 109); St Ignace d'Antioche, *Ep. aux Magnésiens*, 6, 1 (éd. Funk, p. 194);
Ep. aux Tralliens, 3, 1 (éd. Funk, p. 204); Origène, *Contre Celse*, 3, 30: les
prêtres sont conseillers *(bouleutai)* (PG 11, 957d-960a).

42. St Ignace d'Antioche, *Epître aux Magnésiens*, 6, 1: « Je vous en
conjure, ayez à cœur de faire toutes choses dans une divine concorde, sous
la présidence de l'évêque qui tient la place de Dieu, des presbytres qui tiennent la place du sénat des Apôtres, et des diacres qui me sont si chers, à
qui a été confié le service de Jésus-Christ, qui, avant les siècles, était près
du Père et s'est manifesté à la fin » (éd. Funk, p. 195) [trad. P. Th. Camelot,
dans *Les Ecrits des Pères apostoliques*, Paris 1963, p. 156]; *Ep. aux Tralliens*,
3, 1: « Pareillement, que tous révèrent les diacres comme Jésus-Christ, comme
aussi l'évêque qui est l'image du Père et les presbytres comme le sénat de
Dieu et comme l'assemblée des Apôtres: sans eux, on ne peut parler d'Eglise »
(éd. Funk, p. 204) [trad. Camelot, p. 162]; St Jérôme, *Commentaire d'Isaïe*,
II, 3 (PL 24, 61 D): « Nous aussi, nous avons dans l'Eglise notre sénat,
l'assemblée des prêtres ».

43. Cf. Paul VI, Allocution aux *curés et prédicateurs de Carême de
Rome* à la chapelle Sixtine, 1er mars 1965: *AAS* 57 (1965), p. 326 [*DC*
21 mars 1965, col. 523-524].

Ce qui fonde cette obéissance sacerdotale imprégnée d'esprit de coopération, c'est la participation même au ministère épiscopal que les prêtres reçoivent par le sacrement de l'Ordre et la mission canonique [44].

L'union des prêtres avec les évêques est une exigence particulière de notre temps: à l'époque où nous sommes, bien des raisons font que les initiatives apostoliques doivent non seulement être diversifiées mais encore dépasser les limites d'une paroisse ou d'un diocèse. Aucun prêtre n'est donc en mesure d'accomplir sa mission isolément et comme individuellement; il ne peut se passer d'unir ses forces à celles des autres prêtres sous la conduite des chefs de l'Eglise.

8. [*Union fraternelle et coopération entre prêtres*]

Du fait de leur ordination, qui les a fait entrer dans l'ordre du presbytérat, les prêtres sont tous intimement liés entre eux par la fraternité sacramentelle; mais du fait de leur affectation au service d'un diocèse en dépendance de l'évêque local, ils forment tout spécialement à ce niveau un presbyterium unique. Certes, les tâches confiées sont diverses; il s'agit pourtant d'un ministère sacerdotal unique exercé pour les hommes. C'est pour coopérer à la même œuvre que tous les prêtres sont envoyés, ceux qui assurent un ministère paroissial ou supra-paroissial comme ceux qui se consacrent à un travail scientifique de recherche ou d'enseignement, ceux-là même qui travaillent manuellement et partagent la condition ouvrière — là où, avec l'approbation de l'autorité compétente, ce ministère est jugé opportun — comme ceux qui remplissent d'autres tâches apostoliques ou ordonnées à l'apostolat. Finalement, tous visent le même but: construire le Corps du Christ; de notre temps surtout, cette tâche réclame des fonctions multiples et des adaptations nouvelles. Il est donc essentiel que tous les prêtres, diocésains aussi bien que religieux, s'*aident* entre eux et *travaillent toujours ensemble à l'œuvre de la vérité* [45]. Chaque membre de ce presbyterium noue avec les autres des liens particuliers de charité apostolique, de ministère et de fraternité: c'est ce que la liturgie exprime depuis l'antiquité quand elle invite les prêtres présents à imposer les mains avec l'évêque à celui qu'on ordonne, et quand elle les rassemble, unanimes, dans la concélébration de l'Eucha-

---

44. Cf. *Const. Apost.*, VIII, 47, 39: «Les prêtres... ne doivent rien faire sans l'avis de l'évêque: c'est à lui qu'est confié le peuple du Seigneur; c'est à lui qu'il sera demandé compte de leurs âmes» (éd. Funk, p. 577).

45. Cf. 3 Jn 8.

ristie. Chaque prêtre est donc uni à ses confrères par un lien de charité, de prière et de coopération sous diverses formes; ainsi se manifeste *l'unité parfaite* que le Christ a voulu établir entre les siens, afin que le monde *croie que le Fils a été envoyé par le Père* [46].

Cela doit amener les plus âgés à accueillir les plus jeunes vraiment comme des frères, à les aider dans les premiers efforts et les premières responsabilités du ministère, à essayer de comprendre leur mentalité même si elle est différente, à suivre leurs efforts avec bienveillance. De même, les jeunes sauront respecter l'âge et l'expérience des anciens, dialoguer avec eux sur les problèmes pastoraux et partager avec joie leur travail.

Dans cet esprit fraternel, les prêtres ne doivent *pas oublier l'hospitalité* [47]; soucieux de la *bienfaisance* et du *partage de leurs biens* [48], qu'ils s'occupent en particulier de ceux qui sont malades, découragés, surmenés, isolés, exilés ou *persécutés* [49]. Qu'ils aiment aussi à se retrouver dans la joie pour se détendre, se souvenant de l'invitation que le Seigneur lui-même adressait aux apôtres épuisés: « *Venez à l'écart dans un lieu désert et reposez-vous un peu* » (Mc 6, 31). Mais les prêtres ont encore besoin de s'entraider pour le développement de leur vie spirituelle et intellectuelle, d'améliorer leur coopération dans le ministère, d'éviter les dangers que peut entraîner l'isolement: autant de motifs qui poussent à encourager une certaine vie commune ou un certain partage de vie entre les prêtres; les réalisations peuvent prendre bien des formes suivant les besoins personnels ou pastoraux: cohabitation là où c'est possible, communauté de table, ou tout au moins réunions fréquentes et régulières. Les associations sacerdotales sont, elles aussi, dignes d'estime et de vifs encouragements: grâce à leurs statuts ratifiés par l'autorité ecclésiastique compétente, elles proposent une règle de vie adaptée et convenablement approuvée ainsi qu'un soutien fraternel qui aident les prêtres à se sanctifier dans l'exercice du ministère; de ce fait, elles se mettent au service de l'Ordre des prêtres tout entier.

Enfin, cette communion dans le sacerdoce doit amener les prêtres à se sentir spécialement responsables de ceux d'entre eux qui ont des difficultés ; ils sauront, au bon moment, leur apporter

---

46. Cf. Jn 17, 23.
47. Cf. Hébr. 13, 1-2.
48. Cf. Hébr. 13, 16.
49. Cf. Mt. 5, 10.

leur soutien et, s'il y a lieu, leur faire des remarques discrètes. Avec ceux qui ont eu des défaillances, ils feront toujours preuve d'amour fraternel et de générosité: ils prieront Dieu pour eux avec insistance et veilleront sans cesse à être vraiment à leur égard des frères et des amis.

9. [*Vie des prêtres avec les laïcs*]

Le sacrement de l'Ordre confère aux *prêtres* de la Nouvelle Alliance une fonction éminente et indispensable dans et pour le peuple de Dieu, celle de pères et de docteurs. Cependant, avec tous les chrétiens, ils sont des disciples du Seigneur, que la grâce de l'appel de Dieu a fait participer à son Royaume [50]. Au milieu de tous les baptisés, les prêtres sont des frères parmi leurs frères [51], membres de l'unique et même *Corps du Christ* dont la *construction* a été confiée à tous [52].

A la tête de la communauté, les prêtres doivent donc faire en sorte de ne pas *rechercher leurs propres intérêts,* mais *ceux de Jésus-Christ* [53], en unissant leurs efforts à ceux des laïcs chrétiens, et en se conduisant avec eux à la manière du Maître: parmi les hommes, celui-ci « *n'est pas venu pour être servi, mais pour servir et donner sa vie en rançon pour la multitude* » (Mt. 20, 28). Les prêtres ont à reconnaître sincèrement et à faire progresser la dignité des laïcs et leur rôle propre dans la mission de l'Eglise. Ils doivent respecter loyalement la juste liberté à laquelle tous ont droit dans la cité terrestre. Ils doivent écouter volontiers les laïcs, tenir compte fraternellement de leurs désirs, reconnaître leur expérience et leur compétence dans les différents domaines de l'activité humaine, pour pouvoir avec eux lire les signes des temps. *Eprouvant les esprits pour savoir s'ils sont de Dieu* [54], ils sauront découvrir et discerner dans la foi les charismes des laïcs sous toutes leurs formes, des plus modestes aux plus élevées, ils les reconnaîtront avec joie et les

---

50. Cf. 1 Thess. 2, 12; Col. 1, 13.

51. Cf. Mt. 23, 8: « Il faut se faire les frères des hommes, du fait même qu'on veut être leurs pasteurs, leurs pères et leurs maîtres » (Paul VI, Encyclique *Ecclesiam suam,* 6 août 1964: *AAS* 56 (1964), p. 647) [*DC* 6 sept. 1964, col. 1084].

52. Cf. Eph. 4, 7 et 16; *Const. Apost.,* VIII, 1, 20: « Il ne faut pas que l'évêque se dresse contre les diacres ou les prêtres, ni les prêtres contre le peuple, car la structure de l'assemblée se compose des uns et des autres » (éd. F. X. Funk, I, p. 467).

53. Cf. Phil. 2, 21.

54. Cf. 1 Jn 4, 1.

développeront avec ardeur. Parmi ces dons qu'on trouve en abondance chez les chrétiens, l'attrait d'un bon nombre pour une vie spirituelle plus profonde mérite une attention très spéciale. Il faut également avoir assez de confiance dans les laïcs, pour leur donner des responsabilités au service de l'Eglise en leur laissant liberté et possibilité d'action, bien plus en les invitant, quand l'occasion se présente, à prendre d'eux-mêmes des initiatives [55].

Bref, les prêtres sont placés au milieu des laïcs pour les conduire tous à l'unité dans l'amour « *s'aimant les uns les autres d'un amour fraternel, rivalisant d'égards entre eux* » (Rom. 12, 10). Ils ont donc à rapprocher les mentalités différentes, de telle manière que personne ne se sente étranger dans la communauté des chrétiens. Ils sont défenseurs du bien commun, dont ils ont la charge au nom de l'évêque, et en même temps témoins courageux de la vérité, pour que les chrétiens ne soient pas *emportés à tout vent de doctrine* [56]. Ils sont spécialement responsables de ceux qui ont abandonné la pratique des sacrements, voire même la foi, et ils n'omettront pas d'aller vers eux comme de bons pasteurs.

Attentifs aux prescriptions sur l'œcuménisme [57], ils n'oublieront pas les frères qui ne partagent pas avec nous la pleine communion de l'Eglise.

Enfin, ils sauront qu'ils sont chargés de tous ceux qui ne reconnaissent pas le Christ comme leur Sauveur.

Mais, de leur côté, les chrétiens doivent être conscients de leurs devoirs envers leurs prêtres, entourer d'un amour filial ceux qui sont leurs pasteurs et leurs pères, partager leurs soucis, les aider autant que possible par leur prière et leur action: ainsi les prêtres seront mieux en mesure de surmonter les difficultés et d'accomplir leur tâche avec fruit [58].

---

55. Cf. 2ème Concile du Vatican, Const. dogm. *Lumen gentium*, 21 nov. 1964, n. 37: *AAS* 57 (1965), p. 42-43 [p. 63-64].

56. Cf. Eph. 4, 14.

57. Cf. 2ème Concile du Vatican, Décret *Unitatis redintegratio* sur l'œcuménisme, 21 nov. 1964: *AAS* 57 (1965), p. 90 ss [p. 495 ss].

58. Cf. 2ème Concile du Vatican, Const. dogm. *Lumen gentium*, 21 nov. 1964, n. 37: *AAS* 57 (1965), p. 42-43 [p. 63-64].

III. — RÉPARTITION DES PRÊTRES ET
VOCATIONS SACERDOTALES

10. [*Répartition des prêtres*]

Le don spirituel que les prêtres ont reçu à l'ordination les prépare non pas à une mission limitée et restreinte, mais à une mission de salut d'ampleur universelle, « *jusqu'aux extrémités de la terre* » (Act. 1, 8); n'importe quel ministère sacerdotal participe, en effet, aux dimensions universelles de la mission confiée par le Christ aux Apôtres. Le sacerdoce du Christ, auquel les prêtres participent réellement, ne peut manquer d'être tourné vers tous les peuples et tous les temps, sans aucune limite de race, de nation ou d'époque, comme le préfigure déjà mystérieusement le personnage de Melchisédech [59]. Les prêtres se souviendront donc qu'ils doivent avoir au cœur *le souci de toutes les Eglises*. Ainsi les prêtres des diocèses plus riches en vocations se tiendront prêts à partir volontiers, avec la permission de leur Ordinaire ou à son appel, pour exercer leur ministère dans des pays, des missions ou des activités qui souffrent du manque de prêtres.

Les règles d'incardination et d'excardination devront d'ailleurs être révisées: tout en maintenant cette institution très ancienne, on l'adaptera aux besoins pastoraux actuels. Là où les conditions de l'apostolat le réclameront, on facilitera non seulement la répartition adaptée des prêtres, mais encore les activités pastorales particulières pour les différents milieux sociaux à l'échelle d'une région, d'une nation ou d'un continent. Il pourra être utile de créer à cette fin des séminaires internationaux, des diocèses particuliers ou des prélatures personnelles et autres institutions auxquelles les prêtres pourront être affectés ou incardinés pour le bien commun de toute l'Eglise, suivant des modalités à établir pour chaque cas, et toujours dans le respect des droits des Ordinaires locaux.

L'envoi de prêtres vers un autre pays, surtout s'ils n'en connaissent pas encore bien la langue et le mode de vie, se fera, autant que possible, non pas individuellement, mais, à l'exemple des disciples du Christ [60], par groupes d'au moins deux ou trois, pour qu'ils puissent s'aider mutuellement. Il est également important de se soucier des questions de vie spirituelle et aussi de santé physique et

---

59. Cf. Hébr. 7, 3.
60. Cf. Lc 10, 1.

psychique. On prévoira, autant que possible, les implantations et les conditions de travail en fonction des possibilités personnelles de chacun. Il est aussi très important que ceux qui partent vers une autre nation apprennent à bien connaître, non seulement la langue du pays, mais encore les caractères psycho-sociologiques de la population; s'ils veulent se mettre humblement à son service, ils doivent être en communion aussi profonde que possible avec elle, suivant ainsi l'exemple de l'apôtre Paul qui pouvait dire de lui-même: « *Oui, libre à l'égard de tous, je me suis fait l'esclave de tous afin d'en gagner le plus grand nombre. Je me suis fait Juif avec les Juifs, afin de gagner les Juifs...* » (1 Cor. 9, 19-20).

11. [*Le souci des prêtres pour les vocations sacerdotales*]

Le pasteur et gardien de nos âmes [61], en fondant son Eglise, a pensé que le peuple choisi et *acquis au prix de son propre sang* [62] devait toujours avoir ses *prêtres* jusqu'à la fin du monde, car il ne voulait pas laisser les chrétiens *comme des brebis qui n'ont pas de berger* [63]. Les apôtres ont compris cette volonté du Christ; écoutant ce que leur disait le Saint-Esprit, ils ont jugé qu'il était de leur devoir de choisir des ministres « *qui seront capables d'en instruire d'autres à leur tour* » (2 Tim. 2, 2). Ce devoir découle de la mission sacerdotale elle-même, par laquelle le prêtre participe au souci qu'a toute l'Eglise d'éviter toujours ici-bas le manque d'ouvriers dans le peuple de Dieu. Mais, comme « le capitaine du navire et les passagers... ont leur cause liée » [64], il faut faire comprendre à l'ensemble du peuple chrétien son devoir de coopérer de diverses manières — par la prière instante comme par les autres moyens dont il dispose [65] — à ce que l'Eglise ait toujours les *prêtres* dont elle a besoin pour accomplir sa mission divine. Il s'agit d'abord, pour les prêtres, d'avoir à cœur de faire comprendre aux chrétiens combien le sacerdoce est important et nécessaire; ils y arriveront à la fois par leur prédication et par leur propre vie, qui doit être un témoignage rayonnant d'esprit de service et de vraie joie pascale. Et si, après mûre réflexion, ils jugent certains, jeunes ou déjà

---

61. Cf. 1 Petr. 2, 25.
62. Cf. Act. 20, 28.
63. Cf. Mt. 9, 36.
64. *Pontifical Romain*, Ordination des prêtres [trad. P. Jounel, *Les ordinations*, Paris-Tournai 1963, p. 95].
65. Cf. 2ème Concile du Vatican, Décret *Optatam totius* sur la formation des prêtres, 28 oct. 1965, n. 2: *AAS* 58 (1966), pp. 714-715 [pp. 356-358].

adultes, capables de remplir ce grand ministère, ils les aideront, sans craindre les efforts ni les difficultés, à se préparer comme il convient jusqu'au jour où, dans le respect total de leur liberté extérieure et intérieure, ils pourront être appelés par les évêques. Une direction spirituelle attentive et sérieuse leur sera très utile pour atteindre ce but. Les parents, les maîtres et les différents autres éducateurs doivent faire en sorte que les enfants et les jeunes soient conscients de la sollicitude du Seigneur pour son troupeau, avertis des besoins de l'Eglise et prêts, si le Seigneur les appelle, à répondre généreusement avec le prophète: « *Me voici, envoie-moi* » (Is. 6, 8). Mais cette voix du Seigneur qui appelle, il ne faut pas s'attendre à ce qu'elle arrive aux oreilles du futur prêtre d'une manière extraordinaire. Il s'agit bien plutôt de la découvrir, de la discerner à travers les signes qui, chaque jour, font connaître la volonté de Dieu aux chrétiens qui savent écouter: c'est à ces signes que les prêtres doivent donner toute leur attention [66].

Il est donc conseillé aux prêtres de participer aux œuvres diocésaines ou nationales des vocations [67]. Les prédications, la catéchèse, les revues doivent apporter une information précise sur les besoins de l'Eglise locale et universelle, mettre en lumière le sens et la grandeur du ministère sacerdotal, montrer qu'on y trouve, avec bien des charges, également bien des joies, et surtout dire que c'est le moyen de donner au Christ, comme l'enseignent les Pères, un très grand témoignage d'amour [68].

---

66. « La voix de Dieu qui appelle s'exprime de deux façons différentes, merveilleuses et convergentes; l'une est intérieure, c'est celle de la grâce, celle de l'Esprit-Saint, de l'ineffable attrait intérieur que la voix silencieuse et puissante du Seigneur exerce dans les insondables profondeurs de l'âme humaine; l'autre est extérieure, humaine, sensible, sociale, juridique, concrète, c'est celle du ministre qualifié de la Parole de Dieu, celle de l'Apôtre, celle de la hiérarchie, instrument indispensable, institué et voulu par le Christ comme un véhicule permettant de traduire en langage tombant sous l'expérience le message du Verbe et du précepte divin. C'est ce qu'avec St Paul enseigne la doctrine catholique: « *Comment entendre sans personne qui prêche ?... La foi vient de ce qu'on entend* » (Rom. 10, 14 et 17) » (Paul VI, *Exhortation* du 5 mai 1965: *L'Osservatore Romano*, 6 mai 1965) [*DC* 6 juin 1965, col. 970-971].

67. Cf. 2ème Concile du Vatican, Décret *Optatam totius* sur la formation des prêtres, 28 oct. 1965, n. 2: *AAS* 58 (1966), p. 715 [pp. 356-358].

68. C'est ce qu'enseignent les Pères quand ils commentent les paroles du Christ à Pierre: « *M'aimes-tu ?... Conduis mes brebis* » (Jn 21, 17): ainsi, St Jean Chrysostome, *Du sacerdoce*, II, 2 (PG 48, 633), St Grégoire le Grand, *Pastoral*, P.I, c. 5 (PL 77, 19 A).

CHAPITRE III

LA VIE DES PRÊTRES

I. — VOCATION DES PRÊTRES À LA PERFECTION

12. [La vocation des prêtres à la sainteté]

Les prêtres sont ministres du Christ Tête pour construire et édifier son Corps tout entier, l'Eglise, comme coopérateurs de l'Ordre épiscopal: c'est à ce titre que le sacrement de l'Ordre les configure au Christ Prêtre. Certes, par la consécration baptismale, ils ont déjà reçu, comme tous les chrétiens, le signe et le don d'une vocation et d'une grâce qui comportent pour eux la possibilité et l'exigence de tendre, malgré la faiblesse humaine [1], à la perfection dont parle le Seigneur: « *Vous donc, vous serez parfaits comme votre Père céleste est parfait* » (Mt. 5, 48). Mais cette perfection, les *prêtres* sont tenus de l'acquérir à un titre particulier: en recevant l'Ordre, ils ont été consacrés à Dieu d'une manière nouvelle pour être les instruments vivants du Christ Prêtre éternel, habilités à poursuivre au long du temps l'action admirable par laquelle, dans sa puissance souveraine, il a restauré la communauté humaine tout entière [2]. Dès lors qu'il tient à sa manière la place du Christ en personne, tout *prêtre* est, de ce fait, doté d'une grâce particulière; cette grâce lui permet de tendre plus facilement, par le service des hommes qui lui sont confiés et du peuple de Dieu tout entier, vers la perfection de Celui qu'il représente; c'est encore au moyen de cette grâce que sa faiblesse d'homme charnel se trouve guérie par la sainteté de Celui

---

1. Cf. 2 Cor. 12, 9.
2. Cf. *Pie XI*, Encyclique *Ad catholici sacerdotii*, 20 déc. 1935: *AAS* 28 (1936), p. 10 [trad. P. Veuillot, *Notre sacerdoce*, Paris 1954, t. I, p. 276].

qui est devenu pour nous le Grand Prêtre « *saint, innocent, imma-culé, séparé des pécheurs* » (Hébr. 7, 26).

Le Christ que le Père a *sanctifié* (c'est-à-dire consacré) et *en-voyé dans le monde* [3] « *s'est donné pour nous, afin de racheter et de purifier de tout péché un peuple qui lui appartienne, un peuple ardent à faire le bien* » (Tit. 2, 14), et ainsi, en passant par la *souf-france*, il est *entré dans sa gloire* [4]. De même les prêtres, consacrés par l'onction du Saint-Esprit et envoyés par le Christ, *font mourir* en eux les *œuvres du corps* pour être tout entiers donnés au service des hommes: telle est la sainteté dont le Christ leur fait don, et par laquelle ils approchent de l'*Homme parfait* [5].

Ainsi donc, c'est en exerçant *le ministère d'Esprit et de justice* [6] qu'ils s'enracinent dans la vie spirituelle pourvu qu'ils soient ac-cueillants à l'Esprit du Christ qui leur donne la vie et les conduit. Ce qui ordonne leur vie à la perfection, ce sont leurs actes liturgi-ques de chaque jour, c'est leur ministère tout entier, exercé en communion avec l'évêque et les prêtres. Par ailleurs, la sainteté des prêtres est d'un apport essentiel pour rendre fructueux le ministère qu'ils accomplissent; la grâce de Dieu, certes, peut accomplir l'œu-vre du salut même par des ministres indignes, mais à l'ordinaire, Dieu préfère manifester ses hauts faits par des hommes accueillants à l'impulsion et à la conduite du Saint-Esprit, par des hommes que leur intime union avec le Christ et la sainteté de leur vie habilitent à dire avec l'Apôtre: « *Si je vis, ce n'est plus moi, mais le Christ qui vit en moi* » (Gal. 2, 20).

C'est pourquoi ce saint Concile, pour atteindre son but pastoral de renouvellement intérieur de l'Eglise, de diffusion de l'Evangile dans le monde entier et de dialogue avec le monde d'aujourd'hui, rappelle instamment à tous les *prêtres* qu'avec l'aide des moyens adaptés que l'Eglise leur propose [7], ils doivent s'efforcer de vivre

---

3. Cf. Jn 10, 36.
4. Cf. Lc 24, 26.
5. Cf. Eph. 4, 13.
6. Cf. 2 Cor. 3, 8-9.
7. Cf. entre autres: St Pie X, Exhortation au clergé *Haerent animo*, 4 août 1908: *S. Pii X Acta*, vol. IV (1908), p. 237 ss [trad. P. Veuillot, *Notre sacerdoce*, Paris 1954, t. I, p. 98 ss]; Pie XI, Encyclique *Ad catholici sacer-dotii*, 20 déc. 1935: *AAS* 28 (1936), p. 5 ss [trad. P. Veuillot, t. I, p. 269 ss]; Pie XII, Exhortation apostolique *Menti nostrae*, 23 sept. 1950: *AAS* 42 (1950), p. 657 ss [*DC* 22 oct. 1950, col. 1345 ss et P. Veuillot, t. II, p. 171 ss]; Jean XXIII, Encyclique *Sacerdotii Nostri primordia*, 1er août 1959: *AAS* 51 (1959), p. 545 ss [*DC* 16 avril 1959, col. 1025 ss].

de plus en plus une sainteté qui fera d'eux des instruments toujours plus adaptés au service du peuple de Dieu tout entier.

13. [*L'exercice de la triple fonction sacerdotale exige et en même temps favorise la sainteté*]

C'est l'exercice loyal, inlassable, de leurs fonctions dans l'Esprit du Christ qui est, pour les prêtres, le moyen authentique d'arriver à la sainteté.

Ministres de la Parole de Dieu, ils la lisent et l'écoutent tous les jours pour l'enseigner aux autres; s'ils ont en même temps le souci de l'accueillir en eux-mêmes, ils deviendront des disciples du Seigneur de plus en plus parfaits, selon la parole de l'apôtre Paul à Timothée: « *Applique-toi, donne-toi tout entier, pour que tous puissent voir tes progrès. Veille sur toi-même et sur ton enseignement, que ta persévérance s'y révèle; car c'est en agissant ainsi que tu te sauveras toi-même avec ceux qui t'écoutent* » (1 Tim. 4, 15-16). En cherchant le meilleur moyen de transmettre aux autres ce qu'ils ont contemplé[8], ils goûteront plus profondément « *l'incomparable richesse du Christ* » (Eph. 3, 8) et *la sagesse de Dieu en sa riche diversité*[9]. Convaincus que c'est *le Seigneur qui ouvre les cœurs*[10], et que leur *supériorité* vient de la *puissance de Dieu et non pas d'eux*[11], ils arriveront, par le fait même de transmettre la Parole, à s'unir plus intimement avec le Christ Docteur, et à se laisser conduire par son Esprit. Communiant ainsi au Christ, ils participent à la charité de Dieu, dont le *Mystère, caché depuis les siècles*[12], a été révélé dans le Christ.

Ministres de la liturgie, surtout dans le sacrifice de la Messe, les prêtres y représentent de manière spéciale le Christ en personne, qui s'est offert comme victime pour sanctifier les hommes; ils sont dès lors invités à imiter ce qu'ils accomplissent: célébrant le mystère de la mort du Seigneur, ils doivent prendre soin de mortifier leurs membres, se gardant des vices et de tout mauvais penchant[13]. Dans le mystère du sacrifice eucharistique, où les *prêtres* exercent leur

---

8. Cf. St Thomas, *S. Théol.*, IIa-IIae, q. 188, a, 7.

9. Cf. Eph. 3, 9-10.

10. Cf. Act. 16, 14.

11. Cf. 2 Cor. 4, 7.

12. Cf. Eph. 3, 9.

13. Cf. *Pontifical Romain*, Ordination des prêtres [trad. P. Jounel, *Les ordinations*, Paris-Tournai 1963, p. 99].

fonction principale, c'est l'œuvre de notre Rédemption qui s'accomplit sans cesse [14]. C'est pourquoi il leur est vivement recommandé de célébrer la messe tous les jours; même si les chrétiens ne peuvent y être présents, c'est un acte du Christ et de l'Eglise [15]. En s'unissant à l'acte du Christ Prêtre, chaque jour les prêtres s'offrent à Dieu tout entiers; en se nourrissant du Corps du Christ, ils participent du fond d'eux-mêmes à la charité de Celui qui se donne aux chrétiens en nourriture. De même, dans l'administration des sacrements, les prêtres s'unissent à l'intention et à la charité du Christ. Ils le font tout spécialement en se montrant toujours prêts et disponibles à administrer le sacrement de Pénitence chaque fois que les chrétiens le demandent de manière raisonnable. Par l'Office divin, ils prêtent leur voix à l'Eglise qui, sans interruption, prie au nom de toute l'humanité, en union avec le Christ « *toujours vivant pour intercéder en notre faveur* » (Hébr. 7, 25).

Guides et pasteurs du peuple de Dieu, ils sont poussés par la charité du Bon Pasteur à *donner leur vie* pour leurs *brebis* [16], prêts à aller jusqu'au sacrifice suprême à l'exemple des prêtres qui, même de notre temps, n'ont pas hésité à donner leur vie. Educateurs des chrétiens dans la foi, ayant eux-mêmes « *l'assurance voulue pour l'accès au sanctuaire par le sang du Christ* » (Hébr. 10, 19), ils *s'approchent* de Dieu « *avec un cœur sincère dans la plénitude de la foi* » (Hébr. 10, 22); ils ont une *ferme espérance pour* leurs chrétiens [17], *afin que, réconfortés par Dieu, ils puissent eux-mêmes réconforter ceux qui subissent toutes sortes d'épreuves* [18]. Chefs de la communauté, ils pratiquent l'ascèse propre au pasteur d'âmes: renoncer à leurs

---

14. Cf. *Missel Romain*. Prière sur les offrandes du 9ème dimanche après la Pentecôte.

15. « La messe, même si elle est célébrée en particulier par un prêtre, n'est pas pour autant privée, mais elle est action du Christ et de l'Eglise. Celle-ci a appris à s'offrir elle-même dans le sacrifice qu'elle offre, en sacrifice universel, appliquant au salut du monde entier la vertu rédemptrice, unique et infinie du sacrifice de la Croix. Toute messe est, en effet, offerte non seulement pour le salut de quelques-uns, mais pour le salut du monde entier (...). C'est pourquoi Nous recommandons avec une paternelle insistance aux prêtres qui, à un titre particulier, sont, dans le Seigneur, Notre joie et Notre couronne de... célébrer la messe chaque jour en toute dignité et dévotion » (Paul VI, Encyclique *Mysterium Fidei*, 3 sept. 1965: *AAS* 57 (1965). p. 761-762) [*DC* 3 oct. 1965, col. 1640-1641]; cf. 2ème Concile du Vatican, Const. *Sacrosanctum Concilium* sur la liturgie, 4 déc. 1963. n. 26 et 27: *AAS* 56 (1964), p. 107 [p. 137].

16. Cf. Jn 10, 11.

17. Cf. 2 Cor. 1, 7.

18. Cf. 2 Cor. 1, 4.

avantages personnels, ne pas chercher *leur propre intérêt, mais celui du plus grand nombre, afin qu'ils soient sauvés* [19], progresser sans cesse dans un accomplissement plus parfait de la tâche pastorale, être prêts, s'il le faut, à s'engager dans des voies pastorales nouvelles sous la conduite de l'Esprit d'amour qui *souffle où il veut* [20].

14. [*Unité et harmonie de la vie des prêtres*]

Dans le monde d'aujourd'hui, on doit faire face à tant de tâches, on est pressé par tant de problèmes divers — et réclamant souvent une solution urgente — qu'on risque plus d'une fois d'aboutir à la dispersion. Les prêtres, eux, sont engagés dans les multiples obligations de leur fonction, ils sont tiraillés, et ils peuvent se demander, non sans angoisse, comment faire l'unité entre leur vie intérieure et les exigences de l'action extérieure. Cette unité de vie ne peut être réalisée ni par une organisation purement extérieure des activités du ministère, ni par la seule pratique des exercices de piété qui, certes, y contribue grandement. Ce qui doit permettre aux prêtres de la construire, c'est de suivre, dans l'exercice du ministère, l'exemple du Christ-Seigneur, dont *la nourriture était de faire la volonté de Celui qui l'a envoyé et d'accomplir son œuvre* [21].

Car, en vérité, le Christ qui fait toujours, dans le monde, par l'Eglise, cette volonté du Père, continue à agir par ses ministres. C'est donc lui qui demeure toujours la source et le principe de l'unité de leur vie. Les prêtres réaliseront donc cette unité de vie en s'unissant au Christ dans la découverte de la volonté du Père, et dans le don d'eux-mêmes pour le troupeau qui leur est confié [22]. Menant ainsi la vie même du Bon Pasteur, ils trouveront dans l'exercice de *la charité* pastorale *le lien de la perfection* sacerdotale qui ramènera à l'unité leur vie et leur action. Or, cette charité pastorale [23] découle avant tout du Sacrifice eucharistique; celui-ci est donc le centre et la racine de toute la vie du prêtre, dont l'esprit sacerdotal s'efforce d'intérioriser ce qui se fait sur l'autel du sacrifice. Cela n'est possible que si les prêtres, par la prière, pénètrent de plus en plus profondément dans le mystère du Christ.

---

19. Cf. 1 Cor. 10, 33.
20. Cf. Jn 3, 8.
21. Cf. Jn 4, 34.
22. Cf. 1 Jn 3, 16.
23. On « donne une preuve de son amour en paissant le troupeau du Seigneur » (St Augustin. *Traités sur S. Jean*, 123. 5: *PL* 35, 1967) [trad.. éd. Vivès. t. X, p. 436].

Mais la vérification concrète de cette unité de vie ne peut se faire que par une réflexion sur toutes leurs activités, *afin de discerner quelle est la volonté de Dieu* [24], c'est-à-dire afin de savoir dans quelle mesure ces activités sont conformes à la mission évangélique de l'Eglise. Car la fidélité au Christ est inséparable de la fidélité à l'Eglise. La charité pastorale exige donc des prêtres, s'ils ne veulent pas *courir pour rien* [25], un travail vécu en communion avec les évêques et leurs autres frères dans le sacerdoce. Tel sera, pour les prêtres, le moyen de trouver dans l'unité même de la mission de l'Eglise, l'unité de leur propre vie. Ainsi, ils s'uniront à leur Seigneur, et par lui, au Père dans l'Esprit-Saint; ainsi ils pourront être *tout remplis de consolation et surabonder de joie* [26].

II. — EXIGENCES SPIRITUELLES PARTICULIÈRES DANS LA VIE DES PRÊTRES

15. [Humilité et obéissance]

Parmi les qualités les plus indispensables pour le ministère des prêtres, il faut mentionner cette disponibilité intérieure qui les rend toujours prêts à rechercher non pas leur propre *volonté*, mais la *volonté de Celui qui les a envoyés* [27]. Car l'œuvre divine à laquelle les prêtres sont *appelés* par *l'Esprit-Saint* [28] dépasse toutes les forces, toute la sagesse de l'homme: « *ce qu'il y a de faible dans le monde, Dieu l'a choisi pour la confusion de ce qui est fort* » (1 Cor. 1, 27). Le véritable ministre du Christ est donc un homme conscient de sa faiblesse, travaillant dans l'humilité, *discernant ce qui plaît au Seigneur* [29]; *enchaîné* pour ainsi dire par *l'Esprit* [30], il se laisse conduire en tout par la volonté de Celui qui *veut que tous les hommes soient sauvés*. Cette volonté, il peut la découvrir et s'y attacher au long de la vie quotidienne, parce qu'il est humblement au service de tous ceux qui lui sont confiés par Dieu dans le cadre de la fonction reçue et des multiples événements de l'existence.

Mais, le ministère sacerdotal étant le ministère de l'Eglise, on ne peut s'en acquitter que dans la communion hiérarchique du Corps tout entier. C'est donc la charité pastorale qui pousse les prêtres, au nom de cette communion, à consacrer leur volonté propre par

---

24. Cf. Rom. 12, 2.
25. Cf. Gal. 2, 2.
26. Cf. 2 Cor. 7, 4.
27. Cf. Jn 4, 34; 5, 30; 6, 38.
28. Cf. Act. 13, 2.
29. Cf. Eph. 5, 10.
30. Cf. Act. 20, 22.

l'obéissance au service de Dieu et de leurs frères, à accueillir et à exécuter en esprit de foi les ordres et les conseils du Pape, de leur évêque et de leurs autres supérieurs, à *dépenser volontiers et à se dépenser eux-mêmes* [31] dans toutes les fonctions qui leur sont confiées, si humbles et si pauvres soient-elles. Par ce moyen, ils maintiennent et renforcent l'indispensable unité avec leurs frères dans le ministère, et surtout avec ceux que le Seigneur a établis comme chefs visibles de son Eglise; par ce moyen, ils travaillent à la construction du Corps du Christ, qui grandit grâce à « *toutes sortes de jointures* » [32]. Cette obéissance conduit à une manière plus mûre de vivre la liberté des enfants de Dieu: amenés par la charité et le souci du plus grand bien de l'Eglise à une recherche réfléchie de voies nouvelles pour l'accomplissement de leur tâche, les prêtres sont également poussés par les exigences de l'obéissance à exposer avec confiance les initiatives qu'ils ont prises et à insister sur les besoins du troupeau qui leur est confié, tout en restant prêts à se soumettre toujours au jugement de ceux qui sont, dans l'Eglise de Dieu, les premiers responsables.

Cette humilité, cette obéissance responsable et volontaire modèlent les prêtres à l'image du Christ; ils ont en eux *les sentiments qui furent dans le Christ Jésus*: « *Il s'est dépouillé lui-même en prenant la condition de serviteur... en se faisant obéissant jusqu'à la mort* » (Phil. 2, 7-8), et par cette obéissance, il a vaincu et racheté la désobéissance d'Adam, comme en témoigne l'Apôtre: « *Comme, par la désobéissance d'un seul, la multitude a été constituée pécheresse ainsi, par l'obéissance d'un seul, la multitude sera-t-elle constituée juste* » (Rom. 5, 19).

16. [*Choisir le célibat et le considérer comme un don*]

La pratique de la continence parfaite et perpétuelle *pour le Royaume des cieux* a été recommandée par le Christ Seigneur [33], tout au long des siècles, et de nos jours encore, bien des chrétiens l'ont acceptée joyeusement et pratiquée sans reproche. Pour la vie sacerdotale, particulièrement, l'Eglise l'a toujours tenue en haute estime. Elle est à la fois signe et stimulant de la charité pastorale, elle est une source particulière de fécondité spirituelle dans le monde [34]. Certes, elle n'est pas exigée par la nature du sacerdoce, comme le

---

31. Cf. 2 Cor. 12, 15.
32. Cf. Eph. 4, 11-16.
33. Cf. Mt. 19, 12.
34. Cf. 2ème Concile du Vatican, Const. dogm. *Lumen gentium*, 21 nov. 1964, n. 42: *AAS* 57 (1965), p. 47-49 [p. 69-71].

montrent la pratique de l'Eglise primitive [35] et la tradition des Eglises orientales. Celles-ci ont des prêtres qui choisissent, par don de la grâce, de garder le célibat — ce que font tous les évêques —, mais on y trouve aussi des prêtres mariés dont le mérite est grand; tout en recommandant le célibat ecclésiastique, ce saint Concile n'entend aucunement modifier la discipline différente qui est légitimement en vigueur dans les Eglises orientales; avec toute son affection, il exhorte les hommes mariés qui ont été ordonnés prêtres à persévérer dans leur sainte vocation et dans le don total et généreux de leur vie au troupeau qui leur est confié [36].

Mais le célibat a de multiples convenances avec le sacerdoce. La mission du *prêtre*, c'est de se consacrer tout entier au service de l'humanité nouvelle que le Christ, vainqueur de la mort, fait naître par son Esprit dans le monde, et qui tire son origine, « *non pas du sang, ni d'un vouloir charnel, ni d'un vouloir d'homme, mais de Dieu* » (Jn 1, 13). En gardant la virginité ou le célibat *pour le Royaume des cieux* [37], les prêtres se consacrent au Christ d'une manière nouvelle et privilégiée, il leur est plus facile de s'attacher à lui sans que leur cœur soit *partagé* [38], ils sont plus libres pour se consacrer, en Lui et par Lui, au service de Dieu et des hommes, plus disponibles pour servir son Royaume et l'œuvre de la régénération surnaturelle, plus capables d'accueillir largement la paternité dans le Christ. Ils témoignent ainsi devant les hommes qu'ils veulent se consacrer sans partage à la tâche qui leur est confiée: *fiancer* les chrétiens à l'*époux unique comme une vierge pure à présenter au Christ* [39]; ils évoquent les noces mystérieuses voulues par Dieu, qui se manifesteront pleinement aux temps à venir: celles de l'Eglise avec l'unique époux qui est le Christ [40]. Enfin, ils deviennent le signe vivant du monde à venir, déjà présent par la foi et la charité, où *les enfants de la résurrection ne prennent ni femme ni mari* [41].

35. Cf. 1 Tim. 3, 2-5; Tit. 1, 6.

36. Cf. Pie XI, Encyclique *Ad catholici sacerdotii*, 20 déc. 1935: *AAS* 28 (1936), p. 28 [trad. P. Veuillot, *Notre sacerdoce*, t. I, p. 295-296].

37. Cf. Mt. 19, 12.

38. Cf. 1 Cor. 7, 32-34.

39. Cf. 2 Cor. 11, 2.

40. Cf. 2ème Concile du Vatican, Const. dogm. *Lumen gentium*, 21 nov. 1964, n. 42 et 44: *AAS* 57 (1965), pp. 47-49 et 50-51 [pp. 69-71, 73-74]; Décret *Perfectae caritatis* sur l'adaptation et la rénovation de la vie religieuse, 28 oct. 1965, n. 12: *AAS* 58 (1966), p. 707 [p. 382].

41. Cf. Lc 20, 35-36; Pie XI, Encyclique *Ad catholici sacerdotii*, 20 déc. 1935: *AAS* 28 (1936), p. 24-28 [trad. P. Veuillot, p. 291-296]; Pie XII, Encyclique *Sacra Virginitas*, 25 mars 1954: *AAS* 46 (1954), p. 169-172 [*DC* 16 mai 1954, col. 584-586].

C'est donc pour des motifs fondés sur le mystère du Christ et sa mission que le célibat, d'abord recommandé aux prêtres, a été ensuite imposé par une loi dans l'Eglise latine à tous ceux qui se présentent aux Ordres sacrés. Cette législation, ce saint Concile l'approuve et la confirme à nouveau en ce qui concerne les candidats au presbytérat. Confiant en l'Esprit, il est convaincu que le Père accorde généreusement le don du célibat, si adapté au sacerdoce du Nouveau Testament, pourvu qu'il soit humblement et instamment demandé par ceux que le sacrement de l'Ordre fait participer au sacerdoce du Christ, bien plus, par l'Eglise tout entière. Ce saint Concile s'adresse encore aux prêtres qui ont fait confiance à la grâce de Dieu, et qui ont librement et volontairement accueilli le saint célibat, selon l'exemple du Christ: qu'ils s'y attachent généreusement et cordialement, qu'ils persévèrent fidèlement dans leur état, qu'ils reconnaissent la grandeur du don que le Père leur a fait et que le Seigneur exalte si ouvertement [42], qu'ils contemplent les grands mystères signifiés et réalisés par leur célibat. Certes, il y a, dans le monde actuel, bien des hommes qui déclarent impossible la continence parfaite: c'est une raison de plus pour que les prêtres demandent avec humilité et persévérance, en union avec l'Eglise, la grâce de la fidélité, qui n'est jamais refusée à ceux qui la demandent. Qu'ils emploient aussi les moyens naturels et surnaturels qui sont à la disposition de tous. Les règles éprouvées par l'expérience de l'Eglise, surtout celles de l'ascèse, ne sont pas moins nécessaires dans le monde d'aujourd'hui: que les prêtres sachent les observer. Ce saint Concile invite donc, non seulement les *prêtres,* mais tous les chrétiens, à tenir à ce don précieux du célibat sacerdotal, et à demander à Dieu de l'accorder toujours avec abondance à son Eglise.

17. [*Attitude à l'égard du monde et des biens terrestres. Pauvreté volontaire*]

La vie amicale et fraternelle des prêtres entre eux et avec les autres hommes leur permet d'apprendre à honorer les valeurs humaines et à considérer les choses créées comme des dons de Dieu. Vivant dans le monde, ils doivent pourtant toujours savoir que, selon la parole de notre Seigneur et Maître, *ils ne sont pas du monde* [43]. *Usant donc de ce monde comme s'ils n'en usaient pas vraiment* [44], ils arriveront à la liberté qui les délivrera de tous les soucis désor-

---

42. Cf. Mt. 19, 11.
43. Cf. Jn 17, 14-16.
44. Cf. 1 Cor. 7, 31.

donnés et les rendra accueillants pour écouter Dieu qui leur parle à travers la vie quotidienne. Cette liberté et cet accueil font grandir le discernement spirituel, qui fait trouver l'attitude juste à l'égard du monde et des réalités terrestres. Attitude essentielle pour le prêtre, car la mission de l'Eglise s'accomplit au cœur du monde, et les choses créées sont nécessaires au progrès personnel de l'homme. Les prêtres doivent donc être reconnaissants à l'égard du Père céleste de tout ce qu'il leur donne pour leur permettre de bien mener leur existence. Mais il faut aussi que la lumière de la foi les aide à exercer leur discernement sur ce qui se trouve sur leur chemin; ils doivent ainsi en venir à utiliser leurs biens d'une manière juste, selon la volonté de Dieu, et à rejeter tout ce qui fait obstacle à leur mission.

Car les *prêtres* ont le Seigneur pour « *part* » et pour « *héritage* » (Nombr. 18, 20), si bien qu'ils ne doivent se servir des choses terrestres que pour les usages permis par la doctrine du Christ Seigneur et les préceptes de l'Eglise.

Quant aux biens ecclésiastiques proprement dits, les *prêtres* les administreront conformément à leur nature et selon les lois ecclésiastiques, autant que possible avec l'aide de laïcs compétents. Ces biens seront toujours employés pour les fins qui justifient l'existence de biens temporels d'Eglise, c'est-à-dire pour organiser le culte divin, assurer au clergé un niveau de vie suffisant et soutenir les œuvres d'apostolat et de charité, spécialement en faveur des indigents [45]. Quant aux ressources qu'ils acquièrent à l'occasion de l'exercice d'une fonction ecclésiastique, sous réserve des législations particulières [46], les prêtres, aussi bien que les évêques, les emploieront d'abord pour s'assurer un niveau de vie suffisant, et pour accomplir les devoirs de leur état; et ce qui restera, ils auront à cœur de l'employer au service de l'Eglise ou pour des œuvres de charité. Bref, une fonction d'Eglise ne doit pas devenir une activité lucrative; les revenus qui en proviennent ne sauraient être utilisés pour augmenter le patrimoine personnel du prêtre [47]. C'est pourquoi les *prêtres, loin d'attacher leur cœur à la richesse* [48], éviteront toute espèce de cupidité et rejetteront soigneusement tout ce qui aurait une apparence commerciale.

---

45. Concile d'Antioche, can. 25: *Mansi* 2, 1327-1328; *Décret de Gratien*, c. 23, C. 12, q. 1 (éd. Friedberg, I, pp. 684-685).

46. Cette clause renvoie avant tout aux droits et coutumes en vigueur dans les Eglises orientales.

47. Concile de Paris (829), chap. 15: *MGH*, Legum sect. III, *Concilia*, t. 2, pars 6, 622; Concile de Trente, Sess. 25, Décr. *De Reform.*, ch. 1 (*Conc. Oec. Decreta*, éd. Herder, Rome 1962, pp. 760-761).

48. Cf. Ps. 62 (vulg. 61), 11.

Ils sont même invités à embrasser la pauvreté volontaire qui rendra plus évidente leur ressemblance avec le Christ et les fera plus disponibles au saint ministère. Le Christ est *devenu pauvre pour* nous, *lui qui était riche, afin de* nous *enrichir par sa pauvreté* [49]. Les apôtres, à leur tour, ont montré par leur exemple qu'il faut donner gratuitement ce que Dieu accorde gratuitement [50], et ils ont su s'habituer à *l'abondance comme au dénuement* [51]. Une certaine mise en commun matérielle, à l'image de la communauté de biens que vante l'histoire de la primitive Eglise [52], est une excellente voie d'accès à la charité pastorale; c'est une manière de vivre louable qui permet aux prêtres de remettre en pratique l'esprit de pauvreté conseillé par le Christ.

Que les prêtres et les évêques se laissent donc conduire par l'Esprit qui a *consacré* le Sauveur *par l'onction et l'a envoyé porter la Bonne Nouvelle aux pauvres* [53]: qu'ils évitent tout ce qui pourrait, d'une manière ou d'une autre, écarter les pauvres; qu'ils rejettent, plus encore que les autres disciples du Christ, toute apparence de vanité dans ce qui leur appartient. Qu'ils installent leur maison de manière qu'elle ne paraisse inaccessible à personne et que jamais personne, même les plus humbles, n'ait honte d'y venir.

III. — MOYENS AU SERVICE DE LA VIE DES PRÊTRES

18. [Moyens pour le développement de la vie spirituelle]

Pour mieux vivre leur union au Christ dans toutes les circonstances de la vie, les prêtres disposent, outre l'exercice conscient de leur ministère, d'un certain nombre de moyens, généraux ou particuliers, anciens **ou** nouveaux: le Saint-Esprit n'a jamais manqué d'en susciter dans le peuple de Dieu, et l'Eglise, soucieuse de la sanctification de ses membres, en recommande, et parfois même en impose l'usage [54]. A la première place parmi ces moyens de développer la vie spirituelle, se situent les actes par lesquels les chrétiens se nourrissent du Verbe de Dieu aux deux tables de la Bible et de l'Eucharistie [55]; personne n'ignore l'im-

---

49. Cf. 2 Cor. 8, 9.

50. Cf. Act. 8, 18-25.

51. Cf. Phil. 4, 12.

52. Cf. Act. 2, 42-47.

53. Cf. Lc 4, 18.

54. Cf. *Code de Droit canonique,* can. 125 ss.

55. Cf. 2ème Concile du Vatican, Décret *Perfectae caritatis* sur l'adaptation et la rénovation de la vie religieuse, 28 oct. 1965, n. 6: *AAS* 58 (1966), p. 705 [p. 379]; Const. dogm. *Dei Verbum* sur la Révélation divine, 18 nov. 1965, n. 21: *AAS* 58 (1966), p. 827 ss [p. 117].

portance de leur fréquentation assidue pour la sanctification des prêtres.

Les ministres de la grâce sacramentelle s'unissent intimement au Christ Sauveur et Pasteur lorsqu'ils reçoivent avec fruit les sacrements, spécialement par la confession sacramentelle fréquente: préparée par l'examen de conscience quotidien, celle-ci est un soutien très précieux pour l'indispensable conversion du cœur à l'amour du Père des miséricordes. A la lumière de leur foi nourrie par la lecture de la Bible, ils peuvent rechercher avec attention les signes de la volonté de Dieu et les appels de sa grâce à travers la diversité des événements de l'existence; ils deviennent ainsi de plus en plus dociles à la mission qu'ils ont assumée dans le Saint-Esprit. De cette docilité les prêtres retrouvent sans cesse le merveilleux modèle dans la Sainte Vierge Marie: conduite par le Saint-Esprit, elle s'est donnée tout entière au mystère du rachat de l'humanité [56]; mère du Grand Prêtre éternel, reine des Apôtres, soutien de leur ministère, elle a droit à la dévotion filiale des prêtres, à leur vénération et à leur amour.

Pour pouvoir accomplir avec fidélité leur ministère, ils doivent avoir à cœur de converser chaque jour avec le Christ Seigneur dans la visite et le culte personnel de la Sainte Eucharistie; ils doivent aimer les temps de retraite et tenir à la direction spirituelle. Bien des moyens, en particulier les méthodes approuvées d'oraison et les diverses formes de prière qu'ils choisissent librement, permettent aux prêtres de rechercher et d'implorer de Dieu le véritable esprit d'adoration, grâce auquel, avec le peuple qui leur est confié, ils s'uniront intimement au Christ médiateur de la Nouvelle Alliance; comme des *fils adoptifs,* ils pourront alors crier: « *Abba ! c'est-à-dire: Père* » (Rom. 8, 15).

19. [*Étude et science pastorale*]

Au cours de leur ordination, l'évêque invite les prêtres à « faire preuve de maturité par leur science », à ce que leur « enseignement soit un remède spirituel pour le peuple de Dieu » [57]. Cette science du ministre sacré doit être sacrée; découlant d'une source sacrée, elle vise un but qui est lui-même sacré. Puisée avant tout dans la lecture et la méditation de la Bible [58], elle trouve encore

---

56. Cf. 2ème Concile du Vatican, Const. dogm. *Lumen gentium,* 21 nov. 1964, n. 65: *AAS* 57 (1965), p. 64-65 [p. 90].

57. *Pontifical Romain,* Ordination des prêtres [trad. P. Jounel, *Les ordinations,* Paris-Tournai 1963, p. 98-99].

58. Cf. 2ème Concile du Vatican, Const. dogm. *Dei Verbum* sur la Révélation divine, 18 nov. 1965, n. 25: *AAS* 58 (1966), p. 829 [p. 119-120].

une nourriture fructueuse dans l'étude des Pères, Docteurs de l'Eglise, et autres témoins de la tradition. En outre, pour répondre de manière juste aux questions posées par les hommes d'aujourd'hui, il importe que les prêtres aient une connaissance sérieuse des documents du magistère, spécialement ceux des Conciles et des Papes, et qu'ils sachent consulter les meilleurs auteurs théologiques dont la science est reconnue.

Etant donné qu'actuellement la culture humaine et même les sciences sacrées progressent et se renouvellent, les prêtres sont appelés à perfectionner leurs connaissances religieuses et humaines de façon adaptée et ininterrompue; c'est pour eux la meilleure préparation au dialogue avec leurs contemporains.

Pour faciliter aux prêtres le travail d'étude et la connaissance des méthodes d'évangélisation et d'apostolat, on fera tout le nécessaire pour mettre à leur disposition ce dont ils ont besoin: on organisera, suivant les situations locales, des sessions ou des congrès, on fondera des centres d'études pastorales, on créera des bibliothèques, on confiera à des hommes compétents l'organisation du travail de réflexion. Les évêques devront aussi, chacun pour son compte ou à plusieurs, trouver le meilleur moyen de donner à tous les prêtres, à des moments déterminés, en particulier quelques années après leur ordination [59], la possibilité de suivre une session, grâce à laquelle ils pourront perfectionner leurs connaissances pastorales et théologiques, affirmer leur vie spirituelle et partager avec leurs frères leurs expériences apostoliques [60]. On utilisera également ces moyens, ou d'autres mieux adaptés, pour venir en aide particulièrement à ceux qui sont nommés curés, à ceux qui abordent une activité pastorale nouvelle, à ceux qui partent dans un autre diocèse ou dans un autre pays.

Enfin, les évêques veilleront à ce que certains prêtres se consacrent à une étude plus approfondie des sciences sacrées: il s'agit, en effet, de ne pas manquer de professeurs capables de former les clercs, d'aider les autres *prêtres* et les chrétiens à acquérir les connaissances dont ils ont besoin, d'encourager le sain développement des sciences sacrées qui est absolument indispensable à l'Eglise.

---

59. Cet élément de formation est distinct de la formation pastorale intervenant aussitôt après l'ordination, dont parle le Décret *Optatam totius* sur la formation des prêtres, 28 oct. 1965, n. 22: *AAS* 58 (1966), p. 726 s. [p. 371-372].

60. Cf. 2ème Concile du Vatican, Décret *Christus Dominus* sur la fonction pastorale des évêques dans l'Eglise, 28 oct. 1965, n. 16: *AAS* 58 (1966), p. 681 [p. 286-288].

20. [*La juste rémunération à assurer aux prêtres*]

Les prêtres consacrent leur vie au service de Dieu en accomplissant la fonction qui leur est confiée; ils méritent donc de recevoir une juste rémunération *« car l'ouvrier mérite son salaire »* (Lc 10, 7) [61], et *« le Seigneur a prescrit à ceux qui annoncent l'Evangile de vivre de l'Evangile »* (1 Cor. 9, 14). Là où rien d'autre n'existe pour assurer cette juste rémunération, faire le nécessaire pour assurer aux prêtres un niveau de vie suffisant et digne est, à proprement parler, une obligation pour les chrétiens, puisque c'est à leur service que les prêtres consacrent leur activité. Les évêques, eux, ont le devoir de rappeler aux chrétiens cette obligation; ils doivent veiller — chacun pour son diocèse ou, de préférence, à plusieurs ensemble dans un même territoire — à établir des règles pour assurer comme il se doit une vie convenable à ceux qui exercent, ou ont exercé, une fonction au service du peuple de Dieu. La rémunération versée à chacun devra tenir compte de la nature de la fonction exercée et des circonstances de temps et de lieu, mais elle sera fondamentalement la même pour tous ceux qui sont dans la même situation; elle devra être adaptée aux conditions où ils se trouvent; en outre, elle leur laissera les moyens, non seulement d'assurer comme il se doit la rémunération de ceux qui se dévouent à leur service, mais encore d'apporter eux-mêmes une aide à ceux qui sont dans le besoin, car ce ministère à l'égard des pauvres a toujours été en grand honneur dans l'Eglise dès ses origines. Enfin, cette rémunération devra permettre aux prêtres de prendre chaque année, pendant une durée suffisante, les vacances dont ils ont besoin: les évêques doivent veiller à ce que ce temps de vacances soit assuré aux prêtres.

C'est à la fonction remplie par les ministres sacrés qu'il faut accorder le rôle principal. De ce fait, il faut abandonner le système dit des « bénéfices » ou, du moins, le réformer de telle manière que l'aspect bénéficial, c'est-à-dire le droit aux revenus de la dotation attachée à la fonction, soit traité comme secondaire. Le droit donnera donc la priorité à la fonction ecclésiastique elle-même, désignation qui s'appliquera désormais à toute charge conférée de façon stable pour être exercée en vue d'une fin spirituelle.

21. [*Constitution de caisses communes et organisation de la sécurité sociale pour les prêtres*]

Il faut toujours se référer à l'exemple des croyants de la primitive Eglise à Jérusalem: *« Entre eux, tout était commun »*

---

61. Cf. Mt. 10, 10; 1 Cor. 9, 7; 1 Tim. 5, 18.

(Act. 4, 32) et « *on distribuait à chacun suivant ses besoins* » (Act. 4, 35). C'est en ce sens qu'il est très souhaitable d'avoir, au moins dans les pays où la vie matérielle du clergé dépend entièrement, ou en grande partie, des offrandes des chrétiens, une institution diocésaine pour rassembler l'argent offert à cette fin; elle sera administrée par l'évêque assisté de *prêtres* délégués et, là où cela paraît utile, de laïcs compétents en matière financière. Il est également désirable qu'il y ait, en outre, autant que possible, pour chaque diocèse ou chaque pays, une caisse commune permettant aux évêques de satisfaire à d'autres obligations envers les personnes qui sont au service de l'Eglise et de subvenir aux différents besoins du diocèse; cette caisse doit aussi permettre aux diocèses plus riches d'aider les plus pauvres, pour que le *superflu des uns subvienne à l'indigence des autres* [62]. Elle devra être alimentée avant tout par les sommes provenant des offrandes des chrétiens, mais également par d'autres ressources, que le droit devra préciser.

En outre, dans les pays où la sécurité sociale n'est pas encore correctement organisée en faveur du clergé, les conférences épiscopales, compte tenu toujours des lois ecclésiastiques et civiles, veilleront à ce qu'il existe, soit des organismes diocésains — éventuellement fédérés entre eux —, soit des organismes interdiocésains, soit une association établie pour l'ensemble du territoire, en vue d'organiser, sous le contrôle de la hiérarchie, d'une part une prévoyance et une assistance médicale satisfaisantes, d'autre part la prise en charge due aux prêtres pour les cas d'infirmité, d'invalidité ou de vieillesse. Les *prêtres* soutiendront l'organisme ainsi établi dans un esprit de solidarité avec leurs frères, *prenant part* ainsi *à leur épreuve* [63]. Ils s'apercevront en même temps qu'ils se trouvent libérés du souci de l'avenir, et donc en mesure de pratiquer la pauvreté avec plus d'ardeur évangélique et de se consacrer tout entiers au salut des âmes. Enfin, les responsables feront en sorte que les différents organismes nationaux aient des liens entre eux, ce qui leur donnera une plus grande solidité et une plus large diffusion.

---

62. Cf. 2 Cor. 8, 14.
63. Cf. Phil. 4, 14.

CONCLUSION ET EXHORTATION

22. Conscient des joies de la vie sacerdotale, ce saint Concile ne peut cependant ignorer les difficultés dont souffrent les prêtres dans les conditions de la vie actuelle. Il connaît la transformation de la situation économique et sociale, et même des mœurs; il connaît le bouleversement de la hiérarchie des valeurs dans le jugement des hommes. Dans ces conditions les ministres de l'Eglise, et même parfois les chrétiens, se sentent comme étrangers à ce monde. Avec anxiété, ils se demandent quels moyens, quels mots trouver pour entrer en communication avec lui. Obstacles nouveaux à la vie de foi, stérilité apparente du labeur accompli, dure épreuve de la solitude, tout cela peut risquer de les conduire au découragement.

Mais ce *monde,* tel qu'il est aujourd'hui, ce monde confié à l'amour et au ministère des pasteurs de l'Eglise, *Dieu l'a tant aimé qu'il a donné* pour lui *son Fils unique* [1]. En vérité, avec tout le poids de son péché, mais aussi avec la richesse de ses possibilités, ce monde offre à l'Eglise les *pierres vivantes* [2] *qui s'intègrent à la construction pour être une demeure de Dieu dans l'Esprit* [3]. Et c'est encore l'Esprit-Saint qui pousse l'Eglise à ouvrir des chemins nouveaux pour aller au-devant du monde d'aujourd'hui; c'est lui qui, de ce fait, suggère et encourage les adaptations qui s'imposent pour le ministère sacerdotal.

Que les prêtres ne l'oublient pas: ils ne sont jamais seuls dans leur action, ils s'appuient sur la force du Dieu tout-puissant; que leur foi au Christ, qui les a appelés à participer à son sacerdoce, les aide à se donner en toute confiance à leur ministère, car ils savent que Dieu est assez puissant pour augmenter en eux la charité [4]. Qu'ils ne l'oublient pas non plus: ils ont pour compagnons leurs frères dans le sacerdoce, bien plus, les chrétiens du monde entier. Tous les prêtres travaillent ensemble pour accomplir le mystère divin du salut, *le Mystère du Christ caché depuis les siècles en Dieu* [5], qui ne se réalise que peu à peu, par l'effort coordonné de ministères différents, *en vue de l'édification du Corps du Christ*

---

1. Cf. Jn 3, 16.
2. Cf. 1 Petr. 2, 5.
3. Cf. Eph. 2, 22.
4. Cf. *Pontifical Romain,* Ordination des prêtres [trad. P. Jounel, *Les ordinations,* Paris-Tournai 1963, p. 107].
5. Cf. Eph. 3, 9.

jusqu'à ce qu'il atteigne toute sa taille. Tout cela, certes, *est caché avec le Christ en Dieu* [6], et c'est surtout la foi qui peut s'en rendre compte. C'est dans la foi que doivent marcher les guides du peuple de Dieu, suivant l'exemple d'Abraham le fidèle, qui, « *par la foi, obéit à l'appel de partir vers un pays qu'il devait recevoir en héritage, et il partit ne sachant où il allait* » (Hébr. 11, 8). En vérité, *l'intendant des mystères de Dieu* ressemble au semeur dont le Seigneur a dit: « *Qu'il dorme ou qu'il se lève, la nuit ou le jour, la semence germe et pousse, il ne sait comment* » (Mc 4, 27). D'ailleurs, si le Seigneur Jésus a dit: « *Gardez courage ! j'ai vaincu le monde* » (Jn 16, 33), il n'a pas, pour autant, promis à l'Eglise la victoire totale ici-bas. Ce qui fait la joie de ce saint Concile, c'est que la terre, ensemencée par la graine de l'Evangile, donne aujourd'hui du fruit en bien des endroits, sous la conduite de *l'Esprit du Seigneur qui remplit l'univers* et qui a fait naître au cœur de tant de prêtres et de tant de chrétiens un esprit vraiment missionnaire. Pour tout cela, avec toute son affection, le saint Concile remercie les prêtres du monde entier. Et « *à Celui qui peut tout faire, et bien au-delà de nos demandes et de nos pensées, en vertu de la puissance qui agit en nous, à lui la gloire dans l'Eglise et le Christ Jésus* » (Eph. 3, 20-21).

Tout l'ensemble et chacun des points qui sont édictés dans ce Décret ont plu aux Pères du saint Concile. Et Nous, en vertu du pouvoir apostolique que le Christ Nous a confié, avec les vénérables Pères, Nous les approuvons, décrétons et arrêtons dans le Saint-Esprit, et Nous ordonnons que, pour la gloire de Dieu, ce qui a été ainsi établi en Concile soit promulgué.

Rome, près Saint-Pierre, le 7 décembre 1965.

Moi, PAUL,
Évêque de l'Église catholique.

Suivent les signatures des Pères.

---

6. Cf. Col. 3, 3.

LA FORMATION
DES PRÊTRES

Décret "de Institutione sacerdotali"
("Optatam Totius")
promulgué le 28 octobre 1965

TRADUCTION PUBLIÉE PAR
« LA DOCUMENTATION CATHOLIQUE »
LE 21 NOVEMBRE 1965 (col. 1933-1948)

Texte latin dans les
« Acta Apostolicae Sedis » 58 (1966) p. 713-727
et dans les
« Constitutiones, Decreta, Declarationes » p. 357-384

DÉCRET « OPTATAM TOTIUS »

PAUL, ÉVÊQUE,
SERVITEUR
DES SERVITEURS DE DIEU,
AVEC LES PÈRES DU SAINT CONCILE,
POUR QUE LE SOUVENIR
S'EN MAINTIENNE À JAMAIS.

PRÉAMBULE

S ACHANT bien que le renouveau tant désiré de toute l'Eglise dépend en grande partie d'un ministère sacerdotal animé par l'esprit du Christ [1], le Concile proclame l'extrême importance de la formation des prêtres et il affirme quelques principes fondamentaux de cette formation, lesquels confirment des lois déjà éprouvées par une expérience séculaire et y introduisent des éléments nouveaux correspondant aux constitutions et décrets de ce saint Concile, ainsi qu'aux conditions nouvelles de notre époque. A cause de l'unité du sacerdoce catholique, cette formation sacerdotale est nécessaire pour tous les prêtres du clergé régulier et séculier, quel que soit leur rite. Aussi ces règles, qui concernent directement le clergé diocésain, doivent-elles, avec les adaptations nécessaires, être appliquées à tous.

---

1. Le Christ a voulu que le progrès de tout le peuple de Dieu dépende principalement du ministère des prêtres. Cela ressort des paroles par lesquelles Notre-Seigneur a constitué les apôtres ainsi que leurs successeurs et coopérateurs, hérauts de l'Evangile, chefs du nouveau peuple élu et dispensateurs des mystères de Dieu. Cela est encore confirmé par les paroles des Pères et des saints, ainsi que par les documents répétés des souverains pontifes.
Cf. en premier lieu: S. Pie X, exhortation au clergé *Haerent animo*, 4 août 1908, S. Pii X, Acta IV, pp. 237-264. — Pie XI, encycl. *Ad Catholici Sacerdotii*, 20 déc. 1935: *AAS*, XXVIII (1936), surtout pp. 37-52. — Pie XII, exhortation apostolique *Menti Nostrae*, 23 sept. 1950: *AAS*, XLII (1950), pp. 657-702. — Jean XXIII, encycl. *Sacerdotii Nostri Primordia*, 1er août 1959: *AAS* LI (1959), pp. 545-579. — Paul VI, lettre apostolique *Summi Dei Verbum*, 4 nov. 1963: *AAS*, LV (1963), pp. 979-995.

I

PRINCIPES DE FORMATION SACERDOTALE APPLICABLES À TOUS LES PAYS

1. Telle est la diversité des peuples et des régions qu'on ne peut porter de lois que générales. Aussi doit-on adopter pour chaque pays et chaque rite un « programme de formation sacerdotale spécial », fixé par les conférences épiscopales [2], revu à intervalles déterminés et approuvé par le Saint-Siège. C'est ainsi que les lois universelles seront adaptées aux conditions particulières des lieux et des temps, afin que la formation des prêtres réponde toujours aux besoins pastoraux des régions où ils auront à exercer leur ministère.

II

REDOUBLER D'EFFORTS EN FAVEUR DES VOCATIONS SACERDOTALES

2. [a) *L'effort de tous est nécessaire*]

C'est à toute la communauté chrétienne qu'incombe le devoir de susciter les vocations [3], et c'est d'abord par une vie pleinement chrétienne qu'elle doit poursuivre cette fin. L'aide la plus précieuse est fournie par les familles, animées d'un esprit de foi, d'espérance et de charité, qui sont comme le premier séminaire, et par les paroisses qui font participer les jeunes à toutes les richesses de leur

---

2. Toute la formation sacerdotale, c'est-à-dire l'organisation du séminaire, la formation spirituelle, le programme des études, la vie en commun et la discipline des élèves, les exercices de pastorale, doivent être adaptés aux circonstances de lieux. Dans ses grands principes, cette adaptation doit être faite, selon les normes communes, par les conférences épiscopales, pour le clergé séculier et — de la manière qui convient — par les supérieurs compétents, pour le clergé régulier (cf. S. Cong. des religieux, Const. Apost. *Sedes Sapientiae* et les *Statuts généraux* annexes, art. 19, 2e éd., Rome 1957, pp. 38 s.).

3. Le manque de vocations est aujourd'hui l'une des principales épreuves que connaît l'Eglise presque partout. Cf. Pie XII, exhortation apost. *Menti Nostrae*: « ... le nombre des prêtres, dans les pays catholiques comme dans les missions, s'est avéré bien disproportionné avec les besoins toujours croissants » (*AAS*, XLII, 1950, p. 682). — Jean XXIII: « Le problème des vocations ecclésiastiques et religieuses est la préoccupation quotidienne du Pape..., il est le soupir de sa prière et l'ardente aspiration de son âme. » (Allocution au 1er Congrès international des vocations religieuses, 16 déc. 1961: *AAS* LIV, 1962, p. 33.)

vie. Les maîtres, et tous ceux qui, à quelque titre, s'occupent de
l'éducation des enfants et des adolescents, tout particulièrement les
associations catholiques, doivent s'efforcer d'épanouir les jeunes qui
leur sont confiés de telle sorte qu'ils puissent entendre l'appel de
Dieu et y répondre volontiers. Que tous les prêtres fassent preuve
du plus grand zèle apostolique pour aider les vocations; que par
leur vie personnelle, humble, laborieuse et joyeuse, ainsi que par
la charité mutuelle et la collaboration fraternelle entre eux, ils
orientent vers le sacerdoce les cœurs des jeunes.

Les évêques doivent encourager leurs fidèles à susciter des vocations et assurer une union étroite entre les forces et les travaux de
tous. Ils doivent aider comme des pères ceux qu'ils estiment être
appelés par le Seigneur, et n'épargner pour eux aucun sacrifice.

[b] *Réponse à l'action de la divine Providence*]

Cette activité convergente de tout le peuple de Dieu en faveur
des vocations répond à l'action de la divine Providence qui accorde
les dons voulus aux hommes choisis par Dieu pour participer au
sacerdoce hiérarchique du Christ, qui les aide de sa grâce, et qui
charge les ministres légitimes de l'Eglise d'appeler, ainsi que de
consacrer par le sceau du Saint-Esprit au culte de Dieu et au service
de l'Eglise, les candidats ayant fait leurs preuves, dont la capacité
est reconnue et qui — en toute liberté et avec une intention droite —
demandent à exercer une si haute mission [4].

[c] *Moyens recommandés*]

Le saint Concile recommande tout d'abord les moyens traditionnels par lesquels tous peuvent apporter leur coopération: la prière
instante et la pénitence chrétienne, mais aussi une formation toujours
plus profonde des fidèles — assurée tant par la prédication et la catéchèse que par les différents moyens de communication sociale —
leur faisant prendre conscience de la nécessité, de la nature et de
l'excellence de la vocation sacerdotale. Il demande en outre que les
œuvres des vocations déjà instituées ou à créer dans le cadre de
chaque diocèse, région ou nation, conformément aux documents
pontificaux, organisent de façon méthodique et cohérente l'ensemble de l'action pastorale en faveur des vocations, en ne négli-
geant aucun des secours opportuns que fournissent si utilement la

---

4. Pie XII, const. apost. *Sedes Sapientiae*, 31 mai 1956: *AAS*, XLVIII,
1956, p. 357. — Paul VI, lettre apost. *Summi Dei Verbum*, 4 nov. 1963:
AAS, LV, 1963, p. 984 s.

psychologie et la sociologie moderne, et qu'elles développent cette action avec autant de discrétion que de zèle [5].

[d] *Coopération universelle*]

Le travail en faveur des vocations doit cependant généreusement transcender les limites des différents diocèses, nations, familles religieuses ou rites, et, en tenant compte des besoins de l'Eglise universelle, apporter son aide par priorité aux régions où le besoin d'ouvriers pour la vigne du Seigneur est le plus urgent.

3. [*Formation donnée dans les petits séminaires*]

Dans les petits séminaires fondés pour cultiver les germes de vocation, qu'une formation religieuse particulière, et d'abord une direction spirituelle adaptée, aide les élèves à suivre le Christ rédempteur avec une volonté généreuse et un cœur pur. Sous l'autorité paternelle des supérieurs et avec la collaboration opportune de leurs parents, qu'ils y mènent la vie convenant à leur âge, à leur mentalité et à leur degré d'évolution, en pleine conformité avec les normes d'une saine psychologie, sans négliger une expérience convenable de la vie des hommes, ni les liens avec leur propre famille [6]. En outre, les règles édictées ci-dessous pour les grands séminaires doivent s'appliquer aussi aux petits séminaires dans la mesure où elles conviennent à leur fin et à leur programme. Il faut organiser les études des élèves de telle sorte qu'ils puissent sans difficultés les poursuivre ailleurs, s'ils viennent à choisir un autre état de vie.

On n'apportera pas moins de soin à cultiver les germes de vocation chez les adolescents et les jeunes gens dans les institutions particulières qui, selon les conditions locales, visent le même but que les petits séminaires, et de même chez ceux qui reçoivent une formation dans d'autres écoles ou dans tout autre système d'éducation. Qu'avec persévérance on développe les institutions et autres œuvres destinées aux vocations tardives.

---

5. Cf. surtout Pie XII, *Motu proprio « Cum Nobis »* « sur la création de l'Oeuvre pontificale des vocations sacerdotales, auprès de la sacrée congrégation des Séminaires et des Universités », 4 nov. 1941: *A A S*, XXXIII, 1941, p. 479; avec les statuts et règles annexes promulgués par cette congrégation le 8 sept. 1943. — *Motu proprio « Cum supremae »* « sur l'Oeuvre pontificale primaire des vocations religieuses », 11 févr. 1955: *A A S*, XLVII, 1955, p. 266, avec les statuts et règles annexes promulgués par la sacrée congrégation des Religieux (*ibid.*, pp. 298-301); Concile du Vatican II, décret *De accommodata renovatione vitae religiosae*, n. 24: *A A S*, LVIII, 1966, pp. 711-712 [p. 388]; décret *De Pastorali Episcoporum munere in Ecclesia*, n. 15: *A A S*, LVIII, 1966, p. 680 [p. 285-286].

6. Cf. Pie XII, exhortation apostolique *Menti Nostrae*, 23 sept. 1950: *A A S*, XLII, 1950, p. 685.

III

LA VIE DES GRANDS SÉMINAIRES

4. [*Toute la formation orientée vers un même but*]

Les grands séminaires sont nécessaires pour la pleine formation des prêtres. Toute l'éducation des élèves doit tendre à faire d'eux, sur le modèle de Notre-Seigneur Jésus-Christ, maître, prêtre et pasteur, de véritables pasteurs d'âmes[7]. Que donc ils soient préparés au ministère de la parole, afin de pénétrer toujours plus profondément la divine parole révélée, de l'assimiler par la méditation, de l'exprimer par leurs paroles et toute leur conduite. Qu'ils soient préparés au ministère du culte et de la sanctification, afin qu'ils réalisent l'œuvre du salut, dans la prière et la célébration de la sainte liturgie, par le sacrifice eucharistique et les sacrements. Qu'ils soient préparés au ministère pastoral, afin qu'ils sachent rendre présent aux hommes le Christ qui « n'est pas venu se faire servir, mais servir et donner sa vie en rançon pour la multitude » *(Marc,* 10, 45; cf. *Jean,* 13, 12-17), et afin qu'ils se fassent les serviteurs de tous les hommes pour en gagner davantage (cf. *1 Cor.,* 9, 19).

C'est pourquoi tous les éléments de la formation spirituelle, intellectuelle et disciplinaire doivent être ordonnés de façon convergente vers ce but pastoral, et tous les directeurs et professeurs doivent agir dans ce même but d'une façon assidue et unanime, en obéissant fidèlement à l'autorité épiscopale.

5. [*Qualités des directeurs et professeurs de séminaires*]

La formation des séminaristes dépend à la fois d'un bon règlement, mais aussi et surtout de bons éducateurs. Aussi les directeurs et professeurs de séminaires seront-ils choisis parmi une élite[8] et soigneusement préparés par une solide doctrine, par l'expérience pastorale qui convient, ainsi que par une formation spirituelle et

---

7. Cf. Concile du Vatican II, constitution dogmatique *De Ecclesia,* n. 28: *AAS,* LVII, 1965, p. 34 [pp. 52-54].

8. Cf. Pie XI, encycl. *Ad Catholici Sacerdotii,* 20 déc. 1935: *AAS,* XXVIII, 1936, p. 37: « Avant tout le premier soin doit être le choix des supérieurs, des maîtres... Donnez à vos séminaires les prêtres les meilleurs; ne craignez pas de les dérober même à des charges d'apparence plus brillantes, mais qui en réalité ne peuvent pas entrer en comparaison avec cette œuvre capitale et irremplaçable ». — Pie XII insiste de nouveau sur ce principe de choisir les meilleurs, dans sa lettre apostolique adressée aux Ordinaires du Brésil, le 23 avril 1947: *Discorsi e Radiomessaggi* IX, pp. 579-580.

pédagogique particulière. On doit donc susciter des institutions destinées à cette fin, ou du moins des cours bien adaptés, ainsi que des
congrès de supérieurs de séminaires à des moments déterminés.

Mais les directeurs et les professeurs doivent être bien convaincus que le succès de la formation des élèves dépend en grande partie
de la façon dont ils pensent et se comportent. Que sous la conduite
du supérieur, ils établissent la plus étroite communauté d'action et
d'esprit, qu'ils constituent entre eux et avec les élèves une famille
répondant à la prière du Seigneur: « Qu'ils soient un » *(Jean, 17, 11)*,
et entretenant chez les élèves l'enthousiasme de leur vocation. Que
l'évêque, de son côté, ait particulièrement à cœur d'animer ceux qui
consacrent leur travail au séminaire, et que pour les séminaristes
eux-mêmes il apparaisse véritablement comme un père dans le
Christ. Enfin, que tous les prêtres, regardant le séminaire comme le
cœur du diocèse, lui apportent volontiers leur concours [9].

6. [*Processus de sélection et de probation*]

Selon l'âge et le progrès de chacun, on aura soin de s'enquérir de l'intention droite et de la volonté libre des candidats, de leur
aptitude spirituelle, morale et intellectuelle, de leur suffisant état
de santé physique et psychique, en tenant compte éventuellement
de leur hérédité. Qu'on évalue aussi leur capacité à assumer la
charge sacerdotale et à remplir les fonctions pastorales [10].

Que dans tout le processus de sélection et de probation des
séminaristes on fasse toujours preuve de la fermeté nécessaire, même
si l'on souffre du manque de prêtres [11]: Dieu ne laissera pas son
Eglise manquer de ministres, si on appelle aux ordres ceux qui en
sont dignes. Qu'on oriente à temps ceux qui n'y sont pas aptes vers
d'autres professions, de façon paternelle, en les aidant à prendre
conscience de leur vocation chrétienne et à s'engager hardiment dans
l'apostolat des laïcs.

---

9. Sur ce devoir commun d'aider les séminaires, cf. Paul VI, lettre
apostolique *Summi Dei Verbum*, 4 nov. 1963: *AAS*, LV (1963), p. 984.

10. Cf. Pie XII, exhortation apostolique *Menti Nostrae*, 23 sept. 1950:
AAS, XLII, 1950, p. 684. Et cf. sacrée congrégation des Sacrements, lettre
circulaire aux Ordinaires des lieux *Magna equidem*, 27 déc. 1935, n. 10. —
Pour les religieux, cf. statuts généraux annexés à la constitution apostolique
Sedes Sapientiae, 31 mai 1956, art. 33. — Paul VI, lettre apostolique *Summi
Dei Verbum*, 4 nov. 1963: *AAS*, LV, 1963, p. 987 s.

11. Cf. Pie XI, encycl. *Ad Catholici Sacerdotii*, 20 déc. 1935: *AAS*,
XXVIII, 1936, p. 41.

7. [*Séminaires diocésains et interdiocésains*]

Là où chaque diocèse n'est pas en mesure d'équiper convenablement son propre séminaire, on créera et entretiendra des séminaires communs à plusieurs diocèses, à toute une région ou à toute une nation, pour assurer plus efficacement la solide formation des séminaristes, laquelle, en ce domaine, doit être la loi suprême. Que les séminaires régionaux ou nationaux soient régis par des statuts fixés par les évêques dont ils relèvent [12] et approuvés par le Siège apostolique.

Dans les séminaires où les élèves sont nombreux, qu'on les répartisse en petits groupes permettant de mieux veiller à la formation personnelle de chacun, tout en sauvegardant l'unité de direction et de formation scientifique.

IV

L'ATTENTION TOUTE PARTICULIÈRE REQUISE PAR LA FORMATION SPIRITUELLE

8. [*Vie d'union avec le Christ*]

La formation spirituelle doit avoir un lien étroit avec la formation doctrinale et pastorale et, avec l'aide principalement du directeur spirituel [13], elle doit être donnée de telle façon que les séminaristes apprennent à vivre continuellement dans la familiarité du Père, par son fils Jésus-Christ, dans l'Esprit-Saint. La sainte ordination devant les configurer au Christ prêtre, qu'ils s'habituent déjà à lui être attachés comme des amis, également dans l'intimité de toute leur vie [14]. Qu'ils vivent son mystère pascal de façon à savoir initier à ce mystère le peuple qui leur sera confié. Qu'on leur enseigne à chercher le Christ, dans la méditation fidèle de la parole de Dieu, dans la communion active aux très saints mystères de l'Eglise — en premier lieu dans l'eucharistie et l'office divin [15], — dans l'évê-

---

12. Il est établi que tous les évêques intéressés participent à la rédaction des statuts des séminaires régionaux ou nationaux, par dérogation à ce que prescrit le canon 1357, part. IV, C. I. C.

13. Cf. Pie XII, exhortation apostolique *Menti Nostrae*. 23 sept. 1950: *AAS*, XLII, 1950, p. 674; sacrée congrégation des Séminaires et Universités, *La formazione spirituale del candidato al sacerdozio*. Città del Vaticano, 1965.

14. Cf. S. Pie X, exhortation au clergé catholique *Haerent animo*, 4 août 1908: S. Pii X, Acta IV, pp. 242-244; Pie XII, exhortation apostolique *Menti Nostrae*, 23 sept. 1950: *AAS*, XLII, 1950, pp. 659-661; Jean XXIII, encycl. *Sacerdotii Nostri Primordia*, 1er août 1959: *AAS*, LI, 1959, p. 550 s.

15. Pie XII, encycl. *Mediator Dei*, 20 nov. 1947: *AAS*, XXXIX, 1947, pp. 547 s. et 572 s.; Jean XXIII, exhortation apostolique *Sacrae laudis*, 6 janvier 1962: *AAS*, LIV, 1962, p. 69; Conc. du Vat. II, const. *De sacra Liturgia*, art. 16 et 17: *AAS* LVI, 1964, p. 104 s. [pp. 134-135]; sacrée congrégation des Rites, *Instructio ad exsecutionem Constitutionis de sacra Liturgia recte ordinandam*, 26 sept. 1964, n. 14-17: *AAS*, LVI, 1964, p. 880 s.

que qui les envoie et dans les hommes à qui ils sont envoyés, surtout les pauvres, les petits, les malades, les pécheurs et les incroyants. Qu'avec une filiale confiance ils aiment et honorent la bienheureuse Vierge Marie que le Christ Jésus, mourant sur la croix, donna comme mère à son disciple.

Qu'on encourage les exercices de piété éprouvés par l'expérience vénérable de l'Eglise: mais on évitera que la formation spirituelle consiste seulement en ces exercices et ne développe que le sentiment religieux. Le séminariste doit plutôt apprendre à vivre selon le modèle de l'Evangile; à s'affermir dans la foi, l'espérance et la charité, afin d'acquérir l'esprit de prière par l'exercice de ces vertus [16], afin de fortifier et de protéger sa vocation, de s'affermir dans les autres vertus et d'aspirer toujours davantage à gagner tous les hommes au Christ.

9. [*Attachement et soumission à l'Église*]

Les séminaristes doivent être imprégnés du mystère de l'Eglise, mis particulièrement en relief par ce saint Concile, de façon à rendre témoignage de l'unité qui attire les hommes au Christ [17], d'abord par leur attachement humble, filial et aimant au Vicaire du Christ, et ensuite — une fois revêtus du sacerdoce — par leur adhésion à leur évêque, en se montrant ses fidèles coopérateurs et en l'aidant en commun avec leurs frères dans le sacerdoce. Qu'ils apprennent à participer de tout leur cœur à la vie de l'Eglise tout entière, en se rappelant cette parole de saint Augustin: « Chacun a l'Esprit-Saint dans la mesure où il aime l'Eglise du Christ » [18]. Les séminaristes doivent être bien convaincus qu'ils ne sont pas destinés à la domination et aux honneurs, mais tout entiers voués au service de Dieu et au ministère pastoral. Qu'on apporte un soin particulier à développer en eux l'obéissance sacerdotale, la vie de pauvreté et l'esprit d'abnégation [19], pour les habituer à renoncer sans hésiter à ce qui — tout en étant licite — ne convient pas, et à imiter le Christ crucifié.

---

16. Cf. Jean XXIII, encycl. *Sacerdotii Nostri Primordia*: *AAS*, LI, 1959, p. 559 s.

17. Cf. Conc. Vat. II, const. dogm. *De Ecclesia*, n. 28: *AAS*, LVII, 1965, p. 35 s. [pp. 52-54].

18. S. Augustin, In Joan., tract. 32, 8: *P.L.*, XXXV, 1646.

19. Cf. Pie XII, exhortation apostolique *Menti Nostrae: AAS*, XLII, 1950, pp. 662 s., 685, 690; Jean XXIII, encycl. *Sacerdotii Nostri Primordia: AAS*, LI, 1959, pp. 551-553, 556 s.; Paul VI, encycl. *Ecclesiam suam*, 6 août 1964: *AAS*, LVI, 1964, p. 634 s.; Conc. du Vat. II, const. dogm. *De Ecclesia*, surtout n. 8: *AAS*, LVII, 1965, p. 12 [pp. 26-27].

Qu'on fasse prendre conscience aux séminaristes des charges qu'ils auront à supporter, sans leur dissimuler aucune des difficultés de la vie sacerdotale; que cela cependant ne les conduise pas à ne voir que l'aspect dangereux de leur activité future, mais les dispose à affirmer le plus possible leur vie spirituelle à partir de leur action pastorale.

10. [*Renoncement à la vie conjugale*]

Les séminaristes qui, selon les saintes lois toujours en vigueur dans leur propre rite, observent la tradition vénérable du célibat sacerdotal, seront très soigneusement préparés à cet état où, à cause du royaume des cieux, ils renoncent à la vie conjugale (cf. *Matth.*, 19, 12) pour s'attacher au Seigneur par un amour sans partage [20], intimement conforme à la Nouvelle Alliance, ils portent témoignage à la résurrection du monde à venir (cf. *Luc*, 20, 36) [21] et ils trouvent une aide puissante leur permettant d'exercer sans relâche la charité parfaite par laquelle ils peuvent se faire tout à tous dans leur ministère sacerdotal [22]. Qu'ils sachent bien avec quel cœur reconnaissant cet état doit être embrassé, non seulement comme une prescription de la loi de l'Eglise, mais comme un don précieux qui doit être humblement demandé à Dieu, un don auquel ils s'empresseront de répondre librement et généreusement, avec l'inspiration et l'aide de la grâce de l'Esprit-Saint.

Les séminaristes doivent connaître comme il se doit les devoirs et la dignité du mariage chrétien, qui représente l'amour mutuel du Christ et de l'Eglise (cf. *Ephés.*, 5, 22-33). Mais ils doivent avoir conscience de la prééminence de la virginité consacrée au Christ [23], de sorte que s'ils décident de se consacrer totalement au Seigneur, corps et âme, ce soit par un choix généreux et mûrement réfléchi.

Qu'ils soient avertis des dangers qui, surtout dans la société contemporaine, menacent leur chasteté [24]; qu'avec les secours voulus, divins et humains, ils apprennent à assumer leur renoncement au mariage, de telle sorte que non seulement leur vie et leur activité

---

20. Cf. Pie XII, encycl. *Sacra Virginitas*, 25 mars 1954: *AAS*, XLVI, 1954, p. 165 s.

21. Cf. S. Cyprien, *De habitu virginum*, 22: *P.L.*, IV, 475; S. Ambroise, *De Virginibus* I, 8, 52: *P.L.*, XVI, 202 s.

22. Cf. Pie XII, exhortation apostolique *Menti Nostrae: AAS* XLII, 1950, p. 663.

23. Cf. Pie XII, encycl. *Sacra virginitas*, loc. cit., pp. 170-174.

24. Cf. Pie XII, exhortation apostolique *Menti Nostrae*, loc. cit., pp. 664 et 690 s.

ne souffrent nullement de leur célibat, mais qu'eux-mêmes en tirent une plus parfaite maîtrise de leur cœur et de leur corps, un meilleur épanouissement de leur maturité et une vue plus claire de la béatitude promise par l'Evangile.

11. [*Maturité personnelle*]

Qu'on observe scrupuleusement les principes de l'éducation chrétienne, en les complétant de façon appropriée par les découvertes modernes d'une saine psychologie et pédagogie. Une formation sagement organisée doit donc cultiver chez les séminaristes également cette nécessaire maturité humaine dont les critères principaux sont une certaine stabilité dans le caractère, la capacité de prendre des décisions réfléchies, et un jugement droit sur les événements et les hommes. Que les séminaristes prennent l'habitude de dominer leur tempérament, qu'ils acquièrent la force de caractère et, d'une façon générale, qu'ils apprennent à estimer les vertus que les hommes apprécient davantage et qui recommandent un ministre du Christ [25], telles que la loyauté, le souci continuel de la justice, la fidélité aux engagements, des manières polies, un langage à la fois modeste et charitable.

Dans la vie du séminaire, on doit considérer la discipline non seulement comme un auxiliaire efficace de la vie commune et de la charité, mais comme un élément nécessaire dans l'ensemble de la formation, pour acquérir la maîtrise de soi, une solide maturité personnelle et les autres traits de caractère qui sont très précieux pour l'activité fructueuse et bien ordonnée de l'Eglise. Mais que cette discipline s'exerce de façon à créer chez les séminaristes l'attitude intérieure qui leur fait admettre l'autorité des supérieurs à cause de leur conviction intime, de leur conscience (cf. *Rom.*, 13, 5) et des motifs surnaturels. D'autre part, la discipline doit être appliquée en fonction de l'âge des séminaristes, de façon qu'en apprenant peu à peu à se diriger eux-mêmes, ils s'habituent à user raisonnablement de leur liberté, à agir d'une façon spontanée et énergique [26], à collaborer avec leurs confrères et avec les laïcs.

Que toute l'atmosphère du séminaire, imprégnée d'amour de la piété et du silence, ainsi que du souci de s'entraider, soit orientée de façon à constituer comme une initiation à la vie que devra mener le prêtre.

---

25. Cf. Paul VI, lettre apost. *Summi Dei Verbum*, 4 nov. 1963: *AAS*, LV, 1963, p. 991.
26. Cf. Pie XII, exhortation apost. *Menti Nostrae*, loc. cit., p. 686.

12. [*Durée de la formation*]

Afin que la formation spirituelle s'appuie sur des principes plus fermes et que les séminaristes embrassent leur vocation en vertu d'un choix mûrement délibéré, les évêques auront à fixer le laps de temps qui convient pour une préparation spirituelle plus intense. Il leur appartiendra également de juger s'il est opportun d'interrompre les études pendant un certain temps ou d'organiser une formation pastorale adaptée, en vue de mieux assurer la probation des candidats au sacerdoce. Il appartiendra aussi aux évêques, selon les conditions de chaque région, de repousser la limite d'âge actuellement prescrite par le droit commun pour les ordres sacrés, ainsi que de décider s'il est opportun que les séminaristes, après la fin de leur théologie, exercent pendant le temps qu'il convient les fonctions de diacres, avant d'être appelés au sacerdoce.

V

LA RÉVISION DES ÉTUDES ECCLÉSIASTIQUES

13. [*Études de base*]

Avant que les séminaristes entreprennent les études ecclésiastiques proprement dites, qu'on leur fournisse le même bagage humaniste et scientifique qui ouvre aux jeunes gens de leur nation l'accès aux études supérieures; qu'ils acquièrent en outre une connaissance du latin leur permettant de comprendre et d'utiliser tant de sources scientifiques et de documents de l'Eglise [27]. On doit tenir pour nécessaire l'étude de la langue liturgique propre à chaque rite, et vivement encourager une connaissance convenable des langues de la Sainte Ecriture et de la Tradition.

14. [*Cours d'introduction aux études ecclésiastiques*]

La révision des études ecclésiastiques doit avant tout viser à ce que les disciplines philosophiques et théologiques soient mieux articulées ensemble et concourent harmonieusement à ouvrir toujours plus grand l'esprit des séminaristes au mystère du Christ, lequel marque toute l'histoire de l'humanité, ne cesse d'influer sur l'Eglise et agit principalement par le ministère des prêtres [28].

Pour donner cette vision aux séminaristes, dès le début de leur formation, les études ecclésiastiques devront commencer par un cours

---

27. Cf. Paul VI, lettre apost. *Summi Dei Verbum*, loc. cit., p. 993.
28. Cf. Conc. Vat. II, const. dogm. *De Ecclesia*, n. 7 et 28 *AAS*, LVII. 1965, pp. 9-11; 33 s. [pp. 23-26; 52-54].

d'introduction, lequel se prolongera pendant le temps nécessaire. Que cette initiation présente le mystère du salut de façon à montrer aux élèves le sens, le plan et la fin pastorale des études ecclésiastiques; de façon aussi à les aider à fonder sur la foi et à pénétrer de foi leur vie personnelle tout entière, ainsi qu'à les affermir dans leur vocation embrassée en faisant joyeusement le don d'eux-mêmes.

15. [*Études philosophiques*]

Qu'on enseigne les disciplines philosophiques de façon à imprimer aux séminaristes tout d'abord une connaissance ferme et cohérente de l'homme, du monde et de Dieu, en s'appuyant sur l'héritage de la *philosophia perennis* [29], en tenant compte également des recherches philosophiques plus récentes, notamment de celles qui exercent la plus grande influence dans chaque pays, ainsi que du progrès scientifique moderne. S'ils connaissent bien la mentalité de leur siècle, les séminaristes seront ainsi convenablement préparés au dialogue avec leurs contemporains [30].

L'histoire de la philosophie doit être enseignée de telle sorte que les séminaristes, après avoir pénétré les principes ultimes des différents systèmes, en retiennent ce qui, chez eux, s'avère être vrai, puissent détecter les racines des erreurs et les réfuter.

Que la façon même d'enseigner suscite chez les séminaristes l'amour de la vérité rigoureusement recherchée, observée et démontrée, et en même temps leur fasse prendre honnêtement conscience des limites de la connaissance humaine. Qu'on porte grande attention au lien unissant la philosophie avec les véritables problèmes de vie et avec les questions qui préoccupent les élèves; qu'on les aide à percevoir les liens existant entre les questions philosophiques et les mystères du salut que la théologie fait envisager à la lumière supérieure de la foi.

16. [*Études théologiques*]

Les disciplines théologiques doivent être enseignées à la lumière de la foi et sous la conduite du Magistère de l'Eglise [31], de telle

---

29. Cf. Pie XII, encycl. *Humani generis*, 12 août 1950: *AAS*, XLII, 1950, pp. 571-575.

30. Cf. Paul VI, encycl. *Ecclesiam suam*, 6 août 1964: *AAS*, LVI, 1964, p. 637 s.

31. Cf. Pie XII, encycl. *Humani generis*, 12 août 1950: *AAS*, XLII, 1950, pp. 567-569; allocution *Si diligis*, 31 mai 1954: *AAS*, XLVI, 1954, p. 314 s.; Paul VI, allocution aux étudiants de l'Université pontificale grégorienne, 12 mars 1964: *AAS*, LVI, 1964, p. 364 s.; Conc. du Vat. II, const. dogm. *De Ecclesia*, n. 25: *AAS* LVII, 1965, pp. 29-31 [pp. 47-49].

sorte que les séminaristes puisent avec grand soin la doctrine catholique dans la Révélation divine, la pénètrent profondément, en fassent l'aliment de leur propre vie spirituelle [32] et sachent l'annoncer, l'exposer et la défendre dans le ministère sacerdotal.

[a] *Écriture sainte*]

Les séminaristes doivent être formés avec un soin particulier à l'étude de l'Ecriture sainte, qui doit être comme l'âme de la théologie tout entière [33]; après une introduction appropriée, qu'on les initie soigneusement à la méthode exégétique, qu'on leur fasse bien voir les grands thèmes de la Révélation divine et qu'on leur fournisse encouragement et aliment pour la lecture et la méditation quotidienne des saints Livres [34].

[b] *Théologie dogmatique*]

Dans l'enseignement de la théologie dogmatique, on suivra l'ordre suivant: d'abord, on proposera les thèmes bibliques; on montrera ce qu'ont apporté, pour la fidèle transmission et l'explication de chacune des vérités révélées, les Pères de l'Eglise d'Orient et d'Occident, et on enseignera l'histoire ultérieure du dogme, sans perdre de vue sa relation avec l'histoire générale de l'Eglise [35]; ensuite, pour éclairer aussi pleinement que possible les mystères du salut, les séminaristes apprendront à les pénétrer plus profondément au moyen de la spéculation, sous la conduite de saint Thomas, et à découvrir leur lien

---

32. Cf. S. Bonaventure, *Itinerarium mentis in Deum*. Prol. n. 4: « (Que personne) ne croie que lui suffise la science sans l'onction, la spéculation sans la dévotion, la recherche sans l'admiration, la circonspection sans l'exultation, le travail sans la piété, la science sans la charité, l'intelligence sans l'humilité, le zèle sans la grâce divine, le reflet sans la science divinement inspirée » (S. Bonaventure, *Opera Omnia*, V. Quarracchi 1891, p. 296).

33. Cf. Léon XIII, encycl. *Providentissimus Deus*, 18 nov. 1893: *ASS*, XXVI, 1893-1894, p. 283.

34. Cf. Commission pontificale pour les études bibliques, *Instructio de Sacra Scriptura recte docenda*, 13 mai 1950: *AAS*, XLII, 1950, p. 502.

35. Cf. Pie XII, encycl. *Humani generis*, 12 août 1950: *AAS*, XLII, 1950, p.568 s.: « Par l'étude des sources, les sciences sacrées rajeunissent sans cesse tandis que la spéculation qui néglige de pousser au-delà de l'étude du dépôt révélé, l'expérience nous l'a appris, devient stérile ».

mutuel [36]; ils apprendront à reconnaître ces mystères toujours présents et agissants dans les actions liturgiques [37] et dans toute la vie de l'Eglise; ils apprendront ensuite à chercher la solution des problèmes humains à la lumière de la Révélation, à appliquer les vérités éternelles aux conditions changeantes de l'humanité et à les transmettre sous une forme adaptée à nos contemporains [38].

[c) *Autres disciplines théologiques*]

Les autres disciplines théologiques doivent de même être renouvelées par un contact plus vivant avec le mystère du Christ et l'histoire du salut. On apportera un soin particulier à l'enseignement de la théologie morale. L'exposé scientifique de cette matière devra être davantage nourri de la doctrine de la Sainte Ecriture. Il mettra en lumière la sublime vocation des fidèles dans le Christ et leur devoir de porter des fruits dans la charité pour la vie du·monde. De même, dans l'enseignement du droit canonique et de l'histoire de l'Eglise, on considérera le mystère de l'Eglise selon la constitution dogmatique *De Ecclesia* promulguée par le présent Concile. La sainte liturgie, qui doit être considérée comme la source première et nécessaire de l'esprit chrétien, devra être enseignée dans l'esprit des articles 15 et 16 de la constitution *De Sacra Liturgia* [39].

---

36. Cf. Pie XII, discours aux élèves des séminaires, 24 juin 1939: *AAS*, XXXI, 1939, p. 247: « En recommandant la doctrine de saint Thomas, on ne supprime pas l'émulation dans la recherche et dans la diffusion de la vérité, mais on la stimule plutôt et on la guide ». — Paul VI, allocution prononcée à l'Université pontificale grégorienne, le 12 mars 1964: *AAS*, LVI, 1964, p. 365: « (Les Maîtres)... porteront également une attention respectueuse à l'enseignement des Docteurs de l'Eglise, parmi lesquels saint Thomas tient la première place. Il y a en effet chez le Docteur angélique tant de puissante intelligence, tant de sincère amour de la vérité, tant de sagesse dans l'approfondissement, la présentation et la synthèse des plus hautes vérités, que sa doctrine est l'instrument le plus efficace, non seulement pour asseoir la foi sur les bases sûres, mais aussi pour percevoir d'une façon efficace et assurée les fruits d'un sain progrès ». — Cf. également Allocution devant le VIe Congrès thomiste international, 10 sept. 1965: *AAS*, LVII, 1965, pp. 788-792.

37. Cf. Conc. Vat. II, const. *De sacra Liturgia*, n. 7 et 16: *AAS*, LVI, 1964, pp. 100 s. et 104 s. [pp. 130-131, 134].

38. Cf. Paul VI, encycl. *Ecclesiam suam*, 6 août 1964: *AAS*, LVI, 1964, p. 640 s.

39. Conc. Vat. II, const. *De sacra Liturgia*, n. 10, 14, 15, 16; sacrée congrégation des Rites, *Instructio ad executionem Constitutionis de sacra Liturgia recte ordinandam*, 26 sept. 1964, n. 11 et 12: *AAS*, LVI, 1964, p. 879 s. [pp. 132, 133-134].

[d] *Connaissance des diverses Églises et religions*]

En tenant compte judicieusement des différentes conditions locales, on amènera les séminaristes à une meilleure connaissance des Eglises et des Communautés ecclésiales séparées du Siège apostolique romain, pour qu'ils puissent travailler à la restauration de l'unité entre tous les chrétiens, selon les prescriptions du présent Concile [40].

Qu'on les initie également à la connaissance des autres religions plus répandues dans telle ou telle région, pour mieux reconnaître ce que, par la Providence divine, elles possèdent de bon et de vrai, réfuter les erreurs et communiquer à ceux qui ne l'ont pas la pleine lumière de la vérité.

17. [*Orientation de cette formation doctrinale*]

Toutefois, la formation doctrinale ne doit pas tendre à une pure transmission de concepts, mais à une véritable éducation intérieure des séminaristes. Aussi devra-t-on reconsidérer les méthodes d'enseignement en ce qui concerne les cours, les discussions et les exercices, et on encouragera le travail des séminaristes en privé ou en petits groupes. On veillera attentivement à l'unité et à la solidité de toute la formation, en évitant de multiplier outre mesure les matières et les heures de cours, également en laissant de côté les questions qui n'ont plus guère d'importance ou qui doivent être renvoyées aux études universitaires supérieures.

18. [*Formation scientifique spéciale dans certains cas*]

Aux évêques incombe le soin d'envoyer dans des Instituts particuliers, facultés ou universités, les jeunes ayant les aptitudes voulues d'intelligence, de vertu et de caractère, afin de préparer, dans les sciences sacrées — mais aussi dans les autres sciences où cela paraîtra nécessaire — des prêtres qui auront une formation scientifique approfondie et pourront répondre aux diverses exigences de l'apostolat; mais qu'on ne néglige nullement leur formation spirituelle et pastorale, surtout s'ils ne sont pas encore revêtus du sacerdoce.

---

40. Cf. Conc. Vat. II, décret *De Oecumenismo*, n. 1, 9, 10: *AAS*, LVII, 1965, pp. 90 et 98 s. [pp. 497-498, 507].

VI

LE DÉVELOPPEMENT DE LA FORMATION
PASTORALE PROPREMENT DITE

19. [*Préparation aux tâches du ministère*]

Le souci pastoral qui doit informer toute la formation des séminaristes [41] exige aussi qu'ils reçoivent une préparation en ce qui concerne spécialement le ministère, notamment la catéchèse et la prédication, le culte liturgique et l'administration des sacrements, les œuvres de charité, le devoir d'aller au-devant de ceux qui sont dans l'erreur ou l'incroyance, et les autres fonctions pastorales. Ils devront également recevoir une formation soignée en ce qui concerne la direction spirituelle, par laquelle ils peuvent former tous les fils de l'Eglise d'abord à une vie chrétienne pleinement consciente et apostolique, et aussi à l'accomplissement de leur devoir d'état. Avec le même soin, on doit leur apprendre à aider les religieux et les religieuses à persévérer dans la grâce de leur vocation propre et à progresser selon l'esprit des différents instituts [42].

Que donc, d'une manière générale, on développe chez les séminaristes les aptitudes voulues qui favorisent grandement le dialogue avec les hommes, telles que la capacité d'écouter les autres et de s'ouvrir, en esprit de charité, aux diverses situations humaines [43].

---

41. L'image parfaite du pasteur peut se déduire des documents des Pontifes les plus récents qui traitent précisément de la vie, des qualités et de la formation des prêtres, particulièrement: S. Pie X, exhortation au clergé *Haerent animo*, S. Pii X, Acta IV, p. 237 s. — Pie XI, encycl. *Ad Catholici Sacerdotii: AAS*, XXVIII, 1936, p. 5 s. — Pie XII, exhortation apost. *Menti Nostrae: AAS*, XLII, 1950, p. 657 s. — Jean XXIII, encyclique *Sacerdotii Nostri primordia: AAS*, LI, 1959, p. 545 s. — Paul VI, lettre apost. *Summi Dei Verbum: AAS*, LV, 1963, p. 979 s.

On trouve également beaucoup d'éléments sur la formation pastorale dans l'encycl. *Mystici Corporis*, 1943; *Mediator Dei*, 1947; *Evangelii praecones*, 1951; *Sacra Virginitas*, 1954; *Musicae sacrae disciplina*, 1955; *Princeps Pastorum*, 1959; également dans la const. apost. *Sedes Sapientiae*, 1956, pour les religieux.

Pie XII, Jean XXIII et Paul VI ont aussi présenté le modèle du bon pasteur à plusieurs reprises dans leurs allocutions à des séminaristes et à des prêtres.

42. Sur l'importance de l'état qui résulte de la profession des conseils évangéliques, cf. Conc. du Vat. II, const. dogm. *De Ecclesia*, chap. VI: *AAS*, LVII, 1965, pp. 49-53 [pp. 72-76]; décret *De accommodata renovatione vitae religiosae* [pp. 373 ss].

43. Paul VI, encycl. *Ecclesiam suam*, 6 août 1964: *AAS*, LVI, 1964, *passim*, surtout pp. 635 s. et 640 s.

20. [*Ouverture au monde extérieur*]

Qu'on leur apprenne aussi à user des moyens que peuvent fournir les sciences pédagogiques, psychologiques ou sociologiques [44], selon les bonnes méthodes et les directives de l'autorité ecclésiastique. Qu'on les forme également avec grand soin à susciter et soutenir l'action apostolique des laïcs [45], et promouvoir des formes diverses et plus efficaces d'apostolat; qu'ils soient imprégnés d'un esprit vraiment catholique qui les habitue à transcender les frontières de leur diocèse, pays ou rite particulier, pour subvenir aux besoins de toute l'Eglise, en étant disposé à prêcher l'Evangile partout [46].

21. [*Pratique de l'apostolat*]

Mais il ne suffit pas aux séminaristes de s'exercer de façon théorique à l'art de l'apostolat, ils ont encore besoin de l'apprendre pratiquement et de pouvoir agir en prenant leurs propres responsabilités et en collaboration. Aussi, déjà pendant leurs études, ainsi que pendant les vacances, doivent-ils s'initier à la pratique de l'apostolat par des activités bien choisies. Ces activités doivent cependant correspondre à leur âge et aux conditions locales, selon le jugement prudent des évêques; elles doivent être exercées méthodiquement, sous la conduite de personnes ayant une grande expérience pastorale, en leur rappelant toujours l'efficacité prépondérante des moyens surnaturels [47].

VII

LE COMPLÉMENT DE FORMATION
APRÈS L'ACHÈVEMENT DU CYCLE D'ÉTUDES

22. La formation sacerdotale, surtout dans les conditions de la société actuelle, doit encore se poursuivre et se compléter après

---

44. Cf. surtout Jean XXIII, encycl. *Mater et Magistra*, 15 mai 1961: *AAS*, LIII, 1961, p. 401 s.

45. Cf. principalement Conc. du Vat. II, const. dogm. *De Ecclesia*, n. 33: *AAS*, LVII, 1965, p. 39 [pp. 58-59].

46. Cf. Conc. du Vat. II, const. dogm. *De Ecclesia*, n. 17: *AAS*, LVII, 1965, p. 20 s. [pp. 37-38].

47. De nombreux documents pontificaux mettent en garde contre le danger, dans l'action pastorale, de négliger la fin surnaturelle et de faire peu de cas, au moins en pratique, des secours surnaturels; cf. surtout les documents cités dans la note 41.

l'achèvement du cycle d'études dans les séminaires [48]. Il appartiendra pour cela aux conférences épiscopales d'appliquer dans chaque pays les moyens les plus adaptés, tels que des Instituts de pastorale coopérant avec des paroisses judicieusement choisies, des sessions organisées à date fixe, des exercices appropriés aidant le jeune clergé à s'insérer progressivement dans la vie sacerdotale et l'action apostolique, sous l'aspect spirituel, intellectuel et pastoral, et à renouveler et développer toujours davantage cette vie et cette action.

CONCLUSION

Poursuivant l'œuvre entreprise par le Concile de Trente et mettant leur confiance dans les directeurs et professeurs des séminaires, qu'ils chargent de former les futurs prêtres du Christ dans l'esprit du renouveau voulu par ce saint Concile, les Pères exhortent vivement ceux qui se préparent au ministère sacerdotal à bien se convaincre que l'espoir de l'Eglise et le salut des âmes reposent entre leurs mains, et à recevoir avec joie les normes posées par le présent décret, afin de porter des fruits abondants et impérissables.

Tout l'ensemble et chacun des points qui sont édictés dans ce Décret ont plu aux Pères du saint Concile. Et Nous, en vertu du pouvoir apostolique que le Christ Nous a confié, avec les vénérables Pères, Nous les approuvons, décrétons et arrêtons dans le Saint-Esprit, et Nous ordonnons que, pour la gloire de Dieu, ce qui a été ainsi établi en Concile soit promulgué.

Rome, près Saint-Pierre, le 28 octobre 1965.

Moi, PAUL,
Évêque de l'Église catholique.

Suivent les signatures des Pères.

---

48. Les plus récents documents du Saint-Siège insistent sur le soin particulier qu'on doit prendre des nouveaux prêtres. Il faut rappeler surtout:

Pie XII, *Motu proprio « Quandoquidem »*, 2 avril 1949: *AAS*, XLI, 1949, pp. 165-167; exhortation apost. *Menti Nostrae*, 23 sept. 1950: *AAS*, XLII, 1950; constitution apostolique (pour les religieux) *Sedes Sapientiae*, 31 mai 1956 et les statuts généraux annexes; allocution à des prêtres de la maison de pastorale de Barcelone, 14 juin 1957, *Discorsi e Radiomessaggi*, XIX, pp. 271-273. — Paul VI, allocution à des prêtres de l'institut *Gian Matteo Giberti*, du diocèse de Vé   .i mars 1964: *L'Osservatore Romano*, 13 mars 1964.

LA VIE RELIGIEUSE
Adaptation et rénovation

Décret "de Accommodata Renovatione
Vitae religiosae" ("Perfectae caritatis")
promulgué le 28 octobre 1965

**TRADUCTION NON OFFICIELLE COMMUNIQUÉE PAR
LE SECRÉTARIAT
DE LA COMMISSION CONCILIAIRE DES RELIGIEUX
ET PUBLIÉE PAR**
« L'OSSERVATORE ROMANO » (Édition française)
LE 5 NOVEMBRE 1965

Texte latin dans les
« Acta Apostolicae Sedis » 58 (1966) p. 702-712
et dans les
« Constitutiones, Decreta, Declarationes » p. 333-353

PLAN
du Décret

DÉCRET « *PERFECTAE CARITATIS* »

PAUL, ÉVÊQUE,
SERVITEUR
DES SERVITEURS DE DIEU,
AVEC LES PÈRES DU SAINT CONCILE,
POUR QUE LE SOUVENIR
S'EN MAINTIENNE À JAMAIS.

1. [*Introduction*]

DANS la Constitution « Lumen gentium », le Concile a précédemment montré que la recherche de la charité parfaite par les conseils évangéliques a sa source dans la doctrine et l'exemple du Divin Maître et apparaît comme un signe éclatant du Royaume de Dieu. Maintenant, il se propose de traiter de la vie et de la discipline des Instituts dont les membres font profession de chasteté, de pauvreté et d'obéissance, et de pourvoir à leurs besoins, selon les exigences de l'époque actuelle.

Dès les origines de l'Eglise, il y eut des hommes et des femmes qui voulurent, par la pratique des conseils évangéliques, suivre plus librement le Christ et l'imiter plus fidèlement et qui, chacun à sa manière, menèrent une vie consacrée à Dieu. Beaucoup parmi eux, sous l'impulsion de l'Esprit-Saint, vécurent dans la solitude, ou bien fondèrent des familles religieuses que l'Eglise accueillit volontiers et approuva de son autorité. A partir de là se développa providentiellement une admirable variété de sociétés religieuses qui contribuèrent beaucoup à ce que l'Eglise non seulement fût apte à toute bonne œuvre[1] et prête à remplir toute activité de son ministère en vue de l'édification du Corps du Christ[2], mais encore apparût embellie des dons variés de ses enfants comme une épouse parée pour son époux[3],

---

1. Cf. *2 Tim.* 3, 17.
2. Cf. *Eph.* 4, 12.
3. Cf. *Apoc.* 21, 2.

et que par elle fussent manifestées les ressources multiples de la sagesse de Dieu [4].

Dans une telle variété de dons, tous ceux que Dieu appelle à la pratique des conseils évangéliques et qui en font profession, se vouent au Seigneur de façon spéciale en suivant le Christ chaste et pauvre [5], qui par son obéissance jusqu'à la mort de la croix [6] a racheté les hommes et les a sanctifiés. Poussés dans cette voie par la charité que l'Esprit-Saint répand dans leurs cœurs [7], ils vivent toujours davantage pour le Christ et pour son Corps qui est l'Eglise [8]. C'est pourquoi, plus fervente est leur union au Christ par cette donation d'eux-mêmes qui embrasse toute leur existence, plus riche est la vie de l'Eglise et plus fécond son apostolat.

Mais pour que l'Eglise, dans les circonstances présentes, profite davantage de l'excellence de la vie consacrée par la profession des conseils évangéliques et de son rôle nécessaire, le Concile a statué ce qui suit et qui concerne seulement les principes généraux de la rénovation adaptée de la vie et de la discipline des Instituts religieux, et, compte tenu de leur caractère propre, des Sociétés de vie commune sans vœux, et des Instituts séculiers. Les normes particulières de la mise en œuvre et de l'application de ces principes généraux devront être établies après le Concile par l'autorité compétente.

2. [*Principes généraux d'une rénovation adaptée*]

La rénovation adaptée de la vie religieuse comprend à la fois le retour continu aux sources de toute vie chrétienne ainsi qu'à l'inspiration originelle des Instituts et, d'autre part, la correspondance de ceux-ci aux conditions nouvelles d'existence. Une telle rénovation doit s'accomplir, sous l'impulsion de l'Esprit-Saint et la direction de l'Eglise, selon les principes suivants:

a) la norme ultime de la vie religieuse étant de suivre le Christ selon l'enseignement de l'Evangile, cela doit être tenu par tous les Instituts comme leur règle suprême.

b) Le bien même de l'Eglise demande que les Instituts aient leur caractère et leur fonction propres. C'est pourquoi on mettra en pleine lumière et on maintiendra fidèlement l'esprit des Fondateurs et leurs

---

4. Cf. *Eph.* 3, 10.
5. Cf. *Matt.* 8, 20; *Lc* 9, 58.
6. Cf. *Phil.* 2, 8.
7. Cf. *Rom.* 5, 5.
8. Cf. *Col.* 1, 24.

intentions spécifiques de même que les saines traditions, l'ensemble constituant le patrimoine de chaque Institut.

c) Tout Institut doit communier à la vie de l'Eglise et, tenant compte de son caractère propre, faire siennes et favoriser de tout son pouvoir ses initiatives et ses intentions; ainsi dans le domaine biblique, liturgique, dogmatique, pastoral, œcuménique, missionnaire et social.

d) Les Instituts doivent promouvoir chez leurs membres une suffisante information de la condition humaine à leur époque et des besoins de l'Eglise, de sorte que, discernant avec sagesse, à la lumière de la foi, les traits particuliers du monde d'aujourd'hui et brûlants de zèle apostolique, ils soient à même de porter aux hommes un secours plus efficace.

e) Comme la vie religieuse est ordonnée avant tout à ce que ses adeptes suivent le Christ et s'unissent à Dieu par la profession des conseils évangéliques, il faut bien voir que les meilleures adaptations aux exigences de notre temps ne produiront leur effet qu'animées par une rénovation spirituelle. A celle-ci on doit toujours attribuer le rôle principal même dans le développement des activités extérieures.

3. [*Critères pratiques de rénovation adaptée*]

L'organisation de la vie, de la prière et de l'activité doit être convenablement adaptée aux conditions physiques et psychiques actuelles des religieux et aussi, dans la mesure où le requiert le caractère de chaque Institut, aux besoins de l'apostolat, aux exigences de la culture, aux circonstances sociales et économiques; cela en tout lieu, mais particulièrement dans les pays de mission.

D'après les mêmes critères, on soumettra aussi à l'examen le système de gouvernement des Instituts.

Il faut donc réviser convenablement les Constitutions, les « directoires », les coutumiers, les livres de prières, de cérémonies et autres recueils du même genre, supprimant ce qui est désuet et se conformant aux documents du Concile.

4. [*Ceux qui doivent mener à bien cette rénovation adaptée*]

Une rénovation efficace et une juste adaptation ne peuvent s'obtenir qu'avec le concours de tous les membres de l'Institut.

Mais fixer les normes et légiférer dans ce but, ou admettre une expérience suffisante et prudente, relève uniquement de l'autorité compétente, notamment des chapitres généraux, avec l'approbation si c'est nécessaire du Saint-Siège ou de l'Ordinaire du lieu, aux termes du droit. De leur côté, les Supérieurs devront, s'il s'agit de questions intéressant tout l'Institut, en consulter les membres de manière opportune et entendre leur avis.

Pour ce qui concerne la rénovation adaptée des monastères de moniales, on pourra recueillir également les vœux et les avis des assemblées des Fédérations ou d'autres réunions légitimement convoquées.

Cependant, l'on se souviendra que l'espoir d'une rénovation doit être mis dans une observance plus consciencieuse de la règle et des constitutions, plutôt que dans la multiplicité des lois.

5. [*Éléments communs à toutes les formes de vie religieuse*]

Les membres de tout Institut se rappelleront principalement que par la profession des conseils évangéliques ils ont répondu à une vocation divine de sorte que, non seulement morts au péché [9] mais encore renonçant au monde, ils ne vivent que pour Dieu seul. Ils ont en effet dédié entièrement leur vie à son service; et ceci constitue précisément une consécration particulière qui s'enracine intimement dans la consécration du baptême et l'exprime avec plus de plénitude.

Comme cette donation d'eux-mêmes a été acceptée par l'Eglise, qu'ils se sachent également liés à son service.

Ce service de Dieu doit exiger et favoriser en eux l'exercice des vertus, surtout de l'humilité et de l'obéissance, de la force et de la chasteté, qui les rendent participants de l'anéantissement du Christ [10] et en même temps de sa vie dans l'Esprit [11].

Que les religieux donc, fidèles à leur profession, abandonnant tout pour le Christ [12], le suivent Lui comme l'unique nécessaire [13], écoutant ses paroles [14], occupés de ce qui le concerne [15].

C'est pourquoi, il faut que les membres de tout Institut, ne cherchant avant tout que Dieu seul, unissent la contemplation par laquel-

---

9. Cf. *Rom.* 6, 11.
10. Cf. *Phil.* 2, 7-8.
11. Cf. *Rom.* 8, 1-13.
12. Cf. *Mc* 10, 28.
13. Cf. *Lc* 10, 42; *Matt.* 19, 21.
14. Cf. *Lc* 10, 39.
15. Cf. *I Cor.* 7, 32.

le ils adhèrent à Lui de cœur et d'esprit, et l'amour apostolique qui s'efforce de s'associer à l'œuvre de la Rédemption et d'étendre le royaume de Dieu.

6. [*Primauté de la vie spirituelle*]

Que ceux qui professent les conseils évangéliques cherchent Dieu et l'aiment avant tout, Lui qui nous a aimés le premier [16], et qu'en toutes circonstances ils s'appliquent à se tenir dans la vie cachée en Dieu avec le Christ [17], d'où s'épanche et se fait pressante la dilection du prochain pour le salut du monde et l'édification de l'Eglise. Par cette charité aussi est vivifiée et commandée la pratique elle-même des conseils évangéliques.

En conséquence, les religieux cultiveront avec un soin constant l'esprit d'oraison et l'oraison elle-même, puisant aux vraies sources de la spiritualité chrétienne. Tout d'abord, que chaque jour la Sainte Ecriture soit en leurs mains pour retirer de sa lecture et de sa méditation « l'éminente science de Jésus-Christ » [18]. Ils célébreront la sainte Liturgie, surtout le Mystère de la Très Sainte Eucharistie, priant selon l'esprit de l'Eglise du cœur et des lèvres, et ils alimenteront leur vie spirituelle à cette source inépuisable.

Restaurés ainsi à la table de la Loi divine et du saint autel, qu'ils aiment fraternellement les membres du Christ, qu'ils aient pour les pasteurs révérence et dilection dans un esprit filial, qu'ils vivent et pensent toujours plus avec l'Eglise et se consacrent totalement à sa mission.

7. [*Les Instituts intégralement ordonnés à la contemplation*]

Les Instituts intégralement ordonnés à la contemplation, en sorte que leurs membres vaquent uniquement aux choses de Dieu dans la solitude et le silence, dans la prière assidue et une joyeuse pénitence, conservent toujours, si urgente que soit la nécessité d'un apostolat actif, une place de choix dans le Corps mystique du Christ dont « les membres n'ont pas tous la même fonction » [19]. Ils offrent en effet à Dieu un sacrifice éminent de louange; ils illustrent le peuple de Dieu par des fruits abondants de sainteté, ils l'entraînent par leur exemple et procurent son accroissement par une secrète fécondité apostolique. Ils sont ainsi l'honneur de l'Eglise et une source de grâces célestes.

---

16. *1 Jn* 4, 10.
17. Cf. *Col.* 3, 3.
18. *Phil.* 3, 8.
19. *Rom.* 12, 4.

Cependant, leur genre de vie doit être revu d'après les principes et les critères susdits de rénovation adaptée, mais en conservant inviolablement leur séparation du monde et les exercices propres à la vie contemplative.

8. [*Les Instituts voués à la vie apostolique*]

Très nombreux sont dans l'Eglise les Instituts cléricaux ou laïcs voués aux diverses œuvres d'apostolat. Ils sont pourvus de dons différents selon la grâce qui leur a été donnée: le service en servant, l'enseignement en enseignant, l'exhortation en exhortant, le don sans calcul, la miséricorde rayonnante de joie [20]. « Il y a diversité de dons spirituels, mais c'est le même esprit » [21].

Dans ces Instituts, à la nature même de la vie religieuse appartient l'action apostolique et bienfaisante, comme un saint ministère et une œuvre spécifique de charité à eux confiés par l'Eglise pour être exercés en son nom. C'est pourquoi toute la vie religieuse de leurs membres doit être pénétrée d'esprit apostolique et toute l'action apostolique doit être animée par l'esprit religieux. Si donc les sujets veulent répondre avant tout à leur vocation de suivre le Christ et servir le Christ Lui-même dans ses membres, il faut que leur activité apostolique dérive de leur union intime avec Lui. De là résulte un accroissement de la charité elle-même envers Dieu et le prochain.

Ces Instituts doivent donc adapter judicieusement leurs observances et usages aux nécessités de l'apostolat qui leur incombe. Mais comme la vie religieuse consacrée aux œuvres apostoliques revêt des formes multiples, il faut que sa rénovation adaptée tienne compte d'une telle diversité et que, dans les différents Instituts, la vie des religieux au service du Christ soit soutenue par les moyens qui leur sont propres et leur conviennent.

9. [*Maintien de la vie monastique et conventuelle*]

Que l'on conserve fidèlement et que l'on fasse toujours mieux ressortir dans son véritable esprit, tant en Orient qu'en Occident, la vénérable institution monastique qui, tout au long des siècles, a si bien mérité de l'Eglise et de la société. Le principal office des moines est l'humble et noble service de la divine Majesté dans l'enceinte du monastère, soit qu'ils se consacrent entièrement dans une vie cachée au culte divin, soit que légitimement ils prennent en charge quelque œuvre d'apostolat ou de charité chrétienne. Sauve-

---

20. Cf. *Rom.* 12, 5-8.
21. *I Cor.* 12, 4.

gardant donc leur caractère propre, qu'ils renouvellent leurs antiques traditions de bienfaisance et les adaptent aux besoins actuels des âmes de sorte que les monastères soient comme des centres vivants de l'édification du peuple chrétien.

De même les sociétés religieuses qui, de par leur règle ou leur institution, associent intimement la vie apostolique à l'office choral et aux observances monastiques, harmoniseront leur genre de vie avec les exigences de l'apostolat qui leur convient de façon à conserver fidèlement leur forme de vie pour le plus grand bien de l'Eglise.

10. [*La vie religieuse laïque*]

La vie religieuse laïque, qu'il s'agisse des hommes ou des femmes, constitue en soi un état complet de la profession des conseils évangéliques. Cette vie si utile à la charge pastorale de l'Eglise dans l'éducation de la jeunesse, le soin des malades et d'autres formes d'apostolat, le Concile la tient en grande considération, confirme ses sujets dans leur vocation et les exhorte à adapter leur vie aux exigences du monde actuel.

Le Concile déclare que dans les Instituts de Frères rien n'empêche que, de par une disposition du Chapitre Général, étant fermement maintenu le caractère laïc de ces Instituts, quelques membres reçoivent les ordres sacrés pour subvenir aux besoins du ministère sacerdotal dans leurs maisons.

11. [*Les Instituts séculiers*]

Les Instituts séculiers, bien qu'ils ne soient pas des Instituts religieux, comportent cependant une profession véritable et complète des conseils évangéliques dans le monde, reconnue comme telle par l'Eglise. Cette profession confère une consécration à des hommes et à des femmes, à des laïques et à des clercs vivant dans le monde. Par conséquent, il faut qu'ils tendent avant tout à se donner entièrement à Dieu dans la charité parfaite et que leurs Instituts gardent le caractère séculier qui leur est propre et spécifique afin de pouvoir exercer partout et efficacement l'apostolat dans le monde et comme du sein du monde, apostolat pour lequel ils ont été créés.

Qu'ils sachent bien cependant qu'ils ne pourront accomplir cette tâche que si les membres reçoivent une solide formation dans les choses divines et humaines afin d'être vraiment dans le monde un levain pour la vigueur et l'accroissement du Corps du Christ. Que les Supérieurs veillent donc sérieusement à ce qu'une formation, surtout spirituelle, leur soit donnée et se poursuive ultérieurement.

12. [*La chasteté*]

La chasteté « pour le royaume des cieux » [22], dont les religieux font profession, doit être regardée comme un grand don de la grâce. Elle libère singulièrement le cœur de l'homme [23] pour qu'il brûle de l'amour de Dieu et de tous les hommes; c'est pourquoi elle est un signe particulier des biens célestes, ainsi qu'un moyen très efficace pour les religieux de se consacrer sans réserve au service divin et aux œuvres de l'apostolat. Ils évoquent ainsi aux yeux de tous les fidèles cette admirable union établie par Dieu et qui doit être pleinement manifestée dans le siècle futur, par laquelle l'Eglise a le Christ comme unique Epoux.

Que les religieux donc, soucieux de la fidélité à leur profession, croient aux paroles du Seigneur et, confiants dans le secours de Dieu, qu'ils ne présument pas de leurs forces et pratiquent la mortification et la garde des sens. Qu'ils ne négligent pas non plus les moyens naturels propices à la santé de l'âme et du corps. De cette façon, ils ne se laisseront pas émouvoir par les fausses théories qui présentent la continence parfaite comme impossible ou nuisible à l'épanouissement humain; et, comme par un instinct spirituel, ils repousseront tout ce qui peut mettre en péril la chasteté. Tous se rappelleront, surtout les Supérieurs, que cette vertu se garde plus facilement lorsqu'il y a entre les sujets une véritable charité fraternelle dans la vie commune.

Etant donné que l'observance de la continence parfaite intéresse intimement des inclinations particulièrement profondes de la nature humaine, les candidats à la profession de la chasteté ne doivent s'y décider ou y être admis qu'après une probation vraiment suffisante et s'ils ont la maturité psychologique et affective nécessaires. On ne se contentera pas de les prévenir des dangers qui menacent cette vertu, mais on les formera de manière qu'ils assument le célibat consacré à Dieu en l'intégrant au développement de leur personnalité.

13. [*La pauvreté*]

La pauvreté volontaire en vue de suivre le Christ, ce dont elle est un signe particulièrement mis en valeur de nos jours, doit être pratiquée soigneusement par les religieux et même, au besoin, s'exprimer sous des formes nouvelles. Par elle, on devient parti-

---

22. Cf. *Matth*. 19, 12.
23. Cf. *I Cor*. 7, 32-35.

cipant de la pauvreté du Christ qui s'est fait indigent à cause de nous, alors qu'il était riche, afin de nous enrichir par son dépouillement [24].

Pour ce qui est de la pauvreté religieuse, il ne suffit pas seulement de dépendre des supérieurs dans l'usage des biens, mais il faut que les religieux soient pauvres effectivement et en esprit, ayant leur trésor dans le ciel [25].

Que chacun d'eux, dans sa tâche, se sente astreint à la loi commune du travail et, tout en se procurant ainsi le nécessaire pour leur entretien et leurs œuvres, qu'ils rejettent tout souci excessif et se confient à la Providence du Père des cieux [26].

Les congrégations religieuses peuvent permettre par leurs constitutions que les sujets renoncent à leurs biens patrimoniaux présents ou à venir.

Les Instituts eux-mêmes s'efforceront, compte tenu de la diversité des lieux, de fournir en quelque sorte un témoignage collectif de pauvreté; volontiers ils prendront de leurs biens pour subvenir aux autres besoins de l'Eglise et soutenir les indigents que tous les religieux doivent aimer dans le cœur du Christ [27]. Les provinces et les maisons des Instituts doivent partager les unes avec les autres leurs biens matériels, les plus aisées secourant les plus démunies.

Bien que les Instituts, sauf dispositions contraires des règles et constitutions, aient le droit de posséder tout ce qui est nécessaire à la vie matérielle et aux œuvres, ils doivent néanmoins éviter tout luxe, tout gain immodéré ou cumul de biens.

14. [*L'obéissance*]

Par la profession d'obéissance, les religieux font l'offrande totale de leur propre volonté, comme un sacrifice d'eux-mêmes à Dieu, et par là ils s'unissent plus fermement et plus sûrement à sa volonté de salut. A l'exemple du Christ qui est venu pour faire la volonté du Père [28] et, « prenant la forme d'esclave » [29], a appris en souffrant l'obéissance [30], les religieux, sous la motion de l'Esprit-

---

24. Cf. *II Cor.* 8, 9; *Matth.* 8, 20.
25. *Matth.* 6, 20.
26. Cf. *Matth.* 6, 25.
27. Cf. *Matth.* 19, 21; 25, 34-46; *Jac.* 2, 15-16; *I Jn* 3, 17.
28. Cf. *Jn* 4, 34; 5, 30; *Héb.* 10, 7; *Ps.* 39, 9.
29. *Phil.* 2, 7.
30. Cf. *Héb.* 5, 8.

Saint, se soumettent dans la foi à leurs Supérieurs, représentants de Dieu, et sont guidés par eux au service de tous leurs frères dans le Christ comme le Christ lui-même qui, à cause de sa soumission au Père, s'est fait serviteur de ses frères et a donné sa vie pour la rédemption de la multitude [31]. Ils sont liés ainsi plus étroitement au service de l'Eglise et tendent à parvenir à la mesure de l'âge de la plénitude du Christ [32].

Que les religieux donc se soumettent avec révérence et humilité à leurs Supérieurs, selon la règle et les Constitutions, en esprit de foi et d'amour envers la volonté de Dieu, apportant les forces de leur intelligence et de leur volonté, tous les dons de la grâce et de la nature à l'accomplissement des ordres et à l'exécution des tâches qui leur sont confiées, dans la certitude qu'ils travaillent à l'édification du Corps du Christ selon le dessein de Dieu. Ainsi l'obéissance religieuse, loin de diminuer la dignité de la personne humaine, la conduit à la maturité en faisant grandir la liberté des enfants de Dieu.

Quant aux Supérieurs, responsables des âmes confiées à leur soin [33], dociles à la volonté de Dieu dans l'accomplissement de leur charge, ils exerceront l'autorité dans un esprit de service pour leurs frères, de manière à exprimer l'amour que le Seigneur a pour eux. Qu'ils gouvernent comme des enfants de Dieu ceux qui leur sont soumis, avec le respect dû à la personne humaine et suscitant leur soumission volontaire. Ils leur laisseront, notamment quant au sacrement de Pénitence et à la direction spirituelle, une juste liberté. Ils amèneront leurs subordonnés à collaborer par une obéissance responsable et active dans les tâches à accomplir et les initiatives à prendre. Ils les écouteront donc volontiers, ils stimuleront leur effort commun pour le bien de l'Institut et de l'Eglise, se réservant néanmoins fermement le droit de décider et de commander ce qui est à faire.

Les Chapitres et les Conseils rempliront fidèlement la fonction qui leur est dévolue dans le gouvernement; que ces organes. chacun à sa manière, expriment la participation et l'intérêt de tous les membres au bien de toute la communauté.

---

31. Cf. *Matth.* 20, 28: *Jn* 10. 14-18.
32. Cf. *Eph.* 4. 13.
33. Cf. *Héb.* 13. 17.

15. [*La vie commune*]

La vie à mener en commun doit persévérer dans la prière et la communion d'un même esprit, nourrie de la doctrine évangélique, de la Sainte Liturgie et surtout de l'Eucharistie [34], à l'exemple de la primitive Eglise dans laquelle la multitude des fidèles n'avait qu'un cœur et qu'une âme[35]. Membres du Christ, les religieux se préviendront d'égards mutuels, dans une vie de fraternité [36], portant les fardeaux les uns des autres [37]. Dès lors en effet que la charité de Dieu est répandue dans les cœurs par l'Esprit-Saint [38], la communauté, telle une vraie famille réunie au nom du Seigneur, jouit de sa présence [39]. La charité est la plénitude de la loi [40] et le lien de la perfection [41], et par elle nous savons que nous sommes passés de la mort à la vie [42]. En outre, l'unité des frères manifeste que le Christ est venu [43], et il en découle une puissante vertu apostolique.

Afin que soit plus intime entre les membres le lien de la fraternité, on associera étroitement à la vie et aux œuvres de la communauté ceux que l'on appelle « convers », « coadjuteurs » ou d'autres noms. A moins que les circonstances n'invitent vraiment à procéder d'une autre manière, il faut tendre à ce que dans les Instituts féminins on en arrive à une seule catégorie de sœurs. En ce cas, l'on maintiendra seulement entre les personnes la diversité exigée par les œuvres différentes auxquelles les religieuses sont destinées soit par une vocation spéciale de Dieu, soit par des aptitudes particulières.

Quant aux Instituts ou monastères d'hommes qui ne sont pas purement laïques, ils peuvent, selon leur caractère propre, et comme le détermineront les constitutions, accepter des clercs et des laïques, au même titre, avec les mêmes droits et les mêmes obligations, sauf ce qui découle des ordres sacrés.

---

34. Cf. *Act.* 2, 42.
35. Cf. *Act.* 4, 32.
36. Cf. *Rom.* 12, 10.
37. Cf. *Gal.* 6, 2.
38. Cf. *Rom.* 5, 5.
39. Cf. *Matth.* 18, 20.
40. Cf. *Rom.* 13, 10.
41. Cf. *Col.* 3, 14.
42. Cf. *I Jn* 3, 14.
43. Cf. *Jn* 13, 35; 17, 21

16. [*La clôture des moniales*]

La clôture papale pour les moniales de vie uniquement contemplative sera fermement maintenue, mais on l'adaptera aux circonstances de temps et de lieux, supprimant les usages périmés, après avoir entendu les vœux des monastères eux-mêmes.

Quant aux autres moniales qui s'adonnent par institution à des œuvres extérieures d'apostolat, elles seront exemptées de la clôture papale pour qu'elles puissent mieux accomplir les tâches apostoliques qui leur sont confiées; elles garderont cependant une clôture fixée par leurs constitutions.

17. [*L'habit religieux*]

L'habit religieux, signe de la consécration à Dieu, doit être simple et modeste, à la fois pauvre et décent, adapté aux exigences de la santé et accommodé aux circonstances de temps et de lieux ainsi qu'aux besoins de l'apostolat. On modifiera l'habit soit masculin soit féminin qui ne correspond pas à ces normes.

18. [*La formation des sujets*]

La rénovation adaptée des Instituts dépend surtout de la formation de leurs membres. C'est pourquoi il ne faut pas affecter immédiatement aux œuvres apostoliques dès leur sortie du noviciat les sujets non clercs et les religieuses, mais on poursuivra dans des maisons bien équipées à cet effet, leur formation spirituelle, apostolique, doctrinale et technique, en prévoyant même l'obtention de diplômes appropriés.

Mais pour que l'adaptation de la vie religieuse aux besoins de notre temps ne soit pas purement extérieure et pour que ceux qui s'adonnent par état à un apostolat externe ne soient pas inférieurs à leur tâche, il faut leur donner, selon leur capacité intellectuelle et leur caractère personnel, une connaissance suffisante des règles en vigueur ainsi que des manières de voir et de penser dans la vie sociale actuelle. Par une fusion harmonieuse de ces éléments, la formation doit se faire de telle sorte qu'elle aboutisse chez le religieux à l'unité de vie.

Tout au long de leur existence, les sujets devront chercher à parfaire soigneusement cette culture spirituelle, doctrinale et technique et, dans la mesure du possible, les Supérieurs leur en procureront l'occasion, les moyens et le temps nécessaires.

De même, les Supérieurs ont le devoir de veiller au choix le meilleur et à la préparation sérieuse des Directeurs, des Maîtres spirituels et des Professeurs.

19. [*La fondation de nouveaux Instituts*]

Pour la création de nouveaux Instituts, on doit en évaluer sérieusement la nécessité, ou du moins la grande utilité et leur possibilité de développement; on évitera ainsi de voir surgir imprudemment des sociétés inutiles ou dépourvues de la vigueur indispensable. Il y a une raison particulière dans les nouvelles chrétientés de promouvoir et de développer les formes de vie religieuse qui correspondent au caractère et aux mœurs des habitants, aux conditions de vie et aux coutumes locales.

20. [*Le maintien, l'adaptation ou l'abandon des œuvres propres à l'Institut*]

Les Instituts doivent conserver fidèlement et poursuivre leurs œuvres spécifiques, et attentifs à l'utilité de l'Eglise universelle et des diocèses, ils les adapteront aux nécessités des temps et des lieux par l'emploi de moyens opportuns ou même nouveaux et en abandonnant les œuvres qui ne correspondent plus aujourd'hui à leur esprit et à leur nature véritable.

Il faut absolument conserver dans les Instituts religieux l'esprit missionnaire et, compte tenu du caractère de chacun d'eux, l'adapter aux conditions actuelles pour que l'Evangile soit prêché plus efficacement parmi tous les peuples.

21. [*Les Instituts et monastères en décadence*]

Aux Instituts et Monastères qui, de l'avis des Ordinaires des lieux et au jugement du Saint-Siège, ne donnent pas l'espoir fondé d'une nouvelle prospérité, il sera défendu de recevoir à l'avenir des novices et, si c'est possible, on les unira à un autre Institut ou Monastère plus florissant dont le but et l'esprit se rapprochent des leurs.

22. [*L'union entre Instituts religieux*]

Selon l'opportunité et avec l'approbation du Saint-Siège, les Instituts et les Monastères autonomes établiront entre eux des fédérations, s'ils appartiennent en quelque sorte à la même famille religieuse; ou des unions, s'ils ont presque les mêmes constitutions, les mêmes usages et le même esprit, surtout s'ils sont trop faibles; ou encore des associations, s'ils s'occupent d'œuvres extérieures identiques ou similaires.

23. [*Les conférences de Supérieurs majeurs*]

On favorisera les conférences ou conseils de Supérieurs majeurs érigés par le Saint-Siège et qui sont de grande utilité pour atteindre plus parfaitement le but de chaque Institut, pour susciter une plus efficace collaboration au bien de l'Eglise, pour répartir plus équitablement les ouvriers de l'Evangile dans un territoire déterminé et pour traiter les affaires communes aux religieux. On instaurera une coordination et une collaboration convenables avec les conférences épiscopales en ce qui regarde l'exercice de l'apostolat.

De telles conférences peuvent être établies également pour les Instituts séculiers.

24. [*Les vocations religieuses*]

Les prêtres et éducateurs chrétiens doivent faire de sérieux efforts pour donner, à proportion des besoins de l'Eglise, un nouvel accroissement de vocations religieuses choisies avec soin et discernement. Même dans la prédication ordinaire, on traitera plus souvent des conseils évangéliques et du choix de l'état religieux. Dans l'éducation chrétienne de leurs enfants les parents doivent s'efforcer de cultiver et de protéger en leurs cœurs la vocation religieuse.

Il est permis aux Instituts de se faire connaître pour favoriser les vocations et de chercher des candidats, pourvu qu'ils le fassent avec la prudence requise et en observant les normes établies par le Saint-Siège et l'Ordinaire du lieu.

Cependant, que leurs membres se rappellent que l'exemple de leur propre vie constitue la meilleure recommandation des Instituts et la plus efficace invitation à embrasser la vie religieuse.

25. [*Conclusion*]

Les Instituts pour lesquels sont établies ces normes de rénovation adaptée, auront vivement à cœur de répondre à leur divine vocation et à leur mission dans l'Eglise à l'époque actuelle. Le Concile tient en grande estime leur genre de vie chaste, pauvre et obéissante, dont le Christ lui-même est le modèle, et il met un ferme espoir dans la fécondité de leurs œuvres, obscures ou connues de tous. Que tous les religieux donc, par l'intégrité de la foi, la charité envers Dieu et le prochain, l'amour de la Croix et l'espérance de la gloire future, répandent la bonne nouvelle du Christ dans l'univers entier, pour que leur témoignage soit visible à tous et que notre Père qui est aux cieux soit glorifié [44].

Ainsi, par l'intercession de la très douce Vierge Marie, Mère de Dieu, « dont la vie est pour tous une règle de conduite » [45], ils

---

44. Cf. *Matth.* 5, 16.
45. S. Ambroise, *de la Virginité*, liv. II, chap. II, n. 15.

connaîtront de continuels accroissements et porteront des fruits de salut plus abondants.

Tout l'ensemble et chacun des points qui sont édictés dans ce Décret ont plu aux Pères du saint Concile. Et Nous, en vertu du pouvoir apostolique que le Christ Nous a confié, avec les vénérables Pères, Nous les approuvons, décrétons et arrêtons dans le Saint-Esprit, et Nous ordonnons que, pour la gloire de Dieu, ce qui a été ainsi établi en Concile soit promulgué.

Rome, près Saint-Pierre, le 28 octobre 1965.

Moi, PAUL,
Évêque de l'Église catholique.

Suivent les signatures des Pères.

L'APOSTOLAT
DES LAÏCS

Décret "de Apostolatu laicorum"
("Apostolicam Actuositatem")
promulgué le 18 novembre 1965

**TRADUCTION ÉTABLIE PAR
MGR JEAN STREIFF,**
secrétaire général de l'Action catholique française,
ET PUBLIÉE PAR
« L'OSSERVATORE ROMANO » (Édition française)
LE 26 NOVEMBRE 1965

Texte latin dans les
« Acta Apostolicae Sedis » 58 (1966) p. 837-864
et dans les
« Constitutiones, Decreta, Declarationes » p. 459-508

DÉCRET « APOSTOLICAM ACTUOSITATEM »

PAUL, ÉVÊQUE,
SERVITEUR
DES SERVITEURS DE DIEU,
AVEC LES PÈRES DU SAINT CONCILE,
POUR QUE LE SOUVENIR
S'EN MAINTIENNE À JAMAIS.

AVANT-PROPOS

1. LE Saint Concile dans sa volonté de rendre plus intense l'activité apostolique du peuple de Dieu [1], se tourne avec une grande attention vers les chrétiens laïcs, dont il a déjà rappelé en d'autres documents le rôle propre et absolument nécessaire dans la mission de l'Eglise [2]. L'Apostolat des laïcs en effet, ne peut jamais manquer à l'Eglise car il est une conséquence de leur vocation chrétienne. L'Ecriture elle-même montre parfaitement (voir Act. XI, 19-21; XVIII, 26; Rom. XVI, 1-16; Phil. IV, 3) combien cette activité se manifesta spontanément aux premiers jours de l'Eglise et combien elle fut féconde.

Notre temps n'exige pas un moindre zèle de la part des laïcs; les circonstances actuelles réclament d'eux au contraire un apostolat toujours plus intense et plus étendu. En effet l'augmentation constan-

---

1. Cf. Jean XXIII, Const. Apost. *Humanae Salutis*, 25 déc. 1961: *AAS 54* (1962), p. 7-10 [pp. 575-578].
2. Cf. Conc. Vat. II, Const. dogm. *De l'Eglise*, nn. 33 ss.: *AAS 57* (1965), pp. 39 s. [pp. 58]; cf. aussi Const. *De la Sainte Liturgie*, nn. 26-40: *AAS 56* (1964), pp. 107-111 [pp. 137-140]; cf. décret *Des Moyens de communication sociale: AAS 56* (1964), pp. 145-153 [pp. 517-530]; cf. décret *sur l'Oecuménisme, AAS 57* (1965), pp. 90-107 [pp. 495-516]; cf. décret *sur la charge pastorale des Evêques dans l'Eglise*, nn. 16, 17, 18: *AAS 58* (1966), pp. 680-682 [pp. 286-289]; cf. Déclaration *sur l'éducation chrétienne*, nn. 3, 5, 7: *AAS 58* (1966), pp. 731-732, 733, 734 [pp. 536-539, 540].

te de la population, le progrès des sciences et des techniques, la solidarité plus étroite entre les hommes ont non seulement élargi à l'infini le champ de l'apostolat des laïcs, en grande partie ouvert à eux seuls mais ils ont fait surgir de nouveaux problèmes, qui réclament de leur part une vigilance et une recherche toutes particulières. Cet apostolat devient d'autant plus urgent que s'est affirmée, comme c'est normal, l'autonomie de nombreux secteurs de la vie humaine, entraînant parfois un certain délaissement de l'ordre moral et religieux, au grand péril de la vie chrétienne. Il faut ajouter qu'en de nombreuses régions les prêtres sont très peu nombreux ou parfois privés de la liberté indispensable à leur ministère, de sorte que, sans le travail des laïcs, l'Eglise et son action ne pourraient que difficilement être présentes.

Le signe de cette urgente nécessité aux multiples aspects est l'action manifeste du Saint-Esprit qui rend aujourd'hui les laïcs de plus en plus conscients de leur propre responsabilité et les incite partout à servir le Christ et l'Eglise [3].

Dans ce décret le Concile se propose d'éclairer la nature de l'apostolat des laïcs, son caractère et sa variété, d'en énoncer les principes fondamentaux, et de donner des directives pastorales pour qu'il s'exerce plus efficacement. La révision du droit canon concernant l'apostolat des laïcs devra prendre pour règle tout ce qui est contenu dans ce décret.

3. Cf. Pie XII, *alloc. aux Cardinaux*, 18 février 1946: *AAS* 38 (1946), pp. 101-102; *Sermon à des membres de la Jeunesse Ouvrière Catholique*, 25 août 1957: *AAS* 49 (1957), p. 843.

CHAPITRE I

VOCATION DES LAÏCS À L'APOSTOLAT

2. [*Participation des laïcs à la mission de l'Église*]

L'Eglise est faite pour étendre le règne du Christ à toute la terre, pour la Gloire de Dieu le Père; elle fait ainsi participer tous les hommes à la rédemption et au salut [1]; par eux elle ordonne en vérité le monde entier au Christ. On appelle apostolat toute activité du Corps Mystique qui tend vers ce but: l'Eglise l'exerce par tous ses membres, toutefois de diverses manières; en effet, la vocation chrétienne est aussi, par nature, vocation à l'apostolat. Dans l'organisme d'un corps vivant, aucun membre ne se comporte de manière purement passive, mais participe à la vie et à l'activité générale du corps, ainsi dans le Corps du Christ qui est l'Eglise, « tout le corps opère sa croissance selon le rôle de chaque partie » (Eph. IV, 16). Bien plus, les membres de ce corps sont tellement unis et solidaires (cf. Eph. IV, 16), qu'un membre qui ne travaille pas selon ses possibilités à la croissance du corps doit être réputé inutile à l'Eglise et à lui-même.

Il y a dans l'Eglise diversité de ministères, mais unité de mission. Le Christ a confié aux Apôtres et à leurs successeurs la charge d'enseigner, de sanctifier et de gouverner en son nom et par son pouvoir. Mais les laïcs rendus participants de la charge sacerdotale, prophétique et royale du Christ assument dans l'Eglise et dans le monde leur part dans ce qui est la mission du Peuple de Dieu tout entier [2]. Ils exercent concrètement leur apostolat en se dépensant à l'évangélisation et à la sanctification des hommes: il en est de même quand ils s'efforcent de pénétrer l'ordre temporel d'esprit évangélique et travaillent à son progrès de telle manière que, en ce domaine, leur action rende clairement témoignage au Christ et serve au salut des hommes. Le propre de l'état des laïcs étant de mener leur vie au milieu du monde et des affaires profanes, ils sont appelés par Dieu à exercer leur apostolat dans le monde à la manière d'un ferment, grâce à la vigueur de leur esprit chrétien.

---

1. Cf. Pie XI, encycl. *Rerum Ecclesiae: AAS* 18 (1926), p. 65.
2. Cf. Conc. Vat. II, Const. dogm. *De l'Eglise*, n. 31: *AAS* 57 (1965), p. 37 [pp. 56-57].

3. [Fondements de l'apostolat des laïcs]

Les laïcs tiennent de leur union même avec le Christ Chef le devoir et le droit d'être apôtres. Insérés qu'ils sont par le Baptême dans le Corps Mystique du Christ, fortifiés grâce à la Confirmation par la puissance du Saint-Esprit, c'est le Seigneur lui-même qui les députe à l'apostolat. S'ils sont consacrés sacerdoce royal et nation sainte (cf. I Petr. II, 4-10), c'est pour faire de toutes leurs actions des offrandes spirituelles, et pour rendre témoignage au Christ sur toute la terre. Les Sacrements et surtout la Sainte Eucharistie leur communiquent et nourrissent en eux cette charité qui est comme l'âme de tout apostolat [3].

L'apostolat se vit dans la foi, l'espérance et la charité que le Saint-Esprit répand dans les cœurs de tous les membres de l'Eglise. Bien plus le précepte de la charité, qui est le plus grand commandement du Seigneur, presse tous les chrétiens de travailler à la gloire de Dieu par la venue de son règne et à la communication de la vie éternelle à tous les hommes : « qu'ils connaissent le seul vrai Dieu et celui qu'Il a envoyé, Jésus-Christ » (Cf. Jn XVII, 3).

A tous les chrétiens donc incombe la très belle tâche de travailler sans cesse pour faire connaître et accepter le message divin du salut par tous les hommes sur toute la terre.

Pour l'exercice de cet apostolat, le Saint-Esprit qui sanctifie le Peuple de Dieu par les Sacrements et le ministère accorde en outre aux fidèles des dons particuliers (cf. I Cor. XII, 7) les « répartissant à chacun comme il l'entend » (cf. I Cor. XII, 11) pour que tous et « chacun selon la grâce reçue se mettant au service des autres » soient eux-mêmes « comme de bons intendants de la grâce multiforme de Dieu » (I Petr. IV, 10), en vue de l'édification du Corps tout entier dans la Charité (cf. Eph. IV, 16). De la réception de ces charismes même les plus simples résulte pour chacun des croyants le droit et le devoir d'exercer ces dons dans l'Eglise et dans le monde, pour le bien des hommes et l'édification de l'Eglise, dans la liberté du Saint-Esprit qui « souffle où il veut » (Jn III, 8), de même qu'en communion avec ses frères dans le Christ et très particulièrement avec ses pasteurs. C'est à eux qu'il appartient de porter un jugement sur l'authenticité et le bon usage de ces dons, non pas pour éteindre l'Esprit, mais pour éprouver tout et retenir ce qui est bon (cf. I Thess. V, 12-19-20) [4].

---

3. Cf. Conc. Vat. II, Const. dogm. De l'Eglise, n. 33; AAS 57 (1965), p. 39; cf. aussi n. 10, ibid. p. 14 [pp. 29-30, 58-59].
4. Cf. Ibid., n. 12: AAS 57 (1965), p. 16 [pp. 32-33].

4. *De la spiritualité des laïcs dans l'ordre de l'apostolat*]

Le Christ envoyé par le Père étant la source et l'origine de tout l'apostolat de l'Eglise, il est évident que la fécondité de l'apostolat des laïcs dépend de leur union vitale avec le Christ, selon cette parole du Seigneur: « Celui qui demeure en Moi et Moi en lui, celui-là porte beaucoup de fruits. Car sans Moi vous ne pouvez rien faire » (Jn XV, 5). Cette vie d'intime union avec le Christ dans l'Eglise est alimentée par des nourritures spirituelles communes à tous les fidèles, en particulier par la participation active à la Sainte Liturgie [5]. Les laïcs doivent les employer de telle sorte que, remplissant parfaitement les obligations du monde dans les conditions ordinaires de l'existence, ils ne séparent pas l'union au Christ, et leur vie, mais grandissent dans cette union en accomplissant leur travaux selon la volonté de Dieu. C'est de cette manière que les laïcs progresseront en sainteté avec ardeur et joie, s'efforçant de surmonter les difficultés inévitables avec prudence et patience [6]. Ni le soin de leur famille ni les affaires temporelles ne doivent être étrangers à leur spiritualité, selon ce mot de l'Apôtre: « Tout ce que vous faites, en paroles ou en œuvres, faites-le au nom du Seigneur Jésus-Christ, rendant grâces par Lui à Dieu le Père » (Col. III, 17).

Une telle vie exige un continuel exercice de la foi, de l'espérance et de la charité.

Seules la lumière de la foi et la méditation de la Parole de Dieu, peuvent permettre toujours et partout de reconnaître Dieu « en qui nous avons la vie, le mouvement et l'être » (Act. XVII, 28). C'est ainsi seulement que l'on pourra chercher en tout sa volonté, discerner le Christ dans tous les hommes, proches ou étrangers, juger sainement du vrai sens et de la valeur des réalités temporelles, en elles-mêmes et par rapport à la fin de l'homme.

Ceux qui ont cette foi vivent dans l'espérance de la révélation des fils de Dieu se souvenant de la croix et de la résurrection du Seigneur.

Dans le pèlerinage qu'est cette vie, cachés en Dieu avec le Christ, délivrés de la servitude des richesses, à la recherche des biens qui demeurent éternellement, ils mettent généreusement en œuvre toutes leurs forces pour étendre le règne de Dieu, animer et parfaire les

---

5. Cf. Conc. Vat. II, Const. *De la Sainte Liturgie*, chap. I, n. 11: *AAS* 56 (1964), pp. 102-103 [pp. 132-133].

6. Cf. Conc. Vat. II, Const. dogm. *De l'Eglise*, n. 32: *AAS* 57 (1965), p. 38 [pp. 57-58]; cf. aussi n. 40-41: *ibid.*, p. 45-47 [pp. 65-69].

réalités temporelles selon l'esprit chrétien. Dans les difficultés de l'existence, ils puisent le courage dans l'espérance, estimant que « les souffrances de cette vie ne sont pas proportionnées à la gloire future qui doit se révéler en nous » (Rom. VIII, 18).

Poussés par la Charité qui vient de Dieu, ils pratiquent le bien à l'égard de tous, surtout de leurs frères dans la foi (Cf. Gal. VI, 10), rejetant « toute malice, toute fraude, hypocrisie, envie, toute médisance » (I Petr. II, 1), entraînant ainsi les hommes vers le Christ. Or la charité divine, qui « est répandue dans nos cœurs par l'Esprit-Saint qui nous a été donné » (Rom. V, 5), rend les laïcs capables d'exprimer concrètement dans leur vie l'esprit des Béatitudes. Suivant Jésus pauvre, ils ne connaissent ni dépression dans la privation, ni orgueil dans l'abondance; imitant le Christ humble, ils ne deviennent pas avides d'une vaine gloire (Cf. Gal. V, 26), mais ils s'efforcent de plaire à Dieu plutôt qu'aux hommes, toujours prêts à tout abandonner pour le Christ (Cf. Lc. XIV, 26) et à souffrir persécution pour la justice (cf. Mat. V, 10) se souvenant de la parole du Seigneur: « si quelqu'un veut venir à ma suite, qu'il se renie lui-même, qu'il se charge de sa croix et qu'il me suive » (Mat. XVI, 24). Entretenant entre eux une amitié chrétienne ils se prêtent un mutuel appui en toutes nécessités.

Cette spiritualité des laïcs doit revêtir des caractéristiques particulières suivant les conditions de vie de chacun: vie conjugale et familiale, célibat et veuvage, état de maladie, activité professionnelle et sociale. Chacun doit donc développer sans cesse les qualités et les dons reçus et en particulier ceux qui sont adaptés à ses conditions de vie et se servir des dons personnels de l'Esprit-Saint.

Enfin les laïcs qui selon leur vocation particulière se sont agrégés à des associations ou instituts approuvés par l'Eglise doivent s'efforcer de toujours mieux réaliser les caractères de la spiritualité qui leur est propre.

Qu'ils estiment beaucoup la compétence professionnelle, le sens familial et civique, et les vertus qui regardent la vie sociale telles que la probité, l'esprit de justice, la sincérité, la délicatesse, la force d'âme: sans elles il n'y a pas de vraie vie chrétienne.

La Bienheureuse Vierge Marie, Reine des Apôtres, est l'exemple parfait de cette vie spirituelle et apostolique. Tandis qu'Elle menait sur terre une vie semblable à celle de tous, remplie par les soins et les labeurs familiaux, Marie demeurait toujours intimement unie à son Fils et coopérait à l'œuvre du Sauveur à un titre absolument unique.

Aujourd'hui où elle est au ciel « son amour maternel la rend attentive aux frères de son Fils dont le pèlerinage n'est pas achevé, et qui se trouvent engagés dans les peines et les épreuves jusqu'à ce qu'ils parviennent à la patrie bienheureuse » [7]. Tous doivent avoir envers Elle une vraie dévotion et confier leur vie et leur apostolat à sa sollicitude maternelle.

7. *Ibid.*, n. 62, p. 63; cf. aussi n. 65, *ibid.*, pp. 64-65 [pp. 88-90].

CHAPITRE II

LES BUTS À ATTEINDRE

5. [*Introduction*]

L'œuvre de rédemption du Christ qui concerne essentiellement le salut des hommes, embrasse aussi le renouvellement de tout l'ordre temporel. La mission de l'Eglise, par conséquent, n'est pas seulement d'apporter aux hommes le message du Christ et sa grâce, mais aussi de pénétrer et de parfaire par l'esprit évangélique l'ordre temporel. Les fidèles laïcs accomplissant cette mission de l'Eglise, exercent donc leur apostolat aussi bien dans l'Eglise que dans le monde, dans l'ordre spirituel que dans l'ordre temporel. Bien que ces ordres soient distincts, ils sont liés dans l'unique dessein divin; aussi Dieu lui-même veut-il, dans le Christ, réassumer le monde tout entier, pour en faire une nouvelle créature en commençant dès cette terre et en lui donnant sa plénitude au dernier jour. Le laïc, qui est tout ensemble membre du Peuple de Dieu et de la Cité des hommes n'a qu'une conscience, chrétienne. Celle-ci doit le guider, sans cesse, dans les deux domaines.

6. [*L'apostolat destiné à évangéliser et sanctifier les hommes*]

La mission de l'Eglise concerne le salut des hommes, qui s'obtient par la foi au Christ et par sa grâce. Par son apostolat l'Eglise et tous ses membres doivent donc d'abord annoncer au monde le message du Christ par leurs paroles et leurs actes et lui communiquer sa grâce. Cela s'accomplit principalement par le ministère de la parole et des sacrements. Confié spécialement au clergé, il comporte pour les laïcs un rôle propre de grande importance, qui fait d'eux les « coopérateurs de la vérité » (III Jn 8). Dans ce domaine surtout l'apostolat des laïcs et le ministère pastoral se complètent mutuellement. Les laïcs ont d'innombrables occasions d'exercer l'apostolat d'évangélisation et de sanctification. Le témoignage même de la vie chrétienne et les œuvres accomplies dans un esprit surnaturel sont puissants pour attirer les hommes à la foi et à Dieu; le Seigneur dit en effet: « Que votre lumière brille devant les hommes pour qu'ils voient vos œuvres bonnes et glorifient votre Père qui est aux cieux » (Mat. V. 16).

Cet apostolat cependant ne consiste pas dans le seul témoignage de la vie; le véritable apôtre cherche les occasions d'annoncer le Christ par la parole, soit aux incroyants pour les aider à cheminer vers la foi, soit aux fidèles pour les instruire, les fortifier, les inciter à une vie plus fervente, « car la charité du Christ nous presse » (II Cor. V, 14). C'est dans les cœurs de tous que doivent résonner ces paroles de l'Apôtre: « Malheur à moi si je n'évangélise pas » (I Cor. IX, 16) [1].

A une époque où se posent des questions nouvelles et où se répandent de très graves erreurs qui tendent à ruiner radicalement la religion, l'ordre moral et la société humaine elle-même, le Concile exhorte instamment les laïcs, chacun suivant ses talents et sa formation doctrinale, à prendre une part plus active selon l'esprit de l'Eglise, dans l'approfondissement et la défense des principes chrétiens comme dans leur application adaptée aux problèmes de notre temps.

7. [*Le renouvellement chrétien de l'ordre temporel*]

Tel est le dessein de Dieu sur le monde: que les hommes d'un commun accord, construisent l'ordre des réalités temporelles et le rendent sans cesse plus parfait.

Tout ce qui compose l'ordre temporel: les biens de la vie et de la famille, la culture, les réalités économiques, les métiers et les professions, les institutions de la communauté politique, les relations internationales et les autres réalités du même genre, leur évolution et leur progrès, n'ont pas seulement valeur de moyen par rapport à la fin dernière de l'homme. Ils possèdent une valeur propre, mise en eux par Dieu Lui-même, soit qu'on regarde chacun d'entre eux, soit qu'on les considère comme parties de l'ensemble de l'univers temporel: « Et Dieu vit tout ce qu'il avait fait et c'était très bon » (Gen. I, 31). Cette bonté naturelle, qui est leur, reçoit une dignité particulière en raison de leur relation avec la personne humaine au service de laquelle ils ont été créés. Enfin il a plu à Dieu de rassembler toutes les réalités aussi bien naturelles que surnaturelles en un seul tout dans le Christ « pour que celui-ci ait la primauté en tout » (Col. I, 18). Cette destination, loin de priver l'ordre naturel de son autonomie, de ses fins, de ses lois propres, de ses moyens, de son importance pour le bien des hommes, rend au contraire plus parfaites sa force et sa valeur propre; elle le hausse en même temps au niveau de la vocation intégrale de l'homme ici-bas.

---

1. Cf. Pie XI, encycl. *Ubi arcano*, 23 déc. 1922: *AAS* 14 (1922), p. 659; Pie XII, encycl. *Summi Pontificatus*, 20 oct. 1939: *AAS* 31 (1939), pp. 442-443.

Au cours de l'histoire, l'usage des choses temporelles a été souillé par de graves aberrations. Atteints par la faute originelle, les hommes sont tombés souvent en de nombreuses erreurs sur le vrai Dieu, la nature humaine et les principes de la loi morale: alors les mœurs et les institutions humaines s'en sont trouvées corrompues, la personne humaine elle-même bien souvent méprisée. De nos jours encore certains se fiant plus que de raison aux progrès de la science et de la technique, sont enclins à une sorte d'idolâtrie des choses temporelles: ils en deviennent les esclaves plutôt que les maîtres.

C'est le travail de toute l'Eglise de rendre les hommes capables de bien construire l'ordre temporel et de l'orienter vers Dieu par le Christ. Il revient aux pasteurs d'énoncer clairement les principes concernant la fin de la création et l'usage du monde et d'apporter une aide morale et spirituelle pour que les réalités temporelles soient renouvelées dans le Christ.

Les laïcs doivent assumer comme leur tâche propre le renouvellement de l'ordre temporel. Eclairés par la lumière de l'Evangile, conduits par l'esprit de l'Eglise, entraînés par la charité chrétienne, ils doivent en ce domaine agir par eux-mêmes d'une manière bien déterminée. Membres de la cité, ils ont à coopérer avec les autres citoyens suivant leur compétence particulière en assumant leur propre responsabilité: et à chercher partout et en tout la justice du Royaume de Dieu. L'ordre temporel est à renouveler de telle manière que, dans le respect de ses lois propres et en conformité avec elles, il devienne plus conforme aux principes supérieurs de la vie chrétienne et soit adapté aux conditions diverses des lieux, des temps et des peuples. Parmi les tâches de cet apostolat l'action sociale chrétienne a un rôle éminent à jouer. Le Concile désire la voir s'étendre aujourd'hui à tout le secteur temporel sans oublier le plan culturel [2].

8. [*L'action caritative, sceau de l'apostolat chrétien*]

Tout apostolat trouve dans la charité son origine et sa force, mais certaines œuvres sont par nature aptes à devenir une expression particulièrement parlante de cette charité: le Christ a voulu qu'elles soient le signe de sa mission messianique (cf. Mat. XI, 4-5).

Le plus grand commandement de la loi est d'aimer Dieu de tout son cœur et le prochain comme soi-même (Mat. XXII, 37-40). De

---

2. Cf. Léon XIII, encycl. *Rerum Novarum: ASS* 23 (1890-91), p. 647; Pie XI, encycl. *Quadragesimo Anno: AAS* 23 (1931), p. 190; Pie XII, message radiodiffusé, 1er juin 1941: *AAS* 33 (1941), p. 207.

cette loi de l'amour du prochain, le Christ a fait son commandement personnel. Il l'a enrichi d'un sens nouveau quand il voulut, s'identifiant à ses frères, être l'objet de cette charité disant: « Dans la mesure où vous l'avez fait à l'un de ces plus petits de mes frères, c'est à Moi que vous l'avez fait » (Mat. XXV, 40). En assumant la nature humaine c'est toute l'humanité qu'il s'est unie par une solidarité surnaturelle qui en fait une seule famille; il fait de la charité le signe de ses disciples, par ces paroles: « A ceci tous vous reconnaîtrez pour mes disciples: à cet amour que vous aurez les uns pour les autres » (Jn XIII, 35).

En ses débuts la Sainte Eglise en joignant « l'agapé » à la Cène eucharistique se manifestait tout entière réunie autour du Christ par le lien de la charité, ainsi en tout temps elle se fait reconnaître à ce signe d'amour; tout en se réjouissant des initiatives d'autrui, elle tient aux œuvres charitables comme à une partie de sa mission propre et comme à un droit inaliénable. C'est pourquoi la miséricorde envers les pauvres et les faibles, les œuvres dites de charité et de secours mutuel pour le soulagement de toutes les souffrances humaines sont particulièrement en honneur dans l'Eglise [3].

Aujourd'hui ces activités et ces œuvres de charité sont beaucoup plus pressantes et doivent davantage prendre les dimensions de l'univers, car les moyens de communication sont plus aisés et plus rapides, la distance entre les hommes est pour ainsi dire vaincue, les habitants du monde entier deviennent comme les membres d'une seule famille. L'action de la charité peut et doit atteindre aujourd'hui tous les hommes et toutes les détresses. Partout où se trouvent ceux qui souffrent du manque de nourriture et de boisson, de vêtements, de logement, de remèdes, de travail, d'instruction, des moyens de mener une vie vraiment humaine, ceux qui sont tourmentés par les épreuves ou la maladie, ceux qui subissent l'exil ou la prison, la charité chrétienne doit les chercher et les découvrir, les réconforter avec un soin empressé, et les soulager par une aide adaptée. Cette obligation s'impose en tout premier lieu aux hommes et aux peuples qui sont les mieux pourvus [4].

Pour que cet exercice de la charité soit toujours au-dessus de toute critique et apparaisse comme tel, il faut voir dans le prochain l'image de Dieu selon laquelle il a été créé, et le Christ Notre-Seigneur à qui est offert en réalité tout ce qui est donné au pauvre. La liberté et la dignité de la personne secourue doivent être respectées

---

3. Cf. Jean XXIII, encycl. *Mater et Magistra: AAS* 53 (1961), p. 402.
4. Cf. *Ibid.*, pp. 440-441.

avec la plus grande délicatesse. La pureté d'intention ne doit être entachée d'aucune recherche d'intérêt propre ni d'aucun désir de domination [5]. Il faut satisfaire d'abord aux exigences de la justice de peur que l'on n'offre comme don de la charité ce qui est déjà dû en justice. Que disparaissent la cause des maux et pas seulement leurs effets et que l'aide apportée s'organise de telle sorte que les bénéficiaires se libèrent peu à peu de leur dépendance à l'égard d'autrui et deviennent capables de se suffire.

Les laïcs doivent donc estimer profondément et aider, selon leur pouvoir, les œuvres de charité et les initiatives concernant l'assistance sociale, qu'elles soient privées ou publiques, sans oublier les initiatives internationales; par elles on apporte un secours efficace aux personnes et aux peuples qui souffrent. Qu'en cela ils collaborent avec tous les hommes de bonne volonté [6].

5. Cf. *Ibid.*, pp. 442-443.
6. Cf. Pie XII, alloc. à « Pax Romana M.I.I.C. », 25 avril 1957: *AAS* 49 (1957), pp. 298-299; et spécialement Jean XXIII, à la réunion du Conseil « *Food and Agriculture Organisation* » (F.A.O.), 10 nov. 1959: *AAS* 51 (1959), pp. 856, 866.

CHAPITRE III

LES DIVERS CHAMPS D'APOSTOLAT

9. [*Introduction*]

Les laïcs exercent leur apostolat multiforme tant dans l'Eglise que dans le monde. Dans l'un et l'autre cas leur sont ouverts divers champs d'action apostolique. Nous nous proposons de rappeler ici les principaux d'entre eux: les communautés ecclésiales, la famille, les jeunes, les milieux sociaux, les secteurs nationaux et internationaux. Comme de nos jours les femmes ont une part de plus en plus active dans toute la vie de la société, il est très important que grandisse aussi leur participation dans les divers secteurs de l'apostolat de l'Eglise.

10. [*Les communautés ecclésiales*]

Participant à la fonction du Christ Prêtre, Prophète et Roi, les laïcs ont leur part active dans la vie et l'action de l'Eglise. Dans les communautés ecclésiales, leur action est si nécessaire que sans elle l'apostolat des Pasteurs ne peut, la plupart du temps, obtenir son plein effet. A l'image des hommes et des femmes qui aidaient Paul dans l'annonce de l'Evangile (cf. Act. XVIII, 18. 26; Rom. XVI, 3) les laïcs qui ont vraiment l'esprit apostolique viennent, en effet, en aide à leurs frères, et réconfortent aussi bien les pasteurs que les autres membres du peuple fidèle (cf. I Cor. XVI, 17-18). Nourris par leur participation active à la vie liturgique de leur communauté, ils s'emploient avec zèle à ses œuvres apostoliques; ils acheminent vers l'Eglise des hommes qui en étaient peut-être fort éloignés; ils collaborent avec ardeur à la diffusion de la parole de Dieu, particulièrement par les catéchismes; en apportant leur compétence ils rendent plus efficace le ministère auprès des âmes de même que l'administration des biens de l'Eglise.

La paroisse offre un exemple remarquable d'apostolat communautaire, car elle rassemble dans l'unité tout ce qui se trouve en elle de diversités humaines et elle les insère dans l'universalité de l'Eglise [1]. Que les laïcs prennent l'habitude de travailler dans la paroisse en étroite union avec leurs prêtres [2], d'apporter à la communauté de l'Eglise leurs propres problèmes, ceux du monde, et les questions touchant le salut des hommes pour les examiner et les résoudre en tenant compte de l'avis de tous. Selon leurs possibilités, ils apporteront leurs concours à toute entreprise apostolique et missionnaire de leur famille ecclésiale.

Les laïcs développeront sans cesse le sens du diocèse, dont la paroisse est comme une cellule; ils seront toujours prompts à l'invitation de leur pasteur à participer aux initiatives du diocèse. De plus, pour répondre aux nécessités des villes et des régions rurales [3], ils ne borneront pas leur coopération aux limites de la paroisse ou du diocèse, mais ils s'efforceront de l'élargir au plan interparoissial, interdiocésain, national et international: d'autant plus que l'accroissement constant des migrations de population, la multiplication des liens mutuels, la facilité des communications ne permettent plus à une partie de la société de demeurer repliée sur elle-même. Les laïcs se préoccuperont donc des exigences du peuple de Dieu répandu sur toute la terre. Ils feront leurs en particulier les œuvres missionnaires en leur apportant une aide matérielle voire même un concours personnel: c'est pour les chrétiens un devoir et un honneur que de restituer à Dieu une partie des biens qu'ils reçoivent de Lui.

11. [La famille]

Le Créateur a fait de la communauté conjugale l'origine et le fondement de la société humaine. Par sa grâce, Il en a fait aussi un mystère d'une grande portée dans le Christ et dans l'Eglise (cf. Eph. V, 32). Aussi l'apostolat des époux et des familles a-t-il une singulière importance pour l'Eglise comme pour la société civile.

---

1. Cf. S. Pie X, lettre apost. *Creationis duarum novarum paroeciarum*, 1er juin 1905: *ASS* 38 (1905) pp. 65-67; Pie XII, *Alloc.* aux paroissiens de S. Saba, 11 janv. 1953: *Discours et radio-messages de S.S. Pie XII*, 14 (1952-1953), pp. 449-454; Jean XXIII, *Alloc. au clergé et aux fidèles du diocèse suburbicaire d'Albano, à Castelgondolfo*, 26 août 1962: *AAS* 54 (1962), pp. 656-660.

2. Cf. Léon XIII, Alloc., 28 janv. 1894: *Acta*, 14 (1894), pp. 424-25.

3. Cf. Pie XII, Alloc. aux Curés, etc., 6 fév. 1951: *Discours et radiomessages de S.S. Pie XII*, 12 (1950-1951), pp. 437-443; 8 mars 1952: *ibid.*, 14 (1952-1953), pp. 5-10; 27 mars 1953: *ibid.*, 15 (1953-1954), pp. 27-35; 28 fév. 1954: *ibid.*, pp. 585-590.

Les époux chrétiens sont l'un pour l'autre, pour leurs enfants et les autres membres de leur famille les coopérateurs de la grâce et les témoins de la foi. Ils sont les premiers à transmettre la foi à leurs enfants et à en être auprès d'eux les éducateurs. Ils les forment par la parole et l'exemple à une vie chrétienne et apostolique; ils les aident avec sagesse dans le choix de leur vocation, et favorisent de leur mieux une vocation sacrée s'ils la découvrent en eux.

Ce fut toujours le devoir des époux, mais c'est aujourd'hui l'aspect le plus important de leur apostolat, de manifester et de prouver par toute leur vie l'indissolubilité et la sainteté du lien matrimonial; d'affirmer avec vigueur le droit et le devoir assignés aux parents et aux tuteurs d'élever chrétiennement leurs enfants; de défendre la dignité et l'autonomie légitime de la famille. Ils doivent donc collaborer, eux et tous les fidèles, avec les hommes de bonne volonté, pour que ces droits soient parfaitement sauvegardés dans la législation civile; pour qu'il soit tenu compte, dans le gouvernement du pays, des exigences des familles concernant l'habitation, l'éducation des enfants, les conditions de travail, la sécurité sociale et les impôts et que dans les migrations la vie commune de la famille soit parfaitement respectée [4].

Cette mission d'être la cellule première et vitale de la société la famille elle-même l'a reçue de Dieu. Elle la remplira si par la piété de ses membres et la prière faite à Dieu en commun elle se présente comme un sanctuaire de l'Eglise à la maison; si toute la famille s'insère dans le culte liturgique de l'Eglise; si enfin elle pratique une hospitalité active et devient promotrice de la justice et de bons services à l'égard de tous les frères qui sont dans le besoin. Parmi les diverses œuvres d'apostolat familial, citons en particulier: adopter des enfants abandonnés, accueillir aimablement les étrangers, aider à la bonne marche des écoles, conseiller et aider les adolescents, aider les fiancés à se mieux préparer au mariage, donner son concours au catéchisme, soutenir époux et familles dans leurs difficultés matérielles ou morales, procurer aux vieillards non seulement l'indispensable mais les justes fruits du progrès économique.

---

4. Cf. Pie XI, encycl. *Casti Connubii: AAS* 22 (1930), p. 554; Pie XII, message radiodiffusé, 1er juin 1941: *AAS* 33 (1941), p. 203; ID., *Aux délégués du Congrès de l'Union Internationale des Associations pour la protection des droits de la famille,* 20 sept. 1949: *AAS* 41 (1949), p. 552; ID., *Aux pères de famille de France en pèlerinage à Rome,* 18 sept. 1951: *AAS* 43 (1951), p. 731; ID., Message radiodiffusé de Noël 1952: *AAS* 45 (1953), p. 41; Jean XXIII, encycl. *Mater et Magistra,* 15 mai 1961: *AAS* 53 (1961), pp. 429, 439.

Toujours et partout mais spécialement dans les régions où commencent à se répandre les premières semences de l'Evangile, dans celles où l'Eglise en est à ses débuts, dans celles aussi où elle se heurte à de graves obstacles, les familles chrétiennes rendent au Christ un très précieux témoignage face au monde en s'attachant par toute leur vie à l'Evangile et en présentant l'exemple d'un foyer chrétien [5].

Afin d'atteindre plus facilement les buts de leur apostolat il peut être opportun pour les familles de se constituer en associations [6].

12. [*Les jeunes*]

Les jeunes représentent dans la société moderne une force de grande importance [7]. Les circonstances de leur vie, leurs habitudes d'esprit, les rapports avec leurs propres familles se sont complètement transformés. Ils accèdent souvent très rapidement à une nouvelle condition sociale et économique. Alors que grandit de jour en jour leur importance sociale et même politique, ils apparaissent assez peu préparés à porter convenablement le poids de ces charges nouvelles.

Cet accroissement de leur importance sociale exige d'eux une plus grande activité apostolique, et leur caractère naturel les y dispose. Lorsque mûrit la conscience de leur propre personnalité, poussés par leur ardeur naturelle et leur activité débordante, ils prennent leur propre responsabilité et désirent être parties prenantes dans la vie sociale et culturelle; si cet élan est pénétré de l'esprit du Christ, animé par le sens de l'obéissance et l'amour envers l'Eglise, on peut en espérer des fruits très riches. Les jeunes doivent devenir les premiers apôtres des jeunes, en contact direct avec eux, exerçant l'apostolat par eux-mêmes et entre eux, compte tenu du milieu social où ils vivent [8].

---

5. Cf. Pie XII. encycl. *Evangelii Praecones*, 2 juin 1951: *AAS* 43 (1951), p. 514.

6. Cf. Pie XII. *Aux délégués du Congrès de l'Union Internationale des associations pour la protection des droits de la famille*, 20 sept. 1949: *AAS* 41 (1949), pp. 552.

7. Cf. S. Pie X, Alloc. à l'*Association Catholique de la jeunesse française: piété, science, action*, 25 sept. 1904: *ASS* 37 (1904-1905), pp. 296-300.

8. Cf. Pie XII, Lettre *Dans quelques semaines*, à l'Archevêque de Montréal: *Sur les Congrès organisés par les jeunes ouvriers chrétiens du Canada*, 24 mai 1947: *AAS* 39 (1947), p. 257; message radiodiffusé à la *J.O.C., Bruxelles*, 3 sept. 1950: *AAS* 42 (1950), pp. 640-641.

Les adultes auront soin d'engager avec les jeunes des dialogues amicaux qui permettent aux uns et aux autres, en dépassant la différence d'âge, de se connaître mutuellement et de se communiquer leurs propres richesses. C'est par l'exemple d'abord, et, à l'occasion, par un avis judicieux et une aide efficace que les adultes pourront stimuler les jeunes à l'apostolat.

De leur côté les jeunes sauront garder le respect et la confiance à l'égard des adultes, et dans leur désir naturel de renouvellement ils sauront apprécier comme elles le méritent les traditions estimables.

Les enfants ont également une activité apostolique qui leur est propre. A la mesure de leurs possibilités ils sont les témoins vivants du Christ au milieu de leurs camarades.

13. [Le milieu social]

L'apostolat dans le milieu social s'efforce de pénétrer d'esprit chrétien la mentalité et les mœurs, les lois et les structures de la communauté où chacun vit. Il est tellement le travail propre et la charge des laïcs que personne ne peut l'assumer à leur place comme il faut. Sur ce terrain, les laïcs peuvent mener l'apostolat du semblable envers le semblable. Là ils complètent le témoignage de la vie par celui de la parole ⁹. C'est là qu'ils sont le plus aptes à aider leurs frères, dans leur milieu de travail, de profession, d'étude, d'habitation, de loisir, de collectivité locale.

Les laïcs accomplissent cette mission de l'Eglise dans le monde avant tout par cet accord de leur vie avec la foi qui fait d'eux la lumière du monde, et par cette honnêteté en toute activité capable d'éveiller en chaque homme l'amour du vrai et du bien, et de l'inciter à aller un jour au Christ et à l'Eglise. Ils disposent insensiblement tous les cœurs à l'action de la grâce du salut par cette vie de charité fraternelle qui leur fait partager les conditions de vie et de travail, les souffrances et les aspirations de leurs frères. Enfin par cette pleine conscience de leur responsabilité propre dans la vie de la société, ils s'efforcent d'accomplir leurs devoirs familiaux, sociaux et professionnels avec une telle générosité chrétienne que leur manière d'agir pénètre peu à peu leur milieu de vie et de travail.

Cet apostolat s'adresse à tous les hommes, aussi nombreux qu'ils soient et n'a le droit d'exclure aucun bien spirituel ou temporel qu'il est possible de leur procurer. Mais les apôtres authentiques ne se contentent pas de cette seule action, ils ont le souci d'annoncer aussi

---

9. Cf. Pie XI, encycl. *Quadragesimo Anno*, 15 mai 1931: *AAS* 23 (1931), pp. 225-226.

le Christ par la parole à ceux qui les entourent. Beaucoup d'hommes en effet ne peuvent recevoir l'Evangile et reconnaître le Christ que par les laïcs qu'ils côtoient.

14. [*Les plans national et international*]

Immense est le champ d'apostolat, sur le plan national et international, où les laïcs surtout sont les intendants de la Sagesse chrétienne. Dans le dévouement envers la nation, dans le fidèle accomplissement de leurs devoirs civiques les catholiques se sentiront tenus de promouvoir le vrai bien commun; c'est ainsi qu'ils peuvent amener le pouvoir civil à tenir compte de leur opinion afin qu'il s'exerce dans la justice et que les lois soient conformes aux exigences morales et au bien commun. Que les catholiques compétents en matière politique, affermis comme il convient dans la foi et la doctrine chrétienne, ne refusent pas la gestion des affaires publiques, car ils peuvent par une bonne administration travailler au bien commun et en même temps préparer la route à l'Evangile.

Les catholiques s'attacheront à collaborer avec tous les hommes de bonne volonté pour promouvoir tout ce qui est vrai, juste, saint, digne d'être aimé (voir Phil. IV, 8). Ils entreront en dialogue avec eux, allant à eux avec intelligence et délicatesse, et rechercheront comment améliorer les institutions sociales et publiques selon l'esprit de l'Evangile.

Parmi les signes de notre temps, il faut noter particulièrement ce sens toujours croissant et inéluctable de la solidarité de tous les peuples, que l'apostolat des laïcs doit développer et transformer en un désir sincère et effectif de fraternité. Enfin les laïcs doivent prendre conscience de l'existence du secteur international, des questions et des solutions doctrinales ou pratiques qui s'y font jour en particulier en ce qui concerne les peuples qui font effort vers le progrès [10].

Tous ceux qui travaillent dans des nations étrangères, ou leur apportent leur aide, se rappelleront que les relations entre peuples doivent être un véritable échange fraternel dans lequel les deux parties donnent et reçoivent à la fois. Ceux qui voyagent à l'étranger, pour raison d'affaires ou de loisir, doivent se rappeler qu'ils sont également partout les messagers itinérants du Christ et qu'ils ont à se conduire comme tels.

---

10. Cf. Jean XXIII, encycl. *Mater et Magistra*, 15 mai 1961: *AAS* 53 (1961), pp. 448-450.

CHAPITRE IV

LES DIVERS MODES D'APOSTOLAT

15. [*Introduction*]

Les laïcs peuvent exercer leur action apostolique soit individuellement, soit groupés en diverses communautés ou associations.

16. [*Importance et multiplicité des formes de l'apostolat individuel*]

L'apostolat que chacun doit exercer personnellement et qui découle toujours d'une vie vraiment chrétienne (cf. Jn IV, 14) est le principe et la condition de tout apostolat des laïcs, même collectif et rien ne peut le remplacer.

Cet apostolat individuel est toujours et partout fécond; il est en certaines circonstances le seul adapté et le seul possible. Tous les laïcs y sont appelés et en ont le devoir, quelle que soit leur condition, même s'ils n'ont pas l'occasion ou la possibilité de collaborer dans des mouvements.

En ce domaine il existe pour les laïcs de multiples manières de participer à l'édification de l'Eglise, à la sanctification du monde et à son animation dans le Christ.

La forme particulière de l'apostolat individuel des laïcs, est le témoignage de toute une vie de laïcs, inspirée par la foi, l'espérance et la charité: elle est d'ailleurs un signe très adapté à notre temps et manifeste le Christ vivant en ses fidèles. Par l'apostolat de la parole, absolument nécessaire en certaines circonstances, les laïcs annoncent le Christ. Par là ils expliquent et répandent sa doctrine chacun selon sa condition, sa compétence et la professent avec fidélité.

En outre, parce qu'ils collaborent comme citoyens de ce monde à tout ce qui touche la construction et la gestion de l'ordre temporel, les laïcs doivent chercher à approfondir dans la vie familiale, professionnelle, culturelle et sociale, à la lumière de la foi leurs raisons d'agir et à l'occasion les révéler aux autres, conscients ainsi d'être les coopérateurs du Dieu Créateur Rédempteur et Sanctificateur, et de Lui rendre gloire.

Enfin les laïcs animeront leur vie par la charité et l'exprimeront concrètement à la mesure de leurs moyens.

Tous se souviendront que par le culte public et la prière personnelle, par la pénitence et la libre acceptation des travaux et des peines de la vie qui les conforme au Christ souffrant (2 Cor. IV, 10; Col. I, 24), ils peuvent atteindre tous les hommes et travailler au salut du monde entier.

17. [*L'apostolat individuel en certaines circonstances*]

Cet apostolat individuel est particulièrement nécessaire et urgent dans les régions où la liberté de l'Eglise est gravement compromise. Dans ces circonstances très difficiles, les laïcs remplaçant les prêtres dans la mesure où ils le peuvent, exposant leur propre liberté et parfois leur vie, enseignent la doctrine chrétienne à ceux qui les entourent, les forment à la vie religieuse, et à l'esprit catholique, les incitent à la réception fréquente des sacrements et à la piété surtout envers l'Eucharistie [1]. Le Concile du fond du cœur rend grâces à Dieu qui, encore aujourd'hui, ne cesse de susciter des laïcs au courage héroïque au milieu des persécutions; il les entoure de sa paternelle affection et leur exprime sa reconnaissance.

L'apostolat individuel trouve une grande place là où les catholiques sont peu nombreux et dispersés. Dans ces circonstances, les laïcs qui n'exercent qu'un apostolat personnel, soit pour les raisons mentionnées plus haut, soit pour des motifs particuliers venant parfois de leur activité professionnelle, peuvent se rassembler utilement par petits groupes, sans aucune forme rigide d'institution ou d'organisation, pourvu que le signe de la communauté de l'Eglise apparaisse toujours aux autres comme un témoignage authentique d'amour.

Ainsi, s'aidant mutuellement au plan spirituel par leur amitié et l'échange de leurs expériences, ils se préparent à surmonter les inconvénients d'une vie et d'une action trop isolées, et à produire des fruits apostoliques plus abondants.

18. [*Importance de l'apostolat organisé*]

Les chrétiens sont donc appelés à exercer personnellement l'apostolat dans leurs diverses conditions de vie; il ne faut cependant pas oublier que l'homme est social par nature et qu'il a plu à Dieu de rassembler ceux qui croient au Christ pour en faire le peuple de Dieu (cf. I Petr. II, 5-10) et les unir en un seul corps (cf. I

---

1. Cf. Pie XII, alloc. *Au 1er Congrès Mondial de l'Apostolat des Laïcs*, 14 oct. 1951: *AAS* 43 (1951), p. 788.

Cor. XII, 12). L'apostolat organisé correspond donc bien à la condition humaine et chrétienne des fidèles; il présente en même temps le signe de la communion et de l'unité de l'Eglise dans le Christ qui a dit: « Là où deux ou trois sont réunis en Mon nom, Je suis au milieu d'eux » (Mat. XVIII, 20).

C'est pourquoi les chrétiens exerceront leur apostolat en s'accordant sur un même but [2]. Qu'ils soient apôtres, tant dans leurs communautés familiales que dans les paroisses et les diocèses qui expriment en tant que tels le caractère communautaire de l'apostolat; qu'ils le soient aussi dans les groupements libres dans lesquels ils auront choisi de se réunir.

L'apostolat organisé est aussi très important parce que souvent, soit dans les communautés ecclésiales, soit dans les divers milieux de vie l'apostolat requiert une action d'ensemble. Les organisations créées pour un apostolat collectif soutiennent leurs membres, les forment à l'apostolat, ordonnent et dirigent leur action apostolique de telle sorte qu'on puisse en espérer des résultats beaucoup plus importants que si chacun agissait isolément.

Dans la conjoncture actuelle il est souverainement nécessaire que là où s'exerce l'activité des laïcs se développe l'apostolat sous sa forme collective et organisée; seule en effet cette étroite conjonction des efforts peut permettre d'atteindre complètement tous les buts de l'apostolat d'aujourd'hui et d'en protéger efficacement les fruits [3]. Dans cette perspective il est particulièrement important que l'apostolat atteigne les mentalités collectives et les conditions sociales de ceux dont il se préoccupe, sinon ceux-ci seront souvent incapables de résister à la pression de l'opinion publique ou des institutions.

19. [*Les multiples formes de l'apostolat organisé*]

Il existe une grande variété dans les associations d'apostolat [4]. Les unes se proposent d'atteindre le but apostolique général de l'Eglise, d'autres des buts d'évangélisation et de sanctification envisagés sous un angle particulier; d'autres visent à l'animation chrétienne de l'ordre temporel; d'autres rendent témoignage au Christ plus spécialement par les œuvres de miséricorde et de charité.

---

2. Cf. Pie XII, alloc. *Au 1er Congrès Mondial de l'Apostolat des Laïcs*, 14 oct. 1951: *AAS* 43 (1951) pp. 787-788.
3. Cf. Pie XII, encycl. *Le Pèlerinage de Lourdes*, 2 juillet 1957, *AAS* 49 (1957), p. 615.
4. Cf. Pie XII, alloc. *Au Conseil de la Fédération internationale des hommes catholiques*, 8 déc. 1956: *AAS* 49 (1957), pp. 26-27.

Parmi ces groupements, il faut en premier lieu considérer ceux qui favorisent et mettent en valeur une union plus intime entre la vie concrète de leurs membres et leur foi. Les organisations ne sont pas des fins en soi, mais elles doivent servir la mission de l'Eglise envers le monde. Leur valeur apostolique dépend de leur conformité aux buts de l'Eglise, ainsi que de la qualité chrétienne de leur témoignage et de l'esprit évangélique de chacun de leurs membres et de l'association tout entière.

La mission universelle de l'Eglise, étant donnée la mise en place progressive des structures et l'évolution de la société actuelle, requiert de plus en plus le développement des associations apostoliques des catholiques au plan international. Les organisations internationales catholiques atteindront mieux leur but, si les groupes qu'elles rassemblent et leurs membres leur sont plus étroitement unis.

Le lien nécessaire avec l'autorité ecclésiastique étant assuré [5], les laïcs ont le droit de fonder des associations [6], de les diriger et de leur donner un nom. Il faut cependant éviter la dispersion des forces; celle-ci se produirait si l'on fondait de nouvelles associations et œuvres sans raison suffisante, si l'on en conservait d'autres devenues inutiles, ou encore si l'on gardait des méthodes périmées; enfin il ne sera pas toujours opportun de transplanter sans discernement dans un pays déterminé les formes d'apostolat organisé qui existent dans un autre [7].

20. [*L'Action Catholique*]

Depuis quelques dizaines d'années, dans un grand nombre de pays, des laïcs donnés de plus en plus à l'apostolat, se sont réunis en des formes diverses d'action et d'associations qui, en union particulièrement étroite avec la hiérarchie, ont poursuivi et poursuivent des buts proprement apostoliques. Parmi ces institutions, comme parmi d'autres semblables et plus anciennes, il faut mentionner en premier lieu celles qui, tout en suivant diverses méthodes, ont été très fécondes pour le Règne du Christ: recommandées et favorisées à juste titre par les Papes et de nombreux Evêques, elles ont reçu d'eux le nom d'Action Catholique; elles ont été le plus souvent

---

5. Cf. Infra chap. V, n. 24 [pp. 419-420].

6. Cf. « Résolution » de la Congrégation du Concile *Corrienten*, 13 nov. 1920: *AAS* 13 (1921), p. 139.

7. Cf. Jean XXIII, encycl. *Princeps Pastorum*, 10 déc. 1959: *AAS* 51 (1959), p. 856.

décrites comme une collaboration des laïcs à l'apostolat hiérarchique [8].

Ces formes d'apostolat, qu'elles portent ou non le nom d'Action Catholique, exercent aujourd'hui un apostolat précieux. Elles sont constituées par la réunion des éléments suivants qui les caractérisent:

a) Le but immédiat des organisations de ce genre est le but apostolique de l'Eglise dans l'ordre de l'évangélisation, de la sanctification des hommes, et de la formation chrétienne de leur conscience, afin qu'ils soient en mesure de pénétrer de l'esprit de l'Evangile les diverses communautés et les divers milieux.

b) Les laïcs collaborant, selon un mode qui leur est propre, avec la hiérarchie, apportent leur expérience et assument leur responsabilité dans la direction de ces organisations, dans la recherche des conditions de mise en œuvre de la pastorale de l'Eglise, dans l'élaboration et la poursuite de leur programme d'action.

c) Ces laïcs agissent unis à la manière d'un corps organisé ce qui exprime de façon plus parlante la communauté ecclésiale et rend l'apostolat plus fécond.

d) Ces laïcs qu'ils soient venus à l'apostolat de leur propre mouvement ou en réponse à une invitation pour l'action et la coopération directe avec l'apostolat hiérarchique, agissent sous la haute direction de la Hiérarchie elle-même, qui peut même authentifier cette collaboration par un mandat explicite.

Les organisations qui, au jugement de la Hiérarchie, vérifient l'ensemble de ces caractères, doivent être réputées comme étant d'Action Catholique, même si elles ont des structures et des noms variés selon les exigences des lieux et des peuples.

Le Saint Concile recommande instamment ces institutions qui répondent certainement en beaucoup de pays aux nécessités de l'apostolat de l'Eglise, et il invite les prêtres et les laïcs qui y travaillent à réaliser de plus en plus les caractéristiques mentionnées plus haut, et à coopérer toujours fraternellement dans l'Eglise avec toutes les autres formes de l'apostolat.

21. [*Estime des organisations*]

Toutes les organisations d'apostolat sont à estimer comme il convient, mais celles que la Hiérarchie, selon les besoins des temps et

---

8. Cf. Pie XI, lettre *Quae nobis*, au cardinal Bertram, 13 nov. 1928: *AAS* 20 (1928), p. 385. Cf. aussi Pie XII, alloc. *A l'Action Catholique italienne*, 4 sept. 1940: *AAS* 32 (1940), p. 362.

des lieux, aura louées, recommandées, décidé de fonder comme plus urgentes, doivent être mises en première place par les prêtres, les religieux et les laïcs, et développées par chacun suivant sa mission. Parmi ces groupements, il faut mentionner très spécialement aujourd'hui les associations ou groupes internationaux de catholiques.

22. [*Les laïcs qui sont à un titre spécial au service de l'Église*]

Sont dignes d'une estime et d'un respect particuliers dans l'Eglise les laïcs célibataires ou mariés qui de manière définitive ou pour un temps mettent leur personne, leur compétence professionnelle au service des institutions et de leurs activités. C'est une grande joie de voir s'augmenter de jour en jour le nombre des laïcs qui se consacrent aux associations et œuvres d'apostolat, soit à l'intérieur de leur pays, soit dans le secteur international, soit surtout dans des communautés catholiques des missions et des églises naissantes.

Les pasteurs accueilleront ces laïcs avec joie et avec reconnaissance; ils veilleront à ce que leur condition satisfasse aussi parfaitement que possible aux exigences de la justice, de l'équité et de la charité, surtout en ce qui concerne les ressources nécessaires à leur vie et à celle de leur famille; ils feront en sorte que ces laïcs disposent des moyens nécessaires de formation, de soutien, et de stimulant spirituel.

CHAPITRE V

LES DISPOSITIONS À OBSERVER

23. [*Introduction*]

L'apostolat des laïcs, individuel ou collectif, doit s'insérer à sa vraie place dans l'apostolat de toute l'Eglise. Qui plus est: son lien avec ceux que l'Esprit-Saint a constitués pour paître l'Eglise de Dieu (cf. *Act*. XX, 28), est un élément essentiel de l'apostolat chrétien. Non moins nécessaire est la collaboration entre les diverses initiatives apostoliques qu'il est du ressort de la Hiérarchie d'organiser harmonieusement.

Une estime mutuelle et une bonne coordination de toutes les formes apostoliques de l'Eglise, respectant le caractère particulier de chacune sont en effet absolument nécessaires pour promouvoir l'esprit d'unité afin que la charité fraternelle éclate dans tout l'apostolat de l'Eglise, que les buts communs soient atteints et que les rivalités dommageables soient évitées [1].

Cela apparaît surtout nécessaire quand une action particulière exige dans l'Eglise, l'harmonie et la coopération apostolique des deux clergés, des religieux et des laïcs.

24. [*Relations avec la Hiérarchie*]

Il appartient à la Hiérarchie de favoriser l'apostolat des laïcs, de lui donner principes et assistance spirituelle, d'ordonner son exercice au bien commun de l'Eglise, et de veiller à ce que la doctrine et les dispositions fondamentales soient respectées.

Les liens de l'apostolat des laïcs avec la Hiérarchie peuvent revêtir des modalités différentes selon la diversité des formes et des buts de cet apostolat.

On trouve dans l'Eglise un certain nombre d'initiatives apostoliques qui doivent leur origine au libre choix des laïcs et dont la

---

1. Cf. Pie XI, encycl. *Quamvis nostra*, 30 avril 1936: *AAS* 28 (1936), pp. 160-161.

gestion relève de leur propre jugement prudentiel. De telles initiatives permettent à l'Eglise, en certaines circonstances, de mieux remplir sa mission; aussi n'est-il pas rare que la Hiérarchie les loue et les recommande [2] mais aucune initiative ne peut prétendre au nom de catholique, sans le consentement de l'autorité ecclésiastique légitime.

Certaines formes de l'apostolat des laïcs sont reconnues explicitement par la Hiérarchie sous une forme ou sous une autre.

En outre eu égard aux exigences du bien commun de l'Eglise, l'autorité ecclésiastique peut choisir et promouvoir d'une façon spéciale certaines associations et institutions apostoliques, visant directement un but spirituel, et assumer à leur égard une responsabilité particulière. Ainsi la Hiérarchie, organisant l'apostolat de diverses manières selon les circonstances, unit plus étroitement à sa propre charge apostolique telle forme d'apostolat sans toutefois altérer la nature propre et la distinction des deux tâches, et par conséquent sans enlever aux laïcs la nécessaire faculté d'agir de leur propre initiative. Cet acte de la Hiérarchie a reçu le nom de « mandat » dans divers documents ecclésiastiques.

Enfin il arrive que la Hiérarchie confie aux laïcs certaines charges touchant de plus près aux devoirs des Pasteurs: dans l'enseignement de la doctrine chrétienne, par exemple, dans certains actes liturgiques et dans le soin des âmes. Par cette mission, les laïcs sont pleinement soumis à la direction du supérieur ecclésiastique pour l'exercice de ces charges.

En ce qui concerne les œuvres et institutions d'ordre temporel, le rôle de la Hiérarchie ecclésiastique est d'enseigner et d'interpréter authentiquement les principes moraux à suivre en ce domaine. Il lui est également possible de juger après mûre réflexion et consultation de personnes compétentes de la conformité de telle œuvre ou institution avec ces principes moraux, et de se prononcer à leur sujet sur ce qui est exigé pour la sauvegarde et la promotion des biens de l'ordre surnaturel.

25. [*Aide à apporter par le clergé à l'apostolat des laïcs*]

Les Evêques, les curés, et les autres prêtres du clergé séculier et du clergé régulier se souviendront que le droit et le devoir d'exercer l'apostolat sont communs à tous les fidèles, clercs ou laïcs, et que dans l'édification de l'Eglise les laïcs ont aussi un rôle propre

---

2. Cf. Résolution de la S. Congrég. du Concile *Corrienten.*, 13 nov. 1920: *AAS* 13 (1921), pp. 137-140.

à jouer [3]. C'est pourquoi ils travailleront fraternellement avec les laïcs dans l'Eglise et pour l'Eglise, et prendront spécialement à cœur le soutien des laïcs dans leurs œuvres d'apostolat [4].

Les Evêques choisiront avec soin des prêtres capables et bien avertis pour s'occuper des formes particulières de l'apostolat des laïcs [5]. Ceux qui exercent ce ministère en vertu d'une mission reçue de la Hiérarchie, la représentent dans son action pastorale: toujours attachés fidèlement à l'esprit et à la doctrine de l'Eglise, ils favoriseront entre les laïcs et la Hiérarchie les relations convenables; ils se dépenseront pour nourrir la vie spirituelle et le sens apostolique au sein des associations catholiques qui leur sont confiées; ils seront présents à leur action apostolique par leurs avis judicieux et favoriseront leurs projets; en dialogue constant avec les laïcs, ils rechercheront attentivement les formes les plus capables de rendre l'action apostolique plus fructueuse; ils développeront l'esprit d'unité au sein même de l'association aussi bien qu'entre elle et les autres.

Enfin les religieux, Frères ou Sœurs, estimeront l'action apostolique des laïcs, et, fidèles à l'esprit et aux règles de leur institut, ils se dépenseront volontiers à la développer [6]; ils s'appliqueront à soutenir, à aider et à compléter l'action du prêtre.

26. [*Moyens utiles à la coopération mutuelle*]

Au plan des diocèses il faudrait autant que possible qu'il y ait des conseils qui soutiennent le travail apostolique de l'Eglise tant sur le plan de l'évangélisation et de la sanctification que sur le plan caritatif, social et autre: les clercs et les religieux y collaboreront de manière appropriée avec les laïcs. Ces conseils pourront aider à la coordination mutuelle des diverses associations ou initiatives des laïcs en respectant la nature propre et l'autonomie de chacune [7].

Des conseils semblables, autant que faire se peut, devraient être constitués au plan paroissial, interparoissial, interdiocésain, voire même au plan national et international [8].

---

3. Cf. Pie XII, Alloc. *Au 2e Congrès Mondial de l'Apostolat des Laïcs*, 5 oct. 1957: *AAS* 49 (1957), p. 927.

4. Cf. Conc. Vat. II, Const. dogm. *De l'Eglise*, n. 37: *AAS* 57 (1965), pp. 42-43 [pp. 63-64].

5. Cf. Pie XII, exhort. apost. *Menti Nostrae*, 23 sept. 1950: *AAS* 42 (1950), p. 660.

6. Cf. Conc. Vat. II, décret *Sur le renouveau et l'adaptation de la vie religieuse*, n. 8: *AAS* 58 (1966), p. 706 [p. 380].

7. Cf. Benoît XIV, *Du synode diocésain*, liv. III, c. IX, n. VII-VIII: *Opera omnia in tomos XVII distributa*, tom. XI (Prati, 1844), pp. 76-77.

8. Cf. Pie XI, encycl. *Quamvis Nostra*, 30 avril 1936: *AAS* 28 (1936). pp. 160-161.

Il faudrait de plus que soit constitué auprès du Saint-Siège un secrétariat spécial pour le service et la promotion de l'apostolat des laïcs. Ce secrétariat serait comme un centre doté de moyens adaptés pour fournir des informations au sujet des diverses initiatives apostoliques des laïcs. Il s'attacherait aux recherches sur les problèmes qui surgissent aujourd'hui dans ce domaine et assisterait de ses conseils la Hiérarchie et les laïcs sur le plan des activités apostoliques. Les divers mouvements et organisations apostoliques des laïcs du monde entier devraient être parties prenantes de ce secrétariat où se retrouveraient aussi pour collaborer avec les laïcs, des clercs et des religieux.

27. [*Coopération avec les autres chrétiens et les non-chrétiens*]

Le patrimoine évangélique commun, et le devoir commun qui en résulte de porter un témoignage chrétien, recommandent et souvent exigent la coopération de catholiques avec les autres chrétiens; cette collaboration peut être le fait des individus et des communautés ecclésiales, et concerner la participation soit à des activités, soit à des associations sur le plan national ou international [9].

Les valeurs humaines communes réclament aussi de la part des chrétiens qui poursuivent des fins apostoliques une coopération de ce genre avec ceux qui ne professent pas le christianisme mais reconnaissent ces valeurs.

Par cette coopération dynamique et prudente [10], particulièrement importante dans les activités temporelles, les laïcs apportent un témoignage au Christ Sauveur du monde, et à l'unité de la famille humaine.

---

9. Cf. Jean XXIII, encycl. *Mater et Magistra*, 15 mai 1961: *AAS* 53 (1961), pp. 456-457. Cf. Conc. Vat. II, Décret *Sur l'Oecuménisme*, n. 12: *AAS* 57 (1965), pp. 99-100 [p. 508].

10. Cf. Conc. Vat. II, Décret *Sur l'Oecuménisme*, n. 12: *AAS* 57 (1965), p. 100 [p. 508]; cf. aussi Const. dogm. *De l'Eglise*, n. 15: *AAS* 57 (1965), pp. 19-20 [pp. 35-36].

CHAPITRE VI

FORMATION À L'APOSTOLAT

28. [*Nécessité d'une formation à l'apostolat*]

L'apostolat ne peut atteindre une pleine efficacité que grâce à une formation à la fois différenciée et complète. C'est ce qu'exigent non seulement le constant progrès spirituel et doctrinal du laïc lui-même mais aussi diverses circonstances tenant aux réalités, aux personnes et aux obligations auxquelles son activité doit pouvoir s'adapter. Cette formation à l'apostolat s'appuiera comme sur des fondements sur les propositions et déclarations faites ailleurs par le Concile [1]. Un certain nombre de formes d'apostolat requièrent en plus de la formation commune à tous les chrétiens une formation spécifique et particulière en raison de la diversité des personnes et des circonstances.

29. [*Principes de la formation des laïcs à l'apostolat*]

Les laïcs ayant leur manière à eux de participer à la mission de l'Eglise, leur formation apostolique sera adaptée au caractère séculier propre au laïcat et à la vie spirituelle qui leur convient.

Cette formation à l'apostolat suppose une formation humaine conforme à la personnalité et aux conditions de la vie de chacun. Le laïc, en effet, grâce à une bonne connaissance du monde actuel, doit être un membre bien inséré dans son groupe social et dans la culture qui est la sienne.

Mais, en premier lieu, le laïc apprendra à accomplir la mission du Christ et de l'Eglise en vivant par la foi le mystère divin de la création et de la rédemption sous la motion de l'Esprit-Saint qui anime le peuple de Dieu et qui sollicite tous les hommes à aimer Dieu comme un Père et à aimer en Lui le monde et les hommes. Cette formation doit être considérée comme le fondement et la condition même de tout apostolat fécond.

---

1. Cf. Conc. Vat. II, Const. dogm. *De l'Eglise*, chap. II, IV, V: *AAS* 57 (1965), pp. 12-21; 37-49 [pp. 28-38, 56-71]; cf. aussi décret *Sur l'Oecuménisme*, nn. 4, 6, 7, 12: *AAS* 57 (1965), pp. 94, 96, 97, 99, 100 [pp. 502-504, 505-506, 508]; cf. aussi ce décret sur l'*Apostolat des Laïcs*, n. 4 [399-401].

Outre la formation spirituelle, une solide connaissance doctrinale est requise en matière théologique, morale et philosophique; cette connaissance devra être adaptée à l'âge, aux conditions de vie ainsi qu'aux aptitudes de chacun. De plus il ne faut aucunement oublier l'importance d'une culture générale appropriée jointe à une formation pratique et technique.

En vue de faciliter au mieux les « relations humaines » il convient aussi de favoriser le développement des valeurs authentiquement humaines, en particulier celles qui concernent l'art de vivre en esprit fraternel, de collaborer ainsi que de dialoguer avec les autres.

Parce que la formation à l'apostolat ne peut consister dans la seule instruction théorique, il faut apprendre graduellement et prudemment, dès le début de cette formation, à voir toutes choses, à juger et à agir à la lumière de la foi, à se former et à se perfectionner soi-même avec les autres par l'action. C'est ainsi qu'on entrera activement dans le service de l'Eglise [2]. Cette formation est sans cesse à perfectionner à cause du développement progressif de la personne humaine et de l'évolution même des problèmes; elle requiert une connaissance toujours plus profonde et une adaptation constante de l'action. Tout en cherchant à répondre à ses multiples exigences, on aura le souci constant de respecter l'unité et l'intégrité totale de la personne humaine afin d'en préserver et d'en intensifier l'harmonieux équilibre.

De cette manière, le laïc peut s'insérer profondément et activement dans la réalité même de l'ordre temporel et prendre part efficacement à la marche des choses; en même temps, comme membre vivant et témoin de l'Eglise, il rend celle-ci présente et agissante au cœur même des réalités temporelles [3].

30. [*Ceux qui doivent former les autres à l'apostolat*]

La formation à l'apostolat doit commencer dès la première éducation des enfants, mais ce sont plus spécialement les adolescents et les jeunes qui doivent être initiés à l'apostolat et marqués de son esprit. Cette formation sera d'ailleurs à poursuivre tout au long de la vie en fonction des exigences posées par de nouvelles tâches. Il est donc clair qu'il revient à ceux qui ont la charge de l'éducation chrétienne de s'attacher à cette éducation apostolique.

---

2. Cf. Pie XII, alloc. *A la 7e Conférence Internationale des Scouts*, 6 juin 1952: *AAS* 44 (1952), pp. 579-580; Jean XXIII, encycl. *Mater et Magistra*, 15 mai 1961: *AAS* 53 (1961), p. 456.

3. Cf. Conc. Vat. II, Const. dogm. *De l'Eglise*, n. 33: *AAS* 57 (1965), p. 39 [pp. 58-59].

C'est aux parents qu'il incombe, au sein même de la famille, de préparer leurs enfants dès leur jeune âge à découvrir l'amour de Dieu envers tous les hommes; ils leur apprendront peu à peu — et surtout par leur exemple — à avoir le souci des besoins de leur prochain tant au plan matériel que spirituel. C'est la famille tout entière, dans sa communauté de vie, qui doit réaliser ainsi le premier apprentissage de l'apostolat.

Mais il est par ailleurs nécessaire de former les enfants de telle manière que, dépassant le cadre familial, ils ouvrent leur esprit à la vie des communautés, aussi bien ecclésiales que temporelles. Leur intégration à la communauté paroissiale locale doit être faite de telle manière qu'ils y prennent conscience d'être membres vivants et agissants du Peuple de Dieu. Les prêtres auront donc le souci constant de cette formation à l'apostolat: dans les catéchismes, les prédications, la direction des âmes ainsi que dans les diverses autres fonctions du ministère pastoral.

Ce sont également les écoles, les collèges et les diverses institutions catholiques consacrées à l'Education qui doivent susciter chez les jeunes le sens catholique et l'action apostolique. Si ces moyens font défaut, soit que les jeunes ne fréquentent pas ces écoles, soit pour toute autre raison, que les parents et les pasteurs, ainsi que les mouvements d'apostolat, prennent d'autant plus soin d'y pourvoir. Quant aux maîtres et aux éducateurs qui, par vocation et par devoir d'état, exercent une excellente forme de l'apostolat des laïcs, il importe qu'ils soient pénétrés de la doctrine et de la pédagogie nécessaires pour transmettre efficacement cette éducation.

Les groupements et associations diverses de laïcs qui se consacrent à l'apostolat ou à toute autre fin spirituelle doivent soigneusement et assidûment favoriser, selon leurs objectifs et leurs propres modalités, cette formation à l'apostolat [4]. Ces organismes constituent d'ailleurs souvent la voie ordinaire de cette formation à l'apostolat. On y trouve en effet la formation doctrinale, spirituelle et pratique. Leurs membres réunis en petits groupes avec leurs compagnons ou leurs amis, examinent les méthodes et les résultats de leur action apostolique et cherchent ensemble dans l'Evangile à juger leur vie quotidienne.

Cette formation doit être poursuivie de façon telle qu'elle tienne compte de tout l'apostolat qui incombe aux laïcs, car celui-ci ne doit

---

4. Cf. Jean XXIII, encycl. *Mater et Magistra,* 15 mai 1961: *AAS* 53 (1961), p. 455.

pas s'exercer seulement à l'intérieur des groupements et des associations mais dans toutes les circonstances de la vie, en particulier de la vie professionnelle et sociale. Bien plus, c'est chaque laïc qui doit se préparer lui-même activement à l'apostolat; ceci est tout particulièrement vrai des adultes. En avançant en âge, en effet, l'esprit s'ouvre davantage, et chacun est donc plus capable de découvrir les talents qui lui ont été départis par Dieu, et peut exercer plus efficacement les charismes que l'Esprit-Saint lui a donnés pour le bien de ses frères.

31. [*Adaptation de la formation aux diverses formes d'apostolat*]

Les diverses formes d'apostolat nécessitent une formation particulièrement adaptée.

a) En ce qui concerne l'apostolat d'évangélisation et de sanctification les laïcs doivent être spécialement préparés à engager le dialogue avec les autres, croyants, ou non croyants, afin de manifester à tous le message du Christ [5]. Mais comme en notre temps le matérialisme sous les formes diverses se répand un peu partout, même parmi les catholiques, il est nécessaire que les laïcs non seulement étudient avec soin la doctrine, particulièrement les points remis en cause, mais qu'en face de toute forme de matérialisme ils donnent le témoignage d'une vie évangélique.

b) En ce qui concerne la transformation chrétienne de l'ordre temporel les laïcs doivent être instruits de la véritable signification et de la valeur des biens temporels considérés tant en eux-mêmes que dans leurs rapports avec toutes les fins de la personne humaine; ils doivent être entraînés à bien user des choses et acquérir l'expérience de l'organisation des institutions, en restant attentifs au bien commun suivant les principes de la doctrine morale et sociale de l'Église. Les laïcs doivent assimiler tout particulièrement les principes et les conclusions de cette doctrine sociale, de sorte qu'ils deviennent capables de travailler pour leur part à son développement aussi bien que de l'appliquer correctement aux cas particuliers [6].

c) Comme les œuvres de charité et de miséricorde présentent un excellent témoignage de vie chrétienne, la formation apostolique doit

---

5. Cf. Pie XII, encycl. *Sertum laetitiae*, 1er nov. 1939: *AAS* 31 (1939), pp. 635-644; cf. ID., alloc. aux « laureati » de l'Action Catholique italienne, 24 mai 1953.

6. Cf. Pie XII, alloc. *Au Congrès universel de la Fédération mondiale de la Jeunesse Féminine Catholique*, 18 avril 1952: *AAS* 44 (1952), pp. 414-419. Cf. ID., alloc. *A l'Association chrétienne des Travailleurs d'Italie* (A.C.L.I.), 1er mai 1955: *AAS* 47 (1955), pp. 403-404.

aussi inviter à les accomplir, en sorte que dès leur enfance les disciples du Christ apprennent à partager les souffrances de leurs frères et à pourvoir avec générosité à leurs besoins [7].

32. [*Moyens à prendre*]

Les laïcs consacrés à l'apostolat disposent déjà de nombreux moyens de formation: sessions, congrès, récollections, exercices spirituels, rencontres fréquentes, conférences, livres et commentaires qui permettent d'approfondir la connaissance de l'Ecriture Sainte et de la doctrine catholique ainsi que de progresser dans la vie spirituelle, de connaître les conditions de vie du monde, de découvrir et d'utiliser les méthodes les plus aptes à l'apostolat [8].

Ces moyens de formation sont fonction des diverses formes d'apostolat à mettre en œuvre selon les milieux à atteindre.

Dans ce but ont même été créés des centres d'étude ou des instituts supérieurs qui ont déjà donné d'excellents résultats.

Le Concile se réjouit des initiatives de ce genre et de leur rayonnement déjà florissant en certaines contrées et souhaite leur fondation là où la nécessité s'en fera sentir.

De plus, il préconise la création de Centres de documentation et d'étude non seulement en matière théologique mais aussi pour les sciences humaines: anthropologie, psychologie, sociologie, méthodologie, afin de développer les aptitudes des laïcs, hommes, femmes, jeunes et adultes, pour tous les secteurs d'apostolat.

EXHORTATION FINALE

33. Le Saint Concile adjure donc avec force au nom du Seigneur, tous les laïcs de répondre volontiers avec élan et générosité à l'appel du Christ qui, en ce moment même, les invite avec plus d'insistance, et à l'impulsion de l'Esprit-Saint. Que les jeunes réalisent bien que cet appel s'adresse très particulièrement à eux, qu'ils le reçoivent avec joie et de grand cœur. C'est le Seigneur Lui-même qui, par le Concile, presse à nouveau tous les laïcs de s'unir plus intimement à

---

7. Cf. Pie XII, alloc. *Aux délégués du Congrès des Associations de Charité*, 27 avril 1952: *AAS* 44 (1952), pp. 470-471.

8. Cf. Jean XXIII, encycl. *Mater et Magistra*, 15 mai 1961: *AAS* 53 (1961), p. 454.

Lui de jour en jour, et de prendre à cœur ses intérêts comme leur propre affaire (cf. Phil. II, 5), de s'associer à Sa mission de Sauveur; Il les envoie encore une fois en toute ville et en tout lieu où Il doit aller Lui-même (cf. Luc X. 1); ainsi à travers la variété des formes et des moyens du même et unique apostolat de l'Eglise, les laïcs se montreront ses collaborateurs, toujours au fait des exigences du moment présent, « se dépensant sans cesse au service du Seigneur, sachant qu'en Lui leur travail ne saurait être vain » (cf. I Cor. XV, 58).

Tout l'ensemble et chacun des points qui sont édictés dans ce Décret ont plu aux Pères du saint Concile. Et Nous, en vertu du pouvoir apostolique que le Christ Nous a confié, avec les vénérables Pères, Nous les approuvons, décrétons et arrêtons dans le Saint-Esprit, et Nous ordonnons que, pour la gloire de Dieu, ce qui a été ainsi établi en Concile soit promulgué.

Rome, près Saint-Pierre, le 18 novembre 1965.

Moi, PAUL,
Évêque de l'Église catholique.

Suivent les signatures des Pères.

L'ACTIVITÉ MISSIONNAIRE DE L'ÉGLISE

Décret "de Activitate missionali Ecclesiae"
("Ad Gentes")
promulgué le 7 décembre 1965

TRADUCTION ÉTABLIE PAR
S. E. MGR GUY RIOBÉ ET M. LE CHANOINE G. BLOND,
AVEC LA COLLABORATION DU R.P. Y. CONGAR, O.P.,
POUR LES ACTES DU CONCILE (Éd. du Cerf)

Texte latin dans les
« Acta Apostolicae Sedis » 58 (1966) p. 947-990
et dans les
« Constitutiones, Decreta, Declarationes » p. 543-615

NOTE DES TRADUCTEURS

Le mot *gentes* qui revient souvent dans ce décret est polyvalent. On ne s'étonnera pas qu'il soit traduit ici tantôt par *païens*, tantôt par *gentils*, éventuellement par *peuples*, selon le contexte.

DÉCRET « AD GENTES »

PAUL, ÉVÊQUE,
SERVITEUR
DES SERVITEURS DE DIEU,
AVEC LES PÈRES DU SAINT CONCILE,
POUR QUE LE SOUVENIR
S'EN MAINTIENNE À JAMAIS.

[1. AVANT-PROPOS]

ENVOYÉE par Dieu aux peuples pour être « le sacrement universel du salut »[1], l'Eglise, en vertu des exigences intimes de sa propre catholicité, et obéissant au commandement de son Fondateur (cf. Mc 16, 15), est tendue de tout son effort vers la prédication de l'Evangile à tous les hommes. Les Apôtres eux-mêmes, en effet, sur lesquels l'Eglise a été fondée, ont suivi les traces du Christ, « prêché la parole de vérité et engendré des églises »[2]. Le devoir de leurs successeurs est de perpétuer cette œuvre, afin que « la parole de Dieu soit divulguée et glorifiée » *(2 Thess.* 3, 1), le Royaume de Dieu annoncé et instauré dans le monde entier.

Mais, dans l'ordre actuel des choses, dont découlent de nouvelles conditions pour l'humanité, l'Eglise, sel de la terre et lumière du monde (cf. *Mt.* 5, 13-14), est appelée de façon plus pressante à sauver et à rénover toute créature, afin que tout soit restauré dans le Christ, et qu'en Lui les hommes constituent une seule famille et un seul peuple de Dieu.

Aussi, le Saint Concile, tout en rendant grâce à Dieu pour les œuvres magnifiques accomplies par le zèle généreux de l'Eglise tout

---

1. Conc. Vat. II, Const. dogm. *Lumen Gentium*, 48 (*A.A.S.*, 1965, 53) [pp. 77-78].
2. S. Augustin, *Enarr. in Ps.*, 44, 23, PL XXXVI, 508; CChr., 38, 150.

entière, désire-t-il esquisser les principes de l'activité missionnaire, et rassembler les forces de tous les fidèles pour que le peuple de Dieu, s'avançant par la porte étroite de la croix, étende partout le règne du Christ Seigneur qui embrasse les siècles de son regard (cf. *Eccli.* 36, 19), et qu'il prépare les voies à son avènement.

CHAPITRE PREMIER

PRINCIPES DOCTRINAUX

2. [*Le dessein du Père*]

De sa nature, l'Eglise, durant son pèlerinage sur terre, est missionnaire, puisqu'elle-même tire son origine de la mission du Fils et de la mission du Saint-Esprit, selon le dessein de Dieu le Père [1].

Ce dessein découle de « l'amour dans sa source », autrement dit de la charité du Père qui, étant le Principe sans Principe, de qui le Fils est engendré, de qui le Saint-Esprit procède par le Fils, nous a créés librement dans sa trop grande bonté et miséricorde, et nous a depuis appelés gracieusement à partager avec lui sa vie et sa gloire; qui a répandu sur nous sans compter sa miséricorde et ne cesse de la répandre, en sorte que Lui, qui est le créateur de tous les êtres, devienne enfin « tout en tous » (*1 Cor.* 15, 28), en procurant à la fois sa gloire et notre bonheur. Il a plu à Dieu d'appeler les hommes à participer à sa vie non pas seulement de façon individuelle, sans aucun lien les uns avec les autres, mais de les constituer en un peuple dans lequel ses enfants, qui étaient dispersés, seraient rassemblés dans l'unité (cf. *Jn* 11, 52).

3. [*La mission du Fils*]

Ce dessein universel de Dieu pour le salut du genre humain ne se réalise pas seulement d'une manière pour ainsi dire secrète dans l'âme des hommes, ou encore par des initiatives, même religieuses, au moyen desquelles ils cherchent Dieu de bien des manières « pour l'atteindre si possible, et le trouver; aussi bien n'est-il pas loin de chacun de nous » (cf. *Act.* 17, 27); car ces initiatives ont besoin d'être éclairées et redressées, bien que, de par un dessein bienveillant de la Providence divine, on puisse parfois les considérer comme une

---

1. Cf. Conc. Vat. II, Const. dogm. *Lumen Gentium*, 2 (*A.A.S.*, 1965. 5-6) [p. 19].

orientation vers le vrai Dieu ou une préparation à l'Evangile [2]. Pour affirmer la paix, autrement dit la communion avec lui, et pour établir la fraternité entre les hommes, — les hommes qui sont pécheurs, — il décida d'entrer dans l'histoire humaine d'une façon nouvelle et définitive, en envoyant son Fils dans notre chair, afin d'arracher par lui les hommes à l'empire des ténèbres de Satan (cf. *Col.* 1, 13; *Act.* 10, 38), et de se réconcilier en lui le monde (cf. *2 Cor.* 5, 19). Son Fils, par qui aussi il a fait les siècles [3], il l'a établi héritier de toutes choses, afin de tout restaurer en Lui (cf. *Eph.* 1, 10).

Car le Christ Jésus fut envoyé dans le monde comme le véritable médiateur entre Dieu et les hommes. Puisqu'il est Dieu, « toute la plénitude de la divinité habite en Lui corporellement » (*Col.* 2, 9); dans sa nature humaine, il est le nouvel Adam, il est constitué le chef de l'humanité régénérée, il est « rempli de grâce et de vérité » (*Jn* 1, 14). Aussi, par les voies d'une Incarnation véritable, le Fils de Dieu est-il venu pour faire participer les hommes à la nature divine; il s'est fait pauvre alors qu'il était riche afin de nous enrichir par sa pauvreté (*2 Cor.* 8, 9). Le Fils de l'Homme n'est pas venu pour être servi, mais pour servir lui-même et donner sa vie en rançon pour beaucoup, c'est-à-dire pour tous (cf. *Mc* 10, 45). Les Saints Pères proclament sans cesse que n'est pas guéri ce qui n'a pas été assumé par le Christ [4]. Mais il a assumé la nature humaine dans toute sa réalité, telle qu'on la trouve chez nous, malheureux et pécheurs, mais elle est chez lui sans péché (cf. *Héb.* 4, 15; 9, 28). Parlant de lui-même, le Christ, « que le Père a consacré et envoyé dans le monde » (cf. *Jn* 10, 36), a dit ces paroles: « L'Esprit du Seigneur est sur moi, parce qu'il m'a consacré par son onction; il m'a envoyé porter la bonne nouvelle aux pauvres, guérir ceux qui ont le cœur brisé, an-

---

2. Cf. S. Irénée, *Adv. Haer.*, III, 18, 1: « Le Verbe existant auprès de Dieu, par qui tout a été fait, et qui était toujours présent dans le genre humain... » *P. G.* 7, 932; *ib.* IV, 6, 7: « Depuis le début, le Fils présent dans sa création, révèle le Père à tous ceux à qui le veut, quand le veut et comme le veut le Père » *ib.* 990; cf. IV, 20, 6-7, ib. 1037; *Démonstration* 34 (Patr. Orient. XII, 773; *Sources chrét.* 62, Paris, 1958, p. 87; — Clément d'Alexandrie, *Protreptique*, 112, 1 (GCS, Clemens, I, 79); *Stromates* VI, 6, 44, 1 (GCS, Clemens, II, 453); VI, 13, 106, 3-4, *ib.*, 485. Sur la doctrine elle-même, cf. Pie XII, *Message radiophonique* 31 déc. 1952; Conc. Vat. II, Const. dogm. *Lumen Gentium*, 16 (*A.A.S.*, 1965), 20) [pp. 36-37].

3. Cf. *Héb.* 1, 2; *Jn* 1, 3 et 10; *I Cor.* 8, 6; *Col.* 1, 16.

4. Cf. S. Athanase, *Lettre à Epictète*, 7 (*P.G.* 26, 1060); S. Cyrille de Jérusalem, *Catech.* 4, 9 (*P.G.* 33, 465); Marius Victorinus, *Adv. Arium*, 3, 3 (*P.L.* 8, 1101); S. Basile, *Lettre* 261, 2 (*P.G.* 32, 969); S. Grégoire de Nazianze, *Lettre* 101 (P.G. 37, 181); S. Grégoire de Nysse, *Antirrheticus, Adv. Apollin.*, 17 (*P.G.* 45, 1156); S. Ambroise, *Lettre* 48, 5 (*P.L.* 16, 1153); S.

noncer aux captifs la délivrance et aux aveugles le retour à la vue »
(Luc 4, 18); et encore: « Le Fils de l'Homme est venu chercher et
sauver ce qui était perdu » (*Luc* 19, 10).

Ce qui a été une fois prêché par le Seigneur ou accompli en lui
pour le salut du genre humain, doit être proclamé et répandu
jusqu'aux extrémités de la terre (*Act.* 1, 8), en commençant par Jérusalem (cf. *Luc* 24, 47), de sorte que ce qui a été accompli une fois
en vue du salut de tous, obtienne son résultat chez tous au cours
des âges.

4. [*La mission du Saint-Esprit*]

Mais pour le réaliser pleinement, le Christ a envoyé d'auprès du
Père le Saint-Esprit, qui accomplirait son œuvre porteuse de salut à
l'intérieur des âmes, et pousserait l'Eglise à s'étendre. Sans l'ombre
d'un doute le Saint-Esprit était déjà à l'œuvre avant la glorification
du Christ [5]. Pourtant, le jour de la Pentecôte, il descendit sur les
disciples pour demeurer avec eux à jamais (cf. *Jn* 14, 16); l'Eglise
se manifesta publiquement devant la multitude, la diffusion de
l'Evangile commença avec la prédication; enfin fut préfigurée l'union
des peuples dans la catholicité de la foi, par l'Eglise de la Nouvelle
Alliance, qui parle toutes les langues, comprend et embrasse dans sa
charité toutes les langues, et triomphe ainsi de la dispersion de
Babel [6]. Car c'est à la Pentecôte que commencèrent « les actes des

---

Augustin, *Tract. in Evang. Joann.,* tr. 23, 6 (*P.L.* 35, 1585; *CChr.* 36, 236);
en outre, c'est cet argument qui lui sert à démontrer que le Saint-Esprit ne nous
a pas rachetés, puisqu'il ne s'est pas incarné: *De Agone Christ.,* 22, 24 (*P.L.*
40, 302); S. Cyrille d'Alexandrie, *Adv. Nestor.,* I, 1 (*P.G.* 76, 20); S.
Fulgence, *Lettre* 17, 3, 5 (*P.L.* 65, 454); *A Trasimond* III, 21 (*P.L.* 65, 284:
de la tristesse et de la crainte).

5. C'est l'Esprit-Saint qui a parlé par les prophètes: Symb. de Constantinople (Denz. 150 [86]); S. Léon le Grand, *Sermon* 76 (*P.L.* 54, 405-
406): « Quand au jour de la Pentecôte l'Esprit-Saint remplit les disciples du
Seigneur, ce ne fut pas le début d'un don, mais une largesse surajoutée à
d'autres: les patriarches, les prophètes, les prêtres, tous les saints qui vécurent
aux temps anciens ont été nourris du même Esprit sanctifiant... bien que
la mesure des dons ait été différente ». De même le *Sermon* 77, I (*P.L.* 54,
412); Léon XIII, Encycl. *Divinum illud,* 9 mai 1897 (*A.S.S.* 1897, 650-651).
De même S. Jean Chrysostome, bien qu'il insiste sur la nouveauté de la mission du Saint-Esprit au jour de la Pentecôte: *In Eph.,* c. 4, Hom. 10, 1 (*P.G.*
62, 75).

6. Les saints Pères parlent souvent de Babel et de la Pentecôte: Origène,
In Genesim, c. 1 (*P.G.* 12, 112); S. Grégoire de Nazianze, *Orat.* 41, 16 (*P.G.*
36, 449); S. Jean Chrysostome, *Hom. 2 pour la Pentecôte,* 2 (*P.G.* 50, 467);
In Acta Apost. (*P.G.* 60, 44); S. Augustin, *Enarr. in Psalm.* 54, 11

Apôtres », tout comme c'est lorsque le Saint-Esprit vint sur la Vierge
Marie que le Christ fut conçu, et lorsque le même Esprit-Saint descendit sur le Christ pendant sa prière que le Christ fut poussé à
commencer son ministère [7]. Le Christ Jésus lui-même, avant de donner librement sa vie pour le monde, a de telle sorte organisé le
ministère apostolique et promis d'envoyer le Saint-Esprit que ce
ministère et cette mission sont tous deux associés pour mener à bien,
toujours et partout, l'œuvre du salut [8]. A travers toutes les époques,
c'est le Saint-Esprit qui « unifie l'Eglise tout entière dans la communion et le ministère, qui la munit des divers dons hiérarchiques et
charismatiques » [9], vivifiant à la façon d'une âme [10] les institutions
ecclésiastiques, et insinuant dans les cœurs des fidèles le même esprit
missionnaire qui avait poussé le Christ lui-même. Parfois même, il
prévient visiblement l'action apostolique [11], tout comme il ne cesse de
l'accompagner et de la diriger de diverses manières [12].

5. [L'Église envoyée par le Christ]

Dès le début de son ministère, le Seigneur Jésus « appela à Lui
ceux qu'Il voulut... et en institua douze pour être ses compagnons et
pour les envoyer prêcher » (Mc 3, 13; cf. Mt. 10, 1-42). Les
Apôtres furent ainsi les germes du Nouvel Israël et en même temps
l'origine de la hiérarchie sacrée. Puis, une fois qu'Il eut, par sa mort
et sa résurrection, accompli en lui les mystères de notre salut et de la
restauration du monde, le Seigneur, qui avait reçu tout pouvoir au

(P.L. 36, 636; CChr., 39, 664 sq); Sermon 271 (P.L. 38, 1245); S. Cyrille
d'Alexandrie, Glaphyra in Genesim II (P.G. 69, 79); S. Grégoire le Grand,
Hom. in Evang., lib. II, Hom. 30, 4 (P.L. 76, 1222); S. Bède, In Hexaemer.,
liv. III (P.L. 91, 125). Voir aussi la représentation dans l'atrium de la Basilique Saint-Marc à Venise.
    L'Eglise parle toutes les langues, et ainsi rassemble tous les hommes dans
la catholicité de la foi: S. Augustin, Sermons 266, 267, 268, 269 (P.L. 38.
1225-1237); Sermon 175, 3 (P.L. 38, 946); S. Jean Chrysostome, In Epist. 1
ad Cor., Hom. 35 (P.G. 61, 296); S. Cyrille d'Alex., Fragm. in Acta (P.G.
74, 758); S. Fulgence, Sermon 8, 2-3 (P.L. 65, 743-744).
    Sur la Pentecôte et la consécration des Apôtres à la mission: cf. J. A.
Cramer, Catena in Acta SS. Apostolorum, Oxford, 1838, p. 24 sq.
    7. Cf. Luc 3, 22; 4, 1; Act. 10, 38.
    8. Cf. Jean, chap. 14 à 17; Paul VI, Discours prononcé au Concile, le
14 septembre 1964 (A.A.S., 1964, 807).
    9. Cf. Conc. Vat. II, Const. dogm. Lumen gentium, 4 (A.A.S., 1965, 7)
[p. 21].
    10. S. Augustin, Sermon 267, 4 (P.L. 38, 1231): « Ce que fait l'âme dans
tous les membres d'un même corps, le Saint-Esprit le fait dans l'Eglise tout
entière ». Cf. Conc. Vat. II, Const. dogm. Lumen Gentium, n. 7, avec la note
8 (A.A.S., 1965, 11) [pp. 23-26].
    11. Cf. Act. 10, 44-47; 11, 15; 15, 8.
    12. Cf. Act. 4, 8; 5, 32; 8, 26. 29. 39; 9, 31; 10; 11, 24-28; 13, 2. 4. 9;
16, 6-7; 20, 22-23; 21, 11, etc.

ciel et sur la terre (cf. *Mt.* 28, 18), fonda son Eglise, comme le sacrement du salut, avant d'être enlevé au ciel (cf. *Act.* 1, 4-8); tout comme Il avait été lui-même envoyé par le Père (cf. *Jn* 20, 21), il envoya ses Apôtres dans le monde entier en leur donnant cet ordre: « Allez donc, de toutes les nations faites des disciples, les baptisant au nom du Père et du Fils et du Saint-Esprit, et leur apprenant à observer tout ce que je vous ai prescrit » (*Mt.* 28, 19s.). « Allez par le monde entier proclamer la bonne nouvelle à toute la création. Celui qui croira et sera baptisé sera sauvé, celui qui ne croira pas sera condamné » (*Mc* 16, 15s.). C'est de là que découle pour l'Eglise le devoir de propager la foi et le salut apporté par le Christ, d'une part, en vertu du mandat exprès qu'a hérité des Apôtres l'ordre des Evêques, assisté par les prêtres en union avec le Successeur de Pierre, Pasteur suprême de l'Eglise, et, d'autre part, en vertu de l'influx vital que le Christ communique à ses membres: le Christ « dont le Corps tout entier reçoit concorde et cohésion, par toutes sortes de jointures qui le nourrissent et l'actionnent selon le rôle de chaque partie, opérant ainsi sa croissance et se construisant lui-même dans la charité » (*Eph.* 4, 16). La mission de l'Eglise s'accomplit donc par l'opération au moyen de laquelle, obéissant à l'ordre du Christ, et mue par la grâce de l'Esprit-Saint et la charité, elle devient un acte plénier présent à tous les hommes et à tous les peuples, pour les amener, par l'exemple de sa vie, par la prédication, par les sacrements et les autres moyens de grâce, à la foi, à la liberté, à la paix du Christ, de telle sorte qu'elle leur soit ouverte comme la voie libre et sûre pour participer pleinement au mystère du Christ.

Cette mission continue et développe au cours de l'histoire la mission du Christ lui-même, qui fut envoyé pour annoncer aux pauvres la bonne nouvelle; c'est donc par la même route qu'a suivie le Christ lui-même que, sous la poussée de l'Esprit du Christ, l'Eglise doit marcher, c'est-à-dire par la route de la pauvreté, de l'obéissance, du service et de l'immolation de soi jusqu'à la mort, dont Il est sorti victorieux par sa résurrection. Car c'est ainsi dans l'espérance qu'ont marché tous les Apôtres, qui ont achevé par leurs multiples tribulations et souffrances ce qui manque à la passion du Christ au profit de son Corps, l'Eglise (cf. *Col.* 1, 24); souvent aussi le sang des chrétiens fut une semence [13].

6. [*L'activité missionnaire*]

Cette tâche, c'est par l'ordre des Evêques, à la tête duquel se trouve le successeur de Pierre, qu'elle doit être accomplie, avec la

---

13. Tertullien, *Apologeticum*, 50, 13 (*P.L.* 1, 534; CChr., 1, 171).

prière et la collaboration de toute l'Eglise; elle est unique et la même, partout, en toute situation, bien qu'elle ne soit pas menée de la même manière du fait des circonstances. Par conséquent, les différences qu'il faut reconnaître dans cette activité de l'Eglise ne dérivent pas de la nature intime de la mission elle-même, mais des conditions dans lesquelles elle est menée.

Ces conditions dépendent soit de l'Eglise, soit même des peuples, des groupes humains ou des hommes à qui s'adresse la mission. Car l'Eglise, bien que de soi elle contienne la totalité ou la plénitude des moyens de salut, n'agit pas ni ne peut agir toujours et immédiatement selon tous ses moyens; elle connaît des commencements et des degrés dans l'action par laquelle elle s'efforce de conduire à son effet le dessein de Dieu; bien plus, elle est parfois contrainte, après des débuts heureux, de déplorer de nouveau un recul, ou tout au moins de demeurer dans un état de semi-plénitude et d'insuffisance. En ce qui concerne les hommes, les groupes humains et les peuples, elle ne les atteint et ne les pénètre que progressivement, et les assume ainsi dans la plénitude catholique. Les actes propres, les moyens adaptés doivent s'accorder avec chaque condition ou état.

Les initiatives particulières par lesquelles les prédicateurs de l'Evangile, envoyés par l'Eglise et allant dans le monde entier, s'acquittent de la charge de prêcher l'Evangile et d'implanter l'Eglise parmi les peuples ou les groupes humains qui ne croient pas encore au Christ, sont communément appelées « missions »; elles s'accomplissent par l'activité missionnaire, et sont menées d'ordinaire dans des territoires déterminés reconnus par le Saint-Siège. La fin propre de cette activité missionnaire, c'est l'évangélisation et l'implantation de l'Eglise dans les peuples ou les groupes humains dans lesquels elle n'a pas encore été enracinée [14]. Il faut que, nées de la parole de

---

14. Déjà saint Thomas d'Aquin parle de la charge apostolique de planter l'Eglise: cf. Sent., Lib. I, dist. 16, q. 1, a. 2 ad 2 et 4; a. 3 sol.; *Somme Théologique* Ia, q. 43, a. 7 ad 6; Ia IIae, q. 106, a. 4 ad 4. Cf. Benoît XV, *Maximum illud*. 30 nov. 1919 (*A.A.S.* 1919, 445 et 453); Pie XI. *Rerum Ecclesiae*, 28 févr. 1926 (*A.A.S.* 1926, 74); Pie XII, 30 avril 1939, aux Direct. des Oeuvres Pontif. Missionn.; Id., 24 juin 1944 aux Direct. des Oeuvres Pontif. Missionnaires (*A.A.S.* 1944, 210); de nouveau *A.A.S.* 1950, 727, et 1951, 508); Id., 29 juin 1948 au clergé indigène (*A.A.S.* 1948, 374); Id., *Evangelii Praecones*, 2 juin 1951 (*A.A.S.* 1951, 507); Id., *Fidei Donum* 15 janv. 1957 (*A.A.S.* 1957, 236); Jean XXIII, *Princeps Pastorum*, 28 nov. 1959 (*A.A.S.* 1959, 835); Paul VI, *Homélie* du 18 octobre 1964 (*A.A.S.* 1964, 911).

Les Papes aussi bien que les Pères et les Scolastiques parlent de l'expansion de l'Eglise (*dilatatio Ecclesiae*): S. Thomas, Comment. sur *Matt.* 16, 28; Léon XIII, Encycl. *Sancta Dei Civitas*, 3 déc. 1880 (*A.S.S.* 1880, 241); Benoît XV, *Maximum illud*, 30 nov. 1919 (*A.A.S.* 1919, 442); Pie XI, *Rerum Ecclesiae*, 28 fév. 1926 (*A.A.S.* 1926, 65).

Dieu, des Eglises particulières autochtones, suffisamment établies, croissent partout dans le monde, jouissent de leurs ressources propres et d'une certaine maturité; il faut que, pourvues de leur hiérarchie propre unie à un peuple fidèle, et des moyens accordés à leur génie, nécessaires pour mener une vie pleinement chrétienne, elles contribuent au bien de toute l'Eglise. Mais le moyen principal de cette implantation, c'est la prédication de l'Evangile de Jésus-Christ; c'est pour annoncer l'Evangile que le Seigneur a envoyé ses disciples dans le monde entier, afin que les hommes ayant acquis une nouvelle naissance par la parole de Dieu (cf. *1 Pet.* 1, 23), soient agrégés par le baptême à l'Eglise qui, en tant que Corps du Verbe incarné, est nourrie et vit de la parole de Dieu et du pain eucharistique (cf. *Act.* 2, 42).

Dans cette activité missionnaire de l'Eglise, diverses situations se présentent parfois mêlées les unes aux autres: situation d'abord de début ou de plantation, puis de nouveauté ou de jeunesse. Quand tout cela est accompli, l'action missionnaire de l'Eglise ne cesse pas pour autant: le devoir incombe aux Eglises particulières déjà formées, de la continuer et de prêcher l'Evangile à tous ceux qui sont encore au dehors.

En outre, il n'est pas rare que les groupes humains parmi lesquels l'Eglise existe, soient complètement transformés pour des raisons diverses; des situations nouvelles peuvent en résulter. L'Eglise doit alors examiner si ces situations exigent de nouveau une activité missionnaire. De plus, les circonstances sont parfois telles que manque pour un temps la possibilité de proposer directement et immédiatement le message évangélique; c'est alors que les missionnaires peuvent et doivent donner avec patience et prudence, avec une grande confiance en même temps, au moins le témoignage de la charité et de la bienfaisance du Christ, et préparer ainsi les voies au Seigneur et le rendre présent d'une certaine manière.

Ainsi, il est clair que l'activité missionnaire découle profondément de la nature même de l'Eglise; elle en propage la foi qui sauve, elle en réalise l'unité catholique en la répandant, l'apostolicité de l'Eglise lui donne sa vigueur, elle met en œuvre le sens collégial de sa hiérarchie, elle en atteste, répand et procure la sainteté. Ainsi l'activité missionnaire au milieu des nations diffère tant de l'activité pastorale à mener à l'égard des fidèles, que des initiatives à prendre pour rétablir l'unité des chrétiens. Cependant, ces deux domaines sont très

étroitement liés avec l'activité missionnaire de l'Eglise [15]: la division
des Chrétiens en effet nuit [16] à la cause très sacrée de la prédication
de l'Evangile à toute créature, et, pour beaucoup, elle ferme l'accès
à la foi. Ainsi, de par la nécessité de la mission, tous les baptisés sont
appelés à s'assembler en un seul troupeau, afin de pouvoir ainsi, de
façon unanime, rendre témoignage du Christ leur Seigneur devant
les nations. S'ils sont encore incapables de donner le témoignage
d'une foi unique, il faut au moins qu'ils soient animés par une estime
et une charité réciproques.

7. [*Raisons et nécessité de l'activité missionnaire*]

La raison de cette activité missionnaire se tire de la volonté de
Dieu, qui « veut que tous les hommes soient sauvés et parviennent
à la connaissance de la vérité. Car il n'y a qu'un seul Dieu, et un
seul Médiateur entre Dieu et les hommes, l'homme Jésus-Christ, qui
s'est livré en rédemption pour tous » (*1 Tim.* 2, 4-6); « et il n'existe
de salut en aucun autre » (*Act.* 4, 12). Il faut donc que tous se
convertissent au Christ connu par la prédication de l'Eglise, et qu'ils
soient incorporés par le Baptême à Lui et à l'Eglise, qui est son
Corps. Car le Christ lui-même, « en inculquant en termes formels la
nécessité de la foi et du baptême (cf. *Mc* 16, 16; *Jn* 3, 5), a du
même coup confirmé la nécessité de l'Eglise dans laquelle les hommes
entrent par le baptême, comme par une porte. C'est pourquoi ces
hommes ne peuvent être sauvés qui, n'ignorant pas que l'Eglise a été
fondée comme nécessaire par Dieu, par l'intermédiaire de Jésus-Christ,
n'auront cependant pas voulu y entrer ou y persévérer » [17]. Bien que
Dieu puisse par des voies connues de lui amener à la foi sans laquelle
il est impossible de plaire à Dieu (*Héb.* 11, 6), des hommes qui, sans
faute de leur part, ignorent l'Evangile, la nécessité incombe cependant à l'Eglise *(1 Cor.* 9, 16) — et en même temps elle en a le droit
sacré — d'évangéliser, et par conséquent son activité missionnaire
garde dans leur intégrité, aujourd'hui comme toujours, sa force et
sa nécessité.

15.   Dans cette notion de l'activité missionnaire sont incluses en toute réalité, comme il est évident, même ces parties de l'Amérique Latine dans lesquelles n'existe pas de hiérarchie propre, et où ne se trouvent ni une maturité de
vie chrétienne ni une prédication suffisante de l'Evangile. La question de
savoir si ces territoires sont reconnus de fait par le Saint-Siège comme des
territoires missionnaires, n'est pas du ressort du Concile. C'est pourquoi relativement au lien entre la notion de l'activité missionnaire et certains territoires
déterminés, on dit à juste titre que cette activité s'exerce « d'ordinaire » dans
des territoires déterminés reconnus par le Saint-Siège.

16.   Conc. Vat. II, Décret *Unitatis redintegratio*, 1 (*A.A.S.*, 1965, 90)
[pp. 497-498].

17.   Cf. Conc. Vat. II, Const. dogm. *Lumen gentium*, 14 (*A.A.S.*, 1965,
18) [pp. 34-35].

C'est par elle que le Corps mystique du Christ rassemble et ordonne sans cesse les forces en vue de son propre accroissement (cf. *Eph.* 4, 11-16). C'est pour mener à bien cette activité que les membres de l'Eglise sont poussés par la charité, qui leur fait aimer Dieu et leur fait désirer partager avec tous les hommes les biens spirituels de la vie future comme ceux de la vie présente.

Par cette activité missionnaire enfin, Dieu est pleinement glorifié, du moment que les hommes accueillent consciemment et pleinement son œuvre salutaire qu'il a réalisée dans le Christ. C'est ainsi que par elle se réalise le dessein de Dieu (que le Christ a servi par obéissance et par amour pour la gloire du Père qui l'a envoyé [18]): que le genre humain tout entier constitue un seul Peuple de Dieu, se rassemble dans le Corps unique du Christ, soit construit en un seul Temple du Saint-Esprit; ce qui, en évoquant la concorde fraternelle, répond au désir intime de tous les hommes. C'est ainsi qu'enfin s'accomplit vraiment le dessein du Créateur formant l'homme à son image et à sa ressemblance, quand tous ceux qui participent à la nature humaine, une fois qu'ils auront été régénérés dans le Christ par le Saint-Esprit, et reflétant ensemble la gloire de Dieu, pourront dire: « Notre Père » [19].

8. [*L'activité missionnaire dans la vie et l'histoire humaines*]

L'activité missionnaire possède un lien intime avec la nature humaine elle-même et ses aspirations. Car en manifestant le Christ,

---

18. Cf. *Jn* 7, 18; 8, 30 et 44; 8, 50; 17, 1.

19. Sur cette idée synthétique, voir la doctrine de saint Irénée sur la Récapitulation. Cf. aussi Hippolyte, *De Antichristo*, 3: « Aimant tous les hommes et désirant les sauver tous, voulant les rendre tous fils de Dieu et appelant tous les saints à former un seul homme parfait... » (*P.G.* 10, 732; *G.C.S.* Hippolyte I, 2, p. 6); *Benedictiones Jacob, 7* (*T.U.*, 38-1, p. 18, lin. 4 ss); Origène, *In Joan.* Tom. I, 16: « Il n'y aura alors qu'un seul acte de connaître Dieu chez ceux qui seront arrivés à Dieu, sous la conduite de ce Verbe qui est chez Dieu; en sorte que tous soient formés avec soin pour connaître le Père comme des enfants, comme le Fils est maintenant seul à connaître le Père » (*P.G.* 14, 49; *G.C.S.* Origen IV, 20); S. Augustin, *De Sermone Domini in monte, I,* 41: « Aimons ce qui avec nous peut être mené jusqu'à ces royaumes où personne ne dit: Mon Père, mais où tous disent à un seul Dieu: Notre Père » (*P.L.* 34, 1250); S. Cyrille d'Alex., *In Joan.*, I: « Car nous sommes tous dans le Christ et la nature commune de notre humanité reprend vie en lui. C'est pour cela qu'il a été appelé le nouvel Adam... Il a habité parmi nous, Celui qui par nature est Fils et Dieu; aussi nous écrions-nous dans son Esprit: *Abba,* Père ! Le Verbe habite en tous en un seul temple, c'est-à-dire ce temple qu'il a pris pour nous et qu'il nous a emprunté, afin qu'ayant en lui tous les hommes, il réconcilie au Père tous les hommes dans un seul corps, comme le dit Paul » (*P.G.* 73, 161-164).

l'Eglise révèle aux hommes par le fait même la vérité authentique de leur condition et de leur vocation intégrale, le Christ étant le principe et le modèle de cette humanité rénovée, pénétrée d'amour fraternel, de sincérité, d'esprit pacifique, à laquelle tout le monde aspire. Le Christ, et l'Eglise qui rend témoignage à son sujet par la prédication évangélique, transcendent tout particularisme de race ou de nation, et par conséquent ils ne peuvent jamais être considérés, ni lui ni elle, comme étrangers nulle part ni à l'égard de qui que ce soit [20]. Le Christ lui-même est la vérité et la voie que la prédication évangélique découvre à tous, en portant aux oreilles de tous ces paroles du même Christ: « Faites pénitence et croyez à l'Evangile » (*Mc* 1, 15). Puisque celui qui ne croit pas est déjà jugé (cf. *Jn* 3, 18), les paroles du Christ sont des paroles à la fois de jugement et de grâce, de mort et de vie. Car c'est seulement en faisant mourir ce qui est vieux que nous pouvons parvenir à la nouveauté de vie: cela vaut d'abord des personnes; mais cela vaut aussi des divers biens de ce monde, qui sont marqués en même temps par le péché de l'homme et la bénédiction de Dieu: « Car tous ont péché et sont privés de la gloire de Dieu » (*Rom.* 3, 23). Personne, par lui-même ou par ses propres efforts, n'est délivré du péché ni élevé au-dessus de lui-même, personne n'est entièrement libéré de sa faiblesse ni de sa solitude ni de son esclavage [21], mais tous ont besoin du Christ, le Modèle, le Maître, le Libérateur, le Sauveur, celui qui donne la vie. En toute vérité, dans l'histoire humaine, même au point de vue temporel, l'Evangile fut un ferment de liberté et de progrès, et il se présente toujours comme un ferment de fraternité, d'unité et de paix. Ce n'est donc pas sans raison que le Christ est honoré par les fidèles comme « l'Attente des nations et leur Sauveur » [22].

9. [*Caractère eschatologique de l'activité missionnaire*]

Aussi le temps de l'activité missionnaire se situe-t-il entre le premier avènement du Seigneur, et le second, dans lequel, des quatre

---

20. Benoît XV, *Maximum illud*, 30 nov. 1919 (*A.A.S.* 1919, 445): « Car de même que l'Eglise de Dieu est catholique et qu'elle n'est étrangère en aucune race ni aucune nation... »; cf. Jean XXIII, Enc. *Mater et Magistra*: « De droit divin l'Eglise s'étend à toutes les nations... lorsqu'elle a injecté dans ce qu'on peut appeler les veines d'un peuple sa puissance, elle n'est pas. elle ne se considère pas une institution quelconque, imposée de l'extérieur à ce peuple... Aussi tout ce qui lui paraît être bon et honnête, ils le confirment et le mènent à la perfection » (i.e. ceux qui sont re-nés dans le Christ), 25 mai 1961 (*A.A.S.*, 1961, 444).

21. Cf. S. Irénée, *Adv. Haereses*, III, 15, 3 (*P.G.* 7, 919): « Ils furent les prédicateurs de la vérité et les apôtres de la liberté ».

22. *Bréviaire romain*, Antienne *O* aux vêpres du 23 décembre.

vents, telle une moisson, l'Eglise sera rassemblée dans le royaume de Dieu [23]. Car avant la venue du Seigneur, il faut que la bonne nouvelle soit proclamée parmi toutes les nations (cf. *Mc* 13, 10).

L'activité missionnaire n'est rien d'autre, elle n'est rien de moins que la manifestation du dessein de Dieu, son Epiphanie et sa réalisation dans le monde et son histoire, dans laquelle Dieu conduit clairement à son terme, au moyen de la mission, l'histoire du salut. Par la parole de la prédication et par la célébration des sacrements, dont la Sainte Eucharistie est le centre et le sommet, elle rend présent le Christ auteur du salut, Tout ce qui se trouvait déjà de vérité et de grâce chez les nations comme par une secrète présence de Dieu, elle le délivre des contacts mauvais et le rend au Christ son Auteur, qui détruit l'empire du diable et arrête la malice infiniment diverse des crimes. Aussi, tout ce qu'on découvre de bon semé dans le cœur et l'âme des hommes ou dans les rites particuliers et les civilisations particulières des peuples, non seulement ne périt pas, mais est purifié, élevé et porté à sa perfection pour la gloire de Dieu, la confusion du démon et le bonheur de l'homme [24]. Ainsi l'activité missionnaire tend vers la plénitude eschatologique [25]: c'est par elle, en effet, que jusqu'à la mesure et à l'époque que le Père a fixées dans son autorité (cf. *Act.* 1, 7), se développe le Peuple de Dieu, en vue de qui il a été dit de manière prophétique: « Elargis l'espace de ta tente, déploie les tentures de ta demeure ! Ne les retiens pas ! » (*Is.* 54, 2) [26]; c'est par elle que s'accroît le Corps mystique jusqu'à la mesure de l'âge de la plénitude du Christ (cf. *Eph.* 4, 13), et que le temple spirituel où Dieu est adoré en esprit et en vérité (cf. *Jn* 4, 23) grandit et se construit « sur le fondement des apôtres et des prophètes, le Christ Jésus étant lui-même la pierre d'angle » (*Eph.* 2, 20).

---

23. Cf. *Mt.* 24, 31; *Didachè* 10, 5 (Funk, I, p. 32).

24. Conc. Vat. II, Const. dogm. *Lumen Gentium*, 17 (*A.A.S.*, 1965, 20-21) [pp. 37-38]; S. Augustin, *De Civitate Dei*, 19, 17 (*P.L.* 41, 646). Instr. de la S. Congr. de la Propagande (*collectanea* I, n. 135, p. 42).

25. Selon Origène, l'Evangile doit être prêché avant la consommation de ce monde: *Hom. sur saint Luc*, XXI (*G.C.S.*, *Origen* IX, 136, 21 ss); *Comm. sur Matth.*, 39 (XI, 75, 25 ss; 76, 4 ss); *Hom. sur Jérémie*, III, 2 (VIII 308. 29 s.); S. Thomas, *Somme Théologique*, Ia IIae, q. 106, art. 4, ad 4.

26. S. Hilaire de Poitiers, *Sur le psaume* 14 (*P.L.* 9, 301); Eusèbe de Césarée, *Sur Isaïe* 54, 2-3 (*P.G.* 24, 462-463); S. Cyrille d'Alexandrie, *Sur Isaïe* V, chap. 54, 1-3 (*P.G.* 70, 1193).

CHAPITRE II

L'ŒUVRE MISSIONNAIRE ELLE-MÊME

10. [*Introduction*]

L'Eglise, envoyée par le Christ pour manifester et communiquer la charité de Dieu à tous les hommes et à toutes les nations, comprend qu'elle a à faire une œuvre missionnaire encore énorme. Car deux milliards d'hommes, dont le nombre s'accroît de jour en jour, qui sont rassemblés en des groupements importants et déterminés par les rapports stables de la vie culturelle, par les antiques traditions religieuses, par les liens solides des relations sociales, n'ont pas encore entendu le message évangélique ou l'ont à peine entendu; les uns suivent l'une des grandes religions, les autres demeurent étrangers à la connaissance de Dieu lui-même, d'autres nient expressément son existence, parfois même l'attaquent. L'Eglise, afin de pouvoir présenter à tous le mystère du salut et la vie apportée par Dieu, doit s'insérer dans tous ces groupes humains du même mouvement dont le Christ lui-même, par son incarnation, s'est lié aux conditions sociales et culturelles déterminées des hommes avec lesquels il a vécu.

ART. 1 — LE TÉMOIGNAGE CHRÉTIEN

11. [*Le témoignage de la vie et le dialogue*]

Il faut que l'Eglise soit présente dans ces groupements humains par ses enfants, qui y vivent ou sont envoyés vers eux. Car tous les chrétiens, partout où ils vivent, sont tenus de manifester de telle manière, par l'exemple de leur vie et le témoignage de leur parole, l'homme nouveau qu'ils ont revêtu par le baptême, et la force du Saint-Esprit qui les a fortifiés au moyen de la confirmation, que les autres, réfléchissant à leurs bonnes œuvres, glorifient le Père (cf. *Mt.* 5, 16), et perçoivent plus pleinement le sens authentique de la vie humaine et le lien universel de communion des hommes.

Pour qu'ils puissent donner avec fruit ce témoignage du Christ, ils doivent se joindre à ces hommes par l'estime et la charité, se reconnaître comme des membres du groupement humain dans lequel ils vivent, avoir une part dans la vie culturelle et sociale au moyen des divers échanges et des diverses affaires humaines; ils doivent être familiers avec leurs traditions nationales et religieuses; découvrir avec joie et respect les semences du Verbe qui s'y trouvent cachées; ils doivent en même temps faire attention à la transformation profonde qui s'opère parmi les nations, et travailler à ce que les hommes de notre temps, trop attentifs à la science et à la technique du monde moderne, ne soient pas détournés des choses divines; bien au contraire, à ce qu'ils soient éveillés à un désir plus ardent de la vérité et de la charité révélées par Dieu. Le Christ lui-même a scruté le cœur des hommes, et les a amenés par un dialogue vraiment humain à la lumière divine; de même ses disciples, profondément pénétrés de l'Esprit du Christ, doivent connaître les hommes au milieu desquels ils vivent, engager conversation avec eux, afin qu'eux aussi apprennent dans un dialogue sincère et patient, quelles richesses Dieu, dans sa munificence, a dispensées aux nations; ils doivent en même temps s'efforcer d'éclairer ces richesses de la lumière évangélique, de les libérer, de les ramener sous l'autorité du Dieu Sauveur.

12. [*Présence de la charité*]

La présence des chrétiens dans les groupements humains doit être animée de cette charité dont nous a aimés Dieu, qui veut que nous aussi nous nous aimions mutuellement de la même charité (cf. *1 Jn* 4, 11). La charité chrétienne s'étend véritablement à tous les hommes, sans aucune distinction de race, de condition sociale ou de religion; elle n'attend aucun profit ni aucune reconnaissance. Dieu nous a aimés d'un amour gratuit; de même, que les fidèles soient préoccupés dans leur charité de l'homme lui-même, en l'aimant du même mouvement dont Dieu nous a cherchés. Le Christ parcourait toutes les villes et les bourgades en guérissant toutes les maladies et infirmités, en signe de l'avènement du Règne de Dieu (cf. *Mt.* 9, 35ss; *Act.* 10, 38); de même l'Eglise est par ses fils en liaison avec les hommes de quelque condition qu'ils soient; elle l'est surtout avec les pauvres et ceux qui souffrent, et de tout son cœur elle se sacrifie pour eux (cf. *2 Cor.* 12, 15). Elle participe à leurs joies et à leurs souffrances, elle connaît les aspirations et les problèmes de leur vie, elle souffre avec eux dans les angoisses de la mort. A ceux qui cherchent la paix, elle désire répondre dans un dialogue fraternel, en leur apportant la paix et la lumière qui viennent de l'Evangile.

Les chrétiens doivent donc travailler, ils doivent collaborer avec tous les autres à organiser de manière droite les affaires économiques et sociales; ils doivent se dévouer avec un soin spécial à l'éducation des enfants et des jeunes au moyen des écoles de toute sorte, qu'il faut considérer non seulement comme un moyen privilégié pour former et élever une jeunesse chrétienne, mais en même temps comme un service de très haute valeur pour les hommes, surtout pour les nations qui montent, pour élever la dignité humaine et préparer des conditions plus humaines. Ils doivent en outre prendre une part dans les efforts de ces peuples qui, en faisant la guerre à la faim, à l'ignorance et aux maladies, s'appliquent à améliorer les conditions de la vie et à affermir la paix dans le monde. Dans cette activité, les fidèles doivent souhaiter ardemment apporter de façon prudente leur dévouement aux initiatives proposées par les institutions privées ou publiques, par les gouvernements, par les organismes internationaux, par les diverses communautés chrétiennes et par les religions non chrétiennes.

Mais l'Eglise ne veut en aucune manière s'ingérer dans le gouvernement de la cité terrestre. Elle ne revendique pour elle-même d'autre titre que celui d'être au service des hommes, Dieu aidant, par sa charité et son service fidèle (cf. *Mt.* 20, 26; 23, 11) [1].

Dans leur vie et leur activité, les disciples du Christ, intimement unis aux hommes, espèrent leur présenter le vrai témoignage du Christ et travailler en vue de leur salut, même là où ils ne peuvent annoncer pleinement le Christ. Car ils ne recherchent pas le progrès et la prospérité purement matériels des hommes; mais ils entendent promouvoir leur dignité et leur union fraternelle, en enseignant les vérités religieuses et morales que le Christ a éclairées de sa lumière; et ainsi, ils ouvrent pas à pas un chemin plus parfait vers Dieu. C'est ainsi que les hommes sont aidés dans l'obtention de leur salut au moyen de la charité envers Dieu et le prochain; c'est ainsi que commence à luire le mystère du Christ, en qui est apparu le nouvel homme, créé selon Dieu (cf. *Eph.* 4, 24), en qui la charité de Dieu se révèle.

ART. 2 — LA PRÉDICATION DE L'ÉVANGILE ET LE RASSEMBLEMENT DU PEUPLE DE DIEU

13. [*Évangélisation et conversion*]

Partout où Dieu ouvre un champ libre à la prédication pour proclamer le mystère du Christ (cf. *Col.* 4, 3), on doit annoncer

---

1. Cf. Alloc. de Paul VI au Concile, 21 novembre 1964 (*A.A.S.* 1964, 1013).

(cf. *1 Cor.* 9, 15; *Rom.* 10, 14) à tous les hommes (cf. *Mc* 16, 15) avec assurance et persévérance (cf. *Act.* 4, 13, 29, 31; 9, 27-28; 13, 46; 14, 3; 19, 8; 26, 26; 28, 31; *1 Thess.* 2, 2; *2 Cor.* 3, 12; 7, 4; *Phil.* 1, 20; *Eph.* 3, 12; 6, 19-20) le Dieu vivant, et Celui qu'Il a envoyé pour le salut de tous, Jésus-Christ (cf. *1 Thess.* 1, 9-10; *1 Cor.* 1, 18-21; *Gal.* 1, 31; *Act.* 14, 15-17; 17, 22-31), pour que les non-chrétiens, le Saint-Esprit ouvrant leur cœur (cf. *Act.* 16, 14), croient et se convertissent librement au Seigneur et s'attachent loyalement à Lui qui, étant « la Voie, la Vérité et la Vie » (*Jn* 14, 6), comble toutes leurs attentes spirituelles, bien plus les dépasse de façon infinie.

Bien sûr, cette conversion est à comprendre comme une conversion initiale; elle est suffisante cependant pour que l'homme se rende compte que, détourné du péché, il est introduit dans le mystère de l'amour de Dieu, qui l'appelle à nouer des rapports personnels avec Lui dans le Christ. En effet, sous l'action de la grâce de Dieu, le nouveau converti entreprend un itinéraire spirituel par lequel, communiant déjà par la foi au mystère de la mort et de la résurrection, il passe du vieil homme au nouvel homme qui a sa perfection dans le Christ (cf. *Col.* 3, 5-10; *Eph.* 4, 20-24). Ce passage, qui entraîne avec soi un changement progressif de la mentalité et des mœurs, avec ses conséquences sociales, doit devenir manifeste et se développer peu à peu pendant le temps du catéchuménat. Comme le Seigneur en qui on croit est un signe de contradiction (cf. *Lc* 2, 34; *Mt.* 10, 34-39), il n'est pas rare que le converti fasse l'expérience de ruptures et de séparations, mais aussi connaisse les joies que Dieu donne sans les mesurer (cf. *1 Thess.* 1, 6).

L'Eglise interdit sévèrement de forcer qui que ce soit à embrasser la foi, ou de l'y amener ou attirer par des pratiques indiscrètes, tout comme elle revendique avec force le droit pour qui que ce soit de n'être pas détourné de la foi par des vexations injustes [2].

Selon la très antique coutume de l'Eglise, on doit examiner avec soin les motifs de la conversion et, s'il est nécessaire, les purifier.

14. [*Catéchuménat et initiation chrétienne*]

Ceux qui ont reçu de Dieu par l'intermédiaire de l'Eglise la foi au Christ [3] doivent être admis au catéchuménat par des cérémonies

---

2. Cf. Conc. Vat. II, Décl. sur *la liberté religieuse*, 2, 4, 10 (*A.A.S.*, 1966, 930-933, 936) [pp. 558-559, 560-561, 564-565]. Const. sur *l'Eglise dans le monde d'aujourd'hui* 21 (*A.A.S.*, 1966, 1040-1042) [pp. 167 ss].

3. Cf. Conc. Vat. II, Const. dogm. *Lumen gentium*, 17 (*A.A.S.*, 1965, 20-21) [pp. 37-38].

liturgiques. Le catéchuménat n'est point un simple exposé des dogmes et des préceptes, mais une formation à la vie chrétienne intégrale, et un apprentissage mené de la façon qui convient — formation et apprentissage par lesquels les disciples sont unis au Christ leur Maître. Les catéchumènes doivent donc être initiés comme il faut au mystère du salut et à la pratique des mœurs évangéliques, et introduits par des rites sacrés, célébrés à des époques successives [4], dans la vie de la foi, de la liturgie et de la charité du Peuple de Dieu.

Ensuite, délivrés de la puissance des ténèbres (cf. Col. 1, 13) [5] par les sacrements de l'initiation chrétienne, morts avec le Christ, ensevelis avec lui et ressuscités avec lui (cf. Rom. 6, 4-11; Col. 2, 12-13; 1 Pt. 3, 21-22; Mc 16, 16), ils reçoivent l'Esprit d'adoption des enfants (cf. 1 Thess. 3, 5-7; Act. 8, 14-17) et célèbrent avec tout le Peuple de Dieu le mémorial de la mort et de la résurrection du Seigneur.

Il faut souhaiter que la liturgie du temps du Carême et du temps de Pâques soit réformée de telle manière qu'elle prépare les cœurs des catéchumènes à la célébration du mystère pascal, pendant les solennités duquel ils sont régénérés par le baptême dans le Christ.

Cette initiation chrétienne au cours du catéchuménat doit être l'œuvre non pas des seuls catéchistes ou des seuls prêtres, mais celle de toute la communauté des fidèles, spécialement celle des parrains, en sorte que dès le début les catéchumènes sentent qu'ils appartiennent au peuple de Dieu. La vie de l'Eglise étant apostolique, les catéchumènes doivent de même apprendre à coopérer activement par le témoignage de leur vie et la profession de leur foi à l'évangélisation et à la construction de l'Eglise.

Enfin, le statut juridique des catéchumènes doit être fixé clairement dans le nouveau Code: ils sont déjà unis à l'Eglise [6], ils sont déjà de la maison du Christ [7], et il n'est pas rare qu'ils mènent une vie de foi, d'espérance et de charité.

---

4. Cf. Conc. Vat. II, Const. sur la liturgie, 64-65 (A.A.S., 1964, 117) [p. 148].

5. Sur la libération de l'esclavage du démon et des ténèbres, dans l'Evangile: cf. Mt. 12, 28; Jn 8, 44; 12, 31 (cf. 1 Jn 3, 8; Eph. 2, 1-2); dans la liturgie du baptême: cf. le Rituel romain.

6. Cf. Conc. Vat. II, Const. dogm. Lumen gentium, 14 (A.A.S., 1965, 19) [pp. 34-35].

7. Cf. S. Augustin, Tract. in Joan., Tr. 11, 4 (P.L. 35, 1476).

ART. 3 — LA FORMATION DE LA COMMUNAUTÉ CHRÉTIENNE

15. [*Formation de la communauté chrétienne*]

Quand l'Esprit-Saint, qui appelle tous les hommes au Christ par les semences du Verbe et la prédication de l'Evangile et produit dans les cœurs la soumission de la foi, engendre à une nouvelle vie dans le sein de la fontaine baptismale, ceux qui croient au Christ, il les rassemble en un seul Peuple de Dieu qui est « race élue, sacerdoce royal, nation sainte, peuple acquis » (*1 Pt.* 2, 9) [8].

Les missionnaires donc, collaborateurs de Dieu (cf. *1 Cor.* 3, 9), doivent faire naître des assemblées de fidèles qui, menant une vie digne de l'appel qu'elles ont reçu (cf. *Eph.* 4, 1), soient telles qu'elles puissent exercer les fonctions à elles confiées par Dieu: sacerdotale, prophétique, royale. C'est de cette manière qu'une communauté chrétienne devient signe de la présence de Dieu dans le monde: par le sacrifice eucharistique, en effet, elle passe constamment au Père avec le Christ [9]; nourrie [10] avec soin de la parole de Dieu elle présente le témoignage du Christ [11]; elle marche enfin dans la charité et est enflammée d'esprit apostolique [12].

Une communauté chrétienne doit dès le début être constituée de telle manière qu'elle puisse, dans la mesure du possible, pourvoir elle-même à ses besoins.

Ce rassemblement des fidèles, doté des richesses culturelles de sa propre nation, doit être profondément enraciné dans le peuple: les familles doivent s'y épanouir pénétrées de l'esprit évangélique [13] et y être aidées par des écoles valables; on doit y organiser des associations et des groupements au moyen desquels l'apostolat des laïcs pourra pénétrer de l'esprit évangélique toute la société. La charité enfin doit y briller dans son éclat entre les catholiques de rites différents [14].

L'esprit œcuménique doit aussi être nourri parmi les néophytes, qui doivent penser avec exactitude que des frères qui croient au Christ sont des disciples du Christ, régénérés par le baptême, des participants de nombreux biens du Peuple de Dieu. Autant que le

---

8. Cf. Conc. Vat. II, Const. dogm. *Lumen gentium*, 9 (*A.A.S.*, 1965, 13) [pp. 28-29].

9. Cf. *Ibid.*, 10, 11, 34 (*A.A.S.*, 1965, 14-16, 39-40) [pp. 29-32, 59-60].

10. Cf. Conc. Vat. II, Const. dogm. sur la Révélation divine, 21 (*A.A.S.*, 1965, 24) [p. 117].

11. Cf. Conc. Vat. II, Const. dogm. *Lumen gentium*, 12, 35 (*A.A.S.*, 1965, 16, 40-41) [pp. 32-33, 60-61].

12. Cf. *Ibid.*, 23, 36 (*A.A.S.*, 1965, 28, 41-42) [pp. 45-47, 61-62]

13. Cf.*Ibid.*, 11, 35, 41 (*A.A.S.*, 1965, 15-16, 40-41, 47) [pp. 30-32, 60-61, 66-69].

14. Cf. Conc. Vat. II, Décret sur les Eglises orientales, 4 (*A.A.S.*, 1965, 77-78) [pp. 484-485].

permettent les situations religieuses, une action œcuménique doit être menée de telle sorte que, étant bannie toute apparence d'indifférentisme, de confusionnisme et d'odieuse rivalité, les catholiques collaborent fraternellement avec les frères séparés, selon les dispositions du décret sur l'œcuménisme, par une commune profession de foi en Dieu et en Jésus-Christ devant les nations, dans la mesure du possible, et par une coopération dans les questions sociales et techniques, culturelles et religieuses; qu'ils collaborent surtout à cause du Christ leur Maître commun: que son Nom les unisse ! Cette collaboration doit être établie non seulement entre les personnes privées, mais aussi, au jugement de l'Ordinaire du lieu, entre les Eglises, communautés ecclésiales et entre leurs œuvres.

Les chrétiens venus de tous les peuples et rassemblés dans l'Eglise, « ne se distinguent des autres hommes ni par le pays, ni par la langue, ni par leur façon de se comporter dans la cité » [15]; aussi doivent-ils vivre pour Dieu et le Christ selon les usages et le comportement de leur pays, d'autant vraiment et efficacement en bons citoyens l'amour de la Patrie, pour éviter cependant de manière absolue le mépris à l'égard des races étrangères, le nationalisme exacerbé, et promouvoir l'amour universel des hommes.

Dans l'obtention de ces résultats, ont une très grande importance et sont dignes d'un intérêt particulier les laïcs, autrement dit ces chrétiens qui, incorporés au Christ par le baptême, vivent dans le monde. C'est leur rôle propre, quand ils sont pénétrés de l'Esprit du Christ, d'animer de l'intérieur, à la façon d'un ferment, les réalités temporelles, et de les disposer pour qu'elles soient toujours selon le Christ [16].

Il ne suffit point cependant que le peuple chrétien soit présent et établi dans un pays; il ne suffit point non plus qu'il exerce l'apostolat de l'exemple; il est établi, il est présent dans ce but: annoncer le Christ aux concitoyens non chrétiens par la parole et par l'action, et les aider à recevoir pleinement le Christ.

En outre, pour l'implantation de l'Eglise et le développement de la communauté chrétienne, sont nécessaires des ministères divers qui, suscités par l'appel divin du sein même de l'assemblée des fidèles, doivent être encouragés et respectés par tous avec un soin empressé: parmi eux, il y a les fonctions des prêtres, des diacres et des caté-chistes, et l'Action catholique. De même, les Religieux et les Reli-

---

15. *Epître à Diognète*, 5 (*P.G.* 2, 1173); cf. Conc. Vat. II, Const. dogm. *Lumen gentium*, 38 (*A.A.S.*, 1965, 43) [p. 64].

16. Cf. Conc. Vat. II, Const. dogm. *Lumen gentium*, 32 (*A.A.S.*, 1965, 38) [pp. 57-58]; Décret sur l'Apostolat des laïcs, 5-7 (*A.A.S.*, 1966, 842-844) [pp. 402-404].

gieuses remplissent, soit par leur prière soit par leur dévouement actif, une tâche indispensable pour enraciner dans les cœurs le Règne du Christ, l'y fortifier et l'étendre plus au loin.

16. [*Établissement du clergé local*]

Avec une immense joie, l'Eglise rend grâces pour le don inappréciable de la vocation sacerdotale que Dieu a accordé à un si grand nombre de jeunes parmi les peuples récemment convertis au Christ. L'Eglise, en effet, enfonce des racines plus vigoureuses en chaque groupe humain, quand les diverses communautés de fidèles possèdent, tirés de leurs membres, leurs propres ministres du salut dans l'ordre des évêques, des prêtres et des diacres, qui sont au service de leurs frères, en sorte que les jeunes Eglises acquièrent peu à peu une structure diocésaine avec leur clergé propre.

Ce qui a été décidé par le Concile à propos de la vocation et de la formation sacerdotale, doit être observé religieusement dès que l'Eglise commence à s'implanter, et aussi dans les jeunes Eglises. Il faut faire très grand cas de ce qui est dit de la formation spirituelle à joindre étroitement à la formation doctrinale et pastorale, de la vie à mener selon le type de l'Evangile sans considération de l'avantage personnel ou de l'intérêt familial, du sens intime du mystère de l'Eglise à développer. Ils apprendront ainsi de façon merveilleuse à se consacrer tout entiers au service du Corps du Christ et à l'œuvre de l'Evangile, à s'attacher à leur propre évêque comme de fidèles collaborateurs et à apporter un concours loyal à leurs confrères. [17]

Pour arriver à cette fin générale, toute la formation des élèves doit être organisée à la lumière du mystère du salut comme il est exposé dans les Ecritures; qu'ils découvrent et vivent ce mystère du Christ et du salut des hommes présent dans la liturgie [18].

Ces exigences communes de la formation sacerdotale, même pastorale et pratique, selon les dispositions du Concile [19], doivent se combiner avec le zèle à aller au-devant du mode particulier de penser et d'agir de sa propre nation. Les esprits des élèves doivent donc être ouverts et rendus pénétrants pour bien connaître et pouvoir juger la culture de leur pays; dans les disciplines philosophiques et théologiques, ils doivent saisir les raisons qui créent un désaccord entre les traditions et la religion nationales, et la religion chré-

17. Cf. Conc. Vat. II, Décret sur la formation des prêtres, 4, 8, 9 (*A.A.S.*, 1966, 716, 718-719) [pp. 359, 361-363].

18. Cf. Conc. Vat. II, Const. sur la liturgie, 17 (*A.A.S.*, 1964, 105) [pp. 134-135].

19. Cf. Conc. Vat. II, Décret sur la formation des prêtres, 1 (*A.A.S.*, 1966, 713-714) [p. 356].

tienne [20]. De même, la formation sacerdotale doit viser les nécessités pastorales de la région; les élèves doivent apprendre l'histoire, le but et la méthode de l'action missionnaire de l'Eglise, et les conditions particulières sociales, économiques, culturelles de leur propre peuple. Ils doivent être éduqués dans un esprit d'œcuménisme, et préparés comme il convient au dialogue fraternel avec les non-chrétiens [21]. Tout cela demande que les études conduisant au sacerdoce soient menées, autant que faire se peut, en liaison continuelle avec le pays particulier de chacun et dans le même cadre de vie [22]. Qu'on veille enfin à donner une formation préparant à l'administration ecclésiastique ordonnée, et même une formation économique.

On devra aussi choisir des prêtres capables qui, après une certaine pratique pastorale, pourront mener à bon terme des études supérieures dans des Universités même étrangères, surtout à Rome, et dans d'autres Instituts scientifiques, en sorte que les jeunes Eglises aient à leur disposition des prêtres venant du clergé local, dotés d'une science et d'une expérience convenables, pour remplir des fonctions ecclésiastiques plus ardues.

Là où les Conférences Episcopales le jugeront opportun, l'ordre du diaconat devra être rétabli comme état de vie permanent, selon les dispositions de la Constitution sur l'Eglise [23]. Il est utile, en effet, que les hommes qui accomplissent un ministère vraiment diaconal, ou en prêchant la parole de Dieu comme catéchistes, ou en gouvernant au nom du curé et de l'évêque les communautés chrétiennes éloignées, ou en exerçant la charité dans les œuvres sociales ou caritatives, soient fortifiés par l'imposition des mains transmise depuis les Apôtres, et plus étroitement unis à l'autel, pour qu'ils s'acquittent de leur ministère plus efficacement, au moyen de la grâce sacramentelle du diaconat.

17. [*Formation des catéchistes*]

De même, elle est digne d'éloge cette armée, qui a si magnifiquement mérité de l'œuvre des missions auprès des païens, l'armée des catéchistes hommes et femmes qui, pénétrés de l'esprit apostolique, apportent par leurs labeurs considérables une aide singulière et absolument nécessaire à l'expansion de la foi et de l'Eglise.

De nos jours, du fait du petit nombre des clercs pour évangéliser de si grandes multitudes et accomplir le ministère pastoral, l'office

20. Cf. Jean XXIII, *Princeps Pastorum*, 28 nov. 1959 (*A.A.S.*, 1959, 843-844).

21. Cf. Conc. Vat. II, Décret sur l'œcuménisme, 4 (*A.A.S.*, 1965, 94-96) [pp. 502-504].

22. · Cf. Jean XXIII, *Princeps Pastorum*, 28 nov. 1959 (*A.A.S.*, 1959, 842).

23. Cf. Conc. Vat. II, Const. dogm. *Lumen gentium*, 29 (*A.A.S.*, 1965, 36) [pp. 54-55].

des catéchistes a une très grande importance. Leur formation doit donc être tellement menée à bien et accommodée au progrès culturel qu'ils puissent remplir le plus parfaitement possible leur fonction en collaborateurs efficaces de l'ordre sacerdotal — leur fonction qui se complique de charges nouvelles et plus amples.

Il faut donc multiplier les écoles diocésaines et régionales dans lesquelles les futurs catéchistes cultiveront avec soin la doctrine catholique, surtout en matière biblique et liturgique, et aussi la méthode catéchétique et la pratique pastorale, se formeront aux mœurs des chrétiens [24], s'appliquant sans arrêt à cultiver la piété et la sainteté de leur vie. De plus, on devra établir des sessions ou des cours qui permettront aux catéchistes de se renouveler à périodes fixes dans les disciplines et les arts utiles à leur ministère, de nourrir et de fortifier leur vie spirituelle. En outre, à ceux qui se dévouent entièrement à cette besogne, on devra procurer par une juste rémunération un état de vie décent et la sécurité sociale [25].

On souhaite qu'il soit pourvu d'une manière convenable à la formation et à l'entretien des catéchistes par des subsides spéciaux du sacré dicastère de la Propagande. Si cela apparaît nécessaire et indiqué, on fondera une Oeuvre pour les catéchistes.

De plus, les Eglises apprécieront avec reconnaissance le labeur généreux des catéchistes auxiliaires, dont l'aide leur sera indispensable. Ils président les prières dans leurs communautés et enseignent la doctrine. Il faut donc se préoccuper comme il convient de leur formation doctrinale et spirituelle. En outre il est désirable que, là où cela paraîtra opportun, la mission canonique soit confiée publiquement au cours d'une action liturgique aux catéchistes qui auront reçu une formation suffisante, afin qu'ils soient au service de la foi auprès du peuple avec une plus grande autorité.

18. [*Promouvoir la vie religieuse*]

Dès la période de l'implantation de l'Eglise, on doit prendre soin d'introduire la vie religieuse: non seulement elle apporte une aide précieuse et absolument nécessaire à l'activité missionnaire, mais par la consécration plus intime faite à Dieu dans l'Eglise, elle manifeste aussi avec éclat et fait comprendre la nature intime de la vocation chrétienne [26].

---

24. Cf. Jean XXIII, *Princeps Pastorum*, 28 nov. 1959 (*A.A.S.*, 1959, 855).

25. Il s'agit de ce qu'on appelle « les catéchistes à plein temps », « *full time catechists* ».

26. Cf. Conc. Vat. II, Const. dogm. *Lumen gentium*, 31, 44 (*A.A.S.*, 1965, 37, 50-51) [pp. 56-57, 73-74].

Les Instituts religieux qui travaillent à la plantation de l'Eglise, profondément imprégnés des richesses mystiques qui sont la gloire de la tradition religieuse de l'Eglise, doivent s'efforcer de les exprimer et de les transmettre selon le génie et le caractère de chaque nation. Ils doivent examiner comment les traditions ascétiques et contemplatives, dont les germes ont été quelquefois répandus par Dieu dans les civilisations antiques avant la prédication de l'Evangile, peuvent être assumées dans la vie religieuse chrétienne.

Dans les jeunes Eglises, les diverses formes de vie religieuse doivent être cultivées avec soin, afin de montrer les divers aspects de la mission du Christ et de la vie de l'Eglise, d'apporter un dévouement aux diverses œuvres pastorales et de préparer comme il le faut leurs membres à les accomplir. Cependant, que les Evêques veillent dans les Conférences à ce que des Congrégations poursuivant la même fin apostolique ne se multiplient pas au détriment de la vie religieuse et de l'apostolat.

Sont dignes d'une mention spéciale les diverses initiatives en vue de l'enracinement de la vie contemplative: certains Instituts, gardant les éléments essentiels de l'institution monastique, travaillent à implanter la très riche tradition de leur Ordre; d'autres reviennent aux formes plus simples du monachisme antique; tous cependant doivent chercher une authentique adaptation aux conditions locales. La vie contemplative relevant du développement complet de la présence de l'Eglise, il faut qu'elle soit instaurée partout dans les jeunes Eglises.

CHAPITRE III

LES ÉGLISES PARTICULIÈRES

19. [*Le progrès des jeunes Églises*]

Quand l'assemblée des fidèles est déjà enracinée dans la vie sociale et modelée jusqu'à un certain point sur la culture locale, qu'elle jouit d'une certaine stabilité et fermeté, l'œuvre de la plantation de l'Eglise dans ce groupe humain déterminé atteint dans une certaine mesure son terme; ayant ses ressources propres, fussent-elles insuffisantes, en clergé local, en religieux et en laïcs, elle est enrichie de ces ministères et institutions qui sont nécessaires pour mener et développer la vie du peuple de Dieu sous la conduite de son propre évêque.

Dans ces jeunes Eglises, la vie du Peuple de Dieu doit acquérir sa maturité dans tous les domaines de la vie chrétienne, qui doit être renouvelée selon les dispositions de ce Concile; les assemblées de fidèles deviennent de jour en jour plus consciemment des communautés de foi, de liturgie et de charité; par leur activité civile et apostolique, les laïcs travaillent à instaurer dans la cité un ordre de charité et de justice; les moyens de communication sociale sont employés de manière opportune et prudente; grâce à une vie vraiment chrétienne, les familles deviennent des séminaires d'apostolat des laïcs et de vocations sacerdotales et religieuses. La foi enfin est enseignée au moyen d'une catéchèse adaptée, elle est célébrée dans une liturgie conforme au génie du peuple, et par une législation canonique convenable, elle passe dans les institutions honorables et dans les coutumes locales.

Les Evêques, chacun avec leur presbyterium, de plus en plus pénétrés du sens du Christ et de l'Eglise, doivent sentir et vivre avec l'Eglise universelle. Intime doit demeurer la communion des jeunes Eglises avec l'Eglise tout entière; elles doivent en joindre les éléments traditionnels à leur culture propre, pour accroître la vie du Corps Mystique par des échanges mutuels [1]. On doit donc cultiver les éléments théologiques, psychologiques et humains qui peuvent contribuer à favoriser ce sens de la communion avec l'Eglise universelle.

---

1. Cf. Jean XXIII, *Princeps Pastorum*, 28 nov. 1959 (*A.A.S.* 1959, 838).

Ces Eglises, situées très souvent dans des contrées plus pauvres du globe, souffrent encore d'une insuffisance, d'ordinaire très grave, de prêtres, et d'un manque de subsides matériels. Aussi ont-elles un très grand besoin que l'action missionnaire continuée de l'Eglise tout entière leur procure les secours qui servent tout d'abord au développement de l'Eglise locale et à la maturité de la vie chrétienne. Cette action missionnaire doit aussi apporter son aide à ces Eglises, fondées de longue date, qui se trouvent dans un état de régression et de faiblesse.

Cependant, ces Eglises doivent renouveler leur zèle pastoral commun et les œuvres adaptées au moyen desquels les vocations pour le clergé diocésain et les instituts religieux s'accroissent en nombre, sont discernées avec plus de sûreté et cultivées avec un soin plus efficace [2], en sorte que peu à peu ces Eglises puissent pourvoir à leurs propres besoins et apporter de l'aide aux autres.

20. [*L'activité missionnaire des Églises particulières*]

L'Eglise particulière étant tenue de représenter le plus parfaitement possible l'Eglise universelle, elle doit savoir nettement qu'elle a été envoyée aussi à ceux qui ne croyant pas au Christ demeurent avec elle sur le même territoire, afin d'être par le témoignage de la vie de chacun des fidèles et de toute la communauté, un signe qui leur montre le Christ.

De plus, le ministère de la parole est indispensable pour que l'Evangile parvienne à tous. Il faut donc qu'avant tout l'Evêque soit un prédicateur de la foi, qui amène au Christ de nouveaux disciples [3]. Pour s'acquitter comme il faut de cette noble tâche, il doit connaître à fond la situation de son troupeau, les opinions intimes sur Dieu de ses concitoyens, en tenant soigneusement compte de ces changements introduits par l'urbanisation (ainsi parle-t-on), les migrations et l'indifférentisme religieux.

Dans les jeunes Eglises, les prêtres locaux doivent entreprendre avec ardeur l'œuvre de l'évangélisation, organisant une action commune avec les missionnaires étrangers avec lesquels ils forment un seul presbyterium parfaitement uni sous l'autorité de l'évêque, non seulement pour paître les fidèles et célébrer le culte divin, mais aussi pour prêcher l'Evangile à ceux qui sont dehors. Ils doivent se mon-

---

2. Cf. Conc. Vat. II, Décret sur le ministère et la vie des prêtres, 11 (*A.A.S.*, 1966, 1008) [pp. 332-333]; Décret sur la formation des prêtres, 2 (*A.A.S.*, 1966, 714-715) [pp. 356-358].
3. Cf. Conc. Vat. II, Const. Dogm. *Lumen gentium*, 25 (*A.A.S.*, 1965, 29) [pp. 47-49].

trer prêts, et à l'occasion s'offrir d'un cœur ardent à l'Evêque pour entreprendre le travail missionnaire dans les régions éloignées et délaissées de leur propre diocèse, ou en d'autres diocèses.

Du même zèle doivent brûler les religieux et les religieuses, et de même les laïcs à l'égard de leurs concitoyens, de ceux surtout qui sont plus pauvres.

Les Conférences Episcopales doivent veiller à ce que, à des époques fixes, soient organisés des cours de renouvellement biblique, théologique, spirituel et pastoral dans l'intention suivante: que parmi les bouleversements et les changements, le clergé acquière une connaissance plus pleine de la science théologique et des méthodes pastorales.

Au reste, que soit observé religieusement ce que ce Concile a décidé spécialement dans le Décret sur le ministère et la vie des prêtres.

Pour que cette œuvre missionnaire d'une Eglise particulière puisse être menée à bien, il faut avoir des ministres capables, qu'on préparera à temps de la manière qui convient à la situation de chaque Eglise. Les hommes se réunissant de plus en plus en groupes, il convient tout à fait que les Conférences Episcopales aient des échanges sur le dialogue à instituer avec ces groupes. Si en certaines régions il se rencontre des groupes d'hommes qui sont détournés d'embrasser la foi catholique, du fait qu'ils ne peuvent s'adapter à la forme particulière que l'Eglise y a revêtue, il est désirable qu'on pourvoie de façon spéciale [4] à une telle situation, jusqu'à ce que tous les chrétiens puissent être rassemblés en une seule communauté. Les Evêques doivent appeler dans leur diocèse ou recevoir volontiers les missionnaires dont le Siège Apostolique pourrait disposer dans ce but, et favoriser efficacement leurs initiatives.

Pour que ce zèle missionnaire commence à fleurir chez « les frères de la même patrie », il convient tout à fait que les jeunes Eglises participent effectivement le plus tôt possible à la mission universelle de l'Eglise en envoyant, elles aussi, des missionnaires qui pourront annoncer l'Evangile par toute la terre, bien qu'elles souffrent d'une pénurie de clergé. La communion avec l'Eglise universelle sera d'une certaine manière consommée lorsque, elles aussi, elles participeront activement à l'action missionnaire auprès d'autres nations.

---

4. Cf. Conc. Vat. II, le Décret sur le ministère et la vie des prêtres, 10, où, en vue de faciliter la pastorale pour divers groupes sociaux, on prévoit l'établissement de Prélatures personnelles dans la mesure où l'organisation parfaite de l'apostolat le demandera (*A.A.S.*, 1966, 1007) [pp. 331-332].

21. [*Promouvoir l'apostolat des laïcs*]

L'Eglise n'est pas fondée vraiment, elle ne vit pas pleinement, elle n'est pas le signe parfait du Christ parmi les hommes si un laïcat authentique n'existe pas et ne travaille pas avec la hiérarchie. L'Evangile ne peut s'enfoncer profondément dans les esprits, dans la vie, dans le travail d'un peuple sans la présence active des laïcs. Par conséquent, il faut dans la fondation d'une Eglise apporter déjà une très grande attention à constituer un laïcat chrétien qui atteigne sa maturité.

Les laïcs qui sont fidèles appartiennent à la fois au Peuple de Dieu et à la société civile; ils appartiennent à leur nation; ils y sont nés; ils ont commencé à participer par l'éducation à ses trésors culturels, ils sont liés à sa vie par des liens sociaux de formes multiples; ils coopèrent à son progrès par leurs efforts personnels, chacun dans sa profession; ils sentent ses problèmes comme étant les leurs propres, et ils s'appliquent à les résoudre; ils appartiennent aussi au Christ, parce qu'ils ont été régénérés dans l'Eglise par la foi et le baptême afin d'être au Christ (cf. *1 Cor.* 15, 23) par leur vie et leur action nouvelles, afin aussi que dans le Christ tout soit soumis à Dieu, et qu'enfin Dieu soit tout en tous (cf. *1 Cor.* 15, 28).

Leur principal devoir à eux, hommes et femmes, c'est le témoignage du Christ, qu'il doivent rendre par leur vie et leurs paroles dans leur famille, dans leur groupe social, dans leur milieu professionnel. Il faut donc qu'apparaisse en eux l'homme nouveau créé selon Dieu dans la justice et la sainteté véritable (cf. *Eph.* 4, 24). Ils doivent exprimer cette nouveauté de vie dans le milieu social et culturel de leur patrie, selon les traditions nationales. Ils doivent connaître cette culture, la purifier, la conserver, la développer selon les situations récentes, enfin lui donner sa perfection dans le Christ, afin que la foi du Christ et la vie de l'Eglise ne soient plus étrangères à la société dans laquelle ils vivent, mais commencent à la pénétrer et à la transformer. Ils doivent se joindre à leurs concitoyens avec une charité sincère, afin que dans leur comportement apparaisse un nouveau lien d'unité et de solidarité universelle, puisé dans le mystère du Christ. Ils doivent aussi répandre la foi du Christ parmi ceux auxquels ils sont liés par la vie et la profession; cette obligation s'impose d'autant plus que le plus grand nombre des hommes ne peuvent entendre l'Evangile et connaître le Christ que par les laïcs proches d'eux. Bien plus, là où c'est possible, les laïcs doivent être prêts, en une collaboration plus immédiate avec la hiérarchie, à remplir une mission spéciale pour annoncer l'Evangile et communiquer la doctrine chrétienne, afin de rendre plus vigoureuse l'Eglise naissante.

Les ministres de l'Eglise doivent estimer à haut prix l'apostolat difficile des laïcs ; ils doivent former les laïcs pour que, comme membres du Christ, ils prennent conscience de leur responsabilité à l'égard de tous les hommes ; ils doivent les instruire profondément dans le mystère du Christ, les introduire aux méthodes pratiques, être avec eux dans les difficultés, selon la pensée de la Constitution sur l'Eglise et du Décret sur l'apostolat des laïcs.

Les fonctions et les responsabilités propres des Pasteurs et des laïcs étant bien respectées, la jeune Eglise tout entière doit rendre un seul témoignage vivant et ferme du Christ, afin de devenir un signe évident du salut qui nous arrive dans le Christ.

22. [*Diversité dans l'unité*]

La semence qui est la parole de Dieu venant à germer dans une bonne terre, arrosée de la rosée divine, puise la sève, la transforme et l'assimile pour porter enfin un fruit abondant. Certes, à l'instar de l'économie de l'Incarnation, les jeunes Eglises enracinées dans le Christ et construites sur le fondement des Apôtres, assument pour un merveilleux échange toutes les richesses des nations qui ont été données au Christ en héritage (cf. *Ps.* 2, 8). Elles empruntent aux coutumes et aux traditions de leurs peuples, à leur sagesse, à leur science, à leurs arts, à leurs disciplines, tout ce qui peut contribuer à confesser la gloire du Créateur, mettre en lumière la grâce du Sauveur, et ordonner comme il le faut la vie chrétienne [5].

Pour obtenir ce résultat, il est nécessaire que dans chaque grand territoire socio-culturel, comme on dit, une réflexion théologique de cette sorte soit encouragée, par laquelle, à la lumière de la Tradition de l'Eglise universelle, les faits et les paroles révélés par Dieu, consignés dans les Saintes Lettres, expliqués par les Pères de l'Eglise et le Magistère, seront soumis à un nouvel examen. Ainsi on saisira plus nettement par quelles voies « la foi », compte tenu de la philosophie et de la sagesse des peuples, peut « chercher l'intelligence », et de quelles manières les coutumes, le sens de la vie, l'ordre social peuvent s'accorder avec les mœurs que fait connaître la révélation divine. Ainsi apparaîtront les voies vers une plus profonde adaptation dans toute l'étendue de la vie chrétienne. De cette manière, toute apparence de syncrétisme et de faux particularisme sera repoussée, la vie chrétienne sera ajustée au génie et au caractère de chaque culture [6], les traditions particulières avec les qualités propres de chaque

---

5. Cf. Conc. Vat. II, Const. dogm. *Lumen gentium*, 13 (*A.A.S.*, 1965, 17-18) [pp. 33-34].

6. Cf. Alloc. de Paul VI à la canonisation des Martyrs de l'Ouganda, 18 oct. 1964 (*A.A.S.* 1964, 908).

famille des nations, éclairées par la lumière de l'Evangile, seront
assumées dans l'unité catholique. Enfin, les nouvelles Eglises particulières, enrichies de leurs traditions, auront leur place dans la communion ecclésiastique, la Primauté de la Chaire de Pierre, qui préside à tout le rassemblement de la charité [7], demeurant intacte.

Il faut donc souhaiter — bien plus, il convient tout à fait — que
les Conférences Episcopales, dans les limites de chaque grand territoire socio-culturel, s'unissent de telle manière qu'elles puissent, en
plein accord et en mettant en commun leurs avis, poursuivre ce propos d'adaptation.

7. Cf. Conc. Vat. II, Const. dogm. *Lumen gentium*, 13 (*A.A.S.*, 1965,
18) [pp. 33-34].

CHAPITRE IV

LES MISSIONNAIRES

23. [*La vocation missionnaire*]

Bien qu'à tout disciple du Christ incombe pour sa part la charge de répandre la foi [1], le Christ Seigneur appelle toujours parmi ses disciples ceux qu'il veut pour qu'ils soient avec lui et pour les envoyer prêcher aux peuples païens (cf. *Mc* 3, 13 s.). Aussi par l'Esprit-Saint, qui partage comme il lui plaît les charismes pour le bien de l'Eglise (*1 Cor.* 12, 11), inspire-t-il la vocation missionnaire dans le cœur d'individus et suscite-t-il en même temps dans l'Eglise des Instituts [2] qui se chargent comme d'un office propre de la mission d'évangélisation qui appartient à toute l'Eglise.

Ils sont, en effet, marqués d'une vocation spéciale ceux qui — doués d'un caractère naturel adapté, aptes en raison de leurs qualités et de leur intelligence — sont prêts à assumer [3] l'œuvre missionnaire, qu'ils soient autochtones ou étrangers: prêtres, religieux, laïcs. Envoyés par l'autorité légitime, ils partent dans la foi et l'obéissance vers ceux qui sont loin du Christ, mis à part pour l'œuvre en vue de laquelle ils ont été choisis (cf. *Act.* 13, 2) comme ministres de l'Evangile « pour que l'offrande des païens soit agréée, étant sanctifiée par l'Esprit-Saint » (*Rom.* 15, 16).

24. [*La spiritualité missionnaire*]

Mais au vrai Dieu qui l'appelle, l'homme doit répondre d'une manière telle que, sans consulter la chair ni le sang (cf. *Gal.* 1, 16), il s'attache tout entier à l'œuvre de l'Evangile. Mais cette réponse ne peut être donnée qu'à l'invitation et avec la force de l'Esprit-Saint. L'envoyé entre en effet dans la vie et la mission de Celui qui « s'est

---

1. Conc. Vat. II, Const. dogm. *Lumen gentium*, 17 (*A.A.S.*, 1965, 21) [pp. 37-38].

2. Sous le nom d'Instituts sont compris les Ordres, les Congrégations, les Instituts et les Associations qui travaillent dans les Missions.

3. Cf. Pie XI, *Rerum Ecclesiae*, 28 fév. 1926 (*A.A.S.*, 1926, 69-71); Pie XII, *Saeculo exeunte*, 13 juin 1940 (*A.A.S.*, 1940, 256); *Evangelii Praecones*, 2 juin 1951 (*A.A.S.*, 1951, 506).

anéanti en prenant la forme d'esclave » (*Phil.* 2, 7). Il doit donc être
prêt à se maintenir pour la vie dans sa vocation, à renoncer à lui-
même et à tout ce qu'il a possédé jusque-là et à se faire tout à tous
(*1 Cor.* 9, 22).

Annonçant l'Evangile parmi les peuples païens, il doit faire
connaître avec confiance le mystère du Christ, dont il est l'ambassadeur, de telle manière qu'en Lui il ait l'audace de parler comme il
le faut (cf. *Eph.* 6, 19 s.; *Act.* 4, 31), sans rougir du scandale de
la croix. Suivant les traces de son Maître qui est doux et humble de
cœur, il doit montrer que son joug est suave et son fardeau léger
(*Mt.* 11, 29 s.). Par une vie véritablement évangélique [4], par une
grande constance, par la longanimité, par la douceur, par une charité
sans feinte (cf. *2 Cor.* 6, 4 s.), il doit rendre témoignage à son Seigneur et même, si c'est nécessaire, jusqu'à l'effusion du sang. Il
obtiendra de Dieu courage et force pour reconnaître que, dans les
multiples tribulations et la très profonde pauvreté qu'il expérimente,
se trouve une abondance de joie (cf. *2 Cor.* 8, 2). Il doit être persuadé que l'obéissance est la vertu particulière du ministre du Christ,
qui a racheté le genre humain par son obéissance.

Les prédicateurs de l'Evangile doivent se garder de négliger la
grâce qui est en eux; ils doivent se renouveler de jour en jour par une
transformation spirituelle (cf. *1 Tim.* 4, 14; *Eph.* 4, 23; *2 Cor.* 4,16).
Les Ordinaires et les Supérieurs devront, à époques fixes, réunir les
missionnaires pour qu'ils soient fortifiés dans l'espérance de leur
vocation et renouvelés dans leur ministère apostolique; des maisons
adaptées pourront même être organisées dans ce but.

25. [*Formation spirituelle et morale*]

Le futur missionnaire doit être préparé à une si noble tâche par
une formation spirituelle et morale spéciale [5]. Il doit être prompt à
prendre des initiatives, avoir de la constance pour mener à bout ses
œuvres, persévérant dans les difficultés; il doit supporter patiemment, courageusement, la solitude, la fatigue, le travail stérile. Il ira
au-devant des hommes franchement, le cœur largement ouvert; il
entreprendra de bon cœur les tâches qui lui auront été confiées; il
s'adaptera généreusement aux mœurs étrangères des peuples, aux
situations changeantes; en plein accord avec eux, avec une charité

---

4. Cf. Benoît XV, *Maximum illud*, 30 nov. 1919 (*A.A.S.*, 1919, 449-
450).

5. Cf. Benoît XV, *Maximum illud*, 30 nov. 1919 (*A.A.S.*, 1919, 448-
449); Pie XII, *Evangelii Praecones*, 2 juin 1951 (*A.A.S.*, 1951, 507). Dans la
formation des missionnaires prêtres, il faut tenir compte aussi de ce qui est
décidé au Conc. Vat. II, dans le Décret sur la formation des prêtres [pp. 351 ss].

réciproque, il apportera son travail et son aide à ses frères et à tous ceux qui se consacrent à la même besogne, en sorte qu'ils soient, à l'imitation de la communauté apostolique, un seul cœur et une seule âme (cf. *Act.* 2, 42; 4, 32).

Déjà pendant le temps de la formation, ces dispositions d'âme doivent être mises en œuvre, cultivées, élevées et nourries par la vie spirituelle. Pénétré d'une foi vive et d'une espérance inébranlable, le missionnaire doit être un homme de prière; il doit être enflammé d'un esprit de force, d'amour, de maîtrise de soi (cf. *2 Tim.* 1, 7); il doit apprendre à se suffire en toute occasion (cf. *Phil.* 4, 11); par l'esprit de sacrifice, il doit porter en lui l'état de mort de Jésus, afin que la vie de Jésus opère en ceux à qui il est envoyé (cf. *2 Cor.* 4, 10 s.); par zèle des âmes, il doit de tout cœur tout dépenser et, en outre, se dépenser lui-même pour les âmes (cf. *2 Cor.* 12, 15 s.), au point que « par l'exercice quotidien de sa tâche, il grandisse dans l'amour de Dieu et du prochain » [6]. C'est ainsi que, obéissant à la volonté du Père avec le Christ, il continuera la mission du Christ sous l'autorité hiérarchique de l'Eglise, et collaborera au mystère du salut.

26. [*Formation doctrinale et apostolique*]

Ceux qui seront envoyés vers les divers peuples païens doivent être, comme de bons ministres du Christ, nourris « des enseignements de la foi et de la bonne doctrine » (*1 Tim.* 4, 6), qu'ils puiseront avant tout dans les Saintes Ecritures, approfondissant le mystère du Christ dont ils seront les hérauts et les témoins.

C'est pourquoi tous les missionnaires — prêtres, frères, sœurs, laïcs — doivent être préparés et formés chacun selon sa situation, afin de n'être pas trouvés inférieurs aux exigences de leur future tâche [7]. Dès le début déjà, leur formation doctrinale doit être organisée de telle manière qu'elle embrasse l'universalité de l'Eglise et la diversité des nations. Cela vaut pour toutes les disciplines par lesquelles ils sont préparés à s'acquitter de leur ministère, et pour les autres sciences dont ils seront utilement instruits, afin qu'ils aient une connaissance générale des peuples, des cultures, des religions, tournée non seulement vers le passé, mais aussi vers le présent. Quiconque en effet doit aborder un autre peuple doit faire grand cas de son patrimoine, de ses langues, de ses mœurs. Il est donc

---

6. Cf. Conc. Vat. II, Const. dogm. *Lumen gentium*, 41 (*A.A.S.*, 1965, 46) [pp. 66-69].
7. Cf. Benoît XV, *Maximum illud*, 30 nov. 1919 (*A.A.S.*, 1919, 440); Pie XII, *Evangelii Praecones*, 2 juin 1951 (*A.A.S.*, 1951, 507).

absolument nécessaire au futur missionnaire de s'adonner aux études missiologiques, c'est-à-dire de connaître la doctrine et les règles de l'Eglise sur l'activité missionnaire, de savoir quels chemins les messagers de l'Evangile ont parcourus au cours des siècles, ainsi que la situation actuelle des missions, en même temps que les méthodes jugées actuellement plus efficaces [8].

Bien que cette formation complète doive être pénétrée de sollicitude pastorale, une formation apostolique particulière, bien ordonnée, doit être proposée, tant par des cours que par des exercices pratiques [9].

Le plus grand nombre possible de frères et de sœurs doivent être instruits convenablement de l'art de la catéchèse, y être préparés, afin de pouvoir collaborer davantage encore à l'apostolat.

Même ceux qui assument pour une période seulement un rôle dans l'activité missionnaire, il est nécessaire qu'ils acquièrent une formation en rapport avec leur situation.

Ces diverses sortes de préparation doivent être complétées dans les pays auxquels ils sont envoyés, de sorte que les missionnaires connaissent de manière plus étendue l'histoire, les structures sociales, les coutumes des peuples, qu'ils approfondissent l'ordre moral, les préceptes religieux ainsi que les idées intimes qu'ils ont conçues selon leurs traditions sacrées sur Dieu, le monde et l'homme [10]. Ils doivent apprendre les langues jusqu'à pouvoir les utiliser aisément et correctement, et trouver ainsi un accès plus facile à l'esprit et au cœur des hommes [11]. En outre, ils doivent être initiés aux besoins pastoraux particuliers du pays.

Quelques-uns des missionnaires devront être préparés d'une manière plus approfondie auprès des Instituts Missiologiques ou d'autres Facultés ou Universités, afin de pouvoir s'acquitter plus efficacement de fonctions spéciales [12] et rendre service, par leur science, aux autres missionnaires dans l'exercice de leur activité missionnaire qui, de nos jours, surtout, présente tant de difficultés et qui est si nécessaire. Il est,

8. Benoît XV, *Maximum illud*, 30 nov. 1919 (*A.A.S.*, 1919, 448); Décret de la Propagande du 20 mai 1923 (*A.A.S.*, 1923, 369-370); Pie XII, *Saeculo exeunte*, 2 juin 1940 (*A.A.S.*, 1940, 256); *Evangelii Praecones*, 2 juin 1951 (*A.A.S.*, 1951, 507); Jean XXIII, *Princeps Pastorum*, 28 nov. 1959 (*A.A.S.*, 1959, 843-844).

9. Conc. Vat. II, Décret sur la formation des prêtres, 19-21 (*A.A.S.*, 1966, 725-726) [pp. 370-371]; Const. apost. *Sedes Sapientiae* avec les Statuts généraux (*A.A.S.*, 1956, 354-365).

10. Pie XII, *Evangelii Praecones*, 2 juin 1951 (*A.A.S.*, 1951, 523-524).

11. Benoît XV, *Maximum illud*, 30 nov. 1919 (*A.A.S.*, 1919, 448); Pie XII, *Evangelii Praecones*, 2 juin 1951 (*A.A.S.*, 1951, 507).

12. Cf. Pie XII, *Fidei Domum*, 15 juin 1957 (*A.A.S.*, 1957, 234).

en outre, tout à fait souhaitable que les Conférences Episcopales régionales aient à leur disposition un bon nombre de compétences de ce genre, et qu'elles usent avec fruit de leur science et de leur expérience dans les difficultés que rencontre leur tâche. On ne doit pas non plus manquer d'hommes qui sachent utiliser les instruments techniques et les moyens de communication sociale, dont tous doivent apprécier hautement l'importance.

27. [*Les Instituts qui travaillent dans les missions*]

Tout cela, nécessaire pourtant de façon absolue à quiconque est envoyé aux païens, peut à peine être vraiment réalisé par des individus. L'œuvre missionnaire elle-même, au témoignage de l'expérience, ne pouvant non plus être accomplie par des isolés, une vocation commune a rassemblé des personnes en des Instituts dans lesquels, en mettant en commun leurs forces, elles pourront recevoir une formation adaptée et s'acquitter de cette œuvre au nom de l'Eglise et selon la volonté de l'autorité hiérarchique. Depuis de nombreux siècles, ces Instituts ont porté le poids du jour et de la chaleur, soit qu'ils se dévouent totalement au labeur missionnaire, soit que cette activité absorbe une partie seulement de leurs efforts. Souvent, d'immenses territoires leur ont été confiés par le Saint-Siège pour être évangélisés; ils y ont rassemblé pour Dieu un nouveau peuple, une Eglise locale qui adhère à ses propres pasteurs. Les Eglises qu'ils ont fondées par leurs sueurs, bien plus encore par leur sang, ils seront à leur service par leur zèle et leur expérience en une collaboration fraternelle, ou en prenant la charge des âmes ou en s'acquittant de fonctions spéciales en vue du bien commun.

Parfois, pour toute l'étendue d'une région, ils assumeront certaines tâches plus urgentes, par exemple l'évangélisation de groupes humains ou de peuples qui n'auraient pas encore, pour diverses raisons, reçu le message évangélique, ou qui jusqu'ici lui ont résisté [13].

Si besoin est, ils doivent être prêts à former et à aider de leur expérience ceux qui se consacrent pour un temps à l'activité missionnaire.

Pour ces raisons, et du fait qu'il existe encore des peuples nombreux qu'il faut amener au Christ, les Instituts demeurent absolument nécessaires.

---

13. Cf. Conc. Vat. II, Décret sur le ministère et la vie des prêtres, 10, où il est question des diocèses, des prélatures personnelles et autres questions semblables (*A.A.S.*, 1966, 1007) [pp. 331-332].

CHAPITRE V

L'ORGANISATION DE L'ACTIVITÉ MISSIONNAIRE

28. [*Introduction*]

Les chrétiens, puisqu'ils ont des charismes différents (cf. *Rom.* 12, 6), doivent collaborer à l'Evangile chacun selon ses possibilités, ses moyens, son charisme et son ministère (cf. *1 Cor.* 3, 10); tous par conséquent, ceux qui sèment et ceux qui moissonnent (cf. *Jn* 4, 37), ceux qui plantent et ceux qui arrosent, il faut qu'ils soient un (cf. *1 Cor.* 3, 8), afin que « tendant tous librement et de manière ordonnée à la même fin » [1], ils dépensent leurs forces d'un même cœur pour la construction de l'Eglise.

C'est pourquoi les travaux des prédicateurs de l'Evangile et l'aide des autres chrétiens doivent être dirigés et liés les uns aux autres de telle manière que « tout se fasse selon l'ordre » (*1 Cor.* 14, 40), dans tous les domaines de l'activité et de la coopération missionnaires.

29. [*Organisation générale*]

La charge d'annoncer l'Evangile par toute la terre étant en premier lieu l'affaire du Corps Episcopal [2], le Synode des Evêques ou « Conseil stable d'Evêques pour l'Eglise universelle » [3] doit avoir parmi les affaires d'importance générale [4], un souci spécial de l'activité missionnaire, qui est une charge très importante et très sacrée de l'Eglise [5].

Pour toutes les Missions et pour toute l'activité missionnaire, il faut qu'il n'y ait qu'un seul Dicastère compétent, celui de « De Propaganda Fide », par qui doivent être dirigées et coordonnées par

---

1. Cf. Conc. Vat. II, Const. dogm. *Lumen gentium*, 18 (*A.A.S.*, 1965, 22) [p. 39].
2. Cf. Conc. Vat. II, Const. dogm. *Lumen gentium*, 23 (*A.A.S.*, 1965, 28) [pp. 45-47].
3. Cf. Motu proprio *Apostolica Sollicitudo*, 15 septembre 1965 (*A.A.S.*, 1965, 776) [pp. 613 ss].
4. Cf. Paul VI, Alloc. au Concile le 21 novembre 1964 (*A.A.S.*, 1964, 1011).
5. Cf. Benoît XV, *Maximum illud*, 30 nov. 1919 (*A.A.S.*, 1919, 39-40).

toute la terre l'œuvre missionnaire et la coopération missionnaire; cependant, le droit des Eglises Orientales demeure sauf [6].

Bien que l'Esprit-Saint suscite de diverses manières l'esprit missionnaire dans l'Eglise de Dieu; bien qu'il ne soit pas rare que l'action de l'Esprit prévienne l'action de ceux à qui il appartient de gouverner la vie de l'Eglise, ce Dicastère doit cependant, pour sa part, promouvoir la vocation et la spiritualité missionnaires, le zèle et la prière pour les missions, et publier à leur sujet des messages authentiques et valables. C'est par lui que doivent être suscités et répartis, selon les besoins plus urgents des régions, les missionnaires. C'est par lui que doit être établi un plan rationnel d'action; de lui que doivent provenir les normes directrices et les principes adaptés en vue de l'évangélisation; par lui que doivent être données les impulsions. C'est par lui que doit être lancée et coordonnée une collecte efficace de ressources qui seront distribuées en tenant compte de la nécessité ou de l'utilité et de l'étendue des territoires, du nombre des fidèles et des infidèles, des œuvres et des Instituts, des ministres et des missionnaires.

En union avec le Secrétariat pour l'unité des chrétiens, il doit chercher les moyens de procurer et d'organiser la collaboration fraternelle ainsi que la bonne entente avec les initiatives missionnaires d'autres communautés chrétiennes, afin que le scandale de la division soit supprimé dans la mesure du possible.

Aussi est-il nécessaire que ce Dicastère soit autant un instrument d'administration qu'un organe de direction dynamique, qui use de méthodes scientifiques et de moyens adaptés aux conditions de notre temps, c'est-à-dire en tenant compte de la recherche actuelle en théologie, en méthodologie, et en pastorale missionnaire.

Dans la direction de ce Dicastère, doivent avoir une part active, avec voix délibérative, des représentants choisis de tous ceux qui collaborent à l'œuvre missionnaire: des Evêques du monde entier, les Conférences Episcopales entendues; des directeurs des Instituts et des Oeuvres Pontificales, selon des modes et des méthodes à établir par le Pontife Romain. Tous ces représentants, qui seront convoqués à dates fixes, doivent mener sous l'autorité du Souverain Pontife, l'organisation suprême de toute l'œuvre missionnaire.

---

6.   Si, pour des raisons diverses, des missions sont encore pour un temps soumises à d'autres Dicastères, il est utile que ces Dicastères aient des rapports avec la Sacrée Congrégation de la Propagande, pour que dans l'organisation et la direction de toutes les Missions, une méthode et une norme absolument constantes et uniformes puissent exister.

Un groupe permanent d'experts consulteurs, de science ou d'expérience éprouvée, à qui il appartiendra entre autres choses de recueillir des nouvelles opportunes sur la situation locale des diverses régions et la mentalité des divers groupes d'hommes, sur les méthodes d'évangélisation à employer, et de proposer des conclusions scientifiquement fondées pour l'œuvre et la coopération missionnaires, doit être à la disposition de ce Dicastère.

Les Instituts de religieuses, les œuvres régionales pour les missions, les organisations de laïcs, particulièrement les organisations internationales, doivent être représentés de la manière qui conviendra.

30. [Organisation locale dans les missions]

Pour que, dans l'exercice de l'œuvre missionnaire elle-même, les buts soient atteints et les résultats obtenus, tous ceux qui travaillent à la mission doivent avoir « un seul cœur et une seule âme » (Act. 4, 32).

C'est le rôle de l'Evêque, comme chef et centre de l'unité dans l'apostolat diocésain, de promouvoir l'activité missionnaire, de la diriger, de la coordonner, de telle manière pourtant que soit sauvegardée et encouragée la spontanéité de ceux qui ont une part dans cette œuvre. Tous les missionnaires, même les religieux exempts, sont soumis à son pouvoir dans les diverses œuvres qui regardent l'exercice de l'apostolat sacré [7]. En vue d'une meilleure coordination, l'Evêque doit constituer, dans la mesure du possible, un Conseil pastoral, dans lequel les clercs, les religieux et les laïcs auront leur part au moyen de délégués choisis. L'Evêque doit veiller, en outre, à ce que l'activité apostolique ne soit pas limitée aux seuls convertis, mais à ce qu'une part égale d'ouvriers et de subsides soit destinée à l'évangélisation des non-chrétiens.

31. [Coordination régionale]

Les Conférences Episcopales doivent traiter en plein accord des questions plus graves et des problèmes plus urgents, sans négliger cependant les différences locales [8]. Pour qu'on ne dissipe pas une quantité insuffisante de personnes et de ressources; pour qu'on ne multiplie pas sans nécessité les initiatives, il est recommandé de fonder, en mettant en commun les forces, des œuvres qui serviront au bien de tous, comme sont les séminaires, les écoles supérieures et

7. Cf. Conc. Vat. II, Décret sur la charge pastorale des Evêques dans l'Eglise, 35, 4 (A.A.S., 1966, 691) [p. 300].

8. Cf. Conc. Vat. II, Décret sur la charge pastorale des Evêques dans l'Eglise, 36-38 (A.A.S., 1966, 692-693) [pp. 301-303].

techniques, les centres pastoraux, catéchétiques, liturgiques, ainsi que les centres de moyens de communication sociale.

Une coopération de ce genre doit être établie selon l'opportunité, même entre diverses Conférences Episcopales.

32. [*Organisation de l'activité des Instituts*]

Il est utile aussi de coordonner les activités menées par les Instituts ou les Associations ecclésiastiques. Tous, de quelque genre qu'ils soient, en tout ce qui regarde l'activité missionnaire elle-même, doivent obéir à l'Ordinaire du lieu. Aussi sera-t-il très utile de conclure des conventions particulières, qui régleront les rapports entre l'Ordinaire du lieu et le Supérieur de l'Institut.

Quand un territoire a été confié à un Institut, le Supérieur ecclésiastique et l'Institut auront à cœur de tout diriger vers ce but: que la nouvelle communauté chrétienne grandisse et devienne une Eglise locale qui, en temps opportun, sera gouvernée par son propre Pasteur avec son clergé.

Quand cesse le mandat sur un territoire, naît une nouvelle situation. Alors les Conférences Episcopales et les Instituts doivent établir par délibération commune les règles qui doivent diriger les rapports entre les Ordinaires des lieux et les Instituts [9]. Il appartient au Saint-Siège d'esquisser les principes généraux selon lesquels les conventions régionales ou même particulières doivent être conclues.

Bien que les Instituts soient prêts à continuer l'œuvre commencée, en collaborant au ministère ordinaire du soin des âmes, cependant, à mesure que croîtra le clergé local, il faudra pourvoir à ce que les Instituts, dans la mesure compatible avec leur but, demeurent fidèles au diocèse lui-même, en y assumant généreusement des œuvres spéciales ou quelque région.

33. [*Coordination entre les Instituts*]

Il faut que les Instituts qui dans le même territoire s'appliquent à l'activité missionnaire, trouvent les voies et les modes selon lesquels leurs œuvres seront coordonnées. C'est pourquoi sont de très grande utilité les Conférences de Religieux et les Unions de Religieuses, dans lesquelles tous les Instituts d'une même nation ou d'une même région ont leur part. Ces Conférences doivent rechercher ce qui peut être fait en mettant en commun les efforts; elles doivent entretenir d'étroites relations avec les Conférences Episcopales.

---

9. Cf. Conc. Vat. II, Décret sur la charge pastorale des Evêques dans l'Eglise, 35, 5-6 (*A.A.S.*, 1966, 692) [p. 300].

Tout cela, il convient de l'étendre pour une raison semblable à la collaboration des Instituts missionnaires dans les pays dont ils sont originaires, en sorte que les questions et les initiatives communes puissent être résolues plus facilement et à moindres frais, comme la formation doctrinale des futurs missionnaires, les cours pour les missionnaires, les rapports à envoyer aux autorités publiques ou aux organes internationaux et supranationaux.

34. [*Coordination entre les Instituts scientifiques*]

L'exercice régulier et ordonné de l'activité missionnaire exigeant que les ouvriers évangéliques soient préparés scientifiquement à leur mission, particulièrement au dialogue avec les religions et les cultures non chrétiennes, et que dans l'exécution elle-même ils soient aidés efficacement, on désire que, en faveur des missions, collaborent fraternellement et généreusement entre eux les divers Instituts scientifiques qui cultivent la missiologie et d'autres disciplines ou arts utiles aux missions, comme l'ethnologie et la linguistique, l'histoire et la science des religions, la sociologie, les arts pastoraux, et autres choses semblables.

CHAPITRE VI

LA COOPÉRATION

35. [*Introduction*]

L'Eglise étant tout entière missionnaire, et l'œuvre de l'évangélisation étant le devoir fondamental du Peuple de Dieu, le Saint Concile invite tous les chrétiens à une profonde rénovation intérieure, afin qu'ayant une conscience vive de leur propre responsabilité dans la diffusion de l'Evangile, ils assument leur part dans l'œuvre missionnaire auprès des païens.

36. [*Devoir missionnaire du Peuple de Dieu tout entier*]

Comme membres du Christ vivant, auquel ils ont été incorporés et configurés par le Baptême ainsi que par la Confirmation et l'Eucharistie, tous les fidèles sont tenus de coopérer à l'expansion et au développement de Son Corps, pour l'amener le plus vite possible à sa plénitude (*Eph.* 4, 13).

C'est pourquoi tous les fils de l'Eglise doivent avoir une vive conscience de leur responsabilité à l'égard du monde, nourrir en eux un esprit véritablement catholique et dépenser leurs forces pour l'œuvre de l'évangélisation. Cependant, que tous le sachent, leur premier et leur plus important devoir pour la diffusion de la foi, c'est de vivre profondément leur vie chrétienne. Car leur ferveur au service de Dieu, leur charité à l'égard des autres apporteront un nouveau souffle spirituel à l'Eglise tout entière, qui apparaîtra comme un signal levé pour les nations (cf. *Is.* 11, 12), « la lumière du monde » (*Mt.* 5, 14), et « le sel de la terre » (*Mt.* 5, 13). Ce témoignage de la vie obtiendra plus facilement son effet s'il est donné conjointement avec d'autres groupements chrétiens, selon les prescriptions du Décret sur l'Oecuménisme [1].

Cet esprit renouvelé amènera à offrir spontanément à Dieu des prières et des œuvres de pénitence pour qu'Il féconde de sa grâce

---

1. Cf. Conc. Vat. II, Décret sur l'Oecuménisme, 12 (*A.A.S.*, 1965, 99) [p. 508].

l'œuvre des missionnaires; il amènera l'éclosion de vocations missionnaires, et l'afflux des ressources dont les missions ont besoin.

Pour que tous et chacun des chrétiens connaissent exactement la situation présente de l'Eglise dans le monde, et qu'ils entendent la voix des multitudes qui crient: « Viens à notre aide » (cf. *Act.* 16, 9), on donnera, en employant les moyens modernes de communication sociale, des nouvelles missionnaires telles que, prenant conscience de ce que l'activité missionnaire est la leur, ils ouvrent leur cœur aux besoins si immenses et si profonds des hommes, et puissent leur venir en aide.

Nécessaire aussi est la coordination des nouvelles et la coopération avec les organes nationaux et internationaux.

37. [*Devoir missionnaire des communautés chrétiennes*]

Puisque le Peuple de Dieu vit dans des communautés, diocésaines et paroissiales surtout, et que c'est dans ces communautés que d'une certaine manière il se montre visible, c'est aussi aux communautés qu'il appartient de rendre témoignage au Christ devant les nations.

La grâce du renouvellement ne peut croître dans les communautés à moins que chacune d'entre elles n'étende le rayon de sa charité jusqu'aux extrémités de la terre, et qu'elle n'ait, pour ceux qui sont loin, une sollicitude semblable à celle qu'elle a pour ses propres membres.

C'est ainsi que la communauté tout entière prie, coopère, exerce une activité parmi les peuples païens, par l'intermédiaire de ses fils que Dieu choisit pour cette fonction si magnifique.

Il sera très utile, pourvu qu'on ne laisse pas de côté l'œuvre missionnaire universelle, de garder contact avec les missionnaires sortis de la communauté elle-même, ou avec une paroisse ou un diocèse des missions, afin que devienne visible la communion entre les communautés, et que cela tourne à l'édification mutuelle.

38. [*Devoir missionnaire des Évêques*]

Tous les Evêques, en tant que membres du Corps Episcopal qui succède au Collège des Apôtres, ont été consacrés non seulement pour un diocèse, mais pour le salut du monde entier. Le commandement du Christ de prêcher l'Evangile à toute créature (*Mc* 16, 15) les atteint premièrement et directement, avec Pierre et en dépendance de Pierre. De là naissent cette communion et coopération des Eglises aujourd'hui si nécessaires pour continuer l'œuvre de l'évangélisation. En vertu de cette communion, chacune des Eglises porte la sollicitude de toutes les autres; les Eglises se font connaître réciproquement leurs propres besoins; elles se communiquent mutuellement leurs biens, puisque l'extension du Corps du Christ est la fonction du Collège Episcopal tout entier [2].

Dans son diocèse, avec lequel il ne fait qu'un, l'Evêque, quand il anime, fait avancer, dirige l'œuvre missionnaire, rend présents et pour ainsi dire visibles l'esprit et l'ardeur missionnaires du Peuple de Dieu, en sorte que le diocèse tout entier devient missionnaire.

Il appartiendra à l'Evêque de faire lever dans son peuple, surtout parmi les infirmes et les affligés, des âmes qui offrent à Dieu, de tout leur cœur, pour l'évangélisation du monde, prières et œuvres de pénitence; d'encourager volontiers des vocations de jeunes et de clercs pour les Instituts missionnaires, et d'accepter avec reconnaissance que Dieu en choisisse quelques-uns qui entreront dans l'activité missionnaire de l'Eglise; d'exhorter et d'aider les Congrégations diocésaines à assumer leur part propre dans les missions; de promouvoir auprès de ses fidèles les œuvres des Instituts missionnaires, mais particulièrement les œuvres pontificales missionnaires. Car c'est à ces œuvres qu'à bon droit doit être attribuée la première place, puisqu'elles ont des moyens pour pénétrer les catholiques, dès leur enfance, d'un esprit vraiment universel et missionnaire, et pour provoquer une collecte efficace des subsides au profit de toutes les missions selon les besoins de chacune [3].

Puisque de jour en jour augmente le besoin d'ouvriers dans la vigne du Seigneur, et que des prêtres diocésains désirent avoir eux aussi un rôle toujours plus grand dans l'évangélisation du monde, le Saint Concile souhaite vivement que les Evêques, réfléchissant à la très grave pénurie de prêtres qui empêche l'évangélisation de nombreuses régions, envoient à des diocèses manquant de clergé quelques-uns de leurs meilleurs prêtres qui se proposent pour l'œuvre missionnaire, et leur fassent donner la préparation nécessaire; ces prêtres y accompliront en esprit de service, au moins pour une période, le ministère des missions [4].

2. Cf. Conc. Vat. II, Const. dogm. *Lumen gentium*, 23-24 (*A.A.S.*, 1965, 27-29) [pp. 45-47].

3. Cf. Benoît XV, *Maximum illud*, 30 nov. 1919 (*A.A.S.*, 1919, 453-454); Pie XI, *Rerum Ecclesiae*, 28 fév. 1926 (*A.A.S.*, 1926, 71-73); Pie XII, *Evangelii Praecones*, 2 juin 1951 (*A.A.S.*, 1951, 525-526); Id., *Fidei donum*, 15 janv. 1957 (*A.A.S.*, 1957, 241).

4. Cf. Pie XII, *Fidei donum*, 15 janv. 1957 (*A.A.S.*, 1957, 245-246).

Pour que l'activité missionnaire des Evêques puisse s'exercer plus efficacement au profit de l'Eglise tout entière, il est utile que les Conférences Episcopales règlent les affaires qui ont trait à la coopération ordonnée de leur propre région.

Dans leurs Conférences, que les Evêques traitent: des prêtres du clergé diocésain à consacrer à l'évangélisation des nations; de la somme déterminée, proportionnée à ses propres revenus, que chaque diocèse est tenu de donner chaque année pour l'œuvre des missions [5]; de la direction et de l'organisation des modes et des moyens qui viennent directement en aide aux missions; de l'aide à apporter aux Instituts missionnaires et aux séminaires du clergé diocésain pour les missions, et, si besoin est, de leur fondation; de l'encouragement à donner à des liens plus étroits entre ces Instituts et les diocèses.

Il appartient de même aux Conférences épiscopales d'établir et de promouvoir les œuvres qui permettent de recevoir fraternellement et d'entourer d'un soin pastoral convenable, ceux qui pour cause de travail et d'étude quittent les territoires de mission pour vivre à l'étranger. C'est par ces immigrants que les peuples éloignés deviennent proches d'une certaine manière, et qu'aux communautés qui sont chrétiennes de longue date est offerte une excellente occasion d'entreprendre le dialogue avec les nations qui n'ont pas encore entendu l'Evangile, et de leur montrer, dans le service d'amour et d'aide dont ils s'acquittent, l'authentique visage du Christ [6].

39. [Devoir missionnaire des prêtres]

Les prêtres représentent le Christ et sont les collaborateurs de l'Ordre épiscopal dans la triple fonction sacrée qui, de sa nature, a trait à la mission de l'Eglise [7]. Ils doivent donc comprendre à fond que leur vie a été consacrée aussi au service des missions. Puisque par leur ministère propre — qui consiste principalement dans l'Eucharistie, laquelle donne à l'Eglise sa perfection — ils sont en communion avec le Christ Tête et amènent d'autres êtres à cette communion, ils ne peuvent pas ne pas sentir combien il manque encore à la plénitude du Corps, et par conséquent tout ce qu'il faudrait faire pour qu'il s'accroisse de jour en jour. Ils ordonneront donc leur sollicitude pastorale de manière qu'elle soit utile à l'expansion de l'Evangile chez les non-chrétiens.

5. Conc. Vat. II, Décret sur la charge pastorale des Evêques, 6 (A.A.S., 1966, 675-676) [p. 280].

6. Pie XII, Fidei donum, 15 janv. 1957 (A.A.S., 1957, 245).

7. Cf. Conc. Vat. II, Const. dogm. Lumen gentium, 28 (A.A.S., 1965, 34) [pp. 52-54].

Dans leur charge pastorale, les prêtres stimuleront et entretiendront parmi les fidèles le zèle pour l'évangélisation du monde, en les instruisant par la catéchèse et la prédication de la mission qu'a l'Eglise d'annoncer le Christ aux païens; en enseignant aux familles chrétiennes la nécessité et l'honneur de cultiver des vocations missionnaires parmi leurs propres fils et filles; en encourageant chez les jeunes des écoles et des associations catholiques la ferveur missionnaire, en sorte que de futurs prédicateurs de l'Evangile sortent de chez eux. Ils doivent apprendre aux fidèles à prier pour les missions; ne pas rougir de leur demander des aumônes pour les missions, devenus comme des mendiants pour le Christ et le salut des âmes [8].

Les professeurs des séminaires et des universités enseigneront aux jeunes la véritable situation du monde et de l'Eglise, pour que la nécessité d'une évangélisation plus poussée des non-chrétiens ressorte mieux à leurs yeux et nourrisse leur zèle. Dans l'enseignement des disciplines dogmatiques, bibliques, morales et historiques, ils devront mettre en lumière les aspects missionnaires qui y sont contenus, afin que de cette manière la conscience missionnaire soit formée chez les futurs prêtres.

40. [*Devoir missionnaire des Instituts de perfection*]

Les Instituts religieux, de vie contemplative et active, ont eu jusqu'ici et ont une très grande part dans l'évangélisation du monde. Leurs mérites, le Saint Concile les reconnaît de grand cœur, et rend grâces à Dieu pour tant de sacrifices acceptés pour la gloire de Dieu et le service des âmes; il les exhorte à persévérer sans défaillance dans l'œuvre commencée, puisqu'ils savent que la vertu de charité, qu'ils sont tenus de pratiquer de façon plus parfaite du fait de leur vocation, les pousse et les oblige à un esprit et à un travail vraiment catholiques [9].

Les Instituts de vie contemplative, par leurs prières, leurs œuvres de pénitence, leurs épreuves, ont une très grande importance dans la conversion des âmes, puisque c'est Dieu qui envoie à notre prière des ouvriers dans sa moisson (cf. *Mt.* 9, 38), ouvre les cœurs des non-chrétiens pour qu'ils écoutent l'Evangile (cf. *Act.* 16, 14), et féconde dans leurs cœurs la parole du salut (cf. *1 Cor.* 3, 7). Bien plus, ces Instituts sont invités à fonder des maisons dans les territoires des missions, comme un certain nombre l'ont fait déjà, afin que, y menant leur vie d'une manière adaptée aux traditions authen-

---

8. Cf. Pie XI, *Rerum Ecclesiae*, 28 fév. 1926 (*A.A.S.*, 1926, 72).
9. Cf. Conc. Vat. II, Const. dogm. *Lumen gentium*, 44 (*A.A.S.*, 1965, 50) [pp. 73-74].

tiquement religieuses des peuples, ils rendent parmi les non-chrétiens un magnifique témoignage de la majesté et de la charité de Dieu, et de l'union dans le Christ.

Les Instituts de vie active, qu'ils poursuivent ou non une fin strictement missionnaire, doivent se poser sincèrement devant Dieu la question de savoir s'ils peuvent étendre leur activité en vue de l'expansion du Règne de Dieu parmi les païens; s'ils peuvent laisser à d'autres certains ministères, de façon à dépenser leurs forces pour les missions; s'ils peuvent entreprendre une activité dans les missions, en adaptant, si c'est nécessaire, leurs Constitutions, mais cependant selon l'esprit du Fondateur; si leurs membres prennent part selon leurs forces à l'activité missionnaire; si leur façon habituelle de vivre est un témoignage de l'Evangile, vraiment adapté au caractère et à la situation du peuple.

Puisque, sous l'inspiration du Saint-Esprit, s'accroissent de jour en jour dans l'Eglise les Instituts séculiers, leur aide, sous l'autorité de l'Evêque, peut être fructueuse dans les missions à des titres multiples, comme signe d'un don plénier à l'évangélisation du monde.

41. [*Devoir missionnaire des laïcs*]

Les laïcs coopèrent à l'œuvre d'évangélisation de l'Eglise et participent à titre de témoins, et en même temps d'instruments vivants, à sa mission salvifique [10], surtout si, appelés par Dieu, ils sont pris par les Evêques pour cette œuvre.

Dans les terres déjà chrétiennes, les laïcs coopèrent à l'œuvre de l'évangélisation en développant en eux-mêmes et chez les autres la connaissance et l'amour des missions, en faisant naître des vocations dans leur propre famille, dans les associations catholiques et les écoles, en offrant des subsides de toute sorte, afin que le don de la foi, qu'ils ont reçu gratuitement, puisse être aussi donné à d'autres.

Dans les territoires des missions, les laïcs, soit étrangers, soit autochtones, doivent enseigner dans les écoles, avoir la gestion des affaires temporelles, collaborer à l'activité paroissiale et diocésaine, établir et promouvoir les diverses formes de l'apostolat des laïcs, pour que les fidèles des jeunes Eglises puissent assumer le plus vite possible leur propre part dans la vie de l'Eglise [11].

Enfin, les laïcs doivent apporter volontiers leur coopération économico-sociale aux peuples en voie d'évolution; cette coopération

---

10. Cf. Ibid., 33, 35 (*A.A.S.*, 1965, 39, 40-41) [pp. 58-59, 60-61].
11. Cf. Pie XII, *Evangelii Praecones*, 2 juin 1951 (*A.A.S.*, 1951, 510-514); Jean XXIII, *Princeps Pastorum*, 28 nov. 1959 (*A.A.S.*, 1959, 851-852).

est d'autant plus à louer qu'elle vise à fonder des Instituts qui atteignent les structures fondamentales de la vie sociale ou sont destinés à la formation de ceux qui ont la responsabilité de la chose publique.

Sont dignes d'une louange spéciale les laïcs qui, dans les Universités ou les Instituts scientifiques, font avancer par leurs recherches historiques ou scientifico-religieuses la connaissance des peuples et des religions, aidant les prédicateurs de l'Evangile et préparant le dialogue avec les non-chrétiens.

Avec les autres chrétiens, avec les non-chrétiens, particulièrement avec les membres des associations internationales, ils doivent collaborer fraternellement, ayant toujours devant les yeux que « la construction de la cité terrestre doit être fondée sur le Seigneur et dirigée vers lui » [12].

Pour s'acquitter de toutes ces tâches, les laïcs ont besoin d'une indispensable préparation technique et spirituelle, qui doit être donnée dans des Instituts spécialisés, pour que leur vie soit un témoignage pour le Christ parmi les non-chrétiens, selon ce mot de l'Apôtre: « Ne donnez scandale ni aux Juifs ni aux Grecs, ni à l'Eglise de Dieu, tout comme moi je m'efforce de plaire à tous en tout, ne cherchant pas mon propre intérêt, mais celui du plus grand nombre, afin qu'ils soient sauvés » (*1 Cor.* 10, 32-33).

CONCLUSION

42. Les Pères du Concile, en union avec le Pontife Romain, sentant très profondément le devoir d'étendre partout le Règne de Dieu, saluent avec toute leur affection tous les prédicateurs de l'Evangile, ceux surtout qui pour le nom du Christ souffrent la persécution, et s'associent à leurs souffrances [13].

Ils sont enflammés eux aussi du même amour dont le Christ a brûlé pour les hommes. Conscients que c'est Dieu qui fait que son Règne arrive sur la terre, ils répandent leurs prières avec tous les chrétiens pour que, par l'intercession de la Vierge Marie, Reine des Apôtres, les nations soient amenées le plus tôt possible à la connais-

---

12. Cf. Conc. Vat. II, Const. dogm. *Lumen gentium*, 46 (*A.A.S.*, 1965, 52) [pp. 75-76].

13. Cf. Pie XII, *Evangelii Praecones*, 2 juin 1951 (*A.A.S.*, 1951, 527); Jean XXIII, *Princeps Pastorum*, 28 nov. 1959 (*A.A.S.*, 1959, 864).

sance de la vérité (*1 Tim.* 2, 4), et que la gloire de Dieu qui resplendit sur la face du Christ commence à luire pour tous par le Saint-Esprit (*2 Cor.* 4, 6).

Tout l'ensemble et chacun des points qui sont édictés dans ce Décret ont plu aux Pères du saint Concile. Et Nous, en vertu du pouvoir apostolique que le Christ Nous a confié, avec les vénérables Pères, Nous les approuvons, décrétons et arrêtons dans le Saint-Esprit, et Nous ordonnons que, pour la gloire de Dieu, ce qui a été ainsi établi en Concile soit promulgué.

Rome, près Saint-Pierre, le 7 décembre 1965.

Moi, PAUL,
Évêque de l'Église catholique.

Suivent les signatures des Pères.

LES ÉGLISES
ORIENTALES
CATHOLIQUES

Décret "de Ecclesiis orientalibus catholicis"
("Orientalium Ecclesiarum")
promulgué le 21 novembre 1964

TRADUCTION PUBLIÉE PAR
« L'OSSERVATORE ROMANO » (Édition française)
LE 4 DÉCEMBRE 1964

Texte latin dans les
« Acta Apostolicae Sedis » 57 (1965) pp. 76-89
et dans les
« Constitutiones, Decreta, Declarationes » pp. 223-240

DÉCRET « *ORIENTALIUM ECCLESIARUM* »

PAUL, ÉVÊQUE,
SERVITEUR
DES SERVITEURS DE DIEU,
AVEC LES PÈRES DU SAINT CONCILE,
POUR QUE LE SOUVENIR
S'EN MAINTIENNE À JAMAIS.

INTRODUCTION

1. LES institutions, les rites liturgiques, les traditions ecclésiastiques et la discipline chrétienne des Eglises orientales sont l'objet d'une grande estime de la part de l'Eglise catholique. Car dans ces Eglises illustres pour leur vénérable ancienneté brille la tradition [1] qui vient des Apôtres à travers les Pères et constitue une part de la révélation divine et du patrimoine indivis de l'Eglise universelle. Ce Saint Concile œcuménique, dans sa sollicitude pour les Eglises orientales qui sont les témoins vivants de cette tradition, désirant qu'elles soient florissantes et puissent remplir la charge qui leur incombe avec une nouvelle vigueur apostolique, a décidé de fixer, à côté des décisions qui regardent l'Eglise universelle quelques points particuliers, les autres étant remis à la décision des Synodes orientaux et du Siège Apostolique.

DES ÉGLISES PARTICULIÈRES OU RITES

2. [*Unité et variété dans l'Église*]

La Sainte Eglise catholique, qui est le corps mystique du Christ est constituée des fidèles qui sont unis organiquement dans l'Esprit-Saint par la même foi, les mêmes sacrements et le même

---

1. Leo XIII, Litt. Ap. *Orientalium dignitas*, 30 nov. 1894, in Leonis XIII Acta, vol. XIV, pp. 201-202.

gouvernement, et qui s'agrégeant en diverses communautés, dont la
hiérarchie assure la cohésion, constituent des Eglises particulières
ou rites. Il existe entre elles une admirable communion, telle que
la variété dans l'Eglise ne nuit pas à son unité mais plutôt la manifeste. En effet, c'est la volonté de l'Eglise catholique de sauvegarder
dans leur intégrité les traditions de chacune des Eglises particulières
ou rites, et elle veut pareillement adapter sa manière de vivre aux
nécessités diverses des temps et des lieux [2].

3. [*Les Églises particulières sont égales en dignité*]

Ces Eglises particulières, aussi bien d'Orient que d'Occident, diffèrent partiellement entre elles par ce qu'on appelle les rites,
c'est-à-dire la liturgie, la discipline ecclésiastique et le patrimoine
spirituel, mais elles sont également confiées au gouvernement pastoral du Pontife Romain qui, par disposition divine, succède à
saint Pierre dans la primauté sur l'Eglise universelle. Par conséquent, elles sont égales en dignité et aucune d'entre elles ne l'emporte sur les autres en raison du rite, elles jouissent des mêmes droits
et sont tenues aux mêmes obligations, même en ce qui concerne le
devoir de prêcher l'Evangile dans le monde entier (cf. *Mc* 16, 15),
sous la conduite du Pontife Romain.

4. [*Relations interecclésiales*]

On pourvoira donc partout à la conservation et au développement de toutes les Eglises particulières et, à cette fin, on créera des
paroisses et une hiérarchie qui leur soit propre lorsque le bien spirituel des fidèles le demande. D'autre part, les hiérarchies des différentes Eglises particulières qui ont juridiction sur un même territoire veilleront, en échangeant leurs avis dans des rencontres pério-
diques, à favoriser l'unité d'action et à unir leurs forces pour aider

---

2.   S. Leo IX, Litt. *In terra pax*, an. 1053: « Ut enim »; Innocentius III,
Synodus Lateranensis IV, an. 1215, cap. IV: « Licet Graecos »; Litt. *Inter
quatuor*, 2 aug. 1206: « Postulasti postmodum »: Innocentius IV, Ep. *Cum
de cetero*, 27 aug. 1247; Ep. *Sub catholicae*, 6 mart. 1254, proem.; Nicolaus
III, Instructio *Istud est memoriale*, 9 oct. 1278; Leo X, Litt. Ap. *Accepimus
nuper*, 18 maii 1521; Paulus III, Litt. Ap. *Dudum*, 23 déc. 1534; Pius IV,
Const. *Romanus Pontifex*, 16 febr. 1564, § 5; Clemens VIII, Const. *Magnus
Dominus*, 23 dec. 1595, § 10; Paulus V, Const. *Solet circumspecta*, 10 dec.
1615, § 3; Benedictus XIV, Ep. Enc. *Demandatam*, 24 dec. 1743, § 3; Ep.
Enc. *Allatae sunt*, 26 iun. 1755, §§ 3, 6-19, 32; Pius VI, Litt. Enc. *Catholicae
communionis*, 24 maii 1787; Pius IX, Litt. *In suprema*, 6 ian. 1848, § 3; Litt.
Ap. *Ecclesiam Christi*, 26 nov. 1853; Const. *Romani Pontificis*, 6 ian. 1862;
Leo XIII, Litt. Ap. *Praeclara*, 20 iun. 1894, n. 7; Litt. Ap. *Orientalium digni-
tas*, 30 nov. 1894. proem.; etc.

des œuvres communes en vue de promouvoir plus aisément le bien
de la religion et de maintenir plus efficacement la discipline du
clergé [3]. Tous les clercs et ceux qui entrent dans les ordres sacrés
seront bien instruits des rites et, singulièrement, des règles pratiques
dans les matières interrituelles, et les laïcs, eux aussi, recevront au
catéchisme un enseignement sur les rites et leurs normes. En outre,
tous les catholiques et chacun d'eux, ainsi que les baptisés de quelque Eglise ou communauté non catholique que ce soit qui viennent
à la plénitude de la communion catholique garderont partout leur
propre rite, le suivront et l'observeront dans la mesure du possible [4];
étant sauf le droit de recourir au Siège Apostolique, dans les cas
particuliers relatifs aux personnes, aux communautés ou aux régions; celui-ci, en tant qu'arbitre suprême des relations inter-
ecclésiales, pourvoira aux besoins, en esprit œcuménique, soit par
lui-même ou par d'autres autorités, en donnant les normes, décrets
ou rescrits opportuns.

DU MAINTIEN DU PATRIMOINE SPIRITUEL
DES ÉGLISES ORIENTALES

5. [*Droit des Églises orientales à leurs propres disciplines*]

L'histoire, les traditions et la plupart des institutions ecclésiastiques attestent hautement combien les Eglises orientales ont
mérité de l'Eglise universelle [5]. Aussi le Saint Concile entoure ce
patrimoine ecclésiastique et spirituel de l'estime qui lui est due et
des louanges qu'il mérite à bon droit; mais de plus il le considère
fermement comme le patrimoine de toute l'Eglise du Christ. Il déclare donc solennellement que les Eglises de l'Orient aussi bien que
de l'Occident ont le droit et le devoir de se régir selon leurs propres
disciplines particulières, puisque, en effet, elles se recommandent
par leur antiquité vénérable, elles sont plus adaptées aux habitudes
de leurs fidèles et plus aptes à procurer, semble-t-il, le bien des âmes.

6. [*Maintien ou rétablissement des traditions ancestrales*]

Tous les Orientaux doivent savoir avec pleine certitude qu'ils
peuvent et doivent toujours garder leurs rites liturgiques légitimes

---

3. Pius XII, Motu proprio *Cleri sanctitati*, 2 iun. 1957, can. 4.
4. Pius XII, Motu proprio *Cleri sanctitati*, 2 iun. 1957, can. 8: « sans
la permission du Siège apostolique », en suivant la pratique des siècles précédents; de même pour les baptisés non catholiques, au canon 11, on lit:
« ils peuvent embrasser le rite de leur préférence »; dans le texte proposé on
décide d'une manière positive le maintien du rite pour tous et partout.
5. Cf. Leo XIII, Litt. Ap. *Orientalium dignitas*, 30 nov. 1894; Ep. Ap.
Praeclara gratulationis, 20 iun. 1894, et documenta in nota 2 allata.

et leur discipline et ne pas introduire de changements si ce n'est pour
le motif d'un progrès propre et organique. Les Orientaux eux-mêmes
doivent donc observer tous ces éléments avec la plus grande fidélité; ils doivent, certes, en acquérir une connaissance chaque jour plus
grande et une pratique plus parfaite et, si sous l'action du temps ou
des hommes, ils les ont abandonnées indûment, ils doivent faire
effort pour revenir aux traditions ancestrales. Par ailleurs, ceux que
leur fonction ou ministère apostolique met en relations fréquentes
avec les Eglises orientales ou avec les fidèles de ces dernières
doivent être instruits avec soin dans la connaissance et le respect
des rites, de la discipline, de l'enseignement, de l'histoire et du génie
des Orientaux, selon l'importance de l'office auquel ils s'emploient [6].
On recommande vivement aux Ordres et Congrégations religieuses
de rite latin qui déploient leur activité dans les pays d'Orient ou
parmi des fidèles orientaux de créer, en vue d'une plus grande efficacité apostolique, des maisons et même des provinces de rite oriental, dans la mesure du possible [7].

DES PATRIARCHES ORIENTAUX

7. [*L'institution du Patriarcat*]

Depuis les temps les plus reculés est en vigueur dans l'Eglise
l'institution du Patriarcat, reconnue déjà par les premiers Conciles
œcuméniques [8].

Le nom de Patriarche oriental est donné à un évêque qui a la
juridiction sur tous les évêques, y compris les métropolites, sur le
clergé et le peuple d'un territoire ou d'un rite particulier selon les
normes du droit et restant sauve la primauté du Pontife Romain [9].

En tous les endroits situés hors des limites du territoire patriarcal
où un Hiérarque de quelque rite que ce soit est établi, il demeure
agrégé à la hiérarchie du Patriarcat de ce rite selon les normes du
droit.

6. Cf. Benedictus XV, Motu proprio *Orientis catholici*, 15 oct. 1917;
Pius XI, Litt. Enc. *Rerum orientalium*, 8 sept. 1928, etc.
7. La pratique de l'Eglise catholique au temps de Pie XI, Pie XII et
Jean XXIII, manifeste abondamment ce mouvement.
8. Cf. Synodum Nicaenam I. can. 6; Constantinopolitanam I, can. 2
et 3; Chalcedonensem, can. 28; can. 9; Constantinopolitanam IV, can. 17;
can. 21; Lateranensem IV, can. 5; can. 30; Florentinam, Decr. pro. Graecis;
etc.
9. Cf. Synodum Nicaenam I, can. 6; Constantinopolitanam I. can. 3;
Constantinopolitanam IV, can. 17; Pius XII, Motu proprio *Cleri sanctitati*,
can. 216, § 2, 1°.

8. [*Dignité égale des Patriarches*]

Les Patriarches des Eglises orientales, bien que certains soient plus récents que d'autres, sont tous égaux sous l'aspect de la dignité patriarcale, restant sauve la préséance d'honneur légitimement établie entre eux [10].

9. [*Restauration des droits et privilèges anciens*]

Selon une tradition très ancienne de l'Eglise, des honneurs particuliers doivent être attribués aux patriarches des Eglises orientales, eux qui président, chacun à son patriarcat respectif comme père et chef.

Aussi ce Saint Concile a décidé que leurs droits et privilèges devront être restaurés, selon les traditions les plus anciennes de chacune des Eglises et les décrets des Conciles œcuméniques [11].

Ce sont les droits et privilèges qui furent en vigueur à l'époque de l'union de l'Orient et de l'Occident, même s'il faut les adapter quelque peu aux conditions actuelles.

Les Patriarches avec leurs synodes constituent l'instance supérieure pour toutes les affaires du patriarcat, sans exclure le droit d'instituer de nouvelles éparchies et de nommer les évêques de leur rite à l'intérieur des limites du territoire patriarcal, restant sauf le droit inaliénable du Pontife Romain d'intervenir en tous les cas, ceux-ci étant considérés individuellement.

10. [*Archevêques majeurs*]

Ce qui a été dit des Patriarches vaut également, selon les normes du droit, pour les archevêques majeurs qui président à tout l'ensemble d'une Eglise ou rite particulier [12].

11. [*Institution de nouveaux Patriarcats*]

Comme l'institution patriarcale dans les Eglises orientales est la forme traditionnelle de gouvernement, le Saint Concile œcuménique souhaite que, là où c'est nécessaire, de nouveaux patriarcats soient

---

10. In Synodis Oecumenicis: Nicaena I, can. 6; Constantinopolitana I, can. 3; Constantinopolitana IV, can. 21; Lateranensi IV, can. 5; Florentina, decr. pro Graecis, 6 iul. 1439, § 9. Cf. Pius XII, Motu proprio *Cleri sanctitati*, 2 iun. 1957, can. 219, etc.

11. Cf. supra, note 8.

12. Cf. Synodum Ephesinam, can. 8; Clemens VII, *Decet Romanum Pontificem*, 23 febr. 1596; Pius VII, Litt. Ap. *In universalis Ecclesiae*, 22 febr. 1807; Pius XII, Motu proprio *Cleri sanctitati*, 2 iun. 1957, can. 324-339; Syn. Carthaginen., an. 419, can. 17.

érigés, l'institution en étant réservée au Concile œcuménique ou au Pontife Romain [13].

DE LA DISCIPLINE DES SACREMENTS

12. [*L'ancienne discipline des sacrements*]

Le Saint Concile œcuménique confirme et approuve l'ancienne discipline des sacrements en vigueur dans les Eglises orientales et la pratique qui en concerne la célébration et l'administration, et, si le cas le réclame, il souhaite qu'elle soit rétablie.

13. [*Le ministre du Saint Chrême*]

La discipline relative au ministre du Saint Chrême en vigueur depuis les temps les plus anciens chez les Orientaux sera totalement rétablie. Ainsi les prêtres peuvent administrer ce sacrement, en utilisant le chrême bénit par le patriarche ou l'évêque [14].

14. Tous les prêtres orientaux peuvent administrer validement ce sacrement avec le Baptême ou séparément, à tous les fidèles de quelque rite que ce soit, sans excepter le rite latin, restant sauves les prescriptions du droit général et du droit particulier relatives à la licéité [15]. Et les prêtres de rite latin aussi, selon les facultés dont ils jouissent quant à l'administration de ce sacrement, peuvent l'administrer même aux fidèles des Eglises orientales, mais sans, pour

---

13. Syn. Carthaginen., an. 419, can. 17 et 57; Chalcedonensis, an. 451, can. 12; S. Innocentius I, Litt. *Et onus et honor*, a. c. 415: « Nam quid sciscitaris »; S. Nicolaus I, Litt. *Ad consulta vestra*, 13 nov. 866: « A quo autem »; Innocentius III, Litt. *Rex regum*, 25 febr. 1204; Leo XII, Const. Ap. *Petrus Apostolorum Princeps*, 15 aug. 1824; Leo XIII, Litt. Ap. *Christi Domini*, an. 1895; Pius XII, Motu proprio *Cleri sanctitati*, 2 iun. 1957, can. 159.

14. Cf. Innocentius IV, Ep. *Sub catholicae*, 6 mart. 1254, § 3, n. 4; Syn. Lugdunensis II, an. 1274 (professio fidei Michaelis Palaeologi Gregorio X oblata); Eugenius IV, in Syn. Florentina, Const. *Exsultate Deo*, 22 nov. 1439, § 11; Clemens VIII, Instr. *Sanctissimus*, 31 aug. 1595; Benedictus XIV, Const. *Etsi pastoralis*, 26 maii 1742, § II, n. 1, § III, n. 1, etc.; Synodus Laodicena, an. 347/381, can. 48; Syn. Sisen. Armenorum, an. 1342; Synodus Libanen. Maronitarum, an. 1736, P. II, Cap. III, n. 2, et aliae Synodi particulares.

15. Cf. S. C. S. Officii, Instr. (ad Ep. Scepusien.), an. 1783; S. C. de Prop. Fide (pro Coptis), 15 mart. 1790, n. XIII; Decr. 6 oct. 1863, C, a; S. C. pro Eccl. Orient., 1 maii 1948; S. C. S. Officii, resp. 22 apr. 1896 cum litt. 19 maii 1896.

autant, préjuger du rite, et restant sauves les prescriptions du droit général et du droit particulier relatives à la licéité [16].

15. [*L'office liturgique et l'Eucharistie*]

Les fidèles sont tenus à assister, les dimanches et jours de fête, à la divine liturgie ou, selon les prescriptions ou la coutume de leur propre rite, à la célébration des divines louanges [17]. Afin que les fidèles aient plus de facilité pour remplir cette obligation, il est établi que le temps durant lequel on peut satisfaire au précepte court depuis les vêpres de la veille jusqu'à la fin du dimanche ou du jour de fête [18]. Il est vivement recommandé aux fidèles de recevoir la Sainte Eucharistie ces jours-là, plus souvent encore, et même chaque jour [19].

16. [*La Pénitence*]

Etant donné que la vie quotidienne mélange les fidèles de diverses Eglises particulières dans une même région ou territoire oriental, la faculté de recevoir les confessions, donnée selon le droit et sans aucune restriction aux prêtres de quelque rite que ce soit par leur propre hiérarque, s'étend à tout le territoire de l'autorité qui a donné la faculté. Elle s'étend aussi aux lieux et aux fidèles de quelque rite que ce soit, dans le même territoire, à moins qu'un hiérarque du lieu pour les lieux de son propre rite ne l'ait expressément refusée [20].

17. [*L'Ordre*]

En vue de remettre en vigueur l'ancienne discipline du sacrement de l'Ordre dans les Eglises orientales, ce Saint Concile souhaite

---

16. CIC, can. 782, § 4; S. C. pro Eccl. Orient., Decretum « *de Sacramento Confirmationis administrando etiam fidelibus orientalibus a presbyteris latini ritus, qui hoc indulto gaudent pro fidelibus sui ritus* », 1 maii 1948.

17. Cf. Syn. Laodicen., an. 347/381, can. 29; S. Nicephorus CP., cap. 14; Syn. Duinen. Armenorum, an. 719, can. 31; S. Theodorus Studita, sermo 21; S. Nicolaus I, Litt. *Ad consulta vestra*, 13 nov. 866: « In quorum Apostolorum »; « Nos cupitis »; « Quod interrogatis »; « Praeterea consulitis »; « Si die Dominico »; et Synodi particulares.

18. C'est là une nouveauté, du moins là où existe l'obligation de participer à la sainte Liturgie; par ailleurs cela correspond au jour liturgique chez les Orientaux.

19. Cf. Canones Apostolorum, 8 et 9; Syn. Antiochena, an. 341, can. 2; Timotheus Alexandrinus, interrogat. 3; Innocentius III, Const. *Quia divinae*, 4 ian. 1215; et plurimae Synodi particulares Ecclesiarum Orientalium recentiores.

20. Restant sauf le caractère territorial de la juridiction, le canon veut, pour le bien des âmes, pourvoir à la pluralité de juridiction sur un même territoire.

que l'institution du diaconat permanent soit rétablie, là où elle serait tombée en désuétude [21]. Pour ce qui est du sous-diaconat et des Ordres inférieurs ainsi que des droits et obligations y afférant, l'Autorité législative de chacune des Eglises particulières en décidera [22].

18. [*Le Mariage*]

En vue d'éviter que les mariages ne soient invalides, lorsque les catholiques orientaux contractent mariage avec des baptisés orientaux non catholiques, et en vue d'assurer la solidité et la sainteté des unions aussi bien que la paix des foyers, le Saint Concile a fixé que la forme canonique de la célébration de ces mariages oblige seulement pour la licéité; et que pour la validité la présence d'un ministre sacré est suffisante, restant sauves les autres prescriptions du droit [23].

DU CULTE DIVIN

19. [*Les jours de fête*]

Il appartient au seul Concile œcuménique ou au Siège Apostolique d'établir pour l'avenir, de transférer ou de supprimer les jours de fête communs à toutes les Eglises orientales. Quant aux fêtes de chaque Eglise particulière, les établir, transférer ou supprimer incombe, à côté du Siège Apostolique, aux Synodes patriarcaux ou archiépiscopaux, mais en tenant compte de toute la région et des autres Eglises particulières [24].

---

21. Cf. Syn. Nicaena I, can. 18; Syn. Neocaesarien., an. 314/325, can. 12; Syn. Sardicen., an. 343, can. 8; S. Leo M., Litt. *Omnium quidem*, 13 ian. 444; Syn. Chalcedonen., can. 6; Syn. Constantinopolitana IV, can. 23, 26; etc.

22. Plusieurs Eglises orientales considèrent le sous-diaconat comme un ordre mineur, mais le Motu proprio *Cleri sanctitati* de Pie XII prescrit à son sujet les obligations des ordres majeurs. Le canon propose qu'on revienne à l'ancienne discipline de chaque Eglise en ce qui concerne les obligations des sous-diacres, par dérogation au droit commun de *Cleri sanctitati*.

23. Cf. Pius XII, Motu proprio *Crebrae allatae*, 22 febr. 1949, can. 32 § 2, n. 5 (pouvoir des patriarches de dispenser de la forme); Pius XII, Motu proprio *Cleri sanctitati*, 2 iun. 1957, can. 267 (pouvoir donné aux patriarches d'opérer la *sanatio in radice*); les S. C. du Saint-Office et de l'Eglise orientale ont permis en 1957 de dispenser de la forme et d'opérer la *sanatio* pour défaut de forme (pour 5 ans): « en dehors du patriarche, du métropolite et des autres Ordinaires des lieux... qui n'ont pas de supérieur en dessous du Saint-Siège ».

24. Cf. S. Leo M., Litt. *Quod saepissime*, 15 apr. 454: « Petitionem autem »; S. Nicephorus CP., cap. 13; Syn. Sergii Patriarchae, 18 sept. 1596, can. 17; Pius VI, Litt. Ap. *Assueto paterne*, 8 apr. 1775; etc.

20. [*La fête de Pâques*]

En attendant que l'on soit parvenu à l'accord souhaité entre tous les chrétiens sur un seul et même jour de célébration par tous de la fête de Pâques, en vue de l'unité entre les chrétiens qui habitent la même région ou nation il est demandé aux Patriarches ou aux Autorités Suprêmes locales de prendre un accord en vue de célébrer la fête de Pâques le même dimanche, à condition que tous les intéressés aient été consultés et qu'ils aient donné leur consentement de façon unanime [25].

21. [*Fidèles vivant en territoire de rite différent*]

Tout fidèle qui se trouve hors de la région ou territoire de son propre rite peut, en ce qui concerne la loi des temps sacrés, se conformer pleinement à la discipline en vigueur dans le lieu où il vit. Dans les familles de rite mixte on peut suivre cette loi selon un seul et même rite [26].

22. [*Les Louanges Divines*]

Les clercs et religieux orientaux célébreront, selon les prescriptions et traditions de leur discipline propre les Louanges Divines, qui ont été en grand honneur depuis les temps anciens dans toutes les Eglises orientales [27]. Les fidèles, eux aussi, suivant l'exemple des ancêtres, participeront aux Divines Louanges selon leurs possibilités et avec dévotion.

23. [*Langues liturgiques*]

Au Patriarche avec son Synode ou à la Suprême Autorité de chaque Eglise avec le Conseil des hiérarques, appartient le droit de régler l'emploi des langues dans les cérémonies liturgiques, et aussi, après rapport fait au Siège Apostolique, d'approuver les versions des textes en langue vernaculaire [28].

---

25. Cf. Syn. Vaticana II, Const. *De Sacra Liturgia*, 4 déc. 1963 [pp. 121 ss].

26. Cf. Clemens VIII, Instr. *Sanctissimus*, 31 aug. 1595, § 6: « Si ipsi graeci »; S. C. S. Officii, 7 iun. 1673, ad 1 et 3; 13 mart. 1727, ad 1; S. C. de Prop. Fide, Decret. 18 aug. 1913, art. 33; Decret. 14 aug. 1914, art. 27; Decret. 27 mart. 1916, art. 14; S. C. pro Eccl. Orient., Decret. 1 mart. 1929, art. 36; Decret. 4 maii 1930, art. 41.

27. Cf. Syn. Laodicen., 347/381, can. 18; Syn. Mar Issaci Chaldaeorum, an. 410, can. 15; S. Nerses Glaien. Armenorum, an. 1166; Innocentius IV, Ep. *Sub catholicae*, 6 mart. 1254, § 8; Benedictus XIV, Const. *Etsi pastoralis*, 26 maii 1742, § 7, n. 5; Inst. *Eo quamvis tempore*, 4 maii 1745, §§ 42 ss.; et Synodi particulares recentiores: Armenorum (1911), Coptorum (1898), Maronitarum (1736), Rumenorum (1872), Ruthenorum (1891), Syrorum (1888).

28. Selon la tradition orientale.

DES RELATIONS AVEC LES FRÈRES
DES ÉGLISES SÉPARÉES

24. [*Devoir particulier des Églises orientales catholiques*]

Aux Eglises orientales en communion avec le Siège Apostolique de Rome, appartient de façon particulière la tâche de favoriser l'unité de tous les chrétiens, et spécialement, des chrétiens orientaux, selon les principes du décret de ce Saint Concile « De l'Oecuménisme », et d'abord par la prière, par l'exemple de leur vie, par leur religieuse fidélité aux antiques traditions orientales, par la meilleure connaissance mutuelle les uns des autres, par la collaboration et l'estime fraternelle des choses et des hommes [29].

25. [*Les Orientaux séparés*]

Les Orientaux séparés, qui viennent à l'unité catholique sous l'action de la grâce du Saint-Esprit, ne seront pas soumis à plus d'exigences que n'en exige la simple profession de la foi catholique. Et puisque chez eux le sacerdoce a été maintenu valide, les clercs orientaux qui viennent à l'unité catholique ont la faculté d'exercer leur Ordre, selon les normes établies par l'Autorité compétente [30].

26. [*La participation aux sacrements*]

La participation aux sacrements, qui offense l'unité de l'Eglise et inclut l'adhésion formelle à l'erreur ou le danger d'aberration dans la foi, de scandale et d'indifférentisme, est interdite par la loi divine [31]. La pratique pastorale montre, cependant, en ce qui concerne les frères orientaux que l'on pourrait et devrait considérer les multiples circonstances relatives à chacune des personnes, circonstances dans lesquelles ni l'unité de l'Eglise ne se trouve blessée, ni les périls à éviter ne se présentent, mais dans lesquelles au contraire la nécessité du salut et le bien spirituel des âmes constituent un besoin urgent. C'est pourquoi l'Eglise catholique, en raison des circonstances de temps, de lieux et de personnes, a souvent adopté et adopte une manière d'agir plus douce, offrant à tous les moyens de salut et présentant le témoignage de la charité entre les chrétiens, par la participation aux sacrements et aux autres célébrations et choses sacrées. En cette considération, le Saint Concile, « afin que nous ne soyons pas un obstacle par la sévérité d'une sentence envers ceux qui sont

---

29. Comme il est dit dans les bulles d'union des différentes Eglises orientales catholiques.

30. Obligation synodale en ce qui concerne les frères orientaux séparés et tous les ordres de tous degrés, de droit divin et ecclésiastique.

31. Cette doctrine est suivie également dans les Eglises séparées.

sauvés »[32], en vue de favoriser toujours davantage l'union avec les Eglises orientales séparées de nous, a fixé la manière d'agir suivante.

27.   Les principes rappelés ci-dessus restant posés, aux Orientaux qui, en toute bonne foi, se trouvent être séparés de l'Eglise catholique peuvent être donnés, s'ils les demandent d'eux-mêmes et s'ils sont convenablement disposés, les sacrements de la Pénitence, de l'Eucharistie et de l'Onction des malades; en outre, les catholiques, eux aussi, peuvent demander ces mêmes sacrements aux ministres non catholiques, dans l'Eglise de qui les sacrements sont valides, chaque fois que la nécessité ou une véritable utilité spirituelle le demande, et que l'accès à un prêtre catholique s'avère matériellement ou moralement impossible [33].

28. [*La participation aux choses sacrées*]

De même, les principes identiques restant posés, la participation aux cérémonies ou choses sacrées, l'usage des lieux sacrés sont permis entre Orientaux catholiques et frères séparés pour une juste raison [34].

29. Cette pratique tempérée de la participation aux choses sacrées en commun avec les frères des Eglises orientales séparées est confiée à la vigilance et à la direction des hiérarques du lieu, afin qu'ils règlent les relations entre chrétiens par des prescriptions et des normes adaptées et efficaces, après s'être consultés entre eux, et, si le cas se présente, après avoir entendu même les hiérarques des Eglises séparées.

CONCLUSION

30. Le Saint Concile se réjouit beaucoup de la collaboration fructueuse et active qui existe entre les Eglises catholiques orientales et occidentales et il déclare en même temps ce qui suit: toutes ces dispositions juridiques sont établies pour les conditions actuelles jus-

---

32. S. Basilius M., *Epistula canonica ad Amphilochium*, **PG**, 32, 669 B.

33. On considère comme fondement de cet adoucissement: 1. La validité des sacrements; 2. La bonne foi et la bonne disposition; 3. La nécessité du salut éternel; 4. L'absence de prêtre propre; 5. L'exclusion de dangers devant être évités et d'adhésion formelle à l'erreur.

34. Il s'agit de la *communicatio in sacris* extrasacramentelle. C'est le Concile qui accorde l'adoucissement, en maintenant ce qui doit être maintenu.

qu'à ce que l'Eglise catholique et les Eglises orientales séparées parviennent à la plénitude de la communion.

Entre temps tous les chrétiens, Orientaux aussi bien qu'Occidentaux, sont invités de façon instante à offrir à Dieu des prières ferventes et fréquentes, et même à prier chaque jour, pour que, par l'intercession de la Très Sainte Mère de Dieu, tous soient un. Qu'ils demandent que la plénitude du réconfort et de la consolation de l'Esprit-Saint Paraclet descende en tant de chrétiens de chacune des Eglises qui confessent avec force le nom du Christ et, pour cela, souffrent et sont inquiétés.

Aimons-nous tous les uns les autres d'un amour fraternel; ayons des égards mutuels *(Rom. 12, 10)*.

Tout l'ensemble et chacun des points qui sont édictés dans ce Décret ont plu aux Pères du Saint Concile. Et Nous, en vertu du pouvoir apostolique que le Christ Nous a confié, avec les vénérables Pères, Nous les approuvons, décrétons et arrêtons dans le Saint-Esprit, et Nous ordonnons que, pour la gloire de Dieu, ce qui a été ainsi établi en Concile soit promulgué.

Rome, près Saint-Pierre, le 21 novembre 1964.

Moi, PAUL,
Évêque de l'Église catholique.

Suivent les signatures des Pères.

L'OECUMÉNISME

Décret "de Oecumenismo"
("Unitatis Redintegratio")
promulgué le 21 novembre 1964

TRADUCTION ÉTABLIE PAR
LE SECRÉTARIAT POUR L'UNITÉ DES CHRÉTIENS
ET PUBLIÉE PAR
« L'OSSERVATORE ROMANO » (Édition française)
LE 11 DÉCEMBRE 1964

Texte latin dans les
« Acta Apostolicae Sedis » 57 (1965) pp. 90-112
et dans les
« Constitutiones, Decreta, Declarationes » pp. 243-274

DÉCRET « *UNITATIS REDINTEGRATIO* »

PAUL, ÉVÊQUE,
SERVITEUR
DES SERVITEURS DE DIEU,
AVEC LES PÈRES DU SAINT CONCILE,
POUR QUE LE SOUVENIR
S'EN MAINTIENNE À JAMAIS.

INTRODUCTION

1. **P**ROMOUVOIR la restauration de l'unité entre tous les Chrétiens, c'est l'un des buts principaux du saint Concile œcuménique de Vatican II. Une seule et unique Eglise a été instituée par le Christ Seigneur. Et pourtant plusieurs Communions chrétiennes se présentent aux hommes comme les véritables héritières de Jésus-Christ. Tous, certes, confessent qu'ils sont les disciples du Seigneur; mais ils ont des attitudes différentes. Ils suivent des chemins divers, comme si le Christ lui-même était partagé [1]. Il est certain qu'une telle division s'oppose ouvertement à la volonté du Christ. Elle est pour le monde un objet de scandale et elle fait obstacle à la plus sainte des causes: la prédication de l'Evangile à toute créature.

Or, le Maître des siècles qui poursuit son dessein de grâce avec sagesse et patience à l'égard des pécheurs que nous sommes, a commencé en ces derniers temps de répandre plus abondamment dans les Chrétiens divisés entre eux l'esprit de repentir et le désir de l'union. Très nombreux sont partout les hommes qui ont été touchés par cette grâce et, sous l'action de l'Esprit-Saint, est né un mouvement, qui s'amplifie également de jour en jour chez nos frères séparés, en vue de rétablir l'unité de tous les Chrétiens.

A ce mouvement vers l'unité, qu'on appelle le Mouvement œcuménique, prennent part ceux qui invoquent le Dieu Trinité et confessent Jésus pour Seigneur et Sauveur. Et il ne s'agit pas seulement de Chrétiens pris un à un, il s'agit encore de Chrétiens réunis en

---

1. Cf. *1 Cor.* 1, 13.

communautés dans lesquelles ils ont entendu l'Evangile et qu'ils appellent leur Eglise et l'Eglise de Dieu. Presque tous cependant, bien que de façon diverse, aspirent à une Eglise de Dieu, une et visible, vraiment universelle, envoyée au monde entier pour qu'il se convertisse à l'Evangile et qu'il soit ainsi sauvé pour la gloire de Dieu.

Voilà pourquoi le Concile, considérant avec joie tous ces faits, après avoir déclaré la doctrine relative à l'Eglise, pénétré du désir de rétablir l'unité entre les disciples du Christ, veut proposer à tous les catholiques les secours, les orientations et les moyens qui leur permettront à eux-mêmes de répondre à cet appel divin et à cette grâce.

CHAPITRE PREMIER

LES PRINCIPES CATHOLIQUES
DE L'OECUMÉNISME

2. En ceci est apparue la charité de Dieu pour nous, que le Fils unique de Dieu a été envoyé au monde par le Père pour que, par son Incarnation, il régénérât tout le genre humain, lui procurant la rédemption et le rassemblement en un tout [2]. C'est lui qui, avant de s'offrir sur l'autel de la croix comme hostie immaculée, adressa au Père cette prière pour ceux qui croiraient en lui: « Que tous soient un comme toi, Père, tu es en moi et moi en toi; qu'eux aussi soient un en nous afin que le monde croie que tu m'as envoyé » (*Jn* 17, 21). Et il institua dans son Eglise l'admirable sacrement de l'Eucharistie qui exprime et réalise l'unité de l'Eglise. A ses disciples il donna un nouveau commandement d'amour mutuel [3] et promit l'Esprit Paraclet [4] qui resterait avec eux, Seigneur et vivificateur, jusque dans l'éternité.

Elevé sur la croix, puis entré dans la gloire, le Seigneur Jésus répandit l'Esprit qu'il avait promis. Par lui, il appela et réunit dans l'unité de la foi, de l'espérance et de la charité, le peuple de la Nouvelle Alliance qui est l'Eglise, selon l'enseignement de l'Apôtre: « Il n'y a qu'un Corps et qu'un Esprit, comme il n'y a qu'une espérance au terme de l'appel que vous avez reçu: un seul Seigneur, une seule foi, un seul baptême » (*Eph.* 4, 4-5). « Vous tous, en effet, baptisés dans le Christ, vous avez revêtu le Christ... Vous ne faites qu'un dans le Christ Jésus » (*Gal.* 3, 27-28 gr.) L'Esprit-Saint qui habite dans les croyants, qui remplit et régit toute l'Eglise, réalise cette admirable communion des fidèles et les unit tous si intimement dans le Christ, qu'il est le Principe de l'unité de l'Eglise. C'est lui qui réalise la diversité des grâces et des ministères [5], enrichissant

---

2. Cf. *1 Jn* 4, 9; *Col.* 1. 18-20; *Jn* 11, 52.
3. Cf. *Jn* 13, 34.
4. Cf. *Jn* 16, 7.
5. Cf. *1 Cor.* 12, 4-11.

de fonctions diverses l'Eglise de Jésus-Christ, « organisant ainsi les saints pour l'œuvre du ministère en vue de la construction du Corps du Christ » (*Eph.* 4, 12).

Mais pour établir en tout lieu son Eglise sainte jusqu'à la consommation des siècles, le Christ confia au collège des Douze l'office d'enseigner, de régir et de sanctifier [6]. Parmi eux, il choisit Pierre sur lequel, après sa profession de foi, il décréta d'édifier son Eglise; il lui promit les clefs du royaume [7] et, après que l'Apôtre lui eut donné l'attestation de son amour, il lui confia toutes les brebis pour les confirmer dans la foi [8] et pour les paître en unité parfaite [9], Jésus-Christ lui-même demeurant éternellement la suprême pierre angulaire [10] et le Pasteur de nos âmes [11].

Au moyen de la fidèle prédication de l'Evangile faite par les Apôtres et par leurs successeurs, c'est-à-dire les Evêques avec leur chef qui est le successeur de Pierre, par l'administration des sacrements et par le gouvernement dans l'amour, sous l'action du Saint-Esprit, Jésus-Christ veut que son peuple s'accroisse et il accomplit la communion dans l'unité par la profession d'une seule foi, par la célébration commune du culte divin, par la concorde fraternelle de la famille de Dieu.

Ainsi l'Eglise, seul troupeau de Dieu, comme un signe levé à la vue des nations [12], mettant au service de tout le genre humain l'Evangile de paix [13], accomplit dans l'espérance son pèlerinage vers le terme qu'est la patrie céleste [14].

Tel est le mystère sacré de l'unité de l'Eglise, dans le Christ et par le Christ, sous l'action de l'Esprit-Saint qui réalise la variété des ministères. De ce mystère, le modèle suprême et le principe sont l'unité, dans la Trinité des personnes, d'un seul Dieu Père, Fils en l'Esprit-Saint.

---

6. Cf. *Matth.* 28, 18-20, collato *Jn* 20, 21-23.
7. Cf. *Matth.* 16, 19, collato *Matth.* 18, 18.
8. Cf. *Lc* 22, 32.
9. Cf. *Jn* 21, 15-17.
10. Cf. *Eph.* 2, 20.
11. Cf. *I Petr.* 2, 25; Conc. Vaticanum I, Sess. IV (1870), Constitutio *Pastor Aeternus*: Coll. Lac. 7, 482 a.
12. Cf. *Is.* 11, 10-12.
13. Cf. *Eph.* 2, 17-18, collato *Mc* 16, 15.
14. Cf. *I Petr.* 1, 3-9.

3. [*Des relations entre les frères séparés et l'Église catholique*]

Dans cette seule et unique Eglise de Dieu apparurent dès l'origine [15] certaines scissions, que l'Apôtre réprouve avec vigueur comme condamnables [16]; au cours des siècles suivants naquirent des dissensions plus graves, et des communautés considérables furent séparées de la pleine communion de l'Eglise catholique, parfois par la faute des personnes de l'une et de l'autre parties. Ceux qui naissent aujourd'hui dans de telles Communautés, et qui vivent de la foi au Christ, ne peuvent être accusés de péché de division et l'Eglise catholique les entoure de respect fraternel et de charité. En effet, ceux qui croient au Christ et qui ont reçu validement le baptême, se trouvent dans une certaine communion, bien qu'imparfaite, avec l'Eglise catholique. Assurément, des divergences variées entre eux et l'Eglise catholique sur des questions doctrinales, parfois disciplinaires, ou sur la structure de l'Eglise, constituent nombre d'obstacles, parfois fort graves, à la pleine communion ecclésiale. Le Mouvement œcuménique tend à les surmonter. Néanmoins, justifiés par la foi reçue au baptême, incorporés au Christ [17], ils portent à juste titre le nom de Chrétiens et les fils de l'Eglise catholique les reconnaissent à bon droit comme des frères dans le Seigneur [18].

Au surplus, parmi les éléments ou les biens par l'ensemble desquels l'Eglise se construit et est vivifiée, plusieurs et même beaucoup, et de grande valeur, peuvent exister en dehors des limites visibles de l'Eglise catholique: la parole de Dieu écrite, la vie de la grâce, la foi, l'espérance et la charité, d'autres dons intérieurs du Saint-Esprit et d'autres éléments visibles. Tout cela, provenant du Christ et conduisant à lui, appartient de droit à l'unique Eglise du Christ.

De même, beaucoup de gestes sacrés de la religion chrétienne s'accomplissent chez nos frères séparés et, de manières différentes, selon la situation diverse de chaque Eglise ou Communauté, ils peuvent certainement produire effectivement la vie de la grâce, et l'on doit reconnaître qu'ils ouvrent l'entrée de la communion du salut.

En conséquence, ces Eglises [19] et Communautés séparées, bien que nous les croyions victimes de déficiences, ne sont nullement dé-

---

15. Cf. *I Cor.* 11, 18-19; *Gal.* 1, 6-9; *I Jn* 2, 18-19.
16. Cf. *I Cor.* 1, 11 sqq.; 11, 22.
17. Cf. Conc. Florentinum, Sess. VIII (1439), Decretum *Exultate Deo:* Mansi 31, 1055 A.
18. Cf. S. Augustin, *In Ps.* 32, Enarr. II, 29: PL 36, 299.
19. Cf. Conc. Lateranense IV (1215), Constitutio IV: Mansi 22, 990; Conc. Lugdunense II (1274), Professio fidei Michaelis Palaeologi: Mansi 24, 71 E; Conc. Florentinum, Sess. VI (1439), Definitio *Laetentur caeli:* Mansi 31, 1026 E.

pourvues de signification et de valeur dans le mystère du salut.
L'Esprit du Christ, en effet, ne refuse pas de se servir d'elles comme
de moyens de salut dont la force dérive de la plénitude de grâce et
de vérité qui a été confiée à l'Eglise catholique.

Cependant, nos frères séparés, soit en particulier, soit réunis dans
leurs Communautés ou leurs Eglises ne jouissent pas de cette unité
que Jésus-Christ a voulu dispenser à tous ceux qu'il a régénérés et
vivifiés pour former un seul corps en vue d'une vie nouvelle et qui
est attestée par l'Ecriture sainte et la vénérable Tradition de l'Eglise.

C'est, en effet, par la seule Eglise catholique du Christ, laquelle
est « moyen général de salut », que peut s'obtenir toute la plénitude
des moyens de salut. Car c'est au seul collège apostolique, dont Pierre est le chef, que furent confiées, selon notre foi, toutes les richesses
de la Nouvelle Alliance, afin de constituer sur la terre un seul Corps
du Christ auquel il faut que soient pleinement incorporés tous ceux
qui, d'une certaine façon, appartiennent déjà au peuple de Dieu.
Durant son pèlerinage terrestre, ce peuple, bien qu'il demeure en
ses membres exposé au péché, continue sa croissance dans le Christ,
suavement guidé par Dieu selon ses mystérieux desseins, jusqu'à ce
que, dans la Jérusalem céleste, il atteigne joyeux la totale plénitude
de la gloire éternelle.

4. [De l'Oecuménisme]

Etant donné qu'aujourd'hui, en diverses parties du monde.
sous le souffle de la grâce de l'Esprit-Saint, beaucoup d'efforts s'accomplissent par la prière, la parole et l'action pour arriver à la perfection de l'unité voulue par Jésus-Christ, le Concile exhorte tous
les fidèles catholiques à reconnaître les signes des temps et à prendre
part active à l'effort œcuménique.

Par « Mouvement œcuménique » on entend les entreprises et les
initiatives provoquées et organisées en faveur de l'unité des chrétiens,
selon les nécessités variées de l'Eglise et selon les circonstances. Ainsi
en premier lieu, tout effort accompli pour éliminer les paroles, les
jugements et les faits qui ne correspondent ni en justice, ni en vérité
à la situation des frères séparés, et contribuent ainsi à rendre plus
difficiles les relations avec eux. Ensuite au cours de réunions de Chrétiens de diverses Eglises ou Communautés, organisées dans un esprit
religieux, le « dialogue » mené par des experts bien informés, où
chacun explique à fond la doctrine de sa Communauté et montre de
façon claire ce qui la caractérise. Par ce dialogue, tous acquièrent
une connaissance plus véritable, en même temps qu'une estime plus

juste, de l'enseignement et de la vie de chaque Communauté. De la même manière, ces Communautés viennent à collaborer plus largement à toutes sortes d'entreprises qui, selon les exigences de toute conscience chrétienne, contribuent au bien commun. On peut aussi, à l'occasion, se réunir pour une prière unanime. Enfin, tous examinent leur fidélité à la volonté du Christ par rapport à l'Eglise et entreprennent, comme il le faut, un effort soutenu de rénovation et de réforme.

Tout cela, accompli avec prudence et patience par les fidèles de l'Eglise catholique sur lesquels veillent les Pasteurs, contribue au progrès de la justice et de la vérité, de la concorde et de la collaboration, de l'amour fraternel et de l'union. Par cette voie, peu à peu, après avoir surmonté les obstacles qui empêchent la parfaite communion ecclésiale, se trouveront rassemblés par une célébration eucharistique unique, dans l'unité d'une seule et unique Eglise, tous les Chrétiens. Cette unité, le Christ l'a accordée à son Eglise dès le commencement. Nous croyons qu'elle subsistera de façon inamissible dans l'Eglise catholique et nous espérons qu'elle s'accroîtra de jour en jour jusqu'à la consommation des siècles.

Il est évident que l'œuvre de préparation et de réconciliation des personnes individuelles qui désirent la pleine communion avec l'Eglise catholique, se distingue, par sa nature, du dessein œcuménique; mais il n'y a, entre elles, aucune opposition puisque l'une et l'autre procèdent d'une disposition admirable de Dieu.

Dans l'action œcuménique, les fidèles de l'Eglise catholique, sans hésitation, se montreront pleins de sollicitude pour leurs frères séparés; ils prieront pour eux, parleront avec eux des choses de l'Eglise, feront vers eux les premiers pas. Ils considéreront surtout avec loyauté et attention tout ce qui, dans la famille catholique elle-même, a besoin d'être réalisé, de telle manière que sa vie rende un témoignage plus fidèle et plus manifeste de la doctrine et des institutions que le Christ a transmises par ses Apôtres.

En effet, bien que l'Eglise catholique ait été enrichie de la vérité révélée par Dieu ainsi que de tous les moyens de grâces, néanmoins ses membres n'en vivent pas avec toute la ferveur qui conviendrait. Il en résulte que le visage de l'Eglise resplendit moins aux yeux de nos frères séparés, ainsi que du monde entier, et la croissance du royaume de Dieu est entravée. C'est pourquoi tous les catholiques doivent tendre à la perfection chrétienne [20]; ils doivent, chacun dans sa

---

20. Cf. *Jac.* 1, 4; *Rom.* 12, 1-2.

sphère, s'efforcer de faire en sorte que l'Eglise, portant dans son corps l'humilité et la mortification de Jésus [21], se purifie et se renouvelle de jour en jour, jusqu'à ce que le Christ se la présente à lui-même, glorieuse, sans tache ni ride [22].

Tout en conservant l'unité dans ce qui est nécessaire, chacun, au sein de l'Eglise, selon la fonction qui lui est départie, doit conserver la liberté voulue, soit dans les formes diverses de la vie spirituelle et de la discipline, soit dans la variété des rites liturgiques et même dans l'élaboration théologique de la vérité révélée. Il faut en tout cultiver la charité. De cette façon, tous authentiquement manifesteront de jour en jour la plénitude de la catholicité et de l'apostolicité de l'Eglise.

D'un autre côté, il est nécessaire que les catholiques reconnaissent avec joie et apprécient les valeurs réellement chrétiennes qui ont leur source au commun patrimoine et qui se trouvent chez nos frères séparés. Il est juste et salutaire de reconnaître les richesses du Christ et sa puissance agissante dans la vie de ceux qui témoignent pour le Christ parfois jusqu'à l'effusion du sang; car, toujours admirable, Dieu doit être admiré dans ses œuvres.

Il ne faut pas non plus oublier que tout ce qui est accompli par la grâce de l'Esprit-Saint dans nos frères séparés peut contribuer à notre édification. Rien de ce qui est réellement chrétien ne s'oppose jamais aux vraies valeurs de la foi, mais tout cela peut contribuer à faire pénétrer toujours plus parfaitement le mystère du Christ et de l'Eglise.

Pourtant les divisions entre Chrétiens empêchent l'Eglise de réaliser la plénitude de catholicité qui lui est propre en ceux de ses fils qui, certes, lui appartiennent par le baptême, mais se trouvent séparés de sa pleine communion. Bien plus, même pour l'Eglise, il est plus difficile, dans ces conditions, d'exprimer, sous tous ses aspects, la plénitude de la catholicité dans la réalité même de la vie.

Le Concile constate avec joie l'accroissement de la participation des fidèles catholiques à la tâche œcuménique, Il confie celle-ci aux évêques de toute la terre pour qu'ils veillent à la promouvoir et qu'ils l'orientent avec prudence.

---

21.   Cf. *2 Cor.* 4, 10; *Phil.* 2, 5-8.
22.   Cf. *Eph.* 5, 27.

CHAPITRE II

EXERCICE DE L'OECUMÉNISME

5. Le souci de parvenir à l'union concerne l'Eglise tout entière, fidèles autant que pasteurs, et touche chacun selon ses possibilités, aussi bien dans la vie chrétienne quotidienne que dans les recherches théologiques et historiques. Un souci de cette sorte manifeste, d'une certaine façon, la liaison fraternelle qui existe déjà entre les Chrétiens et conduit à une unité pleine et parfaite, selon la bienveillance de Dieu.

6. [*Rénovation de l'Église*]

Attendu que toute rénovation de l'Eglise[23] consiste essentiellement dans une fidélité grandissante à sa vocation, c'est là certainement la raison qui explique le mouvement vers l'unité. L'Eglise, au cours de son pèlerinage, est appelée par le Christ à cette réforme permanente dont elle a perpétuellement besoin en tant qu'institution humaine et terrestre. S'il arrive donc, par suite des circonstances, que dans les mœurs, la discipline ecclésiastique, ou même dans la manière d'énoncer la doctrine (qu'il faut distinguer avec soin du dépôt de la foi) telles réformes n'aient pas été observées attentivement, il faut les remettre en vigueur en temps opportun avec la droiture qui convient.

Cette rénovation a donc une insigne valeur œcuménique. Les différentes formes de la vie de l'Eglise selon lesquelles s'accomplit la rénovation en cause (mouvement biblique et liturgique, prédication de la Parole de Dieu, catéchèse, apostolat des laïcs, nouvelles formes de la vie religieuse, spiritualité du mariage, doctrine et activité de l'Eglise en matière sociale) sont à considérer comme autant de gages et de signes qui annoncent favorablement les futurs progrès de l'œcuménisme.

7. [*La conversion du cœur*]

Il n'y a pas de véritable œcuménisme sans conversion intérieure. En effet, c'est du renouveau de l'âme[24], du renoncement à soi-même et d'une libre effusion de charité que partent et mûrissent les désirs de l'unité. Il nous faut par conséquent demander à l'Esprit-Saint la

---

23. Cf. Conc. Lateranense V, Sess. XII (1517), Constitutio *Constituti:* Mansi 32, 988 B-C.

24. Cf. *Eph.* 4, 23.

grâce d'une abnégation sincère, celle de l'humilité et de la douceur dans le service, d'une fraternelle générosité à l'égard des autres. « Je vous conjure », dit l'Apôtre des Nations, « moi qui suis enchaîné dans le Seigneur, de marcher de façon digne de la vocation qui vous a été départie, en toute humilité et douceur, vous supportant les uns les autres avec patience et charité, attentifs à conserver l'unité de l'Esprit par le lien de la paix » *(Eph.* 4, 1-3). Cette exhortation s'adresse surtout à ceux qui ont été élevés à un ordre sacré dans le dessein de continuer la mission du Christ venu parmi nous « non pour être servi, mais pour servir » *(Matth.* 20, 28).

Aux fautes contre l'unité peut aussi s'appliquer le témoignage de saint Jean: « Si nous disons que nous n'avons pas péché, nous faisons de Dieu un menteur et sa parole n'est pas en nous » *(1 Jn* 1, 10). Par une humble prière, nous devons donc demander pardon à Dieu et aux frères séparés, de même que nous pardonnons à ceux qui nous ont offensés.

Que les fidèles se souviennent tous qu'ils favoriseront l'union des Chrétiens, bien plus, qu'ils la réaliseront, dans la mesure où ils s'appliqueront à vivre plus purement selon l'Evangile. Plus étroite, en effet, sera leur communion avec le Père, le Verbe et l'Esprit-Saint, plus ils pourront rendre intime et facile la fraternité mutuelle.

8. [*La prière en commun*]

Cette conversion du cœur et cette sainteté de vie, unies aux prières publiques et privées pour l'unité des Chrétiens, doivent être regardées comme l'âme de tout l'œcuménisme et appelées à bon droit « œcuménisme spirituel ».

C'est un usage reçu chez les catholiques de se réunir souvent pour renouveler la prière demandant l'unité de l'Eglise, celle que le Sauveur lui-même, la veille de sa mort, a élevée de façon suppliante vers son Père: « Qu'ils soient tous un » *(Jn* 17, 21).

En certaines circonstances particulières, par exemple lors des prières prévues « pour l'unité » et dans les réunions œcuméniques, il est permis, bien plus, il est souhaitable que les catholiques s'associent pour prier avec les frères séparés. De telles supplications communes sont assurément un moyen efficace de demander la grâce de l'unité et elles constituent une expression authentique des liens par lesquels les catholiques sont encore unis avec les frères séparés: « Là en effet où deux ou trois sont réunis en mon nom, je suis au milieu d'eux » *(Matth.* 18, 20).

Cependant il n'est pas permis de considérer la « communicatio in sacris » comme un moyen à employer sans réserve pour rétablir l'unité des Chrétiens. Une telle « communion » dépend surtout de deux principes: unité de l'Eglise qu'elle doit exprimer, participation aux moyens de grâce. L'expression de l'unité empêche la plupart du temps cette « communion ». La grâce à procurer la recommande quelquefois. Sur la façon pratique d'agir, eu égard aux circonstances de temps, de lieux et de personnes, c'est l'autorité épiscopale locale qui doit prudemment donner des instructions, à moins qu'il n'y ait eu d'autres dispositions de la Conférence épiscopale, selon ses propres statuts, ou du Saint-Siège.

9. [*Connaissance réciproque fraternelle*]

Il faut connaître l'état d'esprit des frères séparés. Pour cela, une étude est nécessaire et il faut la mener avec loyauté et bienveillance. Les catholiques dûment préparés doivent acquérir une meilleure connaissance de la doctrine et de l'histoire, de la vie spirituelle et culturelle, de la psychologie religieuse et de la culture propre aux frères séparés. Pour obtenir ce résultat, un moyen fécond est de se réunir pour traiter surtout de questions théologiques, où tous se comportent d'égal à égal entre eux, pourvu que ceux qui y prennent part, sous la vigilance des évêques soient vraiment compétents. De ce genre de dialogue apparaît plus clairement aussi la vraie situation de l'Eglise catholique. De cette manière, on connaîtra mieux la pensée des frères séparés et notre foi leur sera présentée de façon plus convenable.

10. [*Formation œcuménique*]

La théologie et les autres disciplines, surtout l'histoire, doivent être enseignées aussi dans un sens œcuménique, pour mieux répondre à la vraie réalité.

Il est, en effet, très important que les futurs pasteurs et les prêtres possèdent la théologie ainsi exactement exposée et non pas en termes de polémique, surtout pour les questions concernant les relations des frères séparés avec l'Eglise catholique.

Car c'est de la formation des prêtres que dépendent surtout la nécessaire éducation et la formation spirituelle des fidèles et des religieux.

De même, les catholiques missionnaires travaillant dans le même pays que d'autres Chrétiens, doivent connaître surtout aujourd'hui les questions que pose l'œcuménisme à leur apostolat et les résultats qu'il obtient.

11. [*La manière d'exprimer et d'exposer la doctrine de la foi*]

La méthode et la manière d'exprimer la foi catholique ne doivent nullement faire obstacle au dialogue avec les frères. Il faut absolument exposer clairement la doctrine intégrale. Rien n'est plus étranger à l'œcuménisme que ce faux irénisme qui cause du dommage à la pureté de la doctrine catholique et obscurcit son sens authentique et incontestable.

En même temps, il faut expliquer la foi catholique de façon plus profonde et plus droite, utilisant une manière de parler et un langage qui soient facilement accessibles même aux frères séparés.

En outre, dans le dialogue œcuménique, les théologiens catholiques, fidèles à la doctrine de l'Eglise, doivent procéder en conduisant leurs recherches sur les divins mystères, en union avec les frères séparés, dans l'amour de la vérité, la charité et l'humilité. En exposant la doctrine, ils se rappelleront qu'il y a un ordre ou une « hiérarchie » des vérités de la doctrine catholique, en raison de leur rapport différent avec les fondements de la foi chrétienne. Ainsi sera tracée la voie qui les conduira tous, par cette émulation fraternelle, à une connaissance plus profonde et une manifestation plus évidente des insondables richesses du Christ [25].

12. [*Collaboration avec les frères séparés*]

Que tous les Chrétiens, face à l'ensemble des nations, confessent leur foi en Dieu un et trine, en le Fils de Dieu incarné, notre Rédempteur et Seigneur par un commun effort, dans une estime mutuelle, qu'ils rendent témoignage à notre espérance qui ne sera confondue. Etant donné qu'aujourd'hui la collaboration est tout à fait en cours dans le domaine social, tous les hommes sans exception sont appelés à cette œuvre commune, mais surtout ceux qui croient en Dieu, et, en tout premier lieu, tous les Chrétiens, à cause même du nom du Christ dont ils sont ornés. La collaboration de tous les Chrétiens exprime vivement l'union déjà existante entre eux, et elle met en plus lumineuse évidence le visage du Christ Serviteur. Cette collaboration, déjà établie en beaucoup de pays, doit être sans cesse accentuée, là surtout où l'évolution sociale ou technique est en cours, soit en faisant estimer à sa valeur la personne humaine, soit en travaillant à promouvoir la paix, soit en poursuivant l'application sociale de l'Evangile, ou par le développement des sciences et des arts dans une atmosphère chrétienne, ou encore par l'apport de remèdes de toute sorte contre les misères de notre temps, par exemple la faim et les calamités, l'ignorance et la pauvreté, la crise du logement et l'inégale distribution des richesses. Par cette collaboration, tous ceux qui croient au Christ peuvent facilement apprendre comment on peut mieux se connaître les uns les autres, s'estimer davantage et préparer la voie à l'unité des Chrétiens.

---

25. Cf. *Eph*. 3. 8.

CHAPITRE III

ÉGLISES ET COMMUNAUTÉS ECCLÉSIALES SÉPARÉES DU SIÈGE APOSTOLIQUE ROMAIN

13. Nous examinons maintenant deux sortes de scissions principales qui ont porté atteinte à la tunique sans couture du Christ.

Les premières eurent lieu en Orient, soit par la contestation des formules dogmatiques des Conciles d'Ephèse et de Chalcédoine, soit plus tard, par la rupture de la communion ecclésiastique entre les Patriarches orientaux et le Siège romain.

D'autres ensuite, après plus de quatre siècles, se produisirent en Occident, en conséquence d'événements que l'on a coutume d'appeler la Réforme. Il en résulta que plusieurs communions, soit nationales, soit confessionnelles, furent séparées du Siège romain. Parmi celles qui gardent en partie les traditions et les structures catholiques, se distingue la Communion anglicane.

Mais ces diverses séparations diffèrent beaucoup entre elles, non seulement pour des raisons d'origine, de lieu et de temps, mais surtout par la nature et la gravité des questions concernant la foi et la structure ecclésiale.

C'est pourquoi le Concile, désireux de ne pas sous-estimer les conditions diverses des différentes sociétés chrétiennes et de ne pas passer sous silence les liens qui subsistent entre elles malgré la division, juge opportun de présenter les considérations suivantes, afin de procéder à une action œcuménique basée sur la prudence.

I — CONSIDÉRATIONS PARTICULIÈRES RELATIVES AUX ÉGLISES ORIENTALES

14. [*Esprit et histoire propre des Orientaux*]

Pendant plusieurs siècles, les Eglises d'Orient et d'Occident suivirent chacune leur propre voie, unies cependant par la communion fraternelle dans la foi et la vie sacramentelle. Si des dissentiments s'élevaient entre elles au sujet du dogme ou de la discipline, le Siège romain usait de son autorité d'un commun accord. Le Concile se plaît à rappeler à tous entre autres événements d'importance, qu'il y a en Orient plusieurs Eglises particulières ou locales, au premier rang desquelles sont les Eglises patriarcales, et dont plusieurs se glorifient d'avoir été fondées par les Apôtres eux-mêmes. C'est pourquoi pré-

valut et prévaut encore parmi les Orientaux, le soin particulier de conserver dans une communion de foi et de charité les relations fraternelles qui doivent exister entre les Eglises locales, comme entre des
sœurs.

Il ne faut pas non plus oublier que les Eglises d'Orient possèdent
depuis leur origine un trésor auquel l'Eglise d'Occident a puisé beaucoup d'éléments de la liturgie, de la tradition spirituelle et du droit.
On doit aussi estimer à sa juste valeur le fait que les dogmes fondamentaux de la foi chrétienne sur la Trinité, le Verbe de Dieu qui
a pris chair de la Vierge Marie, ont été définis dans des Conciles
œcuméniques tenus en Orient. Pour conserver leur foi, ces Eglises
ont beaucoup souffert et souffrent encore.

L'héritage transmis par les Apôtres a été reçu de manières diverses et, depuis les origines mêmes de l'Eglise, il a été expliqué de
façon différente selon la diversité du génie et les conditions d'existence. Ce sont toutes ces raisons, sans parler des motifs d'ordre extérieur, par suite encore du manque de compréhension mutuelle et de
charité, qui donnèrent prise aux séparations.

C'est pourquoi le Concile exhorte tout le monde, surtout ceux
qui se proposent de travailler à l'établissement de la pleine communion souhaitée entre les Eglises orientales et l'Eglise catholique, à
bien considérer cette condition particulière des Eglises d'Orient, à
l'époque de leur naissance et de leur croissance, et la nature des
relations qui étaient en vigueur entre elles et le Siège romain avant
la scission, et à se former sur tous ces points un jugement équitable. Cette règle bien observée sera extrêmement profitable pour le
dialogue que l'on recherche.

15. [*Tradition liturgique et spirituelle des Orientaux*]

Chacun sait avec quel amour les Chrétiens orientaux célèbrent la
Sainte liturgie, surtout l'Eucharistie, source de vie pour l'Eglise et gage
de la gloire céleste. Par là les fidèles, unis à l'évêque, trouvent accès
auprès de Dieu le Père par son Fils, Verbe incarné, mort et glorifié
dans l'effusion de l'Esprit-Saint. Ils entrent de la sorte en communion avec la Très Sainte Trinité et deviennent « participants de la
nature divine » (*2 Petr*. 1, 4). Ainsi donc, par la célébration de l'Eucharistie du Seigneur en chaque Eglise particulière, l'Eglise de Dieu
s'édifie et grandit [26], et la communion entre elles se manifeste par la
concélébration.

---

26. Cf. S. Ioannes Chrysostomus, *In Ioannem Homelia XLVI*, PG 59,
260-262.

Dans ce culte liturgique, Marie toujours Vierge, que le Concile œcuménique d'Ephèse proclama solennellement Très Sainte Mère de Dieu, pour que le Christ fût reconnu vraiment et proprement Fils de Dieu et Fils de l'Homme, selon les Ecritures, est célébrée par les Orientaux en des hymnes magnifiques; pareillement beaucoup de saints, au nombre desquels les Pères de l'Eglise Universelle, reçoivent de grands hommages.

Puisque ces Eglises, bien que séparées, ont de vrais sacrements, surtout en vertu de la succession apostolique: le Sacerdoce et l'Eucharistie, qui les unissent intimement à nous, une certaine « communicatio in sacris », dans des circonstances favorables, et avec l'approbation de l'autorité ecclésiastique, est non seulement possible, mais même recommandable.

En Orient, aussi, on trouve les richesses de ces traditions spirituelles, qui s'expriment surtout par le monachisme. Là, depuis le temps glorieux des Saints Pères, en effet, a fleuri la spiritualité monastique, qui s'est répandue ensuite en Occident, devenant pour ainsi dire la source de l'organisation religieuse latine et lui conférant par la suite une nouvelle vigueur. Par conséquent, on recommande instamment aux Catholiques d'accéder plus fréquemment à ces richesses spirituelles des Pères Orientaux qui élèvent l'homme tout entier à la contemplation des mystères divins.

Tout le monde doit savoir qu'il est très important de connaître, vénérer, conserver, développer le si riche patrimoine liturgique et spirituel de l'Orient pour conserver fidèlement la plénitude de la tradition chrétienne, et pour réaliser la réconciliation des Chrétiens orientaux et occidentaux.

16. [*Discipline particulière des Orientaux*]

Depuis les origines, les Eglises d'Orient suivaient des règles particulières sanctionnées par les Saints Pères et les Conciles même œcuméniques. Il n'est pas du tout contraire à l'unité de l'Eglise qu'il y ait diversité de mœurs et de coutumes, ainsi qu'il vient d'être mentionné, et même une telle diversité est un élément qui accroît sa beauté ainsi qu'une aide précieuse pour l'accomplissement de sa mission. Aussi, le Concile déclare pour enlever tous les doutes possibles que les Eglises d'Orient, conscientes de la nécessaire unité de toute l'Eglise, ont le pouvoir de se régir selon leurs propres lois, plus conformes au caractère de leurs fidèles et plus aptes à promouvoir le bien des âmes. L'observance parfaite de ce principe traditionnel (à vrai dire elle ne fut pas toujours respectée) est une des conditions préalables absolument nécessaires pour rétablir l'union.

17. [*Caractère particulier des Orientaux au regard des questions doctrinales*]

Ce qui a été dit plus haut de la légitime diversité en matière de culte et de discipline doit s'appliquer aussi à la formation théologique de la doctrine. Effectivement, quand il s'agit d'approfondir la vérité révélée, les méthodes et les moyens de connaître et d'exprimer les choses divines, ne sont pas les mêmes en Orient et en Occident. Il n'est donc pas étonnant que certains aspects du mystère révélé aient été parfois mieux saisis et mieux exposés par l'un que par l'autre, si bien que l'on doit considérer ces diverses formules théologiques souvent plus complémentaires qu'opposées. Quant aux traditions authentiques des Orientaux, on doit le reconnaître, elles sont enracinées de façon excellente dans la Sainte Ecriture; elles sont développées et exprimées dans la vie liturgique; elles se nourrissent de la tradition vivante des Apôtres, des écrits des Pères Orientaux et des auteurs spirituels; elles tendent à devenir de véritables règles de vie, et même de pleine contemplation de la vérité chrétienne.

Rendant grâces à Dieu de ce que beaucoup d'Orientaux, Fils de l'Eglise catholique qui gardent ce patrimoine et désirent en vivre plus purement et pleinement, vivent déjà en pleine communion avec leurs frères qui gardent la tradition occidentale, le Concile déclare que tout ce patrimoine spirituel et liturgique, disciplinaire et théologique, dans ses diverses traditions, fait partie pleinement de la catholicité et de l'apostolicité de l'Eglise.

18. [*Conclusion*]

Tout cela bien examiné, le Concile renouvelle ce qui fut déclaré par les Conciles antérieurs, ainsi que par les Pontifes romains: pour rétablir ou garder la communion et l'unité, il ne faut « rien imposer qui ne soit nécessaire » (Act. 15, 28). Il souhaite vivement que tous les efforts dorénavant tendent à réaliser peu à peu cette unité aux divers niveaux et dans les diverses formes de la vie de l'Eglise, surtout par la prière et le dialogue fraternel concernant la doctrine et les nécessités les plus urgentes du ministère pastoral de notre temps. Pareillement, le Concile recommande aux pasteurs et aux fidèles de l'Eglise catholique d'établir des relations avec ceux qui ne sont plus en Orient, mais vivent loin de leur patrie. De cette façon, grandira entre eux une fraternelle collaboration: l'esprit de charité exclura toute forme de rivalité. Si tout cela se fait généreusement, le Concile en a l'espoir, le mur qui sépare l'Eglise d'Orient de celle d'Occident tombera. Ainsi n'y aura-t-il plus qu'une seule demeure. Le

Christ Jésus en sera la pierre angulaire, assurant de l'une à l'autre l'unité [27].

II — LES ÉGLISES ET COMMUNAUTÉS ECCLÉSIALES SÉPARÉES EN OCCIDENT

19. [*Condition spéciale de ces communautés*]

Les Eglises et Communautés ecclésiales qui, à l'époque de la grande crise commencée en Occident, à la fin du moyen âge ou dans la suite, furent séparées du Siège apostolique romain, demeurent unies à l'Eglise catholique par une affinité particulière et par des relations dues à la longue durée de vie du peuple chrétien dans la communion ecclésiastique au cours des siècles passés.

Etant donné que ces Eglises et Communautés ecclésiales, à cause de leur diversité d'origine, de doctrine et de vie spirituelle, se distinguent notablement, non seulement de nous-mêmes, mais aussi entre elles, il est très difficile de bien les définir et nous n'en avons pas ici l'intention.

Bien que le mouvement œcuménique et le désir de paix avec l'Eglise catholique n'aient pas prévalu partout, nous avons l'espoir néanmoins que tous finiront par avoir ce sens de l'œcuménisme et que l'estime mutuelle ne fera que grandir.

Cependant, il faut reconnaître qu'entre ces Eglises et Communautés et l'Eglise catholique il y a des différences considérables, non seulement de caractère historique, sociologique, psychologique et culturel, mais surtout dans l'interprétation de la vérité révélée. Pour rendre plus facile, malgré ces différences, l'instauration du dialogue œcuménique, nous voulons souligner certains points qui peuvent et doivent servir de base et de point de départ à ce dialogue.

20. [*La foi au Christ*]

Nous avons en vue surtout ces Chrétiens qui reconnaissent ouvertement Jésus-Christ comme Dieu et Seigneur, unique Médiateur entre Dieu et les hommes pour la gloire du seul Dieu, Père, Fils et Saint-Esprit. Certes, nous savons qu'elles ne sont pas légères les différences qui existent par rapport à la doctrine de l'Eglise catholique, même au sujet du Christ, Verbe Incarné et de l'œuvre de la rédemption, et par conséquent au sujet du mystère et du ministère de l'Eglise ainsi que du rôle de Marie dans l'œuvre du salut. Ce nous est une joie cependant de voir nos frères séparés considérer le Christ

27. Cf. Conc. Florentinum, Sess. VI (1439), Definitio *Laetentur caeli:* Mansi 31, 1026 E.

comme source et centre de la communion ecclésiale. Touchés du désir d'union avec le Christ, ils sont poussés de plus en plus à chercher l'unité, et à rendre partout témoignage de leur foi parmi les nations.

21. [*Étude de l'Écriture*]

L'amour et la vénération — presque le culte — de nos frères pour l'Ecriture Sainte, les portent à l'étude constante et diligente du Texte sacré: l'Evangile « est en effet la force de Dieu opérant le salut pour tout croyant, pour le juif d'abord et puis pour le Grec » (*Rom.* 1, 16).

Invoquant l'Esprit-Saint, c'est dans les Ecritures mêmes qu'ils cherchent Dieu comme celui qui leur parle par le Christ qu'avaient annoncé les prophètes et qui est le Verbe de Dieu incarné pour nous. Ils y contemplent la vie du Christ, ainsi que les enseignements et les faits accomplis par le Divin Maître pour le salut des hommes, surtout les mystères de sa mort et de sa résurrection.

Mais, si les Chrétiens séparés de nous affirment l'autorité divine des Saints Livres, ils ont une opinion différente de la nôtre (et différente aussi entre eux), au sujet de la relation entre Ecritures et Eglise. Dans celle-ci, selon la foi catholique, le magistère authentique occupe une place particulière pour l'explication et la prédication de la Parole de Dieu écrite.

Cependant les Paroles divines sont, dans le dialogue lui-même, des instruments insignes entre les mains puissantes de Dieu pour obtenir cette unité que le Sauveur offre à tous les hommes.

22. [*La vie sacramentelle*]

Par le sacrement du baptême, conféré validement selon l'institution du Seigneur et reçu avec les dispositions intérieures requises, l'homme est incorporé vraiment au Christ crucifié et glorifié, il est régénéré pour participer à la vie divine, selon le mot de l'Apôtre: « Vous êtes ensevelis avec lui par le baptême, vous êtes ressuscités avec lui parce que vous avez cru en la force de Dieu, qui l'a ressuscité d'entre les morts » (*Col.* 2, 12) [28].

Le baptême est donc le lien sacramentel d'unité existant entre ceux qui ont été régénérés par lui. Cependant, le baptême, de soi, n'est que le commencement et le point de départ, car il tend intégralement à l'acquisition de la plénitude de la vie dans le Christ. Il est donc destiné à la parfaite profession de foi, à la parfaite intégration

---

28. Cf. *Rom.* 6, 4.

dans l'économie du salut, telle que le Christ l'a voulue et enfin, à la parfaite insertion dans la communion eucharistique.

Certes, les Communautés ecclésiales séparées de nous n'ont pas avec nous la pleine unité dérivant du baptême, et nous croyons, surtout par suite de l'absence du Sacrement de l'Ordre, qu'elles n'ont pas conservé toute la réalité propre du Mystère eucharistique. Néanmoins, en célébrant à la Sainte Cène le mémorial de la mort et de la résurrection du Seigneur, elles professent que la vie consiste dans la communion au Christ et elles attendent son retour glorieux. Il faut donc que la doctrine sur la Cène du Seigneur, les autres sacrements, le culte et les ministères de l'Eglise, fassent l'objet du dialogue.

23. [*La vie dans le Christ*]
La vie chrétienne de ces frères se nourrit de la foi au Christ. Elle bénéficie de la grâce du baptême et de la prédication de la Parole de Dieu. Elle se manifeste dans la prière privée, la méditation biblique, la vie de la famille chrétienne, le culte de la communauté rassemblée pour la louange de Dieu. Par ailleurs, leur culte comporte plus d'une fois des éléments remarquables de l'antique liturgie commune.

La foi au Christ produit des fruits de louange et d'action de grâces pour les bienfaits reçus de Dieu. A cela s'ajoute un sens très vif de la justice et une sincère charité à l'égard du prochain. Cette foi agissante a même provoqué l'institution de beaucoup d'œuvres pour le soulagement de la misère spirituelle et corporelle, pour l'éducation de la jeunesse, pour l'amélioration des conditions sociales de vie, pour l'établissement partout d'une paix stable.

Même si parmi les Chrétiens beaucoup n'entendent pas, de la même manière que les Catholiques, l'Evangile dans les questions morales, et n'admettent pas les mêmes solutions des bien difficiles problèmes de la société d'aujourd'hui, néanmoins, ils veulent, comme nous, s'attacher à la parole du Christ comme à la source de la force chrétienne et obéir au précepte apostolique: « Quoi que vous puissiez dire ou faire, que ce soit toujours au nom du Seigneur Jésus, rendant par Lui grâces au Dieu Père » (*Col.* 3, 17). C'est ici que le dialogue œcuménique peut commencer sur l'application morale de l'Evangile.

CONCLUSION

24. C'est ainsi que maintenant, après avoir exposé brièvement les conditions d'exercice de l'action œcuménique, et indiqué les principes qui doivent la diriger, nous tournons avec confiance le regard vers l'avenir. Le Concile exhorte les fidèles à s'abstenir de toute légèreté, de tout zèle imprudent, qui pourraient nuire au progrès de l'unité. Leur activité œcuménique ne peut être, en effet, que pleinement et sincèrement catholique, c'est-à-dire fidèle à la vérité reçue des Apôtres et des Pères, et conforme à la foi que l'Eglise catholique a toujours professée: elle tend à cette plénitude en laquelle, au cours des âges, le Seigneur veut que Son Corps grandisse.

Le Concile souhaite instamment que les initiatives des enfants de l'Eglise catholique progressent unies à celles des frères séparés, sans mettre un obstacle quelconque aux voies de la Providence et sans préjuger des impulsions futures de l'Esprit-Saint. Au surplus, le Concile déclare avoir conscience que ce projet sacré: la réconciliation de tous les Chrétiens dans l'unité d'une seule et unique Eglise du Christ, dépasse les forces et les capacités humaines. C'est pourquoi il met entièrement son espoir dans la prière du Christ pour l'Eglise, dans l'amour du Père à notre égard et dans la puissance du Saint-Esprit: « L'espérance ne déçoit point: car l'amour de Dieu a été répandu dans nos cœurs par l'Esprit-Saint qui nous a été donné » (*Rom.* 5, 5).

Tout l'ensemble et chacun des points qui sont édictés dans ce Décret ont plu aux Pères du saint Concile. Et Nous, en vertu du pouvoir apostolique que le Christ Nous a confié, avec les vénérables Pères, Nous les approuvons, décrétons et arrêtons dans le Saint-Esprit, et Nous ordonnons que, pour la gloire de Dieu, ce qui a été ainsi établi en Concile soit promulgué.

Rome, près Saint-Pierre, le 21 novembre 1964.

Moi, PAUL,
Évêque de l'Église catholique.

Suivent les signatures des Pères.

LES MOYENS DE COMMUNICATION SOCIALE

Décret "de Instrumentis communicationis socialis" ("Inter Mirifica") promulgué le 4 décembre 1963

TRADUCTION PUBLIÉE PAR
« L'OSSERVATORE ROMANO » (Édition française)
LE 13 DÉCEMBRE 1963

Texte latin dans les
« Acta Apostolicae Sedis » 56 (1964) pp. 145-157
et dans les
« Constitutiones, Decreta, Declarationes » pp. 73-89

PLAN
du Décret

DÉCRET « INTER MIRIFICA »

PAUL, ÉVÊQUE,
SERVITEUR
DES SERVITEURS DE DIEU,
AVEC LES PÈRES DU SAINT CONCILE,
POUR QUE LE SOUVENIR
S'EN MAINTIENNE À JAMAIS.

[INTRODUCTION]

1. Parmi les admirables inventions techniques que, Dieu aidant, le génie humain a pu extraire de l'univers créé, l'Eglise accueille et suit avec une sollicitude particulière celles qui concernent avant tout l'esprit même de l'homme et qui ont ouvert des voies nouvelles pour communiquer les informations de toutes sortes, les pensées et les modes d'actions avec la plus grande facilité. Parmi ces dernières inventions émergent à leur tour les « instruments », qui, de par leur nature, sont à même d'atteindre et d'influencer non seulement les individus, mais les multitudes en tant que telles, voire toute la société humaine. Ce sont la presse, le cinéma, la radio, la télévision, ainsi que d'autres encore, qui méritent de ce fait le nom d' « instruments de communication sociale ».

2. L'Eglise a parfaitement conscience que ces instruments employés de la juste façon, apportent au genre humain de précieux concours; car ils peuvent contribuer au délassement aussi bien qu'à l'instruction des esprits, ainsi qu'à l'extension et à la consolidation du règne de Dieu. Mais elle sait aussi que les hommes peuvent les utiliser contre les desseins du divin Créateur et les faire tourner ainsi à leur propre perte; et son cœur maternel se serre à la pensée des torts que l'abus de ces instruments a trop souvent valus à la communauté humaine.

Aussi le saint Synode, poursuivant la vigilante sollicitude des Souverains Pontifes et des Evêques en cette si importante matière, considère-t-il de son devoir de traiter des principales questions que soulèvent ces instruments de communication sociale. Il a d'ailleurs la ferme conviction que sa doctrine et sa discipline ainsi exposées ne profiteront pas seulement à ses propres fidèles, mais serviront le progrès de toute la communauté humaine.

[LA DOCTRINE DE L'ÉGLISE]

3. [*Usage de ces instruments par l'Église et par les laïcs*]

Fondée par le Christ pour apporter le salut à tous les hommes et poussée de ce fait par la nécessité de leur annoncer l'Evangile, l'Eglise catholique estime de son devoir de prêcher le salut également au moyen des instruments de communication sociale et d'enseigner aux hommes le droit usage de ces derniers.

Aussi, l'Eglise revendique-t-elle pour elle-même le droit fondamental d'utiliser et de posséder ces différents genres d'instruments, dans la mesure où ils lui sont nécessaires ou utiles à l'éducation chrétienne et à l'ensemble de son œuvre au salut des âmes; aux Pasteurs revient la charge d'instruire et de diriger les fidèles de telle façon que l'usage de ces instruments les aide lui aussi à faire leur propre salut et à contribuer au bien et au progrès de toute la famille humaine.

C'est en particulier aux laïcs qu'il appartient de féconder ces instruments d'esprit humain et chrétien, afin qu'ils puissent pleinement répondre à l'attente de la grande communauté humaine aussi bien qu'aux desseins du Créateur.

4. [*Application des principes de la morale*]

Pour que soit fait de ces instruments l'usage qui convient, il est indispensable que tous ceux qui s'en servent connaissent les principes de la morale et les appliquent fidèlement à ce domaine. Ce faisant, ils doivent considérer en premier lieu la matière même, que la communication — selon la nature de chacun de ces instruments — a pour objet; ils doivent envisager ensuite toutes les circonstances, dans lesquelles la communication s'opère — soit le but poursuivi, les personnes, le lieu et le temps — cela dans la mesure où ces circonstances peuvent en affecter ou même complètement changer la moralité; dans le même ordre d'idées il convient de considérer le mode d'action propre à chacun de ces instruments, dont la puissance de conviction peut être telle que les hommes, surtout lorsqu'ils n'y sont pas préparés, peuvent difficilement s'en rendre compte, la dominer et, le cas échéant, s'en défendre.

5. [*La société a droit à une information vraie et honnête*]

Il est indispensable, en particulier, que tous ceux qui y sont impliqués forment leur conscience par rapport au droit usage de ces instruments, surtout en ce qui concerne l'une ou l'autre question vivement discutée de nos jours:

Une première d'entre elles concerne l'information, c'est-à-dire la recherche et la diffusion des nouvelles. Etant donné les progrès de la société humaine d'aujourd'hui et les liens toujours plus étroits entre ses membres, l'information est devenue extrêmement utile, voire même le plus souvent indispensable; car la publication rapide des événements et des choses apporte à l'individu une connaissance plus complète en même temps que continue sur leur sujet, rendant chaque citoyen à même de contribuer efficacement au bien commun et au progrès de toute la société. Il s'ensuit qu'il existe dans la société humaine un droit à l'information par rapport aux choses dont la connaissance convient, selon les conditions particulières de chacun, soit aux individus soit à la communauté. Le juste usage de ce droit exige cependant que le contenu de l'information soit toujours vrai et qu'il soit complet dans la mesure où le réclament la justice et la charité; il faut en outre que l'information soit honnête et équitable dans son procédé, c'est-à-dire que dans la recherche de la nouvelle aussi bien que dans sa divulgation soient scrupuleusement observées les lois morales et respectés les droits légitimes et la dignité de la personne humaine; car toute science n'est pas pour le bien, mais « la charité, elle, édifie » (1 Cor. VIII. 1).

6. [*La morale a la primauté sur l'art*]

Une autre question concerne les relations entre ce qu'on est convenu d'appeler les droits de l'art et les principes de la morale. Les controverses en cette matière provenant souvent de fausses conceptions sur l'éthique et sur l'esthétique, le Concile déclare que tous doivent reconnaître d'une façon absolue le primat de l'ordre moral objectif, qui seul domine et coordonne comme il convient tous les plans de l'activité humaine, fussent-ils les plus élevés en dignité, le plan de l'art non excepté. Car, seul l'ordre moral atteint l'homme, créature de Dieu dotée de raison et appelée à la vie éternelle, dans sa nature complète et le conduit, s'il est entièrement et fidèlement observé, à la perfection et à la pleine béatitude.

7. [*L'exposé du mal doit se conformer aux lois morales*]

Enfin, la narration, la description ou la représentation du mal moral au moyen des instruments de communication sociale, peut, bien sûr, servir à mieux connaître et explorer l'âme humaine, voire à mettre en meilleure lumière le vrai et le bien, sans parler de la possibilité d'obtenir ainsi de meilleurs effets dramatiques; pour éviter, cependant, qu'il ne fasse aux âmes plus de mal que de bien, l'exposé du mal doit lui-même se conformer aux lois morales, surtout lorsqu'il s'agit de choses qui commandent un juste respect ou qui sont de nature à éveiller des passions illicites en l'homme marqué de la faute originelle.

8. [*Importance de bien former l'opinion publique*]

L'opinion publique exerçant de nos jours une puissance et une très grande autorité au point de s'imposer à la vie tant privée que publique des citoyens quels qu'ils soient, il faut que tous les membres de la société remplissent également en cette matière leur devoir de justice et de charité; ils se serviront aussi des instruments de communication sociale pour former une juste opinion publique et la répandre.

9. [*Devoirs des usagers*]

Des devoirs particuliers incombent aux usagers c'est-à-dire aux lecteurs, aux spectateurs et aux auditeurs, qui, par un choix personnel et libre, suivent les messages diffusés par les instruments de communication sociale. Car la rectitude de leur choix exige qu'ils donnent leur préférence marquée à tout ce qui se distingue par la vertu, la science et l'art; et qu'ils évitent au contraire ce qui peut soit leur être à eux-mêmes cause ou occasion de dommage spirituel, soit, en raison du mauvais exemple, mettre en danger leur prochain; ils éviteront enfin tout acte qui serait de nature à empêcher le bien ou promouvoir le mal répandus par les instruments de communication sociale, comme cela se fait communément en apportant sa contribution financière à des vendeurs et à des exploitants mus par leur seul intérêt économique.

Ainsi, aux fins d'être à même de se conformer à la loi morale, les usagers ne doivent pas négliger leur devoir de se renseigner en temps utile sur les jugements portés en ces matières par l'autorité compétente et de s'y conformer selon les règles d'une droite conscience; d'autre part, pour pouvoir plus facilement résister à des suggestions douteuses, tout en profitant pleinement des exhortations au bien, ils auront soin d'orienter et de former leurs consciences par tous les moyens adaptés.

10. [*Devoirs des jeunes et des parents*]

Les usagers, et plus spécialement les jeunes, s'imposeront à l'égard des instruments de communication sociale modération et discipline. Qu'ils s'efforcent en outre de bien comprendre les choses vues, entendues ou lues; qu'ils en discutent avec leurs éducateurs et des personnes compétentes, apprenant ainsi à les juger comme il convient. Que de leur côté les parents se souviennent du devoir qu'ils ont de veiller soigneusement à ce que ne franchissent pas le seuil du foyer les spectacles, publications etc. contraires à la foi et aux bonnes mœurs, et que leurs enfants les évitent par ailleurs.

11. [*Graves devoirs des producteurs*]

Le principal devoir moral quant au juste usage des instruments de communication sociale concerne les journalistes, les écrivains, les artistes, les metteurs en scène, les producteurs, les bailleurs de fonds, les distributeurs, les exploitants de salle, les vendeurs, les critiques et, en général, tous ceux qui, de quelque façon que ce soit, contribuent à l'élaboration et à la diffusion des communications; car il apparaît clairement que de nombreux et graves devoirs leur incombent dans les conditions actuelles de la communauté humaine, du fait qu'en informant et en incitant ils peuvent mener le genre humain au meilleur et au pire.

A eux de composer les conditions économiques, politiques ou artistiques des instruments de communication sociale de telle manière que ceux-ci ne s'opposent jamais au bien commun. Afin d'atteindre plus rapidement ce but, il est à souhaiter qu'ils s'affilient à des associations professionnelles qui imposent à leurs membres — moyennant, si nécessaire, l'engagement de se soumettre à un code moral à établir — le respect des lois morales dans les affaires et les fonctions de leur profession.

Qu'ils se rappellent toujours, par ailleurs, qu'une grande partie de leurs lecteurs ou spectateurs sont des jeunes, et que ceux-ci ont besoin d'une presse et de spectacles offrant un honnête délassement, tout en attirant les esprits vers des idéaux élevés. Qu'ils aient soin, enfin, de ne confier qu'à des personnes dignes et compétentes l'élaboration de communications touchant à des choses religieuses, et de faire en sorte que celles-ci soient traitées avec le respect qui leur revient.

12. [*Devoirs de l'autorité civile*]

Des devoirs particuliers incombent en cette matière à l'autorité civile, et cela en raison du bien commun vers lequel les instruments de communication sociale sont orientés. Ainsi, en vertu même de sa fonction, l'autorité doit sauvegarder et protéger la vraie et juste liberté de l'information, surtout dans le domaine de la presse, liberté indispensable au progrès de la société moderne; elle aura soin de favoriser la religion, la culture, les arts en ce qu'ils produisent de meilleur; elle protégera les usagers dans le libre exercice de leurs droits légitimes. Il lui revient en outre de promouvoir certaines initiatives particulièrement utiles, surtout pour la jeunesse, mais que sans cette aide il serait impossible d'entreprendre.

Enfin, l'autorité civile, qui prend un juste soin du bien-être des citoyens, doit, par la promulgation de lois appropriées et leur scrupuleuse exécution, veiller à ce qu'un mauvais usage de ces instruments ne vienne causer de graves préjudices aux mœurs publiques et au progrès de la société. Une telle vigilance ne constitue nullement une répression de la liberté des individus ou des groupes, surtout en l'absence de solides garanties de la part des professions qui exploitent ces instruments.

L'autorité civile veillera avec un soin particulier à protéger les jeunes contre les écrits et les spectacles qui leur seraient nuisibles en raison de leur âge.

CHAPITRE II

[L'ACTION PASTORALE DE L'ÉGLISE]

13. [*Action nécessaire de tous les fils de l'Église*]

Que tous les fils de l'Eglise unissent leur zèle et leur savoir pour faire en sorte que les instruments de communication sociale soient utilisés sans retard — fût-ce aux prix des plus grands efforts et selon les circonstances et les opportunités de l'heure — au service des multiples œuvres d'apostolat, prévenant des initiatives nuisibles; cette action est spécialement importante dans les pays dont le développement religieux et moral se présente comme particulièrement urgent.

Les Pasteurs se hâteront donc d'accomplir leur devoir en ce domaine, devoir intimement lié à leur tâche générale d'évangélisation. Que de leur côté les laïcs engagés dans la pratique de ces instruments s'efforcent de rendre témoignage au Christ; ils le feront tout d'abord en accomplissant leurs devoirs professionnels avec compétence et dans un esprit apostolique; ils apporteront en outre à l'action pastorale de l'Eglise, dans la mesure de leurs moyens, l'aide d'une collaboration directe sur les plans technique, économique, culturel et artistique.

14. [*Directives particulières*]

[a) *La presse*]

En ce qui concerne la presse, il faut tout d'abord favoriser d'une façon générale les publications honnêtes. Pour assurer cependant aux lecteurs une nourriture chrétienne sans mélange, il convient de créer également et de répandre une presse proprement catholique qui — éditée soit directement par l'autorité ecclésiastique, soit par des hommes catholiques et dépendant de l'une ou des autres — poursuit ouvertement le but de créer, d'affirmer et de promouvoir une opinion publique conforme au droit naturel, ainsi qu'à la doctrine et aux préceptes catholiques, tout en diffusant et commentant de la juste façon les informations sur la vie même de l'Eglise. Que, de leur côté, les fidèles soient exhortés sur la nécessité de lire et de répandre la presse catholique, afin de pouvoir se former sur tous les événements un jugement chrétien.

[b] *Le cinéma*]

Il faut promouvoir et assurer par tous les moyens adaptés la production et l'exhibition de films cinématographiques — et en premier lieu de productions destinées à la jeunesse — qui offrent un honnête délassement à l'esprit et servent utilement la culture et l'art: Ceci se fera surtout en soutenant et en coordonnant entre eux les efforts et les initiatives des producteurs et des distributeurs bien intentionnés, en recommandant les films qui le méritent par les commentaires favorables des critiques et par les distinctions qu'on leur attribue, et, enfin, en favorisant et en groupant entre elles les salles de spectacles tenues par des exploitants catholiques et sérieux.

[c] *La radio et la télévision*]

Il convient d'apporter cette même aide efficace aux honnêtes transmissions radiophoniques et télévisées, et en premier lieu à celles qui conviennent au milieu familial. Il faut, en plus, promouvoir activement les émissions catholiques qui font participer les auditeurs et les spectateurs à la vie de l'Eglise et les nourrissent des vérités religieuses. Là où il le faut, on créera des émetteurs proprement catholiques, mais en prenant soin que leurs émissions se distinguent par leurs réelles perfection et efficacité.

[d] *Le théâtre*]

Des mesures s'indiquent, enfin, pour obtenir que l'ancien et noble art théâtral, dont les œuvres se voient d'ailleurs largement diffusées par le moyen des instruments de communication sociale, contribue de son côté à développer chez les spectateurs les qualités humaines de l'esprit et du cœur.

15. [*Formation de spécialistes, prêtres et laïcs*]

Pour répondre aux nécessités ci-dessus exposées, il convient de former sans retard des prêtres, des religieux et des laïcs jouissant de l'expérience qu'il faut sur le plan de l'utilisation de ces instruments au service de l'apostolat.

C'est avant tout des laïcs qu'il faut ainsi instruire dans l'art, la doctrine et les mœurs, multipliant dans ce but les écoles, facultés et instituts où des journalistes, des créateurs de films et d'émissions radiophoniques et télévisées, ainsi que tous les autres qui y trouvent intérêt, puissent acquérir une formation complète en même temps que chrétienne, surtout en ce qui concerne la doctrine sociale de l'Eglise. Il faut former également des artistes et les aider à faire servir leur art au bien de la société humaine. Il faut préparer enfin des critiques littéraires, cinématographiques, radiophoniques et de télévision, qui connaissent leur métier à fond; il faut leur apprendre et les exhorter à toujours mettre dûment en lumière, dans leurs appréciations, l'aspect moral des œuvres commentées.

16. [*Formation du public, surtout des jeunes*]

Le bon usage des instruments de communication sociale requiert également du côté des lecteurs, auditeurs et spectateurs différents quant à leur âge et leur degré de culture une éducation appropriée et spécifique, et cela sur le double plan théorique et pratique; il faut donc créer, multiplier et orienter selon les principes de la morale chrétienne les initiatives aptes à atteindre ce but — surtout à l'intention des jeunes — dans les écoles catholiques à tous les niveaux, dans les séminaires et dans les organisations d'apostolat des laïcs. Pour faciliter ce travail, on devra exposer et commenter au catéchisme la doctrine et la discipline catholiques en cette matière.

17. [*Soutien des entreprises de valeur*]

Il serait hautement inconvenant que les fils de l'Eglise permettent que la parole du salut reste enchaînée et soit empêchée d'atteindre les âmes du fait de difficultés techniques ou économiques, quelque importants que puissent être les moyens requis pour l'utilisation de ces instruments. Aussi, le saint Synode leur rappelle-t-il le devoir qu'ils ont de soutenir et d'aider de leurs deniers les journaux catholiques, les revues, les initiatives cinématographiques, les postes émetteurs et les émissions de radio et de télévision, dont le but principal est de diffuser la vérité, de la défendre et de travailler à la christianisation de la société humaine. Le Concile invite avec la même instance les sociétés et les individus qui jouissent d'une grande influence en matière économique ou technique, à soutenir de leur argent et de leur expérience ces instruments dans la mesure où ils servent la vraie culture et l'apostolat.

18. [*Journée annuelle, établie par les évêques*]

Afin de rendre plus efficace le multiforme apostolat de l'Eglise concernant les instruments de communication sociale, il convient de célébrer annuellement, là où les évêques le jugeront opportun, une journée, à l'occasion de laquelle les fidèles seront instruits de leurs devoirs en la matière, exhortés à prier à cette intention et invités à verser une obole pour soutenir et promouvoir, selon les besoins qui se feront sentir, les institutions et les initiatives reconnues par l'Eglise sur ce plan.

19. [*Office spécial du Saint-Siège*]

Dans l'accomplissement de sa suprême tâche pastorale concernant les instruments de communication sociale, le Souverain Pontife est assisté d'un Office spécial du Saint-Siège [1].

20. [*Devoirs des évêques en ce domaine*]

De leur côté, les évêques auront à veiller sur les œuvres et les initiatives sur ce plan, en leurs diocèses, à les promouvoir et, dans la mesure où elles relèvent de l'apostolat public, à les coordonner, y compris celles qui sont dirigées par des religieux exempts.

21. [*Constitution d'Offices Nationaux*]

Un apostolat efficace sur le plan national exigeant une prospection centrale et la mise en commun des moyens d'action de tout un pays, le saint Synode établit et ordonne que des Offices Nationaux pour la presse, le cinéma, la radio et la télévision soient constitués et qu'ils soient aidés par tous les moyens. La tâche de ces offices sera avant tout de veiller à ce que soit éduquée la conscience des fidèles par rapport à l'usage de ces instruments; il leur incombe en outre de promouvoir et de coordonner toutes les initiatives des catholiques sur ce plan.

Dans chaque pays, la direction de l'Office National sera confiée soit à une commission épiscopale, soit à un évêque délégué à cette fin: feront partie de ces offices également des laïcs versés dans la doctrine catholique aussi bien que dans les arts en question.

22. [*Associations catholiques internationales*]

L'action de ces instruments dépassant les limites des nations elles-mêmes et faisant des individus pour ainsi dire des citoyens de toute la société humaine, il faut que les initiatives nationales en ces matières coopèrent entre elles sur le plan international. Aussi, les offices dont il est question au numéro 21, collaboreront-ils activement chacun avec son association catholique internationale. Ces Associations catholiques internationales, de leur côté, relèvent du Saint-Siège, qui, seul, peut légitimement les approuver.

---

1. Faisant leur le vœu du « Secrétariat pour la presse et les spectacles » préparatoire au Concile, les Pères demandent respectueusement au Souverain Pontife d'étendre la compétence de cet Office à tous les instruments de communication sociale, la presse comprise, et de lui adjoindre des experts — parmi lesquels également des laïcs — à choisir dans différentes nations.

CONCLUSION

23. Pour l'application de tous les principes et de toutes les normes du saint Synode relatifs aux instruments de communication sociale, par mandat exprès du Concile, un Directoire pastoral sera rédigé par l'Office du Saint-Siège dont il est question au numéro 19, avec l'aide d'experts de différentes nations.

24. Le saint Synode a la ferme confiance que les instructions et les préceptes qu'il leur présente en ce décret, seront reçus avec joie et soigneusement observés par tous les fils de l'Eglise; ainsi, usant de ces moyens, non seulement ils ne subiront pas de tort, mais, semblables au sel et à la lumière, ils féconderont la terre et conféreront au monde toute sa splendeur. Mais au delà de ses propres fils, le saint Synode invite tous les hommes de bonne volonté, et en premier lieu ceux qui dirigent ces instruments, à les orienter uniquement au bénéfice de la société humaine, dont le sort dépend chaque jour davantage de leur droit usage. Qu'ainsi le Nom du Seigneur, déjà glorifié par les chefs-d'œuvre des arts classiques, le soit de nos jours également à travers ces inventions modernes, selon le mot de l'Apôtre: « Le Christ Jésus, hier et aujourd'hui et dans les siècles à venir » (*Hebr.* 13, 8).

Tout l'ensemble et chacun des points qui sont édictés dans ce Décret ont plu aux Pères du saint Concile. Et Nous, en vertu du pouvoir apostolique que le Christ Nous a confié, avec les vénérables Pères, Nous les approuvons, décrétons et arrêtons dans le Saint-Esprit, et Nous ordonnons que, pour la gloire de Dieu, ce qui a été ainsi établi en Concile soit promulgué.

Rome, près Saint-Pierre, le 4 décembre 1963.

Moi, PAUL,
Évêque de l'Église catholique.

Suivent les signatures des Pères.

L'ÉDUCATION CHRÉTIENNE

Déclaration "de Educatione christiana"
("Gravissimum Educationis")
promulguée le 28 octobre 1965

TRADUCTION PUBLIÉE PAR
« LA DOCUMENTATION CATHOLIQUE »
LE 7 NOVEMBRE 1965 (col. 1831-1843)

Texte latin dans les
« Acta Apostolicae Sedis » 58 (1966) pp. 728-739
et dans les
« Constitutiones, Decreta, Declarationes » pp. 387-408

PLAN
de la Déclaration

DÉCLARATION « GRAVISSIMUM EDUCATIONIS

PAUL, ÉVÊQUE,
SERVITEUR
DES SERVITEURS DE DIEU,
AVEC LES PÈRES DU SAINT CONCILE,
POUR QUE LE SOUVENIR
S'EN MAINTIENNE À JAMAIS.

[Préambule]

L'EXTRÊME importance de l'éducation dans la vie de l'homme, et son influence toujours croissante sur le développement de la société moderne sont, pour le saint Concile œcuménique, l'objet d'une réflexion attentive [1]. En toute vérité, la formation des jeunes, et même une certaine éducation continuelle des adultes, devient à la fois plus aisée et plus urgente du fait des conditions de notre époque. En effet, les hommes sont davantage conscients de leur dignité et de leurs obligations propres; ils souhaitent prendre une part chaque jour plus active à la vie sociale, surtout à la vie économique et politique [2]; les merveilleux progrès de la technique et

---

1. Parmi les nombreux documents qui montrent l'importance de l'éducation, cf. tout d'abord: Benoît XV, lettre apost. *Communes litteras*, 10 avril 1919: *AAS*, XI (1919), p. 172. — Pie XI, encycl. *Divini Illius Magistri*, 31 déc. 1929: *AAS*, XXII (1930), pp. 49-86. — Pie XII, allocution aux jeunes de l'A.C.I., 20 avril 1946: *Discorsi e Radiomessaggi* VIII, pp. 53-57. — Alloc. aux pères de famille de France, 18 sept. 1951: *Discorsi e Radiomessaggi* XIII; pp. 241-245. — Jean XXIII, message pour le 30e anniversaire de l'encycl. *Divini Illius Magistri*, 30 déc. 1959: *AAS*, LII (1960), pp. 57-59. — Paul VI, alloc. aux membres de la F.I.D.A.E. (Fédération des Instituts dépendants de l'autorité ecclésiastique), 30 déc. 1963: *Enciclicche e Discorsi di S. S. Paolo VI*, I, Roma, 1964, pp. 601-603. — Voir également *Acta et Documenta Concilio Oecumenico Vaticano II apparando*, série I, *Antepraeparatoria*, vol. III, pp. 363-364, 370-371, 373-374.

2. Cf. Jean XXIII, encycl. *Mater et Magistra*, 15 mai 1961: *AAS*, LIII (1961), pp. 413, 415-417, 424. — Encycl. *Pacem in terris*, 11 avril 1963: *AAS*, LV (1963), p. 278 s.

de la recherche scientifique, les nouveaux moyens de communication sociale, viennent opportunément leur permettre, jouissant désormais de loisirs accrus, d'accéder plus aisément au patrimoine culturel et de se compléter mutuellement grâce à des liens plus étroits, soit entre les groupes, soit entre les peuples mêmes.

Aussi, s'efforce-t-on partout de favoriser toujours davantage la tâche de l'éducation; déclarations et textes officiels affirment les droits primordiaux de l'homme, ceux surtout des enfants et des parents, relatifs à l'éducation [3]; devant la croissance rapide du nombre des élèves, on multiplie de toutes parts et on perfectionne les écoles, on crée d'autres institutions éducatives; des expériences nouvelles développent les méthodes d'éducation et d'instruction; incontestablement, de grands efforts sont déployés pour procurer ces biens à tous les hommes, même s'il reste vrai que de trop nombreux enfants et adolescents sont encore privés même de toute instruction de base, et que parmi les autres un si grand nombre se voient refuser l'éducation convenable qui cultiverait à la fois la vérité et la charité.

Mais, pour s'acquitter de la mission que lui a confiée son divin fondateur, annoncer à tous les hommes le mystère du salut et tout restaurer dans le Christ, notre sainte Mère l'Eglise doit se soucier de la vie humaine dans son intégralité, et même de la vie terrestre en tant qu'elle est liée à la vocation céleste [4], aussi a-t-elle un rôle à jouer dans le progrès et le développement de l'éducation. C'est pourquoi le Concile proclame quelques principes fondamentaux sur l'éducation chrétienne, surtout dans les écoles, qu'une Commission spéciale devra, après le Concile, développer plus en détail, et les conférences épiscopales appliquer à la variété des conditions locales.

1. [*Droit universel à l'éducation, sa notion*]

Tous les hommes de n'importe quelle race, âge ou condition, possèdent, en tant qu'ils jouissent de la dignité de personnes, un droit

---

3. Déclaration universelle des droits de l'homme approuvée par l'Assemblée générale des Nations Unies, le 10 déc. 1948 et Déclaration des droits de l'enfant, 20 nov. 1959. Protocole additionnel à la Convention de sauvegarde des droits de l'homme et des libertés fondamentales, Paris, 20 mars 1952; au sujet de cette déclaration universelle des droits de l'homme, cf. Jean XXIII, encycl. *Pacem in terris,* 11 avril 1963: *AAS,* LV (1963), p. 295 s.

4. Cf. Jean XXIII, encycl. *Mater et Magistra,* 15 mai 1961: *AAS,* LIII (1961), p. 402. — Conc. Vat. II, constitution dogmatique *De Ecclesia,* n. 17; *AAS,* LVII (1965), p. 21 [pp. 37-38].

inaliénable à une éducation [5], qui réponde à leur fin propre [6], s'adapte à leur caractère, à la difference des sexes, à la culture et aux traditions ancestrales, et, en même temps, s'ouvre à des échanges fraternels avec les autres peuples pour favoriser l'unité véritable et la paix dans le monde. Or, le but que poursuit la véritable éducation est de former la personne humaine dans la perspective de sa fin suprême, en même temps que du bien des sociétés dont l'homme est membre, et dont, une fois devenu adulte, il aura à partager les obligations.

Il faut donc aider les enfants et les jeunes gens — en tenant compte des progrès des sciences psychologique, pédagogique et didactique — à développer harmonieusement leurs aptitudes physiques, morales, intellectuelles, à acquérir graduellement un sens plus aigu de leur responsabilité, tant dans l'effort soutenu pour mener droit leur vie personnelle que dans la poursuite de la vraie liberté, en surmontant à force de courage et de générosité tous les obstacles. Qu'ils reçoivent une éducation sexuelle positive, prudente, qui progressera au fur et à mesure qu'ils grandiront. Qu'ils reçoivent, en outre, une formation à la vie en société qui, en leur fournissant convenablement les moyens nécessaires et opportuns, les rende capables de s'insérer de façon active dans les différents groupes de la communauté humaine, de s'ouvrir au dialogue avec autrui et d'apporter de bon cœur leur contribution à la réalisation du bien commun.

De même, le Concile déclare que c'est un droit pour les enfants et les jeunes gens d'être stimulés à porter un jugement de valeur sur les réalités morales avec une conscience droite et de les assumer par une adhésion personnelle, — et, tout autant, à connaître et aimer Dieu de façon plus parfaite. Aussi demande-t-il instamment à tous ceux qui gouvernent les peuples ou dirigent l'éducation de prendre garde que jamais la jeunesse ne soit frustrée de ce droit sacré. Et il exhorte les enfants de l'Eglise à travailler avec courage dans le domaine de l'éducation, particulièrement pour obtenir que les bienfaits d'une éducation et d'une instruction convenables puissent au plus tôt s'étendre à tous et au monde entier [7].

---

5. Pie XII, radiomessage du 24 déc. 1942: *AAS*, XXXV (1943), pp. 12, 19. — Jean XXIII, encycl. *Pacem in terris*, 11 avril 1963: *AAS*, LV (1963), p. 259 s. Et cf. la déclaration des droits de l'homme citée dans la note 3.
6. Cf. Pie XI, encycl. *Divini Illius Magistri*, 31 déc. 1929: *AAS*, XXII (1930), p. 50 s.
7. Cf. Jean XXIII, encycl. *Mater et Magistra*, 15 mai 1961: *AAS*, LIII (1961), p. 441 s.

2. [*L'éducation chrétienne*]

Du fait que devenus créatures nouvelles, en renaissant de l'eau et de l'Esprit-Saint [8], ils sont appelés enfants de Dieu et le sont, tous les chrétiens ont droit à une éducation chrétienne. Celle-ci ne poursuit pas seulement la maturité de la personne humaine décrite plus haut, mais vise principalement à ce que les baptisés, introduits graduellement dans la connaissance du mystère du salut, deviennent chaque jour plus conscients de ce don de la foi qu'ils ont reçu, apprennent à adorer Dieu le Père en esprit et en vérité (cf. *Jean*, 4, 23), surtout dans le culte liturgique, soient formés de façon à mener leur vie propre selon l'homme nouveau dans une justice et une sainteté véritables (cf. *Eph*. 4, 22-24), et qu'ainsi, aboutissant à l'homme parfait, à l'âge de la plénitude du Christ (cf. *Eph.*, 4, 13), ils apportent leur contribution à la croissance du Corps mystique. Qu'en outre, conscients de leur vocation, ils prennent l'habitude aussi bien de rendre témoignage à l'espérance qui est en eux (cf. *I Pierre*, 3, 15), que d'aider à la transformation chrétienne du monde, par quoi les valeurs naturelles, reprises et intégrées dans la perspective totale de l'homme racheté par le Christ, contribuent au bien de toute la société [9]. C'est pourquoi le Concile rappelle aux pasteurs d'âmes le très grave devoir qu'ils ont de tout faire pour que tous les fidèles bénéficient de cette éducation chrétienne, surtout les jeunes qui sont l'espérance de l'Eglise [10].

3. [*Les responsables de l'éducation*]

Les parents, ayant donné la vie à leurs enfants, ont la très grave obligation de les élever, et à ce titre ils doivent être reconnus comme leurs premiers et principaux éducateurs [11]. Telle est l'importance de cette fonction d'éducateurs que, lorsqu'elle vient à faire défaut, elle peut difficilement être suppléée. Le rôle des parents est, en effet, de créer une atmosphère familiale, animée par l'amour et la piété envers Dieu et les hommes, qui favorise l'éducation intégrale, personnelle et sociale de leurs enfants. La famille est donc la première école des vertus sociales dont aucune société ne peut se passer. Mais

---

8. Cf. Pie XI, encycl. *Divini Illius Magistri*, loc. cit., p. 83.

9. Cf. Conc. Vat. II, Constitution dogm. *De Ecclesia*, n. 36: *AAS*, LVII (1965), p. 41 s. [pp. 61-62].

10. Conc. Vat. II, Decr. *De Pastorali Episcoporum munere in Ecclesia*, nn. 12-14: *AAS*, LVIII (1966), pp. 678-679 [pp. 283-285].

11. Cf. Pie XI, encycl. *Divini Illius Magistri*, loc. cit., p. 59 s.; encycl. *Mit brennender Sorge*, 14 mars 1937: *AAS*, XXIX (1937), p. 164 s.; Pie XII, allocution au premier congrès national de l'Association italienne des maîtres catholiques (A.I.M.C.), 8 sept. 1946: *Discorsi e radiomessaggi* VIII, p. 218.

c'est surtout dans la famille chrétienne, enrichie de la grâce et des devoirs du sacrement de mariage, que dès leur plus jeune âge les enfants doivent, conformément à la foi reçue au baptême, apprendre à découvrir Dieu et à l'honorer, ainsi qu'à aimer le prochain; c'est là qu'ils font la première expérience, et d'une saine vie sociale, et de l'Eglise; c'est par la famille qu'ils sont peu à peu insérés dans la vie de la société civile, ainsi que dans le peuple de Dieu. Que les parents soient donc bien pénétrés de l'importance d'une famille vraiment chrétienne pour la vie et le progrès du peuple de Dieu lui-même [12].

Le devoir de dispenser l'éducation, qui revient en premier lieu à la famille, requiert l'aide de toute la société. A côté des droits des parents et de ceux des éducateurs sur qui ils se reposent d'une partie de leur tâche, il y a des obligations et des droits déterminés qui appartiennent à la société civile, en tant que chargée d'organiser ce qui est nécessaire pour le bien commun temporel. Il est de ses fonctions de promouvoir de diverses façons l'éducation de la jeunesse: protéger les devoirs et les droits des parents et autres personnes qui jouent un rôle dans l'éducation, et leur fournir son aide; selon le principe de subsidiarité, à défaut d'initiatives prises par les parents et les autres sociétés, et compte tenu des désirs des parents, assumer l'éducation complète; en outre, créer des écoles et des instituts propres, lorsque le bien commun l'exige [13].

La responsabilité de l'éducation concerne enfin, à un titre tout particulier, l'Eglise: non seulement parce que, en tant que société humaine, déjà, elle doit être reconnue comme compétente pour donner une éducation, mais surtout parce qu'elle a pour fonction d'annoncer aux hommes la voie du salut, de communiquer aux croyants la vie du Christ et de les aider par une sollicitude de tous les instants à atteindre le plein épanouissement de cette vie [14]. A

---

12. Cf. Conc. Vat. II, constitution dogm. *De Ecclesia*, nn. 11 et 35: *AAS*, LVII (1965), pp. 16 et 40 s. [pp. 30-32, 60-61].

13. Cf. Pie XI, encycl. *Divini Illius Magistri*, loc. cit., p. 63 s. — Pie XII, radiomessage du 1er juin 1941: *AAS*, XXXIII (1941), p. 200; Allocution au premier congrès national de l'Association italienne des maîtres catholiques, 8 sept. 1946: *Discorsi e radiomessaggi* VIII, p. 218. — Sur le principe de subsidiarité, cf. Jean XXIII, encycl. *Pacem in terris*, 11 avril 1963: *AAS*, LV (1963), p. 294.

14. Cf. Pie XI, encycl. *Divini Illius Magistri*, loc. cit., p. 53 s.; 56 s. — Encycl. *Non abbiamo bisogno*, 29 juin 1931: *AAS*, XXIII (1931) p. 311 s. — Pie XII, lettre de la Secrétairerie d'Etat à la 28e Semaine sociale d'Italie, 20 sept. 1955: *L'Osservatore Romano*, 29 sept. 1955.

ces enfants, l'Eglise est donc tenue, comme Mère, d'assurer l'éducation qui imprégnera toute leur vie de l'esprit du Christ; en même temps, elle offre son aide à tous les peuples pour promouvoir la perfection complète de la personne humaine, ainsi que pour le bien de la société terrestre et pour la construction du monde qui doit recevoir une figure plus humaine [15].

4. [*Les divers moyens au service de l'éducation chrétienne*]

Dans l'accomplissement de sa mission éducative, l'Eglise est soucieuse de tous les moyens proportionnés, et se préoccupe en particulier de ceux qui lui sont propres. Le premier est la formation catéchétique [16] qui éclaire et fortifie la foi, nourrit la vie selon l'esprit du Christ, achemine à la participation active et consciente au mystère liturgique [17] et incite à l'action apostolique. Mais l'Eglise estime aussi beaucoup, cherche à pénétrer de son esprit et à surélever les autres moyens qui appartiennent au patrimoine commun de l'humanité et peuvent faire beaucoup pour cultiver les esprits et former les hommes, notamment les moyens de communication sociale [18], les multiples associations de formation physique et intellectuelle, les mouvements de jeunesse et surtout les écoles.

5. [*Importance de l'école*]

Entre tous les moyens d'éducation, l'école tient une importance particulière [19]; elle est, en vertu de sa mission, le principal facteur de développement des facultés intellectuelles, elle exerce le jugement, elle introduit dans le patrimoine culturel dû aux générations antérieures, elle promeut le sens des valeurs, elle prépare à la vie professionnelle; entre des élèves de conditions sociales et de caractères différents, elle fait naître des relations d'amitié, elle favorise les dis-

---

15. L'Eglise loue les autorités civiles, locales, nationales et internationales qui, conscientes des urgentes nécessités actuelles, font tout ce qu'elles peuvent pour que tous les peuples puissent participer plus pleinement à l'éducation et à la culture. (Cf. Paul VI, allocution à l'Assemblée générale de l'O.N.U., 4 oct. 1965: *AAS*, LVII (1965), pp. 877-885 [pp. 618 ss].

16. Cf. Pie XI, *Motu proprio* « *Orbem catholicum* », 29 juin 1923: *AAS*, XV (1923), pp. 327-329; décret *Provido sane*, 12 janv. 1935: *AAS*, XXVII (1935), pp. 145-152. — Conc. Vat. II, décret *De Pastorali Episcoporum munere in Ecclesia*, nn. 13 et 14: *AAS*, LVIII (1966), pp. 678-679 [pp. 284-285].

17. Cf. Conc. Vat. II, constit. *De Sacra Liturgia*, n. 14: *AAS*, LVI (1964), p. 104 [pp. 133-134].

18. Cf. Conc. Vat. II, décret *De instrumentis communicationis socialis*, nn. 13 et 14: *AAS*, LVI (1964), p. 149 s. [pp. 526-527].

19. Cf. Pie XI, encyclique *Divini Illius Magistri*, loc. cit., p. 76; Pie XII, allocution à l'Association des maîtres catholiques de Bavière, 31 déc. 1956: *Discorsi e radiomessaggi* XVIII, p. 746.

positions à bien se comprendre. Elle constitue surtout comme un centre à l'activité et au progrès duquel doivent participer les familles, les maîtres, les associations de toutes sortes qui développent la vie culturelle, civique et religieuse, la société civile et toute la communauté humaine.

Oui, ils ont une belle, mais lourde vocation, ceux qui secondent les parents dans l'accomplissement de leur devoir et, au nom de la communauté humaine, assument la charge de l'éducation dans les écoles; cette vocation requiert des qualités toutes spéciales, d'esprit et de cœur, la plus soigneuse préparation, une aptitude continuelle à se renouveler et à s'adapter.

6. [*Devoirs et droits des parents*]

Le devoir et le droit premiers et inaliénables des parents est celui d'éduquer leurs enfants; ils doivent donc jouir d'une liberté véritable dans le choix de l'école. Le pouvoir public, dont le rôle est de protéger et de défendre les libertés des citoyens, doit respecter la justice distributive en répartissant les subsides publics de telle sorte que les parents puissent jouir d'une vraie liberté dans le choix de l'école de leurs enfants, conformément à leur conscience [20].

C'est encore le rôle de l'Etat de veiller à ce que tous les citoyens puissent participer convenablement à la vie culturelle et soient préparés comme il se doit à l'exercice des devoirs et des droits du citoyen. L'Etat doit donc assurer le droit des enfants à une éducation scolaire adéquate, veiller à la capacité des maîtres, au niveau des études ainsi qu'à la santé des élèves, et, d'une façon générale, développer l'ensemble du système scolaire, en gardant devant les yeux le principe de subsidiarité, et donc en excluant tout monopole scolaire, lequel est opposé aux droits innés de la personne humaine, au progrès et à la diffusion de la culture elle-même, à la concorde entre les citoyens, enfin au pluralisme aujourd'hui en vigueur dans une multitude de sociétés [21].

Le saint Concile exhorte donc les chrétiens — qu'il s'agisse de découvrir des méthodes d'éducation et un programme adaptés, ou

---

20. Cf. Conc. prov. de Cincinnati III, en 1861: *Collectio Lacensis*, III, col. 1240, c/d. — Pie XI, encycl. *Divini Illius Magistri*, loc. cit., p. 60, 63 s.
21. Cf. Pie XI, encycl. *Divini Illius Magistri*, loc. cit., p. 63; encycl. *Non abbiamo bisogno*, 29 juin 1931: *AAS*, XXIII (1931), p. 305. — Pie XII, lettre de la Secrétairerie d'Etat à la 28e Semaine sociale d'Italie, 20 sept. 1955: *L'Osservatore Romano*, 29 sept. 1955. — Paul VI, allocution à l'Association chrétienne des ouvriers italiens (A.C.L.I.), 6 oct. 1963: *Encicliche e Discorsi di Paolo VI*, I, Roma, 1964, p. 230.

bien de former des maîtres capables d'élever comme il faut les jeunes, — à offrir spontanément leur concours et, surtout, par les
associations de parents, à suivre et aider tout le travail de l'école, en
particulier l'éducation morale qui doit y être donnée [22].

7. [*Éducation morale et religieuse dans toutes les écoles*]

En outre, dans la conscience qu'elle a du très grave devoir de
veiller assidûment à l'éducation morale et religieuse de tous ses enfants, l'Eglise se doit d'être présente, avec une affection et une aide
toutes particulières, à ceux très nombreux qui ne sont pas élevés dans
des écoles catholiques: par le témoignage de la vie de leurs professeurs
et directeurs, par l'action apostolique de leurs camarades [23], et surtout
par le ministère des prêtres et des laïcs qui leur transmettent la doctrine du salut, d'une façon adaptée à leur âge et aux circonstances, et
qui les aident spirituellement par des initiatives opportunes, selon les
situations et les époques.

Mais aux parents, elle rappelle le grave devoir qui leur incombe de tout prévoir en l'exigeant au besoin, pour que leurs enfants
puissent bénéficier de ces secours et développer leur formation chrétienne au rythme de leur formation profane. Aussi, l'Eglise féli-
cite-t-elle les autorités et les sociétés civiles qui, compte tenu du
caractère pluraliste de la société moderne, soucieuses de la juste
liberté religieuse, aident les familles pour qu'elles puissent assurer
à leurs enfants, dans toutes les écoles, une éducation conforme à
leurs propres principes moraux et religieux [24].

8. [*Les écoles catholiques*]

La présence de l'Eglise dans le domaine scolaire se manifeste à
un titre particulier par l'école catholique. Tout autant que les autres
écoles, celle-ci poursuit des fins culturelles, et la formation humaine
des jeunes. Ce qui lui appartient en propre, c'est de créer pour la
communauté scolaire une atmosphère animée d'un esprit évangélique de liberté et de charité, d'aider les adolescents à développer leur
personnalité en faisant en même temps croître cette créature nouvelle qu'ils sont devenus par le baptême, et, finalement, d'ordonner
toute la culture humaine à l'annonce du salut pour éclairer par la

---

22. Cf. Jean XXIII, message pour le 30e anniversaire de la publication de l'encycl. *Divini Illius Magistri*, 30 déc. 1959: *AAS*, LII (1960), p. 57.

23. L'Eglise apprécie beaucoup l'action apostolique que peuvent exercer, également dans ces écoles, les maîtres et les élèves catholiques.

24. Cf. Pie XII, allocution à l'Association des maîtres catholiques de
Bavière, 31 déc. 1956: *Discorsi et radiomessaggi* XVIII, p. 745 s.

foi la connaissance graduelle que les élèves acquièrent du monde, de la vie et de l'homme [25]. C'est ainsi que l'école catholique, en s'ouvrant comme il convient aux progrès des temps, forme ses élèves pour qu'ils travaillent efficacement au bien de la cité terrestre, et, en même temps, les prépare à travailler à l'extension du royaume de Dieu, afin que, par l'exercice d'une vie exemplaire et apostolique, ils deviennent comme un levain de salut pour la communauté des hommes.

On voit donc tout ce que l'école catholique peut apporter pour l'accomplissement de la mission du Peuple de Dieu, et les services qu'elle peut rendre en faveur du dialogue entre l'Eglise et la communauté humaine, pour leur mutuel bénéfice; c'est pourquoi, dans les circonstances actuelles, elle garde son extrême importance. Aussi, ce saint Concile proclame-t-il à nouveau le droit, pour l'Eglise, de fonder et de diriger librement des écoles de tout ordre et de tout degré, droit déjà déclaré dans d'innombrables documents du magistère [26], et il rappelle que l'exercice d'un tel droit est, en même temps, souverainement utile pour la sauvegarde de la liberté de conscience et des droits des parents, ainsi que pour le progrès de la culture.

Mais que les maîtres ne l'oublient pas: c'est d'eux, avant tout, qu'il dépend que l'école catholique soit en mesure de réaliser ses buts et ses desseins [27]. Qu'on les prépare donc avec une sollicitude toute particulière, pour leur procurer la science, aussi bien profane que religieuse, attestée par les titres appropriés et pour leur assurer une méthode pédagogique en accord avec les découvertes modernes. Que la charité les unisse entre eux et avec leurs élèves, qu'ils soient tout pénétrés d'esprit apostolique pour rendre témoignage, par leur

---

25. Cf. Conc. prov. de Westminster, I, de 1852: *Collectio Lacensis* III, col. 1334, a/b. — Pie XI, encycl. *Divini Illius Magistri*, loc. cit., p. 77 s. — Pie XII, allocution à l'Association des maîtres catholiques de Bavière, 31 déc. 1956: *Discorsi e radiomessaggi* XVIII, p. 746. — Paul VI, Allocution aux membres de la F.I.D.A.E. (Fédération des instituts dépendants de l'autorité ecclésiastique), 30 déc. 1963: *Encicliche e Discorsi di Paolo VI*, I, Roma, 1964, p. 602 s.

26. Cf. en premier lieu les documents cités dans la note 1; de plus, ce droit de l'Eglise a été proclamé par de nombreux conciles provinciaux et également dans les plus récentes déclarations de nombreuses conférences épiscopales.

27. Cf. Pie XI, encycl. *Divini Illius Magistri*, loc. cit., p. 80 s. — Pie XII, allocution à l'Association catholique italienne des maîtres de l'enseignement secondaire (U.C.I.I.M.), 5 janv. 1954: *Discorsi e radiomessaggi* XV, pp. 551-556. — Jean XXIII, allocution au VIe Congrès de l'Association italienne des maîtres catholiques (A.I.M.C.), 5 sept. 1959: *Discorsi, Messaggi, Colloqui*, I, Roma, 1960, pp. 427-431.

vie autant que par leur enseignement, au Maître unique, le Christ. Qu'ils travaillent en collaboration, surtout avec les parents; qu'en union avec ceux-ci ils sachent tenir compte, dans toute l'éducation, de la différence des sexes et du but particulier atrribué à chacun par la providence divine, dans la famille et dans la société. Qu'ils s'efforcent de susciter l'action personnelle des élèves et, après la fin du cycle d'études, qu'ils continuent à les suivre de leurs conseils et de leur amitié, ainsi qu'au moyen d'associations particulières pénétrées d'un véritable esprit d'Eglise. Le Concile déclare que le rôle de ces maîtres est un apostolat proprement dit, tout à fait adapté, en même temps que nécessaire, à notre époque: un vrai service rendu à la société. Et aux parents catholiques, le Concile rappelle leur devoir de confier leurs enfants, où et lorsqu'ils le peuvent, à des écoles catholiques, leur devoir de soutenir celles-ci selon leurs ressources et de collaborer avec elles pour le bien de leurs enfants [28].

9. [*Les différentes sortes d'écoles catholiques*]

Que toutes les écoles qui, d'une façon ou d'une autre, dépendent de l'Eglise, se rapprochent au maximum de cet idéal de l'école catholique, bien que, selon les circonstances locales, elles puissent revêtir des formes diverses [29]. L'Eglise tient aussi pour très précieuses les écoles qui, surtout sur les territoires des jeunes Eglises, accueillent également les élèves non catholiques.

En outre, dans la création et l'orientation des écoles catholiques, il faut tenir compte des nécessités du monde en marche. Aussi, tout en continuant à entretenir les écoles primaires et secondaires, qui constituent la base de l'éducation, on doit accorder une grande importance à celles qui sont particulièrement requises par les conditions actuelles, telles que les écoles techniques et professionnelles [30], les institutions pour l'instruction des adultes, les instituts de promotion sociale, les écoles destinées à ceux pour qui une infirmité rend nécessaires des soins particuliers, et les écoles qui préparent des maîtres, tant pour l'éducation religieuse que pour d'autres secteurs pédagogiques.

---

28. Cf. Pie XII, allocution à l'Association catholique italienne des maîtres de l'enseignement secondaire (U.C.I.I.M.), 5 janv. 1954, loc. cit., p. 555.

29. Cf. Paul VI, allocution à l'Office international d'éducation catholique (O.I.E.C.), 25 févr. 1964: *Encicliche e Discorsi di Paolo VI*, II, Roma, 1964, p. 232.

30. Cf. Paul VI, allocution à l'Association chrétienne des ouvriers italiens (A.C.L.I.), 6 oct. 1963: *Encicliche e Discorsi di Paolo VI*, I, Roma, 1964, p. 229.

Ce saint Concile exhorte avec force les pasteurs et tous les fidèles à n'épargner aucun sacrifice pour aider les écoles catholiques à remplir chaque jour plus fidèlement leur tâche, en premier lieu à subvenir aux besoins de ceux qui sont dépourvus des biens de la fortune, qui sont privés de l'affection et du soutien de la famille, ou qui sont étrangers au don de la foi.

10. [*Les facultés et universités catholiques*]

Quant aux écoles supérieures, et surtout aux universités et facultés, l'Eglise ne les entoure pas d'un soin moins vigilant. Au contraire, en ce qui dépend d'elle, elle vise, par une organisation méthodique, à ce que chaque discipline soit cultivée selon ses principes propres, sa méthode propre et la liberté propre à la recherche scientifique, de telle sorte qu'on approfondisse chaque jour la compréhension des différentes disciplines et que, grâce à un examen plus attentif des questions et recherches nouvelles de la période actuelle, on reconnaisse et on discerne mieux comment la foi et la science visent de conserve une unique vérité, en marchant sur les traces des docteurs de l'Eglise, et particulièrement de saint Thomas d'Aquin [31]. Que de la sorte se réalise comme une présence publique, stable et universelle de la pensée chrétienne dans tout l'effort intellectuel pour promouvoir une culture supérieure, et que les étudiants de ces instituts soient formés de telle sorte qu'ils deviennent des hommes éminents par l'instruction, prêts à assumer les plus lourdes tâches dans la société, et témoins de la foi dans le monde [32].

Que dans les universités catholiques dépourvues d'une faculté de théologie, il y ait un institut ou une chaire de théologie qui dispense un enseignement adapté aux étudiants laïcs. Comme les sciences progressent surtout grâce à des recherches particulières d'une plus grande portée scientifique, que les universités et facultés catholiques entretiennent au maximum des instituts dont le but primordial soit de promouvoir la recherche scientifique.

---

31. Cf. Paul VI, alloc. au VIe Congrès thomiste international, 10 septembre 1965: *AAS*, LVII (1965), pp. 788-792.

32. Cf. Pie XII, allocution aux maîtres et étudiants des universités catholiques de France, 21 sept. 1950: *Discorsi e radiomessaggi* XII, pp. 219-221; lettre au XXIIe Congrès de «Pax Romana», 12 août 1952: *Discorsi e radiomessaggi* XIV, pp. 567-569. — Jean XXIII, allocution à la Fédération des universités catholiques, 1er avril 1959: *Discorsi, Messaggi, Colloqui*, I, Roma, 1960, pp. 226-229. — Paul VI, allocution au Sénat académique de l'Université catholique de Milan, 5 avril 1964: *Encicliche e Discorsi di Paolo VI*, II, Roma, 1964, pp. 438-443.

Le saint Concile recommande instamment de développer des universités et facultés catholiques opportunément réparties dans les différentes parties du monde; qu'elles brillent moins par le nombre que par la valeur de l'enseignement, et que l'accès en soit facilité aux étudiants qui donnent davantage d'espérances, même s'ils sont de condition modeste, et surtout à ceux qui viennent des jeunes nations.

Puisque le sort de la société et de l'Eglise même est étroitement lié aux progrès des jeunes qui font des études supérieures [33], les pasteurs de l'Eglise ne doivent pas seulement prodiguer leurs soins à la vie spirituelle des étudiants des universités catholiques. Que, soucieux de la formation spirituelle de tous leurs fils, ils se préoccupent — avec les consultations nécessaires entre évêques — de fonder, également auprès des universités non catholiques, des maisons d'accueil et des centres universitaires catholiques où des prêtres, des religieux et des laïcs soigneusement choisis et préparés offrent à la jeunesse universitaire une assistance permanente, spirituelle et intellectuelle. Que les jeunes plus doués, qu'ils soient des universités catholiques ou des autres, s'ils montrent des aptitudes pour l'enseignement et la recherche, soient l'objet de soins particuliers, et qu'on les encourage à devenir professeurs.

11. [Les facultés de sciences sacrées]

L'Eglise attend énormément de l'activité des facultés de sciences sacrées [34]. C'est à elles, en effet, qu'elle confie la charge importante de préparer leurs élèves, non seulement au ministère sacerdotal, mais surtout, soit à l'enseignement dans les établissements d'études ecclésiastiques supérieures, soit à faire avancer par leur contribution personnelle les différentes disciplines, soit à assumer les tâches les plus ardues de l'apostolat intellectuel. C'est également le rôle de ces facultés de soumettre à une investigation plus profonde les différents domaines des sciences sacrées, en vue d'une compréhension toujours plus profonde de la Révélation sacrée, d'un accès plus large au patrimoine de sagesse chrétienne légué par nos ancêtres, d'un dialogue

33. Cf. Pie XII, allocution au Sénat académique et aux étudiants de l'Université de Rome, 15 juin 1952: *Discorsi e radiomessaggi* XIV, p. 208: « La direction de la société de demain repose principalement dans l'esprit et le cœur des universitaires d'aujourd'hui. »

34. Cf. Pie XI, constitution apostolique *Deus scientiarum Dominus*, 24 mai 1931: *AAS*, XXIII (1931), pp. 245-247.

croissant avec nos frères séparés et avec les non-chrétiens, et d'une réponse adéquate aux questions posées par le progrès des sciences [35].

Que, par conséquent, les facultés ecclésiastiques revoient opportunément leurs lois propres, qu'elles développent intensément les sciences sacrées et celles qui leur sont connexes, et qu'elles ne négligent pas les méthodes et les moyens les plus récents en vue de former leurs étudiants pour des recherches plus poussées.

12. [*Développer la coordination dans le domaine scolaire*]

La coopération, chaque jour plus nécessaire et plus effective sur le plan diocésain, national et international, ne s'impose pas moins dans le domaine scolaire. Aussi doit-on mettre tous ses soins à établir entre les écoles catholiques la coordination convenable, et à développer entre elles et les autres écoles la collaboration que requiert le bien commun de l'humanité tout entière [36].

Cette coordination plus poussée et cette mise en commun des efforts, surtout parmi les instituts académiques, procureront davantage de fruits. Que dans toutes les universités, les diverses facultés s'entraident donc autant que le comporte leur objet; bien plus, que les universités elles-mêmes aillent dans le même sens et unissent leurs efforts, en organisant ensemble des Congrès internationaux, en se répartissant les secteurs de la recherche scientifique, en se communiquant leurs découvertes, en échangeant pour quelque temps des professeurs, en développant enfin tout ce qui peut favoriser une collaboration accrue.

Conclusion

Le saint Concile exhorte instamment les jeunes à prendre conscience de la fonction primordiale qu'est celle de l'éducateur et à être prêts à l'assumer avec courage et générosité, surtout dans les régions où le manque de maîtres met en danger l'éducation de la jeunesse.

Le saint Concile, en exprimant sa profonde gratitude envers les prêtres, religieux, religieuses et laïcs qui, en se donnant eux-mêmes

---

35. Cf. Pie XII, encycl. *Humani Generis,* 12 août 1950: *AAS,* XLII (1950), pp. 568 s., 578. — Paul VI, encycl. *Ecclesiam suam,* IIIe partie, 6 août 1964: *AAS,* LVI (1964), pp. 637-659. — Conc. Vat. II, décret *De Oecumenismo: AAS,* LVII (1965), pp. 90-107 [pp. 495-516].
36. Cf. Jean XXIII, encycl. *Pacem in terris,* 11 avril 1963: *AAS,* LV (1963), p. 284 et passim.

dans l'esprit de l'Evangile, s'adonnent à la tâche primordiale de l'éducation et de l'enseignement dans les écoles de tous genres et de tous niveaux, les exhorte à persévérer généreusement dans la tâche entreprise. Qu'en imprégnant les élèves de l'esprit du Christ, ils aspirent, sur le plan pédagogique comme sur le plan scientifique, à un niveau tel que, non seulement ils travaillent au renouveau interne de l'Eglise, mais ils défendent et étendent sa présence bienfaisante dans le monde d'aujourd'hui et particulièrement le monde intellectuel.

Tout l'ensemble et chacun des points qui sont édictés dans cette Déclaration ont plu aux Pères du saint Concile. Et Nous, en vertu du pouvoir apostolique que le Christ Nous a confié, avec les vénérables Pères, Nous les approuvons, décrétons et arrêtons dans le Saint-Esprit, et Nous ordonnons que, pour la gloire de Dieu, ce qui a été ainsi établi en Concile soit promulgué.

Rome, près Saint-Pierre, le 28 octobre 1965.

Moi, PAUL,
Évêque de l'Église catholique.

Suivent les signatures des Pères.

L'ÉGLISE ET LES RELIGIONS NON CHRÉTIENNES

Déclaration "de Ecclesiae habitudine ad
religiones non-christianas"
("Nostra Aetate")
promulguée le 28 octobre 1965

TRADUCTION ÉTABLIE PAR
LE SECRÉTARIAT POUR L'UNITÉ DES CHRÉTIENS
ET PUBLIÉE PAR
« L'OSSERVATORE ROMANO » (Édition française)
LE 5 NOVEMBRE 1965

Texte latin dans les
« Acta Apostolicae Sedis » 58 (1966) pp. 740-744
et dans les
« Constitutiones, Decreta, Declarationes » pp. 411-418

PLAN
de la Déclaration

PAUL, ÉVÊQUE,
SERVITEUR
DES SERVITEURS DE DIEU,
AVEC LES PÈRES DU SAINT CONCILE,
POUR QUE LE SOUVENIR
S'EN MAINTIENNE À JAMAIS.

1. [*Préambule*]

A notre époque où le genre humain devient de jour en jour plus étroitement uni et où les relations entre les divers peuples augmentent, l'Eglise examine plus attentivement quelles sont ses relations avec les religions non chrétiennes. Dans sa tâche de promouvoir l'unité et la charité entre les hommes, et même entre les peuples, elle examine ici d'abord ce que les hommes ont en commun et qui les pousse à vivre ensemble leur destinée.

Tous les peuples forment, en effet, une seule communauté; ils ont une seule origine, puisque Dieu a fait habiter toute la race humaine sur la face de la terre [1]; ils ont aussi une seule fin dernière, Dieu, dont la providence, les témoignages de bonté et les desseins de salut s'étendent à tous [2], jusqu'à ce que les élus soient réunis dans la Cité sainte, que la gloire de Dieu illuminera et où tous les peuples marcheront à sa lumière [3].

Les hommes attendent des diverses religions la réponse aux énigmes cachées de la condition humaine, qui, hier comme aujourd'hui, troublent profondément le cœur humain: *Qu'est-ce que l'homme ? Quel est le sens et le but de la vie ? Qu'est-ce que le bien et qu'est-*

---

    * Le texte latin ne comporte pas de passages en italique.
1. Cf. *Act.*, 17, 26.
2. Cf. *Sap.*, 8, 1; *Act.*, 14, 17; *Rom.*, 2, 6-7; *I Tim.*, 2, 4.
3. Cf. *Apoc.*, 21, 23-24.

ce que le péché ? Quels sont l'origine et le but de la souffrance ?
Quelle est la voie pour parvenir au vrai bonheur ? Qu'est-ce que la
mort, le jugement et la rétribution après la mort ? Qu'est-ce enfin
que le mystère dernier et ineffable qui entoure notre existence, d'où
nous tirons notre origine et vers lequel nous tendons ?

2. [*Les diverses religions non chrétiennes*]

Depuis les temps les plus reculés jusqu'à aujourd'hui, on trouve
dans les différents peuples une certaine sensibilité à cette force cachée qui est présente au cours des choses et aux événements de la
vie humaine, parfois même une reconnaissance de la Divinité suprême, ou encore du Père. Cette sensibilité et cette connaissance péné-
trent leur vie d'un profond sens religieux. Quant aux religions liées
au progrès de la culture, elles s'efforcent de répondre aux mêmes
questions par des notions plus affinées et par un langage plus élaboré.

Ainsi, dans *l'hindouisme,* les hommes scrutent le mystère divin
et l'expriment par la fécondité inépuisable des mythes et par les efforts pénétrants de la philosophie; ils cherchent la libération des angoisses de notre condition, soit par les formes de la vie ascétique,
soit par la méditation profonde, soit par le refuge en Dieu avec
amour et confiance.

Dans le *bouddhisme,* selon ses formes variées, l'insuffisance radicale de ce monde changeant est reconnue et on enseigne une voie
par laquelle les hommes, avec un cœur dévot et confiant, pourront
soit acquérir l'état de libération parfaite, soit atteindre l'illumination
suprême par leurs propres efforts ou par un secours venu d'en haut.

De même aussi, les autres religions qu'on trouve de par le monde s'efforcent d'aller au-devant, de façons diverses, de l'inquiétude du
cœur humain en proposant des voies, c'est-à-dire des doctrines, des
règles de vie et des rites sacrés.

L'Eglise catholique ne rejette rien de ce qui est vrai et saint dans
ces religions. Elle considère avec un respect sincère ces manières
d'agir et de vivre, ces règles et ces doctrines qui, quoiqu'elles diffèrent en beaucoup de points de ce qu'elle-même tient et propose, cependant apportent souvent un rayon de la Vérité qui illumine tous les
hommes. Toutefois, elle annonce, et elle est tenue d'annoncer sans
cesse, le Christ qui est « *la voie, la vérité et la vie* » (Jean 14, 6),
dans lequel les hommes doivent trouver la plénitude de la vie religieuse et dans lequel Dieu s'est réconcilié toutes choses [4].

---

4. Cf. 2 *Cor.,* 5, 18-19.

Elle exhorte donc ses fils pour que, avec prudence et charité, par le dialogue et par la collaboration avec ceux qui suivent d'autres religions, et tout en témoignant de la foi et de la vie chrétiennes, ils reconnaissent, préservent et fassent progresser les valeurs spirituelles, morales et socio-culturelles qui se trouvent en eux.

3. [*La religion musulmane*]

L'Eglise regarde aussi avec estime les musulmans, qui adorent le Dieu Un, vivant et subsistant, miséricordieux et tout-puissant, créateur du ciel et de la terre [5], qui a parlé aux hommes. Ils cherchent à se soumettre de toute leur âme aux décrets de Dieu, même s'ils sont cachés, comme s'est soumis à Dieu Abraham, auquel la foi islamique se réfère volontiers. Bien qu'ils ne reconnaissent pas Jésus comme Dieu, ils le vénèrent comme prophète; ils honorent sa mère virginale, Marie, et parfois même l'invoquent avec piété. De plus, ils attendent le jour du jugement où Dieu rétribuera tous les hommes ressuscités. Aussi ont-ils en estime la vie morale et rendent-ils un culte à Dieu, surtout par la prière, l'aumône et le jeûne.

Si, au cours des siècles, de nombreuses dissensions et inimitiés se sont manifestées entre les chrétiens et les musulmans, le Concile les exhorte tous à *oublier le passé et à s'efforcer sincèrement à la compréhension mutuelle, ainsi qu'à protéger et à promouvoir ensemble, pour tous les hommes, la justice sociale, les valeurs morales, la paix et la liberté.*

4. [*La religion juive*]

Scrutant le mystère de l'Eglise, le Concile rappelle le lien qui relie spirituellement le peuple du Nouveau Testament avec la lignée d'Abraham.

L'Eglise du Christ, en effet, reconnaît que les prémices de sa foi et de son élection se trouvent, selon le mystère divin du salut, dans les patriarches, Moïse et les prophètes. Elle confesse que tous les fidèles du Christ, fils d'Abraham selon la foi [6], sont inclus dans la vocation de ce patriarche et que le salut de l'Eglise est mystérieusement préfiguré dans la sortie du peuple élu hors de la terre de servitude. C'est pourquoi l'Eglise ne peut oublier qu'elle a reçu la révélation de l'Ancien Testament par ce peuple avec lequel Dieu, dans sa miséricorde indicible, a daigné conclure l'antique Alliance, et

---

5. Cf. S. Greg. VII, *Epist.* III, 21 *ad Anazir* (Al-Nâsir), *regem Mauritaniae*, ed. E. Caspar in MGH, *Ep. sel. II*, 1920, I, p. 288, 11-15; *P.L.* 148, col. 451 A.

6. Cf. *Gal.*, 3, 7.

qu'elle se nourrit de la racine de l'olivier franc sur lequel ont été greffés les rameaux de l'olivier sauvage que sont les Gentils [7]. L'Eglise croit, en effet, que le Christ, notre paix, a réconcilié les Juifs et les Gentils par sa croix et en lui-même des deux a fait un seul [8].

L'Eglise a toujours devant les yeux les paroles de l'apôtre Paul sur ceux de sa race « *à qui appartiennent l'adoption filiale, la gloire, les alliances, la législation, le culte, les promesses et les patriarches, et de qui est né, selon la chair, le Christ* » (Romains, 9, 4-5), le fils de la Vierge Marie. Elle rappelle aussi que les apôtres, fondements et colonnes de l'Eglise, sont nés du peuple juif, ainsi qu'un grand nombre des premiers disciples qui annoncèrent au monde l'Evangile du Christ.

Au témoignage de l'Ecriture sainte, Jérusalem n'a pas reconnu le temps où elle fut visitée [9]; les Juifs, en grande partie, n'acceptèrent pas l'Evangile, et même nombreux furent ceux qui s'opposèrent à sa diffusion [10]. Néanmoins, selon l'Apôtre, les Juifs restent encore, à cause de leurs pères, très chers à Dieu, dont les dons et l'appel sont sans repentance [11]. Avec les prophètes et le même Apôtre, l'Eglise attend le jour, connu de Dieu seul, où tous les peuples invoqueront le Seigneur d'une seule voix et « *le serviront sous un même joug* » (Sophonie, 3, 9) [12].

Du fait d'un si grand patrimoine spirituel, commun aux chrétiens et aux Juifs, le Concile veut encourager et recommander entre eux la connaissance et l'estime mutuelles, qui naîtront surtout d'études bibliques et théologiques, ainsi que d'un dialogue fraternel.

Encore que des autorités juives, avec leurs partisans, aient poussé à la mort du Christ [13], ce qui a été commis durant sa passion ne peut être imputé ni indistinctement à tous les Juifs vivant alors, ni aux Juifs de notre temps. S'il est vrai que l'Eglise est le nouveau peuple de Dieu, les Juifs ne doivent pas, pour autant, être présentés comme réprouvés par Dieu ni maudits, comme si cela découlait de la Sainte Ecriture. Que tous donc aient soin, dans

---

7. Cf. *Rom.*, 11, 17-24.
8. Cf. *Eph.*, 2, 14-16.
9. Cf. *Lc*, 19, 44.
10. Cf. *Rom.*, 11, 28.
11. Cf. *Rom.*, 11, 28-29; Conc. Vat. II, Const. Dogm. *Lumen Gentium*, *AAS* 57 (1965), p. 20.
12. Cf. *Is.*, 66, 23; *Ps.*, 65, 4; *Rom.*, 11, 11-32.
13. Cf. *Jean*, 19, 6.

la catéchèse et la prédication de la parole de Dieu, de n'enseigner quoi que ce soit qui ne soit conforme à la vérité de l'Evangile et à l'esprit du Christ.

En outre, l'Eglise qui réprouve toutes les persécutions contre tous les hommes, quels qu'ils soient, ne pouvant oublier le patrimoine qu'elle a en commun avec les Juifs, et poussée, non pas par des motifs politiques, mais par la charité religieuse de l'Evangile, déplore les haines, les persécutions et toutes les manifestations d'antisémitisme, qui, quels que soient leur époque et leurs auteurs, ont été dirigées contre les Juifs.

D'ailleurs, comme l'Eglise l'a toujours tenu et comme elle le tient, le Christ, en vertu de son immense amour, s'est soumis volontairement à la passion et à la mort, à cause des péchés de tous les hommes et pour que tous les hommes obtiennent le salut. Le devoir de l'Eglise, dans sa prédication, est donc d'annoncer la croix du Christ comme signe de l'amour universel de Dieu et comme source de toute grâce.

5. [*La fraternité universelle excluant toute discrimination*]

Nous ne pouvons invoquer Dieu, Père de tous les hommes, si nous refusons de nous conduire fraternellement envers certains des hommes créés à l'image de Dieu. La relation de l'homme à Dieu le Père et la relation de l'homme à ses frères humains sont tellement liées que l'Ecriture dit: « *Qui n'aime pas ne connaît pas Dieu* » (1 Jean, 4, 8).

Par là est sapé le fondement de toute théorie ou de toute pratique qui introduit entre homme et homme, entre peuple et peuple, une discrimination en ce qui concerne la dignité humaine et les droits qui en découlent.

L'Eglise réprouve donc, en tant que contraire à l'esprit du Christ, toute discrimination ou vexation opérée envers des hommes en raison de leur race, de leur couleur, de leur classe ou de leur religion. En conséquence, le Concile, suivant les traces des saints apôtres Pierre et Paul, adjure ardemment les fidèles du Christ « *d'avoir au milieu des nations une belle conduite* » (1 Pierre, 2, 12). si c'est possible, et de vivre en paix, pour autant qu'il dépend d'eux, avec tous les hommes [14], de manière à être vraiment les fils du Père qui est dans les cieux [15].

---

14. Cf. *Rom.*, 12, 18.
15. Cf. *Mt.*, 5, 45.

Tout l'ensemble et chacun des points qui sont édictés dans cette *Déclaration* ont plu aux Pères du saint Concile. Et Nous, en vertu du pouvoir apostolique que le Christ Nous a confié, avec les vénérables Pères, Nous les approuvons, décrétons et arrêtons dans le Saint-Esprit, et Nous ordonnons que, pour la gloire de Dieu, ce qui a été ainsi établi en Concile soit promulgué.

Rome, près Saint-Pierre, le 28 octobre 1965.

Moi, PAUL,
Évêque de l'Église catholique.

Suivent les signatures des Pères.

LA LIBERTÉ RELIGIEUSE

LE DROIT DE LA PERSONNE ET DES COMMUNAUTÉS À LA LIBERTÉ SOCIALE ET CIVILE EN MATIÈRE RELIGIEUSE

Déclaration "de Libertate religiosa"
("Dignitatis Humanae")
promulguée le 7 décembre 1965

**TRADUCTION ÉTABLIE PAR
LE SECRÉTARIAT POUR L'UNITÉ DES CHRÉTIENS
ET PUBLIÉE DANS
« L'OSSERVATORE ROMANO » (Édition française)
LE 10 DÉCEMBRE 1965**

Texte latin dans les
« Acta Apostolicae Sedis » 58 (1966) pp. 929-941
et dans les
« Constitutiones, Decreta, Declarationes » pp. 511-532

DÉCLARATION « DIGNITATIS HUMANAE »

DE JURE PERSONAE ET COMMUNITATUM
AD LIBERTATEM SOCIALEM ET CIVILEM IN RE RELIGIOSA

PAUL, ÉVÊQUE,
SERVITEUR
DES SERVITEURS DE DIEU,
AVEC LES PÈRES DU SAINT CONCILE,
POUR QUE LE SOUVENIR
S'EN MAINTIENNE À JAMAIS.

1. [*Introduction*]

L A dignité de la personne humaine est, en notre temps, l'objet d'une conscience toujours plus vive [1]; toujours plus nombreux sont ceux qui revendiquent pour l'homme la possibilité d'agir en vertu de ses propres options et en toute libre responsabilité; non pas sous la pression d'une contrainte mais guidé par la conscience de son devoir. De même requièrent-ils que soit juridiquement délimité l'exercice de l'autorité des pouvoirs publics afin que le champ d'une franche liberté, qu'il s'agisse des personnes ou des associations, ne soit pas trop étroitement circonscrit. Cette exigence de liberté dans la société humaine regarde principalement ce qui est l'apanage de l'esprit humain et, au premier chef, ce qui concerne le libre exercice de la religion dans la société. Considérant avec diligence ces aspirations dans le but de déclarer à quel point elles sont conformes à la vérité et à la justice, ce Concile du Vatican scrute la tradition sacrée et la sainte doctrine de l'Eglise d'où il tire du neuf en constant accord avec le vieux.

C'est pourquoi, tout d'abord, le Concile déclare que Dieu a Lui-même fait connaître au genre humain la voie par laquelle, en Le servant, les hommes peuvent obtenir le salut dans le Christ et parvenir à

---

1. Cf. Jean XXIII, encycl. *Pacem in terris,* 11 avril 1963: *AAS* 55 (1963), p. 279; *ibid.,* p. 265; Pie XII, message radiophonique, 24 déc. 1944: *AAS* 37 (1945), p. 14.

la béatitude. Cette unique vraie religion, nous croyons qu'elle subsiste dans l'Eglise catholique et apostolique à qui le Seigneur Jésus a confié le mandat de la faire connaître à tous les hommes, lorsqu'il dit aux apôtres: « Allez donc, de toutes les nations faites des disciples, les baptisant au nom du Père et du Fils et du Saint-Esprit, et leur apprenant à observer tout ce que je vous ai prescrit » (Mt. 28, 19-20). Tous les hommes, d'autre part, sont tenus de chercher la vérité, surtout en ce qui concerne Dieu et son Eglise; et, quand ils l'ont connue, de l'embrasser et de lui être fidèles.

De même encore, le Concile déclare que ce double devoir concerne la conscience de l'homme et l'oblige, et que la vérité ne s'impose que par la force de la vérité elle-même qui pénètre l'esprit avec autant de douceur que de puissance. Or, puisque la liberté religieuse que revendique l'homme dans l'accomplissement de son devoir de rendre un culte à Dieu concerne son immunité de toute contrainte dans la société civile, elle ne porte aucun préjudice à la doctrine catholique traditionnelle sur le devoir moral de l'homme et des associations à l'égard de la vraie religion et de l'unique Eglise du Christ. En outre, traitant de cette liberté religieuse, le Saint Concile entend développer la doctrine des Souverains Pontifes les plus récents sur les droits inviolables de la personne humaine et l'ordre juridique de la société.

I

DOCTRINE GÉNÉRALE SUR LA LIBERTÉ RELIGIEUSE

2. [Objet et fondement de la liberté religieuse]

Le Concile du Vatican déclare que la personne humaine a droit à la liberté religieuse. Cette liberté consiste en ce que tous les hommes doivent être soustraits à toute contrainte de la part soit des individus, soit des groupes sociaux et de quelque pouvoir humain que ce soit, de telle sorte qu'en matière religieuse nul ne soit forcé d'agir contre sa conscience, ni empêché d'agir, dans de justes limites, selon sa conscience, en privé comme en public, seul ou associé à d'autres. Il déclare, en outre, que le droit à la liberté religieuse a son fondement dans la dignité même de la personne humaine telle que l'a fait connaître la Parole de Dieu et la raison elle-même [2]. Ce

2. Cf. Jean XXIII, encycl. *Pacem in terris*, 11 avril 1963: *AAS* 55 (1963), pp. 260-261; Pie XII, message radiophonique, 24 déc. 1942: *AAS* 35 (1943), p. 19; Pie XI, encycl. *Mit brennender Sorge*, 14 mars 1937: *AAS* 29 (1937), p. 160; Léon XIII, encycl. *Libertas praestantissimum*, 20 juin 1888: Actes de Léon XIII, 8 (1888), pp. 237-238.

droit de la personne humaine à la liberté religieuse dans l'ordre juridique de la société doit être reconnu de telle manière qu'il constitue
un droit civil.

En vertu de leur dignité tous les hommes, parce qu'ils sont des
personnes, c'est-à-dire doués de raison et de volonté libre, et par
suite, pourvus d'une responsabilité personnelle, sont pressés par leur
nature même et tenus par obligation morale à chercher la vérité,
celle tout d'abord qui concerne la religion. Ils sont tenus aussi à
adhérer à la vérité dès qu'ils la connaissent et à régler toute leur vie
selon les exigences de cette vérité. Or, à cette obligation les hommes
ne peuvent satisfaire, d'une manière conforme à leur propre nature,
que s'ils jouissent, outre la liberté psychologique, de l'immunité à
l'égard de toute contrainte extérieure. Ce n'est donc pas dans une
disposition subjective de la personne mais dans sa nature même qu'est
fondé le droit à la liberté religieuse. C'est pourquoi le droit à cette
immunité persiste en ceux-là même qui ne satisfont pas à l'obligation de chercher la vérité et d'y adhérer; son exercice ne peut être
entravé dès lors que demeure sauf un ordre public juste.

3. [*Liberté religieuse et relation de l'homme à Dieu*]

Tout ceci est plus clairement manifeste encore à qui prend en
considération que la norme suprême de la vie humaine est la loi divine elle-même, éternelle, objective et universelle par laquelle Dieu,
dans son dessein de sagesse et d'amour, règle, dirige et gouverne le
monde entier et dispose les voies de la communauté humaine. De
cette loi qui est sienne, Dieu rend l'homme participant de telle sorte
que par une heureuse disposition de la providence divine, celui-ci
puisse toujours davantage accéder à l'immuable vérité *. C'est pourquoi chacun a le devoir, et par conséquent le droit, de chercher la
vérité en matière religieuse afin de se former prudemment, un jugement de conscience droit et vrai, en employant les moyens appropriés.

Mais la vérité doit être cherchée selon la manière propre à la
dignité de la personne humaine et à sa nature sociale, à savoir par une
libre recherche, avec l'aide du magistère, c'est-à-dire de l'enseignement, de l'échange et du dialogue par lesquels les uns exposent aux
autres la vérité qu'ils ont trouvée ou pensent avoir trouvée, afin de
s'aider mutuellement dans la quête de la vérité; la vérité une fois
connue, c'est par un assentiment personnel qu'il faut y adhérer fermement.

Mais c'est par la médiation de sa conscience que l'homme perçoit
les injonctions de la loi divine; c'est elle qu'il est tenu de suivre fidèlement en toutes ses activités pour parvenir à sa fin qui est Dieu.

---

* Cf. S. Thomas, *Summa theologica*, I-II, q. 91, a. 1; q. 93, a. 1-2.

Il ne doit donc pas être contraint d'agir contre sa conscience. Mais il ne doit pas être empêché non plus d'agir selon sa conscience, surtout en matière religieuse. De par son caractère même, en effet, l'exercice de la religion consiste avant tout en des actes intérieurs volontaires et libres par lesquels l'homme s'ordonne directement à Dieu: de tels actes ne peuvent être ni imposés, ni interdits par aucun pouvoir purement humain [3]. Mais la nature sociale de l'homme requiert elle-même qu'il exprime extérieurement ces actes internes de religion, qu'en matière religieuse il ait des échanges avec d'autres, qu'il professe sa religion sous une forme communautaire.

C'est donc faire injure à la personne humaine et à l'ordre même établi par Dieu pour les êtres humains que de refuser à l'homme le libre exercice de la religion sur le plan de la société dès lors que l'ordre public juste est sauvegardé.

En outre, par nature, les actes religieux par lesquels, en privé ou publiquement, l'homme s'ordonne à Dieu en vertu d'une décision personnelle, transcendent l'ordre terrestre et temporel des choses. Le pouvoir civil, dont la fin propre est de pourvoir au bien commun temporel, doit donc, certes, reconnaître et favoriser la vie religieuse des citoyens, mais il faut dire qu'il dépasse ses limites s'il s'arroge le droit de diriger ou d'empêcher les actes religieux.

4. [Liberté des groupes religieux]

La liberté ou immunité de toute contrainte en matière religieuse qui revient aux individus doit aussi leur être reconnue lorsqu'ils agissent ensemble. Des groupes religieux, en effet, sont requis par la nature sociale tant de l'homme que de la religion elle-même. Dès lors, donc, que les justes exigences de l'ordre public ne sont pas violées, ces groupes sont en droit de jouir de cette immunité afin de pouvoir se régir selon leurs propres normes, honorer d'un culte public la Divinité suprême, aider leurs membres dans la pratique de leur vie religieuse et les sustenter par un enseignement, promouvoir enfin les institutions au sein desquelles leurs membres coopèrent à orienter leur vie propre selon leurs principes religieux.

Les groupes religieux ont également le droit de ne pas être empêchés, par les moyens législatifs ou par une action administrative du pouvoir civil, de choisir leurs propres ministres, de les former, de les nommer et de les transférer, de communiquer avec les autorités ou communautés religieuses résidant dans d'autres parties du monde,

---

3. Cf. Jean XXIII, encycl. *Pacem in terris*, 11 avril 1963: *AAS* 55 (1963), p. 270; Paul VI, message radiophonique, 22 déc. 1964: *AAS* 57 (1965), pp. 181-182; S. Thomas, *Summa theologica*, I-II, q. 91, a. 4 c.

d'édifier des édifices religieux, ainsi que d'acquérir et de gérer les biens dont ils ont besoin.

Aux groupes religieux appartient, de même, le droit de ne pas être empêchés d'enseigner et de manifester leur foi publiquement, de vive voix et par écrit. Mais dans la propagation de la foi et l'introduction des pratiques religieuses on doit toujours s'abstenir de toute forme d'agissements ayant un relent de coercition, de persuasion malhonnête, ou simplement peu loyaux, surtout s'il s'agit des gens sans culture ou sans ressources. Une telle manière d'agir doit être regardée comme un abus de son propre droit et une entorse au droit des autres.

La liberté religieuse demande, en outre, que les groupes religieux ne soient pas empêchés de manifester librement l'efficacité singulière de leur doctrine pour organiser la société et vivifier toute l'activité humaine. Dans la nature sociale de l'homme, enfin, ainsi que dans le caractère même de la religion se trouve le fondement du droit qu'ont les hommes, mus par leur sentiment religieux, de tenir librement des réunions ou de constituer des associations éducatives, culturelles, caritatives et sociales.

5. [*Liberté religieuse de la famille*]

A chaque famille, en tant que société jouissant d'un droit propre et primordial, appartient le droit d'organiser librement la vie religieuse du foyer sous la direction des parents. A ceux-ci revient le droit de décider, dans la ligne de leur propre conviction religieuse, la formation religieuse à donner à leurs enfants. C'est pourquoi le pouvoir civil doit reconnaître aux parents le droit de choisir en toute réelle liberté, les écoles et autres moyens d'éducation, et cette liberté de choix ne doit pas fournir prétexte à leur imposer, directement ou non, d'injustes charges. En outre les droits des parents se trouvent violés lorsque les enfants sont contraints de fréquenter des cours scolaires ne répondant pas à la conviction religieuse des parents ou quand est imposée une forme d'éducation d'où toute formation religieuse est exclue.

6. [*De la responsabilité à l'égard de la liberté religieuse*]

Le bien commun de la société — ensemble des conditions de vie sociale permettant à l'homme de parvenir plus pleinement et plus aisément à sa propre perfection — consistant au premier chef dans la sauvegarde des droits et des devoirs de la personne humaine [4],

---

4. Cf. Jean XXIII, encycl. *Mater et Magistra*, 15 mai 1961: *AAS* 53 (1961), p. 417; *idem*, encycl. *Pacem in terris*, 11 avril 1963: *AAS* 55 (1963), p. 273.

le soin de veiller au droit à la liberté religieuse incombe à la fois
aux citoyens, aux groupes sociaux, aux pouvoirs civils, à l'Eglise
et aux autres communautés religieuses, à chacun selon sa manière
et sa mesure propre, en fonction de ses devoirs envers le bien
commun.

Protéger et promouvoir les droits inviolables de l'homme est du
devoir essentiel de tout pouvoir civil [5]. Celui-ci doit donc, par de
justes lois et autres moyens appropriés, assumer efficacement la
protection de la liberté religieuse de tous les citoyens et leur fournir
les conditions favorables à l'exercice de la religion, en sorte que les
citoyens soient à même d'exercer effectivement leurs droits et de remplir leurs devoirs religieux, et que la société elle-même jouisse des
biens de la justice et de la paix, découlant de la fidélité des hommes
envers Dieu et Sa sainte volonté [6].

Si, en raison des circonstances particulières dans lesquelles se
trouvent les peuples, une reconnaissance civile spéciale est accordée
dans l'ordre juridique d'une cité à une communauté religieuse donnée, il est nécessaire qu'en même temps le droit à la liberté en
matière religieuse soit reconnu et respecté pour tous les citoyens et
toutes les communautés religieuses.

Enfin, le pouvoir civil doit veiller à ce que l'égalité juridique des
citoyens, qui relève elle-même du bien commun de la société, ne
soit jamais lésée, de manière ouverte ou larvée, pour des motifs
religieux et qu'entre eux aucune discrimination ne soit faite.

Il s'ensuit qu'il n'est pas permis au pouvoir public, par force,
intimidation ou autres moyens, d'imposer aux citoyens la profession
ou le rejet de quelque religion que ce soit, ou d'empêcher quelqu'un
d'entrer dans une communauté religieuse ou de la quitter. A fortiori
est-ce agir contre la volonté de Dieu et les droits sacrés de la personne et de la famille des peuples que d'employer, sous quelque
forme que ce soit, la force pour détruire la religion ou lui faire
obstacle, soit dans tout le genre humain, soit en quelque région, soit
dans un groupe donné.

7. [*Limites de la liberté religieuse*]

C'est dans la société humaine que s'exerce le droit à la liberté
en matière religieuse, aussi son usage est-il soumis à certaines règles
qui le tempèrent.

---

5. Cf. Jean XXIII, encycl. *Pacem in terris*, 11 avril 1963: *AAS* 55
(1963), pp. 273-274; Pie XII, message radiophonique, 1er juin 1941: *AAS* 33
(1941), p. 200.
    6. Cf. Léon XIII, encycl. *Immortale Dei*, 1er nov. 1885: *ASS* 18
(1885), p. 161.

Dans l'usage de toute liberté doit être observé le principe moral de la responsabilité personnelle et sociale: la loi morale oblige tout homme et groupe social dans l'exercice de leurs droits à tenir compte des droits d'autrui, de ses devoirs envers les autres et du bien commun de tous. A l'égard de tous il faut agir avec justice et humanité.

En outre, comme la société civile a le droit de se protéger contre les abus qui pourraient naître sous prétexte de liberté religieuse, c'est surtout au pouvoir civil qu'il revient d'assurer cette protection; ce qui ne doit pas se faire arbitrairement et à l'injuste faveur d'un parti mais selon des normes juridiques, conformes à l'ordre moral objectif, requises par l'efficace sauvegarde des droits de tous les citoyens et de leur pacifique accord, et par un souci adéquat de cette authentique paix publique qui consiste dans une vie vécue en commun sur la base d'une vraie justice, ainsi que par le maintien, qui se doit, de la moralité publique. Tout cela fait fondamentalement partie du bien commun et entre dans la définition de l'ordre public. Au demeurant, il faut s'en tenir à la coutume de sauvegarder intégralement la liberté dans la société, usage demandant que le maximum de liberté soit reconnu à l'homme, et que celle-ci ne soit restreinte que lorsque c'est nécessaire et dans la mesure qui s'impose.

8. [*Formation à l'usage de la liberté*]

De nos jours l'homme est exposé à toutes sortes de pressions et court le danger d'être frustré de son libre jugement personnel. Mais nombreux sont, d'autre part, ceux qui, sous prétexte de liberté, rejettent toute sujétion et font peu de cas de l'obéissance requise.

C'est pourquoi ce Concile du Vatican s'adresse à tous, mais tout particulièrement à ceux qui ont mission d'éduquer les autres, pour les exhorter à s'employer à former des hommes qui, dans la soumission à l'ordre moral, sachent obéir à l'autorité légitime et qui aient à cœur la liberté authentique; des hommes qui, à la lumière de la vérité, portent sur les choses un jugement personnel, agissent avec le sens de leur responsabilité, et aspirent à tout ce qui est vrai et juste, volontiers portés à collaborer avec d'autres.

C'est donc un des fruits et des buts de la liberté religieuse d'aider les hommes à agir avec une plus grande responsabilité dans l'accomplissement de leurs devoirs au cœur de la vie sociale.

II

LA LIBERTÉ RELIGIEUSE À LA LUMIÈRE DE LA RÉVÉLATION

9. [*La doctrine de la liberté religieuse a ses racines dans la Révélation*]

Ce que ce Concile du Vatican déclare sur le droit de l'homme à la liberté religieuse est fondé dans la dignité de la personne dont, au cours des temps, l'expérience a manifesté toujours plus pleinement les exigences. Qui plus est, cette doctrine de la liberté a ses racines dans la révélation divine, ce qui, pour les chrétiens, est un titre de plus à lui être saintement fidèles. Bien que, en effet, la révélation n'affirme pas explicitement le droit à l'immunité de toute contrainte extérieure dans le domaine religieux, elle découvre dans toute son ampleur la dignité de la personne humaine, elle montre en quel respect le Christ a tenu la liberté de l'homme dans l'accomplissement de son devoir de croire à la parole de Dieu, et nous enseigne de quel esprit doivent se pénétrer dans leur action les disciples d'un tel Maître. Tout cela met bien en relief les principes généraux sur lesquels se fonde la doctrine de cette Déclaration sur la liberté religieuse. Et tout d'abord, la liberté religieuse dans la société est en plein accord avec la liberté de l'acte de foi chrétienne.

10. [*Liberté de l'acte de foi*]

C'est un des points principaux de la doctrine catholique, contenu dans la parole de Dieu et constamment enseigné par les Pères [7], que la réponse de foi donnée par l'homme à Dieu doit être volontaire; en conséquence, personne ne doit être contraint à

---

7. Cf. Lactance, *Divinarum Institutionum*, Lib. V, 19: CSEL 19, pp. 463-464, 465: PL 6, 614 et 616 (cap. 20); S. Ambroise, *Epistola ad Valentianum Imp.*, Ep. 21: PL 16, 1005; S. Augustin, *Contra litteras Petiliani*, Lib. II, cap. 83: CSEL 52, p. 112; PL 43, 315; cf. C. 23, q. 5, c. 33 (ed. Friedberg, col. 939); ID., Ep. 23: PL 33, 98; ID., Ep. 34: PL 33, 132; ID., Ep. 35: PL 33, 135; S. Grégoire le Grand, *Epistola ad Virgilium et Theodorum Episcopos Massiliae Galliarum*, Registrum Epistolarum, I, 45: MGH Ep. 1, p. 72; PL 77, 510-511 (lib. I, ep. 47); ID., *Epistola ad Iohannem Episcopum Constantinopolitanum*, Registrum Epistolarum, III, 52: MGH Ep. 1, p. 210; PL 77, 649 (lib. III, ep. 53); cf. D. 45, C. 1 (ed. Friedberg, col. 160); Conc. Tolet. IV, c. 57: Mansi 10, 633; cf. D. 45, c. 5 (ed. Friedberg, col. 161-162); Clement III: X., V, 6, 9: (ed. Friedberg, col. 774); Innocent III, *Epistola ad Arelatensem Archiepiscopum*, X., III, 42, 3: (ed. Friedberg, col. 646.)

embrasser la foi malgré soi [8]. Par sa nature même, en effet, l'acte de foi a un caractère volontaire puisque l'homme, racheté par le Christ Sauveur et appelé [9] par Jésus-Christ à l'adoption filiale, ne peut adhérer à Dieu qui se révèle, que si, attiré par le Père [10], il fait à Dieu l'hommage raisonnable et libre de sa foi. Il est donc pleinement conforme au caractère propre de la foi qu'en matière religieuse soit exclue toute espèce de contrainte de la part des hommes. Partant, un régime de liberté religieuse contribue, de façon notable, à favoriser un état de choses dans lequel l'homme peut être sans entrave invité à la foi chrétienne, l'embrasser de son plein gré et la confesser avec ferveur par toute sa vie.

11. [*Manière d'agir du Christ et des Apôtres*]

Dieu, certes, appelle l'homme à Le servir en esprit et en vérité; si cet appel oblige l'homme en conscience, il ne le contraint pas. Dieu, en effet, tient compte de la dignité de la personne humaine qu'Il a lui-même créée et qui doit se conduire selon son propre jugement et user de la liberté. Cela est apparu au plus haut point dans le Christ Jésus, en qui Dieu s'est manifesté lui-même pleinement et a fait connaître ses voies. Le Christ, en effet, notre Maître et Seigneur [11], doux et humble de cœur [12], a dans la patience, attiré et invité les disciples [13]. Certes, il a appuyé sa prédication et il l'a confirmée par des miracles, mais c'était pour susciter et fortifier la foi de ses auditeurs, non pour exercer sur eux une contrainte [14]. Il est vrai encore qu'il a reproché leur incrédulité à ceux qui l'entendaient, mais c'est en réservant à Dieu le châtiment au jour du Jugement [15]. Envoyant au monde ses Apôtres, il leur dit: « Celui qui aura cru et aura été baptisé sera sauvé; mais celui qui n'aura pas cru sera condamné » (Mc, 16, 16). Mais, reconnaissant que de l'ivraie avait été semée avec le froment, il ordonna lui-même de les laisser croître l'une et l'autre jusqu'à la moisson, qui aura lieu à la

---

8. Cf. CIC, c. 1351; Pie XII, *Allocutio ad Praelatos auditores caeterosque officiales et administros Tribunali S. Romanae Rotae*, 6 oct. 1946: *AAS 38* (1946), p. 394; ID., encycl. *Mystici Corporis*, 29 juin 1943, *AAS* (1943), p. 243.

9. Cf. *Eph.* 1, 5.

10. Cf. *Io.* 6. 44.

11. Cf. *Io.* 13, 13.

12. Cf. *Mt.* 11, 29.

13. Cf. *Mt.* 11, 28-30; *Io.* 6, 67-68.

14. Cf. *Mt.* 9, 28-29; *Mc* 9, 23-24; 6, 5-6; Paul VI, encycl. *Ecclesiam suam*, 6 août 1964: *AAS 56* (1964), pp. 642-643.

15. Cf. *Mt.* 11, 20-24; *Rom.* 12, 19-20; *2 Thess.* 1, 8.

fin des temps [16]. Ne se voulant pas Messie politique dominant par la force [17], il préféra se dire Fils de l'Homme, venu « pour servir et donner sa vie en rançon pour une multitude » (Mc, 10, 45). Il se montra le parfait Serviteur de Dieu [18], qui « ne brise pas le roseau froissé et n'éteint pas la mèche fumante » (Mt., 12, 20). Il reconnut le pouvoir civil et ses droits, ordonnant de payer le tribut à César, mais en rappelant que les droits supérieurs de Dieu doivent être respectés: « Rendez à César ce qui est à César et à Dieu ce qui est à Dieu » (Mt., 22, 21). Enfin, en achevant sur la croix l'œuvre de la rédemption qui devait valoir aux hommes le salut et la vraie liberté, il a parachevé sa révélation car, s'il a rendu témoignage à la vérité [19], il n'a pas voulu l'imposer par la force à ses contradicteurs. Son Royaume, en effet, ce n'est pas en frappant qu'il se défend [20], mais c'est par le témoignage rendu et l'oreille prêtée à la vérité qu'il s'affermit; et s'il s'étend, c'est grâce à l'amour par lequel le Christ, élevé sur la croix, attire à Soi tous les hommes [21].

Instruits par la parole et l'exemple du Christ, les Apôtres suivirent la même voie. Aux origines de l'Eglise, ce n'est pas par la contrainte ni par des habiletés indignes de l'Evangile que les disciples du Christ s'employèrent à amener les hommes à confesser le Christ comme Seigneur, mais avant tout par la puissance de la parole de Dieu [22]. Avec courage, ils annonçaient à tous le dessein de Dieu Sauveur « qui veut que tous les hommes soient sauvés et parviennent à la connaissance de la vérité » (I Tim., 2, 4); mais en même temps, vis-à-vis des faibles, même vivant dans l'erreur, leur attitude était faite de respect, manifestant ainsi comment « chacun d'entre nous rendra compte à Dieu pour soi-même » (Rom., 14, 12) [23], et, pour autant, est tenu d'obéir à sa propre conscience. Comme le Christ, les Apôtres s'appliquèrent toujours à rendre témoignage à la vérité de Dieu, pleins d'audace devant le peuple et ses chefs pour « annoncer la parole de Dieu avec assurance » (Act., 4, 31) [24]. Car ils tenaient d'une foi solide que l'Evangile lui-même est véritablement une force de Dieu pour le salut de tous ceux qui croient [25]. Rejetant donc toutes les

---

16. Cf. *Mt.* 13, 30 et 40-42.
17. Cf. *Mt.* 4, 8-10; *Io.* 6, 15.
18. Cf. *Is.* 42, 1-4.
19. Cf. *Io.* 18, 37.
20. Cf. *Mt.* 26, 51-53; *Io.* 18, 36.
21. Cf. *Io.* 12, 32.
22. Cf. *1 Cor.* 2, 3-5; *1 Thess.* 2, 3-5.
23. Cf. *Rom.* 14, 1-23; *1 Cor.* 8, 9-13; 10, 23-33.
24. Cf. *Eph.* 6, 19-20.
25. Cf. *Rom.* 1, 16.

« armes charnelles » [26], suivant l'exemple de douceur et de modestie donné par le Christ, ils prêcheront la parole de Dieu avec la pleine assurance qu'elle était une force divine capable de détruire les puissances opposées à Dieu [27] et d'amener les hommes à donner au Christ leur foi et leur obéissance [28]. Comme le Maître, les Apôtres reconnurent, eux aussi, l'autorité civile légitime: « Il n'y a point, en effet, d'autorité qui ne vienne de Dieu », enseigne l'Apôtre qui tire de là cet ordre: « Que chacun se soumette aux autorités en charge... Celui qui résiste à l'autorité se rebelle contre l'ordre établi par Dieu » (Rom., 13, 1-2) [29]. Mais en même temps ils ne craignirent pas de s'opposer au pouvoir public qui s'opposait lui-même à la sainte volonté de Dieu: « Il faut obéir à Dieu plutôt qu'aux hommes » (Act., 5, 29) [30]. Cette voie, d'innombrables martyrs et fidèles l'ont suivie en tous temps et en tous lieux.

12. [*L'Église marche sur les pas du Christ et des Apôtres*]

L'Eglise, donc, fidèle à la vérité de l'Evangile, suit la voie qu'ont suivie le Christ et les Apôtres lorsqu'elle reconnaît le principe de la liberté religieuse comme conforme à la dignité de l'homme et à la révélation divine, et qu'elle encourage une telle liberté. Cette doctrine, reçue du Christ et des Apôtres, elle l'a, au cours des temps, gardée et transmise. Bien qu'il y ait eu parfois dans la vie du Peuple de Dieu, cheminant à travers les vicissitudes de l'histoire humaine, des manières d'agir moins conformes, voire même contraires, à l'esprit évangélique, l'Eglise a, cependant, toujours enseigné que personne ne peut être amené par contrainte à la foi.

Ainsi le ferment évangélique a-t-il longtemps travaillé dans l'esprit des hommes et beaucoup contribué à faire reconnaître plus largement, au cours des temps, la dignité de la personne humaine, et mûrir la conviction qu'en matière religieuse, cette personne doit, dans la cité, être sauve de quelque contrainte humaine que ce soit.

13. [*Liberté de l'Église*]

Parmi les choses qui concernent le bien de l'Eglise, voire le bien de la cité terrestre elle-même, et qui, partout et toujours, doivent être sauvegardées et défendues contre toute violation, la plus importante est, à coup sûr, que l'Eglise jouisse dans son action d'autant de liberté

---

26. Cf. *2 Cor.* 10, 4; *1 Thess.* 5, 8-9.
27. Cf. *Eph.* 6, 11-17.
28. Cf. *2 Cor.* 10, 3-5.
29. Cf. *1 Petr.* 2, 13-17.
30. Cf. *Act.* 4, 19-20.

qu'en requiert la charge qu'elle a du salut des hommes [31]. Elle est, en effet, sacrée cette liberté dont le Fils unique de Dieu a doté l'Eglise qu'il a acquise de son sang. Elle est si propre à l'Eglise que ceux qui la combattent agissent contre la volonté de Dieu. La liberté de l'Eglise est un principe fondamental dans les relations de l'Eglise avec les pouvoirs civils et tout l'ordre civil.

Dans la société humaine et devant tout pouvoir public l'Eglise revendique la liberté au titre d'autorité spirituelle, instituée par le Christ Seigneur, et chargée par mandat divin d'aller par le monde entier prêcher l'Evangile à toute créature [32]. L'Eglise revendique également la liberté en tant qu'association d'hommes ayant le droit de vivre, dans la société civile, selon les préceptes de la foi chrétienne [33].

Dès lors, là où existe un régime de liberté religieuse, non seulement proclamée en parole ou seulement sanctionnée par des lois, mais mise effectivement et sincèrement en pratique, là se trouvent enfin fermement assurées à l'Eglise les conditions, de droit et de fait, de l'indépendance nécessaire à l'accomplissement de sa divine mission, indépendance que les autorités ecclésiastiques ont revendiquée dans la société avec de plus en plus d'insistance [34]. En même temps, les fidèles du Christ, comme les autres hommes, jouissent, au civil, du droit de ne pas être empêchés de mener leur vie selon leur conscience. Il y a donc bon accord entre la liberté de l'Eglise et cette liberté religieuse qui pour tous les hommes et toutes les communautés, doit être reconnue comme un droit et sanctionnée dans l'ordre juridique.

14. [*Fonction de l'Église*]

Pour obéir au précepte divin: « Enseignez toutes les nations » (Mt., 28, 19), l'Eglise catholique doit s'employer, sans mesurer sa peine, à ce « que la parole de Dieu accomplisse sa course et soit glorifiée » (2 Thess., 3, 1).

L'Eglise demande donc de ses fils « qu'avant tout se fassent des demandes, des prières, des supplications, des actions de grâces pour tous les hommes... Voilà ce qui est bon et ce qui plaît

31. Cf. Léon XIII, lettre *Officio sanctissimo*, 22 déc. 1887: *ASS* 20 (1887), p. 269; ID., lettre *Ex litteris*, 7 avr. 1887: *ASS* 19 (1886-1887), p. 465.

32. Cf. *Mc* 16, 15; *Mt*. 28, 18-20; Pie XII, encycl. *Summi Pontificatus*, 20 oct. 1939: *AAS* 31 (1939), pp. 445-446.

33. Cf. Pie XI, lettre *Firmissimam constantiam*, 28 mars 1937: *AAS* 29 (1937), p. 196.

34. Cf. Pie XII, Alloc. *Ci riesce*, 6 déc. 1953: *AAS* 45 (1953), p. 802.

à Dieu, notre Sauveur, lui qui veut que tous les hommes soient sauvés et parviennent à la connaissance de la vérité » (1 Tim., 2, 1-4).

Mais les fidèles du Christ, pour se former la conscience, doivent prendre en sérieuse considération la doctrine, sainte et certaine, de l'Eglise [35]. De par la volonté du Christ, en effet, l'Eglise catholique est maîtresse de vérité; sa fonction est d'exprimer et d'enseigner authentiquement la Vérité qui est le Christ, en même temps que de déclarer et de confirmer, en vertu de son autorité, les principes de l'Ordre moral découlant de la nature même de l'homme. Qu'en outre les chrétiens se comportent avec sagesse à l'endroit de ceux du dehors, s'efforcent « dans l'Esprit-Saint, avec une charité sans feinte, dans la parole de vérité » (2 Cor., 6, 6-7) de répandre la lumière de vie en toute assurance [36] et courage apostolique, jusqu'à l'effusion de leur sang.

Car le disciple est tenu, envers le Christ Maître, au devoir de connaître toujours plus pleinement la vérité qu'il a reçue de Lui, de l'annoncer fidèlement et de la défendre énergiquement, en s'interdisant tout moyen contraire à l'esprit de l'Evangile. Mais la charité du Christ le presse aussi d'agir avec amour, prudence, patience, envers ceux qui se trouvent dans l'erreur ou dans l'ignorance par rapport à la foi [37]. Il faut donc prendre en considération, à la fois, les devoirs envers le Christ, Verbe vivifiant, qui doit être annoncé, les droits de la personne humaine et la mesure de Grâce que Dieu, par le Christ, a départie à l'homme invité à accueillir et à professer la foi de son plein gré.

15. [*Conclusion*]

Il est manifeste que l'homme souhaite, aujourd'hui, pouvoir librement professer la religion, en privé et en public; bien plus, que la liberté religieuse est maintenant proclamée dans la plupart des Constitutions comme un droit civil et qu'elle est solennellement reconnue par des documents internationaux [38].

Mais il ne manque pas de régime où, bien que la liberté de culte religieux soit reconnue dans la Constitution, les pouvoirs

35. Cf. Pie XII, message radiophonique, 23 mars 1952: *AAS* 44 (1952), pp. 270-278.

36. Cf. Act. 4, 29.

37. Cf. Jean XXIII, encycl. *Pacem in terris*, 11 avril 1963: *AAS* 55 (1963), pp. 299-300.

38. Cf. Jean XXIII, encycl. *Pacem in terris*, 11 avril 1963: *AAS* 55 (1963), pp. 295-296.

publics eux-mêmes s'efforcent de détourner les citoyens de professer la religion et de rendre la vie des communautés religieuses difficile et précaire.

Saluant avec joie les signes favorables qu'offre notre temps, mais dénonçant avec tristesse ces faits déplorables, le Saint Concile exhorte les Catholiques, mais prie aussi instamment tous les hommes, leur demandant d'examiner avec le plus grand soin à quel point la liberté religieuse est nécessaire, surtout dans la condition présente de la famille humaine.

Il est, en effet, manifeste que les peuples sont aujourd'hui portés à s'unir toujours davantage; que des relations plus étroites s'établissent entre populations de culture et de religion différentes; que s'accroît la conscience prise par chacun de sa responsabilité personnelle. Pour que s'instaurent donc et s'affermissent, dans le genre humain, des relations pacifiques et la concorde, il s'impose qu'en tous lieux, la liberté religieuse soit sanctionnée par une garantie juridique efficace et que soient respectés le devoir et le droit suprêmes de l'homme de mener librement dans la société, la vie religieuse.

Fasse Dieu, Père de tous les hommes, que la famille humaine, à la faveur d'un régime assuré de liberté religieuse, par la grâce du Christ et la puissance de l'Esprit-Saint, parvienne à la sublime et éternelle « liberté de la gloire des fils de Dieu » (Rom. 8, 21).

Tout l'ensemble et chacun des points qui sont édictés dans cette Déclaration ont plu aux Pères du saint Concile. Et Nous, en vertu du pouvoir apostolique que le Christ Nous a confié, avec les vénérables Pères, Nous les approuvons, décrétons et arrêtons dans le Saint-Esprit, et Nous ordonnons que, pour la gloire de Dieu, ce qui a été ainsi établi en Concile soit promulgué.

Rome, près Saint-Pierre, le 7 décembre 1965.

Moi, PAUL,
Évêque de l'Église catholique.

Suivent les signatures des Pères.

Appendice

BULLE D'INDICTION DU CONCILE

Constitution apostolique *Humanae Salutis* *

promulguée le 25 décembre 1961

JEAN, ÉVÊQUE,
SERVITEUR
DES SERVITEURS DE DIEU,
POUR QUE LE SOUVENIR
S'EN MAINTIENNE À JAMAIS.

[INTRODUCTION]

JÉSUS-CHRIST, Rédempteur du genre humain, avant de monter au ciel, a donné aux apôtres qu'il avait choisis le commandement de porter la lumière de l'Evangile à toutes les nations, leur donnant en même temps cette réconfortante promesse, pour garantir et affermir la mission qu'il leur avait confiée: « Et moi je suis avec vous pour toujours jusqu'à la fin du monde » *(Mt.* XXVIII, 20). Cette consolante présence du Christ n'a jamais cessé d'être vivante et opérante dans la sainte Eglise, mais particulièrement dans les périodes les plus graves de l'humanité. C'est alors que l'Epouse du Christ se montre dans toute sa splendeur d'éducatrice de la vérité et de ministre du salut, et qu'elle manifeste aux regards de tous la puissance de la charité, de la prière, de la souffrance et des difficultés acceptées par amour de Dieu. Ces moyens surnaturels sont invincibles, car ce sont les mêmes dont s'est servi notre divin Fondateur, qui a dit à l'heure solennelle de sa vie: « Gardez courage, j'ai vaincu le monde » *(Jean* XVI, 33).

---

* On trouvera le texte latin de la Constitution dans les *A.A.S.*, 54 (1962) pp. 5-13 et dans les C.D.D., pp. 839-853. Les titres et sous-titres ne figurent pas dans ce texte latin.

Nous reproduisons ici la traduction publiée par *la Documentation catholique* le 21 janvier 1962 (col. 97-104). (Note des éditeurs.)

[DOULOUREUSES CONSTATATIONS]

L'Eglise, aujourd'hui, assiste à une grave crise de la société humaine qui va vers d'importants changements. Tandis que l'humanité est au tournant d'une ère nouvelle, de vastes tâches attendent l'Eglise, comme ce fut le cas à chaque époque difficile. Ce qui lui est demandé maintenant, c'est d'infuser les énergies éternelles, vivifiantes et divines de l'Evangile dans les veines du monde moderne; ce monde qui est fier de ses dernières conquêtes techniques et scientifiques, mais qui subit les conséquences d'un ordre temporel que certains ont voulu réorganiser en faisant abstraction de Dieu. C'est pourquoi Nous constatons que les hommes d'aujourd'hui ne font pas autant de progrès dans le domaine spirituel que dans le domaine matériel. D'où un affaiblissement de l'aspiration aux valeurs qui ne périssent pas et, par contre, une attirance chez la plupart vers les plaisirs faciles de ce monde que le progrès met si aisément à la portée de tous. D'où aussi cette chose nouvelle et déconcertante qu'est la constitution d'organisations athées militantes qui envahissent de nombreux pays.

[MOTIFS DE CONFIANCE]

Ces douloureuses constatations nous rappellent le devoir de la vigilance et font prendre conscience à chacun de ses responsabilités. Nous savons que la vue de ces maux plonge certains dans un tel découragement, qu'ils ne voient que ténèbres enveloppant complètement notre monde. Pour Nous, Nous aimons faire toute confiance au Sauveur du genre humain qui n'abandonne pas les hommes qu'il a rachetés. Nous conformant aux paroles de Notre-Seigneur, qui nous exhorte à reconnaître les « signes... des temps » *(Mt.* XVI, 14), Nous distinguons au milieu de ces ténèbres épaisses de nombreux indices qui Nous semblent annoncer des temps meilleurs pour l'Eglise et le genre humain. Certes, les guerres meurtrières qui aujourd'hui se succèdent sans interruption, les déplorables maux spirituels causés çà et là par de nombreuses idéologies, les amères expériences faites par les hommes depuis trop longtemps, tout cela a valeur d'avertissement. Le progrès technique lui-même, qui a permis à l'homme de fabriquer des armes redoutables pour sa propre destruction, crée beaucoup d'anxiétés et de dangers; mais cela pousse les hommes à s'interroger, à reconnaître plus facilement leurs propres limites, à aspirer à la paix, à apprécier la valeur des biens spirituels; et cela accélère le processus dans lequel on peut dire que la société est déjà engagée, bien que d'une façon encore incertaine, ce processus qui conduit de plus en plus tous les individus, les classes sociales et les nations elles-mêmes à s'unir amicalement, à s'aider, à se compléter et à se perfectionner mutuellement. Cela facilite grandement l'action apostolique de l'Eglise, car beaucoup de gens, qui peut-être jusque-là n'avaient pas prêté attention à sa haute mission, aujourd'hui, mûris par l'expérience, sont plus disposés à recevoir ses avertissements.

[VITALITÉ ACTUELLE DE L'ÉGLISE]

L'Eglise, pour sa part, n'est pas restée inerte devant l'évolution des peuples, les progrès techniques et scientifiques, les révolutions sociales, mais elle les a suivis très attentivement; elle s'est opposée de toutes ses forces aux idéologies qui rapportent tout à la matière ou qui cherchent à saper les fondements de la foi catholique; et enfin, elle a puisé dans son sein des énergies immenses pour l'apostolat, pour la prière, pour son action dans tous les domaines de l'activité humaine, grâce avant tout à un clergé toujours davantage à la hauteur de sa tâche par sa doctrine et ses vertus, grâce ensuite aux laïcs auxquels ont été confiées des tâches plus concrètes dans l'Eglise, ayant spécialement le devoir, qui incombe à chacun, d'apporter leur aide à la hiérarchie ecclésiastique. A cela s'ajoutent les immenses souffrances qu'endurent aujourd'hui de nombreuses communautés chrétiennes. De très nombreux et admirables pasteurs, prêtres et laïcs y endurent des persécutions de toutes sortes parce qu'ils sont restés indéfectiblement fidèles à leur foi catholique, et ils donnent des exemples de courage chrétien comparables à ceux inscrits en lettres d'or dans les annales de l'Eglise. De sorte que si l'aspect de la société humaine apparaît comme profondément changé, l'Eglise catholique elle aussi nous apparaît comme transformée et renouvelée; elle connaît une unité interne plus ferme, une plus grande vigueur intellectuelle, un plus grand rayonnement de sainteté. Elle apparaît ainsi actuellement comme parfaitement prête à mener les saints combats de la foi.

[LE IIe CONCILE ŒCUMÉNIQUE
DU VATICAN]

Devant ce double spectacle, d'une part un monde souffrant d'une grande indigence spirituelle, d'autre part l'Eglise du Christ resplendissante de vitalité, dès le début de Notre pontificat — auquel la providence de Dieu a bien voulu Nous élever malgré Notre indignité, — Nous avons pensé que c'était un grave devoir de Notre charge d'appeler tous Nos fils à unir leurs efforts pour que l'Eglise se montre de plus en plus apte à résoudre les problèmes des hommes de notre époque. C'est pourquoi, obéissant à une voix venue de Notre cœur comme une inspiration surnaturelle, Nous avons pensé que les temps étaient mûrs pour donner à l'Eglise catholique et à toute la famille humaine un nouveau Concile œcuménique venant s'inscrire à la suite des vingt grands Conciles qui, tout au long des siècles, nous ont valu tant de progrès chrétien, tant d'accroissement de grâce dans les cœurs des fidèles. La joie avec laquelle les catholiques du monde entier ont accueilli son annonce; les prières incessantes de toute l'Eglise à cette intention; l'ardeur manifestée dans le travail de préparation du Concile et qui confirme abondamment Notre espérance; et enfin le vif intérêt, ou du moins l'attention respectueuse manifestée à l'égard du Concile par les chrétiens séparés de l'Eglise catholique romaine ou même par des non-chrétiens, tout cela montre d'une façon éloquente que la grande importance et la gravité de cet événement n'échappent à personne.

[La perpétuelle jeunesse de l'Église]

Le prochain Concile œcuménique aura donc lieu à un moment où l'Eglise ressent plus vivement le désir de donner une nouvelle vigueur à sa foi et de jouir du magnifique spectacle de son unité, et où, en même temps, elle se sent obligée d'une façon plus urgente non seulement de donner plus d'efficacité à ses saines énergies et de promouvoir la sanctification de ses fils, mais aussi d'accroître la diffusion de la vérité chrétienne et le développement de ses autres institutions. Cela mettra en évidence la vie et la perpétuelle jeunesse de notre mère l'Eglise, qui est toujours présente aux événements humains et qui, au fur et à mesure que passent les siècles, renouvelle sa beauté, brille d'une nouvelle splendeur et remporte de nouvelles victoires, tout en restant toujours la même et en se conformant à cette splendide image qu'a voulu lui donner Jésus-Christ, son divin Epoux, qui l'aime et la protège.

[L'unité visible de l'Église]

A un moment où, dans diverses parties du monde, nous voyons les efforts accrus et courageux de beaucoup pour réaliser cette unité visible de tous les chrétiens qui réponde dignement au désir du divin Sauveur, il convient pleinement que le prochain Concile fasse plus de clarté sur la doctrine et soit un exemple de charité fraternelle, de sorte que les chrétiens séparés du Siège apostolique aspirent plus vivement à l'unité et que le chemin qui y conduit soit aplani pour eux.

[La paix]

Quant à la famille humaine enfin, que les menaces de guerres épouvantables remplissent continuellement d'incertitude, d'anxiété et de trouble, le prochain Concile œcuménique fera naître et encouragera chez tous les hommes de bonne volonté des pensées et des résolutions de paix. Mais la véritable paix peut et doit surtout venir des biens spirituels et surnaturels, ainsi que de l'intelligence et de la conscience des hommes, guidées et éclairées par Dieu, Créateur et Rédempteur du genre humain.

[PROGRAMME DE TRAVAIL DU CONCILE]

Ces fruits, que Nous espérons si vivement du Concile œcuménique et dont Nous avons volontiers et souvent parlé, supposent une grande somme de discussions, d'études et de travaux au stade préparatoire. C'est pourquoi sont proposées des questions d'ordre doctrinal ou d'ordre pratique, afin que les institutions et les préceptes chrétiens correspondent parfaitement aux multiples réalités de la vie et servent le Corps mystique du Christ, ainsi que sa mission surnaturelle. Ces questions concernent la sainte Ecriture, la tradition, les sacrements et les prières de l'Eglise, la discipline ecclésiastique, les œuvres de charité et d'assistance, l'apostolat des laïcs, les missions.

[L'influence du Concile sur l'ordre temporel]

Mais l'ordre surnaturel doit faire sentir toute son efficacité sur l'ordre temporel qui, malheureusement, est souvent le seul qui intéresse et préoccupe les hommes. Dans le domaine temporel aussi l'Eglise s'est montrée « Mère et Educatrice », selon l'expression utilisée par Notre Prédécesseur d'heureuse mémoire, Innocent III, à l'occasion du IVe Concile de Latran. Bien que l'Eglise ne poursuive pas de fins directement terrestres, elle ne peut cependant pas se désintéresser des questions d'ordre temporel qu'elle rencontre sur son chemin ni des travaux que celles-ci comportent. Elle sait combien profitent aux âmes immortelles les moyens susceptibles de rendre plus humaine la vie de chacun des hommes qui doivent être sauvés. Elle sait qu'en apportant aux hommes la lumière du Christ, elle les aide à bien se connaître eux-mêmes, car elle leur fait prendre conscience de ce qu'ils sont, de leur grande dignité, de la fin qu'ils doivent poursuivre. C'est ainsi qu'actuellement l'Eglise est présente, de droit ou de fait, dans les organismes internationaux; qu'elle a élaboré une doctrine sociale sur la famille, l'école, le travail, la société civile et toutes les autres questions connexes, par laquelle elle a atteint un si haut prestige que sa voix grave fait autorité parmi tous les hommes de valeur, qui l'accueillent comme l'interprète et la protectrice de l'ordre moral, la garante des droits et des devoirs des individus et des Etats.

C'est pourquoi Nous avons confiance que les questions qui seront discutées au Concile œcuménique auront une telle efficacité que, non seulement elles infuseront dans les cœurs des énergies ferventes et la lumière de la sagesse chrétienne, mais qu'elles pénétreront toute la masse des activités humaines.

[LA CONVOCATION DU CONCILE]

La première annonce du Concile que Nous avons faite le 25 janvier 1959 fut comme une petite semence que Nous avons déposée d'une main et d'un cœur tremblants. Soutenu par l'aide de Dieu, Nous avons alors abordé le complexe et grave travail de préparation. Presque trois années se sont écoulées depuis, pendant lesquelles Nous avons vu la petite semence devenir, par la grâce divine, un grand arbre. En regardant le long et difficile chemin parcouru, Nous rendons grâces à Dieu, qui Nous a prodigué son aide, pour que tout se déroule comme il faut et dans la concorde.

Avant de décider des sujets qui seraient étudiés au Concile, Nous avons voulu avant tout entendre l'avis sage et prudent des cardinaux, des évêques du monde entier, des dicastères de la Curie romaine, des supérieurs généraux des ordres religieux et des congrégations, ainsi que des universités catholiques et des facultés ecclésiastiques. Ces consultations d'une extrême importance ont occupé une année; elles ont fait ressortir clairement quelles étaient les questions qui devaient principalement être étudiées.

Nous avons ensuite créé les divers organismes de la préparation du Concile, auxquels Nous avons confié la tâche difficile de proposer les schémas des décrets doctrinaux et disciplinaires, parmi lesquels Nous choisirons ceux qui seront soumis à l'Assemblée générale du Concile.

Nous avons enfin la joie de vous communiquer que cet intense travail d'étude, auquel des cardinaux, des évêques, des prélats, des théologiens, des canonistes, des savants et des spécialistes du monde entier ont conjointement apporté leur précieux concours, touche maintenant à sa fin.

Alors, confiant dans l'aide du divin Rédempteur, principe et fin de toutes choses, de sa Mère, la bienheureuse Vierge Marie, et de saint Joseph, à la protection duquel Nous avons dès le début confié ce grave événement, Nous estimons que le temps est venu de convoquer le IIe Concile œcuménique du Vatican.

C'est pourquoi, après avoir entendu l'avis des cardinaux de la sainte Eglise romaine, par l'autorité de Notre-Seigneur Jésus-Christ, des saints apôtres Pierre et Paul et de la Nôtre, Nous annonçons, décrétons et convoquons pour l'année prochaine 1962 le IIe Concile œcuménique et universel du Vatican, qui sera célébré solennellement dans la basilique patriarcale du Vatican aux jours que Dieu, dans sa providence, Nous permettra de fixer.

Nous voulons donc et Nous ordonnons que viennent du monde entier au Concile œcuménique convoqué par Nous Nos chers fils les cardinaux de la sainte Eglise romaine, Nos vénérables frères les patriarches, les primats, les archevêques et les évêques, résidentiels ou titulaires, ainsi que tous les ecclésiastiques qui de droit doivent assister au Concile.

[INVITATION À LA PRIÈRE]

Nous demandons enfin à tous les fidèles et à tout le peuple chrétien de porter toute leur attention au Concile et de vouloir bien prier intensément le Dieu tout-puissant pour qu'il daigne accompagner cette entreprise si importante, désormais imminente, et qu'il l'affermisse de sa force pour qu'elle devienne un juste sujet d'honneur. Que ces prières communes jaillissent continuellement de la foi, comme une source d'eau vive; qu'elles soient accompagnées de sacrifices corporels volontaires pour qu'elles soient plus agréables à Dieu et souverainement efficaces; qu'elles s'enrichissent aussi d'un généreux effort de vie chrétienne qui montrera que tous sont disposés à appliquer les décisions et les décrets qui seront pris par le Concile.

Cet appel, Nous l'adressons à Nos très chers fils de l'un et l'autre clergé, répartis dans le monde entier, et à toutes les catégories de fidèles, mais particulièrement aux enfants, dont l'innocence et les prières ont tant de poids auprès de Dieu, comme chacun le sait, ainsi qu'aux malades et à ceux qui souffrent, car Nous avons la certitude que leurs souffrances, leur vie semblable à une hostie se transforment par la croix du Christ en bonne prière, en salut, en source de vie plus sainte pour l'Eglise universelle.

[*La prière des frères séparés*]

Enfin, Nous invitons vivement à la prière tous les chrétiens qui sont séparés de l'Eglise catholique, car les fruits du Concile déborderont aussi sur eux. Nous n'ignorons pas, en effet, que beaucoup de ces fils aspirent à l'unité et à la paix selon la doctrine du Christ et la prière qu'il a adressée à son Père; Nous savons également que non seulement l'annonce du Concile a été accueillie par eux avec une grande joie, mais aussi que beaucoup d'entre eux ont promis leurs prières pour son heureux succès et ont bon espoir que leurs communautés pourront envoyer des représentants pour suivre de près les travaux du Concile. Tout cela est pour Nous un motif de beaucoup de consolation et d'espérance; et pour que des contacts de ce genre soient rendus plus faciles et plus libres, Nous avons il y a quelque temps créé un Secrétariat spécial.

Puisse-t-il en être de la famille chrétienne d'aujourd'hui comme des apôtres à Jérusalem après l'ascension du Christ, lorsque toute l'Eglise nouvelle née n'était qu'une seule âme autour de Pierre, pasteur des agneaux et des brebis, et priait avec lui et pour lui. Et daigne l'adorable Esprit de Dieu exaucer les vœux ardents de tous et accepter cette prière qui monte vers lui chaque jour de toutes les parties du monde:

« Renouvelez en notre époque, comme pour une nouvelle Pentecôte, vos merveilles et accordez à la sainte Eglise que, dans une prière unanime, instante et persévérante avec Marie, la Mère de Jésus, sous la conduite de saint Pierre, s'étende le royaume du divin Sauveur, royaume de vérité et de justice, d'amour et de paix. Ainsi soit-il » *AAS* 51, 1959, p. 832) [1].

[*Clause de style*]

Nous voulons que cette Constitution soit applicable maintenant et toujours, de sorte que ses décisions soient religieusement observées par ceux qu'elle concerne et soient donc en vigueur. Aucune prescription contraire, quelle qu'elle soit, ne pourra s'opposer à l'efficacité de cette Constitution, toutes les prescriptions de cette sorte étant abrogées par ladite Constitution. C'est pourquoi si quelqu'un, quelle que soit son autorité, sciemment ou non, agit contre Notre décision, Nous ordonnons que ses actes soient nuls et non avenus. Il n'est permis à personne de retrancher ou d'altérer quoi que ce soit des exemplaires de Notre décision ou de cette Constitution; les exemplaires et extraits, imprimés ou écrits à la main, portant le sceau d'une personnalité constituée dans la dignité ecclésiastique et signés par un notaire ecclésiastique, seront revêtus de la même autorité que les présentes. Si quelqu'un méprise ou rejette en quelque façon Nos décisions en général, qu'il sache qu'il encourt les peines fixées par le droit pour ceux qui n'obéissent pas aux ordres des Souverains Pontifes.

Donné à Rome, auprès de Saint-Pierre, en la fête de Noël, le 25 décembre de l'année 1961, de Notre Pontificat la quatrième.

Moi, JEAN,
Évêque de l'Église catholique.

---

1. *Documentation catholique,* 6 mars 1960 (col. 296). (Note des éditeurs.)

DISCOURS DE S.S. JEAN XXIII

lors de l'ouverture solennelle du Concile *

(11 octobre 1962)

NOTRE sainte Mère l'Eglise est dans la joie. Par une faveur particulière de la divine Providence, le jour si attendu est arrivé où, sous la protection de la sainte Mère de Dieu dont nous fêtons aujourd'hui la Maternité, s'ouvre solennellement, auprès du tombeau de saint Pierre, le IIe Concile œcuménique du Vatican.

LES CONCILES ŒCUMÉNIQUES DANS L'ÉGLISE

Tous les Conciles qui se sont célébrés au cours des temps — aussi bien les vingt Conciles œcuméniques que les innombrables Conciles provinciaux et régionaux, importants eux aussi — attestent clairement la vitalité de l'Eglise catholique et sont comme des flambeaux jalonnant son histoire.

L'humble Successeur du Prince des apôtres qui vous parle, le dernier en date, a voulu en convoquant ces importantes assises donner une nouvelle affirmation du magistère ecclésiastique toujours vivant et qui continuera jusqu'à la fin des temps. Par le Concile, en tenant compte des erreurs, des besoins et des possibilités de notre époque, ce magistère sera présenté aujourd'hui d'une façon extraordinaire à tous les hommes qui vivent sur la terre.

En ouvrant ce Concile universel, il est bien naturel que le Vicaire du Christ qui vous parle jette un regard vers le passé et écoute les échos vivants et réconfortants qui en proviennent. Il aime évoquer

---

* On trouvera le texte latin du Discours dans les *A.A.S.*, 54 (1962) pp. 786-795 et dans les *C.D.D.*, pp. 854-872.

Nous reproduisons ici la traduction publiée par *la Documentation catholique* le 4 novembre 1962 (col. 1377-1386). Les sous-titres entre crochets carrés sont de la *Documentation catholique*. (Note des éditeurs.)

le souvenir des Souverains Pontifes si méritants, des temps lointains et récents, qui ont transmis le témoignage de ces voix graves et vénérables que furent les Conciles d'Orient et d'Occident, du IVe siècle au Moyen Age et jusqu'à notre époque. Avec une constante ferveur, ils ont proclamé le triomphe de cette société à la fois divine et humaine qu'est l'Eglise du Christ, laquelle a reçu du divin Rédempteur son nom, son sens et le don de la grâce.

Si ce sont là des motifs de joie spirituelle, nous ne pouvons cependant pas oublier les souffrances et les épreuves de toutes sortes qui, pendant dix-neuf siècles, ont obscurci cette histoire. La prophétie que fit autrefois à Marie le vieillard Siméon s'est réalisée et elle continue à se réaliser: « Vois ! cet enfant doit amener la chute et le relèvement d'un grand nombre...; il doit être un signe en butte à la contradiction » (Luc 2, 34). Et Jésus lui-même, lorsqu'il fut devenu adulte, annonça clairement par ces paroles mystérieuses qu'au cours des temps les hommes feraient preuve d'hostilité à son égard: « Qui vous écoute m'écoute » (*Ibid.*, 10, 16). Et aussi: « Qui n'est pas avec moi est contre moi, et qui n'amasse pas avec moi dissipe » (*Ibid.*, 11, 23).

Les graves problèmes posés au genre humain depuis près de vingt siècles restent les mêmes. Jésus-Christ reste en effet toujours au centre de l'histoire et de la vie: les hommes, ou bien sont avec lui et avec son Eglise, et alors ils jouissent de la lumière, de la bonté, de l'ordre et de la paix; ou bien vivent sans lui, agissent contre lui ou demeurent délibérément hors de son Eglise, et alors ils connaissent la confusion, la dureté dans leurs rapports entre eux et le risque de guerres sanglantes.

Les Conciles œcuméniques, chaque fois qu'ils se réunissent, affirment solennellement cette union avec le Christ et son Eglise, ils font resplendir à tous les horizons la lumière de la vérité, ils orientent vers le bon chemin la vie des individus, des familles et des sociétés, ils suscitent et affermissent les énergies spirituelles et élèvent sans cesse les âmes vers les biens authentiques et éternels.

Nous avons devant les yeux les témoignages de ce magistère extraordinaire de l'Eglise que sont les Conciles œcuméniques lorsque nous regardons les différentes époques qui se sont succédé au cours des vingt siècles de l'histoire chrétienne. Leurs documents sont recueillis dans d'imposants et nombreux volumes et ils constituent un trésor sacré qui est gardé dans les archives de Rome et dans les bibliothèques les plus célèbres du monde entier.

ORIGINE ET MOBILES
DU IIe CONCILE ŒCUMÉNIQUE DU VATICAN

Pour ce qui est de l'origine et des mobiles de ce grand événement, pour lequel il Nous a plu de vous convoquer ici, qu'il suffise de réaffirmer l'humble témoignage de Notre expérience personnelle: la première idée de ce Concile Nous est venue d'une façon tout à fait imprévue; ensuite, Nous l'avons exprimée avec simplicité devant le Sacré-Collège des cardinaux réuni en la basilique de Saint-Paul hors les murs en cet heureux jour du 25 janvier 1959, fête de la conversion de saint Paul. Les âmes de ceux qui étaient présents furent aussitôt frappées comme par un éclair de lumière céleste, les yeux et les visages de tous reflétaient la douce émotion qu'ils ressentaient. Tout de suite, on se mit au travail avec ardeur dans le monde entier et tout le monde commença à attendre avec ferveur la célébration du Concile.

Pendant trois années, on a travaillé à son active préparation, afin de connaître d'une façon plus ample et approfondie en quelle estime est tenue la foi en notre époque, de s'enquérir de la pratique religieuse et de la vitalité du monde chrétien, spécialement du monde catholique.

Ce temps de la préparation du Concile œcuménique Nous apparaît à juste titre comme un premier signe et un premier don de la grâce céleste.

Les lumières de ce Concile seront pour l'Eglise, Nous l'espérons, une source d'enrichissement spirituel. Après avoir puisé en lui de nouvelles énergies, elle regardera sans crainte vers l'avenir. En effet, lorsque auront été apportées les corrections qui s'imposent et grâce à l'instauration d'une sage coopération mutuelle, l'Eglise fera en sorte que les hommes, les familles, les nations tournent réellement leurs esprits vers les choses d'en-haut.

La célébration de ce Concile nous fait donc un devoir d'exprimer notre reconnaissance envers Celui de qui viennent tous les biens et de proclamer en un chant joyeux la gloire du Christ Notre-Seigneur, Roi glorieux et immortel des siècles et des nations.

L'OPPORTUNITÉ DE LA CÉLÉBRATION
DU CONCILE

Sur ce point, vénérables frères, il est une autre chose sur laquelle il est bon d'attirer votre attention. Pour que soit plus complète la sainte joie qui en cette heure solennelle remplit nos cœurs, qu'il Nous soit permis de dire devant cette grande assemblée que ce Concile œcuménique s'ouvre dans des circonstances particulièrement favorables.

[Les prophètes de malheur]

Il arrive souvent que dans l'exercice quotidien de Notre ministère apostolique Nos oreilles soient offensées en apprenant ce que disent certains qui, bien qu'enflammés de zèle religieux, manquent de justesse de jugement et de pondération dans leur façon de voir les choses. Dans la situation actuelle de la société, ils ne voient que ruines et calamités; ils ont coutume de dire que notre époque a profondément empiré par rapport aux siècles passés; ils se conduisent comme si l'histoire, qui est maîtresse de vie, n'avait rien à leur apprendre et comme si du temps des Conciles d'autrefois tout était parfait en ce qui concerne la doctrine chrétienne, les mœurs et la juste liberté de l'Eglise.

Il Nous semble nécessaire de dire Notre complet désaccord avec ces prophètes de malheur, qui annoncent toujours des catastrophes, comme si le monde était près de sa fin.

Dans le cours actuel des événements, alors que la société humaine semble à un tournant, il vaut mieux reconnaître les desseins mystérieux de la Providence divine qui, à travers la succession des temps et les travaux des hommes, la plupart du temps contre toute attente, atteignent leur fin et disposent tout avec sagesse pour le bien de l'Eglise, même les événements contraires.

[La liberté d'action de l'Église]

On peut facilement en faire la constatation, si on considère attentivement les très graves questions et controverses actuelles d'ordre politique et économique. Elles préoccupent tellement les hommes qu'elles les empêchent de penser aux choses religieuses qui ressortent du magistère de l'Eglise. Cette attitude n'est certainement pas bonne et elle doit être réprouvée. Personne cependant ne peut nier que les nouvelles conditions de vie ont au moins cet avantage d'avoir supprimé d'innombrables obstacles par lesquels autrefois les fils du siècle entravaient la liberté d'action de l'Eglise. Il suffit de jeter un coup d'œil sur l'histoire de l'Eglise pour voir tout de suite avec évidence que les Conciles œcuméniques eux-mêmes, dont les vicissitudes sont inscrites en lettres d'or dans les fastes de l'Eglise, ont souvent connu de graves difficultés et des motifs de tristesse à cause de l'intrusion du pouvoir civil. Ces princes séculiers se proposaient certes parfois sincèrement de protéger l'Eglise; mais la plupart du temps cela ne se faisait pas sans dangers ni dommages pour le spirituel, car ils étaient bien souvent poussés par des motifs politiques et trop soucieux de leurs propres intérêts.

[L'Église du silence]

Il est vrai qu'aujourd'hui Nous avouons éprouver une peine très vive à cause de l'absence parmi vous d'un grand nombre d'évêques qui Nous sont très chers et qui, à cause de leur foi dans le Christ, sont en prison ou bien empêchés d'autre manière. Cela nous incite à prier pour eux avec ferveur. Cependant, c'est avec espérance et un grand réconfort que Nous le constatons: aujourd'hui l'Eglise, enfin libérée de tous les obstacles profanes d'autrefois, peut depuis cette basilique vaticane, comme d'un second Cénacle, faire entendre par vous sa voix pleine de majesté et de gravité.

LA PRINCIPALE TÂCHE DU CONCILE: DÉFENDRE ET PROMOUVOIR LA DOCTRINE

Ce qui est très important pour le Concile œcuménique, c'est que le dépôt sacré de la doctrine chrétienne soit conservé et présenté d'une façon plus efficace.

[Cité céleste et cité terrestre]

Cette doctrine embrasse l'homme tout entier, dans son corps et dans son âme, et elle nous demande d'être sur terre des pèlerins en route vers la patrie céleste.

Nous voyons par là que cette vie mortelle doit s'orienter de telle façon que, en accomplissant nos devoirs à l'égard de la cité terrestre et de la cité céleste, nous puissions parvenir à la fin que Dieu a voulue pour nous. Cela veut dire que tous les hommes, soit individuellement, soit collectivement, ont le devoir de tendre constamment et pendant toute leur vie à l'obtention des biens célestes. Et l'usage qu'ils font des choses de la terre doit être ordonné à cette fin, en veillant à ce que les biens temporels ne mettent pas en danger leur bonheur éternel.

Le Christ Notre-Seigneur ne nous a-t-il pas dit: « Cherchez d'abord le royaume de Dieu et sa justice » (Matth. 6, 33) ? « D'abord », cela veut dire que nos énergies et nos pensées doivent tendre avant tout à cela. Cependant, il ne faut pas oublier ce que le Seigneur nous dit ensuite: « Et tout le reste vous sera donné par surcroît » *(Ibid.)*. Il y a toujours eu et il y a encore dans l'Eglise des gens qui, tout en aspirant de toutes leurs forces à la perfection évangélique, se rendent en même temps utiles à la société. Leur vie exemplaire et leurs actes de charité sont en effet une grande force et un important facteur de développement pour ce qu'il y a de plus haut et de plus noble dans la société humaine.

[Le progrès technique]

Puisque cette doctrine embrasse les multiples domaines de l'activité humaine, individuelle, familiale et sociale, il est nécessaire avant tout que l'Eglise ne détourne jamais son regard de l'héritage sacré de vérité qu'elle a reçu des anciens. Mais il faut aussi qu'elle se tourne vers les temps présents, qui entraînent de nouvelles situations, de nouvelles formes de vie et ouvrent de nouvelles voies à l'apostolat catholique.

C'est pour cette raison que l'Eglise n'est pas restée indifférente devant les admirables inventions du génie humain et les progrès de la science dont nous profitons aujourd'hui, et qu'elle n'a pas manqué de les estimer à leur juste valeur. Mais en suivant attentivement ces développements, elle n'oublie pas d'avertir les hommes que, par delà l'aspect visible des choses, ils doivent regarder vers Dieu, source de toute sagesse et de toute beauté. Eux à qui il a été dit: « Soumettez la terre et dominez-la » (cf. Gen. 1, 28), ne doivent en effet jamais oublier ce grave commandement: « Tu adoreras le Seigneur ton Dieu et tu le serviras lui seul » (Matth. 4, 10; Luc 4, 8). Ils éviteront ainsi que la fascination passagère des choses matérielles ne nuise au véritable progrès.

COMMENT PROMOUVOIR LA DOCTRINE À NOTRE ÉPOQUE

Ces choses étant dites, vénérables frères, il est possible de voir avec suffisamment de clarté la tâche qui attend le Concile sur le plan doctrinal.

Le XXIe Concile œcuménique — qui bénéficiera de l'aide efficace et très appréciable d'experts en matière de science sacrée, de pastorale et de questions administratives — veut transmettre dans son intégrité, sans l'affaiblir ni l'altérer, la doctrine catholique qui, malgré les difficultés et les oppositions, est devenue comme le patrimoine commun des hommes. Certes, ce patrimoine ne plaît pas à tous, mais il est offert à tous les hommes de bonne volonté comme un riche trésor qui est à leur disposition.

Cependant, ce précieux trésor nous ne devons pas seulement le garder comme si nous n'étions préoccupés que du passé, mais nous devons nous mettre joyeusement, sans crainte, au travail qu'exige notre époque, en poursuivant la route sur laquelle l'Eglise marche depuis près de vingt siècles.

Nous n'avons pas non plus comme premier but de discuter de certains chapitres fondamentaux de la doctrine de l'Eglise, et donc de répéter plus abondamment ce que les Pères et les théologiens anciens et modernes ont déjà dit. Cette doctrine, Nous le pensons, vous ne l'ignorez pas et elle est gravée dans vos esprits.

[Présenter la doctrine d'une façon qui réponde aux exigences de notre époque]

En effet, s'il s'était agi uniquement de discussions de cette sorte, il n'aurait pas été besoin de réunir un Concile œcuménique. Ce qui est nécessaire aujourd'hui, c'est l'adhésion de tous, dans un amour renouvelé, dans la paix et la sérénité, à toute la doctrine chrétienne dans sa plénitude, transmise avec cette précision de termes et de concepts qui a fait la gloire particulièrement du Concile de Trente et du premier Concile du Vatican. Il faut que, répondant au vif désir de tous ceux qui sont sincèrement attachés à tout ce qui est chrétien, catholique et apostolique, cette doctrine soit plus largement et hautement connue, que les âmes soient plus profondément imprégnées d'elle, transformées par elle. Il faut que cette doctrine certaine et immuable, qui doit être respectée fidèlement, soit approfondie et présentée de la façon qui répond aux exigences de notre époque. En effet, autre est le dépôt lui-même de la foi, c'est-à-dire les vérités contenues dans notre vénérable doctrine, et autre est la forme sous laquelle ces vérités sont énoncées, en leur conservant toutefois le même sens et la même portée. Il faudra attacher beaucoup d'importance à cette forme et travailler patiemment, s'il le faut, à son élaboration; et on devra recourir à une façon de présenter qui correspond mieux à un enseignement de caractère surtout pastoral.

COMMENT RÉPRIMER LES ERREURS

Au moment où s'ouvre ce IIe Concile œcuménique du Vatican, il n'a jamais été aussi manifeste que la vérité du Seigneur demeure éternellement. En effet, dans la succession des temps, nous voyons les opinions incertaines des hommes s'exclure les unes les autres, et bien souvent à peine les erreurs sont-elles nées qu'elles s'évanouissent comme brume au soleil.

L'Eglise n'a jamais cessé de s'opposer à ces erreurs. Elle les a même souvent condamnées, et très sévèrement. Mais aujourd'hui, l'Epouse du Christ préfère recourir au remède de la miséricorde, plutôt que de brandir les armes de la sévérité. Elle estime que, plutôt que de condamner, elle répond mieux aux besoins de notre époque en mettant davantage en valeur les richesses de sa doctrine. Certes, il ne manque pas de doctrines et d'opinions fausses, de dangers dont il faut se mettre en garde et que l'on doit écarter; mais tout cela est si manifestement opposé aux principes d'honnêteté et porte des fruits si amers, qu'aujourd'hui les hommes semblent commencer à les condamner d'eux-mêmes. C'est le cas particulièrement pour ces manières de vivre au mépris de Dieu et de ses lois, en mettant une confiance exagérée dans le progrès technique, en faisant consister la prospérité uniquement dans le confort de l'existence. Les hommes sont de plus en plus convaincus que la dignité et la perfection de la personne humaine sont des valeurs très importantes qui exigent de rudes efforts. Mais ce qui est très important, c'est que l'expérience a fini par leur apprendre que la violence extérieure imposée aux autres, la puissance des armes, la domination politique ne sont pas capables d'apporter une heureuse solution aux graves problèmes qui les angoissent.

L'Eglise catholique, en brandissant par ce Concile œcuménique le flambeau de la vérité religieuse au milieu de cette situation, veut être pour tous une mère très aimante, bonne, patiente, pleine de bonté et de miséricorde pour ses fils qui sont séparés d'elle. A l'humanité accablée sous le poids de tant de difficultés, elle dit comme saint Pierre au pauvre qui lui demandait l'aumône: « De l'argent et de l'or, je n'en ai pas, mais ce que j'ai, je te le donne: au nom de Jésus-Christ, le Nazaréen, lève-toi et marche » (Actes 3, 6). Certes, l'Eglise ne propose pas aux hommes de notre temps des richesses périssables, elle ne leur promet pas non plus le bonheur sur la terre, mais elle leur communique les biens de la grâce qui élèvent l'homme à la dignité de fils de Dieu et, par là, sont d'un tel secours pour rendre leur vie plus humaine en même temps qu'ils sont la solide garantie d'une telle vie. Elle ouvre les sources de sa doctrine si riche, grâce à laquelle les hommes, éclairés de la lumière du Christ, peuvent prendre pleinement conscience de ce qu'ils sont vraiment, de leur dignité et de la fin qu'ils doivent poursuivre. Et enfin, par ses fils, elle étend partout l'immensité de la charité chrétienne, qui est le meilleur et le plus efficace moyen d'écarter les semences de discorde, de susciter la concorde, la juste paix et l'unité fraternelle de tous.

FAIRE GRANDIR L'UNITÉ
DE LA FAMILLE CHRÉTIENNE ET HUMAINE

Si l'Eglise a le souci de promouvoir et de défendre la vérité, c'est parce que, selon le dessein de Dieu, « qui veut que tous les hommes soient sauvés et parviennent à la connaissance de la vérité » (1 Tim. 2, 4), sans l'aide de la vérité révélée tout entière, les hommes ne peuvent parvenir à l'absolue et ferme unité des âmes à laquelle sont liés toute vraie paix et le salut éternel.

Mais cette unité visible dans la vérité, la famille des chrétiens tout entière ne l'a encore malheureusement pas atteinte pleinement et complètement. Cependant, l'Eglise catholique estime que son devoir est de faire tous ses efforts pour que s'accomplisse le grand mystère de cette unité que Jésus-Christ, à l'approche de son sacrifice, a demandée à son Père dans une ardente prière; et elle éprouve une douce paix à savoir qu'elle est étroitement unie aux prières du Christ. Elle se réjouit même sincèrement de voir que ces prières ne cessent de multiplier leurs fruits abondants et salutaires, même parmi ceux qui vivent hors de son sein. En effet, à bien considérer cette unité que Jésus-Christ a implorée pour son Eglise, on voit qu'elle resplendit d'une triple lumière céleste et bienfaisante: l'unité des catholiques entre eux, qui doit rester extrêmement ferme et exemplaire; l'unité de prières et de vœux ardents qui traduisent l'aspiration des chrétiens séparés du Siège apostolique à être réunis avec nous; l'unité enfin d'estime et de respect à l'égard de l'Eglise catholique, manifestée par ceux qui professent diverses formes de religion encore non chrétiennes.

C'est un sujet de profonde tristesse de voir que la majeure partie du genre humain — bien que tous les hommes qui viennent en ce monde soient rachetés par le Sang du Christ — ne participe encore pas aux sources de grâce qui résident dans l'Eglise catholique. C'est pourquoi on peut à bon droit appliquer à l'Eglise catholique — dont la lumière éclaire toutes choses et dont la force surnaturelle d'unité profite à toute la famille humaine — ces nobles paroles de saint Cyprien: « L'Eglise, baignée de lumière divine, rayonne dans tout l'univers; et pourtant, c'est une seule et même lumière qui diffuse partout sa clarté sans rompre l'unité du corps. Ses rameaux féconds s'étendent sur toute la terre, ses eaux coulent toujours plus abondamment et plus loin et, cependant, il n'y a qu'une seule tête, une seule origine, une seule mère si richement féconde. C'est de son sein que nous sommes nés, de son lait que nous sommes nourris, de son esprit que nous vivons » (*De Catholicae Ecclesiae Unitate*, 5).

Vénérables frères, voilà ce que se propose le IIe Concile œcuménique du Vatican. En unissant les forces majeures de l'Eglise, et en travaillant à ce que l'annonce du salut soit accueillie plus favorablement par les hommes, il prépare en quelque sorte et il aplanit la voie menant à l'unité du genre humain, fondement nécessaire pour faire que la cité terrestre soit à l'image de la cité céleste « qui a pour roi la vérité, pour loi la charité et pour mesure l'éternité » (Saint Augustin, Ep. CXXXVIII, 3).

CONCLUSION

Vénérables frères dans l'épiscopat, « Nous vous avons parlé en toute liberté » (2 Cor. 6, 11). Nous voilà rassemblés dans cette basilique vaticane, pivot de l'histoire de l'Eglise, et où maintenant le ciel et la terre sont étroitement unis auprès du tombeau de saint Pierre et de tant de Nos saints Prédécesseurs, dont les cendres, en cette heure solennelle, semblent animées d'un mystérieux frémissement d'allégresse.

Le Concile qui vient de s'ouvrir est comme une aurore resplendissante qui se lève sur l'Eglise, et déjà les premiers rayons du soleil levant emplissent nos cœurs de douceur. Tout ici respire la sainteté et porte à la joie. Nous voyons des étoiles rehausser de leur éclat la majesté de ce temple, et ces étoiles, comme l'apôtre Jean nous en donne le témoignage (Apoc. 1, 20), c'est vous. Avec vous, Nous voyons briller autour du tombeau du Prince des apôtres comme des chandeliers d'or, ce sont les Eglises qui vous sont confiées *(ibid.).* Nous voyons aussi de hauts dignitaires qui sont venus à Rome de tous les continents pour représenter leurs pays. Tous, ils sont ici dans une attitude de respect et d'attente bienveillante.

On peut donc dire que le ciel et la terre s'unissent pour célébrer le Concile: les saints, pour protéger nos travaux; les fidèles, pour continuer à prier avec ferveur; et vous tous, pour vous mettre à l'œuvre avec ardeur, en obéissant aux inspirations de l'Esprit-Saint, afin que vos travaux répondent pleinement aux vœux et aux besoins des divers peuples. Cela requiert de vous paix et sérénité de cœur, concorde fraternelle, pondération dans les propositions, dignité dans les discussions, et sagesse dans toutes les décisions.

Fasse Dieu que vos travaux et vos efforts, vers lesquels convergent non seulement les regards des peuples, mais l'espoir du monde entier, répondent pleinement à ce que l'on en attend. Dieu tout-puissant, c'est en vous et non en nos faibles forces que nous mettons toute notre confiance. Regardez avec bonté ces pasteurs de votre

Eglise. Que la lumière de votre grâce nous assiste dans les décisions à prendre comme dans les lois à établir; et daignez exaucer les prières que nous vous adressons d'une même foi, d'une même voix, d'un même cœur.

O Marie, secours des chrétiens, secours des évêques, qui Nous avez donné tout récemment une preuve particulière de votre amour dans la basilique de Lorette où il Nous a plu de vénérer le mystère de l'Incarnation, faites que tout s'achemine vers des réalisations heureuses et prospères. Avec saint Joseph, votre époux, les apôtres saint Pierre et saint Paul, saint Jean-Baptiste et saint Jean l'évangéliste, intercédez pour nous.

A Jésus-Christ, notre Rédempteur très aimant, au Roi immortel des peuples et des temps, amour, puissance et gloire dans les siècles des siècles. *Amen.*

MESSAGE ADRESSÉ À L'HUMANITÉ
PAR LES PÈRES DU CONCILE

avec l'approbation du Souverain Pontife *

(20 octobre 1962)

A tous les hommes, à toutes les nations, nous voulons adresser un message de salut, d'amour et de paix que le Christ Jésus, Fils du Dieu vivant, a apporté au monde et confié à son Eglise.

C'est pour cela que, réunis à l'appel de Sa Sainteté, le pape Jean XXIII, unanimes dans la prière avec Marie Mère de Jésus, nous, successeurs des Apôtres, sommes ici rassemblés, dans l'unité du Corps apostolique dont le successeur de Pierre est la tête.

Que brille le visage du Christ Jésus

Dans cette assemblée, sous la conduite de l'Esprit-Saint, nous voulons chercher comment nous renouveler nous-mêmes pour nous trouver de plus en plus fidèles à l'Evangile du Christ. Nous nous appliquerons à présenter aux hommes de ce temps la vérité de Dieu dans son intégrité et dans sa pureté de telle sorte qu'elle leur soit intelligible et qu'ils y adhèrent de bon cœur.

Pasteurs, nous voulons répondre aux besoins de tous ceux qui cherchent Dieu, « dans l'espoir de le découvrir à tâtons; et certes, il n'est pas loin de chacun de nous » (Act. 17, 27).

C'est pourquoi, obéissant à la volonté du Christ qui s'est livré à la mort « afin de se présenter une Eglise sans tache ni ride..., mais sainte et immaculée » [1], nous nous donnerons tout entiers à cette œuvre de rénovation spirituelle pour que l'Eglise, aussi bien dans ses chefs que dans ses membres, présente au monde le visage attirant du Christ qui brille dans nos cœurs « pour faire resplendir la connaissance de la gloire de Dieu » [2].

---

* On trouvera le texte latin du Message dans les *A.A.S.*, 54 (1962) pp. 822-824 et dans les *C.D.D.*, pp. 873-878.

Nous reproduisons ici la traduction française publiée par *l'Osservatore Romano* (édition française) le 26 octobre 1962. (Note des éditeurs.)

1. Cf. Eph. 5, 27.
2. Cf. 2 Cor. 4, 6.

Dieu a tant aimé le monde...

Nous croyons que le Père a tant aimé le monde qu'il a donné son Fils pour le sauver, nous libérer du péché et de son esclavage, nous réconcilier avec le Père, « établissant la paix par le sang de sa croix » [3], en sorte que nous soyons « fils de Dieu, et de nom et de fait ». Jésus nous a envoyé son Esprit de la part du Père, afin que nous vivions de sa vie divine dans l'amour pour Dieu et dans l'amour pour nos frères, ne faisant qu'un tous ensemble dans le Christ.

Mais, bien loin de nous détourner de nos tâches terrestres, notre adhésion au Christ dans la foi, l'espérance et l'amour, nous engage tout entiers au service de nos frères, à l'exemple de notre Maître adorable « qui n'est pas venu pour être servi, mais pour servir » (Mt. 20, 28). C'est pourquoi l'Eglise n'est pas faite pour dominer, mais pour servir. Il a donné sa vie pour nous; nous devons donc à notre tour livrer notre vie pour nos frères [4].

Nous attendons d'ailleurs des travaux du Concile que, donnant à la lumière de la foi un éclat plus vif, celle-ci procure un renouveau spirituel et, par répercussion, un heureux élan dont bénéficient les valeurs d'humanité: les découvertes de la science, le progrès technique et la diffusion de la culture.

L'amour du Christ nous presse

Nous apportons avec nous de toutes les parties de la terre les détresses matérielles et spirituelles, les souffrances et les aspirations des peuples qui nous sont confiés. Nous sommes attentifs aux problèmes qui les assaillent. Notre sollicitude veut s'étendre aux plus humbles, aux plus pauvres, aux plus faibles; comme le Christ nous nous sentons émus de compassion à la vue de ces foules qui souffrent de la faim, de la misère, de l'ignorance. Nous nous sentons solidaires de tous ceux qui, faute d'une entr'aide suffisante, n'ont pas pu encore parvenir à un développement vraiment humain.

Aussi, dans nos travaux, donnerons-nous une part importante à tous ces problèmes terrestres qui touchent à la dignité de l'homme et à une authentique communauté des peuples. Car « l'amour du Christ nous presse » (2 Cor. 5, 14); « si quelqu'un voit son frère dans le besoin et lui ferme son cœur, comment l'amour de Dieu serait-il en lui ? » (1 Jn 3, 17).

Deux projets majeurs nous sont proposés

Dans son message radiophonique du 11 septembre 1962, le Souverain Pontife Jean XXIII a insisté particulièrement sur deux points.

---

3. Cf. Col. 1, 20.
4. Cf. 1 Jn 3, 16.

D'abord le problème de la paix entre les peuples. Qui n'a point en horreur la guerre ? Qui n'aspire à la paix de toutes ses forces ? L'Eglise aussi, plus que personne, parce qu'Elle est la Mère de tous. Par la voix des papes Elle ne cesse de proclamer son amour de la paix, sa volonté de paix, sa collaboration loyale à tout effort sincère en faveur de la paix. Elle travaille de toutes ses forces au rapprochement entre les peuples, à leur compréhension et à leur estime réciproque. Notre assemblée conciliaire n'est-elle pas elle-même le témoignage vivant, le signe visible d'une communauté d'amour fraternel à travers la diversité des races, des nations et des langues. Nous affirmons l'unité fraternelle des hommes par-dessus les frontières et les civilisations.

En outre le Souverain Pontife rappelle les exigences de la justice sociale. La doctrine présentée dans l'encyclique *Mater et Magistra* montre à l'évidence que l'Eglise est, plus que jamais, nécessaire au monde moderne pour dénoncer les injustices et les inégalités criantes, pour restaurer la vraie hiérarchie des valeurs, rendre la vie plus humaine et plus conforme aux principes de l'Evangile.

La force de l'Esprit Saint

Sans doute nous n'avons ni moyens économiques ni puissance terrestre, mais nous mettons notre espoir dans la force de l'Esprit que le Seigneur Jésus a promis à son Eglise. C'est pourquoi, humblement et ardemment, nous faisons appel à nos frères au service de qui nous sommes comme pasteurs, mais aussi à tous nos frères qui croient au Christ et à tous les hommes de bonne volonté « que Dieu veut sauver et attirer à la connaissance de la Vérité » [5]: qu'ils s'unissent à nous pour travailler à bâtir en ce monde une cité plus juste et plus fraternelle. Car tel est bien le dessein de Dieu que, par la charité, d'une certaine façon, brille sur la terre le royaume de Dieu comme une lointaine ébauche de son royaume éternel.

Au milieu d'un monde encore si éloigné de la paix qu'il souhaite, angoissé devant les menaces que font peser sur lui les progrès techniques, admirables en eux-mêmes, mais périlleux tant qu'ils sont sans référence à une loi morale supérieure, puisse briller la lumière de la grande espérance en Jésus-Christ, l'unique Sauveur.

---

5. Cf. 1 Tim. 2, 4.

DISCOURS DE S.S. PAUL VI

lors de l'ouverture de la deuxième session du Concile*

(29 septembre 1963)

SOYEZ les bienvenus, Frères très chers dans le Christ, vous que Nous avons appelés de toutes les parties du monde où la sainte Eglise a étendu sa structure hiérarchique. Nous vous saluons, vous qui, répondant à Notre invitation, êtes venus avec empressement célébrer avec Nous la seconde session du IIe Concile œcuménique du Vatican. Ce Nous est une joie de l'ouvrir aujourd'hui sous l'égide de l'archange saint Michel, protecteur céleste du peuple de Dieu.

Cette réunion solennelle et fraternelle, où se rencontrent les représentants de la terre entière, du Levant à l'Occident, des régions australes au septentrion, mérite vraiment le nom prophétique d'« Eglise », c'est-à-dire de rassemblement, de convocation. Maintenant se réalise d'une façon nouvelle le mot qui Nous revient ici à la mémoire: « La voix s'est répandue par toute la terre, et le message est arrivé aux extrémités de l'univers » (Rom., 10, 18; Ps., 18, 5). Oui, vraiment, un mystère d'unité resplendit au-dessus d'un mystère de catholicité, et le spectacle d'universalité que nous offrons rappelle l'origine apostolique, ici fidèlement reflétée et mise à l'honneur, de notre très chère Eglise de Dieu. Il rappelle aussi la mission sanctificatrice de l'Eglise. Celle-ci fait briller ses notes caractéristiques, le visage de l'épouse du Christ rayonne. Nos âmes s'exaltent en une expérience bien connue, mais toujours pleine de mystère, par laquelle nous éprouvons que nous sommes le Corps mystique du

---

    * Ce discours marque pour le Concile un nouveau départ. S. S. Paul VI, élu pape le 21 juin précédent, évoque la voie tracée par S. S. Jean XXIII et énonce en quatre points les buts du Concile.

    On trouvera le texte latin de ce Discours dans les *A.A.S.*, 55 (1963) pp. 841-859 et dans les *C.D.D.*, pp. 895-927.

    Nous reproduisons ici la traduction publiée par *la Documentation catholique* le 20 octobre 1963 (col. 1345-1361). Les titres et les sous-titres entre crochets carrés sont de la *Documentation catholique*. (Note des éditeurs.)

Christ et goûtons la joie sans pareille, inconnue du monde profane,
de sentir « comme il est bon pour des frères d'habiter ensemble »
(Ps., 132, 1). Il vaut la peine de noter et de considérer, dès ce
premier instant, le phénomène humain et divin que nous constituons. Nous nous retrouvons ici comme en un nouveau Cénacle
que, malgré les dimensions de son imposant édifice, le grand nombre des personnes assemblées rend étroit. A notre rencontre assiste
certainement du ciel la Vierge, Mère du Christ. Ici, autour du
successeur de Pierre, le dernier dans le temps et par le mérite, mais
identique en autorité et en mission au premier des apôtres, sont
groupés les apôtres que vous êtes, Nos chers frères, qui tirez votre
origine du Collège apostolique et êtes les héritiers authentiques de
ce Collège. Ici, unis dans la même foi et la même charité, nous
prierons ensemble. Ici, nous sommes assurés de recevoir le don de
l'Esprit-Saint, dont la présence nous animera, nous instruira, nous
fortifiera. Ici, toutes les langues ne formeront qu'une seule voix, et
une seule voix se fera message pour l'univers entier. Ici arrive d'un
pas ferme, après bientôt vingt siècles de marche, l'Eglise en pèlerinage. Ici, à la source qui étanche toute soif, et l'avive en même
temps, viennent se refaire toutes les forces apostoliques affluant
du monde entier. D'ici, elles repartiront, pleines d'assurance, pour
leur route à travers le monde et le temps vers le terme qui se trouve
au-delà de la terre et des siècles.

Soyez donc les bienvenus, Frères. C'est ainsi que vous accueille
celui qui est le plus petit d'entre vous, le serviteur des serviteurs
de Dieu, même s'il porte les clés du pouvoir suprême confiées à
Pierre par le Christ. Il vous remercie du témoignage d'obéissance et
de confiance que lui apporte votre présence. Ses actes vous le
montrent désireux de prier, de parler, de délibérer, d'agir avec vous.
Oui, le Seigneur Nous est témoin quand, dès le premier instant de
la deuxième session de ces grandes assises, Nous vous déclarons
n'avoir au cœur nul dessein de domination humaine, aucun attachement jaloux à un pouvoir exclusif, mais simplement le désir et la
volonté d'exécuter le mandat divin qui Nous fait pasteur suprême
parmi vous tous et de vous tous. Ce mandat demande de vous
ce qui fait Notre joie et Notre couronne (cf. Phil., 4, 1): la « communion des saints », votre fidélité envers Nous, votre adhésion à
Nous, votre collaboration avec Nous. Pour Notre part, Nous vous
offrons ce qu'il Nous réjouit le plus de vous donner: Notre vénération, Notre estime, Notre confiance, Notre charité.

Nous avions pensé vous envoyer à tous Notre première lettre
encyclique, comme le veut la tradition. Mais pourquoi, Nous

sommes-Nous dit, communiquer par écrit ce que Nous pouvons exprimer de vive voix grâce à l'occasion exceptionnelle et si heureuse que Nous offre le Concile œcuménique ? Bien sûr, il est impossible de dire oralement ici tout ce qui emplit Notre cœur et qu'il est plus aisé de développer par écrit. Mais Nous avons pensé que cette allocution pouvait servir de prélude non seulement au Concile mais aussi à Notre Pontificat. Que la parole vivante prenne donc la place de l'encyclique qu'après ces jours chargés Nous comptons vous adresser, s'il plaît à Dieu.

[LA VOIE TRACÉE PAR JEAN XXIII]

Ainsi donc, après vous avoir salué, Nous Nous présentons à vous, car Nous ne portons que depuis peu cette charge pontificale et ne faisons pour ainsi dire qu'inaugurer son exercice. En effet, c'est le 21 juin dernier où, par une heureuse coïncidence, nous fêtions le divin Cœur de Jésus, que le Sacré-Collège des cardinaux — ici présent, et à qui Nous aimons redire Notre cordiale vénération — voulut, malgré Notre insuffisance, Nous élire au siège épiscopal de Rome et, par là même, au pontificat suprême de l'Eglise universelle.

Nous ne pouvons évoquer ce fait sans rappeler Notre Prédécesseur d'heureuse et immortelle mémoire, Jean XXIII, objet de Notre très profond attachement. Pour Nous, et certainement pour tous ceux d'entre vous qui eurent le bonheur de le voir ici, à Notre place, son nom évoque la figure aimable et hiératique qui apparut le 11 octobre de l'an dernier, quand il ouvrit la première session du second Concile œcuménique du Vatican, et prononça ce discours' que non seulement l'Eglise, mais l'humanité tout entière accueillirent comme un message prophétique pour notre siècle. Ses paroles résonnent encore en Notre mémoire et Notre conscience, pour tracer au Concile la route à parcourir et Nous affranchir de toute hésitation ou lassitude qui Nous guetteraient sur ce chemin difficile. Soyez remercié et magnifié, cher et vénéré Pape Jean, qui, par une inspiration divine, avez convoqué ce Concile pour ouvrir à l'Eglise des sentiers nouveaux et faire jaillir sur terre de nouvelles et fraîches sources de grâce qui étaient encore cachées. C'est par une décision indépendante de toute impulsion d'ordre humain et de toute contrainte imposée par les circonstances, mais comme par un pressentiment des desseins de Dieu et une intuition des besoins obscurs qui tourmentent notre époque, que vous avez repris le fil brisé du premier Concile du Vatican. Vous avez ainsi spontanément dissipé la défiance indûment nourrie à la suite de ce Concile par certains pour qui les pouvoirs suprêmes conférés par le Christ au

Pontife romain et reconnus par ce Concile suffiraient pour gouverner l'Eglise, sans l'aide des Conciles œcuméniques.

Vous avez appelé vos Frères, les successeurs des apôtres, non
seulement pour qu'ils poursuivent l'étude doctrinale interrompue et
le travail législatif suspendu, mais pour qu'ils se sentent unis au
Pape dans un même Corps et reçoivent de sa part soutien et direction, afin « que le dépôt sacré de la doctrine chrétienne soit mieux
conservé et présenté de façon plus efficace ». [1] Mais tout en mar-
quant de la sorte l'objectif le plus élevé du Concile, vous lui avez
joint un autre but plus urgent et de nature actuellement plus bienfaisante, le but pastoral, en déclarant: « Nous n'avons pas comme
premier objectif de discuter certains chapitres fondamentaux de la
doctrine de l'Eglise », mais plutôt que cette doctrine « soit approfondie et exposée de la façon qui répond aux exigences de notre
époque » [2]. Vous avez ravivé dans la conscience du Magistère ecclésiastique la conviction que la doctrine catholique ne doit pas être
seulement vérité à explorer par la raison sous la lumière de la foi,
mais parole génératrice de vie et d'action; que l'autorité de l'Eglise
ne peut se limiter à condamner les erreurs qui la blessent, mais
qu'elle doit proclamer des enseignements positifs, d'intérêt vital, qui
rendent la foi féconde. Le rôle du Magistère ecclésiastique n'étant
pas purement spéculatif ou négatif en ce Concile, il est nécessaire
qu'il manifeste de plus en plus la force vivifiante du message du
Christ, qui a déclaré: « Les paroles que je vous ai dites sont esprit
et elles sont vie. » (Jean, 6, 63.)

Aussi, n'oublierons-Nous pas les normes que vous-même,
premier Père du Concile, lui avez tracées avec tant de sagesse et
qu'il Nous plaît de répéter: « ...Ce trésor précieux — celui de la
doctrine catholique — nous n'avons pas seulement à le garder
comme si nous n'étions préoccupés que du passé, mais nous devons
nous mettre joyeusement et sans crainte au travail que réclame notre
époque, en poursuivant la route sur laquelle l'Eglise marche depuis
près de vingt siècles. » C'est pourquoi, « on devra recourir à une façon
de présenter les choses qui corresponde mieux à un enseignement de
caractère surtout pastoral » [3].

Nous ne perdrons pas de vue non plus la grave question de
l'unité de tous ceux qui croient en Jésus-Christ et souhaitent appartenir à son Eglise, cette Eglise que vous-même, Jean XXIII,
avez désignée comme la maison du Père ouverte à tous. La deux-

1. *AAS* 54 (1962) p. 790 [p. 585].
2. *Ibid.*, pp. 791-792 [p. 587].
3. *Ibid.*, pp. 791-792 [p. 587].

ième session de ce Concile, dont vous fûtes le promoteur et que vous avez inauguré, marchera ainsi fidèlement dans la ligne tracée par vous, et avec l'aide de Dieu, elle pourra atteindre les résultats que vous avez si ardemment désirés.

LE PRINCIPE, LA VOIE ET LA FIN DU CONCILE

Reprenons donc notre marche, vénérables frères. Cette résolution suscite en Notre esprit une autre pensée qui est si capitale et lumineuse que Nous Nous sentons tenu d'en faire part à cette assemblée bien que celle-ci en soit déjà pleinement avertie et éclairée.

D'où part notre marche, vénérables frères ? Quelle voie allonsnous suivre si nous nous en tenons moins aux indications que Nous venons de rappeler qu'aux lois divines auxquelles on doit obéir ? Et quelle fin donner à notre itinéraire ? Puisque nous sommes sur cette terre, cette fin devra tenir compte des circonstances de notre vie mortelle d'ici-bas. Mais elle devra toujours viser au but final et suprême qui nous attend infailliblement au terme de notre pèlerinage.

Trois questions, capitales dans leur extrême simplicité, mais une seule réponse. Et ici, en cette heure solennelle, cette réponse, nous devons la proclamer pour nous-mêmes et la faire entendre au monde qui nous entoure: c'est le Christ, le Christ qui est notre principe, le Christ qui est notre voie et notre guide, le Christ qui est notre espérance et notre fin.

Puisse ce Concile avoir pleinement présent à l'esprit ce rapport entre nous et Jésus-Christ, entre l'Eglise sainte et vivante que nous sommes et le Christ de qui nous venons, par qui nous vivons, à qui nous allons. Rapport multiple et unique, immuable et stimulant, plein de mystère et de clarté, d'exigence et de bonheur. Que sur cette assemblée ne brille d'autre lumière que le Christ, lumière du monde. Que nulle vérité ne retienne notre intérêt, hormis les paroles du Seigneur, notre Maître unique ! Qu'une seule inspiration nous dirige: le désir de lui être absolument fidèles ! N'ayons d'autre appui que la confiance née de sa promesse et qui rassure notre faiblesse irrémédiable: « Et maintenant, moi, je serai avec vous toujours jusqu'à la fin du monde. » (Matth., 28, 20.)

Oh ! comme Nous souhaiterions en cette heure pouvoir faire monter vers Notre-Seigneur Jésus-Christ une voix digne de lui.

Nous emprunterons celle de la sainte liturgie: « C'est toi seul, ô Christ, que nous connaissons, c'est toi que d'un cœur simple et pur nous prions au milieu de nos pleurs et de nos chants. Ecoute le cri de nos supplications. » (Hymne de Laudes, le mercredi.) Et tandis que s'élève Notre prière, il Nous semble qu'il se présente lui-même à Nos yeux ravis et bouleversés, dans la majesté du Pantocrator de vos basiliques, ô Frères des Eglises d'Orient, et aussi de celles de l'Occident. Ainsi, dans la splendide mosaïque de la basilique de Saint-Paul hors les murs, Nous Nous voyons représenté dans ce très humble adorateur, Notre Prédécesseur le Pape Honorius III, lequel, tout petit et comme anéanti à terre, baise les pieds du Christ à l'immense stature qui domine et bénit avec une majesté royale l'assemblée réunie dans la basilique, c'est-à-dire l'Eglise. Cette scène, Nous semble-t-il, se reproduit ici, non plus sous la forme d'une image ou d'une peinture, mais bien dans une réalité historique et humaine, qui connaît dans le Christ la source de l'humanité rachetée, de son Eglise, et dans l'Eglise comme son émanation et sa continuation tout à la fois terrestre et mystérieuse. C'est comme la vision de l'Apocalypse qui semble se dessiner devant nos yeux: « Il me montra un fleuve d'eau vive, limpide comme du cristal, qui jaillissait du trône de Dieu et de l'Agneau. » (Apoc., 22, 1.)

Il est extrêmement opportun, à Notre avis, que le Concile parte de cette vision, ou plutôt de cette célébration mystique, qui acclame en Notre-Seigneur Jésus-Christ le Verbe incarné, le Fils de l'Homme, le Fils de Dieu et le rédempteur du monde, c'est-à-dire l'espérance de l'humanité et son seul souverain Maître, Pasteur, Pain de vie, notre Pontife et notre victime, l'unique médiateur entre Dieu et les hommes, Sauveur de la terre, Roi à venir des siècles éternels. Cette célébration mystique affirme en même temps que nous sommes appelés par le Christ, que nous sommes ses disciples, ses apôtres, ses témoins, ses ministres, ses représentants et, avec tous les autres fidèles, ses membres vivants, unis dans cet immense et unique Corps mystique que par le moyen de la foi et des sacrements, il se constitue au cours des générations humaines, et qui est son Eglise spirituelle et visible, fraternelle et hiérarchique, aujourd'hui temporelle et demain éternelle.

Si nous mettons devant nos yeux, vénérables frères, l'idée souveraine que le Christ est notre fondateur, notre chef, invisible mais vrai, que nous recevons tout de lui, de manière à former avec lui le « Christ total » dont parle saint Augustin et dont la théologie de l'Eglise est toute remplie, nous pouvons mieux comprendre les buts principaux de ce Concile, que pour faire bref et être plus facilement compris, nous présenterons en quatre points: la connaissance, ou, si l'on préfère, la conscience de l'Eglise, son renouveau, le rétablissement de l'unité de tous les chrétiens, le dialogue de l'Eglise avec les hommes d'aujourd'hui.

[LA CONSCIENCE DE L'ÉGLISE]

Il est hors de doute que c'est un désir, un besoin, un devoir pour l'Eglise de donner finalement d'elle-même une définition plus approfondie. Nous nous souvenons tous de ces images admirables dont use la sainte Ecriture pour nous donner une idée de la nature de l'Eglise qui est appelée, suivant les cas, l'édifice construit par le Christ, la maison de Dieu, le temple et le tabernacle de Dieu, son peuple, son troupeau, sa vigne, son champ, sa cité, et, finalement, l'Epouse du Christ, son Corps mystique. En méditant sur la richesse de ces images lumineuses, l'Eglise a été conduite à se reconnaître comme une société historique, visible et hiérarchique, en même temps intérieurement animée d'une force mystérieuse. La célèbre encyclique du Pape Pie XII, *Mystici corporis,* a répondu en partie à l'aspiration que l'Eglise éprouvait de traduire enfin sa réalité en un corps de doctrine complet, mais, d'autre part, elle a rendu encore plus vif son désir de se définir elle-même de façon plus exhaustive. Le premier Concile du Vatican avait déjà abordé le sujet; de plus, de nombreux motifs d'ordre extérieur concouraient à en recommander l'étude, tant à l'intérieur qu'à l'extérieur de l'Eglise catholique: par exemple, l'accroissement du caractère social de la civilisation moderne, le développement des communications entre les hommes, le besoin de juger les diverses dénominations chrétiennes selon la conception vraie et univoque contenue dans la révélation divine, etc.

Il n'y a pas à s'étonner si après vingt siècles de christianisme et devant l'ample développement dans le monde entier de l'Eglise catholique, ainsi que des autres confessions religieuses qui se réclament du nom du Christ et portent le titre d'Eglises, le concept authentique, profond et complet de l'Eglise, telle que le Christ l'a fondée et que les apôtres ont commencé à la construire, a encore besoin d'être présenté d'une manière plus précise. L'Eglise est un mystère, c'est-à-dire une réalité imprégnée de présence divine et qui peut toujours être l'objet de nouvelles et plus profondes recherches.

La pensée humaine se déploie d'une manière progressive, elle passe d'une connaissance empirique de la vérité à des connaissances scientifiques élaborées d'une façon plus rationnelle. Elle déduit logiquement une vérité d'une autre. Devant une réalité complexe et permanente, elle s'arrête à considérer tantôt un aspect, tantôt un autre, donnant ainsi à son activité un développement que l'histoire enregistre.

L'heure est venue, Nous semble-t-il, où la vérité concernant l'Eglise du Christ doit de plus en plus être explorée, ordonnée et exprimée, non pas peut-être en ces formules solennelles qu'on nomme définitions dogmatiques, mais en des déclarations par lesquelles l'Eglise se dit à elle-même, dans un enseignement plus explicite et autorisé, ce qu'elle pense d'elle-même.

L'Eglise prend d'elle-même une conscience de plus en plus claire lorsqu'elle adhère fidèlement aux paroles et à la pensée du Christ, lorsqu'elle révère l'enseignement plein d'autorité de la tradition ecclésiastique et lorsqu'elle se montre docile à l'illumination intérieure de l'Esprit-Saint qui semble précisément attendre aujourd'hui de l'Eglise qu'elle fasse tout son possible pour que les hommes la reconnaissent vraiment telle qu'elle est.

Nous croyons qu'en ce Concile œcuménique l'Esprit de vérité suscitera plus de lumière chez ceux qui représentent l'Eglise enseignante et inspirera une doctrine plus complète sur la nature de l'Eglise, de sorte que l'Epouse du Christ se regardera en Lui comme en un miroir, et, dans un sentiment très vif d'amour, s'efforcera de découvrir en Lui sa propre forme, cette beauté qu'Il veut pour elle resplendissante.

C'est pourquoi le thème principal de cette deuxième session du Concile sera l'Eglise. Sa nature intime sera étudiée à fond, pour en donner, dans les limites permises au langage humain, une définition qui puisse mieux nous instruire sur sa constitution réelle et fondamentale et nous fasse mieux découvrir les multiples aspects de sa mission salvifique.

La doctrine théologique est donc susceptible de magnifiques développements qui méritent attentive considération de la part des frères séparés et qui, comme Nous le désirons ardemment, leur faciliteront toujours davantage le chemin qui conduit à une harmonieuse unité de pensée.

[La doctrine de l'épiscopat.
Sa collaboration avec le Pape]

Parmi les divers problèmes que ce thème posera à la réflexion de l'assemblée conciliaire, il y aura d'abord celui qui vous concerne tous, vénérables frères, en tant qu'évêques de l'Eglise de Dieu. Nous n'hésitons pas à vous dire que Nous mettons beaucoup d'espoir et une grande confiance dans ces prochains débats. Tout en sauvegardant les déclarations dogmatiques du premier Concile du Vatican sur le Pontife romain, il s'agit maintenant d'approfondir la doctrine de l'épiscopat, de ses fonctions et de ses rapports avec Pierre. Ces débats nous apporteront certainement à Nous-même des critères doctrinaux et pratiques que Nous mettrons à profit dans l'exercice de Notre charge apostolique. Bien que cette charge universelle soit dotée par le Christ de la suffisance et de la plénitude de pouvoir que vous connaissez, elle pourra cependant être mieux aidée et soutenue, selon des modalités à établir, par une plus efficace et et responsable collaboration de Nos chers et vénérés frères dans l'épiscopat.

[Le Corps mystique]

Après avoir éclairci ce point de doctrine, il faudra traiter aussi de la composition du Corps visible et mystique du Christ qu'est l'Eglise militante en pèlerinage sur la terre, c'est-à-dire, des prêtres, des religieux, des fidèles ainsi que des frères qui sont séparés de nous et sont appelés, eux aussi, à faire pleinement partie de ce Corps.

A personne n'échappera l'importance d'une telle mission doctrinale qui est confiée au Concile et dont l'Eglise peut retirer une conscience de soi lumineuse, exaltante et sanctifiante. Veuille Dieu que Nos espérances soient comblées !

LE RENOUVEAU DE L'ÉGLISE CATHOLIQUE

Ces espérances se rapportent aussi à un autre objectif primordial du Concile, celui qu'on désigne sous le nom de renouveau de la sainte Eglise.

Cet objectif devrait, lui aussi, à Notre avis, se dégager de la conscience que Nous avons des relations qui unissent le Christ à son Eglise. Nous disions que l'Eglise veut se voir en Lui comme dans un miroir: si ce regard révélait quelque ombre, quelque déficience sur le visage de l'Eglise ou sur sa robe nuptiale, que devrait-elle faire d'instinct et courageusement ? C'est clair: elle devrait se réformer, se corriger, s'efforcer de recouvrer cette conformité avec son divin Modèle qui constitue son devoir fondamental.

Rappelons-nous les paroles du Seigneur dans sa prière sacerdotale, à l'approche de la Passion imminente: « Je me sanctifie moi-

même pour qu'ils soient eux-mêmes sanctifiés en toute vérité. »
(Jean, 17, 19.)

Le second Concile œcuménique du Vatican doit se mettre, à
Notre avis, sur ce plan essentiel voulu par le Christ. C'est seulement après ce travail de sanctification intérieure que l'Eglise pourra
se montrer à la face du monde entier et dire: Qui me voit, voit le
Christ; comme le divin Rédempteur a dit de lui-même: « Qui me
voit, voit le Père. » (Jean, 14, 9.)

Sous cet aspect, le Concile veut être le réveil printanier d'immenses énergies spirituelles et morales qui sont comme latentes au
sein de l'Eglise. Il se manifeste comme un propos délibéré de rajeunissement, soit de ses forces intérieures, soit des règles qui commandent ses structures canoniques et les formes de ses rites. Bref,
le Concile tend à donner à l'Eglise ou à accroître en elle cette
splendeur de perfection et de sainteté, que seules l'imitation du
Christ et l'union mystique avec Lui, dans l'Esprit-Saint, peuvent lui
conférer.

[Ce renouveau n'implique pas que l'Église ait été infidèle au Christ]

Oui, le Concile tend à un renouveau de l'Eglise. Mais ne nous
méprenons pas sur les désirs que Nous exprimons: ils n'impliquent
pas l'aveu que l'Eglise catholique d'aujourd'hui puisse être accusée
d'infidélité substantielle à la pensée de son divin Fondateur. Au
contraire, la découverte approfondie de sa fidélité substantielle
envers le Christ la remplit de gratitude et d'humilité, et lui infuse
la force de corriger les imperfections qui sont dues à la faiblesse
humaine. Le renouveau visé par le Concile ne consiste donc pas
en un bouleversement de la vie présente de l'Eglise, ni en une
rupture avec sa tradition dans ce que celle-ci a d'essentiel et de
vénérable, mais elle est plutôt un hommage rendu à cette tradition,
dans l'acte même qui veut la débarrasser de tout ce qu'il y a en
elle de caduc et de défectueux, pour la rendre authentique et
féconde.

[Les points principaux du programme de renouveau]

Jésus n'a-t-il pas dit à ses disciples: « Je suis la vraie vigne et mon
Père est le vigneron. Tout sarment en moi qui ne porte pas de fruit, il
le coupe, et tout sarment qui porte fruit, il l'émonde pour qu'il en porte davantage » (Jean, 15, 1-2.) Ce texte évangélique suffit à nous donner une idée des principaux chapitres de ce perfectionnement auquel
aspire aujourd'hui l'Eglise. Le premier concerne sa vitalité, intérieure
et extérieure. Au Christ vivant doit répondre l'Eglise vivante. Si la foi
et la charité sont les principes de sa vie, il est clair que rien ne
devra être négligé pour donner à la foi certitude joyeuse et nour-

riture nouvelle. Tout ce qui, dans l'initiation et la pédagogie chrétiennes, contribue à ce but indispensable, devra être rendu efficace. Une étude plus assidue et une dévotion plus grande envers la parole de Dieu seront certainement la base de cette réforme. Ensuite, l'éducation de la charité aura la place d'honneur: Nous devrons aspirer à l'*Ecclesia caritatis,* l'Eglise de la charité, si nous voulons qu'elle soit apte à se renouveler profondément elle-même et — ce qui est particulièrement ardu et difficile — à renouveler le monde autour d'elle. De plus, la charité, comme chacun le sait, est la reine et la racine de toutes les autres vertus chrétiennes: l'humilité, la pauvreté, la piété, l'esprit de sacrifice, le courage de la vérité, l'amour de la justice et les autres forces d'action de l'homme nouveau.

[Annonce d'une troisième session]

Ici, le programme du Concile s'étend sur des domaines immenses: l'un d'eux, terrain de choix où fleurit partout la charité, est la sainte liturgie. La première session y a déjà consacré de longues discussions et Nous espérons que la seconde lui apportera de très heureuses conclusions. D'autres matières auront certainement la même et totale attention de la part des Pères du Concile. Nous craignons pourtant que le peu de temps dont Nous disposons ne nous permette pas de les explorer toutes comme il conviendrait, de sorte que la discussion de certaines d'entre elles devra être reportée à une autre session.

LA RESTAURATION DE L'UNITÉ DES CHRÉTIENS

Il y a ensuite un troisième objectif proposé au Concile et qui constitue, en un certain sens, son drame spirituel. Il Nous a été assigné, lui aussi, par le Pape Jean XXIII, et il concerne « les autres chrétiens », c'est-à-dire ceux qui croient en Jésus-Christ, mais que nous n'avons pas le bonheur de compter parmi ceux qui sont associés à nous par le lien de la parfaite unité du Christ. Cette unité, à laquelle ils devraient de soi participer en vertu de leur baptême, seule l'Eglise catholique peut la leur offrir, et ils y aspirent virtuellement et naturellement.

En effet, les mouvements auxquels on assiste aujourd'hui dans les communautés chrétiennes séparées de nous et qui se développent de plus en plus démontrent clairement deux choses. D'abord, il n'y a qu'une seule Eglise du Christ, et elle doit donc être unique. Et puis cette union mystérieuse et visible ne peut être atteinte que dans l'unité de la foi, la participation aux mêmes sacrements et l'harmonie organique d'un unique gouvernement de l'Eglise, encore que cela puisse se vérifier dans le respect d'une large diversité de langues, de rites, de traditions historiques, de prérogatives locales, de courants spirituels, d'institutions légitimes, d'activités préférées.

Quelle est l'attitude du Concile en face de ces immenses groupes de frères séparés et de ce pluralisme possible dans les réalisations de l'unité ? Elle est claire. La convocation de ce Concile, là aussi, est caractéristique. Il tend à une œcuménicité qui voudrait être totale, universelle, au moins en désir, en prières, en préparation. Aujourd'hui, c'est l'espérance, demain peut-être ce sera la réalité. En effet, ce Concile, en appelant, en dénombrant, en assemblant dans le bercail du Christ les brebis qui le composent à juste titre et de plein droit, ouvre les portes, élève la voix, attend anxieusement les si nombreuses brebis du Christ qui ne se trouvent pas présentement dans l'unique bercail. C'est donc un Concile d'invitation, d'attente, de confiance dans une future participation plus large et plus fraternelle à son œcuménicité authentique.

[Le salut aux observateurs]

Ici, Notre parole s'adresse avec respect aux représentants que les communautés chrétiennes séparées de l'Eglise catholique ont envoyés en qualité d'observateurs à cette assemblée solennelle.

Nous les saluons de tout cœur.

Nous les remercions d'être venus.

A travers eux, Nous envoyons Notre message paternel et fraternel aux vénérables communautés chrétiennes qu'ils représentent ici.

Notre voix tremble et Notre cœur est ému, car le fait de les trouver auprès de Nous aujourd'hui Nous apporte autant d'indicible réconfort et de très douce espérance que leur persistante séparation Nous cause de profonde souffrance.

[Pardon réciproque des offenses]

Si, dans les causes de cette séparation, une faute pouvait nous être imputée, nous en demandons humblement pardon à Dieu et nous sollicitons aussi le pardon des frères qui se sentiraient offensés par nous. Et nous sommes prêts, en ce qui nous concerne, à pardonner les offenses dont l'Eglise catholique a été l'objet et à oublier les douleurs qu'elle a éprouvées dans la longue série des dissensions et des séparations.

Que le Père céleste accueille Notre présente déclaration et nous ramène tous à une paix véritablement fraternelle.

[*Principes pour la réalisation de l'unité*]

Nous le savons: il reste à étudier, à tenter de résoudre des questions graves et compliquées de par leur nature. Nous voudrions que cela se fît tout de suite, en vertu de la charité du Christ qui nous presse, mais Nous sommes persuadé que la mise au point et la solution de tels problèmes supposent beaucoup de conditions. Celles-ci ne sont pas mûres à l'heure actuelle et nous n'avons pas peur d'attendre patiemment l'heure bénie de la réconciliation parfaite.

Nous voulons cependant confirmer aux observateurs ici présents certains des principes fondamentaux sur la base desquels, pensons-Nous, peut se réaliser l'unité ecclésiale avec les frères séparés. Ceci afin qu'ils s'en fassent l'écho auprès de leurs communautés chrétiennes respectives; afin aussi que Notre voix parvienne également aux autres vénérables communautés chrétiennes séparées de nous qui n'ont pas accueilli Notre invitation à assister au Concile, bien que celle-ci ne comporte aucun engagement de part et d'autre. Il Nous semble bon d'énoncer ces principes ici, même si, comme Nous le pensons, ils sont déjà connus.

[1. Notre foi n'est pas un obstacle]

Les paroles que Nous leur adressons sont pacifiques et pleinement sincères. Il n'y a en elles ni piège ni recherche inavouée d'avantages terrestres. A notre foi, que nous tenons pour divine, nous devons l'adhésion la plus franche et la plus ferme. Mais nous sommes convaincus qu'elle n'est pas un obstacle à l'entente souhaitée entre nous et les frères séparés, précisément parce qu'elle est vérité du Seigneur et qu'elle est donc principe d'unité, non de divergence ou de séparation. En tout cas, nous ne voulons pas faire de notre foi un motif de polémique avec eux.

[2. Le respect des richesses authentiques. La connaissance mutuelle]

En second lieu, nous considérons avec le respect qui lui est dû le patrimoine religieux, originel et commun à tous, qui, chez nos frères séparés, se trouve conservé, et même, en partie, bien développé. Nous sommes heureux de voir les efforts de ceux qui cherchent en toute probité à mettre en relief et à exalter les richesses authentiques de vérité et de vie spiritulle que possèdent ces frères séparés, et cela, dans l'intention d'améliorer nos rapports avec eux. Nous voulons espérer que ces derniers, de leur côté, animés du même désir, aimeront étudier de plus près notre doctrine et mieux voir comme elle découle logiquement du dépôt de la révélation divine, tout comme ils voudront mieux connaître notre histoire et notre vie religieuse.

[3. La confiance en Dieu]

Enfin, Nous dirons à ce propos que, conscient des difficultés énormes qui s'opposent actuellement à l'unification désirée, Nous mettons humblement notre confiance en Dieu. Nous continuerons de prier. Nous tâcherons de donner un meilleur témoignage de vie chrétienne authentique et de charité fraternelle. Et si la réalité venait à décevoir Notre espérance, Nous Nous rappellerons le mot si consolant du Christ: « Ce qui, pour les hommes, est impossible, est possible à Dieu. » (Luc, 18, 27.)

LE DIALOGUE DE L'ÉGLISE AVEC LE MONDE

Ensuite, le Concile travaillera à jeter un pont vers le monde contemporain. Phénomène singulier: tandis que l'Eglise, en animant toujours davantage sa vie interne de l'Esprit-Saint, se différencie et se détache de la société profane qui l'entoure, elle apparaît en même temps comme un levain vivifiant et un instrument de salut pour ce même monde. De même, elle découvre et confirme sa vocation missionnaire qui est essentielle pour elle, et qui consiste, selon le mandat qu'elle a reçu, à annoncer hardiment l'Evangile à tous les hommes, quelle que soit leur condition.

[Le message du Concile au monde]

Vous-mêmes, vénérables Frères, vous avez l'expérience de ce prodige. En effet, au seuil des travaux de la première session, enflammés par les paroles du Pape Jean XXIII dans son discours d'ouverture, vous avez immédiatement éprouvé le besoin d'ouvrir en quelque sorte les portes de l'Assemblée pour lancer au monde un vibrant message de salutation, de fraternité et d'espérance. Geste insolite mais admirable. On dirait que le charisme prophétique de l'Eglise a subitement explosé ! Et comme Pierre qui, le jour de la Pentecôte, se sentait poussé à élever tout de suite la voix et à parler au peuple, vous avez voulu tout d'abord vous occuper non pas de vos affaires mais de celles de la famille humaine, et engager le dialogue non pas entre vous mais avec les hommes.

Cela signifie, vénérables Frères, que ce Concile se caractérise par l'amour, l'amour très large et pressant, l'amour qui pense aux autres avant de penser à soi, l'amour universel du Christ.

C'est cet amour qui nous soutient, car, à regarder la vie des hommes telle qu'elle est aujourd'hui, nous aurions de quoi être épouvantés plutôt qu'encouragés, affligés plutôt que réjouis, portés à une attitude de défense et de réprobation des erreurs plutôt que de confiance et d'amitié.

[*Les catholiques persécutés*]

Il nous faut être réalistes et ne point cacher les blessures qui, pour de nombreux motifs, atteignent ce Concile universel. Pouvons-nous être aveugles et ne pas remarquer qu'en cette réunion beaucoup de places restent vides ? Où sont nos frères de ces pays où l'Eglise est persécutée ? Et en quelles conditions se trouve la religion en ces territoires ? Nos préoccupations s'aggravent de tout ce que Nous savons et davantage encore de tout ce qu'il ne Nous est pas donné de savoir concernant la hiérarchie, les religieux et religieuses et tant de Nos fils soumis à des menaces, vexations, privations et contraintes à cause de leur inébranlable fidélité au Christ et à l'Eglise. Quelle tristesse devant tant de souffrances ! Quelle affliction de voir qu'en certains pays la liberté religieuse, comme aussi d'autres droits fondamentaux de l'homme sont étouffés en vertu de principes et de méthodes d'intolérance politique, raciale ou antireligieuse ! C'est une peine profonde de devoir constater combien il se commet encore dans le monde d'atteintes à la libre et honnête profession de la foi religieuse personnelle. Mais Notre plainte attristée, plutôt que de Nous dicter des paroles sévères, veut s'exprimer une fois de plus en un appel plein de franchise et d'humanité adressé à tous les responsables pour les exhorter à renoncer à leur hostilité injustifiée à l'égard de la religion catholique. Les fidèles de celle-ci ne doivent pas être considérés comme des ennemis ou des citoyens déloyaux, mais bien plutôt comme des membres honnêtes et laborieux de la société civile à laquelle ils appartiennent. Et aux catholiques qui souffrent pour leur foi, Nous adressons en cette nouvelle occasion Notre salut affectueux. Pour eux, Nous demandons à Dieu un réconfort particulier.

[*L'athéisme*]

Mais il est pour Nous d'autres sujets d'amertume. Notre regard découvre à travers le monde bien d'autres malheurs, immensément attristants. L'athéisme gagne une partie de l'humanité, introduisant le déséquilibre dans l'ordre intellectuel, moral et social, ordre dont le monde perd progressivement l'exacte notion. Tandis que croissent les lumières de la science des choses de la nature, malheureusement la science de Dieu — et donc la vraie science de l'homme — s'obscurcit ça et là. Tandis que le progrès perfectionne de façon admirable les instruments de tout genre dont l'homme dispose, le cœur humain est de plus en plus envahi par la solitude, la tristesse, le désespoir.

[*Un message d'amour*
aux hommes d'aujourd'hui]

Sur cette condition de l'homme moderne, condition complexe et si triste pour tant de raisons, Nous aurions beaucoup à dire, mais le temps Nous manque aujourd'hui. Pour le moment, ainsi que Nous le disions, l'amour emplit Notre âme et l'âme de l'Eglise rassemblée en Concile. Nous regardons Notre temps et ses manifestations diverses et contradictoires avec une très grande sympathie et un immense désir de présenter aux hommes d'aujourd'hui le message d'amour, de salut et d'espoir que le Christ a apporté au monde: « Dieu n'a pas envoyé son Fils dans le monde pour condamner le monde, mais pour que le monde soit sauvé par lui ». (Jean, 3, 17.)

Que le monde le sache: l'Eglise le regarde avec une profonde compréhension, avec une admiration vraie, sincèrement disposée non à le subjuguer, mais à le servir; non à le déprécier, mais à accroître sa dignité; non à le condamner, mais à le soutenir et à le sauver.

[1. Ceux qui souffrent]

De cette fenêtre ouverte sur le monde qu'est le Concile, l'Eglise tourne ses regards avec une particulière sollicitude vers plusieurs catégories de personnes: les pauvres, les indigents, les malheureux, les malades, les prisonniers, ceux qui ont faim, c'est-à-dire toute cette partie du genre humain qui souffre et qui pleure, car elle sait que celle-ci lui appartient en vertu de l'Evangile. C'est pourquoi elle aime dire à tous ceux qui en font partie: « Venez à moi ». (Matth., 11, 28.)

[2. Les artisans de la culture]

L'Eglise regarde vers les artisans de la culture humaine, les hommes d'étude et de science, les artistes. A leur égard aussi, elle professe une haute estime et le très vif désir d'accueillir leurs expériences, d'affirmer leur pensée, de sauvegarder leur liberté et d'ouvrir à leurs esprits tourmentés et passionnés l'accès au domaine surnaturel de la parole et de la grâce de Dieu.

[3. Les travailleurs]

L'Eglise regarde vers les travailleurs, la dignité de leurs personnes et de leur travail, leurs légitimes aspirations, le besoin de promotion sociale et d'élévation intérieure qui les éprouve encore cruellement, la mission qu'on peut leur reconnaître, si elle est conçue de façon saine et chrétienne, de créer un monde nouveau, un monde d'hommes libres et vraiment frères. L'Eglise, mère et éducatrice, est près d'eux !

[4. Les gouvernants]

Elle regarde vers les chefs des peuples. Aux paroles sévères et aux avertissements qu'elle est souvent tenue de leur adresser, elle préfère aujourd'hui un mot d'encouragement et de confiance: courage vous qui dirigez les peuples, vous pouvez procurer maintenant à vos nations un grand nombre des biens nécessaires à l'existence: le pain, l'instruction, l'ordre, la dignité de citoyens libres et unis, si vous savez vraiment ce qu'est l'homme, et seule la sagesse chrétienne peut vous le dire pleinement. Vous pouvez, en travaillant ensemble dans la justice et l'amour, créer la paix, ce souverain bien qui est tant désiré de tous et dont le maintien et le progrès doivent tant à l'Eglise. Vous pouvez faire de l'humanité une seule cité. Dieu soit avec vous !

[5. Les religions non chrétiennes]

Et puis, l'Eglise catholique regarde plus loin, par-delà l'horizon de la chrétienté. Comment pourrait-elle mettre des limites à son amour, alors qu'elle doit imiter l'amour de Dieu le Père, qui fait pleuvoir ses grâces sur tous les hommes (Matth., 5, 45) et qui a aimé le monde au point de donner pour lui son Fils unique (Jean, 3, 16) ? L'Eglise porte donc son regard au-delà de sa sphère propre vers les autres religions qui gardent le sens et la notion du Dieu unique, suprême et transcendant, Créateur et Providence. Ces religions rendent à Dieu un culte par des actes de piété sincère qui, ainsi que leurs convictions, sont à la base de leur vie morale et sociale.

L'Eglise catholique relève sans doute, non sans douleur, des lacunes, des insuffisances et des erreurs dans beaucoup de ces formes religieuses. Mais elle ne manque pas de se tourner vers elles et de leur rappeler que le catholicisme estime comme il se doit tout ce qu'elles possèdent de vrai, de bon et d'humain. L'Eglise leur répète que pour sauvegarder dans la société moderne le sens religieux et le culte de Dieu — obligation et besoin de la vraie civilisation — elle-même se tient en première ligne, comme le plus ferme défenseur des droits de Dieu sur l'humanité.

[6. Les jeunes, les peuples nouveaux, ceux qui sont seuls]

Le regard de l'Eglise embrasse encore d'autres champs immenses de l'humanité: les générations nouvelles qui montent, cette jeunesse qui aspire à vivre et à s'affirmer. Les peuples nouveaux qui prennent conscience d'eux-mêmes, acquièrent leur indépendance et développent leurs structures. Les innombrables créatures humaines qui se sentent isolées au milieu même du tourbillon d'une société qui n'a pour leur âme aucune parole salutaire. A tous, l'Eglise adresse son message d'espérance ! A tous, elle souhaite et elle offre la lumière de vérité, de vie et de salut, parce que Dieu « veut que tous les hommes soient sauvés et parviennent à la connaissance de la vérité ». (I Tim., 2, 4.)

*
* *

Vénérables Frères, Notre mission de salut est grande et lourde. C'est afin de mieux y répondre que nous nous trouvons réunis en cette assemblée solennelle. Que la communion profonde et fraternelle qui règne entre nos âmes nous guide et nous réconforte. Que la communion avec l'Eglise du ciel nous soit propice ! Que nous aident les saints de nos diocèses et de nos familles religieuses, tous les anges et tous les saints, spécialement saint Pierre et saint Paul, saint Jean-Baptiste, et en particulier saint Joseph qui a été déclaré patron de ce Concile. Que Notre-Dame, invoquée de tout notre cœur, nous accorde son assistance maternelle et puissante. Que le Christ préside à nos travaux et que tout soit à la gloire de Dieu, de la très sainte Trinité. C'est sa Bénédiction que Nous n'hésitons pas à vous donner à tous, au nom du Père et du Fils et du Saint-Esprit.

[Le Saint-Père a ensuite dit en grec:] [1]

Nous saluons aussi cordialement les chrétiens de tradition orientale dans cette langue grecque qui fut celle des premiers conciles œcuméniques, des illustres Pères, et maîtres de l'Eglise: Basile le Grand, Grégoire de Nysse, Grégoire de Nazianze, Jean Chrysostome, Cyrille d'Alexandrie, Jean Damascène et tant d'autres qui sont une lumière pour le monde entier et la gloire de la pensée chrétienne.

Frères des saintes Eglises d'Orient, prions et travaillons pour la gloire de Dieu, et pour la diffusion de son règne avec foi et amour.

[Et en slave:]

Nous saluons aussi les chrétiens des peuples slaves et Nous leur exprimons Notre désir de prier et de travailler à la gloire de Dieu et à l'extension de son règne dans la foi et la charité.

---

1. Ce qui suit figure dans les *A.A.S.*, mais ne se trouve pas dans les *C.D.D.* (Note des éditeurs)

LE SYNODE D'ÉVÊQUES

Motu Proprio *Apostolica Sollicitudo* *

(15 septembre 1965)

PAUL VI, PAPE

En observant attentivement les signes des temps, Nous Nous efforçons d'adapter les orientations et les méthodes de l'apostolat aux besoins croissants de notre époque et à l'évolution de la société. Aussi, Notre sollicitude apostolique Nous demande-t-elle d'affermir par des liens toujours plus étroits Notre union avec les évêques « que le Saint-Esprit a constitués intendants pour paître l'Eglise de Dieu » (Act. 20, 28). Nous sommes incités à cela, non seulement par le respect, l'estime et la reconnaissance que Nous avons pour tous Nos vénérables frères dans l'épiscopat, mais aussi par Notre très lourde charge de pasteur universel, qui Nous impose le devoir de conduire le peuple de Dieu vers les pâturages éternels. A notre époque, si troublée et si critique, mais en même temps si ouverte aux salutaires appels de la grâce, l'expérience quotidienne Nous montre combien est utile pour Notre charge apostolique cette union avec les évêques. C'est pourquoi Nous voulons faire tout ce qui est en Notre pouvoir pour promouvoir et développer cette union, « afin d'avoir autour de Nous — comme nous l'avons dit en une autre circonstance — le réconfort de leur présence, l'aide de leur expérience, l'appui de leurs conseils, le poids de leur autorité » (*A.A.S.* 1964, p. 1011).

Il convenait donc, surtout pendant la célébration du IIe Concile œcuménique du Vatican, que Nous prenions profondément conscience de l'importance et de la nécessité pour Nous de faire appel de plus en plus à la coopération des évêques pour le bien de l'Eglise universelle. Le Concile œcuménique a même été la cause de la résolution

---

* On trouvera le texte latin du Motu Proprio dans les *Acta Apostolicae Sedis* 57 (1965) pp. 775-780.

Nous reproduisons ici la traduction publiée par *la Documentation catholique* le 3 octobre 1965 (col. 1663-1668). Les sous-titres entre crochets carrés sont de *la Documentation catholique*. (Note des éditeurs.)

que Nous avons prise de créer d'une façon stable un conseil particulier d'évêques, voulant par là qu'après le Concile le peuple chrétien
puisse continuer à profiter des abondants bienfaits que lui valait
pendant le Concile Notre étroite union avec les évêques.

Maintenant que nous approchons de la fin du IIe Concile œcuménique du Vatican, il Nous semble que le moment soit venu de mettre
à exécution ce projet décidé depuis longtemps. Et Nous le faisons
d'autant plus volontiers que Nous savons manifestement combien les
évêques du monde catholique sont favorables à Notre résolution,
comme le montrent les nombreux vœux qu'ils ont émis à ce sujet
pendant le Concile.

C'est pourquoi, après mûre réflexion, en raison de Notre estime
et de Notre respect pour tous les évêques catholiques, et pour qu'il
leur soit donné de participer d'une façon plus manifeste et plus efficace à Notre sollicitude envers l'Eglise universelle, de Notre propre
mouvement, et en vertu de Notre autorité apostolique, Nous érigeons
et constituons en cette ville de Rome un conseil permanent d'évêques,
pour l'Eglise universelle, soumis directement et immédiatement à
Notre autorité, et qui sera appelé *Synodum episcoporum* (Synode
d'évêques).

Ce Synode qui, comme toutes les institutions humaines, pourra
être perfectionné par la suite, sera régi par les règles générales suivantes.

I. [CARACTÉRISTIQUES GÉNÉRALES]

Le Synode d'évêques, où des évêques choisis dans les différents
pays du monde apporteront une aide efficace au Pasteur suprême de
l'Eglise, sera constitué de telle sorte qu'il soit: *a)* un organisme
ecclésiastique central; *b)* représentatif de tout l'épiscopat catholique;
c) d'un caractère perpétuel; *d)* d'une structure telle que sa fonction
s'exercera d'une façon temporaire et occasionnelle.

II. [FINS GÉNÉRALES ET SPÉCIALES]

De par sa nature même, le Synode d'évêques a pour mission
d'informer et de conseiller. Il pourra également avoir pouvoir délibé-
ratif lorsque ce pouvoir lui sera donné par le Souverain Pontife,
auquel il reviendra, dans ce cas, de ratifier la décision du Synode.

1. Les fins générales du Synode d'évêques sont: *a)* entretenir une
union et une collaboration étroites entre le Souverain Pontife et les

évêques du monde entier; *b)* veiller à ce qu'une information directe et vraie soit donnée sur les situations et les questions relatives à la vie interne de l'Eglise et à l'action qu'elle doit mener dans le monde d'aujourd'hui; *c)* faciliter la concordance de vues, du moins sur les points essentiels de la doctrine et sur les modalités de la vie de l'Eglise.

2. Ses fins spéciales et prochaines sont: *a)* établir un échange d'informations utiles; *b)* donner des conseils sur les questions pour lesquelles le Synode aura été convoqué.

III. [L'AUTORITÉ DU PONTIFE ROMAIN]

Le Synode d'évêques est soumis directement et immédiatement à l'autorité du Pontife romain, auquel il appartiendra:

1. De convoquer le Synode chaque fois qu'il l'estimera opportun, en indiquant l'endroit où il se réunira;

2. De ratifier l'élection des membres dont il est question aux numéros V et VIII;

3. D'établir les sujets des questions à traiter, si possible au moins six mois avant la réunion du Synode;

4. De décider que la matière des questions à traiter soit envoyée à ceux qui devront participer à l'examen de ces questions;

5. D'établir le programme des questions à traiter;

6. De présider le Synode par lui-même ou par d'autres.

IV. [TROIS TYPES D'ASSEMBLÉE]

Le Synode d'évêques peut être convoqué en assemblée générale, en assemblée extraordinaire et en assemblée spéciale.

V. [L'ASSEMBLÉE GÉNÉRALE]

Lorsqu'il est réuni en assemblée générale, le Synode d'évêques comprend d'abord et de soi:

1. *a)* Les patriarches, les archevêques majeurs et métropolitains ne faisant pas partie des patriarcats des Eglises catholiques de rite oriental;

b) Les évêques élus par chacune des conférences épiscopales nationales, comme il est dit au numéro VIII;

c) Les évêques élus par les conférences épiscopales de plusieurs pays, constituées pour les pays qui n'ont pas de conférence propre, conformément au numéro VIII;

d) Et, de plus, dix religieux représentant les instituts religieux de clercs, élus par l'Union romaine des supérieurs généraux.

2. Participent également à l'assemblée générale du Synode d'évêques, les cardinaux qui sont à la tête des dicastères de la Curie romaine.

VI. [L'ASSEMBLÉE EXTRAORDINAIRE]

Lorsqu'il est réuni en assemblée extraordinaire, le Synode d'évêques comprend:

1. *a)* Les patriarches, les archevêques majeurs et métropolitains ne faisant pas partie des patriarcats des Eglises catholiques de rite oriental;

b) Les présidents des conférences épiscopales nationales;

c) Les présidents des conférences épiscopales de plusieurs nations, constituées pour les nations qui n'ont pas de conférence propre;

d) Trois religieux représentant les instituts religieux de clercs, élus par l'Union romaine des supérieurs généraux.

2. Participent également à l'assemblée extraordinaire du Synode d'évêques les cardinaux qui sont à la tête des dicastères de la Curie romaine.

VII. [L'ASSEMBLÉE SPÉCIALE]

Lorsqu'il est réuni en assemblée spéciale, le Synode d'évêques comprend les patriarches, les archevêques majeurs et métropolitains ne faisant pas partie des patriarcats des Eglises catholiques de rite oriental, les représentants, soit des conférences épiscopales d'une ou plusieurs nations, soit des instituts religieux, comme il est dit aux numéros V et VI. Mais tous doivent appartenir aux régions pour lesquelles le Synode d'évêques a été convoqué.

VIII. [LES REPRÉSENTANTS DES CONFÉRENCES ÉPISCOPALES]

Les évêques qui représentent chacune des conférences épiscopales nationales sont choisis comme suit:

a) Un pour chaque conférence épiscopale nationale n'excédant pas vingt-cinq membres;

b) Deux pour chaque conférence épiscopale nationale n'excédant pas cinquante membres;

c) Trois pour chaque conférence épiscopale nationale n'excédant pas cent membres;

d) Quatre pour chaque conférence épiscopale nationale ayant plus de cent membres.

Les conférences épiscopales communes à plusieurs nations élisent leurs représentants selon les mêmes règles.

IX. [CAPACITÉS REQUISES]

Pour l'élection, au Synode d'évêques, des représentants des conférences épiscopales d'une ou plusieurs nations et des instituts religieux, on tiendra compte d'une façon particulière, non seulement de leur science et de leur prudence d'une façon générale, mais aussi de leur connaissance théorique et pratique de la question dont devra traiter le Synode.

X. [MEMBRES SUPPLÉMENTAIRES]

Le Souverain Pontife peut, s'il le veut, augmenter le nombre des membres du Synode d'évêques, en leur adjoignant des évêques, des religieux représentant les instituts religieux, ou enfin des ecclésiastiques experts, dans une proportion ne dépassant pas 15% du total des membres indiqués aux numéros V et VIII.

XI. [CESSATION DES POUVOIRS]

Lorsque la session pour laquelle le Synode d'évêques a été convoqué est terminée, prennent fin, par le fait même, tant l'assemblée des personnes composant le Synode que les fonctions et charges appartenant à chaque membre en tant que tel.

XII. [LES SECRÉTAIRES]

Le Synode d'évêques a un secrétaire perpétuel ou général, assisté du nombre voulu de collaborateurs. De plus, toute session du Synode d'évêques a son secrétaire spécial. lequel reste en charge jusqu'à la fin de la session.

Tant le secrétaire général que les secrétaires spéciaux sont nommés par le Souverain Pontife.

*
* *

Ainsi avons-Nous décidé et décrété, nonobstant toutes choses contraires.

Donné à Rome, auprès de Saint-Pierre, le 15 septembre 1965, troisième année de Notre Pontificat.

PAUL VI, pape

DISCOURS DE S.S. PAUL VI

à l'Assemblée générale de l'O.N.U. *

(4 octobre 1965)

AU moment de prendre la parole devant cet auditoire unique au monde, Nous tenons à exprimer d'abord Notre profonde gratitude à Monsieur Thant, votre Secrétaire Général, qui a bien voulu Nous inviter à rendre visite aux Nations-Unies, à l'occasion du vingtième anniversaire de cette institution mondiale pour la paix et la collaboration entre les peuples de toute la terre.

Merci également à Monsieur le Président de l'Assemblée, Monsieur Amintore Fanfani, qui, dès le jour de son entrée en charge, a eu pour Nous des paroles si aimables.

Merci à vous tous, ici présents, pour votre bienveillant accueil. A chacun d'entre vous, Nous présentons Notre salut cordial et déférent. Votre amitié Nous a convié et Nous admet à cette réunion: c'est en ami que Nous Nous présentons à vous.

En plus de Notre hommage personnel, Nous vous apportons celui du second Concile œcuménique du Vatican, actuellement réuni à Rome, et dont les Cardinaux qui Nous accompagnent sont les éminents représentants.

En leur nom, comme au Nôtre, à vous tous, honneur et salut!

---

* Ce discours a été prononcé en français. Nous reproduisons ici le texte officiel publié dans les *A.A.S.*, 57 (1965) pp. 877-885 et dans les *C.D.D.*, pp. 1015-1030.

S.S. Paul VI, dès son arrivée à Rome le mardi 5 octobre, s'est rendu au Concile pour y prononcer une allocution. Il y fut accueilli par le Cardinal Liénart, le plus ancien du Conseil de présidence, qui remplaçait le Cardinal Tisserant. Le Cardinal Liénart demanda que le discours prononcé par S.S. Paul VI à l'O.N.U. soit inséré dans les *Actes du Concile*. Les Pères ratifièrent cette proposition par leurs applaudissements. (Note des éditeurs.)

SIMPLICITÉ ET GRANDEUR D'UNE RENCONTRE

Cette rencontre, vous en êtes tous bien conscients, revêt un double caractère: elle est empreinte à la fois de simplicité et de grandeur. De simplicité, car celui que vous parle est un homme comme vous; il est votre frère, et même un des plus petits parmi vous, qui représentez des Etats Souverains, puisqu'il n'est investi — s'il vous plaît de Nous considérer à ce point de vue — que d'une minuscule et quasi symbolique souveraineté temporelle: le minimum nécessaire pour être libre d'exercer sa mission spirituelle et assurer ceux qui traitent avec lui qu'il est indépendant de toute souveraineté de ce monde. Il n'a aucune puissance temporelle, aucune ambition d'entrer avec vous en compétition. De fait, Nous n'avons rien à demander, aucune question à soulever: tout au plus un désir à formuler, une permission à solliciter: celle de pouvoir vous servir dans ce qui est de notre compétence, avec désintéressement, humilité et amour.

Telle est la première déclaration que Nous avons à faire. Comme vous le voyez, elle est si simple qu'elle peut paraître insignifiante pour cette assemblée, habituée à traiter d'affaires extrêmement importantes et difficiles.

Et pourtant, Nous vous le disions, et vous le sentez tous, ce moment est empreint d'une singulière grandeur: il est grand pour Nous, il est grand pour vous.

Pour Nous d'abord. Oh ! Vous savez bien qui Nous sommes. Et quelle que soit votre opinion sur le Pontife de Rome, vous connaissez Notre mission: Nous sommes porteur d'un message pour toute l'humanité. Et Nous le sommes non seulement en Notre Nom personnel et au nom de la grande famille catholique: mais aussi au nom des Frères chrétiens qui partagent les sentiments que Nous exprimons ici, et spécialement de ceux qui ont bien voulu Nous charger explicitement d'être leur interprète. Et tel le messager qui, au terme d'un long voyage, remet la lettre qui lui a été confiée: ainsi Nous avons conscience de vivre l'instant privilégié, — si bref soit-il — où s'accomplit un vœu que Nous portons dans le cœur depuis près de vingt siècles. Oui, vous vous en souvenez. C'est depuis longtemps que Nous sommes en route, et Nous portons avec Nous une longue histoire; Nous célébrons ici l'épilogue d'un laborieux pèlerinage à la recherche d'un colloque avec le monde entier, depuis le jour où il Nous fut commandé: « Allez, portez la bonne nouvelle à toutes les nations ! » Or c'est vous qui représentez toutes les nations.

Laissez-Nous vous dire que Nous avons pour vous tous un message, oui, un heureux message, à remettre à chacun d'entre vous.

UNE RATIFICATION MORALE ET SOLENNELLE

1. Notre message veut être tout d'abord une ratification morale et solennelle de cette haute Institution. Ce message vient de Notre expérience historique. C'est comme « expert en humanité » que Nous apportons à cette Organisation le suffrage de Nos derniers prédécesseurs, celui de tout l'Episcopat Catholique et le Nôtre, convaincu comme Nous le sommes que cette Organisation représente le chemin obligé de la civilisation moderne et de la paix mondiale.

En disant cela, Nous avons conscience de faire Nôtre aussi bien la voix des morts que celle des vivants: des morts tombés dans les terribles guerres du passé en rêvant à la concorde et à la paix du monde; des vivants qui y ont survécu, et qui condamnent d'avance dans leurs cœurs ceux qui tenteraient de les renouveler; d'autres vivants encore: les jeunes générations d'aujourd'hui, qui s'avancent confiantes, attendant à bon droit une humanité meilleure. Nous faisons Nôtre aussi la voix des pauvres, des déshérités, des malheureux, de ceux qui aspirent à la justice, à la dignité de vivre, à la liberté, au bien-être et au progrès. Les peuples se tournent vers les Nations-Unies comme vers l'ultime espoir de la concorde et de la paix: Nous osons apporter ici, avec le Nôtre, leur tribut d'honneur et d'espérance. Et voilà pourquoi pour vous aussi ce moment est grand.

LES UNS ET LES AUTRES

2. Nous le savons, vous en êtes pleinement conscients. Ecoutez maintenant la suite de Notre Message. Il est tout entier tourné vers l'avenir. L'édifice que vous avez construit ne doit plus jamais tomber en ruines: il doit être perfectionné et adapté aux exigences que l'histoire du monde présentera. Vous marquez une étape dans le développement de l'humanité: désormais, impossible de reculer, il faut avancer.

A la pluralité des Etats, qui ne peuvent plus s'ignorer les uns les autres, vous proposez une forme de coexistence extrêmement simple et féconde. La voici: d'abord vous reconnaissez et vous distinguez *les uns et les autres*. Vous ne conférez certes pas l'existence aux Etats: mais vous qualifiez comme digne de siéger dans l'assemblée ordonnée des peuples chacune des nations; vous donnez une reconnaissance d'une haute valeur morale et juridique à chaque communauté nationale souveraine, et vous lui garantissez une honorable citoyenneté internationale. C'est déjà un grand service rendu à la cause de l'humanité: bien définir et honorer les sujets nationaux de la communauté mondiale; les établir dans une condition juridique qui leur vaut la reconnaissance et le respect de tous, et d'où peut dériver un système ordonné et stable de vie internationale. Vous sanctionnez le grand principe que les rapports entre les peuples doivent être réglés par la raison, par la justice, le droit et la négociation, et non par la force, ni par la violence, ni par la guerre, non plus que par la peur et par la tromperie.

C'est ainsi que cela doit être. Et permettez que Nous vous félicitions d'avoir eu la sagesse d'ouvrir l'accès de cette assemblée aux peuples jeunes, aux Etats parvenus depuis peu à l'indépendance et à la liberté nationales; leur présence ici est la preuve de l'universalité et de la magnanimité qui inspirent les principes de cette institution.

C'est ainsi que cela doit être. Tel est Notre éloge et Notre souhait, et comme vous le voyez Nous ne les attribuons pas du dehors: Nous les tirons du dedans, du génie même de votre Institution.

LES UNS AVEC LES AUTRES

3. Votre Statut va plus loin encore: et Notre message s'avance avec lui. Vous existez et vous travaillez pour unir les nations, pour associer les Etats. Adoptons la formule: pour mettre ensemble *les uns avec les autres*. Vous êtes une Association. Vous êtes un pont entre les peuples. Vous êtes un réseau de rapports entre les Etats. Nous serions tenté de dire que votre caractéristique reflète en quelque sorte dans l'ordre temporel ce que notre Eglise Catholique veut être dans l'ordre spirituel: unique et universelle. On ne peut rien concevoir de plus élevé, sur le plan naturel, dans la construction idéologique de l'humanité. Votre vocation est de faire fraterniser, non pas quelques-uns des peuples, mais tous les peuples. Entreprise difficile? Sans nul doute. Mais telle est l'entreprise, telle est votre très noble entreprise. Qui ne voit la nécessité d'arriver ainsi progressivement à instaurer une autorité mondiale en mesure d'agir efficacement sur le plan juridique et politique?

Ici encore Nous répétons Notre souhait: allez de l'avant! Nous dirons davantage: faites en sorte de ramener parmi vous ceux qui se seraient détachés de vous; étudiez le moyen d'appeler à votre pacte de fraternité, dans l'honneur et avec loyauté, ceux qui ne le partagent pas encore. Faites en sorte que ceux qui sont encore au dehors désirent et méritent la confiance commune, et soyez alors généreux à l'accorder. Et vous, qui avez la chance et l'honneur de siéger dans cette assemblée de la communauté pacifique, écoutez-Nous: cette confiance mutuelle qui vous unit et vous permet d'opérer de bonnes et grandes choses, faites en sorte qu'il n'y soit jamais porté atteinte, qu'elle ne soit jamais trahie.

PAS L'UN AU-DESSUS DE L'AUTRE

4. La logique de ce souhait qui appartient, peut-on dire, à la structure de votre Organisation, Nous porte à le compléter par d'autres formules. Les voici: que personne, en tant que membre de votre union, ne soit supérieur aux autres: *Pas l'un au-dessus de l'autre.* C'est la formule de l'égalité. Nous savons, certes, que d'autres facteurs sont à considérer outre la simple appartenance à votre organisme. Mais l'égalité aussi fait partie de sa constitution, non pas que vous soyez égaux, mais ici vous vous faites égaux. Et il se peut que, pour plusieurs d'entre vous, ce soit un acte de grande vertu: permettez que Nous vous le disions, Nous, le représentant d'une religion qui opère le salut par l'humilité de son divin Fondateur. Impossible d'être frère si l'on n'est humble. Car c'est l'orgueil, si inévitable qu'il puisse paraître, qui provoque les tensions et les luttes du prestige, de la prédominance, du colonialisme, de l'égoïsme: c'est lui qui brise la fraternité.

JAMAIS PLUS LES UNS CONTRE LES AUTRES

5. Et ici Notre Message atteint son sommet. Négativement d'abord: c'est la parole que vous attendez de Nous et que Nous ne pouvons prononcer sans être conscient de sa gravité et de sa solennité: *jamais plus les uns contre les autres,* jamais, plus jamais ! N'est-ce pas surtout dans ce but qu'est née l'Organisation des Nations Unies: contre la guerre et pour la paix ? Ecoutez les paroles lucides d'un grand disparu, John Kennedy, qui proclamait, il y a quatre ans: « L'humanité devra mettre fin à la guerre, ou c'est la guerre qui mettra fin à l'humanité ». Il n'est pas besoin de longs discours pour proclamer la finalité suprême de votre Institution. Il suffit de rappeler que le sang de millions d'hommes, que des souffrances inouïes et innombrables, que d'inutiles massacres et d'épouvantables ruines sanctionnent le pacte qui vous unit, en un serment qui doit changer l'histoire future du monde: jamais plus la guerre, jamais plus la guerre ! C'est la paix, la paix, qui doit guider le destin des peuples et de toute l'humanité !

Merci à vous, gloire à vous, qui depuis vingt ans travaillez pour la paix, et qui avez même donné à cette sainte cause d'illustres victimes ! Merci à vous et gloire à vous pour les conflits que vous avez empêchés et pour ceux que vous avez réglés. Les résultats de vos efforts en faveur de la paix, jusqu'à ces tout derniers jours, méritent, même s'ils ne sont pas encore décisifs, que Nous osions Nous faire l'interprète du monde entier et que Nous vous exprimions en son nom félicitations et gratitude.

CONSTRUIRE LA PAIX

Vous avez, Messieurs, accompli, et vous accomplissez une grande œuvre: vous enseignez aux hommes la paix. L'O.N.U. est la grande école où l'on reçoit cette éducation, et nous sommes ici dans l'*Aula Magna* de cette école. Quiconque prend place ici devient élève et devient maître dans l'art de construire la paix. Et quand vous sortez de cette salle, le monde regarde vers vous comme vers les architectes, les constructeurs de la paix.

La paix, vous le savez, ne se construit pas seulement au moyen de la politique et de l'équilibre des forces et des intérêts. Elle se construit avec l'esprit, les idées, les œuvres de la paix. Vous travaillez à cette grande œuvre. Mais vous n'êtes encore qu'au début de vos peines. Le monde arrivera-t-il jamais à changer la mentalité particulariste et belliqueuse qui a tissé jusqu'ici une si grande partie de son histoire ? Il est difficile de le prévoir; mais il est facile d'affirmer qu'il faut se mettre résolument en route vers la nouvelle histoire, l'histoire pacifique, celle qui sera vraiment et pleinement humaine, celle-là même que Dieu a promise aux hommes de bonne volonté. Les voies en sont tracées devant vous: la première est celle du désarmement.

Si vous voulez être frères, laissez tomber les armes de vos mains. On ne peut pas aimer avec des armes offensives dans les mains. Les armes, surtout les terribles armes que la science moderne vous a données, avant même de causer des victimes et des ruines, engendrent de mauvais rêves, alimentent de mauvais sentiments, créent des cauchemars, des défiances, de sombres résolutions; elles exigent d'énormes dépenses; elles arrêtent les projets de solidarité et d'utile travail; elles faussent la psychologie des peuples. Tant que l'homme restera l'être faible, changeant, et même méchant qu'il se montre souvent, les armes défensives seront, hélas ! nécessaires. Mais vous, votre courage et votre valeur vous poussent à étudier les moyens de garantir la sécurité de la vie internationale sans recourir aux armes: voilà un but digne de vos efforts, voilà ce que les peuples attendent de vous. Voilà ce qu'il faut obtenir ! Et pour cela, il faut que grandisse la confiance unanime en cette Institution, que grandisse son autorité;

et le but alors — on peut l'espérer — sera atteint. Vous y gagnerez la reconnaissance des peuples, soulagés des pesantes dépenses des armements, et délivrés du cauchemar de la guerre toujours imminente.

Nous savons — et comment ne pas Nous en réjouir ? — que beaucoup d'entre vous ont considéré avec faveur l'invitation que Nous avons lancée pour la cause de la paix, de Bombay, à tous les Etats, en décembre dernier: consacrer au bénéfice des Pays en voie de développement une partie au moins des économies qui peuvent être réalisées grâce à la réduction des armements. Nous renouvelons ici cette invitation, avec la confiance que Nous inspirent vos sentiments d'humanité et de générosité.

LES UNS POUR LES AUTRES

6. Parler d'humanité, de générosité, c'est faire écho à un autre principe constitutif des Nations-Unies, son sommet positif; ce n'est pas seulement pour conjurer les conflits entre les Etats que l'on œuvre ici; c'est pour rendre les Etats capables de travailler *les uns pour les autres*. Vous ne vous contentez pas de faciliter la coexistence entre les nations: vous faites un bien plus grand pas en avant, digne de Notre éloge et de Notre appui: vous organisez la collaboration fraternelle des Peuples. Ici s'instaure un système de solidarité, qui fait que de hautes finalités, dans l'ordre de la civilisation, reçoivent l'appui unanime et ordonné de toute la famille des Peuples, pour le bien de tous et de chacun. C'est ce qu'il y a de plus beau dans l'Organisation des Nations Unies, c'est son visage humain le plus authentique; c'est l'idéal dont rêve l'humanité dans son pèlerinage à travers le temps; c'est le plus grand espoir du monde; Nous oserons dire: c'est le reflet du dessein de Dieu — dessein transcendant et plein d'amour — pour le progrès de la société humaine sur la terre, reflet où Nous voyons le message évangélique, de céleste, se faire terrestre. Ici, en effet, il Nous semble entendre l'écho de la voix de Nos Prédécesseurs et de celle, en particulier, du pape Jean XXIII, dont le Message de *Pacem in terris* a trouvé parmi vous une résonance si honorable et si significative.

DROITS ET DEVOIRS DE L'HOMME

Ce que vous proclamez ici, ce sont les droits et les devoirs fondamentaux de l'homme, sa dignité, sa liberté, et avant tout la liberté religieuse. Nous sentons que vous êtes les interprètes de ce qu'il y a de plus haut dans la sagesse humaine, Nous dirions presque: son caractère sacré. Car c'est, avant tout, de la vie de l'homme qu'il s'agit, et la vie de l'homme est sacrée: personne ne peut oser y attenter. C'est dans votre Assemblée que le respect de la vie, même en ce qui concerne le grand problème de la natalité, doit trouver sa plus haute profession et sa plus raisonnable défense. Votre tâche est de faire en sorte que le pain soit suffisamment abondant à la table de l'humanité, et non pas de favoriser un contrôle artificiel des naissances, qui serait irrationnel, en vue de diminuer le nombre des convives au banquet de la vie.

Mais il ne suffit pas de nourrir les affamés; encore faut-il assurer à chaque homme une vie conforme à sa dignité. Et c'est ce que vous vous efforcez de faire. N'est-ce pas l'accomplissement, sous Nos yeux, et grâce à vous, de l'annonce prophétique qui s'applique si bien à votre Institution: « Ils fondront leurs épées pour en faire des charrues et leurs lances pour en faire des faux » (*Is.* 2, 4) ? N'employez-vous pas les prodigieuses énergies de la terre et les magnifiques inventions de la science non plus en instruments de mort, mais en instruments de vie pour la nouvelle ère de l'humanité ?

Nous savons avec quelle intensité et quelle efficacité croissantes l'Organisation des Nations Unies et les organismes mondiaux qui en dépendent travaillent pour aider les Gouvernements qui en ont besoin à hâter leur progrès économique et social.

Nous savons avec quelle ardeur vous vous employez à vaincre l'analphabétisme et à répandre la culture dans le monde; à donner aux hommes une assistance sanitaire appropriée et moderne; à mettre au service de l'homme les merveilleuses ressources de la science, de la technique, de l'organisation: tout cela est magnifique et mérite l'éloge et l'appui de tous, y compris le Nôtre.

Nous voudrions Nous aussi donner l'exemple, même si la petitesse de Nos moyens empêche d'en apprécier la portée pratique et quantitative: Nous voulons donner à Nos institutions caritatives un nouveau développement contre la faim du monde et en faveur de ses principaux besoins: c'est ainsi, et pas autrement, qu'on construit la paix.

CONSTRUIRE SUR DES PRINCIPES SPIRITUELS [1]

7. Un mot encore, Messieurs, un dernier mot: cet édifice que vous construisez ne repose pas sur des bases purement matérielles et terrestres, car ce serait alors un édifice construit sur le sable; il repose avant tout sur nos consciences. Oui, le moment est venu de la « conversion », de la transformation personnelle, du renouvellement intérieur. Nous devons nous habituer à penser d'une manière

---

1. Ce titre qui figure dans les *A.A.S.* ne se trouve pas dans les *C.D.D.* (Note des éditeurs)

nouvelle l'homme; d'une manière nouvelle aussi la vie en commun des hommes, d'une manière nouvelle enfin les chemins de l'histoire et les destins du monde, selon la parole de saint Paul: « revêtir l'homme nouveau créé selon Dieu dans la justice et la sainteté de la vérité » (*Ephésiens*, 4, 24). Voici arrivée l'heure où s'impose une halte, un moment de recueillement, de réflexion, quasi de prière: repenser à notre commune origine, à notre histoire, à notre destin commun. Jamais comme aujourd'hui, dans une époque marquée par un tel progrès humain, n'a été aussi nécessaire l'appel à la conscience morale de l'homme. Car le péril ne vient, ni du progrès ni de la science, qui, bien utilisés, pourront au contraire résoudre un grand nombre des graves problèmes qui assaillent l'humanité. Le vrai péril se tient dans l'homme, qui dispose d'instruments toujours plus puissants, aptes aussi bien à la ruine qu'aux plus hautes conquêtes.

En un mot, l'édifice de la civilisation moderne doit se construire sur des principes spirituels, les seuls capables non seulement de le soutenir, mais aussi de l'éclairer et de l'animer. Et ces indispensables principes de sagesse supérieure ne peuvent reposer — c'est Notre conviction, vous le savez — que sur la foi en Dieu. Le Dieu inconnu dont parlait saint Paul aux Athéniens devant l'aréopage ? Inconnu de ceux qui pourtant, sans s'en douter, le cherchaient et l'avaient près d'eux, comme il arrive à tant d'hommes de notre siècle ?... Pour nous, en tout cas, et pour tous ceux qui accueillent l'ineffable révélation que le Christ nous a faite de lui, c'est le Dieu vivant, le Père de tous les hommes.

LA RÉFORME DU SAINT-OFFICE

Motu Proprio *Integrae Servandae* *

(7 décembre 1965)

PAUL VI, PAPE

L ES Pontifes romains, en union avec le Corps épiscopal, ont gardé au cours des siècles et au milieu des vicissitudes humaines, le dépôt de la religion révélée qui leur avait été confié par Dieu pour être intégralement conservé, de telle sorte qu'ils l'ont transmis intact jusqu'à nos jours. Ainsi se manifeste l'assistance divine, car par eux agit l'Esprit-Saint qui est comme l'âme du Corps mystique du Christ.

Mais l'Eglise, qui est d'institution divine et traite des choses divines, est composée d'hommes et vit parmi les hommes. Aussi s'est-elle servie, pour remplir sa tâche, de divers moyens correspondant à la diversité des époques et de la culture humaine. Elle devait, en effet, traiter des questions si nombreuses et si importantes que les Pontifes romains et les évêques, absorbés par d'innombrables soucis, n'auraient pu les mener à bien. C'est donc de la nature même des choses qu'ont pris naissance les organismes administratifs, c'est-à-dire la Curie, dont la tâche est de faciliter le gouvernement de l'Eglise en veillant au respect des lois, en favorisant les initiatives qui permettent à l'Eglise d'atteindre sa fin et en résolvant les controverses qui pourraient naître.

Rien d'étonnant, donc, si avec l'évolution des temps, certaines modifications aient dû être introduites dans ces organismes. Nos prédécesseurs, les Pontifes romains, ont en effet dû, à plusieurs reprises, introduire dans la constitution de la Curie romaine les réformes qui s'imposaient. Tel fut le but notamment des Constitutions *Immensa Aeterni Dei* de Sixte V et *Sapienti Consilio* de

---

* On trouvera le texte latin du Motu Proprio dans les *Acta Apostolicae Sedis* 57 (1965) pp. 952-955.

Nous reproduisons ici la traduction publiée par *la Documentation catholique* le 2 janvier 1966 (col. 82-84). (Note des éditeurs.)

S. Pie X, dont les dispositions ont été presque entièrement intégrées dans le Code du droit canon.

Mais après ces Constitutions, et aussi après la promulgation du Code, les choses et les temps ont bien changé, comme Nous le disions Nous-même dans l'allocution que Nous avons adressée aux cardinaux et au personnel de la Curie romaine, le 21 septembre 1963 (cf. *A. A. S., LV,* 1963, p. 793 s.) [1].

Toutes ces choses étant considérées et après avoir demandé l'avis de Nos vénérables Frères les cardinaux de la Sainte Eglise romaine et des évêques, Nous avons décidé de réaliser une certaine réforme de la Curie romaine. Et sans aucun doute il fallait commencer par la Congrégation du Saint-Office, de laquelle relèvent les affaires les plus importantes de la Curie romaine: celles qui concernent la doctrine de la foi et des mœurs, ainsi que les causes qui sont étroitement liées à cette doctrine.

C'est le 21 juillet 1542 que Notre prédécesseur, d'heureuse mémoire, Paul III, a fondé, par la Constitution apostolique *Licet ab initio,* la sacrée Congrégation de l'Inquisition romaine et universelle. Il la chargea spécialement de poursuivre les hérésies, et par conséquent de réprimer les délits contre la foi, de proscrire les livres et de nommer des inquisiteurs dans toute l'Eglise. Son autorité s'étendit bien souvent à d'autres questions, à cause de leur difficulté ou de leur importance spéciales.

En 1908, le titre d' « Inquisition romaine et universelle » ne répondant plus aux circonstances du temps, S. Pie X décida, par la Constitution *Sapienti Consilio,* qu'elle serait désormais appelée « Congrégation du Saint-Office ».

Mais parce que l'amour parfait *bannit la crainte* (1 Jean, 4, 18), la protection de la foi sera mieux assurée maintenant par un office chargé de promouvoir la doctrine, qui donnera de nouvelles forces aux hérauts de l'Evangile, tout en corrigeant les erreurs et en ramenant avec douceur dans la bonne voie ceux qui s'en sont écartés. Par ailleurs, le progrès de la culture humaine, dont l'importance pour la religion ne doit pas être négligée, veut que les fidèles suivent plus pleinement et avec plus d'amour les directives de l'Eglise s'ils voient bien la raison d'être des définitions et des lois, autant du moins que cela est possible en matière de foi et de mœurs.

---

1. *Documentation catholique,* 6 octobre 1963, col. 1263. (Note des éditeurs.)

C'est pourquoi, pour que cette sacrée Congrégation s'acquitte plus parfaitement de la tâche qui lui incombe, c'est-à-dire promouvoir la saine doctrine et l'accomplissement par l'Eglise de ses plus importantes tâches d'apostolat, en vertu de Notre suprême autorité apostolique, Nous avons décidé ce qui suit en vue de changer son nom et son règlement:

1. Cette Congrégation, qui s'appelait jusqu'à maintenant *sacrée Congrégation du Saint-Office,* s'appellera désormais *Congrégation pour la doctrine de la foi.* Elle aura pour tâche de défendre la doctrine de la foi et des mœurs dans l'univers catholique tout entier.

2. Présidée par le Souverain Pontife, elle sera dirigée par un cardinal-secrétaire, assisté d'un assesseur, d'un substitut et d'un promoteur de justice [2].

3. Sa compétence s'étend à toutes les questions qui touchent la doctrine de la foi et des mœurs ou sont liées avec la foi.

4. Elle examine les doctrines et les opinions nouvelles, quelle que soit la manière dont elles sont diffusées et elle suscite des études à ce sujet. Elle favorise les congrès scientifiques. Elle condamne les doctrines qui s'avèrent être contraires aux principes de la foi, mais après avoir pris l'avis des évêques locaux, si ceux-ci sont concernés.

5. Elle examine avec soin les livres qu'on lui signale et, s'il le faut, elle les condamne, mais, après avoir entendu l'auteur, en lui donnant la possibilité de se défendre, même par écrit, et après avoir prévenu son Ordinaire, comme cela était déjà prévu dans la Constitution *Sollicita ac provida* de Notre prédécesseur Benoît XIV, d'heureuse mémoire.

6. Il lui appartient également de connaître en droit ou en fait des questions touchant le privilège de la foi.

7. Il lui revient de juger des délits contre la foi, selon la procédure ordinaire.

8. Elle veille à maintenir la dignité du sacrement de pénitence, en suivant sa procédure irréprochable et éprouvée; celle-ci cependant sera communiquée aux Ordinaires des lieux, et l'accusé aura la possibilité de se défendre ou de choisir un avocat parmi ceux qui sont approuvés auprès de la Congrégation.

---

2. Deux mois plus tard, S.S. Paul VI a décidé que, dans les Congrégations dont il est le Préfet (Pour la Doctrine de la Foi, Consistoriale, pour l'Eglise Orientale), le Secrétaire aura désormais le titre de Pro-Préfet, l'Assesseur et le Substitut, respectivement le titre de Secrétaire et Sous-Secrétaire (Voir à ce sujet *l'Osservatore Romano,* 9 février 1966). (Note des éditeurs.)

9. Elle entretient les rapports voulus avec la Commission biblique pontificale.

10. La Congrégation est assistée par des consulteurs choisis par le Souverain Pontife parmi ceux qui, dans le monde entier, se sont signalés par leur science, leur prudence et leur expérience.

Si la question traitée le requiert, des experts pourront s'adjoindre aux consulteurs. Ces derniers seront choisis surtout parmi les professeurs d'universités.

11. La Congrégation emploie soit la procédure administrative, soit la procédure judiciaire, selon la nature de la question à traiter.

12. Le règlement intérieur de la Congrégation sera rendu public par une instruction particulière.

Nous ordonnons que tout ce qui a été prescrit par Nous dans ce *motu proprio* soit ferme et ratifié, nonobstant toutes choses contraires.

Donné à Rome, auprès de Saint-Pierre, le 7 décembre 1965, troisième année de Notre pontificat.

PAUL VI, pape

DISCOURS DE S.S. PAUL VI

lors de la session publique du 7 décembre 1965 *

AUJOURD'HUI, nous touchons au terme du second Concile œcuménique du Vatican. C'est dans sa pleine vigueur que le Concile arrive à sa conclusion: votre présence en si grand nombre le prouve, la cohésion si ordonnée de cette Assemblée en témoigne, l'achèvement régulier des activités conciliaires le confirme, l'harmonie des sentiments et des propos le proclame.

Si bon nombre de questions, soulevées au cours même du Concile, attendent encore une réponse adéquate, cela signifie qu'on met fin aux travaux non sous le poids de la fatigue, mais au contraire dans une vitalité que ce rassemblement œcuménique a réveillée et qui, Dieu aidant, dans la période postconciliaire se consacrera activement à ce genre de problèmes, avec méthode et générosité.

Ce Concile laisse à l'histoire l'image de l'Eglise catholique, que Nous voyons figurée en cette salle où se pressent des pasteurs, professant la même foi, animés de la même charité, tous rassemblés dans la communion de la prière, l'unité de la discipline et de l'action et — chose admirable — tout désireux d'une seule chose: s'offrir eux-mêmes, comme le Christ, notre Maître et Seigneur, pour la vie de l'Eglise et pour le salut du monde. Et ce n'est pas seulement l'image de l'Eglise que ce Concile transmet à la postérité, c'est aussi le patrimoine de sa doctrine et de ses préceptes, le « dépôt » reçu du Christ, médité, vécu et explicité au long des siècles. Ce dépôt se trouve aujourd'hui, sur bien des points, placé dans un jour nouveau, confirmé et mis en ordre dans son intégrité. Toujours vivant par la force

---

* On trouvera le texte latin du Discours dans les *A.A.S.*, 58 (1966) pp. 51-59 et dans les *C.D.D.*, pp. 1061-1077.

Nous reproduisons ici la traduction publiée par *la Documentation catholique* le 2 janvier 1966 (col. 59-66). *La Documentation catholique* a donné à ce discours un titre qui en exprime bien le thème principal: *la Valeur religieuse d'un Concile qui s'est occupé principalement de l'homme.* (Note des éditeurs.)

divine de vérité et de grâce qui le constitue, il est capable de faire vivre quiconque l'accueille avec piété et en nourrit son existence humaine.

Ce que fut ce Concile, ce qu'il a accompli, ce serait naturellement le sujet de cette méditation que Nous faisons au moment de le terminer, mais elle requerrait trop d'attention et de temps et en ce moment ultime, si émouvant, Nous ne sommes peut-être pas à même de réaliser pareille synthèse avec assez de tranquillité.

Nous voulons réserver ces moments précieux à une seule pensée, qui tout à la fois nous abaisse dans l'humilité et nous exalte au comble de nos aspirations. Cette pensée, la voici: Quelle est la valeur religieuse de notre Concile ?

Religieuse, disons-Nous, pour marquer le rapport direct au Dieu vivant, ce rapport qui est la raison d'être de l'Eglise et de tout ce que l'Eglise croit, espère et aime, de tout ce qu'elle est, de tout ce qu'elle fait.

Pouvons-Nous dire que nous avons rendu gloire à Dieu, que nous avons cherché à le connaître et à l'aimer, que nous avons progressé dans l'effort pour le contempler, dans la préoccupation de le louer et dans l'art de proclamer ce qu'il est aux hommes qui nous regardent comme pasteurs et maîtres dans les voies de Dieu ?

Nous croyons franchement que oui, notamment parce que c'est de cette intention première et profonde que jaillit l'idée de réunir un Concile. Ils résonnent encore dans cette basilique les mots prononcés lors du discours d'ouverture par Notre vénéré Prédécesseur Jean XXIII, que Nous pouvons bien appeler l'auteur de ce grand rassemblement.

« La tâche la plus importante du Concile, disait-il, est de garder et de proposer d'une manière plus efficace le dépôt de la foi chrétienne... Il est bien vrai que le Christ a dit: « Cherchez d'abord le royaume de Dieu et sa justice », il nous montre par là où doivent tendre surtout nos forces et nos pensées. » [1]

Au projet a succédé la réalisation.

Pour l'apprécier comme il convient, il faut se rendre compte du moment où elle s'est accomplie.

C'est dans un temps que tous reconnaissent comme orienté vers la conquête du royaume terrestre plutôt que vers le Royaume des

---

1. *AAS* 54 (1962) p. 790 [p. 585].

cieux, un temps où l'oubli de Dieu devient courant et semble, à tort, suggéré par le progrès scientifique, un temps où la personne humaine, qui a pris davantage conscience d'elle-même et de sa liberté, tend essentiellement à s'affirmer dans une autonomie absolue et à s'affranchir de toute loi qui la dépasse.

C'est dans un temps où le laïcisme semble découler normalement de la pensée moderne, et représenter la sagesse dernière de l'ordre social temporel, un temps aussi où les expressions de la pensée touchent au comble de l'irrationnel et du désespoir, où l'on peut remarquer enfin, même dans les grandes religions qui se partagent les peuples de la terre, des signes de trouble et de régression comme jamais encore on en avait vus. C'est dans ce temps-là que le Concile s'est tenu, en l'honneur de Dieu, au nom du Christ et sous l'impulsion de l'Esprit-Saint. Cet Esprit « qui pénètre toute chose », qui ne cesse d'animer l'Eglise « afin de nous faire connaître les dons de Dieu sur nous » (1 Cor., 2, 10-12), c'est lui qui donne à l'Eglise la vision à la fois profonde et totale de la vie et du monde. Grâce au Concile, la manière de concevoir l'homme et l'univers en référence à Dieu comme à leur centre et à leur fin s'est élevée devant l'humanité, sans craindre l'accusation d'être dépassée et étrangère à l'homme. Cette conception, que le jugement du monde qualifiera d'abord de folie, mais qu'il reconnaîtra ensuite, nous l'espérons, comme vraiment humaine, pleine de sagesse et porteuse de salut, prétend que Dieu existe.

Oui, qu'il est une réalité, un être vivant et personnel, qu'il exerce une providence, qu'il est infiniment bon, et non seulement en lui-même, mais d'une bonté sans mesure à notre égard également, qu'il est notre créateur, notre vérité, notre bonheur, au point que l'effort de fixer en lui notre regard et notre cœur, dans cette attitude que nous appelons contemplation, devient l'acte le plus élevé et le plus plénier de l'esprit, celui qui aujourd'hui encore peut et doit ordonner l'immense pyramide des activités humaines.

On dira que le Concile, plus que des vérités relatives à Dieu, s'est occupé surtout de l'Eglise, de sa nature, de sa structure, de sa vocation œcuménique, de son activité apostolique et missionnaire. Cette société religieuse séculaire qu'est l'Eglise s'est efforcée de réfléchir sur elle-même pour mieux se connaître, pour mieux se définir et pour régler en conséquence ses sentiments et ses préceptes.

C'est vrai. Mais cette introspection n'a pas été une fin pour elle-même, elle n'a pas été un acte de simple sagesse humaine, de seule culture terrestre.

L'Eglise s'est recueillie dans l'intimité de sa conscience spirituelle, non pas pour se complaire dans de savantes analyses de psychologie religieuse ou d'histoire de ses expériences, ni non plus pour s'appliquer à réaffirmer ses droits et à décrire ses lois.

L'Eglise s'est recueillie pour retrouver en elle-même la Parole du Christ, vivante et opérante dans l'Esprit-Saint, pour scruter plus à fond le mystère, c'est-à-dire le dessein et la présence de Dieu au-dessus et au-dedans de soi, et pour raviver en soi cette foi, qui est le secret de sa sécurité et de la sagesse, et cet amour qui l'oblige à chanter sans cesse les louanges de Dieu: « Chanter est le propre de celui qui aime », dit saint Augustin (Serm. 336, P. L., 38, 1472).

Les documents conciliaires, principalement ceux qui traitent de la Révélation divine, de la liturgie, de l'Eglise, des prêtres, des religieux, des laïcs, laissent clairement transparaître cette intention religieuse, directe et primordiale, et montrent combien limpide, fraîche et riche est la vie spirituelle que le contact vital avec le Dieu vivant fait jaillir dans le sein de l'Eglise et, de l'Eglise, se répandre sur le sol aride de notre terre.

Mais Nous ne pouvons négliger une observation capitale dans l'examen du sens religieux de notre Concile: il s'est très vivement intéressé à l'étude du monde moderne.

Jamais peut-être comme en cette occasion, l'Eglise n'a éprouvé le besoin de connaître, d'approcher, de comprendre, de pénétrer, de servir, d'évangéliser la société qui l'entoure, de la saisir et pour ainsi dire de la poursuivre dans ses rapides et continuelles transformations.

Cette attitude, provoquée par l'éloignement et les ruptures qui séparèrent l'Eglise de la civilisation profane au cours des siècles derniers, surtout au XIXe et en notre siècle, et toujours inspirée par la mission de salut qui est essentielle à l'Eglise, a fortement et constamment fait sentir son influence dans le Concile: au point de faire naître chez certains le soupçon qu'à cause de l'influence de la doctrine du « relativisme » un excès de tolérance et de considération pour le monde extérieur, l'actualité qui passe, les modes en matière de culture, les besoins contingents, la pensée des autres, aient prévalu chez certains membres du Concile et dans certains de ses actes, au détriment de la fidélité due à la tradition et aux finalités de l'orientation religieuse du Concile lui-même. Pour Notre part, Nous n'estimons pas qu'on puisse taxer de pareille déviation ce Concile, en ce qui concerne ses véritables et profondes intentions et ses manifestations authentiques.

Nous voulons plutôt souligner que la règle de notre Concile a été avant tout la charité. Et qui pourrait accuser le Concile de manquer d'esprit religieux et de fidélité à l'Evangile pour avoir choisi cette orientation de base, si l'on se rappelle que c'est le Christ lui-même qui nous a appris à regarder l'amour pour nos frères comme le signe distinctif de ses disciples (cf. Jean, 13, 35), et si on laisse résonner dans son cœur les paroles de l'apôtre : « La religion pure et sans tache devant Dieu notre Père consiste en ceci: visiter les orphelins et les veuves dans leurs épreuves, se garder de toute souillure du monde » (Jacques 1, 27) ou encore celles-ci: « Qui n'aime pas son frère qu'il voit, comment pourrait-il aimer Dieu qu'il ne voit pas ? » (I Jean, 4, 20).

L'Eglise du Concile, il est vrai, ne s'est pas contentée de réfléchir sur sa propre nature et sur les rapports qui l'unissent à Dieu: elle s'est aussi beaucoup occupée de l'homme, de l'homme tel qu'en réalité il se présente à notre époque: l'homme vivant, l'homme tout entier occupé de soi, l'homme qui se fait non seulement le centre de tout ce qui l'intéresse, mais qui ose se prétendre le principe et la raison dernière de toute réalité. Tout l'homme phénoménal — comme on dit de nos jours —, c'est-à-dire avec le revêtement de ses innombrables apparences, s'est comme dressé devant l'Assemblée des Pères conciliaires, des hommes, eux aussi, tous pasteurs et frères, attentifs donc et aimants: l'homme tragique victime de ses propres drames, l'homme qui, hier et aujourd'hui, cherche à se mettre au-dessus des autres, et qui, à cause de cela, est toujours fragile et faux, égoïste et féroce; puis l'homme insatisfait de soi, qui rit et qui pleure; l'homme versatile, prêt à jouer n'importe quel rôle, et l'homme raide qui ne croit qu'à la seule réalité scientifique; l'homme tel qu'il est, qui pense, qui aime, qui travaille, qui attend toujours quelque chose, « l'enfant qui grandit » (Gen., 49, 22), et l'homme qu'on doit considérer avec une certaine vénération à cause de l'innocence de son enfance, le mystère de sa pauvreté et sa douleur pitoyable; l'homme individualiste et l'homme social; l'homme, « qui loue le temps passé » et l'homme qui rêve à l'avenir; l'homme pécheur et l'homme saint; et ainsi de suite.

L'humanisme laïque et profane enfin est apparu dans sa terrible stature et a, en un certain sens, défié le Concile.

La religion du Dieu qui s'est fait homme s'est rencontrée avec la religion (car c'en est une) de l'homme qui se fait Dieu.

Qu'est-il arrivé ? Un choc, une lutte, un anathème ? Cela pouvait arriver; mais cela n'a pas eu lieu. La vieille histoire du bon Samaritain a été le modèle et la règle de la spiritualité du Concile. Une sympathie sans bornes pour les hommes l'a envahi tout entier. La découverte et l'étude des besoins humains (et ils sont d'autant plus grands que le fils de la terre se fait plus grand), a absorbé l'attention de notre Synode.

Reconnaissez-lui au moins ce mérite, vous, humanistes modernes, qui renoncez à la transcendance des choses suprêmes, et sachez reconnaître notre nouvel humanisme: nous aussi, nous plus que quiconque, nous avons le culte de l'homme.

Et dans l'humanité, qu'a donc considéré cet auguste Sénat, qui s'est mis à l'étudier sous la lumière de la divinité ? Il a considéré une fois encore l'éternel double visage de l'homme: sa misère et sa grandeur, son mal profond, indéniable, de soi inguérissable, et ce qu'il garde de bien, toujours marqué de beauté cachée et de souveraineté invincible. Mais il faut reconnaître que ce Concile, dans le jugement qu'il a porté sur l'homme, s'est arrêté bien plus à cet aspect heureux de l'homme qu'à son aspect malheureux. Son attitude a été nettement et volontairement optimiste.

Un courant d'affection et d'admiration a débordé du Concile sur le monde humain moderne. Des erreurs ont été dénoncées. Oui, parce que c'est l'exigence de la charité comme de la vérité mais, à l'adresse des personnes, il n'y eut que rappel, respect et amour. Au lieu de diagnostics déprimants, des remèdes encourageants; au lieu de présages funestes, des messages de confiance sont partis du Concile vers le monde contemporain: ses valeurs ont été non seulement respectées, mais honorées; ses efforts soutenus, ses aspirations purifiées et bénies.

Voyez, par exemple: les langues innombrables parlées par les peuples d'aujourd'hui ont été admises à exprimer liturgiquement la parole des hommes à Dieu et la parole de Dieu aux hommes; à l'homme comme tel, on a reconnu la vocation fondamentale à une plénitude de droits et à une transcendance de destin; ses aspirations à l'existence, à la dignité de la personne, à la liberté honnête, à la culture, au renouvellement de l'ordre social, à la justice, à la paix, ont été rendues à leur pureté et encouragées; et à tous les hommes a été adressée l'invitation pastorale et missionnaire à la lumière évangélique. C'est trop brièvement que Nous parlons maintenant des multiples et très vastes questions concernant le bien-être humain, dont le Concile s'est occupé; et il n'a pas entendu résoudre tous les problèmes urgents de la vie moderne; certains d'entre eux ont été réservés à une étude ultérieure que l'Eglise se propose de faire, beaucoup ont été présentés en termes très brefs et généraux, susceptibles par conséquent d'approfondissements ultérieurs et d'applications diverses.

Mais il est bon de noter ici une chose: le magistère de l'Eglise, bien qu'il n'ait pas voulu se prononcer sous forme de sentences dogmatiques extraordinaires, a étendu son enseignement autorisé à une quantité de questions qui engagent aujourd'hui la conscience et l'activité de l'homme; il en est venu, pour ainsi dire, à dialoguer avec lui; et tout en conservant toujours l'autorité et la force qui lui sont propres, il a pris la voix familière et amie de la charité pastorale, il a désiré se faire écouter et comprendre de tous les hommes; il ne s'est pas seulement adressé à l'intelligence spéculative, mais il a cherché à s'exprimer aussi dans le style de la conversation ordinaire. En faisant appel à l'expérience vécue, en utilisant les ressources du sentiment et du cœur, en donnant à la parole plus d'attrait, de vivacité et de force persuasive, il a parlé à l'homme d'aujourd'hui, tel qu'il est.

Il est encore un autre point que Nous devrions relever: toute cette richesse doctrinale ne vise qu'à une chose: servir l'homme. Il s'agit, bien entendu, de tout homme, quels que soient sa condition, sa misère et ses besoins. L'Eglise s'est pour ainsi dire proclamée la servante de l'humanité juste au moment où son magistère ecclésiastique et son gouvernement pastoral ont, en raison de la solennité du Concile, revêtu une plus grande splendeur et une plus grande force: l'idée de service a occupé une place centrale dans le Concile.

Tout cela, et tout ce que Nous pourrions encore dire sur la valeur humaine du Concile, a-t-il peut-être fait dévier la pensée de l'Eglise en Concile vers les positions anthropocentriques prises par la culture moderne ?

Non, l'Eglise n'a pas dévié, mais elle s'est tournée vers l'homme. Et celui qui considère avec attention cet intérêt prépondérant porté par le Concile aux valeurs humaines et temporelles ne peut nier d'une part que le motif de cet intérêt se trouve dans le caractère pastoral que le Concile a voulu et dont il a fait en quelque sorte son programme et, d'autre part, il devra reconnaître que cette préoccupation elle-même n'est jamais dissociée des préoccupations religieuses les plus authentiques, qu'il s'agisse de la charité qui seule suscite ces préoccupations (et là où se trouve la charité là se trouve Dieu), ou du lien — constamment affirmé et mis en valeur par le Concile — existant entre les valeurs humaines et temporelles et les valeurs proprement spirituelles, religieuses et éternelles. L'Eglise se penche sur l'homme et sur la terre, mais c'est vers le royaume de Dieu que son élan la porte.

La mentalité moderne, habituée à juger toutes choses d'après leur valeur, c'est-à-dire leur utilité, voudra bien admettre que la valeur du Concile est grande au moins pour ce motif: tout y a été orienté à l'utilité de l'homme. Qu'on ne déclare donc jamais inutile une religion comme la religion catholique qui, dans sa forme la plus consciente et la plus efficace, comme est celle du Concile, proclame qu'elle est tout entière au service du bien de l'homme. La religion catholique et la vie humaine réaffirment ainsi leur alliance, leur convergence vers une seule réalité humaine: la religion catholique est pour l'humanité; en un certain sens, elle est la vie de l'humanité. Elle est la vie, par l'explication que notre religion donne de l'homme; la seule explication, en fin de compte, exacte et sublime. (L'homme laissé à lui-même n'est-il pas un mystère à ses propres yeux ?)

Elle donne cette explication précisément en vertu de sa science de Dieu: pour connaître l'homme, l'homme vrai, l'homme tout entier, il faut connaître Dieu. Qu'il Nous suffise pour le moment de citer à l'appui de cette affirmation le mot brûlant de sainte Catherine de Sienne: « C'est dans ta nature, ô Dieu éternel, que je connaîtrai ma propre nature. » (Or. 24.) La religion catholique est la vie, parce qu'elle décrit la nature et la destinée de l'homme; elle donne à celui-ci son véritable sens. Elle est la vie, parce qu'elle constitue la loi suprême de la vie et qu'elle infuse à la vie cette énergie mystérieuse qui la rend vraiment divine.

Mais, vénérables Frères et vous tous, Nos chers fils ici présents, si nous nous rappelons qu'à travers le visage de tout homme — spécialement lorsque les larmes et les souffrances l'ont rendu plus transparent, — Nous pouvons et devons reconnaître le visage du Christ (cf. Matt., 25, 40), le Fils de l'homme, et si sur le visage du Christ nous pouvons et devons reconnaître le visage du Père céleste: « Qui me voit, dit Jésus, voit aussi le Père » (Jean, 14, 9), notre humanisme devient christianisme, et notre christianisme se fait théocentrique, si bien que nous pouvons également affirmer: pour connaître Dieu, il faut connaître l'homme.

Mais alors, ce Concile, dont les travaux et les préoccupations ont été consacrés principalement à l'homme, ne serait-il pas destiné à ouvrir une nouvelle fois au monde moderne les voies d'une ascension vers la liberté et le vrai bonheur ? Ne donnerait-il pas, en fin de compte, un enseignement simple, neuf et solennel pour apprendre à aimer l'homme afin d'aimer Dieu ?

Aimer l'homme, disons-Nous, non pas comme un simple moyen, mais comme un premier terme dans la montée vers le terme suprême et transcendant. Et alors, le Concile tout entier se résume finalement dans cette conclusion religieuse: il n'est pas autre chose qu'un appel amical et pressant qui convie l'humanité à retrouver, par la voie de l'amour fraternel, ce Dieu dont on a pu dire: « S'éloigner de lui, c'est périr; se tourner vers lui, c'est ressusciter; demeurer en lui, c'est être inébranlable...; retourner à lui, c'est renaître; habiter en lui, c'est vivre. » (Saint Augustin, Solil. I, 1, 3; P. L., 32, 870.)

Voilà ce que Nous espérons au terme de ce second Concile œcuménique du Vatican et au début de l'entreprise de renouvellement humain et religieux qu'il s'était proposé d'étudier et de promouvoir; voilà ce que Nous espérons pour nous-mêmes, vénérables Frères et Pères de ce même Concile; voilà ce que nous espérons pour l'humanité tout entière qu'ici nous avons appris à aimer davantage et à mieux servir.

Et tandis que, dans ce but, Nous invoquons encore l'intercession des saints Jean-Baptiste et Joseph, patrons de ce Synode œcuménique, des saints apôtres Pierre et Paul, fondements et colonnes de la Sainte Eglise, auxquels Nous associons saint Ambroise, l'évêque dont Nous célébrons aujourd'hui la fête, unissant en lui de quelque façon l'Eglise d'Orient et celle d'Occident, Nous implorons également et de tout cœur la protection de la Très Sainte Vierge Marie, mère du Christ, et que pour cela Nous appelons aussi Mère de l'Eglise, et d'une seule voix, d'un seul cœur, nous rendons grâce et gloire au Dieu vivant et véritable, au Dieu unique et souverain, au Père, au Fils et au Saint-Esprit. Amen.

DÉCLARATION COMMUNE

du Pape Paul VI
et du Patriarche Athénagoras de Constantinople *

(7 décembre 1965)

1. **P**ÉNÉTRÉS de reconnaissance envers Dieu pour la faveur que, dans sa miséricorde, il leur a faite de se rencontrer fraternellement aux lieux sacrés, où, par la mort et la résurrection du Seigneur Jésus, a été consommé le mystère de notre salut et, par l'effusion du Saint-Esprit, a été donné naissance à l'Eglise, le pape Paul VI et le patriarche Athénagoras Ier n'ont pas perdu de vue le dessein qu'ils ont conçu dès lors, chacun pour sa part, de ne rien omettre désormais des gestes qu'inspire la charité et qui puissent faciliter le développement des rapports fraternels ainsi amorcés entre l'Eglise Catholique Romaine et l'Eglise Orthodoxe de Constantinople. Ils sont persuadés de répondre ainsi à l'appel de la grâce divine qui porte aujourd'hui l'Eglise Catholique Romaine et l'Eglise Orthodoxe ainsi que tous les chrétiens à surmonter leurs différends afin d'être à nouveau « un » comme le Seigneur Jésus l'a demandé pour eux à son Père.

2. Parmi les obstacles qui se trouvent sur le chemin du développement de ces rapports fraternels de confiance et d'estime, figure le souvenir des décisions, actes et incidents pénibles, qui ont abouti en 1054, à la sentence d'excommunication portée contre le patriarche Michel Cérulaire et deux autres personnalités par les légats du siège romain, conduits par le cardinal Humbert, légats qui furent eux-mêmes ensuite l'objet d'une sentence analogue de la part du patriarche et du synode constantinopolitain.

3. On ne peut faire que ces événements n'aient pas été ce qu'ils ont été dans cette période particulièrement troublée de l'histoire. Mais aujourd'hui qu'un jugement plus serein et plus équitable a été porté sur eux, il importe de reconnaître les excès dont ils ont été entachés et qui ont amené ultérieurement des conséquences dépassant, autant que nous pouvons en juger, les intentions et les prévisions de

---

* Cette déclaration a été lue, en français, par S. E. Mgr Jean Willebrands, secrétaire du Secrétariat pour l'unité des chrétiens, lors de la session publique du 7 décembre 1965.

Nous reproduisons ici le texte officiel publié par les *Acta Apostolicae Sedis* 58 (1966) pp. 20-21. (Note des éditeurs.)

leurs auteurs dont les censures portaient sur les personnes visées et non sur les Eglises et n'entendaient pas rompre la communion ecclésiastique entre les sièges de Rome et de Constantinople.

4. C'est pourquoi le pape Paul VI et le patriarche Athénagoras Ier en son synode, certains d'exprimer le désir commun de justice et le sentiment unanime de charité de leurs fidèles et se rappelant le précepte du Seigneur: « Quand tu présentes ton offrande à l'autel, si là tu te souviens d'un grief que ton frère a contre toi, laisse là ton offrande devant l'autel et va d'abord te réconcilier avec ton frère » *(Mt.* 5, 23-24), déclarent d'un commun accord:

a) regretter les paroles offensantes, les reproches sans fondement, et les gestes condamnables qui, de part et d'autre, ont marqué ou accompagné les tristes événements de cette époque;

b) regretter également et enlever de la mémoire et du milieu de l'Eglise les sentences d'excommunication qui les ont suivis, et dont le souvenir opère jusqu'à nos jours comme un obstacle au rapprochement dans la charité, et les vouer à l'oubli;

c) déplorer, enfin, les fâcheux précédents et les événements ultérieurs qui, sous l'influence de divers facteurs, parmi lesquels l'incompréhension et la méfiance mutuelles, ont finalement conduit à la rupture effective de la communion ecclésiastique.

5. Ce geste de justice et de pardon réciproque, le pape Paul VI et le patriarche Athénagoras Ier avec son synode sont conscients qu'il ne peut suffire à mettre fin aux différends, anciens ou plus récents, qui subsistent entre l'Eglise Catholique Romaine et l'Eglise Orthodoxe et qui, par l'action de l'Esprit-Saint, seront surmontés grâce à la purification des cœurs, au regret des torts historiques ainsi qu'à une volonté efficace de parvenir à une intelligence et une expression commune de la foi apostolique et de ses exigences.

En accomplissant ce geste, cependant, ils espèrent qu'il sera agréé de Dieu, prompt à nous pardonner lorsque nous nous pardonnons les uns les autres, et apprécié par le monde chrétien tout entier, mais surtout par l'ensemble de l'Eglise Catholique Romaine et l'Eglise Orthodoxe comme l'expression d'une sincère volonté réciproque de réconciliation et comme une invitation à poursuivre, dans un esprit de confiance, d'estime et de charité mutuelles, le dialogue qui les amènera, Dieu aidant, à vivre de nouveau, pour le plus grand bien des âmes et l'avènement du règne de Dieu, dans la pleine communion de foi, de concorde fraternelle et de vie sacramentelle qui exista entre elles au cours du premier millénaire de la vie de l'Eglise.

BREF APOSTOLIQUE *AMBULATE IN DILECTIONE*

[qui efface de la mémoire de l'Eglise catholique

l'excommunication portée en 1054] *

(7 décembre 1965)

PAUL VI, PAPE,
POUR QUE LE SOUVENIR
S'EN MAINTIENNE À L'AVENIR.

« **M**ARCHEZ dans la charité à l'exemple du Christ » (*Eph.* 5, 2): ces paroles d'exhortation de l'Apôtre des gentils nous concernent, nous qui sommes appelés chrétiens du nom de notre Sauveur et elles nous pressent, surtout en ce temps qui nous engage plus fortement à élargir le champ de la charité. Oui, par la grâce de Dieu, nos âmes sont enflammées du désir de faire tous les efforts qui restaureront l'unité entre tous ceux qui ont été appelés à la garder, puisqu'ils ont été incorporés au Christ. Et Nous-même, qui par une disposition de la Providence divine occupons la chaire de Saint-Pierre, comprenant ce commandement du Seigneur, Nous avons à maintes reprises déjà signifié Notre résolution très ferme de saisir toutes les occasions qui peuvent servir et correspondre à l'accomplissement de cette volonté du Rédempteur. Nous repassons en Notre esprit les funestes événements qui, à la suite de dissensions sérieuses, ont abouti, en l'année 1054 à une grave mésintelligence entre l'Eglise de Rome et celle de Constantinople. Ce n'est pas sans raison que Notre Prédécesseur, le pape saint Grégoire VII écrivit après l'événement: « Autant... la

---

  * C'est S. Em. le Cardinal Augustin Bea qui donna lecture de ce Bref. Il était accompagné de LL. Em. les Cardinaux Paul Marella et François König. Le Métropolite S. Em. Méliton d'Héliopolis, chef de la délégation envoyée par S.S. le Patriarche Athénagoras, reçut ensuite du Saint-Père le texte original du Bref et tous deux se donnèrent l'accolade de la réconciliation.

  A la même heure, une cérémonie semblable eut lieu à Istanbul. C'est S. Em. le Cardinal Laurent-Joseph Shehan qui reçut de S.S. le Patriarche Athénagoras l'assurance de la levée de l'excommunication.

  On trouvera le texte latin du Bref dans les *A.A.S.*, 58 (1966) pp. 40-41 et dans les *C.D.D.*, pp. 1058-1060. Nous reproduisons ici la traduction publiée par *l'Osservatore Romano* (édition française) le 17 décembre 1965. (Note des éditeurs.)

concorde fut auparavant bienfaisante, autant fut nocif par la suite le refroidissement de la charité, de part et d'autre » (*Ep. ad Michael. Constantinop. imp. Reg.* I, 18, ed. Caspar, p. 30). Bien plus on en vint à ce que les Légats pontificaux prononcent une sentence d'excommunication contre Michel Cérulaire, patriarche de Constantinople et contre deux ecclésiastiques, et que le patriarche ainsi que son Synode usèrent de la même mesure. Mais aujourd'hui que les temps et les esprits ont changé, Nous sommes profondément heureux de ce que Notre vénérable Frère Athénagoras Ier, patriarche de Constantinople, et son Synode sont dans la même disposition que Nous, c'est-à-dire qu'ils souhaitent que nous soyons unis par la charité, « lien agréable et sain des esprits » (cf. S. Augustin, *Sermon* 350, 3; *P.L.* 39, 1534). Aussi, dans le désir d'aller plus avant dans la voie de l'amour fraternel, qui pourra nous conduire à la parfaite unité, et de supprimer les obstacles et les entraves, en présence des Evêques rassemblés dans le Concile œcuménique Vatican II, Nous déclarons regretter les paroles qui furent dites et les gestes qui furent posés en ce temps-là et que l'on ne peut pas approuver. En outre, Nous voulons effacer du souvenir de l'Eglise la sentence d'excommunication alors portée et la retirer de son fonds et Nous voulons qu'elle soit couverte et enfouie par l'oubli. Nous sommes heureux qu'il Nous soit donné d'accomplir cet acte de charité fraternelle ici à Rome, près de la tombe de l'apôtre Pierre au jour même où à Constantinople, qu'on appelle la Nouvelle Rome, le même acte est posé, et au moment où l'Eglise d'Occident et celle d'Orient célèbrent dans une religieuse commémoration saint Ambroise, Evêque et Docteur de l'une et de l'autre. Que Dieu très clément, auteur de la paix, rende efficace cette bonne volonté réciproque et qu'Il permette que ce témoignage public de fraternité chrétienne tourne à sa gloire et au bien des âmes.

Donné à Rome, près Saint-Pierre, sous l'anneau du Pêcheur, en la fête de saint Ambroise, Evêque, Confesseur et Docteur de l'Eglise, le 7 décembre de l'année 1965, de Notre Pontificat la troisième.

PAUL VI, pape

MESSAGES DU CONCILE *

aux gouvernants, aux hommes de la pensée et de la science,
aux artistes, aux femmes, aux travailleurs,
aux pauvres, aux malades, à tous ceux qui souffrent,
aux jeunes.

(8 décembre 1965)

[INTRODUCTION]
[*Lue par le Pape*]

Vénérables Frères,

L'heure du départ et de la dispersion a sonné. Dans quelques instants, vous allez quitter l'assemblée conciliaire pour aller à la rencontre de l'humanité et lui porter la bonne nouvelle de l'Evangile du Christ et du renouvellement de son Eglise, auquel nous travaillons ensemble depuis quatre ans.

Moment unique que celui-ci; moment d'une signification et d'une richesse incomparables ! En ce rassemblement universel, en ce point privilégié du temps et de l'espace, convergent à la fois le passé, le présent, l'avenir. Le passé: car c'est, ici réunie, l'Eglise du Christ, avec sa tradition, son histoire, ses Conciles, ses Docteurs, ses Saints... Le présent: car nous nous quittons pour aller vers le monde d'aujourd'hui, avec ses misères, ses douleurs, ses péchés, mais aussi ses prodigieuses réussites, ses valeurs, ses vertus... L'avenir est là, enfin, dans l'appel impérieux des peuples à plus de justice, dans leur volonté de paix, dans leur soif, consciente ou inconsciente, d'une vie plus haute: celle que précisément l'Eglise du Christ peut et veut leur donner.

---

* Ces messages ont été lus en français sur le parvis de la basilique Saint-Pierre, à Rome, le 8 décembre 1965, jour de la clôture du Concile Vatican II.

Nous reproduisons ici le texte officiel publié par les *A.A.S.*, 58 (1966) pp. 8-18 et dans les *C.D.D.*, pp. 1084-1100. (Note des éditeurs.)

Il nous semble entendre s'élever de partout dans le monde une immense et confuse rumeur: l'interrogation de tous ceux qui regardent vers le Concile et nous demandent avec anxiété: n'avez-vous pas un mot à nous dire ? ... à nous, les Gouvernants ? ... à nous, les intellectuels, les travailleurs, les artistes ? ... et à nous, les femmes ? à nous les jeunes, à nous les malades et les pauvres ?

Ces voix implorantes ne resteront pas sans réponse. C'est pour toutes les catégories humaines que le Concile travaille depuis quatre ans; c'est pour elles qu'il a élaboré cette « Constitution sur l'Eglise dans le monde d'aujourd'hui », que Nous promulguions hier aux applaudissements enthousiastes de votre assemblée.

De notre longue méditation sur le Christ et sur son Eglise doit jaillir en cet instant une première parole annonciatrice de paix et de salut pour les multitudes dans l'attente. Le Concile, avant de se séparer, veut remplir cette fonction prophétique et traduire en de brefs messages et dans une langue plus facilement accessible à tous la « bonne nouvelle » qu'il a pour le monde, et que quelques-uns de ses interprètes les plus autorisés vont adresser maintenant en votre nom à l'humanité tout entière.

AUX GOUVERNANTS [1]

[Message lu par le cardinal Achille Liénart, évêque de Lille, assisté des cardinaux Bernard Alfrink, archevêque d'Utrecht, et Jean Colombo, archevêque de Milan.] [2]

En cet instant solennel, Nous, les Pères du XXIe Concile œcuménique de l'Eglise Catholique, sur le point de nous disperser après quatre ans de prière et de travaux, dans la pleine conscience de notre mission envers l'humanité, nous nous adressons avec déférence et avec confiance à ceux qui tiennent dans leurs mains le destin des hommes sur cette terre, à tous les dépositaires du pouvoir temporel.

Nous le proclamons hautement: nous rendons honneur à votre autorité et à votre souveraineté; nous respectons votre fonction; nous reconnaissons vos justes lois; nous estimons ceux qui les font et

---

1. Les gouvernants étaient représentés par le Baron Poswick ambassadeur de Belgique, doyen du Corps diplomatique accrédité près le Saint-Siège, les ambassadeurs du Brésil, du Japon, le Ministre d'Ethiopie et le représentant de l'O.N.U.

Le texte du Message a été reçu des mains du Pape par le Baron Poswick. (Note des éditeurs.)

2. Cette indication ainsi que les suivantes n'apparaissent pas dans le texte original. (Note des éditeurs.)

ceux qui les appliquent. Mais nous avons une parole sacrosainte à vous dire, et la voici : Dieu seul est grand. Dieu seul est le principe et la fin. Dieu seul est la source de votre autorité et le fondement de vos lois.

C'est à vous qu'il revient d'être sur terre les promoteurs de l'ordre et de la paix entre les hommes. Mais ne l'oubliez pas: c'est Dieu, le Dieu vivant et vrai, qui est le Père des hommes. Et c'est le Christ, son Fils éternel, qui est venu nous le dire et nous apprendre que nous sommes tous frères. C'est lui, le grand artisan de l'ordre et de la paix sur la terre, car c'est lui qui conduit l'histoire humaine, et qui seul peut incliner les cœurs à renoncer aux passions mauvaises, qui engendrent la guerre et le malheur. C'est lui qui bénit le pain de l'humanité, qui sanctifie son travail et sa souffrance, qui lui donne des joies que vous ne pouvez pas lui donner, et la réconforte dans des douleurs que vous ne pouvez pas consoler.

Dans votre cité terrestre et temporelle, il construit mystérieuse-ment sa cité spirituelle et éternelle, son Eglise. Et que demande-t-elle de vous, cette Eglise, après deux mille ans bientôt de vicissitudes de toutes sortes dans ses relations avec vous, les Puissances de la Terre; que vous demande-t-elle aujourd'hui ? Elle vous l'a dit dans un des textes majeurs de ce Concile: elle ne vous demande que la liberté. La liberté de croire et de prêcher sa foi, la liberté d'aimer son Dieu et de le servir; la liberté de vivre et de porter aux hommes son mes-sage de vie. Ne la craignez pas: elle est à l'image de son Maître, dont l'action mystérieuse n'empiète pas sur vos prérogatives, mais guérit tout l'humain de sa fatale caducité, le transfigure, le remplit d'espé-rance, de vérité et de beauté.

Laissez le Christ exercer cette action purifiante sur la société ! Ne le crucifiez pas à nouveau: ce serait sacrilège, car il est Fils de Dieu; ce serait suicide, car il est Fils de l'Homme. Et nous, ses humbles ministres, laissez-nous répandre partout sans entraves la « bonne nouvelle » de l'Evangile de la paix, que nous avons méditée pendant ce Concile. Vos peuples en seront les premiers bénéficiaires, car l'Eglise forme pour vous des citoyens loyaux, amis de la paix sociale et du progrès.

En ce jour solennel où elle clôt les assises de son XXIe Concile œcuménique, l'Eglise vous offre par notre voix son amitié, ses ser-vices, ses énergies spirituelles et morales. Elle vous adresse à tous son message de salut et de bénédiction. Accueillez-le, comme elle vous l'offre, d'un cœur joyeux et sincère, et portez-le à tous vos peuples !

AUX HOMMES DE LA PENSÉE ET DE LA SCIENCE [3]

[Message lu par le cardinal Paul-Emile Léger, archevêque de Montréal, assisté des cardinaux Antoine Caggiano, archevêque de Buenos Aires, et Laurent Rugambwa, évêque de Bukoba]

Un salut tout spécial à vous, les chercheurs de la vérité, à vous, les hommes de la pensée et de la science, les explorateurs de l'homme, de l'univers et de l'histoire, à vous tous, les pèlerins en marche vers la lumière, et à ceux aussi qui se sont arrêtés en chemin, fatigués et déçus par une vaine recherche.

Pourquoi un salut spécial pour vous ? Parce que nous tous, ici, Evêques, Pères du Concile, nous sommes à l'écoute de la vérité. Notre effort pendant ces quatre ans, qu'a-t-il été, sinon une recherche plus attentive et un approfondissement du message de vérité confié à l'Eglise, sinon un effort de docilité plus parfaite à l'Esprit de vérité ?

Nous ne pouvions donc pas ne pas vous rencontrer. Votre chemin est le nôtre. Vos sentiers ne sont jamais étrangers aux nôtres. Nous sommes les amis de votre vocation de chercheurs, les alliés de vos fatigues, les admirateurs de vos conquêtes, et s'il le faut, les consolateurs de vos découragements et de vos échecs.

Pour vous donc aussi, nous avons un message, et c'est celui-ci: continuez à chercher, sans vous lasser, sans désespérer jamais de la vérité ! Rappelez-vous la parole d'un de vos grands amis, saint Augustin: « Cherchons avec le désir de trouver, et trouvons avec le désir de chercher encore. » Heureux ceux qui, possédant la vérité, la cherchent encore, afin de la renouveler, de l'approfondir, de la donner aux autres. Heureux ceux qui, ne l'ayant pas trouvée, marchent vers elle d'un cœur sincère: qu'ils cherchent la lumière de demain avec la lumière d'aujourd'hui, jusqu'à la plénitude de la lumière !

Mais ne l'oubliez pas: si penser est une grande chose, penser est d'abord un devoir; malheur à celui qui ferme volontairement les yeux à la lumière ! Penser est aussi une responsabilité: malheur à ceux qui obscurcissent l'esprit par les mille artifices qui le dépriment, l'enorgueillissent, le trompent, le déforment ! Quel est le principe de base pour des hommes de science, sinon: s'efforcer de penser juste ?

---

3. Les hommes de la pensée et de la science étaient représentés par Messieurs Jacques Maritain, Jean Guitton, Stephan Swiezawski.

Le texte du Message a été reçu des mains du Pape par Monsieur Jacques Maritain. (Note des éditeurs.)

Pour cela, sans troubler vos pas, sans éblouir vos regards, nous venons vous offrir la lumière de notre lampe mystérieuse: la foi. Celui qui nous l'a confiée, c'est le Maître souverain de la pensée, celui dont nous sommes les humbles disciples, le seul qui ait dit et pu dire: « Je suis la lumière du monde, je suis la voie, la vérité et la vie. »

Cette parole vous concerne. Jamais peut-être, grâce à Dieu, n'est si bien apparue qu'aujourd'hui la possibilité d'un accord profond entre la vraie science et la vraie foi, servantes l'une et l'autre de l'unique vérité. N'empêchez pas cette précieuse rencontre ! Ayez confiance dans la foi, cette grande amie de l'intelligence ! Eclairez-vous à sa lumière pour saisir la vérité, toute la vérité ! Tel est le souhait, l'encouragement, l'espoir que vous exprimez, avant de se séparer, les Pères du monde entier, réunis à Rome en Concile.

AUX ARTISTES [4]

[Message lu par le cardinal Léon-Joseph Suenens, archevêque de Malines-Bruxelles, assisté des cardinaux Jacques de Barros Câmara, archevêque de Saint-Sébastien et de Rio de Janeiro, et Jean Landazuri Ricketts, archevêque de Lima]

A vous tous, maintenant, artistes, qui êtes épris de la beauté et qui travaillez pour elle: poètes et gens de lettres, peintres, sculpteurs, architectes, musiciens, hommes du théâtre et cinéastes... A vous tous l'Eglise du Concile dit par notre voix: si vous êtes les amis de l'art véritable, vous êtes nos amis !

L'Eglise a dès longtemps fait alliance avec vous. Vous avez édifié et décoré ses temples, célébré ses dogmes, enrichi sa liturgie. Vous l'avez aidée à traduire son divin message dans le langage des formes et des figures, à rendre saisissable le monde invisible.

Aujourd'hui comme hier, l'Eglise a besoin de vous et se tourne vers vous. Elle vous dit par notre voix: ne laissez pas se rompre une alliance féconde entre toutes ! Ne refusez pas de mettre votre talent au service de la vérité divine ! Ne fermez pas votre esprit aux souffles du Saint-Esprit !

Ce monde dans lequel nous vivons a besoin de beauté pour ne pas sombrer dans la désespérance. La beauté, comme la vérité, c'est

---

4. Les artistes étaient représentés par l'architecte Nervi, le maestro Malipiero et le poète Ungaretti.
Le texte du Message a été reçu des mains du Pape par Giuseppe Ungaretti. (Note des éditeurs.)

ce qui met la joie au cœur des hommes, c'est ce fruit précieux qui résiste à l'usure du temps, qui unit les générations et les fait communier dans l'admiration. Et cela par vos mains...

Que ces mains soient pures et désintéressées ! Souvenez-vous que vous êtes les gardiens de la beauté dans le monde: que cela suffise à vous affranchir de goûts éphémères et sans valeur véritable, à vous libérer de la recherche d'expressions étranges ou malséantes.

Soyez toujours et partout dignes de votre idéal, et vous serez dignes de l'Eglise, qui, par notre voix, vous adresse en ce jour son message d'amitié, de salut, de grâce et de bénédiction.

AUX FEMMES [5]

[Message lu par le cardinal Léon Duval, archevêque d'Alger, assisté des cardinaux Jules Dopfner, archevêque de Munich et Freising, et Raoul Silva Henriquez, archevêque de Santiago du Chili]

Et maintenant, c'est à vous que nous nous adressons, femmes de toutes conditions, filles, épouses, mères et veuves; à vous aussi, vierges consacrées et femmes solitaires: vous êtes la moitié de l'immense famille humaine !

L'Eglise est fière, vous le savez, d'avoir magnifié et libéré la femme, d'avoir fait resplendir au cours des siècles, dans la diversité des caractères, son égalité foncière avec l'homme.

Mais l'heure vient, l'heure est venue, où la vocation de la femme s'accomplit en plénitude, l'heure où la femme acquiert dans la cité une influence, un rayonnement, un pouvoir jamais atteints jusqu'ici.

C'est pourquoi, en ce moment où l'humanité connaît une si profonde mutation, les femmes imprégnées de l'esprit de l'Evangile peuvent tant pour aider l'humanité à ne pas déchoir.

Vous femmes, vous avez toujours en partage la garde du foyer, l'amour des sources, le sens des berceaux. Vous êtes présentes au mystère de la vie qui commence. Vous consolez dans le départ de la mort. Notre technique risque de devenir inhumaine. Réconciliez les hommes avec la vie. Et surtout veillez, nous vous en supplions,

---

5. Les dames étaient représentées par Madame Laura Segni et deux auditrices au Concile: Madame Luz Alvarez Icaza et Mademoiselle Marie-Louise Monnet.

Le texte du Message a été reçu des mains du Pape par Madame Laura Segni. (Note des éditeurs.)

sur l'avenir de notre espèce. Retenez la main de l'homme qui, dans un moment de folie, tenterait de détruire la civilisation humaine.

Epouses, mères de famille, premières éducatrices du genre humain dans le secret des foyers, transmettez à vos fils et à vos filles les traditions de vos pères, en même temps que vous les préparerez à l'insondable avenir. Souvenez-vous toujours qu'une mère appartient par ses enfants à cet avenir qu'elle ne verra peut-être pas.

Et vous aussi, femmes solitaires, sachez bien que vous pouvez accomplir toute votre vocation de dévouement. La société vous appelle de toutes parts. Et les familles même ne peuvent vivre sans le secours de ceux qui n'ont pas de famille.

Vous surtout, vierges consacrées, dans un monde où l'égoïsme et la recherche du plaisir voudraient faire la loi, soyez les gardiennes de la pureté, du désintéressement, de la piété. Jésus, qui a donné à l'amour conjugal toute sa plénitude, a exalté aussi le renoncement à cet amour humain, quand il est fait pour l'Amour infini et pour le service de tous.

Femmes dans l'épreuve, enfin, qui vous tenez toutes droites sous la croix à l'image de Marie, vous qui, si souvent dans l'histoire, avez donné aux hommes la force de lutter jusqu'au bout, de témoigner jusqu'au martyre, aidez-les encore une fois à garder l'audace des grandes entreprises, en même temps que la patience et le sens des humbles commencements.

Femmes, ô vous qui savez rendre la vérité douce, tendre, accessible, attachez-vous à faire pénétrer l'esprit de ce Concile dans les institutions, les écoles, les foyers, dans la vie de chaque jour.

Femmes de tout l'univers, chrétiennes ou incroyantes, vous à qui la vie est confiée en ce moment si grave de l'histoire, à vous de sauver la paix du monde !

AUX TRAVAILLEURS [6]

[Message lu par le cardinal Paul Zoungrana, archevêque d'Ouagadougou, assisté des cardinaux José M. Bueno y Monreal, archevêque de Séville, et José Umbert Quintero, archevêque de Caracas]

Au cours de ce Concile, nous, les évêques catholiques des cinq continents, avons réfléchi ensemble, entre bien d'autres sujets, aux graves questions que posent à la conscience de l'humanité les conditions économiques et sociales du monde contemporain, la coexistence

---

6. Les travailleurs étaient représentés par Messieurs Patrick Keegan et Auguste Vanistendael et Monsieur Armando Cagno, ouvrier de Milan.

Le texte du Message a été reçu des mains du Pape par Monsieur Armando Cagno. (Note des éditeurs.)

des nations, le problème des armements, de la guerre et de la paix. Et nous sommes pleinement conscients des incidences que la solution donnée à ces problèmes peut avoir sur la vie concrète des travailleurs et des travailleuses du monde entier. Aussi désirons-nous, au terme de nos délibérations, leur adresser à tous un message de confiance, de paix et d'amitié.

Fils très chers, soyez assurés d'abord que l'Eglise connaît vos souffrances, vos luttes, vos espoirs; qu'elle apprécie hautement les vertus qui ennoblissent vos âmes: le courage, le dévouement, la conscience professionnelle, l'amour de la justice; qu'elle reconnaît pleinement les immenses services que, chacun à sa place, et dans les postes souvent les plus obscurs et les plus méprisés, vous rendez à l'ensemble de la société. L'Eglise vous en sait gré et vous en remercie par notre voix.

En ces dernières années, elle n'a cessé d'avoir présents à l'esprit les problèmes, d'une complexité sans cesse croissante, du monde du travail. Et l'écho qu'ont trouvé dans vos rangs les récentes encycliques pontificales a prouvé combien l'âme du travailleur de notre temps était accordée à celle de ses plus hauts chefs spirituels.

Celui qui a enrichi le patrimoine de l'Eglise de ces messages incomparables, le Pape Jean XXIII, avait su trouver le chemin de votre cœur. Il a montré avec éclat, en sa personne, tout l'amour de l'Eglise pour les travailleurs, aussi bien que pour la vérité, la justice, la liberté, la charité, sur lesquelles est fondée la paix dans le monde.

De cet amour de l'Eglise pour vous, les travailleurs, nous voulons, nous aussi, être les témoins auprès de vous, et nous vous disons avec toute la conviction de nos âmes: l'Eglise est votre amie. Ayez confiance en elle ! De tristes malentendus, dans le passé, ont trop longtemps entretenu la défiance et l'incompréhension entre nous; l'Eglise et la classe ouvrière en ont souffert l'une et l'autre. Aujourd'hui, l'heure de la réconciliation a sonné, et l'Eglise du Concile vous invite à la célébrer sans arrière-pensée.

L'Eglise cherche toujours à vous mieux comprendre. Mais vous devez chercher à comprendre à votre tour ce qu'est l'Eglise pour vous, les travailleurs, qui êtes les principaux artisans des prodigieuses transformations que le monde connaît aujourd'hui: car vous savez bien que si un puissant souffle spirituel ne les anime, elles feront le malheur de l'humanité, au lieu de faire son bonheur. Ce n'est pas la haine qui sauve le monde ! ce n'est pas le seul pain de la terre qui peut rassasier la faim de l'homme.

Ainsi, accueillez le message de l'Eglise. Accueillez la foi qu'elle vous offre pour éclairer votre route: c'est la foi du successeur de

Pierre et des deux mille évêques réunis en Concile, c'est la foi de tout le peuple chrétien. Qu'elle vous éclaire ! Qu'elle vous guide ! Qu'elle vous fasse connaître Jésus-Christ, votre compagnon de travail, le Maître, le Sauveur de toute l'humanité.

AUX PAUVRES, AUX MALADES, À TOUS CEUX QUI SOUF-FRENT [7]

[Message lu par le cardinal Paul Pierre Meouchi, patriarche d'Antioche des Maronites, assisté du cardinal Stéphane Wyszynski, archevêque de Gniezno et Varsovie, et Pierre Tatsuo Doi, archevêque de Tokyo]

Pour vous tous, frères éprouvés, visités par la souffrance aux mille visages, le Concile a un message tout spécial.

Il sent fixés sur lui vos yeux implorants, brillants de fièvre ou abattus par la fatigue, regards interrogateurs, qui cherchent en vain le pourquoi de la souffrance humaine, et qui demandent anxieusement quand et d'où viendra le réconfort...

Frères très chers, nous sentons profondément retentir dans nos cœurs de pères et de pasteurs vos gémissements et vos plaintes. Et notre peine s'accroît à la pensée qu'il n'est pas en notre pouvoir de vous apporter la santé corporelle ni la diminution de vos douleurs physiques, que médecins, infirmières, et tous ceux qui se consacrent aux malades s'efforcent de soulager de leur mieux.

Mais nous avons quelque chose de plus profond et de plus précieux à vous donner: la seule vérité capable de répondre au mystère de la souffrance et de vous apporter un soulagement sans illusion: la foi et l'union à l'Homme des douleurs, au Christ, Fils de Dieu, mis en croix pour nos péchés et pour notre salut.

Le Christ n'a pas supprimé la souffrance; il n'a même pas voulu nous en dévoiler entièrement le mystère: il l'a prise sur lui, et c'est assez pour que nous en comprenions tout le prix.

O vous tous, qui sentez plus lourdement le poids de la croix, vous qui êtes pauvres et délaissés, vous qui pleurez, vous qui êtes persé-

---

7. Les pauvres, les malades et ceux qui souffrent étaient représentés par Monsieur Gaetano Ponticello Primo Rieti et un aveugle, le Docteur Francesco Politi.

Le texte du Message a été reçu des mains du Pape par le Dr Francesco Politi. (Note des éditeurs.)

cutés pour la justice, vous sur lesquels on se tait, vous les inconnus de la douleur, reprenez courage: vous êtes les préférés du royaume de Dieu, le royaume de l'espérance, du bonheur et de la vie; vous êtes les frères du Christ souffrant; et avec lui, si vous le voulez, vous sauvez le monde !

Voilà la science chrétienne de la souffrance, la seule qui donne la paix. Sachez que vous n'êtes pas seuls, ni séparés, ni abandonnés, ni inutiles: vous êtes les appelés du Christ, sa vivante et transparente image. En son nom, le Concile vous salue avec amour, vous remercie, vous assure l'amitié et l'assistance de l'Eglise et vous bénit.

AUX JEUNES [8]

[Message lu par le cardinal Grégoire-Pierre Agagianian, Préfet de la Congrégation de la Propagande, assisté des cardinaux V. Gracias, archevêque de Bombay, et Joseph Elmer Ritter, archevêque de Saint-Louis]

C'est à vous enfin, jeunes gens et jeunes filles du monde entier, que le Concile veut adresser son dernier message. Car c'est vous qui allez recueillir le flambeau des mains de vos aînés et vivre dans le monde au moment des plus gigantesques transformations de son histoire. C'est vous qui, recueillant le meilleur de l'exemple et de l'enseignement de vos parents et de vos maîtres, allez former la société de demain: vous vous sauverez ou vous périrez avec elle.

L'Eglise, quatre années durant, vient de travailler à rajeunir son visage, pour mieux répondre au dessein de son Fondateur, le grand Vivant, le Christ éternellement jeune. Et au terme de cette imposante « révision de vie », elle se tourne vers vous. C'est pour vous, les jeunes, pour vous surtout, qu'elle vient, par son Concile, d'allumer une lumière: lumière qui éclaire l'avenir, votre avenir.

L'Eglise est soucieuse que cette société que vous allez constituer respecte la dignité, la liberté, le droit des personnes: et ces personnes, ce sont les vôtres.

Elle est soucieuse surtout que cette société laisse s'épanouir son trésor toujours ancien et toujours nouveau: la foi, et que vos âmes puissent baigner librement dans ses bienfaisantes clartés. Elle a confiance que vous trouverez une telle force et une telle joie, que

---

8. Les jeunes étaient représentés par Messieurs Juan Vasquez, Eusèbe Adjakpley et Mademoiselle Marguerite Mozano Llerena.
  Le texte du Message a été reçu des mains du Pape par Monsieur Adjakpley. (Note des éditeurs.)

vous ne serez pas même tentés, comme certains de vos aînés, de céder à la séduction des philosophies de l'égoïsme et du plaisir, ou à celles du désespoir et du néant; et qu'en face de l'athéisme, phénomène de lassitude et de vieillesse, vous saurez affirmer votre foi dans la vie et dans ce qui donne un sens à la vie: la certitude de l'existence d'un Dieu juste et bon.

C'est au nom de ce Dieu et de son Fils Jésus que nous vous exhortons à élargir vos cœurs aux dimensions du monde, à entendre l'appel de vos frères et à mettre hardiment à leur service vos jeunes énergies. Luttez contre tout égoïsme. Refusez de laisser libre cours aux instincts de violence et de haine, qui engendrent les guerres et leur cortège de misères. Soyez généreux, purs, respectueux, sincères. Et construisez dans l'enthousiasme un monde meilleur que celui de vos aînés !

L'Eglise vous regarde avec confiance et avec amour. Riche d'un long passé toujours vivant en elle, et marchant vers la perfection humaine dans le temps et vers les destinées ultimes de l'histoire et de la vie, elle est la vraie jeunesse du monde. Elle possède ce qui fait la force et le charme des jeunes: la faculté de se réjouir de ce qui commence, de se donner sans retour, de se renouveler et de repartir pour de nouvelles conquêtes. Regardez-la, et vous retrouverez en elle le visage du Christ, le vrai héros, humble et sage, le prophète de la vérité et de l'amour, le compagnon et l'ami des jeunes. C'est bien au nom du Christ que nous vous saluons, que nous vous exhortons et vous bénissons.

BREF APOSTOLIQUE *IN SPIRITU SANCTO*

déclarant que le Concile est terminé *

(8 décembre 1965)

PAUL VI,

POUR QUE LE SOUVENIR
S'EN MAINTIENNE À JAMAIS.

RÉUNI dans l'Esprit-Saint et abrité sous la protection de la Bienheureuse Vierge Marie, que Nous avons proclamée Mère de l'Eglise, de saint Joseph son illustre Epoux et des saints Apôtres Pierre et Paul, le Concile oecuménique Vatican II doit être incontestablement considéré comme l'un des plus grands événements de l'Eglise. Il compta une très nombreuse participation de Pères qui, de toutes les parties du monde, et même de celles où la Hiérarchie est d'institution récente, se rassemblèrent au Siège de Pierre. Il a traité un grand nombre de sujets et il l'a fait avec soin et avec zèle durant les quatre sessions. Il fut excellent que, prenant note des nécessités que l'époque commande, il plaça en premier lieu les besoins pastoraux et que, brûlant de charité, il s'employa grandement à rejoindre dans un sentiment fraternel les chrétiens, encore séparés de la communion avec le Siège Apostolique et même la famille humaine dans son universalité. Maintenant tout ce qui incombait à ce saint Concile Oecuménique, par l'aide de Dieu, est achevé; toutes les Constitutions, les Décrets, Déclarations et Vœux ont été approuvés dans les délibérations conciliaires et promulgués par Nous. Ce même Concile Oecuménique, décrété par Notre Prédécesseur d'heureuse mémoire Jean XXIII le 25 décembre 1961, commencé le 11 octobre 1962, et après la très pieuse mort de ce Pape, continué par Nous, de par Notre autorité apostolique, Nous avons décrété et fixé de le

---

* C'est S. E. Mgr Pericles Felici, secrétaire générale du Concile, qui donna lecture de ce Bref dont on trouvera le texte latin dans les *A.A.S.*, 58 (1966) pp. 18-19 et dans les *C.D.D.*, pp. 1101-1102.
   Nous reproduisons ici la traduction publiée par *l'Osservatore Romano* (édition française) le 17 décembre 1965. (Note des éditeurs.)

clôturer, à tous effets de droit. Aussi Nous commandons et enjoignons que tout ce qui a été établi synodalement en ce Concile soit observé religieusement par tous les fidèles du Christ à la gloire de Dieu, à l'honneur de la Sainte Eglise notre Mère et pour la tranquillité et la paix de tous les hommes. Ainsi en avons-Nous décidé et décrété, fixant que ces Lettres demeureront fermes, valides, et efficaces toujours; qu'il faut leur attribuer et qu'elles doivent recevoir leur effet plein et entier; qu'on y recourra, maintenant et à l'avenir de façon complète, pour tous ceux qu'elles concernent ou pourront concerner; qu'il faudra en juger et en conclure ainsi; que dès maintenant est sans valeur et nul ce qui pourrait être attenté contre elles sciemment ou non par quelque individu ou quelque autorité que ce soit.

Donné à Rome, près Saint-Pierre, sous l'anneau du Pêcheur, le 8 décembre, en la fête de l'Immaculée Conception de la Bienheureuse Vierge Marie de l'année 1965. de Notre Pontificat la troisième.

PAUL VI, pape

Index analytique

ABRÉVIATIONS

Voici la liste des principales abréviations utilisées dans les notes des seize documents conciliaires et des textes publiés en appendice:

ABRÉVIATIONS UTILISÉES
POUR LES LIVRES DE LA BIBLE

Act. Actes des Apôtres
Apoc. Apocalypse
Bar. Baruch
Cant. Cantique des Cantiques
Col. Épître aux Colossiens
1 Cor. 1re épître aux Corinthiens
2 Cor. 2e épître aux Corinthiens
Dan. Daniel
Deut. Deutéronome
Eccli. Ecclésiastique
Éph. Épître aux Éphésiens
Esdr. Esdras
Ex. Exode
Ézéch. Ézéchiel
Gal. Épître aux Galates
Gen. Genèse
Héb. Épître aux Hébreux
Is. Isaïe
Jac. Épître de S. Jacques
Jér. Jérémie
Jn (Jo) Évangile selon S. Jean
1 Jn (Jo) 1re épître de S. Jean
3 Jn 3e épître de S. Jean
Jud. Épître de S. Jude

Lc Évangile selon S. Luc
II Macc. 2e livre des Maccabées
Mal. Malachie
Mc Évangile selon S. Marc
Mich. Michée
Mt. (Mat.) Évangile selon S. Matthieu
Nomb. Nombres
Os. Osée
1 Pet. 1re épître de S. Pierre
2 Pet. 2e épître de S. Pierre
Phil. Épître aux Philippiens
Pr. Proverbes
Ps. Psaumes
Rom. Épître aux Romains
Sag. Sagesse
1 Sam. 1er livre de Samuel
1 Thess. 1re épître aux Thessaloniciens
2 Thess. 2e épître aux Thessaloniciens
1 Tim. 1re épître à Timothée
2 Tim. 2e épître à Timothée
Tit. Épître à Tite

AUTRES ABRÉVIATIONS

AAS *Acta Apostolicae Sedis* (Actes du Siège apostolique). — Ce périodique, publié par le Saint-Siège depuis 1909, est le recueil officiel des documents émanant du Souverain Pontife et des Congrégations romaines.

ASS *Acta Sanctae Sedis* (Actes du Saint-Siège). — De 1865 à 1908, cette publication tenait lieu de la précédente, mais elle n'avait pas de caractère officiel.

CDD *Sacrosanctum Oecumenicum Concilium Vaticanum II. Constitutiones, Decreta, Declarationes.* Rome, Secrétariat général du Concile, 1966. 1292p. 24 cm.

CIC *Codex Iuris canonici* (Code de droit canonique) promulgué en 1917.

CChr . *Corpus Christianorum* (Collection des anciens auteurs chrétiens). Turnhout, Belgique, 1953.

CSEL *Corpus scriptorum ecclesiasticorum latinorum* (Recueil des Oeuvres des auteurs ecclésiastiques latins, appelé parfois *Corpus* de Vienne). Vienne, 1866.

Denz *Enchiridion symbolorum definitionum et declarationum de rebus Fidei et morum* (Recueil des symboles, définitions et déclarations dans les matières touchant à la foi et aux mœurs) compilé par M. l'abbé Henri-Joseph-Dominique Denzinger (Wurzbourg, 1854), continué par le R.P. C. Bannwart et mis à jour par le R.P. J.-B. Umberg, S.J. (Fribourg en Brisgau, Herder, 1937).

Denz-Schönmetzer Edition récente du livre précédent avec une nouvelle numérotation. Fribourg en Brisgau, Herder, 1963. 907p.

EB *Enchiridion Biblicum. Documenta ecclesiastica Sacram Scripturam spectantia* (Documents ecclésiastiques concernant la Sainte Ecriture). 3e éd. Naples, D'Auria, 1956.

GCS *Griechische christliche Schriftsteller* ou *Graecorum Corpus Scriptorum* (Recueil des œuvres des auteurs grecs) édités par la Kommission für spätantike Religionsgeschichte der deutschen Akademie der Wissenschaften, Berlin.

Hartel, cité parfois sans autre indication, désigne un volume du CSEL (voir ci-dessus) préparé par ses soins.

Harvey *S. Irenaei* [...] *libri V adversus haereses* (Les cinq livres de saint Irénée contre les hérésies) publiés sous la direction de W. Harvey. Cambridge, 1857. 2 vol.

Mansi *Sacrorum conciliorum nova et amplissima collectio* (Collection *nouvelle et très considérable des textes des Saints Conciles*) publiée sous la direction de S. E. Mgr Jean-Dominique Mansi. Florence, 1759-1798. 31 vol. Paris, Leipzig, 1900-

MGH *Monumenta Germaniae historica* (Documents pour l'histoire de l'Allemagne), section des *Auctores antiquissimi* (Auteurs très anciens). Berlin, 1877-1898. 13 vol.

PG *Patrologia graeca* (Patrologie grecque) publiée sous la direction de M. l'abbé Jacques-Paul Migne. Edition gréco-latine: Paris, 1857-1866; 161 t. en 166 vol. Edition latine: Paris, 1856-1867; 81 t. en 85 vol.

PL *Patrologia latina* (Patrologie latine) publiée sous la direction de M. l'abbé Jacques-Paul Migne. Paris, 1844-1855; 217 t. en 218 vol. (4 volumes de tables sont parus de 1862 à 1865).

T.U. *Texte und Untersuchungen zur Geschichte der altchristlichen Literatur* (Textes et recherches sur l'histoire de l'ancienne littérature chrétienne) publiés sous la direction de O. von Gebhardt et A. Harnack. Leipzig-Berlin.

Achevé d'imprimer à Tournai sur Les Presses de GEDIT
pour le compte des Éditions Fides,
le vingt-quatrième jour du mois d'avril de l'an
mil neuf cent soixante-dix-neuf.

ISBN : 2-7621-0243-X

Printed in Belgium